말하기 1

그 의도에서 조음까지

나남
nanam

한국학술진흥재단 학술명저번역총서
서양편 213

말하기 1

그 의도에서 조음까지

2008년 4월 15일 발행
2008년 4월 15일 1쇄

지은이_ 빌름 르펠트
옮긴이_ 김지홍
발행자_ 趙相浩
발행처_ (주) 나남
주소_ 413-756 경기도 파주시 교하읍
출판도시 518-4
전화_ (031) 955-4600 (代)
FAX_ (031) 955-4555
등록_ 제 1-71호(79.5.12)
홈페이지_ http://www.nanam.net
전자우편_ post@nanam.net
인쇄인_ 유성근(삼화인쇄주식회사)

ISBN 978-89-300-8287-7
ISBN 978-89-300-8215-0 (세트)
책값은 뒤표지에 있습니다.

'한국학술진흥재단 학술명저번역총서'는 우리 시대 기초학문의 부흥을 위해
한국학술진흥재단과 (주)나남이 공동으로 펼치는 서양명저 번역간행사업입니다.

말하기 1

그 의도에서 조음까지

빌름 르펠트 지음 | 김지홍 옮김

나남
nanam

"To nobody Els but you."
(다른 사람이 아닌 오직 당신께 바칩니다.)

옮긴이 머리말

이 책에서는 인간의 여러 행위들 가운데 가장 특별하고 현저한 '언어행위'를 놓고서, 언어를 산출할 적에 우리 머리 속에서 어떤 과정들을 거쳐 그런 행위가 일어나는지를 설명한다. 언어심리학의 과제는 우리 머리 속에서 언어 산출과 이해에 관련된 부서가 무엇이며, 그 부서들의 작용이 어떠한지, 그리고 언어습득이 어떻게 일어나는지를 밝혀내려는 것이다.

인간의 생각을 명시적으로 다루는 일은 튜링(Turing)의 '연산과정'이라는 가정을 받아들이면서 시작된다. 연산작용은 머리 속에서 독자적인 관련부서들이 차례대로 이어지면서 일어난다. 말하기, 즉 언어산출 과정도 이런 질서 위에 구현될 것으로 믿어진다. 언어는 형식과 내용이 비자연적 방식으로 결합된 산물이다. 따라서 우리 머리 속에 내용을 떠맡는 부서가 있어야 하고, 형식을 떠맡는 부서가 있어야 하며, 또한 이들을 점검하는 부서가 있어야 한다. 다시 말하여, 개념 형성기로부터 시작하여 문법형식 주조기를 거쳐 소리를 만들어내는 기관으로 이어져야 하며, 입 밖으로 나온 소리와 바로 그 이전의 머리 속 소리들이 스스로 점검되는 과정이 있는 것이다. 이 책에서는 영어자료들을 놓고서 이런 부서들에서 어떤 일들이 일어나는지 상세히 서술하고 논증한다.

이 책은 언어심리학의 언어산출 분야에서 '정상과학'의 지위에 있는 권위를 지니며, 여기서 제시된 흐름도를 바탕으로 하여 계속 후속연구들이 진행되었다. 언어산출에서 유독 첫 부서와 마지막 부서만을 우리들이 직관적으로 쉽게 자각할 수 있다. 중간에 이어지는 여러 과정들은 대체로 자동적이며 무의식적인 과정으로 간주된다. 이는 앞으로도 여러 분야에서 언어산출에 관련된 과정을 심도 있게 다루어줘야 함을 함의하고 있다.

번역자는 국어교육의 기초를 닦기 위하여 인접학문으로서 언어심리학을 공부해 왔다. 특히 언어의 산출과 처리, 그리고 이들을 매개하는 작업기억에 대한 논의를 읽어오고 있다. 일천한 번역자의 배경지식으로 말미암아 이 번역이 만족스럽게 이뤄졌다고 장담할 수 없다. 비록 언어학 관련내용들이 여기저기 들어 있어 논의의 본질을 쉽게 깨달을 수 있었으나, 아직 많은 부분이 크게 부족하다. 대방가의 가르침과 일깨움을 기다릴 뿐이다.

번역원고를 여러 번 철저히 심사해 주신 세 분의 심사위원께 머리 숙여 감사드린다. 그 분들은 낱말선택에서부터 잘못된 번역문장의 지적에 이르기까지, 이 책을 지금의 모습으로 완성시키는 데 큰 기여를 해 주셨다. 또한 경상대학교 영어교육과 M. J. 기오토 교수는 번역과정에서 부닥친 여러 의문점에 대하여 친절히 상담해 주었다. 사의를 표한다.

2008년 초봄에

김 지 홍

머리말

말하기는 우리에게서 가장 소중한 일 가운데 하나입니다. 우리는 하루에도 여러 시간 동안 대화를 나누기도 하고 이야기를 하며, 가르치기도 하고 말다툼 따위도 벌입니다. 물론 스스로에게도 말을 합니다. 말하기는 더욱이 가장 복잡한 인지 · 언어 · 근육운동 기술 가운데 하나입니다. 조음은 대략 1초마다 15개의 음성을 만들어 내면서 자동적으로 흘러나옵니다. 이런 재빠른 소리와는 달리, 우리는 상대방의 이야기를 이해하려고 하는 내용에만 주목하게 됩니다.

이런 매혹적인 인간의 기술이 언어심리학 안에서 응당 받아야 할 주목을 제대로 받지 못하였습니다. 언어심리학은 인간 언어의 산출과 이해와 습득에 대한 과학입니다. 그러나 주된 연구와 교육내용은 뒤에 있는 두 가지 주제인 이해 및 습득과 관련됩니다. 곧 언어산출은 언어심리학의 서자인 셈입니다. 두 권으로 된 버터워스(Butterworth, 1980c, 1983b)의 뛰어난 업적이 이 주제에 대한 유일한 자원입니다. 아직까지 언어산출에 대한 교재도 없고, 일관되게 제대로 씌어진 편람조차 없습니다.

1985년 유럽 과학재단(European Science Foundation)에서는 유럽연합 본부가 있는 벨기에 브뤼셀에서 열린 언어심리학 여름강좌에 저를 초빙하여 '말하기'에 대한 강의를 해달라고 요청하였습니다. 저는 이 요청을 기쁘게 받아들였고, 개론교재 정도로 생각한 바를 써 나가기 시작하였습니다. 그 주제에 관한 아주 제한된 언어심리학 문헌의 양에 비추어, 대략 1년 반이면 충분히 준비할 수 있을 것으로 생각하였습니다.

그러나 제가 발견한 주요 결과는 말하기 관련 문헌이 방대하다는 사실이었습니다. 그것들 대부분은 또한 표준 언어심리학 자원에서는 찾아지지 않는 것이었습니다. 다른 학문분야들에서는 언어심리학자가 무시해 버린 질문들을 제기하였습니다. '대화 분석 · 화용론 · 담화 의미론 · 인공지능 · 통사론 · 음운론 · 입말 의사소통 · 음성학' 영역의 연구자들은 무수한 이론적 통찰력과 경험적 발견내용들로 말하기 분야의 발전에 이바지했습니다. 그렇지만 이런 엄청난 관련문헌에서의 커다란 문제는, 그것들이 각각 높은 칸막이로 둘러쳐져 있다는 점입니다. 즉, 음성학자들은 음운론을 무시하고, 대화 분석가들은 담화 의미론과 음성학을 무시하며, 인공지능 연구자들은 언어심리학을 무시하는 일 따위입니다.

현재 이 책은 이러한 매우 이질적인 연구영역들에 대하여 '조감도'를 제시해 줍니다. 이는 우리 몸 속에 들어 있는 언어산출 기관에 대하여 지금까지 이룬 별개의 접근들을 놓고서 통합된 이론을 제공해 주려는 노력입니다. 그렇다고 언어심리학의 주요 목표로서 말하기에 대한 우리 능력의 밑바닥에 깔려 있는 '머릿속 정보처리 과정'을 이해하는 일에 대한 관심을 소홀히 하지는 않습니다.

이 책의 짜임은 간단합니다. 정보 처리기로서 화자에 대하여 개관하는 장이 있고, 이어서 대화상대로서의 화자에 대한 장이 이어집니다. 이 책에서는 말소리의 생성을 단계별로 추적합니다. 그 단계는 '메시지 생성 · 문법 부호화 · 음운 부호화 · 조음하기'로 이뤄집니다. 마지막

장에서는 화자 스스로 점검하기 및 스스로 고치기를 다루게 됩니다. 처리하기 단계마다 각기 고유한 종류의 출력물이나 표상을 연산해 냅니다. 처리하기의 논제 그 자체를 살펴보기에 앞서서, 저는 늘 이들 표상에 대하여 먼저 논의를 진행합니다. 놀랄 것도 없이, 표상에 대한 장이나 절은, 처리과정을 논의하는 이 책의 일부 내용들보다도 좀더 강하게 언어학적 취향을 담게 됩니다.

이 책에서 제가 택한 전략은, 이론적인 논제들을 형식화해 놓기보다 오히려 예증해 놓는 일입니다. 이 책에서는 '공식 · 줄임말 · 컴퓨터용어 · 통계' 따위를 거의 쓰지 않습니다. 그 대신에, 많은 문제해결 사례와 예증사례, 그리고 많은 뒷받침 도표들을 담고 있습니다. 따라서 언어심리학자와 고급수준의 연구생들뿐만 아니라, 또한 앞에서 언급된 나머지 학문영역들에 관심을 둔 사람이면 누구한테나 쉽게 읽힐 수 있을 것입니다.

산더미 같은 관련문헌들을 두루 살펴 나가면서, 여러분이나 저 자신이나 '입에 담은 만큼만 소화시킨다'고 생각하여, 논의범위에 대해 다음과 같이 결단을 내렸습니다. 이 책에서는 어른들의 정상적인 자발적 발화산출을 집중적으로 다룹니다. 그러나 여기서 말소리와 언어의 신경학적 토대를 다루지는 않습니다. 이 책에서는 특히 실어증과 다른 관련 신경학적 장애도 전혀 거론하지 않습니다. 비록 이따금씩 읽기자료들이 이용된 실험에 대한 언급이 있겠지만, 읽기과정에 대해서도 논의하지 않습니다. '큰 소리 내어 읽기'(*reading aloud*)는 여러 가지 중요한 점에서 자발적으로 말하기와 차이가 납니다. 그러므로 자발적인 말하기의 조건들에 대하여 읽기과정에 대한 결과가 하나의 규칙으로서 일반화될 수는 없습니다. 말하기는 보통 '손짓 · 응시유형 · 몸짓' 따위가 수반됩니다. 이러한 언어-딸림 행위들도 의사소통에서 중요한 역할을 하지만 이 책에서 다뤄지지 않습니다. 마지막으로 빌헬름 분트(Wilhelm Wundt)와 카를 뷜러(Karl Bühler)와 다른 개척자들을 드문드문 언급함에도 불구하고, 이 책에서 말소리 및 말하기에 대한 연구사도 다뤄지지 않습니다.

사람들이 낱말을 운용하는 방식은 믿어지지 않을 만큼 대단합니다. 하지만 아직도 그 심리학적 세부내용들이 대체로 신비 속에 감춰져 있습니다. 불가피하게 이 책은 미완성일 수밖에 없습니다. 이 책에서 집중적으로 다루고 있는 영역도 이론적 논의가 충분치 않습니다. 저는 이 책보다 좀더 좋은 책이 나올 날을 손꼽아 기다립니다.

빌름 르펠트

▪ 대명사 용법에 대하여

영어에 있는 인칭 대명사 용법의 현재 혼란상에 대하여, 저자는 다음 관례를 따릅니다. 남성이든 여성이든 아니면 통칭이든 상관없이, 화자는 남성 대명사 표현을 쓰게 될 것입니다. 청자나 수신자는 여성으로 취급될 것입니다. 둘 또는 그 이상의 대화 상대방(즉 화자들 및 청자들)이 있을 경우에는, 첫 번째 사람이 남성으로, 두 번째 사람이 여성으로 쓰입니다. 그리고 계속 성을 바꿔 가면서 쓰게 될 것입니다. 언어 이해의 연구에 대한 근거가 주어지는 경우에 언어심리학에 있는 관례의 일반적 용법에 따라 인칭 지시표현을 대부분 여성으로 쓰게 될 것입니다.

▪ 전사에 대하여

저자는 국제 음성표기 기호의 전사 관례를 따를 것입니다. 이용된 음성 기호들은 이 책의 끝에 실어 둔 부록에 목록으로 들어 있습니다.

- 본문 중 영문을 우리말로 옮길 때에는 외래어 표기법을 따르지 않고, 현지 발음을 그대로 한글로 옮겨 적었다.
- 영어의 r 및 f 등은 롸/루, 퐈/퓌 등으로 표시하여 l 및 p와 구별하였다.
- 영어에서 "A, B, and C"로 나열된 것은 "A · B · C" 등으로 가운데온점을 찍었다.

말하기 1

그 의도에서 조음까지

차 례

2권 차례 말하기 2 : 그 의도에서 조음까지

제 1 장

정보처리기로서의 화자

말하기는 인간의 가장 복잡한 기술 가운데 하나이다. 이는 우리 인간에게만 국한된 독특한 기술인 것이다. 정상적인 아이들은 유아기에서부터 언어 습득을 시작한다. 이는 분명히 언어를 위해 유전적으로 주어진 기질에 의해 추진되는 것이다. 성숙된 기술로 발달하기 위해서, 어린 시절의 모든 기간이 소요된다. 이는 어린이 · 부모 · 동료 어린이 · 교사 · 그 언어 공동체의 다른 구성원들 사이에서 광범위한 상호작용을 필요로 한다. 실제로는 어떤 안정된 상태도 결코 존재하지 않는다. 성숙한 언어 사용자는 새로운 낱말이 필요하거나 새로 생기게 됨에 따라 자신의 어휘 수를 계속 늘려 나간다. 또한 어른 화자에게서도 수사학적이며 이야기를 풀어내는 어떤 능력들이 지속적으로 성장한다.

이 책은 이런 기술의 구성요소에 대한 것이다. 여기서는 화자를 여태껏 사뭇 신비한 방식으로 의도 · 사고 · 느낌 등을 유창하게 만들어진 말소리로 바꿔 낼 수 있는 어떤 고도의 '복합 정보처리기'로 간주할 것이다. 이런 기술을 하나씩 분해하여 살펴보는 것은 의당 어떤 과학적 노력에 관한 일이다. 특히 말소리의 기능 — 가리키기 · 요청하기 · 설명하기처럼 언어 사용자 한 사람이 말소리를 통해서 수행할 수 있는 의도적 행위의 종류 — 을 연구하는 것만으로는 충분치 않다. 또한 대화 참여자들 사이에 있는 입말 상호작용의 유형 — 즉 그들이 대화에 참여하고, 말할 기회를 얻어내며, 오해임을 나타내어 알려주는 등의 방식 — 들을 연구하는 것만으로도 충분치 않다. 대화 참여자로서 화자를 이해하는 일에 이것들이 매우 중요한 것도 사실이다. 실제로, 말하기 기술이 해부될 경우에는 이런 관점들이 무시될 수도 없다. 그러나 그것들만으로는 충분치 않은 것이다.

임의의 복합 인지기술에 대한 이론을 계발하는 일은, 하위체계 또는 처리 구성부문들로 그 체계에 대한 합리적 해부작업을 요구한다. 이는 또한 이들 처리기에 의해 연산된 표상과 그것들이 연산되는 방식에 대한 성격규명뿐만 아니라, 이들 구성부문들이 함께 최종 산출을 만들어내는 데에 어떻게 협력작동을 하는지에 대하여 구체적인 명세내역을 요구한다. 말하기 이론은 그런 여러 가지 처리 구성부문들을 포함할 것이다. 제1장에서는 발화산출 밑바닥에 깔려 있는 처리체계를 나누어 놓는 시도를 먼저 하게 될 것이다.

도입의 목적으로 저자는 화자가 어떤 간단한 발화를 산출하는 일에 대한 사례연구를 한 가지 제시할 것이다. 이 사례연구는 본질적으로 현상학적이다. 그렇지만 이론 의존속성으로부터 자유롭게 벗어나 있지는 않다. 그 목적은 발화산출 밑바닥에 깔려 있는 처리체계에 대한 기본틀을 짐작하기 위한 배경을 자세히 언급하려는 것이다. 그런 얼개는 제1장 2절에서 제안될 것이다. 이는 화자의 의도를 함께 외현적 말소리로 바꾸어 놓는 여러 가지 처리 구성부문들로 이루어져 있다.

이들 처리기의 본질에 대해서는 제1장의 3절과 4절에서 다시 다루어진다. 거기서 특히 처리 구성부문들이 전문화되어 있으며, 사뭇 자동적이며 무의식적인 방식으로 그 작업들이 수행된다는 점이 강조될 것이다. 저자는 발화산출 밑바닥에 깔려 있는 대부분의 구성부문들이

고도로 자동적이며 반사적인 방식으로 기능함을 논의할 것이다. 이런 자동성은 그 구성부문들이 병렬적으로 작동될 수 있도록 만들어 준다. 이것이 중간 간섭 없이 잘리지 않은 '유창한 발화'의 산출을 위한 주요 조건이 된다. 구성부문들 사이에서 이런 협력작동이 조직됨으로써 '점증적 산출'로 귀결되는 특정한 방식은 제 1장 5절의 주제가 된다.

이 책의 나머지 부분은 구조적으로 아주 단순하다. 기본적으로 제안된 기본틀의 구성부문들을 하나하나 따라가게 될 것이다. 어떤 것에 대하여 표현하고자 하는 화자의 애초 개념화로부터 시작하여, 궁극적으로 소리를 만들어 내는 적합한 발화까지이다. 그렇지만 그 여정을 헤쳐 나가기에 앞서서, 저자는 대화 참여자로서 '화자'에 대한 두 번째 개관 장을 마련하였다. 말하기와 관련하여 전형적인 환경 맥락—대화에서 화자의 참여—에 대한 시각을 잃어버린다면, 화자의 정보처리에 대한 많은 측면들이 올바르게 평가될 수 없는 것이다.

1. 한 가지 사례연구

분석될 사례는 스봐트뷕 · 쿼(Svartvik and Quirk 1980: 868)으로부터 가져왔다. 이는 남성들 사이에서 주고받은 이야기의 녹음이다. 녹음되어 있는 사람은 40세쯤 된 두 사람의 대학입시 관계자와 대학시험을 치르는 18살쯤 된 응시자이다. 입시 관계자들은 겉으로 보기에 셰익스피어에 대한 그 응시자의 지식을 시험해 보고 있다. 아래와 같이 말하기 순서 짝들이 나타난다.

Academic 1 : 〔e:m〕 … would you say Othello was〔e:〕 … a tragedy of circumstance or a tragedy of character.
(lapse)
Student : I I don't know the way … play WELL enough sir.
입시 관계자 1 : 〔엠 -〕 … 학생은 오셀로라는 작품이〔에:〕 … 주위환경의 비극이었다거나 … 또는 주인공의 비극이었다고 말하겠습니까?
(긴 침묵이 흐름)
응시자 : 저 저는 그 아극[1] … 아주 연극을 잘 알지 못합니다, 선생님.

여기서 분석의 표적은 응시생의 발화이다. 입시 관계자의 발화는 그 응시생으로 하여금 '오셀로'라는 비극에 대하여 특정 정보를 제공하도록 요구한다. 아마 그 입시 관계자에게 그런 지식이 없어서라기보다, 오히려 응시생의 식견에 대하여 알아내고 싶기 때문일 것이다. 그리고 이 점은 그 입시 관계자와 응시생 사이에서 서로 알려져 공유된 것으로

※ 이 책의 원래 각주는 모두 10개이며, 〈지은이 각주〉로 표시해 놓았다. 그 이외의 각주는 옮긴이가 달아 놓았다.

1) 여기 way는 오류의 예로 제시된 것이다. 아마 뒤에 나오는 강세 받은 WELL(아주)과 명사 play(연극)가 한데 합쳐져 잘못 나왔다고 보므로, 번역에서는 '아주'와 '연극'을 합쳐 놓은 '아+극'으로 적어 놓는다.

가정될 수 있다. 세 사람의 참여자는 모두 그 대화가 면접시험이며, 면접시험이 그들의 역할을 결정해 놓는다는 점을 알고 받아들였다.

그 응시생은 긴 침묵이 흐른 뒤에 자신의 발화를 시작하였다. 입시 관계자 1이 응시생에게 'Would you say … ?'(학생은 … 라고 말하겠습니까?)라고 질문을 던졌다. 그 상황은 협동하는 그 응시생에게 의무적으로 발언권을 갖도록 만들었다. 따라서 그 침묵이 그 응시생이 자기 자신 외의 다른 사람에게 그 발언권을 갖도록 기대하는 데에서 비롯되는 것일 수는 없다. 오히려 그 응시생은 심각한 정보 처리과정의 난관 속에 갇혀 있다. 그것이 어떤 종류의 처리일까? 가능한 대답을 추론하기 위하여, 그 응시생은 자신의 머릿속에서 그 연극에 관하여 아는 것이면 무엇이라도 인출해 내고 있었을까? 이는 그 응시생이 요구된 정보를 진술하라는 의도를 깨달았고, 그 정보를 추론하는 데 골몰하고 있었음을 의미할 것 같다. 하지만 면접시험에서 이것이 진행되고 있던 바는 아니었다는 증거가 있다.

그 응시생은 다음과 같이 입시 관계자 2가 아마 5분이나 10분 전에 거의 비슷한 질문을 던졌었음을 깨달았겠지만, 입시 관계자 1은 반복된 질문임을 명백히 깨닫지 못하였을 것이다.

> Would you call Othello a tragedy of circumstance or of character?
> (학생은 오셀로를 주위환경으로 인한 비극이나, 아니면 성격으로 인한 비극이라고 말하겠습니까?)

그 뒤 그 응시생은 잘 모른다고 말하였다.

> I don't know much about Othello, so I couldn't say.
> (저는 오셀로에 대하여 잘 모릅니다. 그래서 제대로 대답할 수 없습니다)

더욱이 이어진 대화에서 뒤따르는 다음 입시 관계자 2의 발언은

> Well which others would you characterize as tragedies of circumstance?
> (그럼 학생은 어떤 다른 작품을 주위환경으로 인한 비극이라고 분류하겠습니까?)

그 응시생에게 그 정답을 내어준 것일 수도 있고, 아닐 수도 있다. 올바른 답변을 찾아내기 위하여 그 응시생이 조금 일찍 제시된 논의를 기억하려고 애쓸 가능성도 있다. 하지만 그가 이와 같이 반복된 질문에 당황하였을 것 같고, 다른 조치를 고려했을 수도 있다(즉 그 질문이나 또는 비슷한 화행에 대하여 입시 관계자 2가 그 응시생의 답변기회를 가로막았음을 입시 관계자 1에게 상기시키는 일). 이런 해석에서는 '침묵의 흐름'이 두 면접관 사이에서 의도들의 갈등으로부터 생겨났다고 보는 것이다. 어떤 대응이 이뤄져야 할 것인가? 그 응시생의 최종 결정으로서, 분명히 공손함이 배어 있도록 하고, 입시 관계자 1이 세심히 주의하지 않았음을 암시하여, 그로 하여금 당황하지 않도록 하는 것이 옳았다. 그러나 이런 반응 대신에 그 응시생은 다시 자신의 무지함을 표현하였던 듯하다.

지금까지 이 분석에서는 어떤 발화를 계획하는 데에 화자가 자신의 다음 움직임에 대한 목적을 놓고서 결정을 내리는 애초의 단계가 있음을 시사한다. 이런 결정은 여러 다양한 요인들에 달려 있을 것이며, 궁극적으로 화자의 필요성·믿음·의무감 등에만 달려 있는 것은 아닐 것이다. 화자의 목적에 대한 선택은, 특히 대화에서 바로 이전에 말해진 내용과 관련된다. 그것들 가운데 몇몇 대목은 화자가 반드시 기억해 두어야 한다. 방금 다룬 사례에서, 그 응시생은 이전의 발언기회(즉 입시 관계자의 질문인 셰익스피어 연극에 대한 담화 주제)와 아마 오셀로 연극에 관한 더 앞서 나온 담화부분을 설명하였을 것이다. 하나의 발화를

계획하는 첫 번째 단계는 '의사소통 의도'에 대한 개념화이다. 이런 목적의 관점에서 적합한 수단들이 다 함께 모이도록 해야 할 것이다.

그 응시생의 발화를 다시 살피기로 한다. 공손하게 자신의 무지를 드러내는 일을 결정함으로써, 응시생은 그 의도를 전달하기 위하여 그가 표현해야 될 정보에 대하여 결정을 내려야 했다. 그 입시 관계자는 두 가지 대안을 응시생한테 남겨 주었다. 오셀로가 주위환경으로 인한 비극이라고 말하는 일, 그리고 인물의 성격으로 인한 비극이라고 말하는 일이다. 엄격히 말하여, 그 질문이 위의 두 가지 가능성을 제외하고서는, 응시생을 위해 다른 어떤 선택 가능성을 전혀 남겨 두지 않았다. 특히 면접관은 그 응시생이 정답을 몰랐을 가능성도 분명히 허용하지 않았다. 응시생의 지식을 점검하는 경우에는 면접 질문을 다음과 같이 풀어서 물었어야 했을 것이다.

> Do you <u>know</u> whether Othello was a tragedy of circumstance or a tragedy of character?
> (학생은 오셀로가 주위환경으로 인한 비극이었는지, 아니면 인물의 성격으로 인한 비극이었는지를 <u>알고 있습니까?</u>)

주어진 두 가지 선택 가운데에서 어느 것도 그 응시생의 의도를 표현하는 데에 선택될 수 없었다. 그 의도를 전달했을 법한 것은, 응시생으로 하여금 곧장 자신이 대답을 할 수 없었음을 입시 관계자에게 말하는 것이었을 듯하다. 이 대화의 면접시험 성격 때문에, 어떤 경우이든지 그 조건이 모든 사람의 마음속에 있었던 것이다. 그럼에도 불구하고, 그 응시생이 표현하려고 선택한 정보는 조금 달랐다. 그 응시생은 요구된 것보다 정보가 덜한 것을 표현하였다. 왜냐하면 그 응시생이

> I <u>cannot answer</u> your question.
> (저는 선생님 질문에 <u>대답할 수 없습니다</u>)

라고 말하지 않았기 때문이다. 동시에 그는 그 연극을 알지 못한다고 말함으로써, 요구된 것보다 좀더 많은 정보를 표현하였다. 왜 그 응시생이 자신의 의도를 전달하는 수단으로서 후자의 정보를 선택하였던 것일까?

두 가지 이유가 있을 듯하다. 첫째, 공손하게 대답하려는 결정이 주어지면, 그 응시생은 제 3의 선택을 전제할 듯한 정보를 직접 표현하는 선택을 거부할 가능성이 있다. 제 3의 선택이란 그 입시 관계자에 의해서 외현적으로 주어지지 않은 내용이다. 결국, 질문하는 사람이 듣는 사람에게 잠재적으로 모를 수도 있다는 점을 무시해 버리는 것은 약간 불손하다. 또한 대답하는 사람이 모르는 것을 왜 묻느냐고 면박하기 위해서 청자 배려의 공손성에서 어그러짐이 있었음을 암시하는 일도 불손할 듯하다. 오히려 그 응시생은 입시 관계자 1에게 자신이 그 질문에 대답할 능력이 없음을 추론하도록 답변하였다. 왜 'well enough'(아주 잘은) 라고 대답했을까? 그 대답이 표현된 정보에 대한 주된 함의이고, 따라서 불손함의 문제가 배경 속으로 사라져 버렸다. 둘째, 그 학생이 동시에 다른 어떤 것을 드러내고자 했을 수도 있다. "I don't know"(저는 모릅니다) 라는 솔직한 대답으로부터, 입시 관계자 1이 추론할 법한 내용과는 반대로, 그 학생이 오셀로를 알고 있다는 것이다.

표현을 위해 선택된 내용은 낱개의 원자적 존재가 아니라, 구조적으로 짜인 개념이었다. 이는 한 사람의 경험주 'me'(나) 로 구성되며, 나에게서 주제 X에 대하여 자신의 지식상태가 조건 Y를 만족시키지 않는다고 서술되어 있다. 단, 주제 X는 셰익스피어의 연극 '오셀로'이며, 조건 Y는 '그 특정한 유형의 비극을 추론하기에 충분하다'이다. 이런 선택은 또한 조건 Y를 상세히 설명하려고 하지 않는 화자의 결정을 반영하였다. 따라서 추론이 그 면접 시험관에게 남겨질 수 있게 되었다. 게다가 공손한 전달형식을 사용하는 결정도 있었는데, 'sir'(선생님) 로 표면화되었다.

그 표현이 의사소통 목표들을 구현할 수 있는 정보를 선택함으로써, 의사소통 의도를 화자가 정밀하게 하는 일은, 이 책에서 '거시적 설계'(*macroplanning*)로 불리게 될 것이다.

위에 있는 사례에서, 표현된 정보와 관련하여 취해진 다른 결정도 있었다. 그것들은 다음과 같다. ① 이전의 발언에서 지시대상이 'play'(연극)라고 명확하게 도입되었기 때문에, 축약되었지만 확정적인 형태로[2] '오셀로'를 가리키는 일이다. ② '오셀로'와 그것에 관한 그 응시생의 지식이 그 대답에서 언급되어야 하며, 문장 앞머리에 자리 잡아야 하는 주제였음을 알려 주는 일이다. ③ 'WELL enough'(아주 잘은) 처럼 문장의 끄트머리에서 어조 강세를 받는 모습으로 표현되어, 새로운 정보로서 그 연극에 대한 지식의 정도에 초점을 모으는 일이다. 이런 모든 결정이 어떤 방식으로든지 여태까지 진행된 그 담화에 대한 응시생 쪽의 담화기록 보관상태와 관련되었다. 그것들이 그 발화와 초점과 전달받는 사람의 관심을 끌 법한 방식에 대한 정보 서술관점을 결정해 놓았다. 이런 종류의 개념적인 계획 활동 — 즉 임의 발화를 위한 정보 관점을 계획하기 — 이 '미시적 설계'(*microplanning*)로 불리게 될 것이다.

지금까지 어떤 의사소통 의도가 지각된 이후에, 임의 발화에 대한 계획 짜기에서 두 가지 단계를 구분할 근거들을 살펴보았다. '거시적 설계' 동안에, 화자는 의도를 전달하기 위하여 그 표현이 한 가지 적합한 수단이 될 그런 방식으로 정보를 선별하고 밑그림을 떠 놓는다. 이 단계에서 화자는 자신의 의사소통 의도를 명시하고, 청자에게 자신의 의도를 드러낼 적합한 표현을 모아 배열한다. 이것이 '발화행위' — 즉, 어떤 특정 정보 내용뿐만 아니라 직접성 및 공손성을 놓고서 선택된 등급을 표현함으로써, 화자가 이행하려고 준비한 책임감(*commitment*)

2) '연극 오셀로'라고 표현하지 않고, 앞에서 도입되었으므로 줄어든 표현으로서 '오셀로'라고 제목만을 언급하거나, 또는 대명사 'it'로 줄여 표현할 수 있다는 뜻이다.

을 고정시킨다. 이들 정보 조각은 독립적이지 않다. 예를 들면, 에둘러 표현할지, 직접적으로 표현할지에 대한 직접성의 정도는, 표현될 내용에 영향을 미치는 것으로 보인다. 두 번째 단계인 미시적 설계에서는, 지시대상들의 정보 상태를 청자에게 이미 주어져 '알려진 것' 또는 '새로운 것'으로 표시하며, 주제와 초점을 배당한다. 화자는 다른 여러 가지 일을 하면서 이런 모든 정보를 서술관점 속으로 가져온다.

그 응시생은 이런 매우 구조화된 정보 꾸러미(이는 '메시지'로[3] 불리게 됨)를 어떤 종류의 발화, 즉 구 형태나 생략된 문장 형태로 내보내야 했다. 그 응시생은 'I'(저는)로 시작하였고, 여전히 머뭇거림이 있었다. 표현하게 될 정보에 대하여 최종 결정이 나지 않았을 가능성도 있지만 — 결코 정확히 알 수는 없을 것임 — 긴 침묵이 뭔가 하도록 만들었다. 어쨌거나 'I'(저는)가 다시 나타났다. 이는 표현될 개념구조에서 경험주 'me'(나)를 가리키는 '지시표현'(*deictic*, 直示) 용어이다. 더욱이 소유격 'my'(나의)나 소유 대명사 'mine'(나의 것)이나 대격 'me'(나를)가 아니라, 주격 'I'(저는)로 되어 있다. 이는 화자가 그 문장의 문법적 주어로서 그 대명사를 선택하였음을 가리킨다. 이런 선택이 경험주를 담화의 알려진 주제로 취급하는 일을 정당하게 만든다. 곧, 그 입시 관계자가 말한 'you'(자네)에 대한 반응이다. 'you'에 대하여 바로 설명이 주어져야 하는 것이다. 그 선택이 또한 분명히 그 화자가 다음에 할 수 있는 바를 제약한다. 그는 반드시 'I'(저는)를 문법상의

3) message(전달 내용)는 심사위원의 지적을 받아들여 외래어 '메시지'를 쓰기로 한다. 아마 말뭉치를 검색해 보면 이 외래어에도 여러 가지 속뜻이 들어 있을 것으로 생각된다. 특히, 전혀 언어 표현과 관계없이, 몸짓 · 눈짓 · 손짓 · 얼굴 표정 따위의 행동으로도 어떤 메시지를 주고받을 수 있을 것이다. 그렇지만 심사과정에서 '전달 내용'이라는 번역어를 수정하도록 지적이 있었다. 이 책이 언어산출 과정에 국한하여 다루고 있으므로, 여기서 message(메시지)는 화자가 '말하려고 하는 내용'을 가리키는데, 특히 채 언어로 포장되지 않은 '개념 차원의 것'이다.

주어로 허용하는 동사를 한 가지 선택해야 한다. 실제로 그 화자가 갑작스럽게 그리고 필요한 정보가 이용 가능하게 만들어지기 전에 'I'를 말하기 시작하였더라면, 이런 제약이 'I'에 대한 머뭇거림을 설명할 수도 있다. 그 화자는 주동사로서 'know'(알다)를 선택하였다. 이는 '지식의 상태'에 대한 개념을 표현한다. 잠시 'don't'(않다)를 젖혀 두고서, 그 학생이 'know'(알다)의 문법상의 목적어로서 그 지식 상태의 실체인 셰익스피어의 연극 '오셀로'를 깨달았음을 관찰하기 바란다. 실제로 그는 그 개념을 줄어든 형태로 표현되는 명사 'play'(연극)로 담아 넣었다. '기준 Y를 만족시키지 못하고' Y를 생략하면서, 개념화의 마지막 부분이 하나의 부사구로 담겨졌다. "(not) WELL enough"(아주 잘은… 못하다)이다. 그 학생은 자신의 발화를 끝내기 위하여, 남성 청자에 대하여 어떤 공손한 전달 형식에 접속하였다. 관례적인 'sir'(선생님)이다.

화자가 정보꾸러미를 입말 낱말들로 표현되도록 담아 넣는 방식은, 물론 저자가 '머릿속 어휘부'(*mental lexicon*) — 한 개인의 언어에 있는 낱말들에 대한 정보창고 — 라고 부르게 될 부서로부터 어휘항목을 인출하게 된다. 화자는 개념구조의 일부를 이용하여, 낱말창고로부터 적합한 낱말들 — 즉, 의도된 의미를 올바르게 표현하는 어휘항목들을 인출한다. 하나의 어휘항목은 복합적 개체이다. 의미에 바탕을 두고서 인출되지만, 거기에 더하여 통사 · 형태 · 음운 정보를 담고 있기 때문이다.

제 6장과 제 7장에서 논의되겠지만, 화자들은 낱말의 소리에 대하여 크게 고려하지 않은 채, 임의 발화의 '얼개'를 구성한다는 증거가 있다. 의미정보와는 별도로, 사람들은 이 얼개를 꾸려내기 위하여 인출된 항목들에 포함된 통사정보, 그리고 때로 형태정보의 여러 측면들을 이용한다. 이런 한 항목의 어휘 정보에 대한 비-음운적 부분은 그 항목의 '레마 정보'(*lemma information*)라고 불리거나 또는 간단히 '레마'

(*lemma*) 라고[4] 불리게 될 것이다. 따라서 화자가 하나의 '레마'(*lemma*)를 인출하였다고 말할 경우에, 우리는 한 낱말의 통사정보 구성과 관련하여 그 화자가 저장된 정보의 측면들에 접속하였음을 의미한다. 예를 들어, 앞에서 응시생 화자가 자신의 발화에서 사용한 낱말 'know'(알다)를 택해 보기로 한다. 'know'의 레마는 경험주 역할을 표현하는 주어와 알려진 내용을 표현하는 목적어(또는 보충어)를 요구하며, 이들 문법요소들이 실현되어야 하는 어떤 특정한 순서가 있다. 우리가 '문법 부호화'(*grammatical encoding*) 라고 부르게 될 어떤 과정에 의해서, 그 화자는 표현될 개념들에 대한 적합한 '레마'를 인출하고, 올바른 순서대로 그 '레마'를 배열한다. '기준 Y를 만족시키지 않음'에 있는 부정 요소가 조동사로 담겨져서, 결국 'don't'(-지 않다) 로 산출되는 것이 이 과정의 일부일 것이다. 게다가 문법 부호화 동안에 특정 자질들이 '레마' 속으로 배당된다. 그것들은 확정적이며(연극에 대하여 'the

---

4) 《옥스퍼드 라틴말 사전 *Oxford Latin Dictionary*》(1982) 에는 레마(lemma) 가 "a theme or subject; a title"(소재나 주제, 제목) 로 풀이되어 있다. 애셔(Asher) 편(1994: 권3 1437면 이하) 《언어 및 언어학 백과사전 *The Encyclopedia of Language and Linguistics*》에 보면, 라틴말을 공부하던 중세 시대에 어려운 낱말을 레마로 부르고, 그 풀이말을 글로스(gloss) 라고 불렀다고 한다. 곧 레마란 "word requiring explanation"(쉽게 풀어 주어야 할 낱말) 의 의미를 지녔다. 복수는 lemmata로 올라 있지만, 이 책에서는 'lemmas'로 쓰고 있다. 이 책에서 의도하는 레마의 의미는 사전의 이런 풀이와는 조금 다르다. 언어산출 과정의 초기에 전혀 소리에 대한 정보가 없이 정보가 꾸려지는 점에 착안하여, 그 정보의 개별 단위를 가리키는 것이다. 촘스키(Chomsky) 문법에서는 하나의 어휘가 자신의 하위 범주화 내용을 투영(*project*) 하여 문장을 만들어 낸다고 가정한다(이를 '어휘 투영'이라고 부름). 이 과정에서 소리에 대한 정보만을 제외해 놓은 한 낱말의 하위 범주화 내용이 문장의 구조를 만들어낸다. 하위 범주화 내용이 주로 통사의 배열과 관련된 정보를 염두에 두고 있지만, 여기서는 의미정보까지도 포함한다. 따라서 레마를 우리말로 쉽게 새긴다면 '어휘의 통사·의미값' 정도가 될 것이다. 제6장 1절에 있는 〈그림 6-2〉에 쉽게 그림으로 레마가 무엇인지를 표시해 놓았다. 그렇지만 이 번역에서는 심사위원의 의견을 존중하여 외래어로 써 둔다. 제6장 1절 5항에 Kempen and Huijbers(1983) 에서 처음 이 용어가 쓰였다고 언급되어 있다.

play'가 됨), 강세 억양을 받아야 하고('WELL' 아주), 특정한 격을 가져야 한다(가령 'I'라는 주격 형태)는 것 등이다. 표현될 정보를 낱말들로 담아 넣는 일에서, 이런 애초의 움직임은 '표면구조'(*surface structure*)라고[5] 불리게 될 내용을 만들어 낸다.

그렇지만 말하기 오류인 'way'(아+극, well+play)가 어떻게 나타날 수 있었을까? 'way'(아+극)라는 레마가 활성화되기 위해서는, 화자가 그 의미를 생각하고 있어야 한다. 그 화자가 아마 'I don't know the way'(저는 그 방식을 알지 못합니다)와 같은 어떤 것을 생각하였을 것이다. 그렇지만 만일 위 현상이 옳다면, way의 의미는 그 메시지의 일부가 아니었고, 따라서 그 레마가 '표면구조'로 실현되지도 않았다. 그 오류는 아마 그 낱말들의 음운형식이 접속되었을 때 생겨났을 것이다. 'way'가 WELL(아주) 및 play(연극)의 혼합된 소리 실현(w+ay)의 결과라고 가정하는 것도 무리가 아니다. 시간상으로 중요한 시점에서, 그 학생은 자신의 표면구조에서 이용 가능한 두 가지 레마를 모두 갖고 있었으며, 그 음운유형의 활성화에서 사소한 시간 엇갈림이 그 혼합을 초래하였다. way(아+극)가 강세를 받지 않았음에 주목하기 바란다. 오히려 play(연극)에 대해 의도된 평탄한 운율을 수반하였고, WELL(아주)이 받아야 하는 치올라간 강세는 아니었다. 그런 말하기 오류들은 '음운 부호화'(*phonological encoding*)의 독립된 차원을 구분해 놓기 위한 중요한 논거이다. 표면구조에서 레마를 위한 음운형식들을

5) '표면구조'라는 용어는 촘스키(Chomsky) 교수가 통사론에서 1960년대부터 '심층구조'(*deep structure*)와 대립되는 내용으로 써 왔다. 따라서 이런 전통 때문에 오해가 빚어질 소지가 있다. 여기서는 어휘가 지닌 '레마'(*lemma*)들이 모두 충족되고, 일치와 시제와 서법과 같이 한 문장이 지녀야 할 자질(이를 제 6장에서는 '특수 구별자질 매개인자'로 부름)들까지 채워진 결과물을 가리킨다. 이는 다시 소리를 만들어 내는 부서로 들어가게 된다. 이렇게 매개해 주는 역할을 고려하여 '중간매개 표면구조'로 써 볼 수도 있겠다. 그렇지만 너무 길다는 점이 흠이다. 여기서는 부득이 '표면구조'로 번역하지만, 이는 문법 부호화 층위와 음운 부호화 층위를 매개해 주는 산출물임에 유념할 필요가 있다.

인출한 뒤에, 화자는 그 발화에 대하여 '음성계획'이나 '조음계획'을 세울 수 있다.

앞의 대화에 대한 녹취기록은, 우리들에게 그 발화가 실제로 어떻게 소리가 났는지에 대해 말해 주지 않는다. 어떤 특정한 강세와 소리 세기의 윤곽을 지니고서 그 발화는 전달될 것이고, 그 응시생의 독특한 특징을 보여줄 것이다. 그리고 연속된 발화들 사이에 어느 정도 혼합이나 또는 '동시조음'(*co-articulation*)이 이뤄질 것이다. 그 발화의 이런 모든 특징과 그리고 많은 다른 특징들은 화자의 조음에 대한 여러 측면이며, 미묘하게 조율된 성대의 근육운동에 의한 음성계획의 실행인 것이다.

마지막으로 그 응시생 자신이 'play'(연극) 대신에 'way'(아+극)를 잘못 말했음을 스스로 깨달았다는 점도 사소한 일이 아니다. 사실 그 응시생은 그것을 말한 뒤에 곧바로 그 잘못을 깨달았다. 그는 말하기 흐름을 멈추었고, 짧은 순간의 침묵이 있었으며, 그 오류를 고쳐진 내용으로 대치하였다. 그 응시생이 뭔가 잘못되었다는 것을 어떻게 알아내었을까? 말하는 것을 스스로 듣고서, 'way'(아+극)가 자신이 말하려고 의도하였던 것이 아니었음을 깨달았을까? 아니면, 심지어 자신의 말을 들어보지도 않은 채 그 오류를 찾아내었을까? 그리고 그 응시생이 'way'(아+극)를 하나의 구성성분이 되는 'the play'(그 연극: 명사구)나 또는 'know the play'(그 연극을 알다: 동사구)가 아니라, 왜 구성성분을 이루지 못하는 'play'(연극)로만 바꾸었을까? 하여간, 화자가 자기 자신의 말소리를 점검하고, 거기에 따라 대상들을 적합하게 만드는 어떤 방식이 존재한다. 더욱이, 대화에서 대화 상대인 청자는 뭔가 분명하지 않았음을 말해 주거나(eh? 어?), 계속 말을 이어도 좋다거나(mhm 음), 또는 발언기회를 얻기 위해 기다린다는 등의 여러 신호를 화자한테 내보낸다. 이런 것들은 대부분 응시하는 눈빛이나 몸짓에 의해 수행될 수 있다. 자신의 발화를 내보내는 동안에, 화자는 지속적으로 자기 자신과 대화 상대방을 점검하게 된다. 이는 화자가 하고 있는 바를 되짚어 보게 만든다.

그 응시생의 발화는 면접시험에서 자신에게 많이 도움이 되지 않았을 수도 있겠지만, 화자가 임의의 발화를 산출하는 데에 포함된 여러 다양한 단계들을 구분하는 데 도움을 많이 주었다. 목적에 대한 애초 선택이 존재하고(의도 붙들어내기), 이 의도를 대화 상대방에게 분명해지도록 만들어 주기 위한 수단들의 선택이 존재한다. 이런 개념상의 과정들은 화자의 동기 상태, 대화 상대방과의 공유된 지식, 그리고 특히 화자의 '담화 진행 기록'에[6] 달려 있다. 이것들이 표현될 임의의 '메시지'를 만들어낸다. 더욱이 선택이 이뤄져야 할 좀더 특별한 언어적 단계들이 존재한다. 낱말들이 접속되어야 하고, 개념들과 그것들의 관련을 하나의 문법적 표면구조로 담아 넣는 통사 형태가 구성되어야 한다. 차례차례 이들 표면구조는 화자의 조음기관에 지시 명령을 내보내는 '음성계획 짜기' 속으로 전개되어야 한다. 이 모든 과정의 꼭대기에서, 화자는 명백하게 자신이 실행하고 있는 바를 점검하고, 필요할 경우에 개선해 나가는 것이다. 다음 절에서 하나의 얼개가 제안될 것이다. 거기에서 이들 처리 개념들이 다 함께 다루어진다.

---

6) '담화 진행 기록'(*discourse record*)이란 지금까지 어떤 담화 내용으로 무엇이 말해졌는지에 대한 화자의 기억 내용을 가리킨다. 제 4장에서는 'bookkeeping'(장부 기록)과 'account book'(회계 장부)으로도 부른다. 이들은 모두 담화 전개에서 비슷한 낱말들을 섞어 쓰는 '어휘 사슬'(*lexical chain*)을 이룬다. 이하에서는 모두 동일하게 '담화기록'으로 번역해 둔다.

2. 화자에 대한 청사진

유창한 말소리의 산출에 포함된 다양한 과정들을 놓고서 〈그림 1-1〉에서는 몇 영역으로 나뉘어 구분된 모습을 제시한다. 그것은 여러 개의 처리 구성부문으로 이루어져 있다. 그것들은 각각 어떤 특정한 입력물을 받아들이고 어떤 특정한 출력물을 산출한다. 한 구성부문의 출력물이 다른 구성부문의 입력물이 될 수도 있다. 뒤에 이어지는 절

〈그림 1-1〉 화자에 대한 청사진

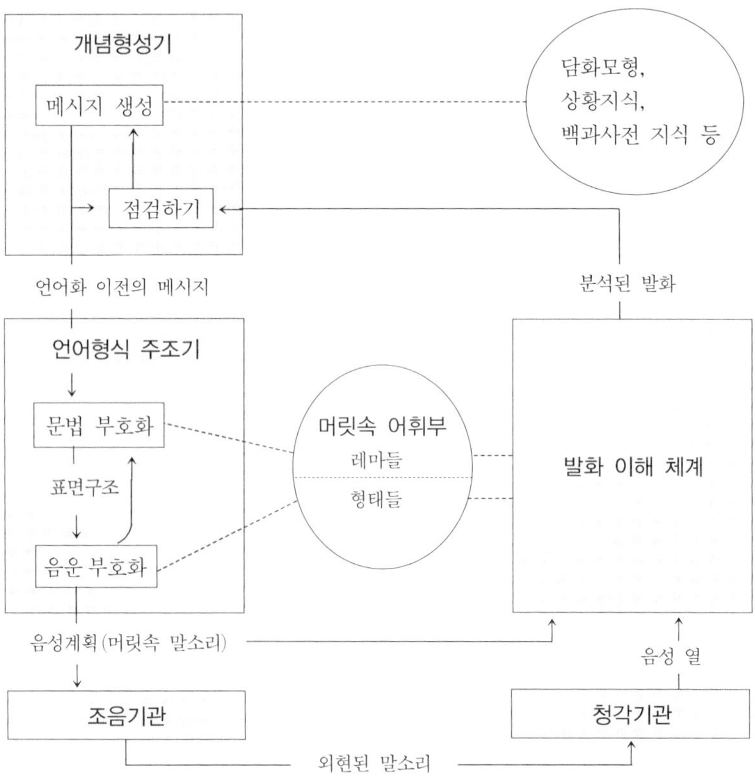

* 네모상자는 처리 구성부문을 나타내고, 타원은 지식 창고를 나타냄.

들에서는 이 그림으로 보인 정보 흐름을 제시하기 위한 어떤 예비적 동기들이 논의될 것이다. 그에 앞서 우선 상이한 처리 구성부문들이 소개되어야 할 것이다.[7)]

1) 개념 형성하기

의도 행위의 하나로서 말하기는, 의도를 붙잡는 일, 이 목적의 실현을 위하여 표현될 관련 정보를 선택하는 일, 표현을 위해 이 정보를 순서 짓는 일, 이전에 무엇이 말해졌는지를 되짚어 보는 일 등을 포함한다. 이들 행위는 끊임없는 화자의 주의력을 필요로 한다. 더욱이 화자는 자신이 말하고 있는 내용과 방식을 점검하면서(제 1장 2절 4항을 보기 바람) 그 자신의 산출에도 주의를 기울일 것이다. 이런 정신 활동들의 총합이 '개념 형성하기'라고 불릴 것이며, 가끔 하위의 관련 처리체계가 '개념형성 기관'(*conceptualizer*)으로 불릴 것이다(추가설명이 필요할 경우에 이것이 더 구체화될 것인데, 물론 행위 주체로서 화자의 아주 이질적인 측면들을 포함하여 우리는 고도로 개방된 체계를 다루고 있다). 개념 형성하기의 산출물은 '언어화 이전의 메시지'(*preverbal message*)로 불릴 것이다.

하나의 메시지를 부호화하기 위하여, 화자는 반드시 두 종류의 지식에 접속해야 한다. 첫 번째 종류는 '절차'(*procedural*) 지식이다. 이는 'IF X, THEN Y'(만일 X이면, Y이다, 입력물 X가 들어오면, 출력물 Y를

---

7) Levelt(1999:87) "입말 산출하기: 화자에 대한 청사진 Producing spoken language: a blueprint of the speaker," in Brwon and Hagoort, eds. 《언어에 대한 신경인지론 *The Neurocognition of Language*》(Oxford Univ. Press)에서는 이 그림과 조금 다른 모형을 제시한다(골자는 동일함). 거기에서는 개념 형성기에 '문법 부호화 장치'가 포함되어 있다. 이를 거쳐 나온 '표면구조'가 각각 형태-음운 부호화 장치, 음성 부호화 장치, 조음기관을 거치게 된다. 맨 뒤에 있는 옮긴이 해제(561쪽)에 실어 놓은 것을 참고하기 바란다.

내보낸다)[8] 라는 형식을 갖는다. 예를 들면 다음과 같다.

> IF the intention is to commit oneself to the truth of p, THEN assert p.
> (만일 의도가 p의 참값을 옳다고 받아들이는 것이라면, p를 단정한다는 출력을 내보낸다)

여기서 p는 화자가 사실로 표현하려고 하는 어떤 명제이며, 가리켜진 절차는 그 명제에 대한 단정을 수립해 놓는 것이다. 개념 형성기와 그 메시지 생성기관은 그러한 '조건-행위'(입력-출력) 짝의 구조적 체계로 여겨질 수 있다. 여기에 대해서는 제 1장 3절에서 다시 살펴보게 된다. 이런 절차들은 '작업 기억'(*Working Memory*)으로 불리는 곳에 그 결과들을 저장해 둔다(Baddeley 1986). 작업 기억은 현재 화자에게 접속 가능한 모든 정보를 담고 있다. 즉 메시지 생성 절차들에 의해서 또는 절차들을 점검하는 일에 의해서 과정별로 처리될 수 있는 모든 정보를 담고 있는 것이다. 이는 화자가 '주의력을 기울이는' 정보이다.

두 번째 종류의 지식은 '서술'(*declarative*) 지식이다. 한 가지 주요한 종류의 서술지식은 '명제' 지식이다. 예를 들면, 위에서 변항 p에 다음

---

8) 이를 computation(연산)이라고 부른다. 입력이 들어가면, 출력이 나오는 관계이다. 흔히 'X→Y'로 표시한다. 인간의 정신이 연산 체계로 구현될 수 있음을 처음 체계적인 논의를 한 사람은 영국 수학자 튜링(Turing, 1912~1954)이다. Turing(1950) "계산 기계 및 지능 Computing Machinery and Intelligence" *Mind*(vol. # 59)에서, '입출력 기관·기억 창고·연산처리기관'을 갖추면, 비로소 임의의 개체가 지능을 갖추게 된다고 보았다. 그의 생각은 우주의 어떤 존재이든지 지능을 갖춘 존재에 모두 적용될 것이라고 가정된다. 따라서 이를 '보편 튜링 기계'(*Universal Turing Machine*)라고 부르기도 한다. Herken(1995) 편 《보편 튜링 기계: 반세기의 연구 *The Universal Turing Machine: A Half-century Survey*》(Springer-Verlag)와 Shieber(2004) 편 《튜링 검사: 지능 검증으로서의 입말 행위 *The Turing Test: Verbal Behavior as the Hallmark of Intelligence*》(MIT Press)를 보기 바란다.

과 같이 값이 주어질 수 있다.

> "Manhattan is dangerous."
> (뉴욕의 맨해튼은 위험하다)

이것이 명제지식의 한 단위이다. 화자는 대규모 분량의 서술지식에 접속한다. 우선 그 지식은 화자가 일생을 살아가는 동안에 세워진 세계 및 자기 자신에 대한 구조화된 지식을 담아둔 '장기 기억'(*Long-Term Memory*) — 또한 백과사전 지식으로도 불림 — 에서 이용 가능하다. 그러나 또한 현재의 담화 상황에 대한 서술지식도 있다. 화자는 대화 상대방에 대하여, 그들이 어디에 있고, 그들이 누구인지를 깨달을 수 있다. 더욱이 화자는 대상물의 시각적 배열과 주변 환경에 대한 청각 정보 등에 대한 현실을 직접 지각할 수 있다. 이런 상황지식도 또한 메시지를 부호화하는 데 쓰이게 될 서술지식으로서 접속될 가능성이 있다. 마지막으로 화자는 상호작용 과정 동안에 자신 및 다른 사람들이 말한 내용을 되짚어 볼 것이다. 이것이 화자 자신의 '담화 진행 기록'(*discourse record*, 담화기록)이다. 이것들 가운데 아주 작게 초점을 맞춘 부분만이 화자의 '작업 기억' 속에 들어 있다. 〈그림 1-1〉에서 타원 속에 있는 것은 서술지식을 나타낸다. 절차지식은 그 도표 속에서 독립적으로 표현되지 않았다. 절차지식은 처리기 그 자체의 일부이며, 이것들은 네모상자로 주어져 있다.

화자가 위에 있는 'IF X, THEN Y'(입력 X가 들어오면, 출력 Y를 내보낸다) 절차를 명제 "Manhattan is dangerous."(맨해튼은 위험하다)에 적용할 경우, 메시지는 그 명제에 대한 단정이 될 것이다. 산출된 메시지가 '개념 형성기'의 유일한 출력물이 아니다. 이는 또한 다음 처리 구성부문에 대한 입력물이며, 관련 부서는 '언어형식 주조기'로 불릴 것이다. 제 4장 4절 5항에서 보게 되겠지만, 언어형식 주조기는 오직 어떤 언어의 특정 조건들을 만족시키는 메시지만 처리 조절할 수 있다. 따라서 개념 형성기의 적합한 출력물이 언어형식 주조기에 의해 입력물로서 받아들여질 수 있다.

이미 우리는 언어화 이전의 메시지에 대한 계획 짜기에서 두 단계를 구별하였다. 거시적 설계와 미시적 설계이다. '거시적 설계'는 어떤 의사소통 목적을 일련의 하위 목표들 속으로 정교하게 집어넣고, 이들 하위 목표를 각각 구현하기 위하여, 표현될 정보에 대한 인출을 포함한다. '미시적 설계'는 올바른 명제 모양새를 각각 이들 정보의 '덩이'(*chunks*)들에 배당할 뿐만 아니라, 또한 수신자의 주의력 기울임을 이끌어 갈 정보 서술관점도 배당한다.

2) 언어형식 주조 : 문법 부호화 및 음성 부호화

언어형식을 주조하는 구성부문 혹은 언어형식 주조기(*Formulator*)는, 메시지 조각들을 특징적 입력물로서 받아들이고, '음성'(*phonetic*) 계획 또는 '조음'(*articulatory*) 계획을 출력물로서 산출한다. 달리 말하여 언어형식 주조기는 개념구조를 언어구조로 번역한다. 이 번역은 두 단계로 진행된다.

첫째, 메시지에 대한 '문법 부호화'(*grammatical encoding*) 과정이 존재한다. 문법 부호화 장치는 레마 접속을 위한 절차와 통사 구성 절차로 이뤄진다. 화자의 레마 정보는 서술지식이며, 화자의 머릿속 어휘부 속에 저장되어 있다. 한 어휘 항목의 통사 정보는 그 어휘항목의 '의미'(*meaning*) 또는 '내포 의미'(*sense*)[9] —즉 그 낱말과 어울리는 개

9) sense(내포 의미)라는 개념은 한 낱말이 다른 낱말과 관련된 내적 의미이다. 이 개념은 수학자 프레게(Frege, 1848~1925)가 본격적으로 구별하였다. 한 낱말은 두 가지 측면의 의미를 지닌다. 하나는 세계 속의 실제 대상을 가리키고(reference '외연 의미'라고 부름: 이 책에서 쓰는 reference '지시내용'과는

념 — 를 담고 있다. 그런 정보에 대한 두 가지 예를 들면 다음과 같다. 'sparrow'(참새)는 특정한 어떤 종류의 새이다. 'give'(주다)는 어떤 행위주 X를 포함하는데, 어떤 소유물 Y를 행위주 X로부터 받는 사람 Y한테로 가게 만든다. 또한 각 낱말에 대한 '통사론'은 그 레마 정보의 일부이다. 레마 'sparrow'(참새)는 셀 수 있는 명사로 범주화된다. 동사 'give'(주다)는 'John gave Mary the book'(존이 그 책을 메리를 주었다[10])에서처럼 행위주 X를 나타내는 주어와 소유물 Y를 나타내는 직접 목적어와 받을 사람 Z를 나타내는 간접 목적어를 취할 수 있는 동사로 범주화된다. 레마는 그 의미가 언어화 이전 메시지의 일부와 부합될 경우에 활성화된다. 이것은 그 통사가 이용 가능해지도록 만들 것이며, 차례로 특정한 통사 구성 절차를 불러내거나 활성화할 것이다. 예를 들어 레마 'give'(주다)가 그 메시지의 개념구조에 의해 활성화될 경우, 통사 범주 V(동사)가 '동사구-구성' 절차를 불러낼 것이다. 문법 부호화 장치 속에 저장된 이 절차지식은 'gave Mary the book'(그 책을 메리를 주다)에서와 같이 동사구를 구성하는 데 이용된다. 문법 부호화 장치에는 또한 명사구(가령 the sparrow 그 참새)・전치사구・절 등을 구성하기 위한 절차들도 존재한다.

모든 관련 레마들이 접속되고 모든 통사 구성 절차들이 자신의 일을 이행한 경우에, 문법 부호화 장치(*Grammatical Encoder*)는 '표면구조' — 여러 구와 여러 종류의 하위 구들로 묶인 레마들의 순서 열 — 를 산출한다. 다음의 표면구조 열[11] 'John gave Mary the book'(존이 그

다름), 다른 하나는 낱말들 사이의 상관성을 가리킨다(sense '내포 의미'라고 부름). 정대현(1987) 편 《지칭》(문학과 지성사, 31~58쪽)의 번역 "뜻과 지시체에 관하여"를 참고하기 바란다.

10) 이를 이중 대격(*ditransitive*) 구문으로 부르며, 여격 구문 'gave the book to Mary'(메리에게 그 책을 주었다)와는 다른 속뜻을 지닌다. 즉 주는 과정이 끝나서 그 결과 메리가 그 책을 갖고 있다는 속뜻이 들어 있다. 이중 대격을 보이기 위하여 번역에서 일부러 '를'을 두 번 집어넣어 둔다.

책을 메리를 주었다)은 구성성분 John(문장의 주어인 명사구)과 gave Mary the book(그 서술어인 동사구)을 갖고 있는 '문장' 유형이다. 차례로, 동사구는 주동사, 그리고 직접 목적어와 간접 목적어인 두 개의 명사구로 이뤄져 있다. 문법 부호화 절차들은 중간 결과물을 임시저장고에 보관한다. 이를 '통사 임시저장고'(*Syntactic Buffer*)라고 부를 것이다.

둘째로, '음운 부호화'(*phonological encoding*) 과정이 존재한다. 그 기능은 각 레마를 위한, 그리고 전체적으로 그 발화를 위한, 음성계획 또는 조음계획을 인출하거나 세워 놓는 것이다. 음운 부호화 장치(*Phonological Encoder*)에 의해 접속이 이뤄지는 정보의 주된 원천은 '어휘 형태'이다. 이는 임의 항목의 내적 구성성분(*internal composition*)에 대한 어휘 정보이다. 레마 정보와는 별도로, 어휘부 속에 있는 임의의 항목은 형태 및 음운에 대한 정보를 담고 있다. 예를 들면, 'dangerous'(위험스러운)는 어근 danger(위험)와 접미사 ous(-스럽다)로 이루어졌다. 세 개의 음절을 갖고 있는데, 첫 음절에 강세가 오며, 첫 번째 분절음이 /d/이다. 여러 가지 음운 절차들이 인출된 형태정보를 수정하거나 더욱 구체화할 것이다. 예를 들면, 다음과 같은 부호화에서,

---

11) 이 책에서 쓰이는 관련 용어는 string, sequence, stretches, serial ordering 등이다. string을 전산학에서 '문자열'로 번역한다(원래 string은 끈이나 실을 가리킴). 이는 선조적 배열을 지닌 임의의 연결체로서, 한 줄로 이뤄진 사슬로 생각할 수 있다. 여기서는 문자만이 아니라 정보들이 선조적으로 이어져 있는 것도 가리키므로, 수식어 없이 '열'(列)로 번역해 둔다. 바로 앞 문장에서는 'ordered string'(순서 잡힌 열)이란 말이 쓰였다. 이는 sequence(순서 열)라는 용어와 동일한 뜻이다. 비슷한 용어로서 serial ordering(순차적 차례 짓기)도 쓰이고 있다. 수학 용어집에서는 serial을 '계열적'으로 번역하고, 전산학 용어집에서는 '직렬적'으로 번역한다. 이는 linear(선조적, 일직선의)이란 말과 같은 뜻이다. 여기서는 '순차적'이라는 말을 쓸 것이다. 한편 더 뒤에 가면 'stretches'(확장 연결체)라는 용어도 쓰인다. 이는 엄격하게 범위가 정해져 있지는 않으나, 이야기 연결체까지 포괄하는 크기가 더 넓혀진 열을 가리킨다.

John gave Mary the book

/buk/이라는 음절에 추가적 강세가 주어질 것이다.

음운 부호화의 결과는 '음성'(*phonetic*) 계획 또는 '조음'(*articulatory*) 계획이다. 이것이 아직 외현적 말소리는 아니다. 이는 계획된 발화가 어떻게 조음되어야 하는지에 대한 표상, 즉 조음 프로그램에 대한 내적 표상인 것이다. 주저되는 대목이 없지 않지만, 저자는 대안으로 이 표상을 '내재적 발화'(*internal speech*) 라고 부를 것이다. 물론 이 낱말이 전문 기술용어 '음성계획'(*phonetic plan*) 과 동등한 내용으로 이용될 경우에는, 어떤 일상적 함의를 잃어버릴 가능성도 있다. 특히 유창하게 발화해 나가는 과정에서 종종 화자는 자신의 음성계획을 의식하지 못할 것이다. 하지만 '내재적 발화'라는 용어는 어느 정도의 의식 내용을 바닥에 깔고 있다(McNeill 1987). 이를 언급하는 좀더 자세한 방식은, 화자에 의해 주의가 기울여지고 해석되는 한, 즉 화자에 의해서 그것이 분석되는 한(아래 논의를 보기 바람), 내재적 발화는 음성계획이라고 말하는 것이 될 듯하다. 의식이 들어 있지 않은 경우에 저자는 이런 섬세한 구분을 무시할 것이다. 이런 언어형식 주조기의 최종 산출물은, 다음 처리 구성부문인 조음기관의 입력물이 된다.

3) 조음하기

조음하기는 '호흡기관 · 후두 · 상위-후두 체계'들의 근육운동에 의한 음성계획의 실행이다. 언어형식 주조기가 곧바로 정상적인 조음비율로 음성계획들을 공급하는지에 대해서는 분명치 않다. 실제로 내재적 발화의 생성이 조음실행보다 다소 앞에 있을 가능성이 있다. 그러한 비-동시성(*asynchronies*) 을 처리하기 위하여, 음성계획이 임시로 저장될 수 있어야 할 것이다. 이런 저장기관은 '조음 임시저장고'(*Articu-*

latory Buffer) 라고 불린다. 조음기관은 이어져 있는 내재적 발화 덩이들을 이 임시저장고로부터 인출하여 실행하기 위해서 그 정보들을 펼쳐나간다. 운동실행은 한 조의 근육들에 대한 협동 이용을 포함한다. 가령 화자가 입 안에 파이를 씹고 있을 경우와 같이, 한 조로 된 특정 근육들이 그 움직임을 방해받는다면, 다른 것들이 보상해 줌으로써, 대체로 동일한 조음 목표가 달성될 것이다. 달리 말하여, 비록 조음계획이 상대적으로 맥락 독립적이지만, 일정한 제약들 속에서 그 실행이 다양한 조음 환경들에 대해 적합하게 만들어질 것이다. 조음의 산출물은 '외현적 발화'(*overt speech*) 이다.

4) 스스로 점검하기

스스로 점검하기에는, 정상적인 언어이해의 처리 구성부문들이기 때문에 언어산출에 대한 한 권의 책에서 자세하게 취급할 필요가 없는 다양한 구성부문들이 포함된다. 화자는 자기 자신에 대한 청자이다. 좀더 자세히 말하여, 화자는 자신의 내재적 발화 및 자신의 외현적 발화에 모두 접속한다. 그는 마치 대화 상대방의 발화를 들을 수 있는 것처럼, 그 자신의 외현적 발화도 들을 수 있다. 이는 '듣기'(*Audition*) 처리 구성부문을 포함한다. 화자는 자신이 말하는 내용을 이해할 수 있다. 즉 자기 자신의 고유한 말소리를 유의미한 낱말과 문장들로 해석할 수 있는 것이다. 이런 처리과정은 〈그림 1-1〉에서 '발화 이해 체계'(*Speech-Comprehension System*) 로 불리는 수단에 의해 일어난다. 물론 이는 다양한 하위 구성부문들로 이루어져 있지만, 여기에서 다룰 논제가 아니며, 따라서 그 도표에서 표시되어 있지 않다. 낱말을 인식하고 그들의 의미를 인출하기 위하여, 그 체계는 어휘부에 있는 형태 정보와 레마 정보에 모두 접속한다. 그 출력물이 '분석된 발화'(*parsed speech*) 이다. 이는 음운·형태·통사·의미 복합구성체로 되어 있는 입력물 발화의 표상이다.

화자는 또한 자기 자신의 내재적 발화에도 주의를 기울인다(Dell 1980). 이는 분석된 내재적 발화가 작업 기억 속에 표상될 수 있음을 의미한다. 어떻게 내재적 발화가 거기에 도달할 수 있을까? 〈그림 1-1〉은 내재적 발화도 외현적 발화처럼 동일한 '발화 이해 체계'에 의해서 분석된다는 가정을 나타낸다. 말썽 있는 요소를 온전히 조음하기 이전에, 화자는 이런 방식으로 자기 자신의 내재적 발화에서 말썽거리 요소를 찾아낼 수 있다. 아마도 이는 다음의 스스로 고쳐내기에서와 같이 일어났을 것이다(Levelt 1983에서 가져옴).

① To the left side of the purple disk is a v-, a horizontal line.
(보라색 디스켓 왼쪽 면에 수-, 수평선이 있어요)

이들 낱말을 말한 화자가, 낱말 vertical(수직의)의 조음을 막 시작할 즈음에 그것을 가로막았다고 가정할 근거가 있다(제 12장을 보기 바람). 아마도, vertical(수직의)에 대한 계획이 내재적으로는 이용 가능하고 이해되었지만, 의도되지 않은 의미를 지닌 것으로 발견되었을 것이다. 달리 말하여, 점검기관은 말해지거나 내재적으로 준비된 의미와 의도되었던 내용을 서로 비교해 볼 수 있다. 그러나 이 기관은 또한 형태 오류들도 찾아낼 수 있다. '발화 이해 체계'는 다른 사람의 말소리에서 형태 오류들을 발견해 내도록 한다. 동일한 방식으로, 점검 기관은 스스로 생성된 형태구성 실패도 주목할 수 있다. 이 점은 다음에 있는 스스로 고쳐 나가기로부터 분명해진다(Fay 1980b).

② How long does that has to-have to simmer?
(그걸 얼마나 오래 끓여아-여야 합니까?)

델(Dell 1980)은 화자들이 또한 그들 자신의 내재적 발화에서 형태구성 실패들을 찾아냄을 발견하였다. 간단히 말하여, 화자들은 의미를 놓고 점검을 할 뿐만 아니라, 또한 언어의 적격한 형태에 대해서도 점검을 하는 것이다(Laver 1973).

화자가 그 자신의 내재적 발화나 외현적 발화에 대하여 의미나 적격 형태와 관련하여 심각한 말썽요소를 찾아낼 경우에, 현재의 발화에 대하여 계속 만들어 내기를 중단하는 결정을 내릴 수도 있다. 그러고 나서 그는 동일한 언어화 이전의 메시지 또는 그 메시지 조각으로 되돌아가서, 어떤 다른 메시지 또는 추가적 메시지를 만들어 내거나, 아니면 대체함이 없이 말 만들어내기를 계속할 가능성이 있다. 모든 것은 그 말썽요소의 속성에 달려 있다. 이들 처리과정이 어찌 되었건, 메시지 구성에서 진행되는 것과 유다른 속성의 것은 아니다.

의심할 바 없이, 또한 담화의 현재 상태 및 대화 상대방들과 공유된 지식의 관점에서, 화자는 메시지가 의도된 효과를 지닐 것인지 여부를 살펴보면서, '언어형식 주조기'로 보내어지기 '이전에' 그 메시지를 점검한다(제 12장을 보기 바람). 따라서 언어산출에서 상대적으로 무의식적인 자동적 점검 구성부문을 구별해 내려는 데 대한 정당한 근거는 없다. 주요한 작업은 '개념 형성기'에 의해서 수행된다. 이것이 내재적으로 산출된 메시지와 '발화 이해 체계'의 출력물에 주의를 기울인다. 즉 분석된 내재적 발화와 외현적 발화에 주의를 기울이게 되는 것이다.

3. 상대적으로 자율적인 전문기관으로서의 처리 구성부문

〈그림 1-1〉에 있는 구성물은 처음 보면 사뭇 자의적으로 보일 수도 있다. 이런 논의 시작단계에서는 자의적이라고 할 소지도 있다. 복잡한 처리 체계를 분할하는 일을 성취해 낼 유일하게 가장 확실한 방법이란 존재하지 않는다. 다른 방식이 아닌 한 가지 방식으로 분할을 결정하기 전에 미리 염두에 둬야 할, 경험적·이론적 고려사항들이 언제나 다양하게 존재하는 것이다. 이런 단계에서 이 청사진이 개렡(Garrett 1975), 캠픈·흔캠프(Kempen and Hoenkamp 1987), 복(Bock 1982, 1987a), 쿠퍼·파치어-쿠퍼(Cooper and Paccia-Cooper 1980)·르펠트(Levelt 1983)·델(Dell 1986), 그리고 다른 연구자들에 의해 더 일찍이 나온 제안들을 반영한다고 말하는 것은 크게 도움이 되지 않는다. 사실은 이들 제안이 타당함을 논의하는 일이 이 책의 목적 중 한 가지이다. 현재 제 1장에서는, 오직 그 체계에 대하여 어떤 특정한 분할이 다른 것보다 좀더 매력적인지 여부를 결정하는 데에 몇 가지 배경이 되는 고려사항만 제시할 수 있을 뿐이다.

어떤 특정한 처리 구성부문을 구별하기 위한 첫 논의는, 구성부문이 그 체계에서 상대적으로 자율적이라는 점이다. 중심적인 착상은 임의의 처리 구성부문이 하나의 전문기관이라는 것이다. 예를 들면, 문법 부호화 장치(*Grammatical Encoder*)는 개념적 관계들을 문법적 관계들로 번역하는 데에 하나의 전문기관이어야 한다. 다른 구성부문은 어떤 것도 전혀 통사적 구를 구성할 수 없다. 더욱이 이들 전문화된 절차를 실행하기 위하여, 문법 부호화 장치에는 오직 한 종류의 입력물만 필요하다. 곧, 언어화 이전의 메시지이다. 이는 그 입력기의 특징적 입력물이다. 그리고 그 작업을 실행하기 위하여 그 구성부문이 다른 처리 구성부문들과 정보를 주고받을 필요도 전혀 없다. 그 절차들을 적용하기 위해서 그 독특한 입력물만으로 '필요-충분'하다. 좀더 일반적으로 말하여, 그 운용 방식이 지속적으로 다른 구성부문 B로부터 나온 되짚어보기에 의해서 영향을 받는 처리 구성부문 A를 구별해 내는 일은 의미가 없다. 서로 독자적이고 자율적인 기관이기 때문에 그러하다. 다른 기관으로부터 영향을 받는 경우에는, A가 더 이상 하나의 전문기관이 되지 못하고, B의 '도움' 없이는 올바른 결과를 만들어낼 수도 없게 된다. 그렇다면 이들이 별개의 기관이 아니라, 오직 하나의 구성부문 'AB'로서만 존재한다.

자율적 전문기관으로서의 구성부문들에 대한 착상 제시가 면제될 수 있는 또 다른 방식이 존재한다. 즉, 모든 구성부문들이 독특한 입력물로서 다른 모든 구성부문들의 출력물(여기에 더하여 그들 자신의 출력물에 대한 되짚어보기)을 받아들인다고 가정함으로써 그렇게 되는 것이다. 그런 방식으로 각 구성부문이 그 체계에 있는 모든 정보에 접속한다. 그러나 이것은 구성부문들이 전혀 독특한 입력물을 갖지 못한다고 말하는 일과 같다. 곧, 독특한 출력물을 만들어 내기 위하여, 그것들이 이용 가능한 모든 정보를 중시하는 일반적인 문제 해결기(*general problem solvers*)들이라고 말하는 것과 똑같다. 예를 들면, 문법 부호화 장치는 표현될 개념의 바탕 위에서뿐만 아니라, 또한 이전 낱말에 배당된 형태론과, 현재 문장의 억양 유형과, 화자가 막 준비한 다음 의도 따위를 고려함으로써, 무엇보다 하나의 레마에 접속할 것이다. 어떤 이론가들은 그런 모형을 좋아한다. 그런 모형은 각 구성부문을 지능을 갖춘 극소형 난쟁이(*homunculus*)로 만들어 버린다. 물론 문제점들은, 넓게 다양한 정보를 고려하면서 그 구성부문이 응용하는 흐름도(*algorithm*)를 정의하는 것이며, 실시간으로 작동할 수 있는 처리기계에 의하여 이런 흐름도를 실현하는 일이다.

일반적으로 말하면, ① 그 체계를 임의 구성부문의 독특한 입력물이 최대한도로 제약된 종류로 분할하고, ② 임의 구성부문의 운용방식이 다른 구성부문들의 출력물에 의하여 최소한도로 영향을 받는 방식으로 분할하려고 시도할 것이다.

이들 두 가지 요구사항의 결합이 때로 '정보캡슐로 만들기'(*informational encapsulation*)로 불린다(Fodor 1983). 〈그림 1-1〉의 청사진에서는 이들 두 가지 요구사항이 충족된다. 각 구성부문에는 그것의 독특한 입력물이 배타적으로 제공된다. 즉, 언어화 이전의 메시지들을 지닌 문법 부호화 장치는 개념구조들이고, 표면구조를 지닌 음운 부호화 장치는 통사적 대상물이며, 내재적 발화를 지닌 조음기관은 음운 표상으로 구성된다 등등. 이들 처리기의 기능은 다른 입력물에 의해 영향을 최소한도로 받거나, 또는 영향을 전혀 받지 않는다. 언어형식 주조기의 내적 점검을 제외한다면, 〈그림 1-1〉에서 아래쪽에 있는 처리기로부터 나온 되짚어 점검하기란 존재하지 않는다. 예를 들어, 조음기관은 언어형식 주조기의 하위 구성부문들에 영향을 끼칠 수 없다. 그 체계에서 유일한 되짚어 점검하기는 오직 〈그림 1-1〉의 오른쪽에 그려진 언어이해 구성부문들을 통해서만 이뤄질 뿐이다. 이는 스스로 점검하기를 가능하게 만들어 준다. 그러나 심지어 언어형식 주조기나 조음기관으로부터 개념 형성기에까지 되올라가는 직접적인 되짚어 점검하기란 어떤 것도 존재하지 않는다. 개념 형성기는 오직 내재적 발화나 외현적 발화로부터 나온 되짚어보기에 근거하여, 이들 구성부문들 가운데 어떤 것에서든지 말썽요소를 인식할 수 있다.

이것들은 그 체계의 분할에 대하여 강력하고 공격받기 쉬운 가정들이다. 예를 들어, 메시지 산출이 직접적으로 레마나 낱말형태들의 접속 가능성에 의해서 영향을 받음을 보여 줄 수 있다면, 언어형식 주조기로부터 개념 형성기에로 되올라가는 직접적인 되짚어 점검하기를 뒷받침하는 증거를 갖게 될 것이다. 이것은 경험적인 문제이며, 그 사실 여부를 시험해 볼 수 있다. 이런 종류의 연구는 제 7장 5절에서 개관될 것이다. 지금까지는 그런 되짚어 점검하기에 대한 증거가 부정적이다.

임의의 처리 구성부문이 스스로 다양한 정도의 자율성을 지닌 하위 구성부문들로 구성될 가능성이 있다. 예를 들어, 〈그림 1-1〉에 있는 언어형식 주조기는 두 개의 하위 구성부문으로 이루어져 있는데, 하나의 전체로서 언어형식 주조기보다 덜 자율적일 가능성이 있다. 실제로 음운 부호화로부터 문법 부호화로의 되짚어보기 가능성에 대한 확실한 실험 증거들이 관련 문헌에 들어 있다(Levelt and Massen 1981; Dell 1986; Bock 1987b; 또한 뒤에 있는 제 7장과 제 9장을 보기 바람).

그리고 분할하기가 심지어 더 깊이 진행될 수도 있다. 예를 들면, 이 책이 전개되는 과정에서 이들 하위 구성부문은 문법 부호화 장치 내부에서 명사구 처리기와 동사구 처리기와 같이 좀더 작은 건축부재(벽돌)들로 이루어져 있음이 논의될 것이다.

임의의 처리 구성부문이 상대적으로 자율적인 전문기관이라는 개념을 놓고서, 다음 질문들이 제안된 각 구성부문에 대하여 제기되어야 한다.

(1) 구성부문이 입력물로 받아들이고 출력물로 내보내는 독특한 종류의 정보나 표상의 유형은 무엇일까?
(2) 입력물 정보를 독특한 출력물 표상으로 변형하는 데에 어떤 종류의 흐름도(*algorithm*)가 필요할 것인가?
(3) 어떤 유형의 과정이 그 흐름도를 실시간으로 실행할 수 있게 만들 것인가?
(4) 그 입력물 정보는 어디에서 나오며, 그 출력물 정보는 어디로 들어가는 것일까? 임의의 구성부문은 하나 이상의 입력물 자원을 가질 수 있고, 정보를 하나 이상의 다른 구성부문에 전송할 수 있다.

이 책이 전개되는 과정에서 이들 질문은 마치 '돌림노래'의 주제와 같이 거듭 되묻게 된다. 각각의 구성부문이 논의되기 위하여, 먼저 목표 출력물의 성격이 고려될 것이다. 그것이 연산하는 표상을 놓고서 명백히 특성 짓기 작업이 진행되지 않고서는, 임의 구성성분의 운용들에 대하여 제대로 구체화시킬 수 없다. 예를 들면, 문법 부호화 장치는 출력물로서 '표면구조'라고 부르는 것을 산출한다. 문법입력에 대한 이론을 만드는 일은, 표면구조들이 어떤 종류의 대상물인지를 명백히 해 주도록 요구한다. 그것들이 통사 구성 운용(문법 부호화 흐름도)에 대한 목표 표상인 것이다.

위에 있는 물음 (1)은, 물음 (2)와 (3)에 비하여 우선권을 지닌다. 뒤에 이어지는 장들에서 그 작용 내용들에 관심을 돌리기에 앞서서, 저자는 임의 구성부문의 출력물 표상을 고려함으로써 그 우선권을 높여 놓을 것이다. 여전히 그 질문들은 실제로 상호의존적이다. 특정 종류의 운용방식을 가정하는 데 대한 정당한 독립적 근거들을 지닐 수도 있다. 앞으로 살펴보게 되겠지만, 말하기 오류는 문법 부호화 과정들에 대하여 많은 것을 드러내어 준다. 우리는 자연스럽게 그런 경험적 관찰들을 정당하게 뒷받침해 주는 부호화 흐름도를 짐작해 보게 될 것이다. 그러나 흐름도의 선택은 산출될 수 있는 목표 표상들의 종류를 제한한다. 과정과 표상은 서로 독립적으로 연구될 수 없는 것이다.

임의의 구성부문의 출력물 표상은 동시에 〈그림 1-1〉에서 아래쪽에 있는 그 다음 처리기를 위한 특징적 입력물이 된다. 각 처리기에서 우리는 그 특징적 입력물 이외의 다른 정보에 의해서 영향을 받을 수 있는 조건들이 존재하는지 여부를 질문해 보아야 한다. 이것이 위에 있는 질문 (4)이다. 저자는 이미 되짚어보기의 논제를 언급하였다. 다음 절에서 저자는 '실행상의 제어'(*executive control*)에 대한 구성부문들의 민감성을 논의할 것이다.

뒤에 이어진 장들에서 임의 구성부문의 출력물 표상에 대한 논의를 하는 경우에 언제나 그 흐름도 및 그 과정들 — 위에 있는 질문 (2)와 (3) — 에 대한 조치가 뒤따를 것이다. 이 일은 이론적 제안과 경험적 탐구를 모두 개관하는 일을 포함할 것이다. 모든 경우에서 조치의 심도는 핵심적으로 기존의 문헌에 의해 제공되는 세부 내용의 총량에 달려 있다.

임의의 흐름도를 이루는 절차는, 뉴얼·싸이먼(Newell and Simon 1972)에 의해 정의되고 앤더슨(Anderson 1983)에서 확대되어 이용된 의미에서, '산출'(*productions*)들로 간주된다. 좀더 앞에서 이들 절차를

'IF X, THEN Y'
(X가 입력되면, Y가 출력된다)

라는 '조건-행위'(입력-출력) 짝들로 언급하였다. 단, 여기서 X는 조건이고, Y는 행위이다. 주어진 예시는 다음과 같은 개념 절차였다.

IF the intention is to commit oneself to the truth of p, THEN assert p.
(만일 의도가 p의 참값을 옳다고 받아들이는 것이라면, p를 단정한다는 출력을 내보낸다)

여기서 IF절(…이라면, …이 입력되면)이 '조건'이다. 이는 화자에게 들어 있는 의도를 진술한다. THEN절(…이다, …을 출력한다)은 '행위'를 진술한다. 이로써 '단정'(*assertion*)이라는 유형의 화행이 만들어진다. 가령, 이는 'Manhattan is dangerous.'(맨해튼 도심은 위험하다)이며, 'Is Manhattan dangerous?'(맨해튼 도심이 위험한가?)는 아니다. 뒤의 것은 의문이 될 것이다. 산출은 앞의 예에 있는 p와 같이 변항(*variables*)들을 포함할 수 있다. 이것은 명제에 일반성을 제공해 주고, 명제들을 별도의 서술지식으로(즉 삽입 가능한 명제들의 집합으로) 유지시켜 준다. 오직 개념 흐름도만이 산출의 형식언어로 진술될 수 있는 것은 아니다. 문법 부호화 및 음운 부호화의 흐름도들에 대해서도 동일한 내용이 성립된다.

흐름도들은 실시간으로 작동해야 한다. 이는 두뇌가 임의의 흐름도

—사실상 말하기 과정에 포함된 모든 흐름도의 총량—를 유창한 말하기가 귀결되어 나오는 방식으로 실행할 수 있어야 함을 의미한다(앞에 있는 질문 (3)을 보기 바람). 흐름도에 대하여 이는 다른 것보다도 덜 매력적인 특정 제안들을 만들어 내게 된다. 예를 들면, 발화 선율(*speech melody*)이나 억양에 대한 계획 짜기를 위하여 어떤 흐름도를 택해 보기로 한다. 발화 선율은 문장의 통사구조에 어떤 관련성을 낳는 것으로 알려져 있다. 따라서 임의의 문장에 대한 적합한 선율을 산출하기에 앞서, 충분히 표면구조를 검사하는 흐름도를 제안하려고 할 가능성이 있다. 그러나 그러한 흐름도는 실시간 요구사항을 위배할 듯하다. 선율이 없이는 어떤 낱말도 발음될 수 없으므로, 그 첫 번째 낱말의 소리형식이 생성될 수 있기 이전에, 임의의 문장에 대한 온전한 표면구조가 '통사 임시저장고'에 저장되어 있어야만 될 듯하다. 화자가 문장 'i+1'을 주조해 내는 동안에 임의의 문장 'i'를 조음해 낸다는 성립되지 않을 것 같은 가정을 하는 경우를 제외하고서, 이는 문장들 사이의 커다란 말 더듬거림(*dysfluences*)을 만들어 낼 듯하다. 저자는 다음 단락에서 이 논제를 다룰 것이다. 여기서 우선, 말소리 계획 짜기에 대한 주요 실시간 제약은, 아주 작은 범위의 '미리 내다보기'를 지니고서 '왼쪽에서 오른쪽으로' 진행되는 것으로 되어야 함을 말해 두겠다.

한 단계 더 나아가, 그 흐름도를 돌릴 수 있는 신경망 구조를 제안하고 싶을 수도 있다. 그러나 이것은 말하기 과정에 포함된 흐름도에 대하여 현재 틀릴 소지가 있는 아주 우원한 짐작일 뿐이다. 아직도 언어처리의 다양한 측면들에 대하여 유사-신경학적 종류의 제안이 만들어지고 있다. '연결주의자'(*connectionist*)나 '활성화 확산'(*spreading activation*) 설명들이다. 저자는 좀더 정확한 용어로 '활성화 확산'을 쓸 것이다. 이런 설명에서 흐름도는 연결된 교점들의 그물조직으로 구현된다. 그 교점들은 활성화의 다양한 상태에 놓일 수 있으며, 자신이 함께 연결되어 있는 교점들에 대해서 그 나름의 활성화를 확산할 수 있다.

〈그림 1-2〉 활성화 확산 그물 조직의 사례

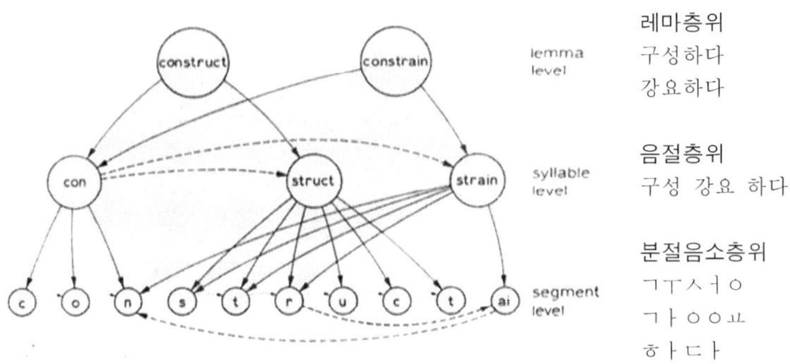

〈그림 1-2〉는 한 가지 사례를 제공한다. 이는 아주 단순화된 방식으로 레마에 대응하는 소리 형태에 접속하는 절차가 어떻게 구현될 수 있는지를 보여준다. 어휘부에 있는 각 레마 교점은 한 조의 음절 교점들과 연결되어 있다. 이 그림은 construct(구성하다)와 constrain(강요하다)이라는 두 개의 레마에 대한 사태를 보여준다. 그물 조직 연결은 비교적 영구적이다. 변하는 것은 그 교점들의 활성화 상태이다. 레마 construct가 표면구조의 일부로 되는 경우에, 그 교점은 높은 활성화 상태에 있다. 그 교점은 '점화되고'(*fires*) 그 활성화를 어휘형태에서 그 두 개의 구성 음절 교점인 con 및 struct로 확산한다.

애초에 con은 struct보다 좀더 높게 활성화되어야 한다. 그렇지 않다면, 화자는 construct가 아니라 대신 *structcon을 말하게 될 가능성도 있다. 이는 말하기 오류 수집자료로부터 찾아지지 않는 실수의 유형이다. 이를 구현하기 위하여, 지시되어 있는 억제연결(점선 부분)이 음절 교점 con과 struct 사이에 존재한다고 가정될 수 있다. 음절 교점 con이 충분히 활성화되지 않을 경우에는, 차례로 그것이 점화되고, 이른바 분절음소 교점들 c와 o와 n에 그 활성화를 확산할 것이다.

그리고 다시 활성화 순서 짓기는 억제연결 체계에 의해서 제어되어야 한다. 모든 것이 제대로 작동된다면, 분절음소 교점들이 올바른 순서로 점화될 것이다. 더욱이 활성화 확산 이후에는 하나의 교점이 낮은 활성화 상태로 되돌아간다고 가정될 수 있다. 이것이 음절 교점 con에서 일어날 경우에 struct에 대한 억제가 사그라질 것이다. 따라서 그것이 문턱값(*threshold*) 활성화에 도달하여 점화될 수 있다. 즉, 그 구성 분절음들이 활성화될 것이며, 그 억제 기제가 올바른 순서로 점화되도록 만들 것이다. 레마 constrain(강요하다)은 동일한 그물 조직의 더 큰 부분에 연결되며, construct와 음절이나 분절음을 공유하는 다른 레마들도 그러하게 된다.

이것은 하나의 예시 이상이 아니다. '활성화 확산' 또는 '연결주의'의 설명은 연구자마다 세부 사항에서 크게 변동된다(Anderson 1983; Dell 1986; Rumelhart et al. 1986; MacKay 1987). 그것들은 교점의 종류, 교점들 사이의 흥분 및 억제 연결의 이용, 확산의 방향, 활성화 확산의 시간적 특징, 한 교점에 대한 입력물 활성화의 합산 기능, 한 교점의 활성화 상태에 대한 가능한 범위, 교점들의 출력물 기능 등에서 차이가 난다. 또한 시간 조절과 순서에서도 차이가 난다. 어떤 것이든 상관없이, '활성화 확산' 그물 조직에서 명백한 과정이 구현될 수 있음이 사실일 수도 있고, 사실이 아닐 수도 있다. 첫째로, 연결주의는 인지과정을 나타내기 위한 하나의 '형식언어'(*formal language*)이다. 이것이 인지과정들에 대한 이론은 아니다. 활성화 확산하기의 언어로 표현되거나, 아니면 산출체계의 언어로 표현되거나 간에, 이론은 가능한 처리영역을 제약하는 원리들에 대한 정합적 묶음들이다. 달리 말하여, 하나의 이론은 특정한 사태들이 발생하는 것을 막아 주지만, 반면에 충분히 풍부한 형식언어들은 막아내지 못한다. 형식언어는 흥미로운 이론적 원리들을 표현해 주기 위한, 대체로 편리하게 느낄 수 있는 하나의 수단이다. 그리고 형식언어는 하나의 흐름도에 의해 생성된 출력물에 대하여 어떤 복잡성 척도도 제공해 줄 수 있다. 연결주의 형식언어는 특히 병렬처리 원리들의 표상을 위해 편리하며, 발화의 생성에서 많은 병렬처리가 있다. 이 책의 전개과정에서, 우리는 병렬 분산 처리의 연결주의 언어를 이용하는 어떤 제약된 이론적 제안들 — 특히 델(Dell 1986, 1988)의 음운 부호화에 대한 이론 — 을 만나게 될 것이다.

4. 실행상의 제어와 자동성

말하기는 흔히 의도적 활동의 하나이다. 말하기는 화자가 실현하고자 하는 어떤 목적에 기여한다. 여러 연구의 정의에 따라서, 의도적 활동은 중앙 제어 아래에 있다(Carr 1979; Bock 1982; Fodor 1983). 실제적으로 어떤 종류이든지 상관없이 정보 — 즉 화자의 동기화 상태, 의무, 저것보다 이것을 믿는 일, 자신의 이전 발화행위나 다른 행동 등 — 에 근거하여, 화자는 언어 행위라는 하나의 과정을 결정할 수 있다. 다음에 무엇을 말해야 할지를 계획하는 데에서, 화자는 이런 종류의 사안들을 놓고 자신의 주의력을 쏟을 것이다.

중앙 제어부서 또는 실행 제어부서의 존재가 성립된다면, 한 가지 중요한 질문은 '다양한 처리 구성부문들이 그런 제어에 어느 정도로 지배되는지'에 대한 것이다. 하나의 구성부문이 중앙 제어에 지배되지 않을 경우에, 그것의 기능은 자동적이다. 제어된 처리와 자동적 처리 사이의 구분은 인지 심리학에서 근본적이다. 이는 공고한 연구전통에 토대를 둔다(LaBerge and Samuels 1974; Posner and Snyder 1975; Schneider and Shiffrin 1977; Flores d'Arcais 1987a).

자동처리들은 의도 또는 의식적 자각 없이 실행된다. 또한 그 자체의 자원들을 놓고서 작동하게 된다. 즉, 다른 과정들과는 처리능력을 공유하지 않는 것이다. 또한 자동처리는 신속하며, 심지어 반사작용과도 비슷하다. 유전적으로든 또는 학습에 의해서든 아니면 둘 모두에 의해서든 처리구조가 머릿속에 '심어져 있다'. 이 점이 그것을 효율적이지만 대체로 융통성이 없게 만들어 놓는다. 자동적 처리를 변경시키는 일은 아주 힘들다. 자동처리는 자원들을 공유하지 않는다. 따라서 그것들은 상호간섭 없이 '병렬적'으로 작동할 수 있다.

제어된 처리과정은 주의력을 요구한다. 우리는 오직 한 번에 아주 적은 대상들에 대해서만 주의를 쏟을 수 있다. 그 과정들에 주의를 기울이는 일은, 자신이 하고 있는 일에 대한 특정 수준의 자각을 의미한다. 인간의 제어 처리과정은 사실상 '순차적'으로 되는 경향이 있다. 따라서 자연히 느려지게 된다. 그러나 그것이 기억창고에서 전적으로 고정되어 있지는 않다. 실제로 그것은 고도로 융통성이 있으며, 과제의 요구조건들에 대해서 적절히 적응해 나갈 수 있다.

이제 다시 〈그림 1-1〉에 있는 청사진의 구성부문들을 살펴보기로 한다. 개념 형성기는 분명히 고도로 제어된 처리과정을 담고 있다. 화자들은 발화에서 실현 방법을 배워 놓은 소수의 고정된 의도들만을 갖고 있는 것이 아니다. 의사소통 의도는 무한한 방식으로 바뀔 수 있다. 이런 방식 각각에 대하여 화자는 새로운 표현 수단들을 찾아내어야 할 것이다. 이는 많은 주의력을 요구한다. 그리고 내성이 이를 뒷받침한다. 말을 할 경우에, 우리는 대안이 되는 내용을 고려하고, 관련 정보를 기억하며, 사고의 흐름을 전개하는 등, 여러 가지를 잘 깨닫고 있다. 메시지 구성하기는 제어된 처리과정이다. 따라서 점검 가능한 일이다. '스스로 고쳐 나가기'는 자각을 접하지 않고서는 거의 조금도 이뤄지지 않는다. 화자는 그 자신의 내재적 발화 또는 외현적 발화에 주의를 기울일 수 있다. 개념 형성 및 점검 과정에서 한정된 능력 자원은 '작업 기억'이다. 이 작업 기억 체계는 오직 고도로 활동적인 — 즉 처리과정에 이용 가능한 — 소수의 개념 또는 내재적 발화의 일부만을 허용한다(Miller 1956; Broadbent 1975; Anderson 1983).

이와는 달리, 메시지 부호화에서 모든 처리과정이 실행 제어 아래 놓여 있는 것은 아니다. 말하기에서 어른의 경험은 아주 광대하다. 전체 메시지가 장기 기억 속에서 이용될 수 있을 것이며, 따라서 인출이 가능하다. 대화에서 언제 어떻게 발언기회를 얻어내며, 상대방에게 발언기회를 내어 줄지 알아내는 일, 그리고 자신의 화행이 얼마나 직설적 표현으로 이뤄져야 하는지 또는 얼마나 공손한 표현으로 이뤄져야 하는지를 결정하는 일과 같이, 아주 많은 대화 기술들이 인생의 전 과정에 걸쳐 습득되어 왔다. 이 기술들이 화자에게 직접 이용될 수 있다. 그 기술들은 여러 차례 반복되고 의식적인 처리과정을 통해서 만들어진 것도 아니다. 심지어 이들 개념 형성의 자동적 측면들도 쉽게 주의를 기울일 수 있게 하며, 대화 상황에 따라 필요하다면 수정되기도 한다. 그 기술들이 '정보상으로 캡슐 속에 들어가 있지'는 않다.

그렇지만, 다른 모든 구성부문들은 대체로 자동적이라고 선언된다. 언어형식 주조 또는 조음 절차들에 걸쳐서 실행상의 제어는 거의 존재하지 않는다. 화자가 GIVE(주다) 동사의 받는 사람이

'John gave Mary the book'
(존이 그 책을 메리를 주었다: 결과 상태에 대한 표현)

에서처럼 간접 목적어(=이중 대격 구문의 목적어)인지, 아니면

'John gave the book to Mary'
(존이 그 책을 메리에게 주었다: 행위 과정에 대한 표현)

에서처럼 사격 목적어인지를 결정하는 문제를 골똘히 심사숙고할 필요는 없다. 마찬가지로 관습상 그런 방식으로 이름 불리는 살아 있는 어떤 큰 대상물을 가리키려고 할 경우에도, 낱말 horse(말)를 인출하려

고 많은 주의력을 기울일 필요도 없다. 이런 것들은 전혀 아무런 자각이 없이 자동적으로 나온다. 또한 이것들은 아주 신속하게 나온다.

말하기는 정상적으로 1초당 대략 두세 개의 낱말 비율로 산출된다. 그런 비율로 이들 낱말이 머릿속 어휘부에서 수만 개의 많은 낱말들로부터 선택되는 것이다. 하나의 낱말에 대해 결정을 내리기 전에, 의식적으로 대안이 되는 여러 후보들에 비중을 두고서 찬찬히 생각해 볼 시간적 여유가 전혀 없는 것이다. 조음도 1초당 대략 15개의 음소 속도로 진행된다. 우리가 모든 그리고 각각의 개별 말소리에 대한 선택에 아무런 주의도 기울일 필요가 없다는 점에 고마워해야 한다. 언어형식 주조와 조음은, 다른 점에서 심지어 그렇게 바랄 경우에라도, 아마 대체로 실행 제어 과정을 뚫고 들어갈 수 없는 '지하에 숨은 은밀한 과정들'일 것이다(Seuren 1978). 인식상으로 뚫고 들어갈 수 없는 속성(*impenetrability*)에 대해서 좀더 살펴보려면 필리쉰(Pylyshyn 1984)을 참고하기 바란다.

그렇지만 실행 제어의 경계점에 있는 형식들이 존재할 수도 있다. 예를 들어, 화자가 스스로 어떤 오류를 찾아낼 경우에, 갑자기 이야기하기를 중단할 수 있다는 사실에서 이 점이 입증된다(Levelt 1983). 그렇게 되면 문장이나 구가 완결되지 못한다. 누구나 조음하는 도중에 심지어 음절 경계까지 무시하면서 임의의 낱말을 중단할 수 있다. 실행상 '정지' 신호를 개별 처리 구성부문에 보내는 일도 분명히 가능하다. 말하기 속도 비율 · 크기 · 조음의 정밀성과 같이, 다른 전반적인 측면들을 제어하기 위해서도 아마 비슷한 신호들이 보내질 수 있을 것이다.

자동성 · 정보의 캡슐화 · 인식상 침투 불가능성에 대한 개념들은 또한 현재 진행되고 있는 '단원성'(*modularity*) 논의들에서[12] 중심적으로

12) '단원성'에 대하여 우리말로 읽어보려면, 조명한(1989) "언어처리 이론으로서의 단원성의 문제", 이정모 외 9인(1989) 《인지 과학: 마음 · 언어 · 계산》(민음사)을 참고하기 바란다.

나타난다(Fodor 1983, 1985, 1987; Garfield 1987; Marshall 1984). 그 문제의 핵심은 몇 가지 흥미로운 사례들에서 처리과정의 자동적 구성부문들도 또한 여러 가지 다른 특징들을 보여 주는지 여부이다. 즉, 종(種)에 유전적으로 주어짐, 특별한 신경생리학적 신경조직에 자리를 잡음, 고도로 특정한 장애유형들을 보여줌 등이다. 발화산출의 밑바닥에 깔린 자동적 처리 구성부문들을 놓고서, 이들 추가적 특징 몇 가지 혹은 전부가 어떤 특정한 적용 가능성을 지닌다는 점이 결코 배제되지 않는다. 오직 인간만이 말을 할 수 있다. 두뇌 좌반구에 언어산출을 위해 바쳐진 신경생리학적 기반이 존재한다. 그 손상은 '문법착오증'(*agrammatism*)과 같이 특정한 장애를 초래한다. 이 책을 전개하는 과정에서, 우리는 특정한 말하기 오류들에서 상이한 처리 구성부문들과 관련된 독특한 장애 유형들을 다수 관찰할 것이다. 이들 특징 대부분을 공유하는 하나의 처리과정 구성부문은 '단원체'(*module*)라고 불린다. 그렇지만 앞에 있는 청사진에 제시되어 있듯이, 단원체를 만들어 주는 자동적 구성부문들이 추가적 특징들을 공유하는지 여부는 이 책에서 주요한 논제가 되지 않을 것이다. 따라서 추가 특징들에 대해서는 단원체라고 부르지 않을 것이다.

5. 처리단위와 점증적 산출

1) 처리단위들

발화산출에 어떤 처리 단위들이 포함되어 있는지에 대한 물음을 놓고서, 일부 잘못된 근거를 세우기 위해 많은 논의가 이뤄졌다. 많은 연구자들이 유일한 발화의 단위에 대한 윤곽을 그려내려고 노력을 기울였다. 성배(*Holy Grail*)를 찾으려는 이런 탐구는, 놀랄 만큼 다양한 단위들의 목록을 이루어 관련 문헌을 풍부하게 만들었다. 분명히 다른 사람들도 '유일한' 발화산출 단위란 존재하지 않음을 인식하고 있지만, 한 가지 특정한 단위에 대하여 너무 많은 주의력을 쏟아 넣었다. 선별된 자료들을 참고로 하여, 정규적으로 관련 문헌에서 마주치게 되는 일부 단위들이 아래 목록으로 제시되어 있다.

그리고 누구나 이 목록의 길이를 두 배 또는 세 배로 쉽게 늘일 수 있다. 포스·해익스(Foss and Hakes 1978)는 "발화는 많은 계획 단위들을 지닌다. 낱말·음절·분절음·음운 자질 등이다"라고 올바르게 언급하였다.

발화산출의 처리 단위를 가리키는 용어

번호	제안된 용어	출처
①	주기(cycle)	Goldman-Eisler(1967), Beattie(1983)
②	심층절(deep clause)	Ford and Holmes(1978)
③	착상(idea)	Butterworth(1975), Chafe(1980)
④	정보 벽돌(information block)	Grimes(1975)
⑤	정보 단위(information unit)	Halliday(1967a), Brown and Yule(1983)
⑥	I-표지(I-marker)	Schlesinger(1977)
⑦	메시지(message)	Fodor, Bever, and Garrett(1974)
⑧	음운 절(phonemic clause)	Boomer(1965)
⑨	구(phrase)	Bock(1982)
⑩	명제(proposition), 명제 구조	Clark and Clark(1977), Herrmann(1983)
⑪	문장(sentence)	Osgood(1971, 1980), Garrett(1980a)
⑫	분출(spurt)	Chafe(1980)
⑬	표면 절(surface clause)	Hawkins(1971)
⑭	통합체(syntagma)	Kozhevnikov and Chistovich(1965), McNeill(1979)
⑮	어조 집단(tone group)	Halliday(1967a)
⑯	어조 단위(tone unit)	Lehiste(1970)
⑰	전체적 개념화(total conception)	Wundt(1900)
⑱	말할 기회 구성(turn-constructional) 단위	Sacks, Schegloff, and Jefferson(1974)

다른 여러 단위들이 아니라 오로지 한 가지 단위만을 위해 모아진 경험적 증거도 아주 다양하다. 이는 '쉼 유형 · 억양구조 · 말하기 오류 · 말하기에 수반된 몸짓'들을 포함한다. 이런 증거의 대부분이 다음 장에서 개관될 것이다. 여기서 강조되어야 할 것은, 말하기에 대한 유일한 단위가 존재하지 않는다는 점이다. 서로 다른 처리 구성부문들은 그들 나름의 고유한 독자적 처리단위를 지니고 있다. 이들 단위는 발화의 조음유형에서 보존될 수도 있고, 그렇지 않을 수도 있다. 예를 들어, 문법 부호화가 '명사구', '동사구', '문장', '절'과 같은 단위들을 담고 있다면, 이들 단위는 발화의 운율에서 보존될 필요가 없다. 처리과정이 좀더 뒤에 오는 단계들 — 특히 음운 부호화의 단계 — 이 표면구조에 대한 이들 단위들을 취소하여, 다소 상이한 짜임새(즉, 유창한 조음을 위해 더 적합한 내용)를 더 얹어 놓을 가능성도 있다. 발화의 운율에서 당연시되는 통사적 절 경계의 '부재'는 지금까지 발화산출의 다중 단계 모형에 반대하는 논거로 이용되었다(McNeill 1979).

2) 점증적 산출

일부 이론가들이 다중 단계 모형에 반대하고 '다중 측면의 단일 단계 발화산출'(McNeill 1979)을 선호하는 한 가지 주요한 근거는, 댕크스(Danks 1977)가 처리단계들을 놓고 '자물쇠 단계들의 이어짐'(*lock-step succession*)이라고 부른 내용이 될 수 있다. 처리과정이 엄격히 다음과 같은 방식으로 서열화가 이뤄졌더라면 사실상 아주 어지러웠을 것이다. 첫째, 화자가 의사소통이 될 완벽한 메시지를 생성한다. 그러고 나서 화자는 그 메시지를 위해 완벽한 표면구조를 생성한다. 다음으로 화자는 그 발화를 위해 음운 계획을 세우기 시작한다. 오직 이를 끝낸 뒤에라야, 화자는 그 발화의 첫 번째 낱말의 조음에 대해 작업하기 시작한다. 그 발화의 완결 뒤에 화자는 다음 메시지를 준비하는 일을 시작할 수 있다. 물론 이런 처리 방식에서는 담화에서 심각한 말더듬거림(*dysfluences*)을 만들어 낼 것 같다.

그렇지만 이런 종류의 계열성(순차성)을 요구하는 모형은 전혀 존재하지 않는다. 비록 어떤 개념상의 계획 짜기가 없이는 언어형식 주조도 존재할 수 없고, 음성계획 짜기가 없이는 조음하기도 존재할 수 없지만, 메시지 부호화 · 언어형식 주조 · 조음하기가 병렬적으로 작동할 수 있다. 프라이(Fry 1969)와 개뤁(Garrett 1976)은 다음 단계의 처리기가 아직 완결되지 않은, 현재 진행중인 처리기의 입력물을 놓고서도 여전히 작동을 시작할 수 있다는 명백한 가정을 만들었다. 즉, 현재 처리중인 구성부문이 다음 단계의 처리기에 정보의 완벽한 특징적 단위를 모두 전달해 주기 이전이라도, 다음 단계가 작동을 시작할 수 있다는 것이다. 캠픈 · 흔캠프(Kempen and Hoenkamp 1982, 1987)는 이를 '점증적 산출'(*incremental processing*)이라고 불렀다. 모든 구성부문들이 병렬적으로 작동할 수 있지만, 그것들은 모두 구성중인 그 발화의 서로 다른 부분과 도막들을 놓고서 작동한다. 하나의 처리 구성부문은 독특한 단위의 어떤 도막에 의해서도 작동이 시작될 것이다.

제 1장 3절에서 이미 주목하였듯이, 이 점은 '미리 멀리 내다보기'를 하지 않고서도 그런 도막이 처리될 수 있어야 함을 요구한다. 즉, 그 도막에 대해서 실행된 바는, 더 뒤에 올 도막에서 무엇이 나오게 될 것인지에 꼭 의존할 필요가 없는 것이다. 예를 들어, 한 문장의 처음 일부 낱말들에다 억양을 붙여 말하는 일은, 그 문장이 완벽히 끝마쳐질 방식에 꼭 의존할 필요는 없는 것이다. 물론 일부 특정 사례들에서는 어떤 '미리 멀리 내다보기'가 필요하다. 'sixteen dollars'(16불)를 말하려는 화자가, 반드시 그 낱말의 올바른 강세 매김인 sixTEEN을 말하고 나서, 개별적으로 DOllas라고 발음해야 하는 것은 아니다. 대신에 낱말 강세가 SIX로 옮아간 모습으로 'SIXteen DOllas'라고 말해야 한다. 달리 말하여, 첫 번째 낱말을 놓고서 올바른 강세 유형이 생

성되기 위해서는, 두 번째 낱말의 강세 유형이 반드시 같이 이용될 수 있어야 한다. 이것이 바로 '미리 멀리 내다보기'이다. 그러나 점증적 처리가 가능해지도록 하기 위해서는, 이런 '미리 멀리 내다보기'가 각 처리기에 대하여 아주 제한적으로 적용되어야 한다. 이는 각 구성부문을 놓고서 허용될 수 있는 흐름도의 종류에 대하여 흥미로운 제약들을 얹어 놓는다.

입력물로부터 출발하여 출력물로 진행할 경우에, 필요하다면 더러 임의의 처리 구성부문에서 도막들의 순서를 뒤섞어야 한다는 점이 즉시 덧붙여져야 한다. 〈그림 1-3〉에서는 (ㄱ) 도막 순서의 뒤섞임 없이 가지런히 처리되는 과정과 (ㄴ) 도막 순서가 뒤섞이고서 점증적으로 처리되는 과정을 그리고 있다. 첫 번째 경우는, 언어 표현을 위해 화자가 어떤 '사건'('현재' 이전의 시점에 존이 연주하였음)을 개념화하고, 그 사건의 '장소'를 개념화하며, 그러고 나서 과거 사건의 '시간'을 개념화하는 사례를 보이는 것으로 해석된다. 그 메시지(그 '사건')의 첫 번째 도막이 이용 가능해질 경우, 언어형식 주조기는 그것을 놓고서 작업을 시작한다. 언어형식 주조기가 그 '사건'을 부호화하는 동안에, 개념 형성기는 그 메시지의 다음 도막('장소' 정보)을 생성한다. 이것이 언어형식 주조기로 내보내어진다. 이는 'John played'(존이 연주하였다[13])를 완성한다. 음성계획 짜기의 이 도막은 이제 조음을 위해 다음 단계로 진행한다. 이 조음이 이뤄져 나가는 동안에, 언어형식 주조기는 '장소' 정보를 부호화하며, 동시에 개념 형성기는 '시간' 정보에 관련된 메시지 조각을 생성한다 등등. 이는 순전히 점증적인 처리 과정이다.

그러나 낱말의 순서가 항상 생각의 순서를 준수하는 것은 아니다.

---

13) played는 악기 연주 또는 운동 경기를 하는 경우로 해석된다(어린이가 행위주라면 놀이로도 번역됨). 여기서는 심사위원의 지적에 따라 악기 연주로 번역해 둔다.

〈그림 1-3〉의 ㈁에서는 메시지 도막들이 '시간 · 장소 · 사건' 순서로 나오는 예를 보여준다. '시간' 정보에 대하여 언어형식 주조 및 조음하기는 last week(지난주)의 조음으로 이끌어 가면서 정상적인 과정을 따를 수 있다. 그러나 '사건' 정보가 입력되기 이전에는 언어형식 주조기가 '장소' 정보의 부호화 내용을 전달할 수 없다. 장소 정보가 먼저 입력되었다면, 이는 전형적인 영어 문장을 위배한 "*last week in Amsterdam John played"를 산출하였을 듯하다. 전형적인 영어표현을 산출하기 위해 구축된 언어형식 주조기는, 그 순서를 뒤바꾸고서 올바르게 "last week John played in Amsterdam"(지난주 존은 암스테르담에서 연주하였다)을 산출할 것이다.

〈그림 1-3〉 ㈀ 순서가 가지런한 점증적 산출, ㈁ 순서가 뒤섞인 점증적 산출(Kempen and Hoenkamp 1987)

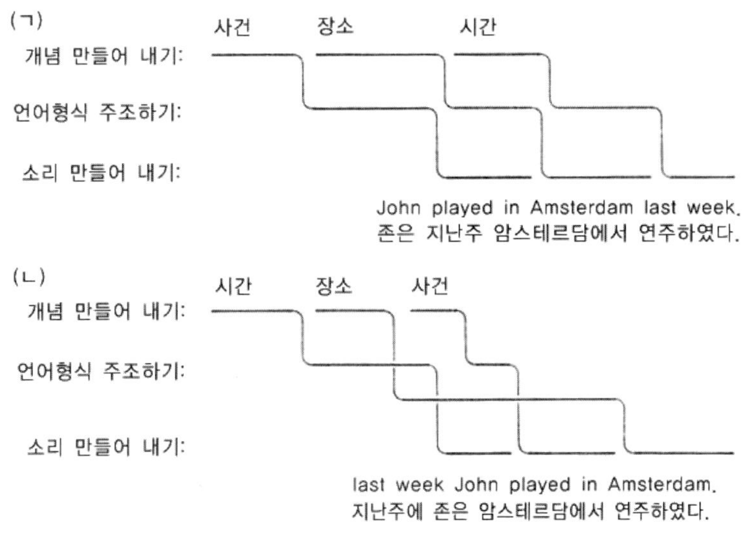

※ 크랭크 모양새의 실선은 각각 처리과정을 나타내며, 교차된 선들은 순서가 뒤섞임을 표시함

다른 언어들에서는 다른 순서 짓기의 문제들을 지닐 것이다. 예를 들면, 독일어 화자는 〈그림 1-3〉의 ㈀에 그려져 있는 언어형식 주조하기에서 도막들을 뒤바꿔야 할 것이다. 여기서 그 도막들은 순서가 '사건 · 장소 · 시간'으로 나오며 "Hans spielte letzte Woche in Amsterdam"(한스는 연주하였다, 지난주, 암스테르담에서)과 같은 문장을 만들어 내야 한다. 그런 반대 순서가 필요한 경우에, 특정한 도막들이 그대로 정지된 채 유지되어야 함은 분명하다. 달리 말하여, 구성부문들이 중간 결과들을 보관하기 위하여, 반드시 저장고나 임시보관 시설을 가져야 하는 것이다. 다음의 세 가지 그런 시설이 앞에서 이미 언급되었다.

① 작업 기억(작은 숫자의 메시지 조각들은 물론, 분석된 발화 조각들도 저장할수 있음)
② 통사 임시저장고(문법 부호화의 결과들을 저장할 수 있음)
③ 조음 임시저장고(약간의 음성계획을 보관할 수 있음)

동시에 이들 임시저장고는 서로 다른 구성부문들에서 처리과정의 상이한 속도 때문에 생겨날 수 있을 비-동시성(*asynchronies*)을 흡수 처리할 것이다.

비록 이런 종류의 순서 짓기 문제들을 조절할 처리 이론이 있어야 하겠지만, 엄격히 그 주된 작업은 점증적 산출에서 실행될 수 있을 만큼의 내용을 수행하는 일이 될 것이다. 이것은 언어심리학 역사에서 유서 깊은 원리이다. 분트(Wundt 1900)는 어순이 '전체적 개념화'(*Gesamtvorstellung*)의 부분들에 대한 연속적 통각(*apperception*) 결과를 따른다고 말하였다. 물론 이것이 언어에서 오직 어순이 자유로운 정도에 따라 성립될 수 있지만, 분트는 그 원리가 거기에 있음을 덧붙였다. 이를 '분트의 원리'라고 부르기로 한다. 우리는 현재의 목적을 위해 다음과 같이 이를 조금 확대한다.

> 분트의 원리
> Each processing component will be triggered into activity by a minimal amount of its characteristic input.
> (각각의 처리 구성부문은 그 특징적 입력물의 최소 양에 의해서 활동이 개시될 것이다)

이어지는 장들에서 우리는 반복적으로 그 최소 양이 얼마만큼 작게 될 수 있는지를 살펴보아야 할 것이다. 가령, 음운 부호화가 그 일을 실행하기 위하여 얼마만큼의 크기로 된 표면구조의 도막이 필요해질 것인가?, 조음이 가능해지기 위해서는 얼마만큼의 음성계획 짜기가 이용 가능해야 될 것인가?, 등등이다. 이들 양이 모두 작을 때, 조음은 개념화에 바짝 붙어서 뒤이어질 수 있다.

그러나 점증적 처리과정 — 즉, 발화산출의 서로 다른 구성부문들에서 병렬처리 활동에 대한 이론적 가정 — 은 자동성(*automaticity*) 여하에 달려 있다. 오직 자동적인 처리기들만이 자원들을 공유하지 않고서 작동할 수 있다. 따라서 병렬적으로 작동을 하게 되는 것이다. 각 처리기가 반드시 주의를 기울일 자원들 — 즉 작업 기억 — 에 접속할 필요가 있었더라면, 우리는 댕크스(Danks 1977)가 '자물쇠 단계들의 이어짐'이라고 불렀던 상황에 처해 있었을 법하다. 그랬었더라면, 말하기는 장기를 두는 일과 비슷하였을 것이다. 이따금 외현적 이동이 있겠지만, 장기알을 움직이기 위해 심사숙고하듯이 대부분 침묵의 처리과정이 되었을 것이다.

6. 요 약

발화의 의도적인 이용은 고도로 복잡하며 거의 이해되지 않은 정보처리 기술들에 의해서 촉진된다. 자연스런 대화에서 나타나는 단 한 가지 발화에 대한 사례 분석도, 발화 밑바닥에 깔려 있는 처리과정의 복잡성에 대한 어떤 첫인상을 전달해 주었다. 또한 임의 발화의 생성에 포함된 다양한 종류의 정보와 처리단계들까지도 암시해 주었다.

그런 체계를 심리학적으로 유의미한 방식에서 어떻게 분할할 것인가? 이 문제에 대하여 단 하나의 가장 확실한 접근법이란 아직 존재하지 않는다. 이 장에서 제시해 놓은 그런 분할을 위한 얼개의 밑그림은, 이어지는 장들에서 채워지고 가다듬어질 것이다. 화자에 대한 청사진은 다음 구성부문들로 이루어진다.

① 첫째, 개념 형성기(*Conceptualizer*)이다. 이는 언어화 이전의 메시지를 생성한다. 이들 메시지는 그 표현이 화자의 의도를 실현하려는 수단인 개념적 정보로 구성되어 있다.

② 둘째, 두 개의 하위 구성부문으로 이루어진 언어형식 주조기(*Formulator*)이다. 문법 부호화 장치(*Grammatical Encoder*)는 어휘부로부터 레마(*lemma*)를 인출하고, 그 메시지에 있는 개념적 관계들을 반영해 주는 문법 관계들을 생성한다. 그 출력물은 '표면구조'(*surface structure*)라고 불린다. 음운 부호화 장치(*Phonological Encoder*)는 표면구조에 근거하여 음성계획 또는 '내재적 발화'를 만들어 낸다. 이것은 어휘부에 있는 형태정보에 접속하며, 또한 발화의 운율을 산출하기 위한 절차와도 협동작업을 한다.

③ 셋째, 조음기(*Articulator*)이다. 이는 일련의 신경근육운동 명령들로서, 음성계획을 펼쳐 해독하고 실행한다. 조음기의 결과적인 운동들은 외현적 발화를 만들어 낸다.

④ 넷째, 발화 이해 체계(*Speech-Comprehension System*)이다. 이는 스스로 산출한 내재적 발화와 외현적 발화를 개념 체계에 이용될

수 있게 한다. 이는 화자가 스스로 그 자신의 산출 내용들을 점검하도록 하는 것이다.

우리는 이들 구성부문이 각각 독특한 입력물을 독특한 출력물로 바꿔 주는 자동적인 전문기관이라고 가정한다. 그 절차들은 대체로 다른 구성부문들로부터 나온 추가적 간섭이나 되짚어 점검하기 없이 적용된다. 우리 앞에 놓여 있는 이론적 과제는, 각 구성부문들을 놓고서 어떤 종류의 출력물 표상들을 생성하며, 어떤 종류의 흐름도에 의해서 그것을 생성해 내는지 기술하는 일이다. 또한 그 흐름도가 실시간으로 작동하는 하나의 기제로서 어떻게 구현되는지에 대해서도 살펴보아야 할 것이다.

다음으로, 제어된 처리과정과 자동적 처리과정 사이의 구분이 이들 구성부문들에 적용되었다. 메시지 생성 및 점검하기는 화자의 지속적인 주의력을 요구하는 제어 활동들로 기술되었다. 그렇지만 '문법 부호화 · 형태 입력 · 조음'들은 대체로 자동적이라고 가정된다. 이것들은 신속하며 반사작용과 비슷하다. 또 주의력 집중을 거의 요구하지 않고 병렬적으로 처리될 수 있다.

제안된 기본틀은 캠픈 · 흔캠프(Kempen and Hoenkamp 1987)가 '점증적'이라고 부르는 방식의 처리과정을 허용한다. 이는 다음과 같은 방식으로 순차적 처리와 병렬적 처리를 결합한다.[14] 정보의 도막은

14) 일상용어에서는 '직렬:병렬'이 짝이 되고(건전지를 연결하는 경우), '계열:통합'이 짝처럼 쓰인다(소쉬르의 체계를 말하는 경우). 여기서는 'serial:parallel'이 대립어로 되어 있다. serial은 '순차적, 계열적, 선조적'이란 말을 상정할 수 있다. 여기서 '선조적'이란 용어는 다시 제 4장에서 'linearization'(선조화)을 가리키기 위해 유보해둔다. '계열적'이란 말은 소쉬르의 체계에서 대치 관계에 있는 요소들을 가리키는 데 쓰인다. 따라서 서로 혼동을 빚을 우려가 있다. 여기서는 '순차적'이란 말을 선택해둔다. 이는 일직선의 전후 관계로 이루어지는 처리이다. 반면에, 병렬처리란 한꺼번에 여러 개의 직선이 동시에 작용하는 것이다.

단계별로 각각 처리되어야 할 것이다. 메시지를 지각하는 일로부터 시작하여 마지막으로 조음하기까지 진행된다. 비록 서로 다른 도막들을 놓고서도 여전히 모든 처리 구성부문들이 병렬적으로 작동할 수도 있다. 만일 도막들이 작다면—즉 구성부문들이 '미리 멀리 내다보기'를 거의 요구하지 않는다면—의도되지 않은 간섭들이 없이 유창한 말소리를 만들어 내면서 점증적 처리과정이 효율적으로 된다. 임의의 처리 구성부문이 단지 독특한 입력물의 최소 도막 하나에 의해서라도 충분히 활동이 개시될 수 있다는 점은 '분트의 원리'(*Wundt's principle*)로 불렸다.

언어화 이전의 메시지·표면구조·음성계획들과 같은 중간 표상들은 그것들 나름대로 고유한 종류의 단위를 갖고 있다. 발화산출에서 처리의 유일한 단위란 존재하지 않는 것이다. 중간 표상들이 이용 가능해지게 됨에 따라, 반드시 중간 표상들을 임시로 저장하기 위한 저장고들이 있어야 한다. 작업 기억은 메시지 및 분석된 내재적 발화를 저장할 수 있다. 통사 임시저장고는 소량의 표면구조를 저장할 수 있다. 조음 임시저장고는 근육운동 프로그램으로서 추후의 실행을 위한 조음 계획의 확장 연결체들을 저장할 수 있다.

뒤에 이어지는 장들에서는, 여러 처리기에 의해 생성된 표상의 종류들을 다루고, 포함된 흐름도 및 이들 흐름도의 실시간 속성들을 살펴보면서, 메시지 산출에서부터 스스로 점검하기에 이르기까지 〈그림 1-1〉의 청사진을 추적할 것이다. 이 여행을 이어나가는 과정에서, 그 청사진의 특정한 부분들은 잠재성(*potential*)과 더불어 이론적 진술로서 해결되어 나갈 수 있다. 그렇지만 좀더 많은 사례에서, 특히 경험적 연구들에 근거하여 우리는 그 기본틀의 세부 사항들을 놓고 좀더 자세히 확대하여 보는 일 이상을 할 수 없게 될 것이다. 우선 제2장에서는 대화 참여자로서 화자에 대하여—특히 대화에서 화자의 역할에 대하여—관심을 쏟게 될 것이다.

제2장

대화 참여자로서의 화자

발화의 가장 근원적이고 보편적인 무대는 둘 또는 그 이상의 대화 참여자들 사이에 일어나는 자유로운 상호작용 대화이다. 대화는 근원적이다. 모든 언어사용의 요람이, 바로 아기와 부모 사이에 대화하며 발언기회를 얻어내는 것이기 때문이다(Bruner 1983). 다른 언어사용과는 달리, 대화는 또한 보편적이다. 대화는 모든 인간사회에서 발화를 위한 전형적 무대인 것이다. 언어사용에 대한 화자의 기술은 대화의 요구 조건들에 따라 조율될 수밖에 없다. 물론 이런 사실이, 대화용법으로부터 대화기술들이 도출될 수 있거나 대화용법에 의해 설명될 수 있음을 의미하지는 않는다. 자동차가 도로를 따라 달리는 전형적인 일을 하는 방식으로부터, 아무도 자동차의 구조를 연역해 낼 수는 없겠지만, 그 자동차의 내적 구성 및 작동내용들을 연구할 경우에는 도로주행 행위를 무시하는 것은 어리석을 듯하다. 비슷하게, 이들 구성부문들이 홀로 그리고 함께 실행해야만 하는 과제들을 신중히 살펴보지 않고서는, 화자의 기술을 여러 구성부문으로 갈라놓을 수 없다. 우리는 적어도 그 구성부문들이 화자로 하여금 대화를 주고받도록 허용해야 한다는 점을 알고 있는 것이다. 현재 제 2장에서는 대화에서 화자의 참여에 대한 몇 가지 본질적 측면을 개관할 것이다.

먼저, 대화는 고도로 맥락이 주어져 있는 한 가지 언어사용 형태이다. 한편으로는, 참여자 맥락이 있다. 화자는 자신의 이야기를 발언기회와 대화에 포함된 다른 사람들의 기여 내용에 알맞게 맞춰 주어야 할 것이다. 화자의 기여 내용은 어떤 방식으로든 계속 진행되고 있는 상호작용과 관련되어야 한다. 다른 한편으로는, 대화 참여자들에 의해 공유된 시·공간 무대가 있다. 이는 상호 공유 지식의 자원으로 이바지한다. 이렇게 공유된 '지금·여기'에다 그들의 기여 내용을 닻 내리듯 붙들어 놓음으로써, 대화 참여자들은 축자적으로 말해진 것보다 좀더 많은 내용을 전달할 수 있다.

발화의 비-대화적 형태들은 보통 맥락화가 제대로 갖춰지지 않는다. (라디오 방송에서처럼) 대화 수신자들이 뿔뿔이 흩어져 있을 수 있고, (전화 대화에서와 같이) 공간적 무대가 공유되지 않을 수 있으며, (녹음 기록물에서처럼) 시간적 무대가 공유되지 않을 수도 있다. (자신의 아기한테 말하는 경우처럼) 대화 상대방의 이야기가 전혀 없어도 계속 발언기회를 얻어낼 수도 있고, (강의에서와 같이) 또한 아주 제한된 발언기회를 얻어낼 수도 있는 것이다.

둘째로, 대화는 의도적인 목적 지향적 활동의 한 가지이다. 사람들은 서로에게 특정한 사태에 대해서 알려 주거나, 기쁨·슬픔·분노의 감정을 공유하거나, 서로서로 특정한 행위를 실천하려고 하는 등 대체로 분명한 목적을 지니고 함께 이야기한다. 아이블-아이버스펠트(Eibl-Eibesfeldt 1984)는 계통 발생학적으로 대화의 주요 목적이 '친교 관계의 규범화와 의례화'라고 제안하였다. 대화는 의사소통 의도들로부터 기원되어 나온다.

따라서 발화를 위한 전형적인 무대는 공유된 시·공간 환경에서 화자들이 어떤 목적을 위해 상호작용을 하는 것으로 정의될 수 있다. 이들 세 가지 속성이 제 2장에서 논의될 것이다. 제 2장 1절에서는 말할 기회 얻어내기와 상호 협동에 대한 논제와 더불어, 말하기의 상호작용 성격을 다룬다. 제 2장 2절에서는 화자의 시·공 맥락 의존성을 논의한다. 이는 또한 지시표현(*deictic*, 直示)의 성격으로도 불린다. 제 2장 3절에서는 목적이 뚜렷한 행위로서의 말하기—즉 발화의 의도적 성격—에 관심을 쏟는다.

1. 상호작용

1) 상호 협동

대화에 참여하는 화자는, 알맞은 대화 행위를 지배하는 규칙들의 어떤 체계를 준수한다. 이들 규칙은 화자가 준수하는 순수한 언어학적 발화 기준들과는 구별이 될 것이다. 이는 적합한 친교 행동(*appropriate social conduct*)에 대한 규칙이며, 수용 가능성·유창성·공손성·친교적 상호작용의 효율성을 조절한다. 화자가 이들 규칙을 준수할 경우에는 '상호 협동적'이라고 말해진다(Grice 1975). 가령, 화자 베티(Betty)는 다음 대화에서 충분히 상호 협동하고 있지 않다.

> Arnold : Could you tell me the way to Stephen's Church?
> Betty : Yes, I could.
> (Betty turns away)
> 아널드 : 스티븐 성당으로 가는 길을 말해 줄 수 있으십니까?
> 베 티 : 예, 그럴 수 있습니다.
> (무관심한 듯 얼굴을 딴 데로 돌려 버린다)

분명히 아널드(Arnold)는 길의 방향을 묻고 있었지만, 베티는 비협조적으로 그 질문의 축자적 해석에 대해서만 — 즉 그녀가 그 방향을 가르쳐 줄 능력이 있는지 여부에 대해서만 — 대답을 하였다. 더욱이나 얼굴을 딴 데로 돌려버림으로써, 베티는 그 대화를 진행하여 더 이어갈 수 없게 하였다. 그러나 그 진행을 허용해야 대화의 중단을 고칠 수 있을 것이다.

대화에서 상호 협동을 지배하는 규칙은 두 종류이다.

(1) 발언기회 배당(*allocation of turns*)을 위한 규칙
이 규칙은 일반적으로 서로 다른 참여자들이 한꺼번에 동시에 말하는 것을 막아 주고, 모든 사람의 말할 권리를 보장해 주며, 대화에 참여하고 대화에서 빠져나가는 일을 조절한다.

(2) 기여 내용의 성격(*character of the contributions*)을 지배하는 규칙
이 규칙은 기여 내용이 그 대화에 관련되도록 하며, 참여자들이 그 발화와 맥락으로부터 화자의 의사소통 의도를 추론할 수 있도록 한다.

이들 두 유형의 규칙이 정상적인 모든 화자의 이야기보따리 속에 들어 있다. 이것들을 하나씩 살펴나가기로 한다.

2) 말할 기회 얻어내기, 참여하기, 마무리 짓고 빠져나가기

대화에서 말할 기회 얻어내기를 위한 기본적이고 보편적인 규칙은 색스·쉬글롶·제퍼슨(Sacks, Schegloff, and Jefferson 1974)에 의해 찾아졌다. 그 이후 많은 개선점과 가감 사항들이 덧붙여졌지만, 그 핵심이 되는 통찰력은 아무 문제도 없이 계승되고 있다. 그 체계의 주요 특징들은 다음과 같다.

> 말할 기회의 구성 단위
> 말할 기회는 (발언권 차지 예감이) '투영될 수 있는' 하나 또는 그 이상의 발화단위로 이루어진다. 투영될 수 있는 상태란, 대략 그 단위의 완결이 그 유형으로부터 예측될 수 있고, 따라서 대화 참여자가 어디에서 이어받아 말할 기회를 차지할지 알 수 있다는 뜻이다.

'Could you tell me the way to …'(… 로 가는 길을 말해 주실 수 있습니까?) 에서는, 하나의 명사구 가령 'Stephen's Church'(스티븐 성당)에 의해서 완결될 법한 하나의 문장 단위가 존재한다. 또 다른 투영될 수 있는 발화단위는 '절 · 구 · 어휘' 단위들이다. 우리는 말할 기회 얻어내기의 단위들에 대한 논제를 곧 이어 다시 다루게 될 것이다. 이들 발화단위가 주어지면 다음과 같은 규칙들이 적용된다.

> 발언기회 배당 규칙
> 규칙 1: 애초부터 발언기회를 갖고 있는 화자에게는, 그런 발화단위를 말할 자격이 부여된다. 한 단위의 끝 부분은 이른바 '발언권 넘김 관련 대목'이다. 그 곳에 이르게 되면 다음 규칙 2가 적용된다.
>
> 규칙 2: 현재의 화자는 그 대화에서 말할 권리와 의무를 특정한 참여자에게 배당한다. 이는 발언기회 배당하기에서 '현재 화자가 다음 화자를 지정해 주는' 기술이라고 불린다.

규칙 2의 기술은 앞에서 본 대화에 적용되었다. 화자가 어느 특정한 사람에게 질문을 던졌다(Could you tell me the way to Stephen's Church?). 따라서 다음 말할 차례에 대한 권리와 의무를 그녀에게 배당하였다. 다른 대화 참여자들은 다음 말할 기회를 얻어낼 자격이 없다. 발언권을 넘겨받은 쪽에서도 '발언권 넘김 관련 대목' 이전에 발언을 시작해서는 안 됨에 주목하기 바란다.

이 규칙에 따라서 만일 현재의 화자가 사실상 다음 화자를 지정한다면, 적용할 다음 규칙은 규칙 5이다. 이 선택 사항이 적용되지 않으면, 규칙 3이 적용된다.

> 규칙 3: '발언권 넘김 관련 대목'에서 임의의 다른 대화 상대가 다음 발언기회를 차지할 수도 있다. 이는 '스스로 차지하기'라고 불린다. 먼저 시작하는 사람이 그 발언기회에 대한 권리를 갖는다. 그렇지만 어떤 사람이든지 다음 발언기회를 맡을 의무는 없다.

어떤 사람이 다음 발언기회를 차지한다면, 다음에 적용될 내용이 규칙 5이다. 아무도 그 규칙을 따르지 않으면 다음 규칙 4가 적용된다.

> 규칙 4: 꼭 그럴 필요는 없지만, 현재의 화자가 추가 발화단위로써 말을 계속할 가능성이 있다. 그가 말을 계속한다면, 순환이 규칙 1에서부터 완전히 다시 시작된다. 이는 다음 화자에게 발언권을 넘겨줌이 효력을 나타낼 때까지 반복적으로 이뤄질 가능성이 있다. 이 선택 사항이 소용이 없다면, 대화는 끝이 난다.
>
> 규칙 5: 다음 화자는 현재 화자가 되며, 규칙 1이 다시 적용된다.

이 규칙 체계는 다음 대화에 의해 예증될 수 있다. 괄호 속에 들어 있는 숫자들은 위에 있는 규칙이 적용되는 대목을 가리킨다.

> Arnold : (1) I didn't sleep well last night. (2, 3, 4, 1)
> (To Betty:) Did you hear me clumping down the stairs? (2, 5)
> Betty : (1) No, I didn't. (2, 3, 5)
> Christian : (1) I thought there was a burglar in the house. (2, 3, 4)
> 아널드 : (규칙 1) 난 어젯밤 제대로 잠을 자지 못했어. (규칙 2, 3, 4, 1)
> (베티에게) 넌 내가 아래층에서 쿵쿵대는 걸 듣지 못했니?

(규칙 2, 5)

베 티 : (규칙 1) 아니, 듣지 못했어. (규칙 2, 3, 5)

크리스천 : (규칙 1) 난 집에 도둑이 들었다고 생각했지. (규칙 2, 3, 4)

규칙 4에 따라 이 시점에서 그 대화가 단절되는 일이 허용된다.

발언기회 얻어내기의 규칙들은, 임의 시점에서 최대한 한 사람의 화자가 이야기를 하도록 보장한다. 단, 아래에서 다루게 될 것이지만, 규칙 3 아래에서 둘 또는 셋 이상의 대화 참여자가 서로 먼저 얘기를 하려고 '경합하는' 경우를 제외해야 한다. 화자 한 사람의 발언기회는 어떠한 길이로도 이뤄질 수 있다. 이는 '발언 단위' 하나의 크기에 대하여 형식적 제약이 존재하지 않기 때문만이 아니다. 또한 그 규칙들의 반복 적용은 무한수의 발화단위가 유일한 하나의 발언기회에 함께 계속 이어지는 것을 허용해 주기 때문이다. 그렇지만 후자의 가능성은 오직 상호 협동적으로만 — 즉 상대방의 협조 아래에서만 — 실현될 수 있다. 다시 말하여, 현재의 화자가 발언권 넘김 관련 대목에 이르렀을 경우에, 대화 참여자 어느 누구도 다음 발언기회를 차지하겠다고 주장하지 않으며, 따라서 현재의 화자가 발화를 계속 산출하도록 허용되는 경우에라야 일어나는 것이다.

규칙 3은 대체로 그 대화에서 참여자가 누구이든지 발언권을 주장할 수 있도록 보장한다. 그 권리는 쌍방의 대화에서 충분히 보장된다. 비록 현재의 화자가 규칙 2에 따라 다음 화자를 선택하지 않는다고 하더라도, 상대방이 현재의 발화단위 끄트머리에서 '끼어들' 수 있다. 그렇지만 세 사람이나 그 이상의 대화 참여자를 포함하는 대화에서는, 둘 또는 셋 이상의 참여자가 발언기회를 하나의 발화단위 길이로 만들고, 언제나 서로서로 선택해 주며, 따라서 규칙 3을 무시하면서 어떤 제휴를 형성할 수도 있다. 이것이 설사 우원하고 불손할 수도 있겠지만, 그런 비도덕적인 대화들까지도 발언기회 얻어내기 규칙들을 따르는 것이다.

대화는 침묵의 순간들도 포함할 수 있다. 세 가지 종류의 침묵이 구별될 수 있다.[1] 화자는 다음과 같이 한 발언 단위 내에서 일순간 침묵할 수 있다.

Arnold : Can we really (pause) afford to do this?
아널드 : 우리가 진짜로 (짤막한 쉼) 이를 실행해 낼 능력이 있을까?

그런 침묵은 '짤막한 쉼'(*pause*)으로 불린다. 예를 들어, 화자가 알맞은 낱말을 찾아내는 데 어려움이 있을 경우에 쉼이 나타난다. 아니면 중요한 어떤 것이 뒤따르도록 하기 위한 일종의 '약한 박자'(*upbeat*)로서, 수사적 방편도 될 수 있다. 침묵이 쉼으로 되기 위해서는, 화자와 청자가 그것을 계속되는 발화단위에 끼어드는 것으로 경험해야 한다. 위에 있는 예문에서는, 그 발화단위가 문장이면서 억양을 지녔다. 'really'(정말) 다음에 발언권 넘김 관련 대목은 존재하지 않는 것이다.

두 번째 유형의 침묵은 발화단위들 사이에 나타나며, 이는 묵묵부답(*gap*)으로 불린다. 무반응 간격들은 규칙 3과 4로부터 귀결되어 나온다. 다음 대화에서는 두 개의 무반응 간격을 담고 있다.

Arnold : He kept playing all night. (gap)
It is hard to stop an amateur. (gap)
Betty : Do you play an instrument yourself?

---

1) 원문에 쓰이는 짝을 이룬 용어는 'pause · gap · lapse'이다. 이 용어들은 이 책의 저자가 학술용어로 쓰기 위해 구별해 놓은 것이다. 따라서 직역은 일관성을 놓칠 수 있다. 여기서는 뜻을 살려 이들을 각각 '짤막한 쉼, 묵묵부답, 긴 침묵'으로 번역해 둔다. 중립적 용어로 또한 silence도 쓰인다. 이는 '침묵'으로 번역해 둔다. 한편 제 8장에서는 소리를 이어내는 억양구 바로 뒤에서 잠깐 쉬는 break(휴지/멈춤)이라는 용어도 쓰인다.

아널드 : 그는 밤새 연주를 하였거든. (묵묵부답)
아마추어를 멈추게 할 수 없어. (묵묵부답)
베 티 : 넌 악기를 스스로 연주하니?

첫 번째 묵묵부답(*gap*)은 아널드가 하나의 발화단위(He kept playing all night)를 완결한 뒤에 나타났다. 아무도 그 당시에 발언권을 주장하여 차지하지 않았다. 규칙 4에 따라 아널드는 계속 말을 하기로 했다. 다음 발화단위를 완결한 뒤, 아널드는 다시 발언권을 열려 있는 채 남겨 두었다. 그렇지만 침묵이 생긴 경우, 이번에는 규칙 4에 호소하지 않았다. 잠시 뒤 규칙 3에 따라 베티가 발언권을 맡았으며, 다른 화젯거리를 도입하였다. 비티(Beattie 1978)는 쌍방간의 대화에서 발언기회 넘김의 34%만이 '솔기 없는' 매끄러운 것이었음을 보고하였다. 즉, 200㎳보다 더 짧은 간격을 가졌다. 그 밖의 다른 발언권 넘김 대목에서는 평균 500㎳ 정도의 간격을 담고 있었다.

'긴 침묵'(*lapse*)은 발언 단위들 사이에 있는 침묵이 특히 길게 늘어나 있는 경우에 생겨난다. 이는 대화 참여자들이 '마무리 짓고 빠져나가기'를 신호하면서, 하나의 대화가 결론을 이끌어 낼 경우에 생겨날 수 있다(Goodwin 1981).

위에 있는 발언기회 배당 규칙들에 따라 모형으로 만든 대화의 주요한 특징 한 가지는, 압도적으로 화자들이 동시에 말을 하는 것이 아니라, 발언기회별로 차례에 따라 말을 한다는 점이다. 그러나 서로 겹침(*overlap*)이 실생활 대화들에서 실제 일어나고 있으므로, 이 규칙들은 이런 점에서 이상화되어 있다고 말할 수 있다. 비티(Beattie 1983)는 한 쌍(두 명)의 대학생 지도에서 11%의 발언기회가 바로 이전의 발언기회에 끼어들어 중단하기를 시작하였고, 이것이 여러 학생을 대상으로 한 지도에서는 31%까지 증가하였음을 찾아내었다. 서로 겹침에는 두 가지 주요한 원인이 있다. ㉠ 여러 사람이 스스로 발언기회를 차지하기와, ㉡ (발언권을 차지하려는) 투영 말썽으로 끼어들기이다. 여러 사람의 스스로 발언기회 차지하기는, 앞에서 관찰하였듯이, 발언권 넘김 관련 대목에서 다음 발언기회를 차지하기 위하여 대화 참여자들이 서로 먼저 말하고자 얽혀 있을 경우에 생겨난다. 규칙 3에 의해서, 발언권에 대한 권리는 먼저 이야기를 하는 사람에게로 간다. 두 사람이 화자가 거의 동시에 말하기를 시작하면 서로 겹침이 생겨난다. 다음에 있는 실생활 사례는 색스(Sacks et al. 1974)에게서 가져 왔다.

A : I know who d'guy is.
B : ┌He's ba::d
C : └You know the gu:y?
갑 : 난 저 녀석이 누군지 알아
을 : ┌나::쁜 놈이야
병 : └너 그 놈: 알아?

갑의 발언기회 다음에, 을과 병이 동시에(대괄호로 표시됨) 말을 시작하였고, 둘 모두 짤막한 발화단위를 완결지었다. 쌍점은 모음을 늘이거나 길게 뺌을 나타낸다. 흔히 발화단위의 종결 마디에서 실현된다.

(발언권을 차지하려는) '투영 말썽으로 끼어들기'(*projection trouble*)란, 대화 참여자들이 하나의 발화단위가 완결되는 순간을 오판할 때에 생겨날 수 있다. 다음 발언기회를 차지하려고 준비하는 화자는, 반드시 현재 화자의 발언 완결 대목을 추정하고 판단해야 한다. 그리고 발언권을 이어받는 첫 화자가 되기 위하여 — 규칙 3을 보기 바람 — 또는 대화의 유창한 진행 흐름을 유지하기 위하여, 그 사람이 그 발화단위가 실제적으로 완결될 때까지는 참고 기다릴 수 없는 것이다. 적절한 때에 맞춘 발화 시작은 준비를 필요로 한다. 따라서 발언권 넘김 관련 대목의 예감(*anticipation*)을 요구한다. 현재의 화자가 'sir'(선생님), 'dear'(여보게), 'John'(존) … 등 의례용 부름말을 쓴다든지, 'please'

(좀/제발) 처럼 공손한 첨사를 쓴다든지, 'isn't it?'(안 그런가요?), 'right?'(그렇죠?) 와 같이 설의법 꼬리말을 쓴다든지, 또는 'I think'(-라고 생각이 드네요) 에서처럼 '명제 태도 진술문' 병렬 등을 써서 발화에 덧붙일 경우에는, 상대방의 발언이 끝나는 것으로 쉽게 오산하게 된다. 다음에 제퍼슨(Jefferson 1985) 에게서 가져온 사례가 있다.

A: ez soon ez he said the do:g'r okay somehow I c'd handle the
whole thing. ┌ Y'know?
B: └ The whole thing yeah
갑: 에또 곧 에또 그가 말하길 그 개: 그래 어쨌든
내가 그 모든 걸 처리해 낼 거야. ┌ 알겠니?
을: └ 모든 걸 말이지 그래

대화에서 발언기회 얻어내기 체계의 한 가지 중요한 특징은, 색스 등(Sacks et al. 1974) 이 '지엽적인 인접쌍 관리'라고 부른 것이다. 미리 다음 차례의 발언기회 배당이 준비되지 않는다. 대화를 조정할 '의장'(*chairman*) 이 없는 것이다. 이는 규칙 3에 의해서 스스로 차지하기가 이용될 경우로, 다음 차례의 발언기회가 자유롭다. 아니면 규칙 2에 의해서 현재 화자가 다음 발언자를 지정하는 경우로서, 현재 발언기회 동안에 결정된다. 발언기회 배당은 인접쌍[2] 만을 포함한다는 점에서 지엽적이다. 이는 인접 발언기회(*adjacent turn*) 의 적소를 넘어서 버리는 발언기회의 배당 성향을 배제하는 것이 아니다.

어떤 대화 참여자는 대화에서 스스로 발언기회를 대단히 많이 차지

2) 이 용어는 Schefloff and Sacks (1973) 에서 처음 정의된 것이다. Cook (김지홍 번역 2003:88) 《담화》(범문사) 에서는 제안에 대해서 수용 및 거절, 평가에 대해서 동의 및 동의하지 않음, 비난에 대해서 부인 및 받아들임, 질문에 대해서 예상된 대답 및 예상치 못한 대답 등의 '인접쌍'(*adjacent pairs*) 을 예시하고 있다.

함으로써 지배적으로 될 수 있다. 또는 대화 상대방들 사이에서 중요한 사람이 있다면, 다른 사람들이 스스로 발언기회를 덜 차지할 것이고, 따라서 그 중요한 사람이 규칙 4에 따라서 발언권을 더 긴 말하기 지속시간 동안 유지할 수 있다.

또 다른 성향도 아주 일반적으로 관찰된다. 다음 차례의 발언기회를 바로 앞 번의 화자에게 배당하는 것이다. 따라서 '갑-을-갑 …'의 연결을 만들어 낸다. 이는 전적으로 놀라운 것이 아니다. 잘 맞춰진 대화에서, 을은 갑이 말한 것에 대하여 반응을 할 것 같다. 이것이 분명하게 말해 달라거나, 더 길게 말해 달라거나, 설명해 달라거나, 또는 비슷한 어떤 요구를 포함한다면, 자동적으로 갑이 다음 화자로 지정된다.

이른바 '발언기회 내어주기 단서'에 대한 문헌 — 즉 화자가 자신의 발언기회가 끝났다거나 또는 어떤 발화단위를 끝냈음에도 불구하고 여전히 자신이 발언권을 유지하고 싶다는 신호를 내보내는 수단들에 대한 문헌 — 도 상당량 있다. 덩컨과 피스크(Duncan and Fiske 1977), 그리고 개관을 보려면 비티(Beatttie, 1983)를 참고하기 바란다. 임의의 절 끄트머리에서 올라가는 강세나 또는 내려가는 강세와 같이 운율단서들도 존재한다. 그렇지만 쉐퍼(Schaffer, 1983)에서는 이들 단서가 오직 온건하게만(≒필연성이 없이) 효율적임을 찾아내었다. 이 단서들이 늘 화자들에 의해서 이용되는지는 분명치 않다(Cutler and Pearson 1986). 쉐퍼(Schaffer, 1983)에 따르면, 좀더 중요한 것이 통사와 어휘 단서들이다. 그리고 짤막한 쉼과 절 끄트머리 음절에서 모음 늘임이나 길게 뺌(앞에서 He's ba:d와 같이)과 같은 리듬 단서들이, 발언기회의 끝을 신호하는 데에 어떤 역할을 맡는 듯하다. 게다가, 발언권 배당을 조절하는 비언어적 수단들도 있다. 특히 눈을 뚫어져라 쳐다보는 일과 몸짓을 통하여서이다. 예를 들어, 한 발언기회의 끝 무렵에 화자들은 눈을 마주쳐 대화 상대를 바라보려는 경향이 있다. 화자들이 대화 상대방의 주의력을 이끌어 내고 유지하려는, 그리고 대화 참여자들에게 자신의 발화에 대한 반응을 이끌어 내려는 온갖 병기를 갖고 있는 것이다.

어떤 것을 발언권 넘겨주기 관련 대목으로 간주할지에 대한 경험적 논의는 아주 복잡하다. 색스 등(Sacks et al. 1974)은 이를 발언기회를 구성하는 발화단위들로써 정의하였다. 이것들은 통사적 성격 — 문장이나 절이나 구 또는 어휘 — 을 지닌다. 동시에 앞에서 이미 논의가 이뤄졌듯이, 색스 등은 발화단위들에 대한 (발언권 차지 예감의) '투영 속성'의 중요성을 강조하였다. 이는 발화단위 유형에 대한 인식이, 발화단위 사례의 완결을 예상하도록 해 주는 정도에 대한 것이다. 그렇지만, 통사 및 투영이 이런 사안에서 하나로 수렴될 것이라고 기대할 근거는 없다. 매끄럽게 발언권 넘겨줌이, 분명히 위에서 언급된 통사단위 유형들 각각에 해당하는 대목에서 일어난다는 풍부한 증거가 있다. 예를 들면, 질문이 'How do you feel today?'(오늘 기분이 어때요?)에서처럼 문장이 될 수도 있고, 'Because he couldn't come?'(그가 올 수 없었기 때문이에요?)에서처럼 절이 될 수도 있으며, 'The windmill?'(저 풍차 말이오?)에서처럼 구가 될 수도 있고, 'What?' (뭐 말이오?)에서처럼 어휘 항목이 될 수도 있다. 이것들이 각각 솔기 없이 미끄럽게 발언권 넘겨주기로 이끌어 갈 수 있다.

그러나 이들 유형의 발화단위 아무 데에서나 이것이 성립되는 것은 아니다. 그런 경우라면 모든 낱말이나 구나 또는 절의 완결이 발언권 넘김 관련 대목이 될 수 있어야 하겠다. 그렇지만 이는 분명히 잘못이다. 더욱이 통사 단위들이 언제나 투영되는 게 아니라고 하면서, (발언권 차지 예감의) 투영 속성을 요구해야 하는 것이 옳을까? 이것도 또한 제대로 작동되지 않는다. 한 낱말의 완결만큼 그렇게 쉽게 투영될 수 있는 것은 아무것도 없기 때문이다. 마슬린-윌슨 · 타일러(Marslen-Wilson and Tyler 1980)의 실험 작업에서는, 그 언어에서 그 낱말이 동일한 첫 소리 구조를 지닌 다른 낱말들로부터 구별될 수 있는 즉시 입말 낱말들에 대한 인식이 일어남을 입증하였다. 평균하여 대략 전체 낱말에 걸쳐 절반쯤에서 낱말 인식이 일어난다. 맥락 속에 있는 낱말들은 고립된 낱말보다 심지어 좀더 일찍 인식된다(Tyler and Wessels 1983). 인식상으로는 낱말의 완결이 투영 가능하다. 그러나 이는 다시, 거의 모든 낱말의 끝머리가 발언권 넘김 관련 대목임을 의미할 법하다.

분명히 다른 요인들도 여기 포함되어 있다. 아마 대화 상대방이 아무런 발화단위나 투영하는 것은 아닐 것이다. 오직 관습적으로 유관한 발화단위들, 즉 의미 단위들만을 투영한다. 핼리데이(Halliday 1967a)는 그것들을 '정보 단위'로 불렀다. 한편 버터워쓰(Butterworth 1975)와 췌잎(Chafe 1980)은 이런 것과 관련하여 '생각(*idea*) 단위'를 언급하였다. 이들 단위가 발화에서 어느 정도로까지 운율로 입력되는지는 논란거리이다(Brown and Yule 1983을 보기 바람). 그렇지만, 청자가 그런 의미 단위들을 대화에서 발언권 넘김 관련 대목들을 예측하는 데에 투영하는지 여부, 그리고 어떻게 투영하는지에 대한 것은, 이 책의 관심거리를 벗어나는 경험적 논제이다. 한 발화의 투영 속성은 아마 그 운율·통사·의미에 의해 다각도로 결정되는 듯하다. 이들 정보 자원을 청자가 어떻게 결합하여 실제 담화에서 발언권 넘김 관련 대목들을 연산하는지에 대해서는, 대체로 담화분석에 대한 확대된 범위의 문헌에서도 잘 다루어지지 않았다. 실험연구로서는 그로씨인(Grosjean 1983)을 참고하기 바란다.

어떻게 대화 상대방들이 대화에 참여하고, 대화를 지속해 나가며, 대화로부터 빠져나갈까? 위에서 살펴본 발언기회 얻어내기 규칙들은, 대화 상대방들이 어떻게 대화에 참여하는지를 구체적으로 밝혀 주지 않는다. 비록 이들 규칙이 규칙 4에 따라 하나의 대화를 끝내도록 허용하지만, 그 이론에서는 그 선택이 언제 채택될 것인지에 대해서 아무런 예측도 해 주지 못한다. 이 규칙 체계가 옳다면, 임의의 대화에서 다른 사람을 참여시키는 가장 분명한 방법은, 규칙 2에 따라 현재의 화자가 다음 화자를 지정한다는 점을 이용하는 것이다. 반응을 이끌어내기 위한 움직임이 만들어질 수 있다. 쉬글롶・색스(Schegloff and Sacks 1973)는 그런 발언의 짝들을 '인접쌍'으로 불렀다. 비록 가장 전형적인 사례가 '질문-대답' 순서 열이지만, 대화를 열어 나갈 수 있는 다른 인접쌍들이 많이 있다. 그런 사례는

'인사 - 인사': Morning Sir — Good Morning.
(선생님 안녕하세요 — 좋은 아침이오)
'불평 - 부인': Don't push me — He did.
(밀지 말아요 — 그가 밀었어요)
'도전 - 거부': You won't complete this in time — I sure will.
(자네 이걸 제 시간 안에 끝낼 수 없겠지 — 분명히 끝낼 게)

등이다. 대화 열어 나가기에 대해서는 쉬글롶(Schegloff, 1972)을 보기 바란다. 또한 다음 예에서와 같이

Tell me more about your friend.
(네 친구에 대해 더 자세히 말해 주렴)

인접쌍이 대화를 지속시키는 데에도, 다시 말하여 여전히 대화로부터 빠져나가고 싶지 않음을 신호하는 데에도 쓰일 수 있다(Wells, MacLure, Montgomery 1981).

대화를 열어나가고 지속해 나가는 데에는 인접쌍 이용보다 더 많은 것들이 있다. 만일 그 목적이 대화 참여자들 사이에 상호 지향적 성격(*mutual orientation*)을 얻어내고 유지하는 것이라면, 이를 구현하기 위한 방식들이 많이 있다. 특히 중요한 것이 잉뷔(Yngve 1970)가 (명시

적 언어표현 없이 상대의 발언을 재촉하는) '배경 응답 행위'(*backchannel behavior*)라고 부른 것이다. 이는 고개를 끄덕이거나, 'hmms'〔음〕하고 자주 반응을 해 주는 것과 같이, 현재의 화자에 대하여 그가 계속 말을 지속해 나가야 함을 속뜻으로 담고 있는 다양한 암시 내용이다. 구드윈(Goodwin 1981)의 분석에 따르면, 대화 상대방을 응시하는 일은 이야기를 좀더 계속하도록 하는 제안이다. 대화 상대방의 응시는 화자의 짧게 쉼이나 고치기나 모음 길게 늘이기에 의해서도 유도될 수 있다. 구드윈의 증거에 비춰 보면, 상대방을 응시하는 화자는, 상대방이 자신을 응시하는 경우보다 응시하지 않을 경우에 '중단하기 - 재개하기'를 더 자주 보여준다. 화젯거리를 바꾸는 일이 꺼져가는 대화를 구제하는 또 다른 수단이 되겠지만, 궁극적으로 모든 대화는 끝이 나서 빠져나가게 마련이다.

대화에서 빠져나가려는 의도는 여러 가지 방식으로 신호될 수 있다. 좀더 긴 쉼도 있을 수 있다. 대화 참여자들이 즉시 스스로 발언권 차지하기에 대한 그들 자신의 선택권을 쓰지 않는 경우이다. 주위를 배회하거나 코를 푸는 일과 같이, 부차적 활동들로 참여 행동이 늘어날 수도 있다. 이렇게 딴전 피우는 행위는 다른 사람을 향한 대화 참여자의 지향적 성격을 줄여 놓을 수 있다. 그러나 대화 상대방의 문화가 또한 공손성의 규범을 어기지 않고서 어떤 대화를 끝맺도록 하는 의례적 수단을 제공해 줄 수도 있다. 레뷘슨(Levinson 1983)은 전화 대화로부터 나온 다음 사례를 제시한다.

A: Why don't we all have lunch
B: Okay so that would be in St. Jude's would it?
A: Yes
(gap)
B: Okay so:::
A: One o'clock in the bar

B: Okay
A: Okay?
B: Okay then thanks very much indeed George
A: All right. ┌ See you there
B: └ See you there
A: Okay
B: Okay ┌ bye
A: └ Bye
갑: 우리 함께 점심 먹는 게 어때?
을: 좋아 그러면 성 주드 바(*St. Jude bar*) 에서이겠지, 그렇지?
갑: 그래
(묵묵부답)
을: 좋아 그러면:::
갑: 그 바에서 오후 한 시야
을: 좋아
갑: 좋아?
을: 좋아 그럼 정말 너무 고마워 조지.
갑: 그래 ┌ 거기서 보자
을: └ 거기서 보자
갑: 좋아
을: 좋아 ┌ 안녕
갑: └ 안녕

이런 상호작용은 어떤 의례적인 종결 움직임을 보여준다. 레빈슨은

㉠ '종결 암시' 화젯거리의 도입(점심을 같이 먹자는 제안)
㉡ 빈 화젯거리로 '지나가기 발언기회'(okay, all right)
㉢ 대화의 유형 지워놓기(이 경우 친절한 전화 연락이므로 'thanks very much indeed'라고 함)
㉣ 종결 요소들의 교환(bye)

을 언급한다. 이런 저런 의례들과 함께 비-입말 의례(*nonverbal rituals*)도 수반될 수 있다. 예를 들면 구드윈(Goodwin 1981)은 대화 종결에서 인사로서 '윗눈썹 찡긋 올리기'의 주고받음을 관찰하였다. 이는 또한 문화를 넘어서 보편적으로 될 수도 있다(Eibl-Eisbesfeldt 1974).[3)]

이 절에서 논의된 발언기회 얻어내기 규칙들은 문법이 아니다. 규칙들의 체계는 발언기회의 부적격한 순서 열로부터 적격한 순서 열을 구별해 내기 위한 기제가 아니다. 오히려 대화에서 상호 협동적인 참여자들이 정상적으로 충실히 따르는 행위 원리들을 구체적으로 만들어 놓은 것이다. 또는 좀더 정확히, 대화 상대방은 각자 다른 편에서도 정상적으로 이 규칙들을 충실히 따를 것이라고 가정할 수 있는 것이다. 그러나 더 중요한 것은 '상호 협동성'에 대한 가정이다. 어떤 대화에서 다른 쪽이 무엇을 하든지 상관없이, 심지어 그 쪽에서 특정한 발언기회 얻어내기 규칙을 어그러뜨릴 경우에라도, 대화 상대방들은 계속 진행되는 이야기 주고받기에서 서로 당연히 어떤 목적에 기여하리

3) 우리의 옛 전통으로 보면, 상대방을 노려보듯 응시하면 '맞먹는다'는 오해를 불러일으킬 수 있다. 오히려 우리 쪽에서는 상대방과의 눈길을 피하는 일을 선호해 왔다(특히 신분 사회에서 고착되었던 유습임). 낱말도 전하(殿下 집 아래)·폐하(陛下 섬돌 아래)·각하(閣下 누각 아래)·슬하(膝下 무릎 아래)에서 보듯이, 대등하게 마주 대하는 일을 피하고 화자의 위치를 '아래'에 있다고 표현하여, 간접적으로 상대방을 높이게 된다. 이런 전통에서는 아마 눈썹을 위로 찡긋 올리는 일보다는, 묵묵히 고개를 조금 수그리거나 침묵을 지키는 일이 대화가 종결되었음을 나타내게 되는 게 아닌가 싶다. 한국의 아이들이 미국에 이민을 가서 겪는 일은 이런 문화적 차이에 시사점을 던져 준다. 미국에서 학생이 야단을 맞을 때에는 학생이 선생님을 뚫어져라 쳐다보며 주의하지 않으면, 교사가 자신의 말을 주의 깊게 듣지 않는다고 여긴다. 그래야 야단 맞는 학생이 자신의 잘못을 깊이 인정하고 있다고 여긴다. 그렇지만 집에서 어른들로부터 한국식으로 주의를 받는 경우에는 정반대의 모습을 취해야 한다. 눈을 맞추고 쳐다보면, 뻔뻔하게 반항을 한다고 해석하기 때문이다. 다소곳이 고개를 숙임으로써 상대방을 존경하며 경청하는 태도를 보인다고 보는 것이다. 이런 점은 몸짓이나 몸말에도 분명히 문화 상대적 측면이 있음을 보여준다.

라 여길 것이다. 다음 한 가지 사례가 이를 예시해 줄 것이다.

규칙 2에 따라서, 현재의 화자가 다음 화자를 지정할 경우에, 대화 수신자는 다음 발언기회를 차지하게 되어 있다. 그러나 이 규칙은 다음 대화에서 깨어져 버린다.

> Teacher : Betty, what happened to your father last week?
> Betty : (silence)
> Teacher : I am sorry for you.
> 교 사 : 베티야, 지난주 네 아버지한테 무슨 일이 있었니?
> 베 티 : (침묵)
> 교 사 : 정말 안 되었구나.

교사의 질문은 베티를 다음 발언 화자로 지정한다. 그러나 베티는 그 대화 규칙을 어그러뜨리고 침묵만 지킨다. 이런 어그러뜨림에도 불구하고, 교사는 베티가 상호 협동하고 있다고 가정하고, 침묵을 제대로 된 반응으로 보아, 베티가 자신의 슬픔을 표현할 수 없는 것으로 해석한다. 또는 더 정확히, 베티가 바로 이 점을 전달하려고 의도하는 것으로 해석한다. 교사의 다음 움직임에서는 이것이 받아들여짐을 표현한다. 이런 대화는 분명히 제대로 형성된 것이며, 규칙을 어그러뜨리는 일을 놓고서 어떤 특별한 성격을 부여하고 있는 것이다.

규칙 3의 위배도 또한 비슷하게 대화에서 어떤 강력한 수사학적 효과를 산출할 수 있다. 발언권 넘김 관련 대목이 나오기 이전에, 다음 화자가 스스로 발언기회를 차지할 경우, 대화 당사자들의 발언이 서로 겹치게 될 것이다. 그러나 쉬프륀(Schiffrin 1985)에게서 가져온 다음 대화에서와 같이, 이 점은 고도로 효율적인 의사소통 수단이 될 수도 있다.

Henry : Standards are different. But I'm tellin'y'-if the father is respected ⌈ an:d eh
Irene : ⌊ Henry, le me ask you a question. Le-you made a statement that the mothers run the house, right?

헨 리 : 기준이 다르지. 하지만 난 네게 말하는 게 - 아버지가 존경 받는다면 ⌈ 그리:고 에
아이린 : ⌊ 헨리, 내가 질문을 하나할게. 내 - 네가 어머니들이 집안 살림을 꾸린다고 했지 그렇지?

여기서 헨리(Henry)가 하나의 진술을 만들기 시작하지만, 아이린(Irene)에 의해서 간섭받아 중단된다. 헨리는 애초에 자신의 발화를 지속하려고 하였다. 그러기 때문에 발화들이 서로 겹쳐 있다. 규칙 3을 위배함으로써, 아이린의 질문은 도전의 성격을 얻고 있다. 이 점이 또한 의도된 것이다. 비록 그들의 의견이 일치되지 않았음에도 불구하고, 이런 대화는 두 사람의 대화 상대방이 모두 동일한 논의거리를 언급하고, 서로간의 기여 내용을 그 논의와 관련되는 것으로 해석한다는 측면에서 '상호 협동적'이다. 그렇지 않았더라면 통하기 어려웠을 법한 의도와 감정을 분명하게 만들어 주기 위하여, 규칙 일탈이 이용되는 것이다. 아마 심지어 대화 수사법에 대한 규칙들도 있을 것이다. 이는 특정한 일탈을 특정 효과와 관련짓는다. 비록 기준이 되는 표준 방식은 아니더라도, 헨리와 아이린의 대화는 적격하게 갖춰져 있다. 정상적인 발언기회 차지하기 규칙들을 따르는 무표적 행위와는 대조적으로, 이런 종류의 행위는 유표적이라고 불릴 것이다.

이를 달리 표현한다면, 어떤 유한 집합의 규칙도 적격 형식을 갖춘 대화들의 온전한 집합을 윤곽조차 그려낼 수 없다. 대화 참여자들이 상호 협동을 실천하는 한, 한 규칙의 위배는 그 대화에 이바지하는 어떤 특정 의도를 전달해 주는 것으로 해석될 것이다. 그리고 규칙 위배에

대한 효과는, 그 자체가 규칙 지배적이라면, 그 규칙을 위배하는 일이 저절로 효과적인 의사소통에 이용될 수 있다. 발언기회를 얻어내는 규칙들은 다만 발언기회 차지하기에서 무엇이 적합한 행위에 대한 정상적 기준이나 무표적 기준이 되는지를 구체적으로 드러내 줄 뿐이다.

3) 말하기 및 의도 전달하기

대화에 대한 기여의 성격을 살펴볼 경우에 그 사태들은 비슷하다. 상호 협동의 가정은 대화에서 참여자 쪽에서 발언기회를 차지하는 방식뿐만 아니라, 또한 발언기회가 올 경우 말을 해야 하는 방식에도 적용된다. 또한 여기에도 행위에 대한 정상적 기준들이 있다. 이는 참여자들 쪽에서 서로 준수하게 된다. 그러나 어떤 화자가 그런 기준으로부터 벗어날 경우에도,[4] 상호 협동에 대한 가정이 지배적으로 되며, 대화 참여자들 쪽에서 그 화자의 기여가 어떤 유표적 방식으로 어떤 의도를 전달하는 것으로 해석될 것이다.

수사학의 오랜 역사를 통해 이들 행위의 기준이 계속 논의되어 왔다. 특히 대면담(*dialogue*)에 대한 기여 내용들이 적합하고 올바르며 지성적이고 즐거워야 한다는 등의 논의되어 왔다(Francik 1980). 오늘날 화용론의 논의에 이런 개념을 재도입한 사람이 그롸이스(Grice, 1975, 1978)이다.[5] 계속 이어진 발전 내용은 색스 등(Sacks et al.,

4) '기준으로부터 벗어난다'는 말은 기준을 일부러 어긴다는 뜻이다. 단, 여기에 조건이 붙는다. 일부러 대화규범을 어그러뜨리고 있음을 청자가 깨달을 수 있도록 반드시 단서를 내어 주어야 한다. 귀여운 조카를 보면서, 흔히 '이 밉상!'이라고 말한다. 미워서 밉상이라고 말하는 것이 아니다. 오히려 너무 귀엽기 때문에 밉상이라고 말하는 것이다. 이때 이 표현을 듣는 옆 사람은, 이것이 축자적 표현이 아니라, 반드시 반어적 표현임을 깨달을 수 있어야 한다. 언어 표현보다도 그 표현을 만들어 내는 화자의 의도를 더 잘 파악해야 하는 것이다. 이 점이 바로 뒤에서 살펴보게 될 그롸이스의 '협동원리'에 대한 핵심이다.

5) H. P. Grice(1913~1988) 업적은 유저 형식으로 세 권이 나왔다. 1989 《낱말

1974)에 의해 제창된 말할 기회 차지하기 이론에서 다뤄진 것과 아주 비슷하다. 즉, 많은 변화와 추가 내용들이 있었지만, 본질적인 통찰력은 시간의 시험대에서 모진 비바람을 견뎌 내어 우뚝 서 있는 것이다.

무엇보다 맨 먼저 '협동원리'가 있다(Grice 1975).

협동원리(*cooperative principle*)
Make your conversational contribution such as required, at the stage at which it occurs, by the accepted purpose or direction of the talk exchange in which you are engaged.
(대화가 일어나는 단계마다 여러분이 참여하고 있는 이야기 주고받기의 받아들여진 목적이나 방향에 의해서 요구된 대로 대화에 기여할 것)

운용 연구 *Studies in the Way of Words*》(Harvard University Press), 1991 《가치의 개념화 *The Conception of Value*》(Clarendon), 2001 《이성의 여러 측면 *Aspects of Reasons*》(Clarendon). 이 책에서 거론되는 논문은 모두 1989년 유저 속에 들어 있다. 그라이스의 '협동' 개념은 피상적인 협동과 심층적인 협동으로 구분되어야 한다. 심층적인 협동은 반어나 비유를 해석하는 데 관여한다. 그라이스의 철학을 총체적으로 살펴본 논의는 Grandy and Warner (1986) 《이성의 철학적 근거: 의도·범주·목적 *Philosophihcal Grounds of Rationality: Intentions, Categories, Ends*》(Clarendon)이다. 의도를 중심으로 하여 대화 행위를 살펴보는 책은 여러 권 나왔다(가령 Schiffer 1987 《의미의 유산 *Remnants of Meaning*》 MIT Press, Avramides 1989 《의미와 정신: 언어에 대한 그라이스 설명의 검토 *Meaning and Mind: An Examination of a Gricean Account of Language*》 MIT Press, Potts 2005 《언어 표현 관례에 따른 함축의 논리 *The Logic of Conventional Implicaturs*》 Oxford Univ. Press). 그러나 그라이스의 일상 언어 철학을 가장 신랄하게 공격하는 글은 Davis (1998) 《속뜻 깔기: 그라이스 이론의 실패인 의도·관례·원리 *Implicature: Intention, convention, and principle in the failure of Gricean theory*》 (Cambridge Univ. Press)이다. 옮긴이는 그런 공격이 '자유 의지'를 지닌 인간을 너무 기계적이며 계산적으로만 파악한다는 생각이 든다(결코 인간은 말하는 '기계'가 아니다).

그라이스(Grice, 1975)에 따르면, 대화에서 참여자들이 상호간에 그들의 기여가 이런 원리에 의해서 지배되는 것으로 가정한다. 그러고 나서 그라이스는 이 원리의 특정한 구현 내용인 네 가지 묶음의 행위규칙을 구별해 놓는다. 이들 대화규범(*maxims*)은[6] 조금 자의적인 방식으로 명명되어 있지만(Kant의 용어법을 따름), 계속 이어진 관련 문헌에서의 논의 대부분은 그 묶음의 '필요성 · 충분성 · 완결성'에 집중되어 있다. 다음에 그 규범들이 있다.

양의 규범(*Maxims of quantity*)

1 (현재의 주고받는 목적을 위하여) 여러분은 요구되는 만큼의 정보를 전달하도록 기여할 것.

2 요구되는 것 이상으로 정보를 더 많이 전달하도록 기여하지는 말 것.

화자가 첫 번째 양의 규범을 위배할 때 어떤 일이 일어날 수 있는지를 보여 주는 데에는 한 가지 사례만으로 충분하다.

Arnold : I sold my house today.
Betty : Are you going to move?
Arnold : No, I still own the house I live in.
아널드 : 오늘 난 내 집을 팔았어.
베 티 : 너 이사 가려고 하는 거니?
아널드 : 아냐, 내가 살고 있는 그 집을 여전히 소유하고 있어.

---

6) 1974년 어느 논문에서 maxim을 격률(格律)이라고 일본 용어로 소개한 이래, 아직까지 이를 묵수하는 경우가 있다. 어름한 글자로 인해서 말뜻을 제대로 새기는 사람이 의외로 적다('격언과 같은 규율' 정도의 뜻이지만, 격언과 법률은 각각 다른 속뜻을 지님). 모름지기 '일상 언어 철학'을 다룬다면, 쉬운 일상 언어에서 용어를 찾아 쓰는 게 바람직하다. 일본 용어는 이런 점에서 잘못이다. 여기서는 이를 '대화규범'으로 번역해 둔다. 이 규범은 쉽게 어그러뜨릴 수 있고, 그럴 경우에 대화 상대방도 화자가 다른 뜻을 전달하기 위해 일부러 어그러뜨렸음을 파악할 수 있게 된다('반어법'이 대표적임).

아널드가 말한 것은 참이었다. 그가 소유했던 집을 한 채 팔았기 때문이다. 그러나 그것을 말한 방식은 잘못되었다. 추가적으로 밝혀 주지 않는 한, 'my house'(내 집)가 그 사람이 살고 있는 곳을 의미하기 때문이다. "I sold my second house"(두 번째 집을 팔았어)와 같이 말해 주지 않았다. 곧, 첫 번째 양의 규범을 위배하면서 정보 전달 내용을 과소-명시하여(*underspecify*) 제대로 밝혀 주지 못하였던 것이다.

다음은 양의 규범 두 번째에 대한 위배 사례가 될 듯하다.

> Arnold : How long does it take to walk to the shops?
> Betty : Three minutes and twelve seconds.
> 아널드 : 그 가게들까지 걸어가는 데 시간이 얼마나 걸립니까?
> 베 티 : 3분 12초입니다.

이 대답은 전적으로 사실일 경우라 하더라도, 과다-명시하여(*over-specificy*) 쓸데없이 세세히 말한 것이다. 그러나 동일한 대답도 다음과 같은 질문에 대한 대답으로서는 과소-명시하여(*underspecify*) 제대로 밝혀 주지 못한 것이 될 듯하다.

> "What's the world's record for running the mile?"
> (1마일 달리기에서 세계 신기록이 어떻게 되지?)

이 질문에는 10분의 1초 단위도 계산될 수 있다. 이것이 그 대답에 포함되어야 옳다.

> 질의 규범(*Maxims of quality*)
> [1] 여러분이 거짓이라고 믿는 것은 말하지 말 것.
> [2] 여러분이 적합한 증거가 결여되었다고 생각하는 것은 말하지 말 것.

이들은 '거짓말을 하지 말라'는 계명과 거의 비슷하다. 그렇지만 윤리적 속뜻은 들어 있지 않다. 중요한 점은 다음과 같다. 대화 참여자들은 일반적으로 어떤 화자가 대화에서 자신이 말하는 바에 책임을 지고 옳은 것만을 말한다고 가정한다. 그러므로 "The sun is shining, but I don't believe it"(태양이 빛나고 있지만, 나는 그것을 믿지 않는다)이라고 말하는 것은 아주 이상한 것이다. 거짓말 진술은 실제로 그 거짓말에 전념하는 것이다. 즉, 마치 사람들은 자신이 말하는 바를 믿고 있으며, 모순이 없는 것처럼 말해야 한다(Wunderlich 1976을 보기 바람).

> **관련성의 규범**(*Maxim of relation*)
> 여러분이 계속 진행되는 이야기 주고받기에 관련되어야 하거나 또는 관련되도록 이바지할 것.

이 규범은 상당량 혼란의 원천이 되어 왔다. 특히 그롸이스(Grice 1975)에서 중대하게 이를 제대로 세세하게 밝혀 주지 않았기 때문이다(이 점은 그롸이스 자신이 양의 규범 첫 번째를 위배한 것임). 이는 협동원리의 어떤 특정한 사례라기보다, 상호협동원리 그 자체에 대하여 대안이 되는 형식화로도 간주될 수 있다. 그렇지만, 그렇다면 이 규범은 잉여적이다. 몇몇 저자들은 다른 길을 택한다. 다른 세 가지 묶음의 규범들이 특별한 개별 사례가 되는 방식으로 관련성의 규범을 재해석하는 것이다(Wilson and Sperber 1981, 특히 Sperber and Wilson 1986을[7] 보기 바람). 비록 독자가 관련이 이뤄지는 어떤 맥락을 만들어 낼 수 있을지라도 다음에 있는 대화에서, 베티의 기여는 아널드의 대화에 관련되는 것 같지 않다.

---

7) 이 책은 김태옥·이현호(1993) 《인지적 화용론》(한신문화사)으로 번역 출간되어 있다.

Arnold : Can you pass the pepper?
Betty : Bananas are yellow.
아널드 : 그 후추 건네줄래요?
베 티 : 바나나는 노랗습니다.

여기서 아널드의 질문이 주어지지만, 베티는 아무 관련도 없는 말로 횡설수설한다.

방식의 규범(*Maxims of manner*)
1 분명치 않은 표현을 피할 것.
2 중의적인 표현을 피할 것.
3 간략히 할 것(불필요한 장광설을 피할 것).
4 순서대로 할 것.

그라이스 자신은 이 목록이 아마 완결되지 않을 것이라고 제안하였다.[8] 그러나 다른 사람들은 이 규범이 이미 너무 많은 것을 담아 놓고 있다고 논의하였다. 예를 들어, 어떤 대화에서 모든 단일한 발화가 어떤 중의성을 담고 있더라도,[9] 명백히 이것이 방식에 대한 묵시적 기

8) 네 가지 대화규범은 철학자 그라이스(Grice)의 상식적 통찰력에 따라 나온 것이다. 실제 언어사용을 살펴보면서 Clark(1996) 《언어사용 *Using Language*》(Cambridge Univ. Press)에서는 세 가지 차원이 언어사용에 함께 작용하고 있음을 찾아내었다. ㉠ 현장 상황 층위(*level*), ㉡ 점검 관리 경로(*track*), ㉢ 새로운 시공간 사건 도입 층렬(*layer*)이다. 그라이스의 네 가지 대화규범은 오직 ㉢ 층렬에서만 긴밀히 적용될 수 있다. 그렇지만 ㉡ 경로에서는 의사소통상의 점검이 많으면 많을수록 서로 곡해나 오해가 더 적어진다는 점에서, 직접 그라이스의 규범을 적용받지 않는다. ㉠ 현장 층위에서도 적어도 네 단계가 순서대로 중첩되어 실행된다. 화자가 실행하면 청자가 주목한다. 화자가 제시하면 청자가 확인한다. 화자가 신호하면 청자가 인지한다. 마지막으로 화자가 제안하면 청자가 고려한다. 이 중첩된 네 단계들도 양과 질과 방식의 규범과는 무관한 듯하다. 옮긴이는 그라이스의 철학적 통찰이 이런 언어심리학의 연구 결과에 따라 유기적으로 재구성될 필요가 있다고 본다.

준을 여전히 아무것도 위배하지 않는다. 다음 예문에서는 순서 짓기가 어그러질 위험에 처해 있다.

Arnold : *He drove away and started his car.
아널드 : *그는 차를 몰고 멀리 사라졌고, 그의 차를 시동을 걸었다.

이 발화는 행위들의 자연스런 순서를 따르지 않는다. 자연스런 순서는 먼저 차에 시동을 걸고 나서 차를 몰고 가는 것이다. 이를 배열하는 순서대로 된 무표적 방식은 다음과 같다.

He started his car and drove away.
(그는 시동을 걸고 자신의 차를 몰고서 멀리 사라졌다)

---

9) 애초부터 단일한 낱말 자체가 중의성(重義性 이중, 삼중, 다중의 뜻을 가짐)을 띠고 있다. ㉠ "저것은 컴퓨터이다." ㉡ "철수는 컴퓨터이다." 이 두 문장에 모두 '컴퓨터'란 낱말이 들어 있다. 하나는 어떤 대상을 가리키고 있고, 다른 하나는 그 대상의 속성(똑똑함)을 가리키고 있다. 심지어 "이순신은 과연 이순신이다, 컴퓨터는 컴퓨터일 뿐이다"라는 문장에서와 같이, 동일한 낱말이 하나의 문장 속에 나올 수도 있다. 이 때 하나는 어떤 지시대상을 가리키고, 다른 하나는 그 지시대상의 속성을 가리킨다(전문 용어로 각각 '외연 의미'와 '내포 의미'라고 말함). 이를 전문 용어로는 '어휘적 중의성'이라고 부른다. 그렇지만 낱말만이 중의성을 갖고 있는 것은 아니다. 낱말이 이어져 구나 문장을 형성할 때에도 중의성이 생겨난다. 이를 앞의 현상과 대조하기 위하여 '구조적 중의성'이라고 부른다. 가령 "순이 사랑"이라는 표현은 최소한 두 가지 이상의 뜻을 지닌다. 하나는 '순이'가 사랑하는 주체를 나타낸다(가령, '순이가 강아지를 사랑한다'). 다른 하나는 순이가 사랑의 대상이 된다(가령, '철수가 순이를 사랑한다'). 이 구가 부가절 구조를 갖는다고 보면, 이보다 더 많은 뜻을 갖게 된다. 그렇다면 낱말도 중의적이고, 그 낱말이 만들어 내는 구(문장)도 중의적이다. 결국 언어 표현 자체가 중의성의 굴레를 벗어날 수 없게 된다. 그럼에도 불구하고, 우리는 거의 중의적인 뜻을 담고 있다고 느끼지 않는다. 왜 그러는 것일까? 이는 우리의 해석 방식과 관련된 문제이다. 우리는 언어 표현을 우리의 경험을 환기하는 단서로 파악하고, 언어사용 맥락에 따라 그와 상응될 수 있는 경험을 이내 그 표현의 뜻으로 붙잡아 두기 때문이다.

동일한 논리에 따라, 방식의 규범 ④는 다음 두 문장의 차이를 속뜻으로 설명할 수 있다(Levelt 1981).

㉠ She married and became pregnant.
(그녀는 결혼을 하고 임신을 하였다)
㉡ She became pregnant and married.
(그녀는 임신을 하고 결혼을 하였다)

그라이스 대화규범에서 순서대로 된 속성을 얻는 것이 현재 논의의 목적은 아니다. 우리는 이들 논의를 다루는 대부분의 관련 문헌을 무시할 것이다. 개즈더(Gazdar 1979), 레뷘슨(Levinson 1983), 스뻐버·윌슨(Sperber and Wilson 1986)을 참고하기 바란다. 그렇지만 화자에 대한 이론에서 관련성의 주요 핵심은 다음과 같다.

(1) 상호 협동적인 화자는 자신이 기여하는 성격과 관련하여 특정 행위 기준을 충실히 준수할 것이다.
(2) 화자는 그 발화를 명백하게 만들어내지 않더라도, 이들 기준을 준수함으로써 정보를 전달할 수 있다.
(3) 상호 협동적인 화자는 특정한 의사소통 효과를 산출하기 위하여 이들 규칙을 위배할 수도 있다.

저자는 그라이스 대화규범을 목록으로 만들어 놓음으로써, 논의될 수 있는 규칙들의 종류를 언급했다. 이 규칙들이 곧 바로 관례가 되는 것은 아님에 유의하기 바란다. 하나의 규칙이 관례가 되기 위해서는, 한 공동체 안에서 그 규칙이 공유되어야 할 뿐만 아니라, 그 규칙이 또한 어느 정도 자의적으로 되어야 한다(Lewis 1969를 보기 바람).[10] 공

10) 자의적(*arbiturary*)이란 용어의 이해에 특히 주의하기 바란다. 결코 '제멋대로 아무렇게나'라는 축자 의미로 쓰인 것이 아니기 때문이다. 자의성의 반대말은

동체에서 대화규범들을 공유된 것으로 받아들이더라도, 여전히 그 규범들이 자의적인지에 대해 의심을 해야 한다. 오히려, 그것들이 합리적으로 되는 일반적 방식이다. 따라서 흥미로울 만큼, 사람들은 그 규범이 보편적으로 될 것이라고 기대할 듯하다. 이는 경험적 논의 사항이다. 실제로 그라이스의 대화규범들이 반드시 보편적일 필요는 없다고 논의되었다. 오욱스-키넌(Ochs-Keenan 1976)과 검퍼즈·하임즈(Gumperz and Hymes 1972)의 여러 논문들을 보기 바란다.

예를 들면, 오욱스-키넌(1976)은 다음과 같은 예들을 논의한다. 말라가시(Malagasy) 사람들은 'Where is your mother?'(네 어머니가 어디 계시니?)라는 질문에 'She is either in the house or at the market'(집에 계시거나 아니면 장을 보고 계세요)라고 대답할 수 있다. 이 대답이 이들 두 가지 경우에서 어느 것이 실제 사실인지 모르겠다는 속뜻을 깔아 놓는 것은 아니다. 오욱스-키넌은 이를 그 문화에서 일반적인 주저함(*reluctance*)으로 해석하도록 제안한다. 모든 것이 공공의 눈길 아래 놓여 있는 어떤 작은 사회에서 자잘한 뉴스 도막들을

필연성이나 인과성이다. 옮긴이는 이런 점을 부각시키기 위해서는 자의성이란 말보다 우연성이란 말이 더 낫다고 본다. 자의성은 기호의 형식과 내용이 '1:1' 대응 관계에 놓여 있지 않고, '1:다(多)' 혹은 '다:1'의 관계에 놓여 있다는 뜻이다. 기호의 형식과 내용이 '1:1'로 대응되거나 결합하는 관계를 icon(본뜸, 도상, 모상)이라고 부른다. 단, 이들 사이에 추상적 관계가 성립하면 index(색인, 붙듦)라고 한다. 그렇지 않고 '1:다' 또는 '다:1'의 관계를 symbol(상징)이라고 부른다(하나의 형식에 여러 가지 내용이 관련되는 예는 제 2장 2절 항의 deixis를 보기 바람). 형식과 내용의 결합 관계가 우연성에 바탕을 두므로, 그 우연성은 반드시 언어 공동체에 의해 관습(*convention*)처럼 받아들여져야 하는 것이다. 언어가 symbol(상징)이라는 진술은, 형식과 내용의 결합이 궁극적으로 인간의 '자유 의지'에 의해서 이뤄지고 있다는 뜻이다. 이런 터전으로부터 우리 인간의 창의성도 도출되어 나온다. 기계나 자연물(동물을 포함하여)은 모두 필연성이나 인과율에 의해 지배된다. 그러나 우리 인간과 관련된 모든 것은 그런 영역으로부터 훨씬 밖으로 벗어나 있으며, 그 현상을 설명해 주려는 중요한 개념이 '자유 의지'이다.

드러내기 위한 것이다.

문화들 사이에 생겨나는 오해가, 얼마만큼 대화상의 관례에 있는 사소한 변동에 기인하는지 궁금하게 여길 것이다(Perdue 1984를 보기 바람). 그럼에도 여전히 우리는 더 추상적인 어떤 층위에서 보편적으로 유효한 대화규범이 만들어질 가능성을 배제해서는 안 된다.

이제 다른 두 가지 초점으로 되돌아가기로 한다. ㉠ 어떻게 화자가 자신이 말하는 것을 넘어서서 그 이상으로 더 많은 정보를 전달할 수 있는 것일까?, ㉡ 어떻게 규칙들을 위배하더라도 효율적으로 정보를 전달할 수 있는 것일까?

앞에서 기술된 종류의 대화규범을 충실히 따르는 대화 참여자들 사이에서 서로 이런 점(≒ 축자적인 정보보다 더 많은 정보를 전달)이 가정되고 있을 경우에, 화자는 자신이 말하고 있는 바에 의해 엄격히 함의되거나 속뜻으로 들어 있는 것보다도 더 많은 것을 의사소통할 수 있다. 이런 '더 많은 것'은 속뜻(*implicature*, 함의)이라고 불린다. 다음 예문은 베티가 양의 규범을 준수하고 있는 것으로 전제한다.

> Arnold : Did you see Peter and Joan yesterday?
> Betty : I saw Peter.
> 아널드 : 어제 피터와 조운을 봤니?
> 베 티 : 피터를 봤어.

여기서 속뜻은 베티가 조운을 보지 못했다는 것이다. 양의 규범은 아널드의 질문에 대한 대답에서 베티에게 알맞은 양의 정보를 제공하도록 요구한다. 베티가 'Yes'(응)라고도 하지 않고, 'Indeed I saw Peter and Joan Yesterday'(사실상 어제 피터와 조운을 봤어)라고도 하지 않았다. 그녀는 피터를 본 한 가지 일만을 말하였다. 그러므로 아널드는 베티가 조운도 봤다고 참되게 주장하지 않을 것임을 추론할 수 있다. 따라서 그는 그녀가 조운을 보지 않았음을 결론지을 수 있다.

다음 예문은 관련성 규범에 대하여 속뜻을 깔아 놓는 힘을 보여준다.

Arnold : My cough is getting very bad today.
Betty : There is a doctor across the street.
아널드 : 오늘 내 기침이 아주 더 악화되고 있네.
베 티 : 길 건너편에 의사가 있는데.

베티가 언급하는 속뜻은, 아널드의 문제와 관련하여 의사에게 치료를 받을 수 있다는 것이다. 길 건너편에 있는 병원 의사가 치료할 수 없었을 것으로 베티가 믿는다면, 그녀의 기여가 아널드의 탄식에 대하여 관련성을 뒷받침하지 못했을 것이다. 아널드는 이를 알고 있으며, 따라서 그 의사가 치료해 줄 수 있음을 추론할 수 있다.

그런 사례들은 마음대로 구성될 수 있다. 그러나 더 중요한 것은 우리가 일상대화의 녹음기록물을 읽을 경우에(하나의 중요한 자원은 Svartvik and Quirk 1980임), 속뜻 깔기가 도처에 나타난다. 속뜻은 대화를 매끄럽게 만든다. 흔히 화자가 어떤 정보 도막을 암시하는 것만으로도 충분하다. 수신자는 그 정보를 계속 진행되는 상호작용과 관련된 것으로 해석할 것이며, 그 화자의 의도를 추론할 것이다. 스뻐버 · 윌슨(Sperber and Wilson 1986)은 이것이 청자에게서 이해처리를 촉진한다고 논의하였다. 아마 이 점은 또한 화자에게서도 그러한 듯하다. 의사소통이 효율적으로 되기 위해서, 일반적으로 한 사람의 의도를 아주 자세하게 만들어 놓을 필요는 없다. 언어심리학 이론에서 화자를 대상으로 한 도전은, 화자가 표현을 위하여 어떻게 곧장 관련 정보를 선택해 내는지 자세하게 이해하는 일이다.

대화규범 준수의 명백한 실패는 여러 가지 의사소통 효과를 가리킬 수 있다. 화자가 상호 협동을 위한 어떤 규범을 위배하는 경우(즉 어떤 의도를 하나의 유표적인 방식으로 전달하는 경우), 그라이스(Grice

1975)는 일부러 규범을 위배하여 이용하기(*exploitation*)로 언급한다. 다음에 규범 위배 이용의 사례가 있다. 아널드와 베티가 함께 피아노와 비슷한 악기인 하프시코드(*harpsichord*) 연주회에 참석하였다. 연주가 끝났을 때 다음 대화가 이어졌다.

Arnold : How did you like it?
Betty : It was a nice piano recital.
아널드 : 연주가 어땠어?
베 티 : 참 멋진 피아노 연주였어.

베티의 대답은 질에 대한 첫 번째 규범을 위배한다. 그녀는 그 악기가 피아노가 아니라 하프시코드였음을 잘 알고 있기 때문이다. 이는 실제로 서로 간에 알려져 있다. 즉, 아널드는 베티가 이 점을 알고 있음을 알며, 차례로 아널드의 앎이 베티에게도 알려져 있다. 그러므로 아널드는 베티가 규범을 위배하고 있음을 추론한다. 그는 베티가 상호 협동적이라는 가정 위에 그녀가 전달하려고 의도한 바를 찾아내려고 노력할 것이다. 여기서 가장 그럴 듯한 해석은, 그 연주자가 하프시코드에 대한 진정한 분위기도 알지 못한 채, 그 악기를 마치 피아노인 양 다루며 연주하였다는 것이다. 덜 그럴 듯하지만 또 다른 가능한 해석은, 그 하프시코드가 피아노처럼 소리를 내어 끔찍했다는 점이다. 베티의 대답에 대하여 어느 해석을 아널드가 이끌어낼지는, 전적으로 서로에게 알려진 맥락에 달려 있다. 대화규범을 일부러 위배하는 경우에, 그 의도를 추론할 기준이나 대화 방식은 존재하지 않는다. 하나의 대화규범을 위배하여 이용하는 화자는, 그에 대한 추론을 수신하는 대화 상대가 제대로 해 내기 위해서, 반드시 충분한 맥락 조건들이 구현되어 있는지 잘 살펴보고 판단해야 한다. 추가적으로 베티의 언급이 'The performer played without real feel for the instrument'(그 악기에 대한 진정한 분위기도 알지 못한 채 그 연주자가 연주를 했어)와 같이 직설적이었을 경우에 전달해 주었을 정보가 동일하지 않음도 주목되어야 한다. 이런 직설적 표현은 결코 반어적으로 해석되지 못한다. 그 대화규범을 깨뜨림으로써 이런 직설적인 명제를 전달하지만, 그뿐만 아니라 또한 반어법의 특별한 효과까지 만들어 내는 것이다. 조어건슨・밀러・스뻐버(Jorgenson, Miller, and Sperber 1984)와 클락・거뤼그(Clark and Gerrig 1984)의 논의를 비교하기 바란다.

그롸이스(Grice 1975)는 과장법 및 은유법과 같이 말하기의 다른 특징들도 또한 대화규범들을 위배하여 이용하는 데에서 나온다고 시사하였다. 이런 얼개에서 더 확장된 은유 처리는 라이언스(Lyons 1981), 레뷘슨(Levinson 1983), 스뻐버・윌슨(Sperber and Wilson 1986)에서 찾아질 수 있다.

지금까지의 논의를 요약하면 다음과 같다. 문화마다 더 특징적인 대화규범들이 존재한다. 이 규범들을 충실히 따름으로써, 화자는 축자적으로 발화하지 않은 의도를 전달할 수 있다. 또한 의사소통에서 특별한 극적 효과를 만들어 내기 위하여 화자들은 정상적인 행위규칙들의 위배를 이용한다. 이 모든 것은 대화 참여자들이 상호 협동적이기를 요구하며, 관련 정보와 관련 맥락 정보를 공유하기를 요구한다.

그렇지만, 그롸이스의 대화규범이 다만 속뜻 자원들뿐이라고 말하는 것은 결코 아니다. 그롸이스는 스스로 특정 맥락에서 특정 낱말들에 관습적으로 붙어 있는 속뜻을 언급하였다. 그는 대화 맥락마다 생겨나는 '대화상의 속뜻'과 이에 대립되는 것으로서 언어형식에 깃들어 있는 것을 '관습적 속뜻'이라고 불렀다. 절의 연결을 다만 순접 'and'나 또는 역접 'but'을 선택함으로써 화자는 자신의 말하는 바에 대하여 아주 다른 태도를 전달해 줄 수 있다.

Tom is honest but brave.
(톰은 정직하지만 용감하다)

이 문장은 화자가 정직함과 용감함 사이에 어떤 대조적 내용(정직하면 용감하지 않고, 정직하지 않으면 용감함)을 경험한다는 속뜻을 깔고 있다. 이런 속뜻은 다음 문장에서는 사라져 버린다.

Tom is honest and brave.
(톰은 정직하고 용감하다)

이 점은 여기서 더 이상 정밀하게 다루어지지 않을 것이다. 후자의 예문들은 접속사에 대한 심리적 효과를 다룬 오스굳(Osgood 1980)의 흥미로운 논문으로부터 뽑아왔다. 이 시점에서, 우리는 말을 하지 않고서도 속뜻을 전달하는 다른 방식들—특히 대화에서 비-입말 수단에 의해 전달되는 것—은 무시할 것이다.

서로 얘기를 주고받는 일은 말하기의 원형 형태이다. 제2장 1절에서는 먼저 정상적 대화에서 화자들이 따르는 발언기회 얻어내기 규칙을 개관하였다. 비록 그렇더라도, 담화의 다른 유형들에서는 규칙이 서로 다르다는 점에 명심해야 한다. 둘째, 대화에서 상호 협동의 다른 측면들에 주의를 기울여 살펴보았다. 특히 기여의 성격과 관련되어야 하는 측면이었다. 수신자가 말해진 내용으로부터 화자의 의도를 끌어낼 수 있기 위해서, 화자는 어떤 행위규칙들이나 대화규범들을 충실히 따라야 할 것이다. 그렇지만 화자가 실행한 바가 그 상호작용에 관련되어 있다고 수신자가 가정할 수 있는 한, 발언기회 얻어내기이든 그라이스식의 대화규범이든 상관없이, 이런 모든 종류의 규칙은 무난히 통과될 수 있다.

2. 상황 중심의 지시표현

1) 지시표현(*deixis*)의 유형

담화 상황과 관련하여 대화 참여자들이 기여하는 특히 중요한 방식은, 그들이 말하는 바를 발화의 '시 · 공간' 맥락과 관련하여 기준점에 붙들어 놓는 일을 통해서이다. 발화를 위한 전형적 무대로서 다시 대화로부터 시작하기로 한다. 발화의 시 · 공간 맥락은 화자 말고도

① 최소한 한 사람의 수신자
② 대화 참여자들 사이에 대체로 공유된 시청각 무대
③ 발화 순간에 그 무대에 있는 장소와 대화 참여자들의 지향 방향(*orientations*)
④ 과거와 미래 발화를 포함하여 사건들의 시간적 흐름에서 그 발화의 장소

들을 포함한다. 독일 심리학자 칼 뷜러(Karl Bühler 1934)는 발화를 기준점에 붙들어 두는 이런 종류의 일을 '지시표현'(*deixis*)이라고[11] 불렀다. 이는 (손으로 사물을 가리키듯이) 낱말로써 대상을 가리키는 전문 용어이다. 다음 사례가 이해에 도움을 줄 수 있다.

11) '상황 중심의 지시표현'으로 번역해 주는 것이 좋겠지만, 너무 길어서 여기서는 '지시표현'으로 써 둔다. 어원은 Renkema(이원표 번역 1997:124) 《담화 연구의 기초》(한국문화사)에 보면, 'to show'(보여 주다) 또는 'to indicate'(가리키다)를 뜻하는 희랍어이다. 일부에서는 이를 직시(直示)라고도 번역한다. 그렇지만 '볼 시'(示)를 '가리켜 보여 주다'는 뜻으로 새기기 쉽지 않다. 굳이 이런 표현을 고집한다면, 이전부터 이미 써 온 '직접 가리켜 보여 주다'는 뜻의 직지(直指)가 더 옳다(가령 '직지 심체 요절'). 언어 철학에서는 이 용어보다 demonstrative(지시사: 지시대명사와 시제와 인칭대명사 등의 상의어로 쓰임)라는 용어를 더 선호한다(Davidson 1984 《진리와 해석에 대한 탐구 *Inquiries into Truthand Interpretation*》 Oxford Univ. Press의 제 2장을 보기 바람).

Arnold : Have you seen this?

(He points to a Min dynasty vase, which displays a horrifying pattern of fresh cracks)

Betty : You asked me that before, but I haven't been here since yesterday.

아널드 : 너 이거 봤니?

(명나라 시대에 만들어진 꽃병 하나를 가리킨다. 그 꽃병에는 소름 돋는 형태로 갓 금이 간 균열들이 나타나 있다)

베 티 : 전에 네가 그 질문을 내게 했었지만, 어제 이후 계속 난 여기 있지 않았어.

무엇보다도 이 상호 작용은 '인칭 지시표현'(*person deixis*)을 담고 있다. 아널드 말에서 you(너)는 베티를 가리킨다. 그러나 베티의 말에서 you(너)는 아널드를 가리킨다. you(너)는 상황 중심의 지시표현 대명사이다. 이 표현은 청자(수신자)를 가리킨다. 그러나 you가 가리키는 사람은 변동된다. 그 발화들의 '시·공간' 무대에 따라 달라진다. 많은 언어에서 you는 두 개 정도의(심지어 더 많은) 내용을 갖는다. 예를 들면, 독일어에서 sie와 du는 화자와 수신자 사이의 지위 관련에 따라 달라진다(우리말에서도 '너:자네:당신:자기' 등 다양함: 옮긴이). 이는 때로 '친교 지시표현'(*social deixis*)이라고 불린다. 위 대화에서, 다른 사람에 대한 지시표현의 또 다른 경우는 I(나)에 대한 사용이다. you(너)에서와 같이, I(나)의 지시대상도 누가 발언을 하는지에 따라 바뀐다.

더욱이 '장소 지시표현'(*place deixis*)이 있다. 아널드의 말에서 this(이거 = 꽃병의 파손)는 그 상황에서 서로 이용 가능한 어떤 것을 가리킨다. this(이거)라는 낱말은 실질적으로 화자의 영역에 있는 어떤 것도 다 가리킬 수 있다. 그렇지만 상호 협동하는 화자는, 수신자가 의도된 지시대상을 찾아낼 수 있도록 분명히 해 주어야 한다. 이를 효율적으로 수행하는 다양한 방식들이 있다. 손가락이나 머리로 가리켜 주는 모양새를 만들거나, 또는 그 대상물에 대해 시각적으로 응시해 주는 일이 하나의 분명한 절차이다. 장소 지시표현의 다른 사례는, 마지막 예문에 있는 베티의 발화에서 찾아질 수 있다. here(여기)를 사용함으로써, 베티는 아마 대화 장소를 가리키는 듯하다. 그러나 이 표현이 얼마만큼 넓은 범위를 포함하는지는 분명치 않다. 그녀가 상호 협동하고 있다면, 이는 최소한 그 깨어진 균열이 보일 수 있는 모든 장소를 포함한다. 현재 그녀가 앉아 있는 장소만을 가리키는 것은 아니다.

또한 '시간 지시표현'(*time deixis*)도 있다. 이는 베티의 말에서 before(이전에)와 yesterday(어제)에서 가장 분명하다. before는 '현재의 발언 주고받기보다 더 일찍 있던 어떤 순간' 같은 것을 뜻한다. 그러나 얼마만큼 더 일찍인지에 대해서는, 오직 상호 간의 지식이 그 윤곽을 잡는 데 도움을 줄 수 있을 뿐이다. 예를 들면, 현재의 발화 동안에 속할 수도 있고, 그러지 않을 수도 있다. yesterday(어제)는 대화가 일어나고 있는 날을 하루 앞선 날이다. 이 낱말을 이용함으로써, 베티는 자신의 발화를 전달한 시점과 관련하여 그녀가 없었던 기간을 붙들어 두고 있다.

이들 발화에는 다른 종류의 시간 지시표현이 있다. 이는 동사 시제 이용이다. have seen(보았다)은 현재의 발화 이전의 어느 시점을 가리킨다. 동일한 내용이 asked(물었다)와 have been(있었다)에 대해서도 성립한다. 더욱이 과거를 가리키는 경우에 완료 시제(have seen)와 과거시제(asked) 사이에 미묘한 차이가 존재한다. 우리는 이를 다시 살펴볼 것이다.

위에 있는 대화에서 마지막 유형의 지시표현은 '담화 지시표현'(*discourse deixis*)이라고 불린다. 'Have you seen this?'(너 이거 봤니?)라는 아널드의 질문을 가리키기 위하여, 베티가 이용한 that(그 질문)에 의해 담화 지시표현이 예시된다. 베티는 먼저 나온 담화 도막(아널드의 질문)을 가리키며, 이는 아널드에 의해 확인될 수 있다.

위의 예문은 관련 문헌에서 구별된 주요한 유형의 모든 지시표현을 담고 있다(특히 Lyons 1977과 Levinson 1983을 보기 바람). 인칭·친교·장소·시간·담화 지시표현이다.

지시표현의 의미는 중요하게 발화 맥락과 관련하여 달라진다. 뷜러(Bühler, 1934)는 발화의 관련 맥락을 지표 영역(*indexical field*)으로 부른다. 이 영역에서 붙들어 두는 핵심 대상을 '기준점'(*origin*)이라고 부른다. 인칭 기준점은 화자('I' 나)이다. 친교 기준점은 화자의 역할이나 지위이다. 장소 기준점은 발화하는 시점에 화자가 있는 곳('here' 여기)이다. 시간 기준점은 발화의 시간('now' 이제)이다. 담화 기준점은 현재의 화자에 의해 산출되고 있는 이야기 확장 연결체이다. 달리 말하여, 지시표현이 기준으로 붙들어 둔 초점은 자아 중심적이다. 더 나은 표현으로 말하여, 지시표현의 기준점은 화자 중심적이다.

어른 화자들은 능숙하게 자신이 말하고 있는 바를 이런 '지금-여기-나'(me-here-now)에[12] 관련시킨다. 그렇지만 어떤 언어의 지시표현 체계를 최종적으로 통달하기 전에, 어린이들이 여행해야 할 길고 구불구불 휘어진 길로부터 명백해지듯이, 이런 기술이 결코 분명한 것은 아니다(E. Clark 1977; Deutsch and Pechmanm 1978; Tanz 1980; Boehme 1983). 언어 분석에서 지시표현이 중요한 발전을 했다(Lyons 1977; Jarvella and Klein 1982; Weissenborn and Klein 1982). 그렇지만 언어심리학자들은 아직 이들 언어기제들에 대한 어른 화자의 사용에 흥미를 압도적으로 보여 주지 못하고 있다(Miller and Johnson-Laird 1976은 주요한 예외임). 시간과 공간에 대한 지시내용을 각각 고려함으로써, 지시표현 발화를 산출하는 데에서 화자가 부딪치는 몇 가

12) 영어의 제시 순서와 우리말의 제시 순서는 거울 그림처럼 거꾸로 되어 있다. 우리말은 '언제 어디서 누가 무엇을 어떻게 왜'라는 제시 순서를 지닌다. 곧 시·공간 배경이 먼저 나오고, 사건이 뒤이어지며, 다시 사건 전개 방식과 사건의 원인을 제시하는 방식이다.

지 복잡성에 대한 사례들이 다음 논의에서 다루어질 것이다.

2) 장소 지시표현

장소 지시표현을[13] 통해서 화자가 할 수 있는 것은 최소한 세 가지가 있다. 확인하기・정보 전해 주기・알아차리기이다(Fillmore 1982). 비록 이들 기능이 전적으로 지시표현이 아니라 오히려 언어 일반적인 기능이지만, 이것들은 장소 지시표현 현상을 놓고서 어떤 질서를 도입하는 방식을 쉽게 제공한다.

(1) 확인하기(*Identifying*)

화자는 공간상에 있는 한 장소를 가리켜 줌으로써 하나의 대상물을 골라낼 수 있다. 위에 있는 예문에서, 이는 아널드가 'Have you seen this?'(너 이거 봤니?) 라고 말하는 경우에 생겨난다. 이 지시표현 this (이거) 에 더하여 상응하는 해당 몸짓이 청자로 하여금 관심 대상물 — 즉 파손된 그 꽃병 — 을 확인하게 한다. 확인하기가 꼭 그럴 필요는 없겠지만, 전형적으로 this・that・these・those(이, 저, 이것들, 저것들) 와 같은 지시 한정사를 이용하여 실행된다. 지시 한정사들은 '화자의 가까이에 있음'이라는 지시표현의 차원에서 변동된다. 이는 전 세계 언어에서 공간 지시표현의 특징이다. 그리고 지시표현 차원이 아닌 수(단수-복수) 에서도 변동된다. 이는 결코 보편적이지 않다. 확인하기 기능은 오직 상당량의 지식을 공유하는 대화 참여자들 사이에서만 실현될 수 있다.

기본적으로 그 기능은 두 단계로 이뤄진 것이다. 첫째, 화자가 '지

---

13) place deixis(장소 지시표현) 는 뒤에서 space deixis(공간 지시표현) 이란 말로도 쓴다. 모두 동일한 개념이다. 이는 담화 전개 방식으로서 비슷한 낱말들로써 어휘 사슬(*lexical chain*) 만들기를 이용하는 것이다.

시영역'으로[14] 불리는 것을 청자에게 알려 준다. 화자는 직접 어떤 장소를 가리킨다. 이는 '지시영역'을 확인시켜 주기에 충분할 수도 있고, 그렇지 않을 수도 있다. 앞의 예문에서, 아널드는 그 꽃병의 파손된 상태를 가리키려고 의도하였다. 그는 '지시영역'으로 그 꽃병을 골라냄으로써 이를 수행하고 있다. 그러나 그 꽃병을 가리킴으로써, 아널드는 또한 그 꽃병의 어느 중심 부분을 가리키며, 또 그 방에서 어떤 특정한 영역(= 꽃병 조각들이 널려져 있는 영역)을 가리킨다. 오직 화자와 청자 서로간에 공유된 지식만이 그 꽃병에 대한 베티의 주의력을 이끌어낼 수 있다. 예를 들어, 그 꽃병 앞에 다른 물건이 아무것도 없다거나, 아니면 그 꽃병이 아주 비싼 물건이라거나, 또는 아널드가 항상 베티의 관심거리를 그 꽃병으로 이끌거나, 등등이다. 꽃병 뒤나 꽃병 앞의 텅 빈 영역보다는, 꽃병 그 자체가 좀더 나은 후보가 된다. 우리는 그 맥락이 실제로 베티에게 그 꽃병을 '지시영역'으로 골라낼 수 있도록 충분히 분명하다고 가정하기로 한다.

그러나 그 꽃병은 의도된 지시내용이 아니다. 화자는 그 꽃병의 파손된 상태를 가리키려고 의도한다. 그 지시영역 — 즉 그 꽃병 — 으로부터 그 지시내용 — 즉 그 파손된 상태 — 에로까지 화자가 어떻게 청자를 이끌어 가는 것일까? 넌버그(Nunberg 1979)에 따르면, 화자는 지시하기 기능(*referring function*)을 이용한다. 이는 지시영역을 그럴 법한 하나의 지시대상으로 좁혀 준다. 상호 협동하는 대화 참여자들은 상호지식에 근거하여 이런 기능을 연산할 수 있다. 여기서는 그것이 어떻게

14) demonstratum은 두 가지 뜻을 지닌다. 첫째, 지시사로써 화자가 가리키는 영역이다(the region to which the user points is the demonstratum). 둘째, 지시사로써 가리켜지는 대상물이다(the object demonstrated by a demonstration is the 'demonstratum' of that demonstration). 여기서는 첫 번째 뜻으로 쓰였고, '지시영역'으로 번역해 둔다. 가리켜지는 대상물은 이 책에서 referent(지시대상)란 용어를 쓰고 있다. '지시영역'이 더 넓다. 그 영역 중에서 특정하게 두드러진 대상이 '지시대상'이다.

작동할 수 있을지 살펴보기로 한다. 그 꽃병은 '지시영역'이다. 그 꽃병이 또한 '지시대상'이 될 수는 없는 것일까? 만일 상황이 아널드와 베티가 생생한 기억 속에서 서로 그 꽃병이 거기에 세워져 있었음을 알고 있는 경우라면, 거의 지시대상으로 될 것 같지 않다. 그롸이스식 원리에 의하여, 이것은 아널드가 'Have you seen this vase?'(너 이 꽃병을 보았어?) 라는 질문을 전달하려고 하였음을 배제한다.[15] 따라서 아널드는 베티가 그 꽃병이 아닌 다른 지시대상을 찾아내기를 기대할 수 있다. 쉽게 눈에 띄는 '두드러짐'(*salience*) 이 베티의 주의력을 이끌어 가는 가능한 안내자이다. 금이 생겨 깨어진 균열들의 형태는, 평범한 귀중품 감식가에게도 두드러지게 보일 것이다. 이것이 베티에게 그 '지시내용'을 확인시켜 주기에 충분하다. 많은 경우에는 '지시영역'(*demonstratum*) 이 그 자체로 지시대상(*referent*) 이 될 것이다. 아널드와 베티가 그 큰 꽃병에 아주 가까이 있고, 금이 간 분명한 균열이 있으면, 아널드는 그 금이 간 균열을 가리킬 수 있다. 베티는 '지시영역'으로서 그리고 동시에 '지시대상'으로서 그것을 찾아낼 수도 있다. 그렇지만 그 '지시영역'과 '지시대상'은 또한 사뭇 다를 수 있다(곧 이어 그런 사례들이 제시될 것임). 따라서 우리는 그것들을 구별할 필요가 있다.

넌버그의 지시 이론은 일반적인 것으로, 가리켜 지시하기(*deictic reference*) 를 포함한다. 더 나아가 밀러(Miller, 1982) 는 지시사로 지시하기(*demonstrative reference*) 에 대한 그 적용 가능성을 분석하였다. 클락·슈로이더·버트뤽(Clark, Schreuder, and Buttrick 1983) 은 '지시영역'과 '두드러짐'이 하나의 중요한 단서로 주어질 경우에, 청자가 어떻게 그 지시내용을 연산하는지를 놓고서 경험적인 연구를 맨 처음 출

---

15) '꼭 필요한 만큼만 말하라'는 원리를 따르므로, 청자가 이미 꽃병의 존재를 알고 있다면 굳이 그 꽃병을 언급할 필요가 없게 된다. 따라서 '이 꽃병'(this vase) 이란 표현이 아닌 '이것'(this) 이란 표현에 의해서, 이미 알고 있는 것이 아닌, 다른 지시대상이 언급될 듯하다.

판하였다. '지시영역'과 '지시대상' 사이의 구별이 또한 전반적으로 공간 지시표현의 다른 유형들에 대해서도 중요하다.

(2) 정보 전해 주기(*Informing*)

필모어(Fillmore 1982)에서 구별한 두 번째 기능은 정보 전해 주기이다. 지시표현 낱말은 대화 참여자에게 한 대상물의 장소에 대한 정보를 알려 주는 데 쓰일 수 있다. 이는 전적이라고 할 수 없어도 전형적으로 here, there, above, below, in front of, behind, left, right(여기, 저기, 위에, 아래에, 앞에, 뒤에, 왼쪽에, 오른쪽에)와 같이 지시표현 부사와 전치사들에 의해서 실행된다. 아버지가 자기 아들에게 다음처럼 말할 수 있다.

> Your ball is behind the tree.
> (네 공이 그 나무 뒤쪽에 있다)

이는 하나의 물건을 확인하려는 것이 아니라, 물건의 위치를 서술해 줌으로써, 대화 참여자에게 어디에 어떤 물건이 있는지를 알려 주고자 하는 것이다. 이 경우에는 그 물건이 있는 장소를 서술한다.

임의의 장소가 어떻게 가리켜질 수 있을까? 이것이 실행되려면 화자에게는 항상 '위치 관련 기준점'(*relatum*)이라고 부르는 것이 필요하다. 이는 가리키는 대상물이 위치할 수 있는 것과 관련된 하나의 개체이다. 특정한 개가 있는 장소를 가리키기 위하여, 화자는 다음처럼 말할 수 있다.

> The dog is near me, near you, or near table.
> (그 개가 나와 가까이에 있다, 또는 너와 가까이 있다, 또는 탁자에 가까이 있다)

여기서 me(나) · you(너) · table(탁자)이 '위치 관련 기준점'이다. 이에 덧붙여, 흔히 화자는 좌표 체계를 필요로 할 것이다. 이는 위치 관련 기준점과 관련하여 지시대상물(*reference object*)로 향할 수 있게 한다. 이는 다음과 같은 표현들로부터 분명해진다.

> The dog is under the table, in front of the table, or to the left of the table.
> (그 개가 그 탁자 아래에 있다, 또는 그 탁자 앞에 있다, 또는 그 탁자 왼쪽에 있다)

전치사 under(아래에)를 이용하는 일은, 수직 차원의 존재를 알려 준다. 반면에 in front of(앞에)와 to the left of(왼쪽에)는 방향과 관련된 두 가지 수평 차원의 존재를 전제로 한다.

'위치 관련 기준점'의 종류와 좌표계의 종류를 교차 범주로 나누어 놓음으로써, 이제 입말 의사소통에서 이용되는 '위치 말해 주기'(*localization*)의 가장 중요한 체계를 범주로 만들 수 있다. 우선 미완결[16] 범주화 내용이 〈표 2-1〉에 제시되어 있다. 이 도표에 있는 네 개의 칸들 중에서 세 개의 칸이 실제적으로 화자에 의해 이용된다. 이것들을 차례로 살펴가기로 한다.

위치 지시내용의 가장 기본적인 체계는 칸 (Ⅰ)에 그려져 있다. 1차적 지시표현의 지시내용(*primary deictic reference*)이다. 여기서 화자는 위치 관련 기준점이면서 좌표계의 중심이다. 이것이 어떤 종류의 좌표계일까? 이는 하나의 수직 축과 두 개의 수평축으로 이뤄진 삼차원 좌

---

16) 더 뒤에 나오는 〈그림 2-1〉 아래 제시된 설명에서 〈표 2-1〉이 왜 incomplete(미완결)인지 그 이유가 밝혀져 있다. 곧, 여기서 제시된 〈표 2-1〉만이 유일한 체계가 아니다. 이 이외에도 한 기준점을 놓고서 동서남북의 방향을 지정해 주는 '지리학적' 지시체계도 있고, 유추에 의한 지시 방식도 있기 때문이다.

표계이다. 이 좌표계에서는 화자가 기준점이 된다.

수직 차원의 방향은 '지각된 수직 느낌'으로 불리는 바에 의해 결정된다. 화자는 대체로 자신의 앞 방향 평형감 및 근육 체계들에 대한 중력의 당김을 통하여 수직 방향을 느낀다. 그러나 또한 둘러싸 있는 시지각 얼개의 방향감에 의해서 작동되는 역할이 있을 뿐만 아니라(방 안에서는 분명한 천장/마루 방향이 있으며, 집 밖에서는 곧은 나무·집·하늘·수평선과 같은 단서를 지님), 다른 단서에 의해서 작동되는 것들도 있다(Levelt 1984a). 이런 측면에서 우주 비행사의 문제점에 대해

〈표 2-1〉 위치 지시내용에 대한 세 가지 기본 체계

<table>
<tr><td colspan="2" rowspan="2">기준점
좌표계</td><td colspan="2">위치 관련 기준점</td></tr>
<tr><td>화자 기준</td><td>다른 개체 기준</td></tr>
<tr><td rowspan="2">좌표계</td><td>화자 중심의 좌표</td><td>(Ⅰ) 1차적 지시표현

그 공이 내 앞쪽에 있다</td><td>(Ⅱ) 2차적 지시표현

그 공이 그 나무 뒤쪽에 있다</td></tr>
<tr><td>다른 개체 중심의 좌표</td><td>(Ⅲ) 해당 사항 없음</td><td>(Ⅳ) 기준점이 외부 대상에 내재됨

그 공이 그 의자 앞쪽에 있다</td></tr>
</table>

서는 프뤼더뤼씨 · 르펠트(Friederici and Levelt 1986)를 보기 바란다. 수직 차원은 두 가지 이유에서 아주 특별하다. 첫째, 수직 차원이 화자의 신체 방향감과는 오히려 독립적이다. 화자가 누웠을 때 감각된 수직선은, 특히 시지각 얼개가 유지되는 경우에 오직 작은 정도로만 바뀐다(Mittelstaedt 1983). 둘째, 수직 차원의 방향감은 일반적으로 대화 참여자들에 의해 공유된다. 저자가 '발화의 전형적 무대'라고 부르는 바에서는(H. Clark 1973을 따름), 대화 참여자들이 비교적 서로 가까이에 있으며 서로 바라볼 수 있다. 그들은 중력의 당김은 물론, 시지각 얼개의 중요한 측면들을 공유한다. 결과적으로 수직 차원 속성에 대하여 그들은 모두 거의 동일한 감각을 지닌다.

그렇지만 두 개의 수평 차원은 일반적으로 대화 참여자들 사이에서 공유되지 않는다. 첫째는 화자의 '앞/뒤' 차원이다. 〈표 2-1〉에서 칸(Ⅰ)에 있는 그림이 이 차원의 이용을 보여준다. 그 화자는 'the ball is in front of me'(그 공이 내 앞쪽에 있다)라고 말하고 있다. 그 공이 화자 '앞쪽'에 있는 것이다. 왜냐하면 흔히 몸 앞 반쪽의[17] 영역이라 불리는 차원에 따라—화자가 앞으로 향하게 되는 쪽으로—그 공이 자리 잡기 때문이다. 두 사람의 대화 참여자가 서로 마주 보고 있을 경우(대화에서 아주 정상적인 경우임), 그들의 '앞/뒤' 방향은 서로 반대가 된다. 따라서 방향이 공유되지 않는 것이다. 동일한 내용이 두 번째 수평 차원에서도 성립된다. 이번에는 '앞/뒤' 차원에 대해 직각으로 작용한다. 이것은 행위상 더 대칭적인 화자의 '왼쪽/오른쪽' 차원이다. 화자에게 '왼쪽'은 그를 마주 보고 있는 대화 참여자에게는 '오른쪽'이다.

대화 참여자들 사이에 있는 좌표계의 중립성에 대하여 일정한 위협

---

17) 원문은 '긍정적인 반쪽'(*positive half*)으로 되어 있다. 여기서 '긍정적/부정적'이란 표현은 화자의 몸 앞쪽/몸 뒤쪽을 가리키는 말이다. 따라서 여기서는 더 알기 쉽게 '몸 앞 반쪽'으로 의역해 둔다.

이 주어지면, 수평 차원은 클라인(Klein 1978)이 언급한 '좌표 문제'를 지닌다. 화자의 지시표현을 해석하기 위하여, 수신자는 화자가 어디에 있는지, 그리고 어디를 향하고 있는지 알아야 한다. 화자도 또한 수신자가 그런 정보를 습득할 능력이 있는지 없는지를 알고 있어야 한다. 여러분 자신의 상대방이 바로 눈앞에 있지 않고 전화로 말을 나눌 경우에는 여러분은 지시표현들을 아주 다르게 계획할 것이다.

이제 〈표 2-1〉의 칸 (II)에 있는 2차적 지시표현의 지시내용을 살펴보기로 한다. 이는 1차적 지시표현의 지시내용과 동일한 좌표계를 포함한다. 기준점으로 화자가 있고, 좌표계로서 화자의 수직 차원과 수평(앞/뒤, 왼쪽/오른쪽)이 있다. 그렇지만 '위치 관련 기준점'이 화자가 아니라, 다른 어떤 대상물이다. 〈표 2-1〉의 칸 (II)에 그려진 장면은 '위치 관련 기준점'으로서 나무를 묘사한다. 그 공에 대한 위치를 나타내기 위하여, 화자가 'the ball is behind the tree'(그 공이 그 나무 뒤쪽에 있다)라고 말한다. 나무 그 자체는 '앞쪽과 뒤쪽을 지니지 않음'에 주목하는 것이 중요하다. 그 공이 그 나무 뒤쪽에 있음은, 확대된 그 화자의 좌표계에 달려 있다. 그 공과 그 나무가 화자의 '앞/뒤' 차원에 자리 잡는 것이다. 그 공은 그 나무보다 화자로부터 조금 더 멀리 떨어져 있다. 그 화자가 언제나 나무를 마주 보면서, 그 나무를 중심으로 하여 시계 방향으로 90°를 움직였다면, 그는 'the ball is to the left of the tree'(그 공이 그 나무의 왼쪽에 있다)라고 말할 수 있다. 나무 그 자체에 왼쪽이란 있을 수 없다. 공간 지시표현의 지시내용은 언제나 화자가 어디에 있는지에 달려 있고, 그 무대에서 화자의 방향 감각에 달려 있다. 어떤 지시표현을 해석하기 위하여, 청자는 화자를 기준으로 한 이런 공간적 속성들을 깨닫고 있어야 한다.

'화자 · 기준점 · 지시대상' 사이의 관련성이 지시표현 용어와 어떻게 짝이 맺어지는지는 언어에 따라 변동된다. 예를 들어, 힐(Hill 1982)은 아프리카 언어인 하우사(*Hausa*)를 기술한다. 하우사 말을 쓰는 화자는 〈표 2-1〉의 칸 (Ⅱ) 에서 그 공의 위치를 표시하기 위해 'in front of the tree'(그 나무 앞에) 라고 말한다. 실제로 힐은 영어를 말하는 어떤 공동체에서도 behind the tree(그 나무 뒤에) 가 아니라, 하우사 어와 똑같이 in front of the tree(그 나무 앞에) 라고 표현함을 찾아내었다.

〈표 2-1〉의 밑에 있는 칸에서는 그 상황이 극적으로 바뀐다. 좌표계는 더 이상 화자에 의존하지 않는다. 이제 좌표계는 다른 어떤 개체에 의존하게 된다. 표준적 사례에서, '위치 관련 기준점'은 또한 좌표계의 근원이다. 이 점은 〈표 2-1〉의 칸 (Ⅳ) 에 그려진 장면에 대하여 성립된다. 그 의자는 하나의 수직 차원(위/아래) 과 두 개의 수평 차원(앞/뒤, 왼쪽/오른쪽) 을 갖는다. 그 공은 그 의자의 '앞/뒤' 차원에서 의자 앞쪽에 놓여 있다. 이것이 화자로 하여금 그 공이 그 의자 '앞에' 있다고 말할 수 있게 한다. 이런 종류의 지시내용은 '내재적'(*intrinsic*, 외부 대상물에 좌표 기준이 내재되어 있음) 이라고 불린다. 위치 말해 주기는 어떤 개체의 내재적 차원에 대해 상대적이기 때문이다. 그 장면과 관련하여, 그 화자의 위치와 방향이 '무관함'에 주목하기 바란다. 비록 화자가 그 의자 주위로 빙 돌거나, 또는 그 의자 뒤로 움직였다 하더라도, 그 변화가 '내재적' 지시내용에 영향을 주지 못했을 것이다. 그 공은 계속해서 그 의자 '앞에' 있을 것이기 때문이다. 이 점은 〈표 2-1〉의 칸 (Ⅱ) 에 있는 2차적 지시표현 용법과는 아주 다르다. 거기에서는 그 공이 그 화자가 어디에 있는지에 따라서 그 나무의 '뒤에, 앞에, 왼쪽에, 오른쪽에' 자리 잡는 것이다.

지시표현의 지시내용(화자 중심 기준점) 과 내재적 지시내용(외부 대상 중심 기준점) 이 서로 충돌되는 표현으로 귀결될 수 있는 상황이 있다. 다시 〈표 2-1〉의 칸 (Ⅳ) 에 있는 장면을 보기로 한다. 그 장면에서 화자는 또한 2차적 지시표현 지시내용을 이용할 수 있었다. 그렇다면 그는 'the ball is to the left of the chair'(그 공이 그 의자 왼쪽에 있다) 라고 말해야 옳았을 것이다. 화자의 관점으로 보면, 화자 자신의 왼쪽/오른쪽 차원에서 그 공이 조금 왼쪽에 있기 때문이다. 그런 충돌이 의사소통에서 문제를 일으킬 수 있음을 분명히 알아야 한다. 대화 참여자는 화자가 어떤 좌표계를 이용하는지 짐작할 수 있어야 한다. 흔히 화자는 이런 상황에 대하여 아주 분명히 말하는 것은 아니다. 화자가 지시 상황을 명확히 해 주기 위하여 'from my point of view'(내가 바라보는 관점에서 …)나 또는 비슷한 표현을 말해 주는 일은, 규칙이 아니라 오히려 드문 예외적 경우이다(Levelt 1982b; Ehrich 1985; Bürkle, Nirmaier, and Herrmann1986; Hermann, Bürkle, and Nirmaier 1987). 화자 중심 지시표현 및 외부 대상 중심 지시표현 사이에 있을 수 있는 충돌과 그런 충돌이 해소되는 몇 가지 방식이 르펠트(Levelt 1984a)에 논의되어 있다.

〈표 2-1〉의 칸 (Ⅲ)이 비어 있다는 사실은, 전적으로 불가능하지 않다면, '내재적' 좌표계에서 화자가 자기 자신을 위치 관련 기준점으로서 이용하는 일이 아주 드물다는 점을 의미한다. 그렇다면 칸 (Ⅳ)의 무대에 있는 화자는 'the ball is to the right of me'(그 공이 내 오른쪽에 있다)와 같이 말해야 했을 것이다. 화자와 공이 대략 그 의자의 왼쪽/오른쪽 차원에 따라서 정렬되기 때문이다.

앞에서 〈표 2-1〉에 있는 위치 지시체계에 대한 표상이 완결되지 않았음이 언급되었다. 한 가지 이유는, 지금까지 언급된 두 개의 좌표계 이외에도 다른 좌표계가 존재한다. 하나의 중요한 좌표계는 지리학적 지시체계이다. 한 대상물이 어떤 위치 관련 기준점의 '북쪽'이나 '서쪽' 등에 있을 수 있다. 이런 또는 유사한 지리학적 지시체계가 집중적으로 쓰이는 언어 공동체들이 있다.

현재 우리 관심사인 대화 참여자로서의 화자에 대해서, 그 체계의 두 번째 확장이 크게 관련이 된다. 이는 내재적 지시에 관심을 모은다. 〈표 2-1〉의 칸 (Ⅳ) 안에서, 화자는 또한 좌표계의 기준으로서 수신자를 택할 수 있었다. 이는 〈그림 2-1〉에 예시되어 있다. 왼쪽 그

〈그림 2-1〉 수신자를 좌표계의 중심으로 삼는 '내재적' 지시내용

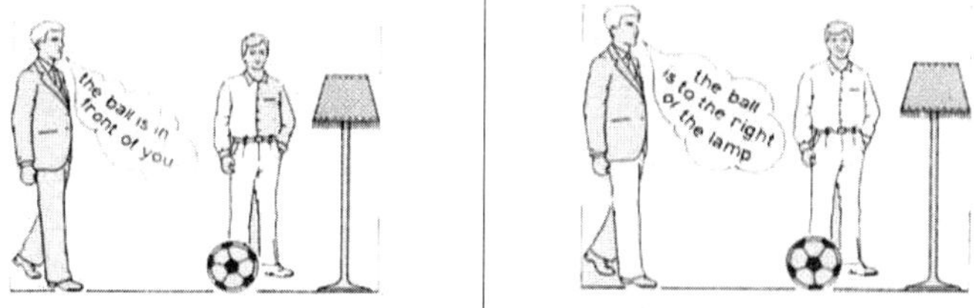

그 공이 당신 앞쪽에 있다 | 그 공이 그 전등 오른쪽에 있다

림에 있는 것처럼 화자가 'the ball is in front of you'(그 공이 당신 앞쪽에 있다)라고 말할 경우, 마치 〈표 2-1〉의 칸 (Ⅳ)에서 기준점이 된 의자가 있듯이, 수신자는 그 좌표계에서 위치 관련 기준점 및 중심으로 간주된다. 그러나 화자는 또한 〈그림 2-1〉의 오른쪽 그림에서와 같이 'the ball is to the right of the lamp'(그 공이 그 전등 오른쪽에 있다)라고도 말할 수 있다. 여기서 그 전등은 위치 관련 기준점이다. 그렇지만 수신자도 여전히 그 좌표계의 중심이다. 그 공이 키가 큰 전등의 오른쪽에 있는 것은, 오직 수신자의 시점으로부터만 나온다. 뷔르클러 등(Bürkle et al. 1986)과 헤르만 등(Hermann et al. 1987)은 그런 수신자를 근거로 한 내재적 지시내용이, 특히 화자가 어떤 종류의 좌표계를 쓰고 있는지를 결정하는 데에 수신자가 어려움을 겪는다고 가정할 근거를 지닐 경우에, 화자들에 의해 자연스럽게 이용됨을 보여 주었다. 여전히 대부분의 화자들에게 지배적인 또는 기본적인 체계는 역시 1차적이든 2차적이든 간에 지시표현의 지시내용(*deictic reference*)이라는 것이 일반적인 연구 결과이다(Bürkle et al. 1986; Ehrich 1985; Hermann et al. 1987; Hill 1982; Levelt 1982b, 1984a; Wunderlich 1981; Zubin and Choi 1984).

세 번째 핵심은 〈표 2-1〉의 분석에 의해서 흐려져 버릴 수 있다. 어

떤 묵시적이거나 명백한 좌표계가 없는 위치 지시도 있다는 점이다. 가장 기본적인 사례가 'here'(여기)의 사용이다. 이 지시표현 낱말은 대략 '화자 가까이'에 있는 영역을 뜻한다. 화자와 관련하여 자리를 잡은 그 개체의 방향에 대해서는 어떤 것도 구체적으로 밝혀 주지 않는다. 클라인(Klein 1978)에서는 스스로 'Where is here?'('여기'라는 것이 어디에 있는 것일까?)라고 물음을 던진다. 특히 'here'(여기)라고 표현되기 위하여, 한 개체가 화자에게 얼마만큼 가까이에 놓여야 하는지 물음을 던진다. here(여기)의 위치가 화자를 포함한 어느 영역이라면, 그 영역은 크기에서 많이 변동될 수 있다. 예를 들면, 수신자를 포함할 수도 있고, 그렇지 않을 수도 있다.[18] 만일 화자 아널드가 'It's more comfortable here than in your chair'(네 의자보다도 여기가 더 편안하네)라고 말한다면, here(여기)의 영역은 수신자 베티를 포함하지 않는다. 그렇지만 아널드가 'It's warm here'(여기가 따뜻하구나)라고 말한다면, 그 영역이 화자 자신과 수신자 베티를 모두 포함할 것 같다. 아마 그 발화가 그 방안의 온도 조건이기 때문일 것이다. 어떤 특정의 심리 상태에서 아널드가 다음처럼 불평한다면

'There is no justice here'
(여기는 정의도 없구나)

그 영역을 태양 아래에 있는 '모든 세상'으로 크게 확대하고 있는 것이다. 클라인은 이를 대화 참여자들이 해결해야 하는 '경계 짓기 문제'로 부른다.

---

18) '우리'라는 인칭 대명사도 똑같이 변동한다. 하나는 화자와 청자가 모두 포함된 '우리'이며(이것이 더 전형적임), 다른 하나는 청자가 배제된 '우리'이다. 한국말에서 '우리 아버지'라는 말은 뒤의 사례이다. 영어에서처럼 '내 아버지'라고 말하는 경우는 우리말에서 드물며, '나의 아버지'에 대한 글을 쓸 적에나 나올 듯하다.

지시표현 there(저기)는 here(여기)의 영역 밖에 있는 어떤 장소를 가리킨다.[19] 이는 마치 지시 대명사 지시내용에서와 같이 추가적으로 방향에 대한 구체화를 필요로 한다. 이 방향은 어떤 기준점 — 즉 화자 — 을 전제로 하지만, 특정 좌표계는 전제하지 않는다. there(저기)가 반드시 화자 앞(in front of) 또는 화자 위(above)일 필요는 없는 것이다. 오히려 there(저기)는 가리켜진 방향이다(그렇지 않다면 비-입말 수단에 의해서 가리켜진 방향임). 담화의 지배적 맥락이 주어질 경우, '경계 짓기' 문제는 대화 참여자들이 here 및 there의 영역을 구별하는 데에서 생겨나는 문제이다.

영어 말고, 다른 언어에서 경계 짓기 문제는 좀더 복잡해질 수 있다. here 및 there의 사용 밑바닥에 깔려 있는 '가까움/멀리 떨어짐'의 구분이 영어에서는 이분법으로 나타난다. 그렇지만 다른 언어에서는 (특히 라틴어 · 스페인어 · 자바어) 그 차원을 세 가지 영역으로 짜 놓는다. '가까움-중간-멀리 떨어짐' 또는 '근칭-중칭-원칭'이다(Fillmore 1982; Weissenborn and Klein 1982).[20] 화자는 자신이 말하고 있는 내용으로부터, 그리고 대화의 맥락으로부터, 의도된 영역을 수신자가 도출할 수 있는지 분명히 해 주어야 한다.

좌표계가 없는 위치 지시에 대한 또 다른 사례는, 오직 하나의 위치 관련 기준점을 포함하는 near(근처에), close to(인접한), by(곁에)와 같은 낱말의 사용이다.

---

19) 이는 지시표현이 영어나 한국어에서와 같이 이분 체계를 지니는 경우라고 전제가 되어야 한다.

20) 우리말에서 지시 대명사를 '이/저/그'를 삼분 대립으로 보고 '근칭/중칭/원칭'으로 설명한 것은 잘못이다. 이는 일본어 문법에 근거하여 국어 문법을 기술해 놓은 결과이다. 우리말은 두 계층의 이분 대립을 구현한다. 먼저 '이/저'가 화자에게서 가깝거나 먼 영역을 표시한다. 이것이 다시 윗 계층에서 '그'와 대립된다. 여기서는 '청자/화자'가 공유하는 정보가 있어야 하거나, '대용'의 기능(화자가 곧 뒤에 말하려는 내용을 가리는 '후행 대용'임)을 지니는 것이다.

the balloon is near the house.
(그 풍선이 그 집 가까이에 있다)

에서는 화자의 좌표계도, 그 집의 좌표계도 이용되지 않는다. 말해진 바는 그 풍선이 그 집의 근방 영역 속에 들어 있다는 것이다.

마지막으로 언급되어야 할 중요한 초점으로, '유추에 의한 지시표현'이 있다(Bühler 1934). 넌버그(Nunberg 1979)의 지시영역과 지시대상 사이의 구분은 또한 수신자에게 한 장소에 대하여 알려 주는 일에도 적용된다. 지시표현 또는 내재적 지시에 의해서 가리켜진 곳이 반드시 지시대상이 될 필요는 없다. 다음 예문이 이 점을 잘 보여준다.

Arnold : Does John have scars after the accident?
Betty : (touching her right cheek with her index finger) Yes, he got a big on here.
아널드 : 존은 그 사고 뒤에 흉터가 남아 있니?
베 티 : (검지로 자신의 오른쪽 빰을 건드리면서) 응, 여기에 큰 흉터가 있어.

가리켜진 영역은 분명히 베티의 오른쪽 빰 위에 언급된 영역이다. 그 영역이 동일한 지시대상이 될 수 없음도 또한 분명하다. 어떻게 존의 흉터가 베티의 빰 위에 자리 잡을 수 있었을까? 의도된 지시대상은 존의 빰 위에 있는 유추 영역이다. 베티가 자신의 신체를 존의 신체 모형으로 이용하고 있음을 아널드가 이해한다고 상정하고 있다. 베티가 이런 방식으로 전달하는 정보(= 유추)는 축자적으로 말해진 것과는 아주 다르다. 즉, 이런 유추에 의한 지시가 그라이스의 협동원리에 대한 또 다른 예시임을 주목하기 바란다.

우리 자신의 신체는 또한 동물이나 심지어 자동차를 위한 모형으로서, 직접 지시 기능을 떠맡을 수 있다. 예를 들면, 옛 물건들을 아끼는 필립(Philip)이, 대단히 흥분한 모습으로 자신의 신체 오른쪽 주위를 손짓으로 원을 그리면서 아버지한테 다음처럼 말한다.

I saw one with a wheel here.
(내가 여기 바퀴가 하나 달린 자동차를 보았어요)

이는 어떤 자동차의 오른쪽 면에 붙어 있는 여분의 바퀴 위치를 나타낸다. 유추적 지시표현은 자신의 신체를 하나의 모형으로 이용하는 데에만 제한되지 않는다. 만일 어느 기숙사에서 아널드와 베티가 각각 비슷한 모습의 방을 쓰고 있으며, 아널드가 그녀의 기숙사 방을 방문한다면, 다음처럼 말할 수 있다.

I put my floor lamp there. (indicating some place in Betty's room)
(베티의 방에 있는 어떤 장소를 가리키면서 '난 마루 스탠드를 저기에다 놓았어')

또는 심지어 다음처럼 말할 수도 있다.

I hung my lamp just to the right of where your table is.
(나는 네 책상 바로 오른쪽에다 전등을 매달아 놓았어)

뷜러(Bühler, 1934)는 이를 '기준점 전환'으로 언급하였다. 이제 여기서 화자는 어디든 유추적인 장소에 있게 된다. 즉, 지시영역으로부터 지시대상으로 바뀌는 것이다.

또한 모형으로 기능하도록 마련되어 있는 모형도 존재한다. 우리는 지도 위에서 손으로 가리키면서 'I live there'(난 거기 살아)라고 말할 수 있다. 지시영역은 그 지도 위에 있는 특정 지점이다. 그렇지만 지시대상이 되는 장소는, 그 모형에 있는 장소와 상응하는 실제 세계에 있는 장소이다. 유추에 의해서 지시표현은 화자가 한 장소를 가리키는 데 이용하는 하나의 강력한 도구가 된다.

(3) 알아차리기(*Acknowledging*)

마지막으로 대화 참여자에게 한 대상물을 찾아내거나 또는 한 대상물의 위치에 대한 정보를 알려주는 기능을 지니지 않은 공간적 지시표현의 사용이 있다. 오히려 그 위치는 전제되어 있다. 영어에서 가장 분명한 사례들은, come(오다/가다)과 go(가다)와 같이 지시표현 동작동사들의 일부 용법이다. 어떤 화자가 다음처럼 말하였다.

Christian is going to the library.
(크리스천이 도서관에 가고 있다)

이는 발화 순간 그 화자가 그 도서관에 있지 않다는 사실을 알아차리게 한다. 만일 화자가 우연히 그 도서관에 있었다면, 그는 다음처럼 말해야 한다.

Christian is coming to the library.
(크리스천이 도서관으로 오고 있다)

따라서 이들 come(오다/가다)과 go(가다)의 사용은 화자가 어디에 있는지에 따라 선택된다. 이는 지시표현적 용법인 것이다.

go(가다)에서는 안 그렇지만, come(오다/가다)은 화자로부터 청자에게로 쉽게 기준점의 전환을 허용한다. 수신자가 그 도서관에 있고, 화자는 도서관이 아닌 어떤 다른 장소에서 전화를 할 경우에, 다음처럼 말해도 괜찮다.

Christian is <u>coming</u> to the library
(크리스천이 그 도서관에 <u>가고</u> 있다)

지시표현의 기준점이 수신자에게로 전환되어 있는 것이다. 화자인 나를 중심으로 말하는 것이 아니라, 청자인 너를 중심으로 말을 하고 있다. 필모어(Fillmore 1983)는 이것이 특히 수신자가 '집 안에' 있을 경우에도 생겨남을 보여 주었다. 수신자가 노크 또는 초인종에 대답할 경우에, 방문자로서 우리는 다음처럼 집주인에게 말을 할 것이다.

May I <u>come</u> in?
(들어<u>가도</u> 괜찮겠습니까?)

그렇지만 '*May I <u>go</u> in?'이라고는 말하지 않는다. 달리 말하여 지시표현적인 'come'(오다/가다)은 움직임의 목표 지점이 지시표현의 기준점 주위 영역일 경우에 쓰인다. 그 영역이 전환되지 않을 경우에는, 이 영역이 화자를 포함하며, 수신자를 포함하거나 포함하지 않을 수 있다. 그 영역이 전환된 경우에는—즉 화자에게서 청자에게로 바뀐 경우에는—수신자를 포함한다. 지시표현적인 go(가다)는 움직임의 목표 지점이 화자의 영역 밖에 있을 경우에 쓰인다.

영어에서는 지시표현적 동작 동사가 세 개나 더 있다.

bring, send, take
(가져 오다/가다, 보내 주다, 데려 가다)

클락(E. Clark 1974)은 이 동사들을 사역 동사로 재분석하였다. 즉 bring은 'cause to come'(오게/가게 만들다)으로 재분석하고, send와 take는 'cause to go'(가게 만들다)의 변이체로 보았다. 이것들도 각각 come과 go의 움직임과 비슷한 지시표현의 속성을 지닌다. 지시표현의 알아차리기 용법은 동작 동사에만 국한되지 않는다. 화자에 대하여 그 대상물의 근접성이나 가시성을 명사에 표시해 놓도록 하는 언어도 있다〔호주의 디르발(Dyirbal)어에 대해서는 Dixon 1972를 보기 바람〕. 영어 또한 동작 동사뿐만 아니라, 지시표현 알아차리기의 다른 형식도 갖고 있다(Fillmore 1982).

3) 시간 지시표현

지시표현적 시간 — 즉 화자의 'now'(지금, 이제)와 관련된 시간 — 은 모든 언어에서 표현될 수 있다. 그러나 그 수단은 매우 다양하다. 아마 모든 언어에서 tomorrow, today, yesterday(내일, 오늘, 어제)와 같이 이런저런 종류의 시간 부사를 갖고 있을 것이다. 영어와 다른 많은 언어에서도 (전부는 아니지만) 또한 '지시표현적' 시간을 나타내기 위한 시제 체계를 갖고 있다. 'Francis was cashing the check'(프랜시스가 수표를 현금으로 바꾸고 있었다)라는 문장에서, 화자는 'now'(지금)를 앞서는 어떤 사건을 가리킨다. 반면에 다음 문장은 현재를 가리키고 있다.

Francis is cashing the check.
(프랜시스가 수표를 현금으로 바꾸고 있다)

발화의 전형적 무대에서는, 지시표현적 시간 기준점이 대화 참여자들에게 공유된다. 그들이 모두 똑같은 시점 'now'(지금)를 갖고 있다. 그러나 반드시 똑같은 'here'(여기)를 가질 필요는 없음에 유의하기 바란다.

프랜시스가 수표를 현금으로 바꾸는 일과 같이 어떤 짧게 지속되는 사건을 고려하면서 시작해 나가기로 한다. 물론 수표를 현금으로 바꾸는 데 장시간 걸릴 수도 있다. 그렇지만 다음에 있는 내용에서는, 그런 일이 외려 순간적인 사건으로 가정하기로 한다. 그 사건의 시점을 e로 기호화할 수 있다. 화자는 그 사건에 대한 어떤 것을 말할 수 있다. 발화 시점을 u로 나타내기로 한다.[21] 사건 e와 발화 u 사이에서, 발화 시제가 앞서는 관계 또는 동시 관계에 있는 어떤 시간적 관련을 드러내거나 드러내지 않을 수 있다. 다음에 가장 간단한 사례가 있다. 단 '<'는 앞섬을 나타내고, '='은 동시에 일어남을 뜻한다. '≤'은 동시에 일어나거나 그리고/또는[22] 앞섬을 나타낸다.

과거시제: e<u (사건시가 발화시를 앞섬)
사례: Francis was cashing the check.
(프랜시스가 수표를 현금으로 바꾸고 있었다)

현재시제: u≤e (발화시와 사건시가 동시에 일어나거나 또는/그리고 발화시가 사건시보다 앞섬)
사례: Francis is cashing the check.
(프랜시스가 수표를 현금으로 바꾸고 있다)

두 예문이 모두 진행상(cashing)을 지니지만 시제가 was와 is로 차이가 난다.

위에 있는 예는 둘 모두 라이언스(Lyons 1977)가 1차적 시제라고 부른 사례이다. 즉 시제의 지시표현적 사용이다. 화자가 있는 곳이 위치 관련 기준점이 되는 1차적 위치 지시표현에서와 같이, 화자의 발화

---

21) e와 u는 각각 event(사건)와 utterance(발화)의 첫 글자를 따온 것이다.

22) or에 두 가지 종류가 있다. 하나는 두 항목 가운데 오직 하나만 선택되는 것이다. 이를 배타적 이접이라고 부른다. 가령, "박정희는 남성이거나 여성이다." 에서 오직 하나만이 선택되어야 한다. 그렇지만 두 항목이 모두 선택되어도 되는 경우가 있다. 이를 포괄적 이접이라고 부른다. 가령 "영수는 학생이거나 청소년이다"에서 둘 모두 선택될 수 있다. 'and/or'라는 표기는 특히 논리학에서 포괄적 이접을 나타내기 위해 써 온 형식이다. 여기서는 '그리고/또는'으로 번역해 둔다.

시간이 지시 기준이 된다. 그러나 마치 위치 가리키기에서 상이한 공간상의 위치 관련 기준점이 선택될 수 있었던 것처럼, 시간 지시표현에서도 상이한 지시 기준 시간이 선택될 수 있다. 영어의 화자는 '참조시' r을 도입함으로써, 완료 시제를 사용하여 '과거 속의 과거'를 만들어 낼 수 있다. 이 때 참조시 r은 발화시 u와 구별된다. 참조시 r은 사건시 e와 발화시 u 사이에 있다.

대과거/과거완료: e<r<u (사건시가 참조시보다 앞서고, 참조시가 발화시보다 앞섬)

사례: Francis had been cashing a check (when Peter arrived)
(피터가 도착하였을 때, 프랜시스가 수표를 현금으로 바꾸고 있던 중이었다[23]))

이를 말하는 화자는 과거에 있는 어떤 시간 r(가령 피터가 도착한 시점)을 가리키고 있으며, 이 참조시를 그 수표를 바꾸는 시점 e(사건시)와 관련짓고 있다. 이 새로운 시점 r은 '관련 시간'(*relevance time*) 또는 '참조시'(*reference time*)를 둘 모두 나타낼 수 있다. 사건시 e와 참조시 r 사이에 새롭게 만들어진 관계가 그 자체로는 지시표현이 되지 않음

---

23) 우리말에서 영어의 과거 진행형 시제와 과거완료 시제 사이를 확연히 구별해 주는 '1:1' 대응의 시제 형태소는 없다. 오직 시간 표현 부사를 이용해야만 제대로 구별해 줄 수 있을 뿐이다. 번역에서는 시간 폭을 더 강조해 주기 위하여 '-고 있던 중-'과 같이 풀어 둔다. 동사의 종류에 따라 '-고 있-'은 "철수가 모자를 쓰고 있었다."에서처럼 ㉠ 동작 진행의 해석과 ㉡ 완료 지속의 해석을 지닌다. 그렇지만 "철수가 모자를 쓰고 있던 중이었다."에서와 같이 '었던 중'으로 되면 동작 진행의 해석만을 지닌다. '중'이라는 형태소가 동작 진행의 폭을 가리킨다는 점이 have/had의 성격과 '일부' 겹칠 수 있음을 고려하여, 만부득이 '중'의 여부로써 두 종류의 사례를 '잠정적'으로 구별해 둔다. 좀 뒤에서 과거완료가 현재 상태에 대한 함의(프랜시스가 지금 현금을 갖고 있음)를 갖고 있다고 언급한다. 그렇지만 우리말에서는 이런 속뜻이 전혀 들어 있지 않음에 유의하기 바란다.

을 주목하기 바란다. 이는 화자의 'now'(지금)와는 독립되어 있다. 즉 다음처럼 풀어쓸 수 있는 것이다.

> Francis' cashing of the check precedes Peter's arriving.
> (프랜시스가 수표를 현금으로 바꾸는 일이 피터가 도착하는 일보다 앞선다)

이는 시간상으로 두 개의 사건을 단순히 순서대로 배열한 것이다. 그러나 대과거/과거완료는 참조시가 과거에 있고, 화자의 'now'(지금)를 앞서며, 그 관계가 지시표현적 성격을 지닌다. 따라서 '대과거/과거완료'(*pluperfect*)에서는 두 개의 시간 관련성을 지니게 된다. 하나는 지시표현적 성격의 것으로서 발화시 u와 참조시 r 사이의 관계이다(즉 r<u임). 다른 하나는 지시표현적이지 않은 성격(또는 내재적 성격)의 것으로서, 사건시 e와 참조시 r 사이의 관계이다(즉 e<r임).

위 예문에서는 새로 도입된 참조시—피터의 도착 시점—가 명백히 언급되어 있다. 그러나 이것이 언제나 필요한 것은 아니다. 화자가 막바로 'Francis had been cashing a check'(프랜시스가 수표를 현금으로 바꾸고 있던 중이었다)라고 말할 수 있는 상황도 있다. 그런 발화는 대화 참여자들에게 상호간에 알려져 있는 어떤 참조시를 알아차리게 한다.

라이헨바흐(Reichenbach 1947)의 논의를 따라, 많은 필자들이 단순 현재시제와 단순 과거시제를 위해서도 또한 참조시의 개념을 이용하기를 선호한다. 그런 경우에 현재시제에 대하여 발화시와 참조시가 동시에 일어난다고 말해야 한다(즉, 그 지시표현적 시간 관계가 r=u, 참조시가 곧 발화시임). 현재시제에 대한 내재적 구성내용은 e=r(사건시가 곧 참조시임)이다. 과거시제에 대해서는 참조시가 발화시를 앞서지만(즉 그 지시표현의 관계가 r<u, 참조시가 발화시를 앞섬), 참조시는 사

건시와 동시에 일어난다(즉 e=r, 사건시가 곧 참조시가 됨). 이 두 구성부문 분석을 일반적으로 적용하면, 다음과 같은 결과를 얻게 된다.

(가) 현재(*present*)
지시표현적 구성부문 : r=u(참조시가 곧 발화시임)
내재적 구성부문 : e=r(사건시가 곧 참조시임)

(나) 과거(*past*)
지시표현적 구성부문 : r<u(참조시가 발화시보다 앞섬)
내재적 구성부문 : e=r(사건시가 곧 참조시임)

(다) 대과거/과거완료(*pluperfect*)
지시표현적 구성부문 : r<u(참조시가 발화시보다 앞섬)
내재적 구성부문 : e<r(사건시가 참조시보다 앞섬)

이제 이 분석은 다른 시제에로도 확대될 수 있다. 다음 예문에 있는 현재완료(*present perfect*)를 택해 보기로 한다.

Francis has been cashing the check. (i. e., he has the money now)
(프랜시스가 수표를 현금으로 바꾸고 있는 중이었다. 즉, 지금 그가 그 현금을 갖고 있음)

여기서 참조시는 화자의 'now'(지금)와 동시에 발생한다. 화자는 일어난 바가 지금까지도 현재 사실임을 표현한다. 그 현금에 대한 현재 이용 가능성은, 심지어 계속 진행되고 있는 대화의 화젯거리가 될 수도 있다. 이것을 과거시제의 예문과 비교해 보기로 한다.

Francis was cashing the check.
(프랜시스가 수표를 현금으로 바꾸고 있었다)

이 예문은 그 사건이 현재까지 관련되어 있음을 표현하지 않는다. 따라서 현재완료에 대하여 다음과 같은 내용을 갖게 된다.

(라) 현재완료(*Present perfect*)
지시표현적 구성부문 : r=u(참조시가 곧 발화시임)
내재적 구성부문 : e<r(사건시가 참조시를 앞섬)

영어 시제 체계는 동사에다 미래 표지를 허용하지 않는다. 미래에 대한 지시내용은, 다음 예문에서와 같이 흔히 조동사 will(을 것이다)과 현재시제를 이용함으로써 완수된다.

Francis will be cashing the check.
(프랜시스가 수표를 현금으로 바꿀 것이다)

이 경우에는 참조시가 화자의 'now'(지금)이지만, 사건은 미래에 속한다.

(마) 미래(*Future*)
지시표현적 구성부문 : r=u(참조시가 곧 발화시임)
내재적 구성부문 : r<e(참조시가 사건시보다 앞섬)

그렇지만 이 미래 구성은 강한 양상(*modal*) 함축을 지닌다. 이는 기대된 사건의 확정성과 관련된 화자의 태도를 표현한다(Lakoff 1970).

마지막으로 특히 시사적 사례는 다음 예문에서 보인 미래완료이다.

Francis will have been cashing the check. (by the time Peter arrives)
(피터가 도착하는 시간까지, 그 전의 임의의 시간 폭 상에서 프랜시스가 수표를 현금으로 바꾸고 있을 것이다)

이 예문에서 화자는 피터가 도착하는 미래 시점을 참조시로 여긴다. 수표를 현금으로 바꾸는 그 사건이 그 도착 시점을 앞선다고 예측한다. 후자의 관계는 지시표현적 성격이 아니다(e<r, 사건시가 참조시보다 앞섬). 그렇지만 피터의 도착 시점은 지시표현적 성격으로, 화자의 'now'(지금) 뒤에 자리 잡고 있다(즉 u<r 발화시가 참조시보다 앞섬). 이 경우에, 사건시 e와 발화시 u의 상대적 시간과 관련하여(e<r, u<r), 뒤따라 도출되는 속뜻은 아무것도 없다. 따라서 화자가 말하는 시점에서 수표가 이미 현금으로 다 바뀌었는지 여부에 대해서는 구체적으로 밝혀지지 않은 채 남아 있다. 미래완료에 대해서 다음과 같이 표시할 수 있다.

(바) 미래완료(*Future perfect*)
지시표현적 구성부문 : u<r(발화시가 참조시보다 앞섬)
내재적 구성부문 : e<r(사건시가 참조시보다 앞섬)

화자가 언제나 관련 시간을 명백히 언급할 필요는 없을 것이다. 관련 시간이 대화 참여자에게 서로 알려져 있다면, 언급되지 않을 수도 있다. 화자가 곧장 다음처럼 말할 수도 있는 것이다.

Francis will have been cashing the check.
(프랜시스가 수표를 현금으로 바꾸고 있는 중일 것이다)

또는 아마 좀더 나은 형식으로 진행상을 없애고서 다음처럼 말할 수도 있다.

Francis will have cashed the check.
(프랜시스가 수표를 현금으로 다 바꿀 것이다)

이런 경우에 미래완료는 그런 관련 시간의 존재를 인정하고, 곧장 대화 참여자들이 그것을 받아들일 수 있을 것이다. 마지막으로 화자 쪽에서 이것이 사건들이 일어날 과정이 될 것이라고 강한 기대감을 표현하는 미래완료에 대한 어떤 양상 측면이 있다. 라이언스(Lyons 1981)는 이를 '인식상의 책무 상정'(*epistemic commitment*)이라고 부른다.

지금까지 우리는 오직 사건들의 지시표현적 지시내용만을 살펴왔다. 그렇지만 사랑하는 상태나 전화번호를 아는 상태와 같이, 시간 지시표현도 또한 하나의 상태에 대해서 이뤄질 수도 있다. 그 상태는 다소 지속될 수도 있고, 발화시나 참조시 또는 두 시점과 모두 겹쳐질 수도 있고, 그렇지 않을 수도 있다. 여기서 이런 경우들이 논의되지 않지만, 관련된 논의는 스띠드먼(Steedman 1982)을 참고하기 바란다.

저자는 이 절을 시작하면서 시제는 지시표현적 방식으로 시간을 나타내는 한 가지 수단에 지나지 않는다고 하였다. 시간 부사의 이용은 세계 언어에서 더 보편적인 수단이다. Today(오늘)는 대화 참여자의 'now'(지금)를 포함하는 날이고, Yesterday(어제)는 그 발화 날짜를 앞서는 날이다 등등. 많은 사회에서 시간 지시에 대한 객관적 체계를 발전시켰다. 즉 달력에 있는 시간이다. '1832년 6월 18일'은 지시표현적 화자 기준점과 무관한 어떤 날짜를 표시한다. 그럼에도 달력 시간의 이용은 대부분 여전히 어느 정도 지시표현적 성격이 들어 있다. 어떤 화자가 'Will you be here in June?'(6월에 너 여기 있을 거니?)이라고 물을 경우에, 수신자는 이를 'now'(지금)로부터 6월 1일을 해석할 것이다. 그리고 비슷하게 1주일 동안의 날짜와 하루 동안의 시간에 대한 지시에 대해서도 그러하다.

지금까지 시간 지시표현에 대한 논의는 스띠드먼(Steedman 1982)과 에릭(Ehrich 1987)에 신세를 많이 졌다. 더 자세히 살펴보고 싶다면 밀러・존슨-레어드(Miller and Johnson-Laird 1976)와 라이언스(Lyons 1977)를 보기 바란다.

이상 결론을 맺기로 한다. 일상 대화는 본질적으로 지시표현의 성격을 지닌다. 대화 참여자들은 자신의 기여 내용을 이내 대화의 '시·공간' 맥락으로 붙들어 둔다. 이것이 화자가 중심이 된 기준점의 지시내용으로 실행될 경우에 — 그리고 이것이 일반적이거나 무표적 사례일 경우에 — 그 지시내용은 지시표현적 성격을 지닌다. 화자는 지시표현의 지시내용에 의해서 대상과 사건을 확인하고, 그 시·공간 기준점의 지시내용에 의하여 대상의 위치에 대하여 그리고 사건과 상태의 시제에 대하여 정보를 전달해 줄 수 있다. 그리고 지시표현을 이용하여 청자로 하여금 장소와 시간을 알아차리게 해 줄 수 있다. 지시표현은 기준점을 전환함으로써, 달리 말하여 공간상의 유추나 또는 시간상으로 추가적인 관련 시점을 세워 놓음으로써, 화자로 하여금 대상을 간접적으로 언급할 수 있게 한다. 이런 모든 것은 유창하게 실행되어 거의 깨닫지 못한다. 이런 화자의 기본적이고 놀라운 능력은 상대적으로 언어심리학에서 거의 주목을 받지 못하였다.

3. 의 도

1) 화행론(*Speech-Acts*)

화자는 일반적으로 어떤 의사소통 의도를 실현하기 위하여 발화한다고 가정된다. 이 가정은 내성에 의해서도 뒷받침되고 있는 듯하다. 비록 이런 필요성이 발화된 모든 것에 대해서 성립될 필요는 없다고 하더라도, 사람들은 어떤 목적을 위해서 말을 한다. 사람들은 대화 상대방에게 정보를 전달하려고 의도하거나, 또는 정보를 전해 받기를 원한다. 상대방 쪽에서 어떤 행위를 취하기를 바라고, 동정심이나 슬픔이나 기쁨의 감정을 공유하고 싶어하며, 어떤 행위에 스스로 전념하기를 원한다 등. 이러한 발화의 의사소통 의도는 비언표 효력(*illocutionary force*)으로 불린다(Austin 1962).[24] 비언표 효력을 지닌 발화는 '화행'이라고 불린다. 이는 발화의 수단에 의해 수행된 어떤 의도적 행위이다.

각각의 화행은 어떤 의도라는 개념과 함께 시작된다. 의도가 어디에서 나오는지는 이 책에서의 관심거리가 아니다. 의도가 바로 이전의 담화로부터 — 가령 대화 상대방에 의한 물음으로부터 — 생겨날 수도 있다. 많은 경우에 의도는 다른 기원들도 갖고 있다. 어떤 활동을 수행하는 동안에 정보나 도움을 얻기 위한 필요성, 어떤 사람을 즐겁게 하거나 인상을 심어 주려는 바람 등이다. 모든 의도가 의사소통되는 것은 아니다(이 점에 대해 하늘에 감사드린다). 화행은 다만 의도를 표현하는 하나의 방식에 지나지 않는다.

실제로 화행 밑바닥에 깔려 있는 의도들뿐만 아니라, 의사소통의 어떤 다른 행위들도 또한 아주 특별한 종류의 것이다. 우리는 이것들을 '의사소통 의도'로 부를 것이다. 이는 정교하게 가다듬어질 필요가 있다. 임의의 화행이 효과적으로 되기 위하여, 반드시 수신자는 단지 그 발화 자체를 이해할 뿐만 아니라, 또한 이 정보를 의사소통하려는 화자의 의도까지도 인식할 수 있어야 한다. 달리 말하여, 화자의 의사소통 의도는 사고나 바람이나 또는 무엇이나 전달하려는 의도보다도 더 많은 내용을 담고 있다. 게다가 그 발화가 수신자로 하여금 바로 이

---

24) 이 책은 장석진(1987) 《오스틴: 화행론》(서울대 출판부), 김영진(1992) 《말과 행위》(서광사)로 번역이 나왔다. illocution이라는 용어는 여기서 locution(언표) 행위·illocution(비언표) 행위·perlocution(수행 완료) 행위의 세 단계로 된 화행을 모두 포괄하는 상위 용어로도 쓰이고 있다. il(非)+locution(言表)은 '비언표', '언표 내적', '발화 수반'으로 번역된다. 이는 어떤 행위를 일으키는 '말속에 담긴 힘'을 가리킨다. 비언표 행위는 '주장·명령·약속·감정표출·선언' 등의 범주로 다시 나뉜다. per+locution은 두 번역본에서 '발화 효과'로 번역하였다.

생각이나 바람이나 무엇이든지를 전달하려는 화자의 의도를 인식할 수 있도록 해 주는 의도도 담고 있다. 의사소통 의도는 언제나 이렇게 청자에 의한 '의도 인식'의 목적을 담고 있다.

이런 점이 그롸이스(Grice 1957, 1968)에 의해 밝혀졌고, 다양하게 다른 논자들에 의해서 정교하게 가다듬어져 왔다. 특히 클락(H. Clark 1985), 르카나티(Recanati 1986), 스뻐버·윌슨(Sperber and Wilson 1986)을 참고하기 바란다. 이는 사소한 문제가 아니다. 가령 대화 상대방에게 어떤 인상을 심어주기 위하여 화자가 어떤 것을 말하는 경우를 생각해 보기로 한다. 만일 화자가 허풍쟁이로 비쳐지기를 원하지 않는다면, 대화 상대방이 그 의도를 인식하지 못하도록 하는 것이 본질적이다. 발화는 단순히 청자에게 자신이 허풍쟁이가 아니라는 인상이 심어지도록 해야 한다. 이것이 하나의 의도이지만, 여기서 쓰인 엄격한 의미에서 '의사소통' 의도는 아니다. 어떤 의도가 의사소통 의도가 되기 위해서는, 대화 상대방 쪽에서 반드시 그렇게 인식될 수 있도록 하는 목적을 담고 있어야 한다. 더욱이 그 발화의 내용은 청자로 하여금 그런 의도를 인식하게 만드는 도구가 되어야 한다.

모든 화행이 화자의 의사소통 의도를 전달해 주는 데에 효율적인 것은 아니다. 화행의 효율성은 다양한 요인들에 달려 있을 것이다. 그 가운데 특히

① 그 화자가 말하는 것
② 그 발화가 말해진 맥락
③ 몸짓이나 응시 등을 수반하면서, 운율에 의해서 그 발화가 말해지는 방식
④ 주의력·기꺼이 귀 기울여 주기·이용 가능한 배경 정보와 같은 다양한 청자 요인

들이 있다. 발화에서 의도된 효력으로 정의된 '비언표 효력'은 화자 중심 개념이다. 방금 언급된 청자 요인들 때문에, 발화의 비언표 효력을 기능상 그 발화로부터 청자가 추론하는 바로 정의하는 것은 잘못일 듯하다. 그러나 경험적으로나 이론적으로나 어떤 조건들 아래에서 화행이 효율적으로 되는지—즉 화자의 의사소통 의도를 수신자에게 전달해 주는 데에서 성공적으로 되는지—를 질문하는 일은 분명히 중요하다. 대화 참여자들이 소괄호 속에 표시되어 있는 비언표 효력과 함께, 그리고 그런 의도를 전달해 주는 목적과 함께, 그 발화들을 전달한다면 다음에 있는 발화들은 화행이 된다.

Arnold : Wolfgang has torn his Achilles tendon. (a statement made to inform interlocutor B of a presumably unknown fact)

Betty : Oh no! Is he in the hospital? (an exclamation intended to express one's feelings, followed by a question made to invite Arnold to provide certain information unknown to Betty)

Arnold : Yes. (an answer intended to comply with B's invitation)

Betty : Send him a bunch of flowers. (a command intended to get A to a certain course of action)

Arnold : I'll do that. (a promise intended to commit oneself to the mentioned course of action)

아널드 : 볼프강이 아킬레스 건(힘줄)이 끊어졌어. (아마 대화 상대인 베티에게 알려지지 않은 사실을 말해 주려고 행해진 진술인 듯함)

베 티 : 어머나 저런! 그가 입원해 있니? (자신의 느낌을 표현하려고 의도된 탄식이며, 아널드로 하여금 베티에게 알려지지 않은 어떤 정보를 제공해 주도록 요청하려는 질문이 뒤이어짐)

아널드 : 응. (베티의 요청에 응하려는 대답임)

베 티 : 그에게 꽃 한 다발 보내 주렴. (아널드에게 어떤 행위를 하도록 의도된 명령임)

아널드 : 그렇게 할게. (언급된 행위에 매진하려고 의도된 약속임)

이들 화행은 각각 '진술 · 탄식 · 질문 · 명령 · 약속'의 비언표 효력을 지니고 있다. 비록 화행의 다양성에 제한이 없다고 하더라도, 최소한 비언표 효력의 주요 부류들이 몇 가지 구별될 수 있다. 써얼(Searle 1979)에서는 다음과 같은 분류표를 제안하였다. 주장 · 명령 · 언약 · 감정표출 · 선언이다.

(1) 주장(*assertive*)

주장의 의도는, 화자로 하여금 어떤 것이 실제 사례임을 책임지고 견지케 하는 것이다. 위에 있는 첫 번째 발언에서는, 아널드로 하여금 볼프강이 아킬레스 건(힘줄)이 끊어진 상태가 참임을 견지하고, 세 번째 발언에서는 볼프강이 입원한 상태가 참임을 아널드가 확정적으로 표현한다. 그롸이스(Grice 1975)의 질에 대한 규범은, 화자가 무엇을 주장하였든지 (이어지는 발언에서) 그 진리를 믿는 것처럼 행동할 것을 요구한다. 써얼(Searle 1979)은 이 점을 비언표 효력을 공유하는 화행의 '진실성 조건'으로 불렀다. 아널드가 *'Yes, but I do not believe him to be in the hospital'(*응, 그렇지만 난 그가 입원해 있을 것으로는 믿지 않아)라고 대답하였다면, 성실한 답변이 아닐 듯하다. 진실성 조건은, 그 발화가 주장 화행이 되도록 하는 데 필요조건이 된다.

화자는 다양한 방식으로 어떤 것이 실제 사례임을 확정하여 말할 수 있다. 곧, 진술하거나 자랑하거나 결론짓거나 불평할 수 있는 것이다. 이런 화행의 유형은 의도에서 서로 차이가 난다. 따라서 비언표 효력도 또한 다르다. 그렇지만 여전히 이것들은 어떤 명제에 대한 진리를 화자가 굳게 믿고 확정한다는 기본적인 특징을 공유한다.

(2) 명령(*directive*)

명령의 목적은 수신자로 하여금 어떤 일을 실행하도록 만드는 것이다. 앞에 있는 대화에서 두 번째 발언기회의 질문(Is he in the hospital?)은, 베티 쪽에서 아널드로 하여금 어떤 정보—즉 볼프강이 입원했는지 여부—를 제공해 주도록 하는 시도이다. 하나의 질문이 지시가 되고, 간접 명령으로 된다. 네 번째 발언기회에 있는 명령(Send him a bunch of flowers)은 베티에 의해서 아널드로 하여금 볼프강에게 꽃을 한 다발 보내도록 하는 시도이다. 이들 두 개의 지시 사이에는 겉으로 드러난 차이점이 존재한다. 한 경우에는 의도된 행동이 대답이다. 다른 경우에는 의도된 행동이 대화 밖에 있는 어떤 신체적 활동이다. 그리고 다른 지시도 있다. 지령·요구·간청·도전 등이다. 이들도 여전히 비언표 효력의 세부사항에서는 차이가 난다. 이것들은 모두 화자가 수신자로 하여금 뭔가를 하도록 하는 시도이다. 지시의 진실성 조건은, 마치 화자가 수신자로 하여금 그런 행위를 하도록 바라는 것처럼, 그리고 마치 화자가 그것을 요구할 권리를 지닌 것처럼 행동하는 것이다. 상호 협동하는 화자가 다음처럼 말한다면 아주 기묘하게 될 듯하다.

*Send him a bunch of flowers, but I don't want you to.
(*그에게 꽃 한 다발 보내 주렴. 하지만 난 네가 그러길 원하지 않아)

(3) 언약(*commissive*)

언약의 의도는 그 화자로 하여금 어떤 행위의 미래 진행 과정에 전념케 하려는 것이다. 다섯 번째 발언기회에서 아널드의 발화 'I'll do that'(내가 그렇게 할게)은 그를 꽃다발 보내는 데 전념하도록 한다. 그런 진지하게 '책임지기 속성'(*commitments*)은 약속이나 맹세나 서약이나 또는 위협에 의해서 만들어진다. 언약 의무들도 내용이나 강도와 같은 여러 가지 측면에서 차이가 날 수 있다. 언약에 대한 진실성 조건은, 화자가 그 행동을 수행하려는 의지이다. 베티를 위해서 아널드가 다음처럼 말한다면 아주 유별나 보일 듯하다.

*I'll do it, but I don't intend to.
(*내가 그걸 할게. 하지만 나는 그렇게 의도하지 않아)

언약에 의해서 화자는 어떤 책임감을 떠맡는 것이다.

(4) 감정표출(*expressive*)

감정표출의 의도는, 화자 자신의 관심 '그리고/또는' 수신자의 관심을 끄는 어떤 사태와 관련하여, 화자로 하여금 자신의 감정을 알리도록 하는 것이다. 앞에 있는 두 번째 발언기회에서 탄식 'Oh no!'(어머나 안 됐군!)는 아널드의 이전 발언에서 언급된 사태와 관련하여 베티의 감정을 표현한다. 몇 가지 다른 감정표출 유형은 감사·축하·사과·환영·애도 등이다. 감정표출의 진실성 조건은, 화자가 말로 표현된 감정에 대해 책임지는 마음을 견지하는 것이다. 만일 베티가 다음처럼 말했다면 진실된 탄식이 될 수 없었을 것이다.

*Oh no, but I don't care!
(*어머나 저런, 하지만 난 개의치 않아!)

(5) 선언(*declarations*)

선언의 목적은 현실이 선언된 것과 일치하도록 만드는 어떤 변화를 일으키려는 것이다. 루스벨트가 일본에 전쟁을 선언하였을 때, 그 선언은 전쟁이 없던 상태로부터 전쟁 상태로 현실을 바꿔 놓았다. 오직 자신의 대통령 권한으로 인하여 루스벨트가 이 선언을 할 수 있었음에 틀림없다. '영세 주기·결혼·학위 수여'와 같이, 대부분의 선언은 어떤 기관에서 화자의 특별한 역할이나 지위로 말미암아 작동된다. 이런 생각에 대한 반례로서 써얼(Searle 1979:18)은 'I define …'(나는 … 라고 정의합니다)을 제시한다. 새로운 용어를 정의하고 선언하기 위하여, 우리가 수학에서 어떤 학위를 가질 필요는 없다. 써얼(1979:19)에 따르면, 선언은 '진실성 조건'을 전혀 갖고 있지 않다. 루스벨트의 전쟁 선언이 분명 충분히 세계의 사태를 바꿔 놓았다. 그렇지만 그 자신이 그 변화를 믿었는지 안 믿었는지 여부와 상관이 없다. 전쟁이 불가피하다고 깨달았는지 여부와도 무관하다. 전쟁을 원했든 아니면 다른 어떤 무엇을 원했든 간에 그런 화자의 태도가 선언에 전혀 관계가 없다. 한 발화가 선언이 되기 위해 이러한 화자 태도들이 어떤 것도 필요치 않은 것이다. 그럼에도 불구하고 어떤 의사가 다음처럼 말하는 것은 아주 불합리하다.

> *I hereby pronounce the patient dead, but I don't believe it.
> (*나는 지금부터 그 환자가 죽었음을 선언합니다. 그러나 난 그것을 믿지 않습니다)

선언이 의도적인 한(그리고 따라서 화행이 되는 한), 그 선언의 진실성 조건은 그 선언에 의해 구체화될 상태변화에 대한 화자의 믿음이다.

이상에서 화행의 진실성 조건으로 살펴본 다섯 가지 유형의 비언표 효력은 화자 쪽에 심리적 태도의 두 가지 양상을 포함한다(Lyons 1981).

> ㉠ 인식상의 책임(*epistemic commitment*)
> ㉡ 도덕상의 의무(*deontic commitment*)

인식상의 책임은 사실성에 대해 — 즉 어떤 것이 실제 사례임에 대해 — 굳게 믿어 의심치 않는 것이다. 주장과 감정표출에서는 이 진지성이 논제로 부각된다. 이들 화행을 수행하는 화자는, 각각 어떤 명제의 진리 및 표현된 감정의 사실적 외현을 굳건히 견지해야 한다. 도덕상의 의무는 바람직한 상태 — 즉 어떤 행위 진행과정의 필요성 — 에 대한 책임감이다. 화자는 어떤 것이 꼭 그렇게 될 것이라는 자신의 의지를 피력한다. 이 책임감은

㉠ 지시(이 지시로 화자는 수신자 쪽에서 어떤 행위를 실행하도록 바라는 마음을 굳게 견지함)
㉡ 언약(이 언약으로 화자는 그 자신의 행위과정이 진행되어 나갈 필요성을 굳게 견지함)
㉢ 선언(이 선언으로 화자는 선언에 표현된 상태 변화가 실제에서 일어나도록 전심전력함)

에 포함되어 있다. 자신이 견지하는 책임감이 수신자에 의해서 반드시 그렇게 인식되도록 하는 것이 바로 화자의 '의사소통 의도'이다.

그런 책임감은 정도의 문제로도 표현된다. 예를 들면, 인식상의 책임 정도는 양상 동사들의 형태로 표현될 수도 있고,

Wolfgang will be in the hospital.
(볼프강이 입원할 것입니다: 미래 일어날 사실)
Wolfgang can be in the hospital.
(볼프강이 입원할 수 있습니다: 화자의 추정이나 가능성)

부사구에 의해서 표현될 수도 있으며,

It is possible that Wolfgang is in the hospital.
(볼프강이 입원할 가능성이 있습니다)

억양의 미묘한 변이로도 표현될 수 있다. 비슷하게 도덕상의 의무에 있는 변이들도 다음처럼 표현될 수 있다.

You may buy a bunch of flowers.
(당신이 꽃 한 다발을 살 수 있습니다)
It is necessary that you buy a bunch of flowers.
(당신이 꽃 한 다발을 반드시 사야 합니다)

이런 화행 유형의 집합이 보편적이고 완벽한 것일까? 아마 아닐 것이다. 사람들이 말을 함으로써 수행하게 될 행동이 실질적으로 문화마다 차이가 날 수 있다.[25] 기도하는 일은 어떨까? 이것이 주장인가, 지시인가, 언약인가, 감정표출인가, 선언인가, 동시에 이들 화행 모두인가, 아니면 진정 다른 어떤 화행인 것인가? 다양한 마술은 어떠한가? 의심할 것도 없이, 서구 문화에 알려지지 않은 화행의 유형도 있을 것이다. 그것들이 심지어 여기에서 언급된 것과는 다른 부류의 비언표효력도 포함할 가능성이 있다.

2) 화행 유형과 문장 형식

화자에 대한 이론은, 언어사용자가 의도를 어떻게 언어 형태로 옮기는지를 설명해 주어야 한다. 그러므로 화행 유형과 화자에 의해 발화된 문장 유형 사이에 체계적인 관련성이 있는지 여부를 분석하는 일은 매우 중요하다. 언어학자와 철학자들은 일반적으로 그런 체계적인 관련성이 있다고 생각을 해 왔다. 저자도 동의한다. 몇몇 사람은 그 관

25) 일본인과 상거래를 할 적에 거절의 뜻으로 그들은 "다음에 봅시다" 라고 표현한다. 우리말에서는 이 표현 속에 간접적인 허락(마지못해 허락함)이 깃들어 있다고 느낄 수 있다. 축자적 해석은 동일하겠지만, 그 속뜻은 서로 거절과 허락으로 정반대가 된다.

계가 또한 아주 엄격하다고 논의해 왔다. 특히 비언표 효력과 문장 형태 사이에 '1 : 1' 대응이 있다고 논의하였다. 그렇지만 저자는 이에 대해 반드시 동의하는 것은 아니다. 후자의 입장에 대하여 긍정 또는 부정적 논의들을 개관하지는 않을 것이다. 다른 연구자들이 아주 자세히 그런 일을 해 왔다(Gazdar 1979; Levinson 1983; Sperber and Wilson 1986; Wilsonand Sperber 1988). 오히려 뒤에 이어지는 쪽들에서, 저자는 화행 유형과 문장 형태 사이에서 관찰된 몇 가지 정규적인 관련성과 덜 정규적인 관련성들을 개관할 것이다. 이런 종류의 규칙성은 부분적으로 한 언어와 문화 공동체에서 대화 참여자들에 의해 공유된 사용 기준들로부터 귀결되어 나오는 관습적 규칙성임이 강조되어야 한다. 그렇지만 일부 관습들은 전 세계 사회에서 보편적으로 성립될 소지가 있고, 이 점이 실제 경우인 것으로 보인다. 그러나 언어사용자들은 기준으로부터 벗어날 수 있다. 실제로 문화마다 그런 일탈을 규제하기 위하여, 정교한 체계들을 발전시킨다. 따라서 그 체계에 의해 다시 새로운 기준들을 부과한다. 차례로 이들 새 기준이 또다시 언어사용자들에 의해 위배될 수 있다. 다음 절에서 이들 논의로 진행하기 전에 저자는 몇 가지 규칙성을 소개할 것이다.

■ 문장 유형

문장들은 서로 다른 유형으로 나오며, 때로 서법으로 불린다. 세계 언어에서 찾아지는 세 가지 주요 유형은 서술법 · 의문법 · 명령법이다(Sadock and Zwicky 1985). 이들 유형은 흔히 동사의 서법에 반영된다. 다시 언어에 따라, 동사는 직설법 · 명령법 · 기원법 · 가정법과 다른 서법들에 대해서 형태론적으로 표지가 구현될 수 있다. 서법들은 일상 대화에서 분명히 이들 문장 유형의 특성 함수와 관련된다. 특히 그런 문장들을 발화함으로써 만들어진 진지성의 종류와 관련된다. 영어에서 서술법 문장 형태 및 의문법 문장 형태 사이의 차이에 반영되어 있는 것처럼 또한 한 문장의 유형이 그 어순과 선율 또는 억양을 결정할 수도 있다.

직설법으로 된 동사를 갖고 있는 서술법 문장은 특징적으로 주장하거나 단정하는 데에 쓰인다. 다음 예문에서와 같다.

Wolfgang is in the hospital.
(볼프강이 입원해 있습니다)
Hereby I open the meeting.
(지금부터 본인은 회의를 시작합니다)

위에서 살펴보았듯이, 이들 유형의 화행은 공통적으로 인식상의 책임—어떤 것이 실제 사실이거나 실제 사실로 됨에 대한 믿음—에 대한 화자의 태도를 지닌다. 맥락에 따라서, 이는 무언가를 주장하거나 단정하려고 의도하는, 또는 서술법 문장을 선택하려고 의도하는 화자에게 좋은 첫 선택이 될 수 있다.

명령법으로 된 동사를 가진, '그리고/또는' 특정한 명령 어순을 지닌 명령법 문장은, 다음처럼 특징적으로 명령하고 금지하는 데 이용된다.

Send him a bunch of flowers.
(그에게 꽃 한 다발 보내 주십시오)
Don't walk on the lawn.
(잔디 위로 걷지 말 것)

이 문장들은 전형적으로 수신자 쪽에 어떤 행위의 진행 과정을 수행하거나 그만두도록 의무를 지워 놓는다.

의문법 문장들도 지시 명령 기능을 지닌다. 동사에 그런 특정한 서법을 갖고 있지 않은 것으로 보이는 언어들에서 그러하다. 그러나 이 기능이 어순과 상승 억양이나 please(제발 좀)와 같은 첨사들의 사용에 의해서 표시될 수도 있다. 이 문장들은 특징적으로 수신자를 어떤 종류의 정보를 제공하는 의무감 속에 집어넣는다.

> Is he in the hospital?
> (그가 입원해 있습니까?)
> What is the time?
> (시간이 어떻게 됩니까? / 몇 시입니까?)

언어에서 문법적으로 구현되든지 여부에 관계없이, 명령법과 의문법이 모두 전형적으로 청자에 대해 어떤 종류의 도덕적 책임을 부과하는 데에 쓰인다. 화자에게 진지하게 어떤 행위(즉 약속하기나 간청하기)를 견지하도록 하기 위해 제공해 주는 수단들에서 언어는 덜 풍부한 듯하다. 오히려 'I'll do that'(내가 그렇게 할게)에서와 같이, 화자는 그 행위를 미래에 놓아둠으로써 간접적으로 그들의 책임을 드러낸다. 그렇지만 우리가 살펴보았듯이, 미래 표현은 또한 주장을 할 경우에 화자의 확실성에 대한 정도를 표현하는 데 쓰인다. 이는 화행의 양태를 나타내는 한 가지 방식이다.

비록 특정한 문장 유형들이 특정한 유형의 화행과 관련되는 듯하지만, 써얼이 제시한 다섯 종류의 화행에 대한 관련성은 결코 '1 : 1'이 아니다. 더더구나 서술법 문장이 모두 주장 및 선언과 관련되고, 명령법·의문법 문장들이 모두 지시 명령에 관련된다. 언약이나 감정표출을 위한 특징적 문장 유형은 존재하지도 않는다. 아래에서 논의되겠지만, 그 관계가 더욱이 고도로 맥락 의존적이다. 실질적으로 어떤 문장 유형이든지 관계없이, 임의 종류의 화행을 수행하는 데에 이용할 수 있다. 원덜릭(Wunderlich 1979), 개즈더(Gazdar 1979), 레빈슨(Levinson 1983), 윌슨·스뻐버(Wilson and Sperber 1988)는 이들 맥락 의존성을 처리하는 방식을 제안하였다. 이것들은 여기서 논의되지 않을 것이다.

그러나 여기서 주목된 몇 가지 규칙성은 적어도 사용 경향으로 존재하는 듯하다. 예를 들면, 주장이 전형적으로 의문법이나 명령법 문장에 의해서 행해지는 언어를 찾아내는 일은 실제로 거의 드물 듯하다. 혹 그런 언어를 찾아낸다고 해도, 사람들은 오히려 그 언어에서 특정한 문장 유형을 의문법이나 명령법으로 부르는 그 언어학자의 기준에 대한 유용성을 의심하며 잘못되었다고 볼 것이다.

■ 수행동사

화자가 자신의 의도에 대한 비언표 효력을 표현해야 하는 가장 직접적 수단은, 명백히 특정 부류의 동사들 — 이른바 수행동사(*performative*) — 을 이용하는 것이다. 화자는 다음처럼 말함으로써 주장할 수 있다.

> I state that …, I believe that …, I conclude that …, and so on.
> (나는 … 라고 진술한다, 나는 … 라고 믿는다, 나는 … 라고 결론짓다 등)

비슷하게 지시 명령은 'order, forbid, request, ask'(명령하다, 금지하다, 요구하다, 요청하다) 와 같은 수행동사들을 이용함으로써 만들어질 수 있다. 선언도 'declare, define, baptize'(선언하다, 정의하다, 영세를 주다) 등을 이용하여 만들어질 수 있다. 어떤 측면에서 언어학자들은 비언표 효력을 지닌 모든 문장들이 기저 구조에서 어떤 수행동사를 지니는 것으로 제안하기도 하였다(Ross 1970). 그러나 그 생각은 받아들여지지 않았다. 일부 비언표 효력에 대해서는 수행동사가 전혀 없음에 주목하기 바란다. 가령 사람들이 'I boast that …'(… 라고 나는 자랑한다) 라고 말하지는 않는다(Searle 1979).

수행동사는 비언표 효력을 표현하는 아주 직접적인 수단이다. 디스

(Deese 1984)는 이를 '심리동사'라고 불렀고, 자연스런 담화에서 그런 목적을 위해 이런 동사가 자주 이용됨을 찾아내었다.

3) 공손성과 간접 화행

대화와 또 대부분의 다른 이야기들은 오직 화자가 상대방의 권리·능력·성향·감정 등을 준수하거나 고려할 때에만 성공할 수 있는 상호 협동적인 활동이다. 앞 문단에서 논의된 종류의 직접적인 언어 수단의 이용은 이런 요구에 곧장 대응이 될 수 있다. 대화에서 깃들 수 있는 갈등을 잘 해결해 내기 위하여 여러 문화에서 아주 복잡한 체계들을 발전시켜 왔다. 공손성과 격식성을 규정하는 이들 체계는, 앞에서 논의된 문장 형식의 사용만큼 관례적이다. 이것을 훨씬 넘어서서, 화자들은 실제 낱말들로써 행위를 일으키도록 하기 위하여 관례적이지 않은 수단을 이용하며 창의적으로 될 것이다.

공손성을 조절하는 기제가, 특히 명령이 관심사인 대목에서 분명해진다는 것은 놀라운 일이 아니다. 명령은 상대방에게 어떤 의무를 부과하는 화행이다. 핵심적으로 그것의 성공적인 실행은 그 의무를 놓고서 대화 참여자가 자발적으로 실행하려는 마음과 그 명령을 떠맡을 능력에 달려 있다. 수신자 요소에 대한 화자의 자각을 표현하기 위하여, 여러 문화에서 두드러지게 효과적인 관례들을 발전시켰다. 만일 꽃 한 다발을 볼프강에게 보내는 일에 아널드가 기꺼이 책임지기를 원한다면, 베티는 다음 예문 ①과 같은 명령 서법을 이용하지 않을 것이다.

① Send him a bunch of flowers.
(그에게 꽃 한 다발 보내 줘라)

대신에, 그녀는 아널드의 능력이나 행동의 자발성에 대해 질문을 한다. 또는 심지어 어떤 요청에 주의를 기울이도록 할 수도 있다.

② Can you send him a bunch of flowers?
(네가 그에게 꽃 한 다발 보내 줄 수 있겠니?)
③ Would you mind sending him a bunch of flowers?
(너는 그에게 꽃 한 다발 보내 주는 일을 꺼려하겠니?)
④ May I ask you to send him a bunch of flowers?
(그에게 꽃 한 다발 보내주도록 내가 너한테 부탁해도 되겠니?)

이밖에도 그런 질문을 말하는 다른 방식이 더 있다. 그 관례 또한 언어마다 두드러지게 차이가 난다. 이런 종류의 질문은 두 가지 기능을 동시에 수행한다. 질문은 명백히 청자의 조건에 대한 화자의 관심을 표현하며, 또한 그 행위를 수행하도록 하는 요청으로서도 기능하는 것이다. 클락 · 쉥크(Clark and Schunk 1980)는 위의 질문 형식이 아주 공손한 요청으로 판단됨을 보여 주었다. 질문을 이용하여 요청하는 일을 좀더 자세히 살펴보기로 한다.

앞에서 질문이 청자로 하여금 어떤 정보를 제공하도록 끌어들이는 명령으로 기능함을 살펴보았다. 예문 ②~④는 질문이다. 청자에게 어떤 행위를 하도록 요구하거나, 화자의 부탁에 관심을 기울이는 능력이나 자발성에 대한 정보를 제공해 주도록 초대된다. 그리고 가령 질문 ②에 대하여 'I can't, I have to leave now'(난 할 수 없어. 내가 지금 당장 떠나야만 하거든)와 같이 부정적으로 대답할 경우에라도, 실제로 청자는 어떤 정보를 제공한다. 이미 요구된 정보를 그 화자가 갖고 있는지 여부에 관한 청자의 확신도 바뀔 수 있다. 그렇지만 화자가 이미 그 행동을 수행할 능력이나 준비성에 대하여 알고 있다고 믿을 만한 타당한 맥락상의 근거가 있다면, 화자가 진정으로 그것을 부탁할 수 없을 것임을 베티는 알고 있다. 관련성에 대한 그라이스(Grice 1975)의 대화규범에 의하여, 화자는 반드시 다른 어떤 것 — 언급된 행동 — 을 수행하도록 하는 요구임을 의미해야 할 것이다. 질문 형식이지만 요청을 함의하는 발화는 '간접 요청'으로 불린다. 헤르만(Herrmann 1983)은 어떤 요인이 화자로 하여금 요청을 속뜻으로 깔아 놓도록 이끌어 가는지, 그리고 속뜻으로 요청을 할 경우에 어떤 조건을 물을 것인지에 대하여 실험적으로 연구하였다. 이들 결과는 제 4장에서 더 논의될 것이다. 그 연구에서는 명령 수행에 부합되는 '청자의 준비성'에 관련된 화자의 질문이, 간접 요청을 속뜻으로 깔아 놓도록 하는 화자의 결정에서 중요한 본질적 요인이라고 지적하였음을 말해 둔다. 그런 준비성이 의심스런 조건 아래에서, 화자는 클락·쉉크(Clark and Schunk 1980)의 피험자들에게 아주 공손한 것으로 판단된 질문 형식들을 선택한다.

협동적인 청자는 'I'll do that'(내가 그렇게 할게) 처럼 그 요청에 반응을 할 것이다. 그렇지만 그 질문과 속뜻으로 깔린 요청 둘 모두에 대해 반응하는 일이 이례적인 것만은 아니다. 위에 있는 질문 ②에 대하여, 아널드는 'Yes'(그래: 질문에 대한 반응), 'I'll do that'(내가 그렇게 할게: 요청에 대한 반응)으로 대답할 수 있었다. 클락(H. Clark 1979)은 화자로 하여금 질문과 요청에 모두 응답하도록 이끄는 요인을 분석하였다. 그의 방법은 '가게·은행·식당'에 전화를 걸어서 다음과 같은 질문을 던지는 것이었다.

⑤ Can you <u>please</u> tell me what the interest is on your regular savings account?
(당신의 일반 저축 계좌에서 이자율이 어떤지 좀 말해 주실 수 있습니까?)

⑥ Can you tell me what the interest is on your regular savings account?
(당신의 일반 저축 계좌에서 이자율이 어떤지 내게 말해 줄 수 있습니까?)

⑦ Are you able to tell me what the interest is on your regular savings account?
(당신의 일반 저축 계좌에서 이자율이 어떤지 내게 말할 수 있습니까?)

특히 응답자의 대답은 그 질문의 관례성이나 관용구 성격의 정도에 달려 있었다. 'Can you please …'(좀 … 하여 주실 수 있겠습니까)를 갖고 있는 질문 ⑤는 아주 관용적이다. 위에서 언급되어 있듯이, please(좀)는 일반적인 요청 표지이다. 질문 ⑥은 please를 담고 있지 않지만, 여전히 관례적인 'Can you …'(… 해 줄 수 있습니까) 관용구를 지니고 있다. 질문 ⑦은 한 개인의 능력에 대하여 질문을 하는 훨씬 덜 관용적인 방식이다. 클락의 조사 결과는 일제히 질문 형식이 덜 관례적일수록 응답자들이 더욱 더 그 질문에 대답할 것임을 보여 주었다. 'Four percent'(4퍼센트입니다)에 대립되는 'Yes, four percent'(예, 4퍼센트입니다)라는 대답 유형은, 질문 ⑤에 대한 대답 중 8%로 실현되었다. 질문 ⑥에 대해서는 대답 중 16%로 나왔다. 질문 ⑦에 대해서는 대답 중 30%로 나왔다.

이러한 결과는 속뜻에 의한 간접 요청의 효과뿐만 아니라, 또한 그렇게 하는 관례적 표현의 힘을 시범적으로 보여준다. 공손성과 협동성에 대한 고려가, 화자로 하여금 직접 관례에 따라 화행 유형을 문장 형식으로 표현하지 않아도 괜찮도록 유도할 수 있다. 그렇지만, 화자는 이런 고려를 하지 않고서 관례적인 수단을 받아들일 수 있다. 그 수단이 더욱 관례적일수록, 전달된 의도는 중의성을 덜 지니게 되는 것이다.

그렇지만 클락(H. Clark)의 결과는 '간접 요청'의 덜 관용적인 사례에서도 보통 요청 의도가 전달됨을 보여준다. 예를 들면, 가장 관용구답지 않은 질문 ⑦에서도 응답자들은 거의 언제나 은행이자 비율을 말해 주었다. 의심할 바 없이, 이는 이런 대화의 그라이스식 합리성에서 비롯된다. 만일 은행에서 기본 이자율 자료를 제공해 줄 수 없다면, 개인들이 왜 은행에다 전화를 할 것인가? 이런 능력에 있어서 응답자는 믿음이 보통 상호간에 공유된다고 가정할 것이다.

그리고 화행을 함의하는 이런 가능성이 결코 요청에만 국한되지 않는다. 대화 맥락과 그라이스식 협동원리로써 청자가 화자의 의도를 추론할 수 있도록 보장된다면, 어떤 화행이라도 간접적으로 행해질 수 있는 것이다. 다음에 한 가지 사례가 있다.

Child, after the washing up: Everything clean!
Mother, after quick inspection: You call that clean?
씻기를 다 마치고 나서 어린이: 모든 게 깨끗해!
신속하게 살펴보고 나서 엄마: 너 그걸 깨끗하다고 그래?

엄마의 질문은 모든 게 깨끗하지 않다는 '주장'과 아마 전부 다시 새로 씻으라는 '명령'을 담고 있을 것이다. 대화 참여자들에게 질문을 던지는 정보—즉 '깨끗하다'란 낱말이 그 상황에 적용되었는지 여부—는 이미 서로 이용 가능하였고, 따라서 그 질문에 대한 진실성 조건은 이행되지 않았다.[26] 질문하기의 진실성 조건을 어김으로써, 그 엄마는 자기 아이에게 자신의 참된 의도를 추론하도록 이끌어갔고, 동시에 특별한 수사 효과를 만들어 내었다.

또 다른 사례는 다음과 같다.

---

26) 질문은 어떤 정보를 화자는 모르지만, 청자는 알고 있을 때, 정보 간격을 줄이기 위해 일어난다. 그렇지만 엄마는 '주장'과 '명령'을 속뜻으로 깔고 있으므로, 이런 질문 조건이 만족되지 않는다. 주장을 함은 이미 문제가 되는 정보에 대한 판단이 세워져 있는 것이고, 그 판단 이전에 사실 경험이 또한 선행되는 것이기 때문이다. 이런 측면을 '진실성 조건'을 위배한 것으로 표현하고 있다. 곧, 몰라서 묻는 것이 아니고, 요구하고 명령하기 위해 질문하고 있는 것이다.

Teacher : Assume w to be the number of different English words.
교 사 : w를 여러 개의 영어 낱말들에 대한 숫자라고 가정합시다.

교사의 명령 문장은 우선 단정이며('I define w to be …' 나는 w를 …로 정의한다), 명령은 아니다. 교실 수업의 특별한 관례는 그 교사가 그렇게 가정하든지 말든지에 상관없이, 즉시 이제부터 w가 여러 개의 영어 낱말들에 대한 숫자를 나타낸다는 추론으로 학생들을 이끌어갈 것이다.

수행동사들도 또한 다음 예문에서와 같이 우회하여 간접적으로 쓰일 수 있다.

Husband to his wife's lover : I thank you for taking such good care of Amelia.
(남편이 자기 아내의 애인에게 : "내 아내를 그렇게 잘 돌봐 주어서 고맙군.")

동일한 내용이 please의 사용에 대해서 성립한다.

Lover's answer : Please!
(아내의 애인이 대답으로 : "제발! 비꼬지 말고 서로의 감정을 건드리지 맙시다")

'간접 화행' 수행의 끝없는 다양성은, 특히 운율과 언어 딸림 수단에 의해 더 확대된다. 다음의 문장은,

So, you are going to the station.
(그래서, 네가 그 역전에 가고 있구나)

운율과 맥락 수단에 의해서, 임의의 발화가 진술·질문·명령·감정 표출, 그리고 심지어 선언(무대 감독이 배우들의 역할을 정하는 일을 생각해 볼 것)으로 이용될 수 있다. 몸짓·응시·얼굴 표정도 의도된 화행을 청자가 추론하기 위한 중요한 단서들이다.

이 절의 주요한 핵심은 다음과 같다. 흔히 화자는 어떤 의사소통 의도를 지니고 말을 한다. 표현될 수 있는 의도의 숫자에는 상한선이 없다. 언어를 통한 의사소통 의도의 표현은 '화행'이라고 불린다. 화행은 그 화자로 하여금 진지하게 인식상의 책임 또는 도덕상의 책임을 견지하게 만든다. 이들 책임성은 정도상으로 변동될 수 있다. 서로 다른 유형의 화행을 표현하기 위하여, 언어적 수단의 이용에 관한 규칙들도 있다. 이것들은 통사 유형 및 수행동사의 선택과 관련된다. 그러나 특히 공손한 상호작용에 관련된 제약이 문제시될 경우에, 화자는 (직설 표현의) 표준 방식을 거부할 수 있다. 대체로 이런 (직설 표현을 피하고 간접 표현을 하는) 관례적인 방식들이 있다. 모든 경우에 그 귀결되어 나오는 화행은 암시적이거나 간접적으로 된다. 간단히 말하여, 의도들을 언어로 표현하기 위한 어떤 관례가 주어져 있지만, 의도와 표현 사이에 고정된 짝짓기 규칙은 존재하지 않는다. 그 상황은 아주 활짝 열려 있다.

4. 요 약

제 2장에서는 대화 참여자로서의 화자를 소개하였다. 화자는 대화에 참여하는 구성원이며, '친교 세계의 주춧돌'이다(Beattie 1983). 발화를 위한 전형적 무대에서, 참여자들은 번갈아 가며 대화에 기여하게 된다. 따라서 협동적인 해석과 발화의 산출을 위해서 쉴 새 없이 흘러가는 맥락을 만들어 내게 된다. 대화에 참여하는 쪽에서 자신의 발언

기회를 얻어내거나 넘겨주는 방식을 규정하는 행위규칙이 있다. 이런 규칙은 (상대방의 발화에 주의를 기울이는 일을 방해할 법한) 여러 사람이 한꺼번에 말하는 기회를 최소한으로 줄여 놓는다. 또한 모든 대화 참여자가 그 상호작용에 기여하는 기회를 극대화한다. 또한 발화 내용의 상호작용 성격 — 즉 어떤 내용을 상호간에 알려지고 의도된 것과 관련짓는 방식 — 들을 규정하는 규칙도 있다. 이는 그라이스 대화규범으로 알려져 있다.

대화에서 참여자들은 또한 비-언어적 '시·공간' 맥락을 공유한다. 여기서는 지시표현을 이용하여 자신의 발화를 맥락 속에 붙들어 둔다. 특히 '인칭·친교상태·장소·시간·담화(진행중인 담화에서의 특정 대목)'들에 대한 지시표현이 있다. 시간과 공간이 관심거리인 한, 대화 참여자들은 묵시적으로 화자의 '지금·여기'가 지시표현의 기준점이 된다고 가정한다. 1차적 장소 지시표현에서는, 화자가 스스로 자신을 '위치 관련 기준점'으로 이용하고, 또한 수평·수직을 해석하는 공간 좌표계의 기준점으로 이용한다. 2차적 지시표현에서는 위치 관련 기준점이 다른 외부 대상물이다. 그렇지만 화자 중심의 공간 좌표계가 그대로 적용되고 유지된다. 공간상의 지시내용은 또한 대화의 맥락 속에서 방향을 갖고 있는 대상물이나 청자에 대하여 그 외부 대상물 속에 내재된 좌표계가 만들어질 수 있다. 화자 중심의 지시표현이나 외부 대상에 내재된 수단에 의해서 가리켜지는 위치는, 모든 경우 '지시영역'이 된다. 이것이 반드시 의도된 '지시대상'이 될 필요는 없다. 대화 참여자들은 지시영역으로부터 지시대상으로까지 옮아가기 위하여 상호간의 지식을 엄청나게 이끌어내어야 한다. 이는 특히 '유추에 의한 지시표현'에서 분명해진다. 이는 지시표현 기준점의 전환을 포함한다. 지시표현의 기준점은 또한 특히 영어의 come(오다/가다)과 go(가다)와 같은 동사의 사용에서도 알아차릴 수 있다.

시간에 대한 지시표현은 지시표현 부사(yesterday 어제, tomorrow

내일)의 사용과 시제 형태소의 사용에 의해 완성된다. 이 장에서 관심은 대부분 시제에 주어졌다. 화자들은 시제로써 두 개의 시간 관계를 표현한다. ① '발화시' 및 묵시적이거나 명시적인 '참조시' 사이에 있는 지시표현의 관련성, ② '참조시' 및 사건이나 사태가 언급되는 '사건시' 사이에 있는 내재적 관련성이다. 모든 언어가 시제 체계를 갖는 것은 아니다. 그렇지만 동일한 두 구성부문이 또한 부사에 의해서도 가리켜질 수 있다.

대화에 대한 화자들의 기여 내용은 의도적이다. 그것들은 어떤 친교 목적을 달성하는 수단이며, 그렇게 인식되도록 의도된다. 대체로 화자는 자신의 의사소통 의도를 직설적으로 표현할 수 있다. 또한 공손성의 요구에 따라 공유된 지식을 이끌어 내면서 간접적으로 표현할 수도 있다. 서로 다른 화행 유형(의도적인 기여 내용)이 구별될 수 있다. 써얼(Searle 1979)에서 '주장·명령·언약·감정표출·선언'으로 범주화한 내용이 개관되었다. 그렇지만 거의 언어형식에 화행 유형을 ('1 : 1'로) 직접 반영해 주는 이론을 바랄 수 없다. 화행 및 언어형식 사이에 있는 관련성은 맥락에 따라 달라지기 때문이다. 더욱이 화자는 늘 기존 규칙을 위배할 수 있으며, 대화상 날카로운 효과를 만들어 냄으로써 결실을 얻기도 한다.

제 3 장

메시지의 구조

이 장에서는 화자의 언어처리 구성부문을 따라가는 지적 탐구여행을 시작한다. 그 안내 지침은 〈그림 1-1〉에 있는 청사진이 될 것이다. 이 항해는 '개념 형성기'로부터 출발하여, 다시 '개념 형성기'로 끝난다. 먼저 우리는 개념 형성기를 '메시지 생성기'로 간주할 것이다. 완전히 한 바퀴를 돌아온 제 11장에서는 개념 형성기의 점검기능을 다루게 될 것이다. 메시지와 메시지의 산출은 제 3장과 제 4장의 주제이다. 제 3장에서는 표상에 대한 논제를 다룰 것이다. '언어화 이전의 메시지'는 어떤 종류의 구조로 되어 있는 것일까? 그러고 나서 제 4장에서는 메시지 생성의 절차를 다루어 나갈 것이다.

〈그림 1-1〉의 청사진에 따라서 '언어화 이전의 메시지'는 언어형식 주조기(*Formulator*)에 대한 유일한 종류의 입력 표상을 만들어 낸다. 이는 메시지가 그 다음 단계의 처리를 위한 — 특히 문법 부호화를 위한 — 필요·충분조건의 특징을 담고 있어야 함을 의미한다. 그런 특징들을 모두 담고 있는 언어화 이전의 메시지를 '적격한'(*well-formed*) 메시지로 부를 수 있다. 그것은 언어형식 주조기에 의해서 '고유한 입

력물'로 받아들여질 수 있다. 메시지 구조의 이론에서 궁극적 목표는, 무엇이 메시지를 적격하게 만드는지에 대하여 정밀한 방식으로 밝혀내는 것이다. 가령, 적격한 메시지를 정밀하게 생성해 주는 '메시지 문법'을 생각해 볼 수 있다. 그러나 안타깝게도 그런 문법은 있지 않다. 그리고 조만간 생겨날 것 같지도 않다. 제 3장에서는 다만 언어처리의 뒷단계에서 요구되는 메시지 특징들에 대하여 전반적인 개관을 제시하고, 그것들이 왜 필요한지를 나타낼 수 있을 뿐이다. 이들 특징 가운데 메시지는

① 명제(*proposition*)이고,[1]
② 의미역 구조(*thematic structure*)를[2] 지니며,

---

1) 오늘날 쓰이는 '명제'가 처음 명시적으로 확립된 것은 Frege(1879) "개념 표기법 Begriffsschrift"에서부터이다(Heijennoort ed. 1967, *From Frege to Gödel*, Harvard Univ. Press). 그는 전통적인 논리학에서 문장을 주어와 술어로 나누는 일이 오류라는 것을 처음 깨달았다. 이런 양분 방식이 이원론(*dualism*)이기 때문에, 결코 참된 판단을 내릴 수 없는 것이다. 참된 판단을 얻어내려면 모든 것을 일원론의 바탕 위에 정립해야 한다. 이를 방법론적 일원론(*methodological monisim*)이라고 부른다. 프레게는 집합론의 착상을 받아들여 문장 분석도 집합과 원소의 관계로 환원시켜야 한다고 보았다. 즉, 이를 각각 함수(*function*)와 논항(*argument*)으로 부르고, 이들이 양화사(*quantifier*)로 묶인 형식을 명제의 기본틀로 보았다. 직관적으로 말하여, 명제란 우리 생각의 '기본 단위'이다. 이런 명제는 어떤 형식을 갖고 있다. 즉, 모든 명제는 함수(≒동사)와 논항(≒명사)으로 이루어지는데, 이들이 양화사로 묶여 있다.

2) '의미역'에 대한 논의는 Gruber(1965, 1976) 《통사론과 의미론에서의 어휘 구조들 *Lexical Structures in Syntax and Semantics*》(North-Holland Pub.)로부터 처음 시작되었다. 언어학에서는 이를 semantic structure나 thematic structure로 부른다(모두 의미역 구조로 번역함). 이는 동사가 거느리는 논항들이 어떤 의미 역할을 지니는지를 다룬다. 먼저 자동사의 경우 주어 자리에 나오는 논항을 행위주(*actor*)라고 한다. 타동사의 경우 목적어 자리에 나오는 논항을 대상(*theme*)이라고 한다. '보다'와 같은 지각 동사의 경우는 주어에 경험주(*experiencer*)가 배당되고 목적어 자리에 대상 의미역이 배당된다. 이밖에 '주다'와 같은 수여 동사나 '두다' 같은 보관 동사나 '떠나다' 같은 출발 동사와 관련된 논항은, 행위주와 대상 이외에 사격 형태로(*oblique*, 영어에서는 전치

③ 서술 관점(*perspecitve*) 을[3] 지닌다.

게다가 다양한 종류의 언어 개별적인 필수 특징들도 있다.

메시지는 지시(*reference*)와 서술(*predication*)의 매체이다. 사람이나 대상물이나 사태나 감정 또는 여러분이 지닌 바를 가리키기 위하여, 화자는 의도적으로 메시지를 마련한다. 동시에 메시지는 흔히 이들 지시대상에 대한 것을 서술하기 위해 이용된다. 메시지는 그것들에 대하여 긍정하거나 부정하고, 그것들에 속성을 배당하며, 그것들에 대하여 의문을 제기하는 등의 일을 한다. 그리고 지시대상에 대하여 뭔가 서술되는 경우에, 그 서술이 참 또는 거짓으로 되거나, 또는 미결정적으로[4] 될 수 있다. 그런 표상들이 흔히 '명제적'이라고 불린다. 이런

사를 실현함) 나온 논항들이 있다. 이들을 모두 사격 의미역이라고 부를 수 있다(근원*source* · 목표*goal* · 처소*location* 등으로 하위 구분됨). 형용사 구문의 경우는 주어 자리에 대상 의미역이 배당된다(이를 '비-대격' unaccusativity 동사군으로 처리함). 의미역 항목은 연구자에 따라 다소 변동될 수 있다. 그렇지만 대체로 의미역 항목들이 어떤 위계를 지닌다고 가정한다. 또한 그런 의미역 위계와 동사가 거느리는 논항들 사이에 대응 관계를 이루고 있다고 본다. 이런 대응 관계를 '논항구조, 연결 이론, 구성, 논항 위계, 논항 실현, 논항 선택, 원형 의미역' 등 여러 가지 용어로 부른다. 이 책에서는 특히 사동 구문의 주체를 'agent'(사동주)로 부르고 있다. 이런 입장에서는 'patient'(피동주)도 같이 설정해 놓아야 일관적일 것이다(연구자에 따라 '경험주'나 '대상'의 하위 항목으로도 취급함).

3) 하나의 사건이 능동 구문으로 표현될 수도 있고, 수동 구문으로 표현될 수도 있다. '철수가 범인을 붙잡았다'라는 문장과 '범인이 붙잡혔다'라는 구문은, 동일한 사건을 다른 관점에서 서술하고 있다. 이러한 서술관점은 화자의 의도와 태도를 드러내 준다.

4) 20세기 초에 엄격한 논리형식에 근거하여 모든 세계를 재구성하려는 시도들이 있었는데, 그 중 하나가 Whitehead and Russell(1927) 《수학 원리 *Principia Mathematica*》이다. 여기에서는 절대적인 하나의 공리계 위에서 모든 우주의 삼라만상을 연역해 나가는 체계를 쓴다. 그런데 비엔나 대학에서 박사논문을 쓰면서 Gödel은 두 가지 증명을 하였다. 하나는 상항(*constants*)들로 이뤄진 명제 논리 체계의 완전성이고, 다른 하나는 변항(*variables*)을 포함하는 명제

실천 관행을 받아들이기로 한다. 그러나 메시지가 언제나 진리값을 갖는 것이 아님을 유의하기 바란다. 여러분이 다음처럼 말하는 경우,

'Congratulations!'
(축하합니다!)
'What?'
(뭐?)

기저에 있는 메시지는 아마 명제가 아닐 것이다.[5] 따라서 '명제적'이란 말은 표상의 한 가지 양태를 말한다. 명제는 이러한 표상 양태 가운데 (진리값을 지닌) 특수한 경우이다. 제 3장에서는 대체로 메시지에 대한 이런 표상의 양태를 자세히 풀어놓는 일에 관심을 둔다.

제 3장 1절에서는 메시지의 명제적 모습이 여러 형식(*formats*)들 가운데 오직 하나일 뿐이며, 거기서 우리 정신은 내부적으로 스스로 의사소통을 할 수 있음이 논의될 것이다. 단일한 하나의 '사고 언어'(*language of thought*)가 아니라 둘 이상의 사고 언어가 있는 것이다.

논리의 불완전성이다. 이들은 각각 1930 "The completeness of the axioms of the functional calculus of logic"과 1931 "On formally undecidable propositions of the Principia Mathematica and related systems"로 발표되었다(Heijennoort ed. 1967《프레게로부터 괴델까지 *From Frege to Gödel*》 Harvard Univ. Press 참고). 이때부터 임의의 명제가 참값과 거짓값만을 가지는 것이 아니라, 아울러 undecidable(미결정적, 결정할 수 없음)도 동등한 값으로 수용되고 다루어진다. 따라서 철학자들은 자신의 논리를 전개할 때에 의도적으로 완전성이 증명된 '상항' 명제 논리체계에 기반을 두고자 한다. 수학 기초론에서는 이를 결정성/미결정성의 문제라고 부른다.

5) 흔히 명제를 실세계의 어떤 대상이나 실세계에 있는 어떤 사건을 가리킨다고 말한다. 축하하거나 청자에게 묻는 것은 실세계의 대상이나 사건과는 거리가 멀다. 앞의 것은 화자의 마음을 가리키고, 뒤의 것은 청자의 언급 내용을 가리킨다. 이런 요소들은 제 2장 '화행론'에서 살펴본 Austin에 의해서 수행문이라고 불렸다.

그렇지만 사고가 자연 언어로 표현되는 경우에 사고를 매개하는 부호는 명제적임에 틀림없다.

메시지의 구조를 구체화하는 처음 단계는 그 어휘들 — 즉 지시 및 서술은 물론 그것들 사이에 성립될 수 있는 관계에 참여하는 개념들 — 을 성격 짓는 일이다. 제 3장 2절에서는 언어화 이전의 개념구조(이는 '의미론적'으로 불리게 됨)가 '함수-논항' 구조로 기술될 것이다. 이는 계층적으로 구성될 수 있다. 'CAUSE'(시키다)와 'FROM'(로부터)과 같이,[6] 몇 가지 의미 함수는 아주 중심적이며, 빈번한 종류의 것이다. 이것들은 의미 구조에서 논항들을 사동주(*agent*)나 근원(*source*) 또는 목표(*goal*)와 같이 특정한 역할을 수행하는 것으로 특성 지을 수 있도록 만들어 준다. 이들의 역할은 메시지의 의미역 구조를 정의한다. 이는 제 3장 3절에서 논의될 것이다.

화자는 또한 어떤 서술 관점 속에 그 메시지를 집어넣게 될 것이다. 화자는 특히 주제(화젯거리)를 드러낸다. 이는 메시지로써 서술해 주려고 의도하는 대상이다. 화자는 또한 그것들의 새로운 가치를 언급할 것이다. 즉 그것들이 이미 알려져 주어진 것인지, 또는 새로운 정보로서 초점이 맞추어진 것인지 여부를 드러낼 것이다. 메시지에 대한 '정보 구조'로서 이런 초점화(*foregrounding*)[7] 및 배경화(*backgrounding*) 구조는 제 3장 4절에서 다루어질 것이다.

더욱이, 화자의 메시지는 발화에서 의도된 서법 — 즉 그 발화가 단

---

6) 이것들이 우리 머릿속에 들어 있는 '개념'임을 나타내기 위하여 '대문자'로 표시해 놓은 것이다(표기 약속임).

7) 축자 번역을 하여 '전경화'(前景化)라고 하는 경우도 있다. 배경(背景)이란 말은 매우 쉽게 이해될 수 있지만, 전경(前景)이란 말은 다소 낯설다. 국어연구원(1999) 《표준 국어 대사전》(두산동아)에는 '앞에 내다보이는 경치'로 풀이하였다. 따라서 '전경'이란 말에서 어떤 배경(무대)에서 전개되는 '초점이 맞춰진 사건 내용'이라는 원래 의미를 찾아내기가 어렵다. 여기서는 각각 '배경'과 '초점'으로 번역해 둔다. 그리고 foregrounding은 '초점화'로, foreground는 '초점 무대'로 번역한다.

정인지, 명령인지, 아니면 의문인지 여부 — 을 나타내어야 한다. 이들 특징과 시상 및 지시표현의 특징을 제3장 5절에서 살펴보게 될 것이다.

마지막으로 제기되어야 할 논제는, 메시지들이 어느 정도로 알맞게 목표 언어로 조율되는지 여부이다. 단지 개별 언어의 특수한 요구사항 때문에, 영어의 언어형식 주조기에 들어갈 메시지가, 화란어의 언어형식 주조기에 들어갈 메시지와 달라져야만 하는 것일까? 제3장 6절에 주어진 대답은 '달라져야 한다'는 것이다. 특정한 언어를 이용하는 일은, 화자로 하여금 특별한 개념상의 특질들을 생각하도록 요구하기 때문이다.

1. 지식 표상의 양태 및 언어화 이전의 메시지

제1장 2절 1항에서 우리는 '서술지식'과 '절차지식' 사이를 구별하였다. 언어 처리 구성 부문의 내적인 작용은 절차지식에 의해서 — 즉 '조건-행위' 짝들의 체계에 의해서 — 인도되는 것으로 가정하였다. 이 절차는 서술지식 항목들에 적용된다. 우리는 하나의 사태를 공간적인 심상(*spatial image*)으로 깨달을(또는 기억하거나 해석할) 수 있다. 이는 아마 누군가의 '사무실 · 집 · 거리 · 도심'과 같은 장면을 표상하는 주요 모습일 것이다. 이들 표상은 다양한 종류의 변형 절차를 조건으로 하여 거기에 알맞게 만들어질 수 있다. 그것들은 회전될 수 있고, 확대되거나 축소될 수 있으며, 그것들 속에서 주위에 있는 대상이나 사람을 이동시킬 수도 있다(Shepard and Metzler 1971; Kosslyn 1980; Levelt 1982b). 또한 사태들을 놓고서 개념들 사이에서 성립하는 일련의 관계인 명제 형태로도 나타낼 수 있다. 하나의 명제는 그것이 가리키는 사태에 대하여 참이거나 거짓이다. 우리는 다른 명제들의 참값

또는 거짓값에 근거하여, 명제들에 대한 참값이나 거짓값을 평가하는 절차에 관한 풍부한 체계를 지니고서 태어났다. 만일 어떤 사람이 "All city centers are dangerous"(도시 중심지는 모두 위험하다) 라는 명제와 "Manhattan is a city center"(맨해튼은 도시 중심지이다) 라는 명제를 참값을 갖는 것으로 믿는다면, 그는 "Manhattan is dangerous"(맨해튼은 위험하다) 라는 명제의 참값을 알 수 있을 것이다.

한 표상의 양태로부터 어느 정도 다른 표상의 양태로 이동해 가는 것도 가능하다. 누군가 나에게 "What is the form of the table in your living room?"(당신의 거실에 있는 탁자의 형태는 어떻습니까?) 라고 묻는 경우에, 나는 기억으로부터 공간적 심상을 인출하여 'The table is round'(그 탁자는 둥글다) 는 명제를 만들 수 있다. 그러고 나서, 그 질문에 대한 답변으로 이 명제를 단언하도록 결정할 수 있다. 거꾸로, 명제 정보가 흔히 그 명제에 의해서 언급되는 사태들을 놓고서 어떤 종류의 심상을 구성하는 일에 의해 평가될 수도 있다. 만일 다음과 같은 명제 정보가

> 'Arnold is taller than Betty.'
> (아널드가 베티보다 키가 크다)
> 'Betty is taller than Christian.'
> (베티가 크리스천보다 키가 크다)

저자에게 주어진다면,

> 'Arnold stands head and shoulders above Betty and similarly for Betty and Christian.'
> (아널드의 머리와 어깨가 베티의 키보다 높이 있고, 베티가 크리스천에 대해서 그러하다)

에서와 같이, 아널드 · 베티 · 크리스천을 상상함으로써, '아널드가 크

리스천보다 키가 크다'는 주장의 참값을 알 수 있다. 실제로 그런 작업 모형이나 '정신 모형'들의 구성은, 우리가 담화를 추론하거나 귀 기울여 듣는 경우에 예외보다는 오히려 규칙으로 된다(Johnson-Laird 1983).

이밖에도 우리가 세계를 개념화하는 데에 이용하는 다른 종류의 서술지식이 있을 수도 있다. 앤더슨(Anderson 1983)은 사건들의 이어진 구조를 나타내기 위하여 우리가 특별한 양식을 갖고 있음을 논의한다. 포우즈너・스나이더(Posner and Snyder 1975)는 운동 감각 부호(*kinesthetic codes*)들을 언급하며, 소리(특히 음악)・맛・냄새에 대한 감각과 관련된 다른 표상의 양식이 있을 수 있다. 이는 분명히 이 책의 주제가 아니다. 그렇지만 여기서 언급되어야 할 점은, 단일한 사고의 언어는 존재하지 않는다는 것이다. 과제의 요구사항에 따라서 우리는 한 유형의 부호(*code*)로부터 다른 유형의 부호로 옮아갈 수 있다. 그렇지만 그 의도가 말을 하는 것이라면, 궁극적으로 부호는 본질상 '명제적으로' 되어 있을 것이다. 언어화 이전의 메시지는 어떤 사태를 가리키는 의미론적 표상이다. 그 특정한 사태는 사고의 어떤 양식이든 상관없이 이뤄질 수 있지만, 그 메시지는 반드시 '명제 형태'로 되어야 한다. 이는 다음 〈그림 3-1〉에 나타나 있다.

우리 인지 체계는 내부적으로 여러 가지 개념 부호들을 도구로 이용하여 의사소통을 한다. 다시 말하여,

① 명제적인 것
② 공간적인 것
③ 운동 감각적인 것
④ 그 밖의 다른 것

들이다. 하나의 부호로부터 다른 부호로 전해져 가는 절차들이 있다. 다른 모든 것들 사이에서 '사고의 명제 언어'(*propositional language of*

〈그림 3-1〉 사고 및 언어에 포함된 표상 체계

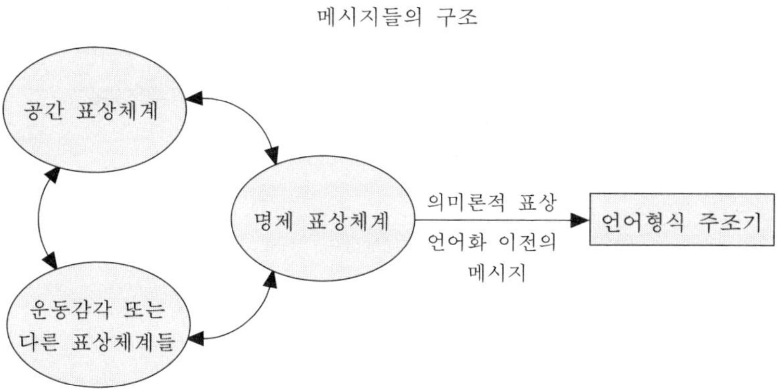

thought)가 중개를 해야만 하는 것이라고 가정할 근거는 없다. 또한 명제 언어로 된 사고가 인간에게만 유일하다고 가정할 근거도 없다(Premack 1976). 인간에게만 유일한 것은, 이런 내재적인 언어가 사람들 사이에서 의사소통의 매체로서 외재화되었다는 점이다(Sperber and Wilson 1986).

메시지는 '사고의 명제 언어' 모습으로 조직된다. 동시에 자연 언어로 표현될 수 있도록 하는 조건을 충족시키는 의미론적 표상이다. '사고의 명제 언어'로 된 개념 표상은, 어떤 것이든 직접 표현될 수 있음—즉 언어화 이전의 메시지로 될 수 있음—이 사실일 것이다. 이는 명제 표상이 직접 입말로 표현될 수 있는 개념 표상이라고 말하는 것과 똑같다. '사고의 명제 언어'는 이런 방식으로 자연 언어와 아주 많이 닮아 있다. 포더(Fodor 1975) 및 딕(Dik 1987)은 이런 입장을 옹호해 왔다. 저자도 그 주장에 동감한다. 우리는 표현 가능성이 의미론적 표상에 대한 그 나름의 요구사항들을 부과해 놓을 수 있음도 여전히 배제하지 말아야 한다. 예를 들어, 한 언어가 시제 체계를 지니고 있는 경우에, 언어화 이전의 메시지는 반드시 시간 지시표현 및 (외부 대상에 기준한) 내재적 시간을 위한 부호를 포함하고 있어야 한다. 그렇지 않다면 메시지가 만들어질 수 없다. 그렇지만 심지어 시제 부호가 전적으로 무관한 경우에도, 오직 머릿속에서 일어나는, 의사소통을 위해서 만들어진 모든 개념 표상들을 놓고서 이런 조건을 부과해 놓아야 하는 것일까? 〈그림 3-1〉에서는 비록 언어화 이전의 메시지가 '사고의 명제 언어'로 되어 있는 경우에도, 그것이 특별한 종류의 것일 수 있음을 열어 놓는다.

2. 의미론적 개체와 의미론적 관계

1) 의미 표상

인간 정신은 경험 세계를 '사람 · 대상(사물) · 사건 · 행위 · 상태 · 시간 · 장소 · 방향 · 방식'과 같은 범주로 조직한다. 명제 구조는 이러한 종류의 대상들을 나타내는 요소로 이뤄지고, 메시지도 그러하다.

관련 문헌에서 이들 구조는 극히 다양한 방식으로 분석되어 왔다. (가령 Anderson 1976, 1983; Barth and Wiche 1986; Barwise and Perry 1983; Bresnan 1982; Dik 1978; Frijda 1972; Jackendoff 1983; Kintsch 1974; McNeill 1979; Miller 1978; Miller and Johnson-Laird 1976; Montague 1974; Norman and Rumelhart 1975; Schank 1975; Seuren 1985; Sowa 1984를 참고하기 바란다.) 거의 대부분 이는 목적상의 차이에서 비롯된다. 두 가지 극단적인 사례를 들어보기로 한다. 앤더슨(Anderson 1976, 1983)의 의미론적 표상과 몬테규(Montague 1974)의 의미론적 표상이다.

앤더슨(1976)의 애초 목적은 문장 기억에서 실험결과를 설명하려는 것이었다. 피험자에게 한 목록의 문장이나 덩잇글을 읽어가도록 내어준 경우에, 그 문장은 축자적으로 암기되지 않는다. 오히려 기억 흔적은 언급된 대상들과 그 대상들 사이에서 성립하는 관련성에 비춰 명제적이다. 결과적으로, 피험자들은 재인 과제에서 특징적인 오류를 저지르게 된다. 그 덩잇글이 'John gave the book to Mary' (존이 메리한테 그 책을 줬다; 주는 행위에 초점이 있고 그 행위가 끝났음)를 담고 있었다. 그 뒤 피험자들에게 'John gave Mary the book'(존이 그 책을 메리를 줬다; 주는 행위보다 그 행위 결과의 상태에 초점이 있음)이 그 목록에 있었는지 여부를 물었다. 이 경우 긍정적으로 그렇다고 대답하는 경향이 있다. 왜냐하면 그 두 문장이 동일한 의미론적 관계를 부호화하고 있기 때문이다. 또한 Mary(메리) 또는 book(책)과 같이 특정한 단서 낱말들이 주어진 경우에, 문장이나 문장의 일부를 기억에서 인출해 내는 데에서 피험자들의 반응시간은 기저의 명제 구조를 드러내는 유형을 보여 주었다. 앤더슨(1976)은 그런 결과들을 설명하기 위하여 이른바 '명제 그물 표상'을 제안하였다. 곧 보게 되겠지만 이는 문제가 있는 형식화이다. 명제 그물에서 교점은 개념들을 나타낸다. 선은 교점들 사이의 관계를 나타낸다. 자세한 내용을 잠시 유보한다면, 위에 있는 두 문장은 다음처럼 나타낼 수 있다.

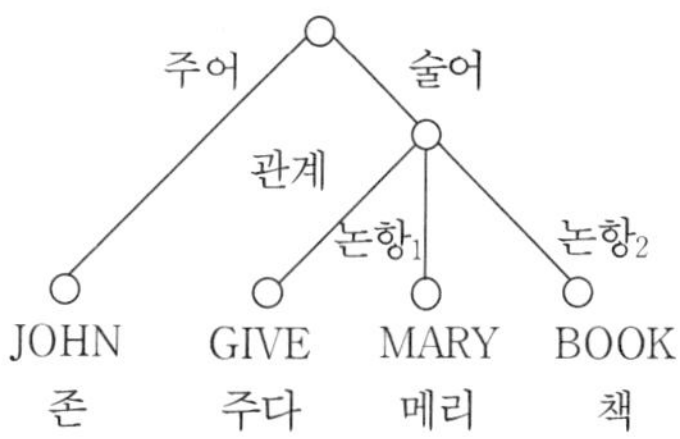

여기서 전체로서 하나의 명제는 꼭대기 교점으로 표시된다. 그 명제는 주어인 JOHN(존)을 술어에 관련짓는다. 그 술어는 GIVE(주다)라는 의미론적 관계로서 두 개의 논항을 갖는다. MARY(메리)와 BOOK(책)이다. 이 경우 그 그물은 나뭇가지 구조이다. 그러나 명제 그물이 항상 나뭇가지가 되는 것은 아니다. 'John gave the book to himself'(존은 자기 자신에게 그 책을 주었다)는 다음처럼 표시될 듯하다.

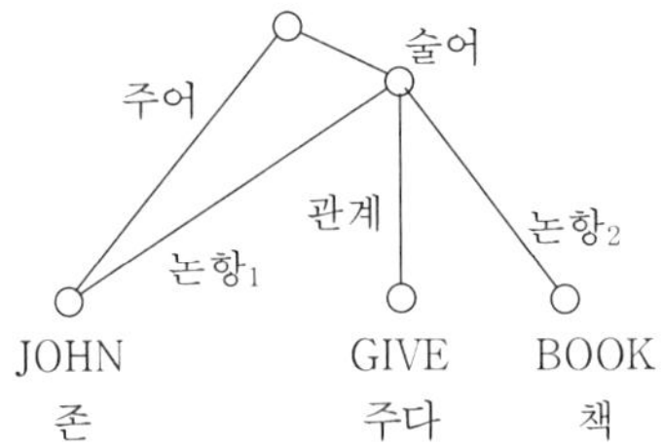

달리 말하여, 지시대상에 대하여 똑같은 개념은 언제나 동일한 교점에 의해 표상될 것이다. 기억 속에 JOHN(존)과 관련된 여러 가지 서술 내용이 있다면, 그것들이 모두 하나의 교점 JOHN(존)에 연결된다. 그런 표상들은 '활성화 확산'의 개념과 연합되는 경우에 특히 유용하게 될 수 있다. 존에 대한 문장을 듣는 경우, 교점 JOHN(존)에 대하여 활성화가 확산될 것이다. 거기에서부터 시작하여 가령 '존이 메리의 친구이다, 그에게 피터라고 불리는 아들이 있다' 등 존의 속성을 추가로 부호화해 놓는 모든 교점까지 확산된다. 존에 대한 문장을 듣는 경우에, 실제로 그런 속성들이 확산되는지 여부를 측정하기 위한 실험적 절차도 있다.

그러나 이런 종류의 표상이 언어화 이전의 메시지에 대한 표상에 꼭 들어맞는 것일까? 하나의 개체(사람, 사물 등)가 오직 한번 언어사용자의 머릿속에서 표상된다고 인정할 수도 있겠지만, 언어의 고유한 속성은 그 개체에 대한 반복된 언급이 있을 수 있다. 언어화 이전의 메시지들에서도 그렇게 반복된 언급을 표상하고 싶어질 수 있다. 이는 그물 표상에서 쉽게 실행되지 않는다. 다만, 지표 교점들을 지닌 나뭇가지 그림을 이용함으로써 실행될 수 있다. 예를 들면 다음과 같다.

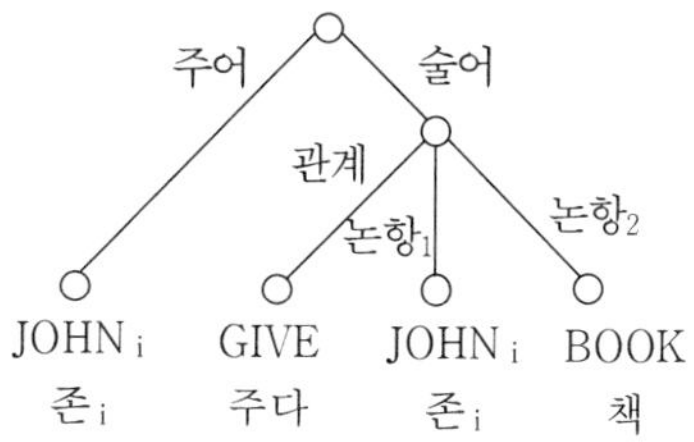

여기서 동일한 개체 JOHNi(존i)이 두 번 언급된다. 영어의 언어형식 주조기에서는 두 번째 언급에 대해서 'himself'(그 자신)를 찾아내기 위하여, 메시지에서 이런 지시대상의 동일성을 인식해야 할 것이다. 'John gave the book to John'(존 케네디가 존 부시에게 그 책을 주었다)은 다만 동명이인의 서로 다른 John(가령 John Kennedy와 John Bush임)이 포함되어 있음을 의미함에 유의하기 바란다.[8)]

그물 표상은 또한 다른 이유 때문에 불편하다. 즉, 양화사 영역을 처리하는 데에 어려움을 지닌다. 다음의 두 문장을 비교하기 바란다.

---

8) 영어에서는 동일한 사람이 뒤에 다시 나오면 반드시 재귀 대명사/일반 대명사로 바꿔 주어야 한다. 같은 문장이나 같은 명사구(이런 S나 NP를 '자족적 기능체'라고도 부름) 속에서 두 번 나오면, 재귀대명사로 써야 한다. 다른 문장이나 명사구에 나오면 일반대명사로 써 줘야 한다. 같은 문장이나 명사구 안에서 예를 들면 다음과 같다.

John gave it to him.
(존이 그것을 다른 남성에게 준 경우임)
John gave it to himself.
(존이 그것을 자기 자신에게 준 경우임)
John's 〔giving it to him〕.
(존이 그것을 다른 남성에게 준 경우임)
John's 〔giving it to himself〕.
(존이 그것을 자기 자신에게 준 경우임)

그렇지만 '자족적 기능체'의 경계를 넘어선 다른 문장이나 다른 명사구에서는 일반 대명사로 실현된다. 이 때에는 다른 사람과 자기 자신을 모두 가리켜야 하므로, 항상 중의적인 해석이 나온다. 그 중의성은 담화 정보나 언어 표현에 들어 있지 않은(*extralinguistic*) 정보가 고려됨으로써 해소된다.

Everyone gave a book to everyone.
(모두가 모두에게 서로서로 책을 한 권 주었다; '교차 해석'으로 불림)
Everyone gave a book to himself.
(모두가 각각 자기 자신에게 책을 한 권 주었다; '각자 해석'으로 불림)

이들 문장은 분명히 의미에서 차이가 난다. 그렇지만 위에서 언급된 그물짜임 실천방식은 두 경우를 모두 동일한 그물에다 투사할 듯하다.

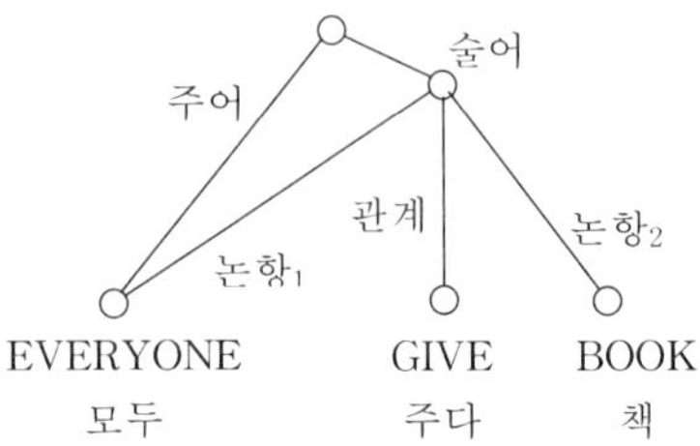

그러므로 이런 그물 표상은 중의적이다. 달리 말하여, 이를 받아들이는 언어형식 주조기가 두 문장 가운데 어느 것을 산출할지 알 수 없는 것이다. 그런 문제는 수정될 수 있겠지만(Anderson 1976의 제7장 참고), 분명히 그물이 양화사를 표현하기 위한 투명한 매체는 아닌 것이다. 이는 지표가 붙여진 나뭇가지의 수단에 의해서 더 쉽게 실행된다. 가령 표상의 중의성은 두 문장이 다음처럼 표시되는 경우에 사라진다(무관한 세부 사항은 고려하지 않음).[9]

---

9) 처음 그림이 '각자 해석'이며, 다음 그림이 '교차 해석'이다. 처음 그림에서는 X가 X를 묶고 있으며(이것이 '각자 해석'을 유도함), 이 변항이 삼각형으로 표시된 전칭 양화사 'for all x'(모든 x에 대해)에 의해 해석 범위가 표시된다. 곧, X가 X에게 책을 주었는데, X는 모든 사람들에 해당되는 것이다. 두 번째 그림에서는 X가 모든 사람에게 책을 주었는데(이것이 '교차 해석'을 유도함), 그 X는 다시 맨 앞에 있는 전칭 양화사에 의해서 모든 사람임이 표시된다.

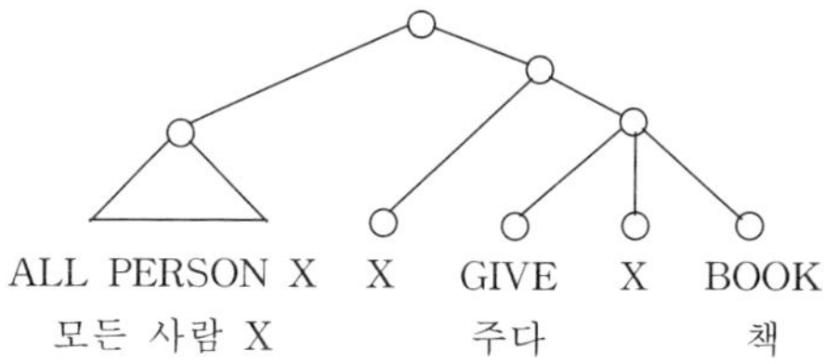

'각자 해석'의 구조

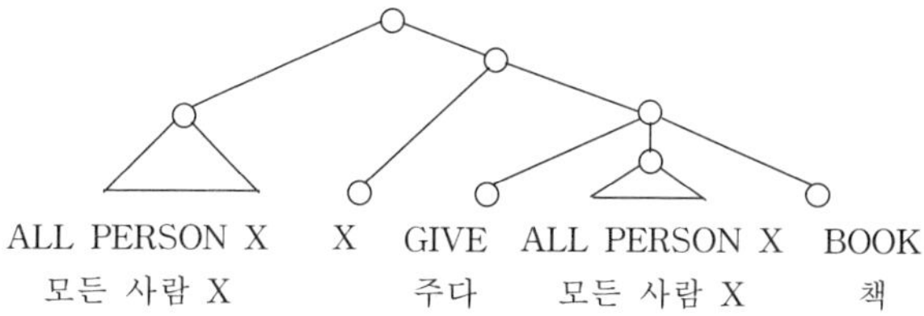

'교차 해석'의 구조

이와는 달리, 몬테규(Montague 1974)는 자신의 의미 표상이 심리적 연관성을 갖는지에 대해 관심을 두지 않았다. 그의 관심은 오직 논리와 형식 의미론이었다. 그의 목표는 다른 사람들이 형식언어에 대하여 실행한 바를, 자연 언어를 놓고서도 똑같이 실행하려는 것이었다. 즉 엄격한 규칙들의 체계를 적어 놓는 일이다. 이런 규칙에 의해 그 구성성분들의 외연값과 이들 구성성분 사이에 성립하는 통사적 관계로부터 한 문장의 진리값이 도출될 수 있는 것이다. 몬테규의 연구는 이제 한창 진행 중이다.[10] 이를 언어심리학적 처리 논제에 대해 적용하는 일

10) Montague(1930~1971) 의미론의 강점은 자연 언어들을 모두 포섭하는 '보편문법'(UG)을 상정한 데 있다(Montague 1974: Thomason의 개론 장 및 제 7장). 그 보편 문법은 유형(*type*) 의미론에 바탕을 둔 논리학 체계로 되어 있다. 초기 분석 철학에서 자연 언어를 무질서한 것으로 간주했던 태도와는 정반대로, 그는 자연 언어도 또한 논리학과 동일한 체계를 지닌다고 보았던 것이다. 이런 생각은 촘스키(Chomsky)의 이성주의 언어학과 기본적인 발상이 같았기 때문에, 신속히 생성문법에서 가장 취약했던 의미론 영역으로 수용되면서

은 일후에 이뤄져야 할 것이다. 우리는 제3장 2절 5항에서 이들 개념의 일부를 다시 다룰 것이다. 거기에서의 주제는 의미 유형(*semantic types*)이 될 것이다.

의미 표상에 대한 기존 체계 가운데에서 원칙을 정해 놓고 선택을 하는 일은 시기상조이다. 한 가지 이유로, 해결되어야 할 완결성(*completeness*)에 대한 문제점들이 많이 있기 때문이다. 가령 원칙적으로 그 체계가 언어 표현들 사이에서 토박이 화자들이 실행하는 의미론적 구분을 만들어 낼 수 있는지 여부이다. 둘째, 고려되어야 할 언어처리 논제들이 많이 있기 때문이다. 이들 체계 가운데 어떤 것도 언어산출을 위한 심리적 실재를 지닌 흐름도와 철두철미하게 결합되어 본 적은 한 번도 없다. 서로 다른 유형의 의미 표상에 대한 찬성과 반대 의견을 평가하는 일은 오직 그런 작업 모형상에서 이뤄질 수 있을 뿐이다. 그럼에도 불구하고, 언어화 이전의 메시지가 어떻게 구성되어야 하는지에 대하여 어떤 일반적인 것들이 언급될 수 있다.

2) 메시지의 종류

서술문의 메시지를 살펴보는 한 가지 방식은, 그것이 잠정적인 질문에 대한 대답을 담고 있다고 보는 것이다. 이들 답변은 어떤 경험 범주를 표현한다. 사람·사물·사건 등이다. 이는 다음에 있는 〈표 3-1〉에 예시되어 있다. 비슷하게, 〈표 3-1〉에 있는 질문의 밑바닥에 깔려 있는 것들과 같이, 의문문 메시지도 동일한 종류의 범주에 대한 정

'논리 형식'(*Logical Form*)이란 이름을 갖게 되었다. 우리말로 읽을 수 있는 문헌으로 이익환(1984) 《현대 의미론》(민음사)과 문귀선(1995) 《형식 의미론: 이해 및 기초 과정》(한신문화사)을 참고하기 바란다. 논리 형식에 대해서는 Cooper(1983) 《양화 및 통사구조 *Quantification and Syntactic Theory*》(Reidel)와 May(1985) 《논리 형식: 그 구조와 도출 과정 *Logical Form: Its Structure and Derivation*》(MIT Press)을 참고하기 바란다.

보 간격을 표현한다. 그 질문 및 그것이 가리키고 있는 사태가 주어지면, 각 대답은 참이 되거나 거짓이 될 수 있다. 따라서 오직 EVENT(사건) 및 STATE(상태) 범주에 대한 대답들만이 온전한 명제를 표현한다. 다른 것들은 생략적인 내용이다. 좀더 뒤에 있는 문단에서, 동일한 방식으로 기저에 있는 메시지들이 생략적임이 제안될 것이다. 즉 〈표 3-1〉의 첫 질문에 대한 대답으로서, Peter(피터) 밑에 깔려 있는 메시지는 개인을 외연적으로 지시하며,11) 그 이상은 아니다. 이는

〈표 3-1〉 질문에 대한 대답으로서의 서술문 메시지

질문	대답	범주
Who dropped the milk? (누가 그 우유를 떨어뜨렸나?)	Peter (피터)	PERSON (사람)
What did you get? (당신은 무엇을 가졌나?)	A pencil (연필)	THING (사물)
What happened? (무슨 일이 일어났나?)	I lost my purse (내 지갑을 잃어버리다)	EVENT (사건)
What did Peter do? (피터가 무엇을 하였나?)	Drop the milk (그 우유를 떨어뜨리다)	ACTION (행위)
What was the case? (무엇이 그 경우였나?)	The tire was flat (바퀴에 펑크가 났다)	STATE (상태)
When was the fire? (언제 그 불이 일어났나?)	Yesterday (어제)	TIME (시간)
Where was the flood? (어디에 홍수가 있었나?)	In Holland (네덜란드에서)	PLACE (장소)
Where did he point? (어디로 그가 가리켰나?)	Toward the soldier (그 군인을 향해)	DIRECTION (방향)
What color was the house? (그 집은 어떤 색깔이었나)	White (하양)	ATTRIBUTE (속성)
How did he travel? (그가 어떻게 여행을 하였나?)	By plane (비행기로)	MANNER (방식)

11) 전통적으로 참값이나 거짓값을 갖는 것을 명제라고 보았다. 여기서 사건과 상태가 명제를 표현한다고 한 것은 이런 전통을 언급한 것이다(진리값의 더 확

언어화 이전의 메시지를 발화에 아주 긴밀하게 가져간다. 경험의 범주들은 체계적인 방식으로 결합하며, 그들의 관계가 언어로 표현될 수 있다. 하나의 THINS(사물)과 하나의 PLACE(장소)가 결합하여 다음처럼 하나의 상태로 될 수 있다.

'the newspaper is here.'
(그 신문이 여기에 있다)

하나의 PERSON(사람)과 하나의 ACTION(행위)이 결합하여 다음처럼 하나의 사건으로 될 수 있다.

'Peter dropped the milk.'
(피터가 그 우유를 떨어뜨렸다)

하나의 EVENT(사건)과 하나의 MANNER(방식)과 결합하여 다시 다음처럼 하나의 사건이 될 수 있다.

'Peter dropped the milk abruptly.'
(엉겁결에 피터가 그 우유를 떨어뜨렸다)

대된 개념은 Austin의 화행론이며, 그는 이를 '진실성' 조건이라고 불렀음). 연구자들에 따라서 사건은 두 개 이상의 상태가 연결되어 있는 것으로 간주되기도 한다. 그런데 여기서 어떤 질문에 대한 대답으로서 Peter 그 자체가 명제로 간주될 수 있을까? Peter는 '사람'의 범주를 지니며, 더 상층에서 '개체'(*entity*)로 묶인다. 한 개체는 사건을 일으키거나 사건에 관여한다. 그렇다면 한 낱말로 된 Peter가 겉으로는 사람 또는 개체만을 가리키지만, 앞의 질문을 통해서 하나의 사건을 일으킨 주체로 간주될 수 있다. 이를 심층에서 "Peter(dropped the milk)"로 구성된 것으로 보는 것이다. 본문에서 이런 과정을 '생략적'이라고 말하고 있다. 따라서 우리는 명제 표시 작업이 모든 언어 표현을 사건이나 상태로 환원해 주는 것임을 알 수 있다.

이런 관점에서 보면, 메시지들은 대체로 서로 다른 범주의 항목을 서로 관련짓는 '복합 개념구조'이다. 그러나 이미 언급되었듯이, 의미 범주들과 및 메시지에서 그것들의 관련이 어떻게 표상되어야 하는지는 이론마다 차이가 난다.

만일 그물짜임(*network*) 이론을 택하지 않고 유보적이라면, 여전히 다양한 종류의 지표를 붙인 나뭇가지 유형의 표상들도 선택할 수 있다. 그것들 중 하나가 유형 이론(*type theory*)이다. 이는 몬테규의 의미론의 얼개에서 계발되었다. 또 다른 것으로 제킨도프(Jackendoff 1983)의 개념구조 이론도 있다. 후자의 최근 발전은 제킨도프(1987a)와 특히 제킨도프(1987b)를 참고하기 바란다.[12] 아래에서 저자는 제킨도프의 이론으로부터 나온 몇 가지 중요한 개념을 제시할 것이다. 이는 명백히 '심리적 실재'(*psychological reality*)를 주장한다. 그러고 나서 의미 범주에 대한 '유형 이론'의 설명을 예시하기 위하여, 이들 몇 가지 개념을 이용할 것이다. 제킨도프의 이론에서는 위에서 언급된 개념 범주 또는 의미 범주가 본질적으로 두 가지 방식으로 결합한다.[13]

---

12) 번역서로 Jackendoff(1990, 고석주・양정석 1999 번역) 《의미 구조론》(한신문화사)과 Jackendoff(1994, 이정민・김정란 2000 번역) 《마음의 구조: 언어를 통해 본 인간의 본질》(태학사)과 Jackendoff(2002, 김종복・박정운・이예식 2005 번역) 《언어의 본질》(박이정)이 나와 있다.

13) 이들 두 구분은 필수 요소만을 갖고 있는지, 아니면 수의적으로 부가된 요소까지 갖고 있는지에 있다. 현재 언어학에서는 필수 요소(이를 '논항'으로 부름)만을 다루는 정도이다(개념상 요구되는 '필수 부가어'도 일종의 논항임). 그렇지만 우리가 실제 쓰고 있는 언어는 매우 다양하게 명사나 문장을 수식해 주는 부가어(*adjuncts*)들을 덧얹어 사용한다(생성문법 학계에서는 '수식어'보다 '부가어'라는 용어를 더 자주 씀). 수식어를 덧얹어도 전체 범주의 속성은 그대로 보존된다. 만일 예측 가능성만을 고려하면 동사의 특성에서 나오는 논항은 100% 예측 가능하다. 그러나 수식을 해 주는 '부가어'는 화자의 의도에 따라 수시로 얹히므로, 엄격하게 논항처럼 예측할 수 없다. 그렇지만 이런 점 때문에 부가어(또는 수식어)는 화자의 의도를 탐색하는 데 중요한 몫을 맡는다. 앞으로 부가어를 다루는 논의가 더 정교히 이뤄져야 할 것이다.

① 함수-논항(*function-argument*) 구조
② 핵어-수식어(*head-modifier*) 구조

차례로 이것들을 살펴보기로 한다.

3) 함수-논항 구조

누군가 'Where is Peter?'(피터가 어디에 있어요?)와 같이 물을 경우에, 대답이 'here'(여기에) 또는 'home'(집에)처럼 간단하게 될 수도 있다. 이들 낱말은 경험 세계에 있는 장소를 가리킨다. 그러나 장소 개념은 종종 훨씬 복잡하다. 만일 대답이 'in the tree'(나무에)인 경우에, 그 장소는 사물인 '나무'에 대해 상대적이다. 우리는 다음처럼 말할 수 있다. 장소 함수 IN(에, 내부에)이 있고, 이것이 THING(사물)을 논항으로 취한다. 마치 'x(x+1)'이라는 함수가 변항 x의 값(가령 3이라고 하자)을 취하여 그 함수의 값으로 수치를(이 경우에는 12가 나온다) 산출하듯이, 그 값으로 PLACE(장소)를 산출한다.

우리는 개념 함수·논항·수식 어구를 가리키기 위하여 대문자를 쓰게 될 것이다. THING(사물) 개념이 TREE(나무)인 경우, PLACE(장소)는 '함수-논항' 구조로서, 이는 도표로 표시될 수 있다. 거기서 함수와 논항들이 왼쪽에서부터 시작하여 오른쪽으로의 순서로 차례차례 놓여진다.

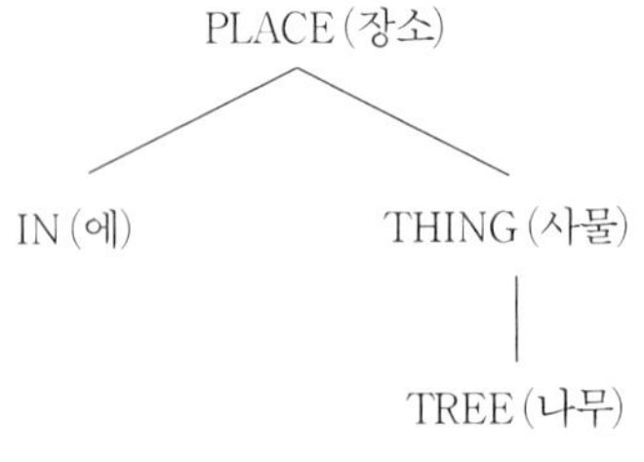

물론 이런 순서는 오직 표기상의 약속에 지나지 않는다. 결코 어떤 개념 항목의 시간적 연쇄를 가리키는 것은 아니다. 완전히 동일한 표상은 괄호 표기이다. 도표에서 표현된 범주 이름 PLACE(장소)와 THING(사물)은 다음과 같이 괄호에서 아래첨자로 더해진다.

$(_{\text{PLACE}}$ IN $(_{\text{THING}}$ THE TREE))
$(_{\text{장소}}$ 에 $(_{\text{대상}}$ 그 나무))

이하에서는, 도표와 괄호 표기가 서로 교체되며 이용될 것이다. 그렇지만 괄호 표기를 이용하는 경우에, 하나의 규칙으로서 괄호의 아래첨자를 무시하여 표기하지 않을 것이다. 따라서 앞 예의 간략한 표기는 다음처럼 된다.

(IN (TREE))
(에 (나무))

또한 바깥쪽에 있는 괄호가 중의성을 일으키지 않는 경우에 다음처럼 생략될 수도 있다.

IN (TREE)
에 (나무)

BE(있다)라는 개념은 상태 함수이다. 이른바 처소 용법(*locative use*)에서, 이는 하나의 THING(사물)이나 PERSON(사람)과 하나의 PLACE(장소)를 논항으로 취할 수 있으며, 그 값은 STATE(상태)가 된다. 즉, THING(사물)이나 PERSON(사람)의 '위치'인 것이다. 'Peter is in the tree'(피터가 그 나무에 있다)에 대한 개념구조는 다음과 같다.

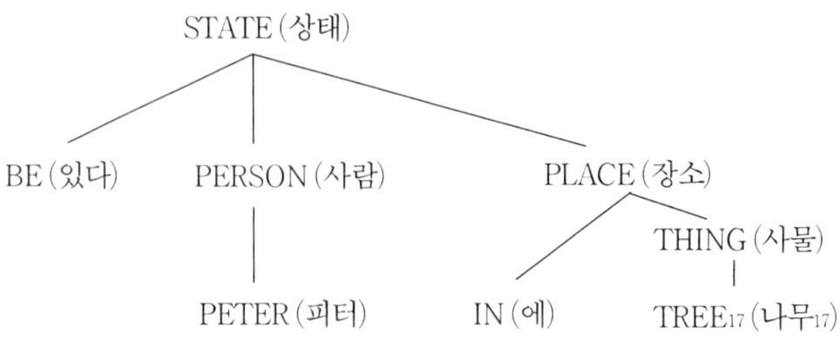

여기서 'TREE$_{17}$' (나무$_{17}$) 은 특정한 개별 나무를 나타낸다.

사건 함수는 최대한으로 논항을 세 개 택할 수 있다. 이는 THINGs (사물들) 나 PERSONs (사람들) 이나 PLACEs (장소들) 이나 TIMEs (시간들) 이나 EVENTs (사건들) 이나 STATEs (상태들) 가 될 수 있다. 아니면 이것들이 아닌 다른 범주들도 될 수 있다. 각각의 사건 함수에 대하여, 서로 다른 논항에 대하여 특정 범주들이 요구된다. 가령, PUT (두다) 이라는 사건 함수는 논항으로 PERSON (사람) 과 THING (사물) 과 PLACE (장소) 를 택할 수 있다. 다음 문장은

Joe put the key under the doormat.
(조가 그 열쇠를 출입문 깔개 아래 두었다)

다음 명제 구조와 일치한다.

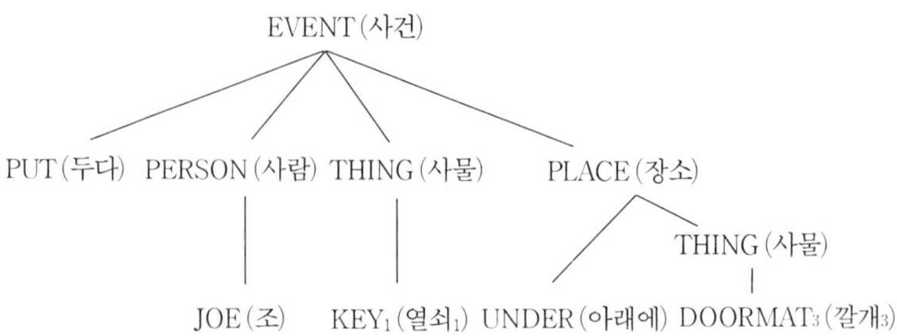

아래첨자로 된 숫자는 확정적인 어떤 열쇠와 확정적인 어떤 출입문 깔개를 가리킨다.

어떤 함수들은 자신의 고유한 범주로 된 논항을 택할 수 있다. 가령 EVENT(사건)를 논항으로 취하는 사건 함수도 있다.[14] CAUSE(-게 하다: 사역동사)를 살펴보면, 이는 하나의 PERSON(사람)이나 THING(사물), 그리고 하나의 EVENT(사건)를 논항으로 택할 수 있다. 그런 종류의 메시지는 다음 문장의 밑바닥에 깔려 있다.

Cynthia saw that Joe put the key under the doormat.
(신시아는 조가 그 열쇠를 출입문 깔개 아래 둔 것을 보았다)

이 문장은 다음과 같이 나뭇가지 그림으로 표시된다.

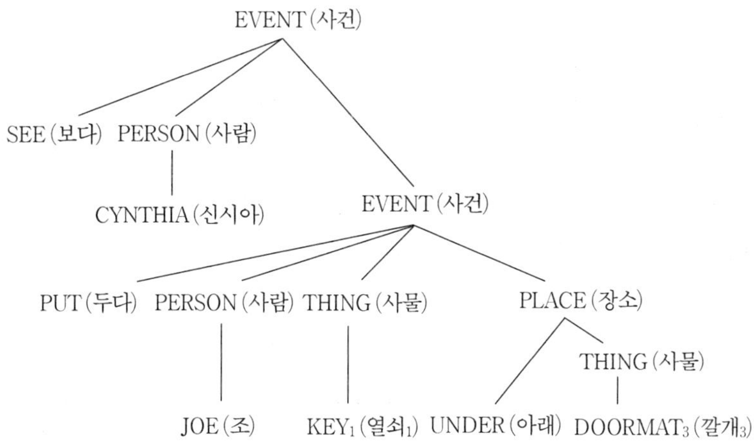

14) 논항(*argument*)은 명사구(NP)뿐만 아니라, 문장(S=CP)도 그 후보가 된다. 가령 '말하다, 생각하다, 여기다, 바라다'와 같은 동사는 '내포문'을 논항으로 취한다. 이런 특성을 Chomsky 문법에서는 XP(임의의 구)라고 표시한다.

이는 하나의 식형(*formula*)으로서 다음처럼 해석된다.

SEE(CYNTHIA, PUT(JOE, KEY_1, (UNDER ($DOORMAT_3$))))
보다(신시아, 두다(조, 열쇠$_1$, (아래 (깔개$_3$))))

이는 개념구조들이 반복적으로 내포될 수 있음을 의미한다. 즉 EVENTs(사건들)가 EVENTs(사건들)를 내포할 수 있고, STATEs(상태들)가 EVENTs(사건들)를 내포할 수 있으며, 이것들이 다시 차례로 STATEs(상태들)를 내포할 수 있는 것이다. 예를 들어, 'Fred is happy about becoming a doctor'(프레드는 의사가 되어 기쁘게 생각한다/기뻐한다)라는 문장은 프레드가 지닌 마음의 STATE(상태)에 대한 것이다. 표현된 상태는 'becoming a doctor'(의사가 되는 것)로 언급된 EVENT(사건)를 담고 있다. 이는 프레드가 의사가 되는 궁극적인 STATE(상태)를 포함한다. 이런 반복성(*recursiveness*, 회귀성)이 개념구조를 마음대로 큰 범위까지 허용한다. 크기상으로 개념구조의 상한선은 없는 것이다. 이것이 화자에 의해서 어떤 크기의 메시지라도 생성될 것임을 의미하는 것은 아니다. 주의력의 한계가 분명히 있다. 이는 메시지의 크기를 아주 작게 유지해 둘 것이다. 다만 개념의 본질로 보아, 이는 아무것도 복합 구조를 형성하는 일을 막아 놓지 않음을 의미한다.

중요한 다른 '함수-논항' 구조들도 있지만, 여기서 자세히 다뤄지지 않을 것이다. 때로 다음과 같이 그것은 '논리적 연산'으로 불리는 것들을 포함한다. 부정 연산 NEG(X), 접속 연산 AND(X, Y), 이접 연산 OR(X, Y), 조건 연산 IF/THEN(X, Y) 등이다. 단, 여기서 X와 Y는 논리 함수의 논항들이다.

4) 핵어-수식어 구조

MANNER(방식) 및 PROPERTY(속성)와 같이, 어떤 범주들은 함수의 논항처럼 행동하지 않는다. 오히려 완결된 '함수-논항' 구조들이 그런 수식어들에 의해서 추가적으로 더 구체화되거나, 질적 정보나 양적 정보를 더 갖게 된다. 다음 문장에서는

Joe put the key under the doormat.
(조가 그 열쇠를 그 출입문 깔개 아래 두었다)

모든 논항들을 지니고서(앞의 논의를 보기 바람) 완결된 개념구조를 표현한다. 그렇지만 그 EVENT(사건)는 추가적으로 'Joe quickly put the key under the doormat'(재빨리 조가 그 열쇠를 그 출입문 깔개 아래 두었다)에서처럼 질적 속성이 표시될 수 있다. 비슷하게, THINGs(사물들)도 'the red house'(그 빨간 집)에서처럼 수식될 수도 있고, 'two houses'(두 채의 집)에서처럼 양화사를 지닐 수도 있다. 대부분의 다른 범주도 이런 수식을 허용한다.

수식의 한 가지 특징은 그 범주를 변화시키지 않은 채 그대로 놔둔다는 점이다. 수식된 EVENT(사건)는 그대로 하나의 EVENT(사건)이다. 수식된 THING(사물)도 그대로 하나의 THING(사물)이다 등등. 제3장 2절 6항에서 보게 되듯이, 이런 수식어의 속성은 유형 이론에서 쉽게 표현된다. '수식어-핵어' 및 '함수-논항' 관계에 대한 더 확대된 논의는 호킨즈(Hawkins 1984)에서 찾을 수 있다.

의미 도표에서는 점선이 수식어를 나타내기 위해 이용될 것이다. 다음 예들은 수식된 THING(사물), 수식된 PLACE(장소), 수식된 EVENT(사건), 수식된 PROPERTY(속성)를 나타내 준다. 이들 개념 구조에 대한 언어적 표현은 그 도표 아래 괄호 속에 주어져 있다.

그렇지만 이렇게 외형상으로 통일된 수식어의 처리는 중요한 의미 차이를 가려 버린다. '빨간 집'과 '큰 집'의 수식어는 서로 다르게 작용한다.[15] 빨간 집은 내재적인 속성이 집이면서 동시에 빨강이다(불변임). 그렇지만 다른 고층 건물들과 비교하여 큰 집은 작아질 수 있는 것이다(가변적임). 그리고 또한 이들 PROPERTY(속성) 수식어도 MANNER(방식) 수식어와 차이가 난다. 달리 말하여, 점선들이 언제나 똑같은 종류의 의미 수식을 나타내는 것이 아니다.

---

15) 빨강은 내재적(본질적) 속성이다. 따라서 변하지 않는다. 시간과 장소에 관계없이 언제나 빨간색은 빨강이다. 그렇지만 '크다'는 것은 외재적인 기준에 비춰 대상을 기술한 것이다. 즉 어떤 기준을 내세우느냐에 따라서 크기가 달라진다. 이는 상대적이고 가변적인 속성이다. 의미론에서 흔히 드는 예가 있다. 쥐의 '큰 눈'은 아무리 커 봐야, 아기 코끼리의 '작은 눈'보다 더 작다. 여기서 우리는 '크다/작다'에 적용되는 기준이 서로 다르다는 것을 알 수 있다. 연구자들은 가변적이고 임시적인 속성을 '재측정'(*recalibration*) 방식을 도입함으로써, 이런 모순을 없애고 우리의 직관에 맞추려고 노력한다. 특히 맥락 의존 재측정(*context-sensitive recalibration*)에 대한 자세한 논의는 Kamp and Partee(1995: 161쪽 이하) "원형 이론과 합성성 Prototype Theory and Compositionality"《인지 *Cognition*》제59호(129~191쪽)를 참고하기 바란다.

위에 있는 사례 몇 가지에서 저자는 개별 구현사례(*token*)[16] 항목들을 가리키기 위하여 아래첨자로 된 숫자를 덧붙여 놓았다.

TREE$_{17}$, KEY$_{1}$, DOORMAT$_{3}$
(나무$_{17}$, 열쇠$_{1}$, 깔개$_{3}$)

등이다. 유형 이론으로 들어가기 전에, 제킨도프(Jackendoff 1983)의 '유형/개별체' 구분을 먼저 언급해 두어야 하겠다.

5) 유형 및 개별 구현사례

앞에서 살펴본 사례들에서 JOHN, JOE, CYNTHIA, PETER(존, 조, 신시아, 피터)는 경험 세계에 있는 개인들을 나타낸다. 그들이 실제로 존재할 필요는 없다. 대신 존재한다고 믿어지거나 상상될 수 있음에 유의하기 바란다. 또한 TREE$_{17}$, KEY$_{1}$, DOORMAT$_{3}$(나무$_{17}$, 열쇠$_{1}$, 깔개$_{3}$)들도 경험 세계에 있는 개체나 개별 구현사례(tokens)들을

---

16) type/token의 구분은 Pierce(1839~1914)가 보편소(*universals*)와 개별체(*particulars*)를 구별하기 위해 쓴 것으로 알려져 있다. set/element(집합/원소), meta/object(상위/대상), abstraction/individuation(추상화/개체화), property/individual instance(속성/개별 사례), category/examplar(범주/사례), mention/use(언급/사용) 등의 여러 용어들도 비슷한 측면을 나눠 놓기 위한 것이다. 여기서는 type을 '유형'으로, token을 '개별체' 또는 '개별 구현사례'로 번역해 둔다. 이들은 고정된 영역 속의 특정 대상들을 가리키는 것이 아니다. 구별 작용 그 자체를 가리키는 용어일 뿐이다(연구자마다 다소 다르게 적용할 경우도 있으므로 주의가 요구됨). 가령, 유형은 추상적인 속성을 가리키지만, 개별체는 그런 속성을 구현하는 구체적인 대상을 가리킨다. '사과'는 속성들의 집합으로 이뤄진 개념이다. 그러나 사과$_{1}$, 사과$_{2}$, …는 우리가 현실에서 먹을 수 있는 개체(이 책에서는 아래첨자로 지표를 붙여 놓았으며, token을 individual과 통용함)이다. 또한 'go'라는 동사 원형이 '유형'이라면, 실제 맥락에서 쓰인 'goes, went, go, gone, …' 등의 활용 모습은 '개별체'로 불린다.

가리킨다. 이런 방식으로 특정한 장소로서 PLACEs(여러 장소들) in the tree(그 특정한 나무에)와 특정한 상태로서 STATEs(여러 상태들) Peter's being in the tree(피터가 그 나무에 있는 특정한 상태)와 특정한 사건으로서 EVENTs(여러 사건들) John's coming by plan(존이 비행기로 온다는 특정한 사건)을 말할 수 있다. 또한 추상적 범주의 다른 개별 구현사례들에 대해서도 말할 수 있다.

화자는 전적으로 개별 구현사례(*tokens*)나 개체(*individuals*)들에 대해서만 말을 하는 것이 아니다(이 책에서 이들 tokens와 individuals라는 용어는 서로 통용되고, 의미 차이가 없이 사용된다). 화자는 또한 유형(*types*)들도 언급할 수 있다.

> John came by plane.
> (존이 비행기로 왔다)

이 문장에서 plane(비행기)이란 낱말은 경험 세계에 있는 어느 특정한 $PLANE_3$(비행기$_3$)을 가리키는 것이 아니다. 제킨도프(Jackendoff 1983)에 따르면, 그 낱말은 전혀 대상물을 가리키지 않는다. 그것은 '운송수단'이라는 유형(*type*)을 표현하고 있다. 어떤 화자가 다음처럼

> Cynthia is a girl.
> (신시아는 소녀이다)

말하는 경우에, 'Cynthia'(신시아)는 어느 특정한 개체를 가리킨다. 그렇지만 girl(소녀)은 그렇지 않다. 하나의 유형(*type*)을 가리키는 것이다. 이 문장에서 CYNTHIA(신시아)는 '소녀'라는 유형의 구현사례인 것이다.[17] 그 화자는 곧이어 다음과 같이 말할 수 있다.

But the girl behaves like a boy.
(그런데 그 소녀는 사내처럼 행동한다)

여기서 the girl(그 소녀)은 이미 도입된 개체인 CYNTHIA(신시아)를 가리키고 있다. 여기서 다시 동사구는 '소년의 행동 특성'이라는 유형을 가리킨다.

화자가 자신의 발화에서 가리키는 개체들은 개별 구현사례(*tokens*)들이다. 다시 말해 개별적인 PERSONs, EVENTs, THINGs(사람들, 사건들, 사물들)이다. 이들 개별 구현사례는 묵시적이든 명시적이든 한 유형(*types*)의 사례(*instances*)들이다. 화자가 'Cynthia'(신시아)라는 낱말로써 CYNTHIA(신시아)라는 개념을 도입하는 경우, 청자는 그 개체가 묵시적으로 FEMALE HUMAN BEING(인간으로서 여성)이라는 유형임을 믿을 것이다. 물론 사람이 아닐 경우에는 명시적으로 CYNTHIA(신시아)를 'my dog Cynthia'(나의 애완견 신시아)로 소개함으로써, 화자는 청자의 혼동을 막을 수 있다. 협동적인 담화를 위해서, 공유된 유형 지식(*type knowledge*)은 필수적이다. 대화 참여자들은 대부분 이야기되고 있는 개체의 유형에 대하여 상호 공유지식을 가정한다. 필요한 경우에 화자는 청자의 묵시적인 유형 추론(*type infer-*

---

17) 더 쉽게 말하여, 일원론적 분석에서 문장은 언제나 '원소'(*element*)와 '집합'(*set*)으로 분석된다(모든 것이 집합 관계로 환원됨). 예시 문장에서, 앞의 명사는 원소이고, 뒤의 동사는 집합이다. 한 원소가 그 집합 속에 속하는지 여부를 따지기 때문에, 그 명사를 argument(논항)라고 부른다. 명사로 표현되는 논항은 외부 세계에 있는 어떤 개체를 나타낸다. 동사로 표현되는 함수는 그 개체의 속성을 가리킨다(더 엄격히 말하면, 그런 속성을 가진 개체들의 집합이다). 따라서 논항과 함수가 언제나 일원론적 처리를 받을 수 있는 것이다. 좀 뒤에서는 Montague의 유형 의미론이 소개된다. 거기서 논항은 개체(e) 유형이며, 함수는 진리값(t) 유형이 된다. 모든 문장은 개체(e, entity)를 받아들여, 진리값(t, truth)을 판정하는 함수인 것이다. 비록 용어를 달리 쓰고 있지만, 문장을 표현하기 위하여 동일한 원리를 따르고 있는 것이다.

ence)에 의지할 수 있다. 가령, 어느 특정한 CHAIR(의자)는 FURNITURE(가구) 유형이고, 어느 특정한 DOG(애완견)은 ANIMAL(동물) 유형이며, 'Peter's silently picking Robert's pocket'(몰래 피터가 로버트의 주머니를 터는 일)과 같은 어느 특정한 EVENT(사건)는 THEFT(도둑질) 유형이다. '유형/개별 구현사례'의 구별은 추론에서 그리고 사고의 표현에서 필수적이다.

우리는 유형과 개별 구현사례 사이에서 마음대로 오가며 큰 융통성을 발휘할 수 있다. 화자가 묵시적으로 언급하는 개별 구현사례만이 바로 언급된 종류의 유형 정보를 담고 있는 것이 아니다. 유형도 또한 바로 위 층위의 개별 구현사례로 인식된다. 따라서 그 위 층위의 유형을 개체화하면서 표현되는 경향이 있다.

불가능한 것은 아니겠으나, BIRD(새)나 GAME(시합)이라는 유형 개념을 어떤 특정 새나 어떤 특정 시합을 상상하지 않은 채 생각해 내기란 어렵다. 이것이 울새나 야구 시합과 같이 원형 모습의 전형적 사례가 될 수도 있고, 그렇지 않을 수도 있다. 존슨-레어드(Johnson-Laird 1983)는 유형을 놓고서 진행하는 대부분의 추론이, 이들 유형을 나타내기 위하여 의식 속에 자리 잡은 개별 구현사례들을 다루는 것으로 이뤄짐을 논의한다. 더욱이 유형의 숫자에는 한계가 없다. 하나의 유형이 각 개별 구현사례로부터 생성될 수 있기 때문이다. 만일 CYNTHIA(신시아)가 개별 구현 개체라면, GIRL LIKE CYNTHIA(신시아 같은 소녀: 그런 속성을 지닌 소녀)는 하나의 유형이다. PICASSO(피카소)가 하나의 개체인 경우에, 'a Picasso'(피카소가 그린 그림/피카소 같은 화가: 저자는 앞의 해석만을 거론함)는 그림에 대한 유형을 가리킬 수 있다. 그런 사례에 대한 자세한 분석은 클락·클락(Clark and Clark 1979)을 보기 바란다.

메시지에 있는 각 범주는 유형이거나 개별 구현사례이다. 이는 앞에서 살펴본 사례들에서(아래첨자로 지표가 붙은 숫자 방식을 제외하면) 명시적으로 표상되어 있지 않다. 대부분 어떤 경우이든 그 구분은 분명해질 것이다. 그렇지만 다음 예시에 있는 의미 구조들에서는 그 본보기를 보여주려고 유형과 개별 구현사례가 명시적으로 표시되어 있다.

STATE (상태)
token (개별체)

BE (이다) THING (사물) type (유형) THING (사물) type (유형)

WHALES (고래) MAMMALS (포유류)

(Whales are mammals 고래는 포유류이다)

EVENT (사건)
token (개별체)

BECOME (되다) PERSON (사람) token (개별체) PERSON (사람) type (유형)

HENRY (헨리) STUDENT (학생)

(Henry became a student 헨리는 학생이 되었다)

EVENT (사건)
token (개별체)

INVENT (발명하다) PERSON (사람) token (개별체) THING (사물) type (유형)

EDISON (에디슨) GRAMOPHONE (축음기)

(Edison invented the grammophone 에디슨은 축음기를 발명했다)

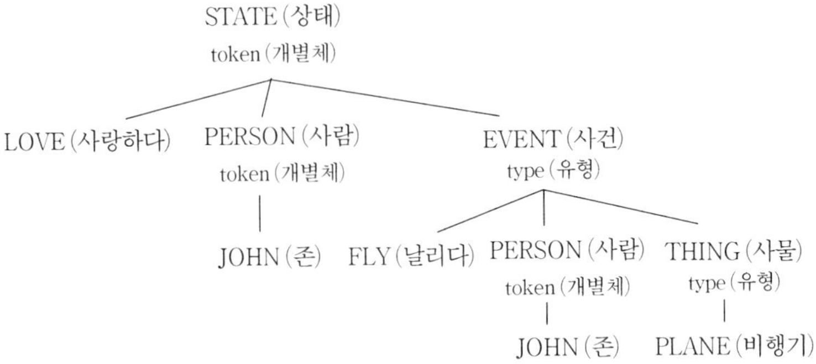

(John loves to fly planes 존은 비행기 날리기를 무척 좋아한다)

6) 의미 유형(= 유형 의미론)

더 앞에서 살펴본 질문의 대답으로서, 메시지에 대한 개념은 메시지 종류들을 구별하는 처리 방법 — 즉 메시지에 표현된 의미 범주들 — 을 우리에게 알려 주었다. 유형 이론은 똑같은 문제를 다루기 위하여 원리를 세운 형식적 방식으로 간주될 수 있다. 이 곳에서 유형 이론에서 나온 기술적인 몇 가지 개념들이 소개될 것이다. 비록 그 개념들이 도움을 주겠지만, 계속 이어지는 절들을 이해하는 데에 필수적인 것은 아니다. 달리 말하여, 전문적인 세부 사항을 이해하지 않고서 건너뛰더라도, 독자들은 지속성을 잃어버리지 않는다.

다음에 있는 두 개의 '질문/대답' 짝을 살펴보기로 한다.

① What happened?
(무슨 일이 있었니?)
John fell.
(존이 넘어졌어)

② Who fell?
(누가 넘어졌니?)

John.
(존)

예문 ①에서 그 대답은 어떤 EVENT(사건)를 표현한다. ②에서는 어떤 PERSON(사람)을 표현한다. 두 개의 대답 가운데에서 오직 'John fell'(존이 넘어졌어)만이 화자가 염두에 두고 있는 어떤 사태와 관련하여 진리값(참/거짓값)을 가질 수 있는 온전한 명제이다. 그것이 진리값을 가질 수 있기 때문에, 그런 표현은 유형 이론에서 't'(진리값) 유형이라고 말할 수 있다. 오직 완전한 명제만이 〈t(진리값)〉 유형이다. 두 번째 대답인 'John'(존)은 오직 그 질문과 관련하여 묵시적으로 참값이나 거짓값이 될 수 있을 뿐이다. 그것은 그 자체로 진리값을 지니지 않는다. 그것은 다만 가리키는 표현일 뿐이다. PERSONs(사람들)이나 THINGs(사물들) 같이 개체 항목을 가리키는 표현은, 유형 이론에서 〈e(개체)〉 유형이다. 그 대답 'John'(존)이 참값이나 거짓값을 갖는지 여부를 알아내려면, 어떤 술어가 필요하다. 그 질문으로부터 나온 술어는 묵시적으로 'fell'(넘어졌다)이다. 이 묵시적인 술어는 John(존)과 결합됨으로써 〈t(진리값)〉 유형의 표현을 만들어 낸다. 즉, 진리값을 지닐 수 있는 것이다.

이런 사례로부터 기저의 1항[18] 술어 FALL(넘어지다)은 〈e, t〉 유형임이 연역될 수 있다. 이 표기는 다음을 의미한다. FALL(넘어지다)은 〈e, t〉 유형이다. 왜냐하면 이 술어가 JOHN과 같이 〈e(개체)〉 유형의 표현에 적용될 경우에, 그것이

FALL(JOHN)
넘어지다(존)

18) 논리학에서 n-tuple(n항)이나 n-ary(n항)이나 n-place(n자리)를 서로 통용해서 쓴다. 이들이 모두 논항의 숫자를 가리키기 때문에, 간단히 '항'이라고 번역해 둔다.

과 같이 진리값을 담고 있는 ⟨t⟩ 유형의 표현을 산출하기 때문이다.

좀더 일반적으로 말하여, 유형 이론에서는 a가 적용되어 ⟨b⟩ 유형의 표현을 산출하는 경우에 임의의 표현은 ⟨a, b⟩ 유형이다.[19] 장소 표시 함수(*place function*) IN(에)은 ⟨e, p⟩ 유형이다. 가령 ⟨e(개체)⟩ 유형인 TREE(나무)와 같이, 이 유형이 하나의 THING(사물)에 적용될 경우에, ⟨p(장소)⟩ 유형이라고 말해질 수 있는 하나의 PLACE(장소)를 산출한다.[20]

유형 이론에서는 ⟨e(개체)⟩ 및 ⟨t(진리값)⟩ 유형이 오직 두 가지 기본적 유형이다. 다른 모든 유형들은 다음과 같이 단순한 결합 규칙에 의해서 반복적으로 만들어진다(이를 '유형 형성규칙'이라고 부른다: 옮긴이).

> If a and b are types, then ⟨a, b⟩ is a type.
> (만일 a와 b가 유형이라면, 결합된 ⟨a, b⟩도 유형이 된다)

이것이 어떻게 작동하는지 살펴보기로 한다. 우리는 e(개체)와 t(진리값)가 기본 유형임을 알고 있다. 따라서 결합체 ⟨e, t⟩도 하나의 유형

---

19) 몬테규 의미론에서는 두 가지 표기법을 쓰고 있다. 여기서 소개된 ⟨a, b⟩라는 유형 표기법은 처음 유형 a가 적용되면 유형 b가 나온다는 뜻이다. 그런데 '적용된다'는 용어를 '삼투된다'(*saturated*)는 용어로 쓸 경우에는 b/a로 표기한다. 이는 마치 a가 다음처럼 분수식에 곱해져서

$$a \times \frac{b}{a} = b$$

b가 나오듯이, 유형 a가 적용되어 유형 b가 나오게 되는 것이다.

20) 이는 저자의 희망 사항일 뿐이다. Montague의 유형 의미론에 대한 기본 전제를 그대로 받아들인다면, 이런 ⟨p(장소)⟩ 유형이 나올 리 없다. 오직 모든 유형은 참값과 거짓값을 갖는(또는 Frege의 용어로는 '판단'을 갖는) ⟨t(진리값)⟩ 유형으로 귀결되어야만 하기 때문이다. 본문에서 바로 다음에 이어지는 단락에 ⟨e(개체)⟩와 ⟨t(진리값)⟩ 유형이 기본 유형이고, 이 유형들만이 반복되어 새로운 유형을 만들어 낸다고 명시적으로 언급하고 있다. 따라서 자의적인 유형으로서 ⟨p(장소)⟩ 유형을 상정하는 것은 진리값에 바탕을 둔 논리 형식의 엄격한 설정 정신에 어긋난 것임을 알 수 있다.

이다.[21] 앞에서 살펴본 사례는 FALL(넘어지다)이었다. 다른 예는 SKATE(스케이트 타다)와 SLEEP(잠자다)이다. 1항으로 된 모든 1차 술어 논리는[22] ⟨e, t⟩ 유형이다. e(개체)가 하나의 유형이므로, ⟨e, e⟩도 또한 하나의 유형이 되어야 한다. 이런 유형의 표현은, 개체에 적용되는 경우에 개체를 산출해 내어야 한다. 한 가지 사례가 MOTHER OF(의 어머니)라는 의미 함수이다. 이 함수가 개체 JOHN(존)에게 적용되는 경우, 'MOTHER OF(JOHN)'〔의 어머니(존)〕를[23] 산출한다. 이는 또한 하나의 개체이다. 다른 예로서 PRESIDENT OF(의 대통령)와 FRIEND OF(의 친구)가 있다.

비슷하게 ⟨t, t⟩도 하나의 유형이다. 이런 유형의 표현은, ⟨t(진리

---

21) ⟨e, t⟩ 유형을 해석하면, 개체(e)가 주어지면 진리값(t)으로 가는 함수를 나타낸다. 이들은 전형적으로 논항을 하나 갖는 술어를 나타낸다.

22) Boolos and Jeffrey(1989, 김영정·최훈·강진호 번역 1996:247) 《계산가능성과 논리》(문예출판사)에 보면, 2차 논리는 "1차 논리의 문장과 2차 논리의 문장을 참이 되게 하는 조건을 연구"하는 것이다. 1차 논리는 양화사를 갖춘 술어 논리 형식이다. 임의의 논리 연산자들을 변항으로 취급해 가면서 한 단계 더 높여 임의 문장이 참이 되는 수준을 따지는 연구들을 2차 논리라고 부른다. 1차 논리는 완전성이 증명되어 있지만, 2차 논리에서부터는 불완전성이 깃들어 있다. 이 책에서는 1차 논리에만 국한하여 다루고 있다.

23) 앞에 있는 옮긴이 각주에서 언급하였듯이, 이 유형이 진리값(*truth-value*)을 갖지 못하므로, 사실은 유형으로 자격이 주어질 수 없다. 만일 저자가 주장하는 이런 방식으로 유형을 만들 경우에, '순이 얼굴'이라는 명사구도 두 개의 e(개체)가 결합된 것이므로, ⟨e, e⟩ 유형이라고 해야 한다. 또한 '주먹밥'도 ⟨e, e⟩ 유형이라고 해야 한다. 앞의 것은 명사구이지만, 뒤의 것은 낱말이다. 만일 우리가 직관적으로 구별하는 내용을 형식화된 논리 언어가 제대로 구별해 주지 못한다면, 이는 결정적인 약점이거나 결함이다. 그렇지만 이는 논리 언어에 잘못이 있는 것이 아니다. 저자가 논리 언어를 잘못 응용하고 있는 것이다. 명사와 관련된 유형을 만들 경우에, 응당 term이라고 불리는 추상화 연산소를 지닌 명사구 'λP(P)'에서 항이 하나 더 많은 추상화 연산소 명사구 'λQ〔λP(P)〕(Q)'로 가는 유형으로 지정해 주어야 옳을 것이다. 구체적으로 말하면, JOHN은 "아무개의 아들인 존이다"로 되어 있고, MOTHER OF는 "아무개의 어머니인 아무개이다"로 해석되어야 하는 것이다.

값)〉 유형의 표현이 적용되는 경우에 다시 〈t(진리치)〉 유형의 표현을 산출한다. 이는 하나의 명제 전체를 꾸며 주는 표현이다. 예를 들어, 'NOT(FALL(JOHN))'〔아니(넘어지다(존))〕에서[24] NOT(아니)이다.

이런 종류 중 한 가지 중요한 함수는 시제 함수이다. 이는 명제로 표현된 사태를 시간축 위에 자리 잡게 한다. 화자가 과거 사건에 대한 메시지를 마련한 경우에, 그는 함수 PAST(과거)를 도입할 것이다. 이는 'PAST(FALL(JOHN))'〔과거(넘어지다(존))〕에서와 같이 〈t, t〉 유형이다.[25] 도표 형태로 이는 간단히 다음처럼 표현된다.

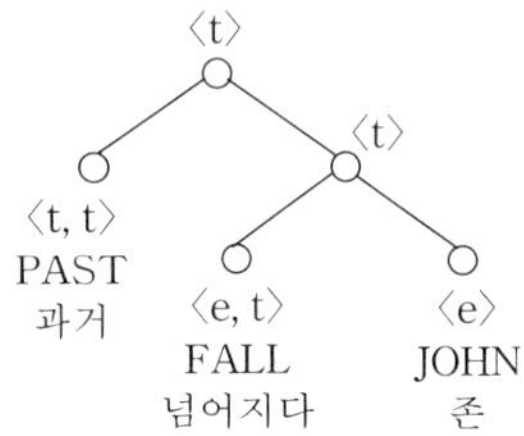

24) 이는 '존이 넘어지다'도 진리값을 갖는 〈t〉 유형의 문장이고, 그 부정인 '존이 넘어지지 않다'도 진리값 t를 갖는 문장이므로, 진리값을 가진 문장에서 다시 진리값을 가진 문장으로 가는 함수가 된다.

25) 시제 문제는 간단치 않다. 먼저 시제를 '함수-논항'의 범주로 취급할 것인지, 아니면 범주들을 묶어 주는 연산소(*operator* 연산자)로 취급할 것인지가 결정되어야 한다. 여기서는 생성문법에서와 같이(Gueron and Lecarme 2004 《시제의 통사론 *The Syntax of Time*》 MIT Press 참고), 함수로 취급하고 있다. 그렇지만 논리학자 Prior(1914~1969)는 양상 논리에 바탕을 두고서 시제를 연산소로 취급한다(Prior 1957 《시간과 양상 *Time and Modality*》; 1967 《과거·현재·미래 *Past, Present, and Future*》; 1968 《시간과 시제에 관한 논문 *Papers on Time and Tense*》 모두 Clarendon Pres에서 출판됨). 연산소와 함수의 지위는 현격하게 다르다. 연산소는 모든 논리식에 기본적으로 장착된다. 그러나 함수는 관련된 대상들에 대해서만 선택적으로 작용한다. 옮긴이의 판단으로는 시제가 모든 문장에 다 들어 있는 기본적인 요소라는 점에서 연산소로 봐야 옳을 것이다. Montague(1974:262)에서도 역시 연산소로 취급하여 '시제 해석 규칙'을 설정한다.

이런 정보는 언어형식 주조기로 하여금 그 동사에 대한 올바른 시제 fell(넘어졌다)을 생성하도록 유도할 것이다. 실제로는 그 상황이 조금 복잡하다. 앞장에서 우리는 시제결정 요소가 두 가지 기능을 요구함을 보았다. 화자가 기준이 되는 '지시표현' 기능과 다른 외부 대상물이 기준이 되는 '내재적' 기능이다. 양자가 모두 ⟨t, t⟩ 유형이다.

유형 형성을 더 진행해 나갈 수 있다. 화자는 술어 SKATE(스케이트 타다)를 수식하여, '존이 스케이트를 빨리 탔다'는 생각을 표현하고 싶을 수도 있다. SKATE(스케이트 타다)는 ⟨e, t⟩ 유형이다. 그렇지만 'FAST(SKATE)'〔빨리(스케이트 타다)〕도 또한 동일한 유형이다. 왜냐하면 JOHN(존)과 같은 개체에 적용될 경우에, 진리값을 지닌 표현을 생성해 내기 때문이다. 따라서 FAST(빨리)는 ⟨⟨e, t⟩, ⟨e, t⟩⟩ 유형이 된다(자동사를 입력물로 받아들여 다시 자동사를 출력해 주는 함수임: 옮긴이). 그것은 서술어를 수식하여 다시 서술어가 되게 한다. 좀더 일반적으로 말하여, 제 3장 2절 3항에서 수식어라고 불렀던 것은 언제나 ⟨a, a⟩ 유형이다(수식어는 결코 범주를 바꾸지 않으므로, 유형 a를 입력물로 받아서 유형 a를 출력함: 옮긴이). 유형 이론에서, 수식어는 어떤 의미 유형(가령 유형 a)에서 동일한 의미 유형(유형 a)으로 가는 함수이다. LOVE(사랑하다)와 같은 술어는 어떤 유형이 될까? 만일 화자가 '메리를 사랑하는 존'에 대해서 서술하고 싶다면, 'LOVE(MARY)'〔사랑하다(메리를)〕는 1항 술어가 되어야 한다. 즉 ⟨e, t⟩ 유형이다. LOVE 함수는 이런 유형을 산출하기 위해 ⟨e⟩ 유형의 개체(MARY)를 택하는 것이다. 다시 이 유형은 LOVE(MARY)와 관련된 e 유형의 개체(JOHN)를 더 가져야 한다. 따라서 LOVE는 ⟨e, ⟨e, t⟩⟩ 유형이다. 비슷하게 GIVE(주다)와 같이 3항 동사는 ⟨e, ⟨e, ⟨e, t⟩⟩⟩ 유형이다. 3항 동사로 된 메시지는

John gave Mary the book.
(존이 그 책을 메리를 줬다: 결과 상태로서 '메리가 그 책을 갖고 있음'이 속뜻으로 깔림)

진리값을 산출하기 위하여 연속적으로 ⟨e⟩ 유형의 논항을 세 개 요구한다. 단 거기에서 세 개의 논항은 각각 MARY, BOOK, JOHN(메리, 책, 존)이 된다.[26]

EVENT(사건), STATE(상태)와 같은 범주가 늘 동일한 의미 유형으로 표현되는 것은 아니다.

① John skated.
(존이 스케이트를 탔다)

라는 문장을

② John's skating.
(존의 스케이트 타기)

이라는 명사구와 비교해 보기로 한다. 이 문장은 진리값을 가질 수 있다. 따라서 'SKATE(JOHN)'〔스케이트 타다(존)〕이라는 심층 메시지는 ⟨t⟩ 유형이다. 달리 말하여, 문장 ①은 사건 명제이다. 그렇지만 명사구 ②는 ⟨e⟩ 유형이다. 왜냐하면 진리값 표현을 만들기 위하여 ⟨e, t⟩ 유형의 1항 술어와 결합해야 되기 때문이다〔가령 BEAUTIFUL (SKATING (JOHN)), 멋진(스케이트 타기(존))처럼〕. 이는 다음과 같은 문장이

John's skating is beautiful.

26) 가장 안쪽에 있는 논항(유형 ⟨e, ⟨e, ⟨e, t⟩⟩⟩에서 가장 안쪽에 있는 것)에서부터 써 놓았기 때문에, 자연 언어의 순서와 반대로 되었다.

(존의 스케이트 타기/존이 스케이트 타는 것은 멋지다)

심층에 깔려 있다. 어떻게 해서 'SKATING(JOHN)'〔스케이트 타기(존)〕이 ⟨e⟩ 유형이 되는 것일까? JOHN은 ⟨e⟩ 유형이다. SKATING(스케이트 타기)은 마치 'MOTHER OF'(의 어머니)에서와 같이 ⟨e, e⟩ 유형일 것이다.[27] 화자가 어떤 사건을 하나의 개체로(즉 ⟨e⟩ 유형으로) 지각하는 경우에, 언어형식 주조기는 'John's skating'(존의 스케이트 타기)과 같이 그것을 명사구로 표현할 것이다. 달리 말하여, 메시지들은 또한 사건 개체(*event entities*)를 나타낼 수도 있다. 비슷하게 메시지는 상태 개체(*state entities*)도 나타낼 수도 있다. 가령 'John's becoming a doctor'(존의 의사 되기/존이 의사가 되는 일)의 심층에 깔린 메시지와 같다.

유형 이론의 추가적인 발전에 대한 한 가지 주요한 이유는, 자연언어의 통사론과 의미론을 긴밀하게 부합시키려는 몬테규(Montague)의 착상 때문이다. 우리는 의미론을 다양한 유형을 지닌 통사 범주와 긴밀하게 부합되는 방식으로 계발해야 한다. 또는 이를 화자 모형에 비추어 말한다면(몬테규와 대부분의 그의 추종자들에 의해서 완전히 무시된 것임), 메시지에서 의미 유형의 위계가 주어지면, 이상적으로 언어형식 주조기는 그 메시지의 모든 부분에 대하여 어떤 종류의 통사 구성성분을 만들어야 할지 '알게' 될 것이다. 만일 그 메시지가 ⟨t⟩ 유형이라면, 언어형식 주조기는 하나의 문장을 내세워야 한다. 만일 그것이 일부 ⟨e⟩ 유형을 담고 있다면, 언어형식 주조기는 그 유형에 해당하는 명사구를 만들어 낼 것이다 등등. 그러나 적어도 그 접근이 올바른 길이라면, 가야 할 먼 길이 앞에 놓여 있다(Williams 1983과 Partee and Rooth 1983을 보기 바람).

---

27) Montague의 용어로 표현하면 term에서 term으로 가는 함수이다. 곧, $\lambda P(P)$로부터 $\lambda Q[\lambda P(P)](Q)$로 가는 함수이다.

7) 무엇이 가능한 메시지인가?: 생략의 문제

의미 구성 규칙에 따라 수립된 모든 개념구조가 가능한 메시지일 것인가? 예를 들면, 앞 절에 있는 '함수-논항' 및 '핵어-수식어' 구조의 사례들이 모두 메시지가 될 수 있는 것일까? 이 질문은 대답하기보다는 질문을 던지기가 더 쉽지만, 여기서 잠정적으로 대답은 '그렇다'이다. 이 논제는 크기나 복잡성의 문제가 아니다. 제3장 2절 3항에서 보았듯이, 아주 큰 메시지들은 주의력에 제약이 있는 화자의 입장에서 구성해 나가기가 불가능할 수 있다. 그러나 여기서 질문의 핵심은, 메시지의 본질에서 특정 유형의 개념구조를 배제하는 어떤 것이라도 있는지 여부이다.

예를 들면, 지시대상에 대하여 어떤 것도 서술해 주지 않은 채 화자가 지시를 할 수 있는지 여부를 물을 수 있다. 임의의 메시지가 'LIZ'(리즈)와 같이 개체로만 될 수 있거나, 또는 그것이 다만 'WALK(LIZ)'〔걷다(리즈)〕와 같이 술어로만 될 수 있을까? 저자는 어떤 맥락에서 오직 PERSON(사람) 개념일 뿐인 LIZ(리즈)가 충분히 하나의 메시지로 될 수 있음을 받아들인다. 화자의 대화 상대가 'Who did Peter visit?'(피터가 누구를 방문하였습니까?)이라고 묻는 경우에, 화자의 대답이 'Liz'(리즈)로 될 수 있다. 그런 메시지는 어떤 의미 표상이 되는 것일까? 그것이 'PAST(VISIT (PETER, LIZ))'〔과거(방문하다(피터, 리즈))〕와 같은 어떤 것일까, 아니면 그것이 오직 LIZ(리즈)만으로 된 것일까? 그 정답이 후자라면, 언어형식 주조기는 그 메시지의 대부분을 생략하고서 오직 LIZ(리즈)만을 부호화해야 한다. 이는 낭비가 많은 절차이다. 먼저 많은 개념구조를 생성하고 나서, 그 구조의 대부분을 없애 버려야 하는 것이기 때문이다. 그럼에도 불구하고, 이것이 사실일 가능성이 있다.

다른 대안은 화자가 산출하는 표현이 오직 메시지 'LIZ'(리즈)라는 것이다. 물론 화자는 분명히 대화 상대의 질문에 대한 대답으로서 '피터가 어떤 사람을 방문하고 있음'에 대하여 생각하고 있어야 할 것이다. 그러나 그 모든 것이 표현을 위해 선택되는 것은 아니다. 그렇지만 뷜러(Bühler 1934)가 처음 제안한 이른바 '생략 문제'에 대한 이런 해결책도 문제가 없는 것은 아니다(Klein 1984를 보기 바람). 어떤 환경 아래 화자는 'Who did Peter visit?'(피터가 누구를 방문하였습니까?)라는 질문에 LIZ(리즈)에 대한 대명사 표현인 'her'(그녀를)로 대답할 수 있다. 그러나 그 대답으로 '*she'(*그녀가)는 불가능함에 주목하기 바란다. 분명히 그 대답은 대격(= 목적어)을 가져야 한다. 그러나 그 메시지가 오직 LIZ(리즈)인 경우에(= 대명사처럼 격 곡용이 나타나지 않는 경우에: 옮긴이), 언어형식 주조기가 어떻게 대격을 배당해야 하는 것을 알 수 있는 것일까? 언어형식 주조기는 LIZ(리즈)가 어떤 행위의 피동주임을 알기에 충분치 않다. 왜냐하면 행위의 피동주가 언제나 대격을 받는 것이 아니기 때문이다.[28] 오히려 언어형식 주조기는 능동 형식의 동사 visit(방문하다)가 간여됨을 알고 있어야 한다. 이는 그 피동주가 문법상의 목적어이고, 대격을 실현하도록 요구한다. 그렇다면, VISIT(방문하다)라는 개념이 메시지 속에 있지 않을 경우에, 언어형식 주조기는 'visit'라는 언어 형태를 어떻게 알 수 있을 것인가?

대화 상대방의 질문을 막 분석하였기 때문에, 언어형식 주조기는 언어 형태 'visit'에 대하여 알고 있고, 이것이 그 동사와 피동주에 대하여 요구된 정보를 담고 있는 것으로 짐작해 볼 수 있다. 그러나 이것은 추측 이상이 아니다. 이는 언어형식 주조기가 최근의 구문 분석 출

28) 가령, "영수가 철이에게 손해를 끼쳤다"에서 피동주가 대격 '-를'이 아니라 여격 '-에게'로 실현되었다. 이 문장이 또한 '-를, -를'로 된 이중 대격 구문으로 나올 수도 있다. 이런 격 교체 현상에 대한 논의로 양정석(1995) 《국어 동사의 의미 분석과 연결 이론》(박이정)과 우형식(1996) 《국어 타동 구문 연구》(박이정)를 보기 바란다.

력물(*parsing output*)에 접속해야 함을 요구한다. 언어형식 주조기가 그런 출력물에 접속을 한다는 독립된 증거는 제 4장 2절 5항과 제 7장 5절에서 살펴보게 될 것이다.

이런 해결책이 성립될 수 있다면, 술어를 따로 만들어 놓지 않은 채 하나의 개체만을 가리키는 메시지에 반대할 이유가 전혀 없다. 또는 더 일반적으로 말하여, 메시지로서 아무런 의미 유형도 결코 배제되지 않는다. 그 메시지가 명제일 수도 있고, (맥락과 관련된) 개체일 수도 있으며, 술어일 수도 있고, (맥락과 관련된) 수식어일 수도 있으며, 또는 자유롭게 임의의 다른 의미 유형일 수도 있다. 그렇지만 명제 표상이 하나의 메시지가 되기 위해서는, 그것이 입말 표현을 가능케 해주는 어떤 특정 자질들을 구체적으로 포함해야 한다는 점이, 더 뒤에 올 대목의 논의에서 분명해질 것이다.

어떤 종류의 메시지는 사실상 아주 특별하다.

> 'yes, congratulations, ow!, please!'
> (예, 축하합니다, 오우!, 제발!)

와 같은 발화의 밑바닥에 깔려 있는 메시지들은 어떤가? 여기서는 이것들을 자세히 분석하지 않을 것이다. 이것들은 심리적 태도를 표현한다. 어떤 명제나 어떤 사태를 놓고서 화자 자신이 느끼는 심리적 관계를 표현하는 것이다. 저자가 'Is John asleep?'(존이 잠들었습니까?)라는 물음에 'yes'(예)라고 대답하는 경우, 'ASLEEP(JOHN)'〔잠들다(존)〕이라는 명제의 진리값을 인정하여 말하는 것이다. 달리 말하여, 'TRUE(ASLEEP(JOHN))'〔참이다(잠들다(존))〕을 표현하고 있다. 그러나 이런 메시지는 생략되어 있다. 그것은 다만 개념 TRUE(참이다)만을 포함한다. 유형 이론에 비춰 보면, 'yes'(예)라는 쓰임의 밑바닥에 깔려 있는 메시지는 〈t, t〉 유형이다.[29]

3. 메시지의 의미역 구조

'함수-논항' 구조의 논항은 보통 개념구조에서 어떤 추상적인 역할들을 실행한다. 여러 연구자들이 상당히 제한된 보편적 집합으로부터 이들 의미 역할이 얻어짐을 논의해 왔다(Gruber 1965; Fillmore 1968; Schank 1972; Jackendoff 1972, 1983). 메시지 속에 들어 있는 의미 역할들의 분포는 '의미역 구조'(*thematic structure*)로 불린다. 곧 논의될 것이나, 개념 역할에 대한 생각은 아주 쉽게 움직임 및 처소 개념에 대한 얼개로 명시될 수 있다.

1) 의미역(≒ 의미 역할)

먼저 'the ball is in the garden'(그 공이 그 정원에 있다)이란 문장을 살펴보기로 한다. 이는 상태 명제로서

BE (BALL$_3$, (IN (GARDEN$_7$)))
있다 (공$_3$, (에 (정원$_7$)))

을 표현한다. 이는 하나의 THING(사물)과 하나의 PLACE(장소)를 관련짓는다. 편의상 이하에서는 개체를 구체적으로 가리켜 주는 아래 첨자를 생략하기로 한다. 여기서 BALL(공)은 대상 의미역(*theme*)을 실현하며, IN (GARDEN) [에 (정원)]은 처소(*location*) 의미역을 실현한다. 다음의 예에서는 두 가지 추가적인 의미역이 서로 긴밀히 협동한

---

29) 이런 유형의 설정은 이미 앞에서 문장 부사를 ⟨t, t⟩ 유형으로 도입하였기 때문에 서로 구별하는 데 문제가 된다. '예'라는 대답은 문장 부사와 질적으로 다르다. 표기 유형상의 구분을 위하여 ⟨⟨t⟩, t⟩ 유형으로 구별을 해 주는 것이 바람직할 듯하다.

다. 이른바 '경로 함수'(*path functions*)로 불리는 논항에 의해 실현되는 것이다. 이들 의미역은 근원(*source*) 및 목표(*goal*) 의미역이다. 예를 들어 다음 문장을 살펴보자.

The ball rolled from the chair to the table.
(그 공이 그 의자로부터 그 탁자로 굴러갔다)

이 예는 대상 의미역 'BALL'(공)과 가로지르는 'PATH'(경로), 즉 CHAIR(의자)에서 TABLE(탁자)까지를 나타낸다. 이는 하나의 PLACE(장소)인 근원 의미역 CHAIR(의자)로부터 또 다른 PLACE(장소)인 목표 의미역 TABLE(탁자)까지 확장된다. 달리 말하여, 경로 함수 'FROM-TO'(부터-까지)는 두 개의 논항을 갖는다. CHAIR(의자)와 TABLE(탁자)이다. 이들이 근원(*source*) 및 목표(*goal*) 의미역을 실현한다. 그러나 PATH(경로)가 또한 오직 한쪽 장소에만 국한될 수도 있다. 근원 의미역 아니면 목표 의미역이다. 경로 함수는 이들 경우에 FROM(부터)과 TO(까지)이다. 그것들이 바로 하나의 논항을 택한다. 근원 의미역이거나 아니면 목표 의미역이다. 그런 함수-논항 구조는 다음 문장

The ball rolled to the table.
(그 공이 그 탁자까지 굴러갔다)

심층에 깔려 있다. 거기에서는 오직 목표 의미역만이 구체화되어 있다.

DIRECTIONs(방향들)는 지시대상을 포함하지 않은 경로이다. 그것들은 오직 어떤 처소를 향해 다가가거나, 또는 어떤 처소로부터 멀리 멀어져 간다. 그것들은 다음과 같은 문장에서 드러난다.

Frederick pointed toward the sun.
(프레더릭은 태양 쪽을 향해 손가락으로 가리켰다)
Little Red Riding-Hood ran away from the wolf.
(빨강모자 소녀는 그 늑대로부터 벗어나 멀리 달아났다)

여기서 거기서 SUN(태양)도 WOLF(늑대)도 경로의 일부는 아니다. 여기서 경로 함수(또는 좀더 구체적으로 방향 함수)는 TOWARD(을 향하여)와 AWAY FROM(로부터 멀리)이다. 이들은 모두 하나의 논항만을 갖는다.

지금까지 우리는 대상(*theme*)·처소(*location*)·근원(*source*)·목표(*goal*) 의미역들을 구별하였다. 이제 사동주(*agent*)를 추가하려고 한다. 이 의미역은 분명히 본질적으로 공간적인 것이 아니다. 사동주의 역할은

CAUSE(PERSON, EVENT)
게 하다(사람, 사건)

사동 구문 형식의 사역 사건에서 가장 명백히 나타난다. 다음 문장에서

The witch fed Hansel.
(그 마귀할멈은 헨젤에게 음식을 먹였다)

그 마귀할멈이 헨젤로 하여금 음식을 먹게 한 사람이다. 그 마귀는 사동주이다. 사역 사건이 반드시 의도적이어야 하는지 여부에 대해서는 일치된 의견이 없다. 사동주 속성을 의도적인 사역 사건에 국한하는 경우(즉 의도적으로 뭔가를 일으키는 경우), THINGs(사물들)는 사동주가 될 수 없다. 사동주 속성에 대하여 완화된 해석은, 그것이 사역 사건만 포함하면 된다는 것이다. 그 경우에는 THINGs(사물들)도 사동

주가 될 수 있다. 따라서 가령 다음의 문장에서

The root made Tom Thumb tumble.
(그 나무뿌리가 톰 섬을 넘어지게 만들었다, 그 나무뿌리에 걸려 톰 섬이 넘어졌다)

그 EVENT(사건)는 'TUMBLE(TOM-THUNB)'〔넘어지게 하다(톰-섬)〕이다.[30] 여기서 TOM-THUMB(톰-섬)은 대상(*theme*) 의미역을 받는다. 그 EVENT(사건)는 하나의 THING(사물), 즉 ROOT (나무뿌리)에 의해서 야기되었다. 그것은 사동주(*agent*)이다. 명백히 그 나무뿌리는 TOM-THUMB(톰-섬)을 넘어지게 하려는 의도를 갖지 못한다(비록 요정 이야기에서는 어떨지 모르겠지만). 어떤 해석을 받아들이든지 상관없이, 사동주 속성(*agentivity*)을 위한 필요조건은 '사역 속성'(*causation*)이다.

다음에 살펴보게 될 의미역은 행위주(*actor*)이다. 이를 사동주(*agent*)와 혼동해선 안 된다. 행위주의 정의는 ACTION(행위)이라는

---

30) 영어와 우리말 사이에 매개인자의 차이가 드러난다. 영어와 우리말은 서로 극점에 있다. 영어는 무생물 주어가 매우 빈번하게 나타난다. 한국어에는 반드시 의도를 지닌 사람만이 사건을 일으키는 주어 자리에 나타난다. 따라서 '그 나무뿌리가 철수를 넘어지게 했다'라는 영어식 문장을 듣는 경우, 마치 의인화된 구문으로 받아들이기 십상이다. 우리말에서는 이 문장이 '그 나무뿌리로〔말미암아〕(에 의해/ 때문에) 철수가 넘어졌다' 사격 논항으로 표현된다(또는 부가어 구문임). 현재 알려진 바로는, 세계의 여러 언어들에서 우리말과 같은 경향이 일반적인 듯하다. 유독 영어만이 '무생물 주어' 모습의 사역 구문을 지녀 매우 유표적이라고 지적된다. 영어 구문은 수동태로써 서술 관점을 바꿔 놓는 기제가 '무생물 주어'의 표현과 긴밀한 연관을 지닌다고도 논의된다. 사건을 겪는 대상에는 '피동주'(*patient*)나 '경험주'(*experiencer*) 의미역이 배당되기도 한다. 경험주 논항의 분포와 통사 실현 모습에 관한 문제는 아직도 전세계적으로 연구가 진행되고 있다. 이런 내용을 보려면 Verma and Mohanan eds. (1990) 《남아시아 언어에서의 경험주 주어 *Experiencer Subject in South Asia Language*》 CSLI(Stanford University)를 참고하기 바란다.

개념을 요구한다. 어떤 EVENTs(사건들)는 ACTIONs(행위들)를 포함한다. 언어상으로 그것을 진단하는 방법은, 다음과 같이 다시 쓰기 구문을 만들어 보는 것이다.

What x did was …
(x가 행한 것은 …)

다음 문장은

John put the key under the doormat.
(존은 그 열쇠를 그 출입문 깔개 아래 두었다)

다음처럼 다시 쓸 수 있다.

What John did was put the key under the doormat.
(존이 행한 것은 그 열쇠를 그 출입문 깔개 아래 둔 것이다)

그 ACTION(행위)은 'put the key under the doormat'(그 열쇠를 그 출입문 깔개 아래 두다)에 의해서 표현된 개념구조이다. 그렇다면 그 행위주는 'what x did'(x가 한 것)에 언급된 x이며, 이 경우에는 JOHN(존)이다. 달리 말해, 그 EVENT(사건)는 그 행위주 PERSON(사람)과 어떤 것이든지 그가 행한 것 — 즉 ACTION(행위) — 으로 구성된다.

행위주는 사동주일 수도 있고, 그렇지 않을 수도 있다. 하나의 EVENT(사건)를 CAUSE(게 하다)하는 존재라면 사동주이다. 다음 문장

Peter dropped the milk.
(피터가 그 우유를 떨어뜨렸다)

에서 피터는 위에서 언급된 진단법에 의해서 행위주인 PERSON(사람)이다. 'dropped the milk'(그 우유를 떨어뜨렸다)는 그 ACTION(행위)을 가리킨다. 그러나 이 ACTION(행위)은 개념상으로 EVENT(사건)에 대한 사역 속성을 포함한다. 그 EVENT(사건)는 FALL(MILK)〔떨어지다(우유)〕이다. 거기서 MILK(우유)는 대상(*theme*) 의미역이다. 사역 속성은 허용의 뜻을 지닌 LET(-게 허락하다)이다. 따라서 이 문장의 밑바닥에 깔려 있는 메시지의 구조는 다음과 같다.

LET(PETER (FALL (MILK)))
게 하다(피터 (떨어지다 (우유)))

그리고 PETER(피터)는 사동주와 행위주 의미역을 모두 충족시킨다. 만일 그 행위주가 하나의 EVENT(사건)을 일으키지 않는다면, 그것은 사동주가 아니다. 이는 다음과 같은 문장들에서 예시된다.

The child wept.
(그 아이가 울었다)
Henry took the train.
(헨리가 그 기차를 탔다)

여기서 CHILD(어린이) HENRY(헨리)는 행위주이지만 사동주는 아니다. 행위주가 대상 의미역이 될 수 있음에 유의하기 바란다. '행위주/행위'에 대한 리트머스 시험지에 의해서, TOM-THUMB(톰-섬)은 'FALL(TOM-THUMB)'〔넘어지다(톰-섬)〕의 행위주이다. 즉, 다음처럼 풀어쓰기가 가능하다.

what Tom Thumb did was fall.
(톰 섬이 한 것은 넘어지는 것이었다)

그러나 TOM-THUMB(톰-섬)은 또한 대상 의미역이기도 하다(위치가 달라지는 대상물임[31]). 우리는 여러 의미역들이 배당되는 '대상 의미역'에 대한 이런 논제를 뒤에서 다시 다룰 것이다.

관련 문헌에서 자주 언급되지만 완벽히 분석이 일치되지 않은 마지막 네 번째 의미역들이 있다. 피동주(*patient*) · 수혜주(*recipient*) · 경험주(*experiencer*) · 도구(*instrument*) 의미역들이다. 피동주 의미역은 ACTION(행위)에서만 등장한다. 피동주는 그 ACTION(행위)에 지배되는 생물 개체이다. 다음 문장에서

Gretel grabbed Hansel.
(그레텔이 헨젤을 꽉 움켜잡았다)

헨젤은 그레텔의 ACTION(행위)에 대한 '피동주'이다. 수혜주도 또한 생물 개체이다. 수혜주는 어떤 ACTION(행위)에서 대상 의미역을 받는 존재이다. 동시에, 그것은 흔히 목표 의미역이기도 하다. 다음 문장

The witch gave Hansel a hamburger.
(그 마귀할멈이 헨젤에게 햄버거를 주었다)

에서 헨젤은 수혜주 의미역을 받는다. '경험주'는 어떤 점에서 피동주 및 수혜주와 비슷하다. 경험주는 상태나 경험의 주어가 되는 사람이

---

31) 비록 저자가 '위치가 달라짐'(*displacement*, 자리를 벗어남) 또는 '자리 잡음'(*being localized*)이라는 두 가지 특성을 지적하고 있지만, 언어학자들은 대상 의미역(*theme*)에 대해서 엄격하고 완벽한 정의를 내리기가 어렵다고 본다. 여기에 대한 해결책으로 Dowty(1991) "의미역 원형 역할과 논항 선택 Thematic Proto-Roles and Argument Selection,"《언어 *Language*》vol. 67 no. 3에서는 두 극점의 원형 의미역을 상정하고, 의미역의 실현을 정도의 문제로 파악하였다. 즉 여러 속성들이 한데 모여 점차 '대상' 속성이 증강되는 것인데, 이를 '점증하는 대상 속성'(*incremental theme*)이라고 불렀다.

다. 다음 문장에서 헨젤이나 나(I)와 같다.

Hansel was hungry.
(헨젤은 배가 고팠다)
I don't know the play well enough.
(난 그 경기를 충분히 잘 아는 것이 아니다)

도구 의미역은 다음과 같은 문장에서 명백해진다.

John came by plane.
(존이 비행기로 왔다)
I opened the door with the key.
(나는 그 열쇠로 그 문을 열었다)

여기서 PLANE(비행기)와 KEY(열쇠)는 도구 개념이다. 도구는 위의 두 가지 사례에서처럼 MANNER(방식)의 개념 범주로 실현되는 경향이 있다.

여러 의미역들의 내용을 다음처럼 요약할 수 있다. '대상' 의미역은 물리적 공간 또는 정신적 공간에서 자리 잡거나 위치를 바꾸는 논항이다. '근원' 의미역과 '목표' 의미역은 그런 공간에서 가리켜지는 처소이다. 사동주 속성은 사역 구조 속에서 맨 처음 나오는 논항의 특징이다. 행위주는 뭔가를 '실행하는' 논항이다. '피동주'는 어떤 ACTION(행위)에 지배되는 생물 개체이다. '수혜주'는 대상 의미역을 받는 존재이다 '경험주'는 어떤 상태나 경험의 생물 주어이다. '도구' 의미역은 경험주에 의해서 어떤 ACTION(행위)이 효력을 보게 되는 수단이다.

의미역들을 개념이나 범주와 혼동하지 않도록 아주 조심해야 한다. 예를 들어, '대상' 의미역은 이미 논의된 대로 PERSON(사람)과 THING(사물) 범주에 의해서 실현될 수 있을 뿐만 아니라, 또한

EVENTs(사건들)·STATEs(상태들)와 곧 논의될 다른 범주에 의해서도 실현될 수 있다. 비슷하게 '처소·근원·목표' 의미역들도 PLACEs(장소들)와 THINGs(사물들)뿐만 아니라, 또한 PERSONs(사람들)와 STATEs(상태들)와 다른 논항들에 의해서도 실현될 수 있다. 한 논항이 배당받는 의미역은 아마 전적으로 그것이 논항으로 되는 기능의 종류에 따라 결정될 것이다. 그러나 서로 다른 기능들이 어떻게 동일한 의미역을 포함할 수 있는 것일까? 다시 말하여, HIT(때리다)와 SPILL(엎지르다)에서 첫 번째 논항을 '사동주'로 만드는 것은 무엇일까?

의미역은 메시지 구조에 명백히 표상되지 않을 경우에 분명히 불만족스럽다. 의미 그물이나 나뭇가지에서 의미역 구조를 표상하는 일에서의 어려움은, 일부 이론가들(Anderson 1976을 포함하여)이 그 개념을 모두 포기해 버리도록 만들었다. 그러나 제 7장에서 논의되겠지만, 의미역은 문법 부호화를 위해서 매우 중요하다. 따라서 그것들이 어떤 방법이나 다른 방법으로 메시지에 표상되어야만 하는 것이다. 그러므로 다른 이론가들은 의미 함수들에서 어떤 상항(*constants*)에 의미역들이 묶여 있는 방식으로 의미 함수를 해체하자고 제안하였다(Bierwisch 1986). 예를 들어, '사동주' 의미역을 들어보자. 앞에서 살펴보았듯이, 어떤 것이 사동주가 되기 위한 조건은, 그것이 뭔가를 일으키는 것이다. 따라서 사동주를 포함하는 메시지는 어떤 것이든지 기저에 CAUSE(-게 하다)라는 술어를 갖고 있어야 한다. 그리고 메시지에 술어 CAUSE(-게 하다)가 있는 경우에는 그 술어의 첫 번째 논항으로 사동주가 있는 것이다. 비슷하게 '행위주' 의미역에 대해서도 그러하다. 행위주가 뭔가를 '실행하는' 논항이다. 그러므로 행위주가 들어 있기 위한 필요충분조건으로서 그 메시지에는 기저에 술어 DO(실행하다)가 있어야 한다. 동일한 방식으로, '근원' 의미역과 '목표' 의미역도 기저에 술어 FROM(으로부터)와 TO(까지)가 들어 있는 논항에 배당된다.

이런 접근의 한 가지 장점은, 한 논항에 여러 의미역이 배당되는 데 대하여 원리 잡힌 설명을 제공해 줄 수 있다는 점이다. 예를 들어, 어떤 것이 뭔가를 '일으키는' 일을 '실행하는' 경우에, 그 논항은 사동주이면서 행위주 의미역을 배당받는다. 다음 문장을 보면,

John teaches Peter the alphabet.
(존이 피터에게 영어 철자를 가르친다)

에서 존은 피터가 영어 철자를 알게 만드는 어떤 일을 하고 있다. 따라서 존은 행위주이면서 사동주이다.

이런 접근은 메시지가 의미상으로 어느 정도 해체되도록 요구한다. 예를 들어,

Gretel killed the witch.
(그레텔이 그 마귀할멈을 죽였다)

라는 문장은 그 기저에 있는 메시지에서는 술어 'KILL(X, Y)'〔죽이다(X, Y)〕를 지니지 않을 것이다. 대신 그 기저 메시지는 'CAUSE(X, DIE(Y))'〔게 하다(X, 죽다(Y))〕와 같은 술어를 지닐 것이다. 여기서 X는 사동주이다. 그렇지만 보통 화자가 '죽이는 일이 죽음이 빚어짐을 포함'하는 것으로 알고 있음을 언급하는 것과, 이런 화자 지식이 명백히 언어화 이전의 메시지에 일부 내용으로 되어야 한다는 요구는 서로 별개의 사안이다. 정작 의미 해체 작업이 끝도 없이 무한히 이뤄진다는 점이 심각한 문제점이다. 가령, DIE(죽다)는 살아 있지 않게 되는 것(*become not alive*)이며, BECOME(게 되다)은 명시되어야 할 시간적 모습(*temporal aspects*)을 지닌다 등등. 혹 해체 작업을 멈추기 위해 어떤 절삭점(*cutoff point*)을 부여하는 것도 가능하겠지만, 그것은 자의적이다.[32)]

그렇지만 말하기 과정을 살펴보면, 의미 해체는 아마 '전부 아니면 전무'의 사안은 아닐 것이다. 그보다는 전달되는 의도에 따라서 어떤 의미 구성성분이나 술어가 일부 화자의 마음속에서 다른 것보다 좀더 높은 수준의 두드러짐 또는 활성화를 지닐 것이다. 제 6장에서 이들 두드러짐의 수준이 레마(*lemma*, 통사 · 의미값; 제 1장 각주 4 참고)에 접속하는 데에 중요한 역할을 맡음이 드러나게 될 것이다. 이하에서는, 어떤 수준의 의미 해체가 메시지의 표상에서 유지될 경우에, 이런 두드러짐에 대한 내용을 염두에 두어야 한다고 가정한다. 일부 문자화된 메시지 구조는 화자의 머릿속에서 두드러질 수 있는 다양한 구성성분을 포함하는 '이상적 경우'들이다. 그 모든 구성성분이 반드시 아주 두드러져야만 한다고 주장할 수는 없기 때문이다. 참고로 의미 해체에 반대하는 논의는 포더 등(Fodor et al. 1980)이 개관했다.

2) 의미역의 기호론적 확장

의미역은 신체적 운동과 행위의 의미 표상에서 묵시적일 뿐만 아니라, 다른 개념 영역들에서도 또한 명시적으로 나타날 수 있다. 특히 우리가 여기서 따르고 있는 제킨도프(Jackendoff 1983)의 분석과 포코니어(Fauconnier 1985)를 참고하기 바란다. 시간 영역이 분명한 사례이다. 다음의 문장을 살펴보기로 한다.

Helen worked from nine to five.
(헬렌이 9시에서부터 5시까지 일을 했다)

---

32) 이런 자의성의 극복 방법으로 Jackendoff(1990, 고석주 · 양정석 번역 1999) 《의미 구조론》(한신문화사)에서는 원시 개념 술어들로 '공리계'를 만들고서 복합 개념들을 합성하여 주는 개념 의미론을 논의하고 있다.

이 문장에 'Helen worked'(헬렌이 일을 했다)로 표현된 EVENT(사건)가 있고, 시간상으로 그 사건에 대한 두 개의 참조점이 있다. 9시와 5시이다. 여기서 그 EVENT(사건)에는 '대상' 의미역이 배당된다. 그 사건은 '근원' 의미역인 TIME(시간) 9시에서 시작하여(9시는 FROM '으로부터'의 논항임), PATH(경로)를 통과하여 '목표' 의미역인 TIME(시간) 5시까지 이른다(5시는 TO '까지'의 논항임). 더욱이 과거시제의 사용으로, 그 EVENT(사건)와 그 사건이 전개된 전체 시간 PATH(경로)가 화자의 발화 시점 '지금'(now)을 선행하였다는 사실을 표현하고 있음에 주목하기 바란다. 시제는 화자의 시간 서술관점에 대한 DIRECTION(방향)을 표현한다고 말할 수 있다. 곧, 그것이 과거 쪽을 향해 '가리키고 있는' 것이다.

시간 영역은 1차원 공간이다. 거기서 EVENT(사건)는 3차원의 공간에서 THINGs(사물들)로서 자리를 잡게 된다. EVENTs(사건들)는

he arrived at five.
(그가 5시에 도착하였다)

에서처럼 순간적일 수 있다. 다시 말하여,

he arrived at the airport.
(그는 그 공항에 도착하였다)

에서와 같이 THINGs(사물들)나 PERSONs(사람들)가 가리켜지는 PLACE(장소)에 위치하게 되듯이, 하나의 사건은 가리켜지는 TIME(시점)에 자리를 잡게 된다. 다음 예들에서 보여 주듯이

She worked from nine to five.
(그녀가 9시에서부터 5시까지 일했다: 시간 확장)

The road twisted from Zermatt to Saas Fee.
(그 길이 저마트에서부터 사스피까지 구부러졌다: 공간 확장)

EVENTs(사건들)도 또한 THINGs(사물들)가 공간상 어떤 PATH(경로)를 확장하거나 건너가는 것과 거의 똑같은 방식으로 시간상으로 확장될 수 있다.

TIMEs(시간들)는 행위주의 역할로 실현되는 것이 일반적이지 않지만 그렇다고 불가능한 것은 아니다. 제킨도프(1983)는 클락(H. Clark 1973)에 따라 다음의 예문을 제시한다.

Tuesday crept by.
(화요일이 기어서 지나갔다. → 화요일이 천천히 갔다)

이 문장은 시·공간적 표현인 다음 문장과 비슷하다.

The train crept by.
(그 기차가 기어서 지나갔다. → 그 기차가 천천히 갔다)

해체된 의미 표상에서는 두 문장의 기저에 DO(실행하다)가 깔려 있다. 'DO(X, CREEP BY(X))'〔실행하다(X, 기어서 지나가다(X))〕에서 X는 TUESDAY(화요일)나 TRAIN(기차)이 될 수 있다. 앞에서 소개된 의미 해체 가정을 따르면 두 사례가 모두 '행위주' 속성임을 말한다.

공간 및 신체적 행위에 대한 의미역이 시간상으로 확장되고, 또 곧 논의되겠지만 다른 경험 영역들로 확장되는 것은 아마도 우연이 아닐 것이다. 먹니일(McNeill 1979)은 이를 '기호학적 확장'(*semiotic extension*)으로 부른다. 그는 우리의 경험 범주가 개체 발생적으로 신체적 운동과 행위에 관련된 개념인 '감각-운동'(*sensory-motor*) 개념의 행렬로부터 발달한다고 논의한다.

다른 많은 의미 영역들이 의미역에 대해 비슷한 유형을 보여준다. 'have, keep, give, take'(가지다, 지니다, 주다, 얻다)와 같은 동사로 표현된 소유의 개념을 살펴보기로 한다. 소유로 갖게 되는 대상은 '처소' 의미역을 충족시킨다.

Tanya has the book.
(타냐가 그 책을 갖고 있다)

에서 대상 의미역을 받는 BOOK(책)이 있다. 이는 TANYA(타냐)에게 소유물이 된다. 다음 문장에서

Tanya gave the book to Martin.
(타냐가 그 책을 마틴에게 주었다)

대상 의미역 BOOK(책)은, '근원' 의미역을 받는 소유자로부터 '목표' 의미역을 받는 수혜자까지 이르는 어떤 PATH(경로)를 통과해 나간다. 달리 말하여, 기저에 있는 술어 FROM-TO(으로부터-까지)로부터 '근원' 및 '목표' 의미역이 도출되는 것이다. 게다가 TANYA(타냐)는 어떤 사역 EVENT(사건)의 사동주이다. 즉, TANYA(타냐)는 책이라는 대상이 근원으로부터 목표에까지 가는 그 EVENT(사건)을 CAUSED(일으켰다). '소유' 경로를 통과하는 개념을 다음처럼

GO_{poss}
'$가다_{소유물}$'

로 나타낼 경우에, 그 문장의 기저에 있는 메시지 구조는 다음과 같은 사건 명제로 나타낼 수 있다(여기서 시제 형태소 표시는 무시함).

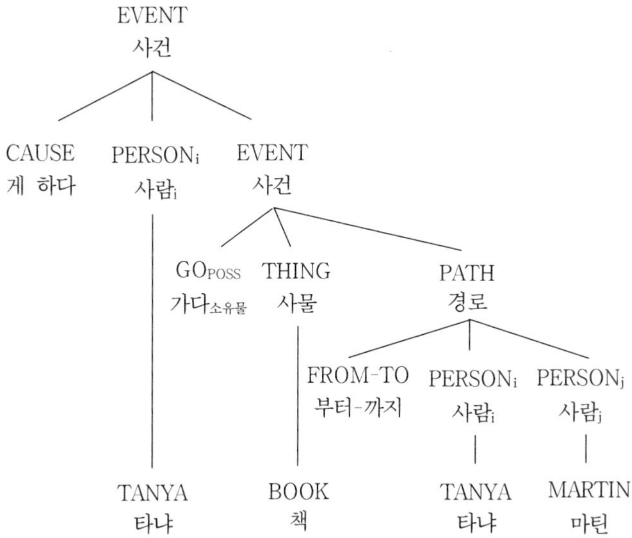

이런 정도의 상세함 수준에서, 'give'(주다) 밑에 깔려 있는 메시지 구조는 'receive'(받다)에 대한 구조와 동일하다. 위의 구조는 또한 다음 문장에도 적용된다.

Martin received the book from Tanya.
(마틴이 그 책을 타냐로부터 받았다.)

이런 의미 구조의 제시에서 화자가 'give'(주다) 문장을 형성할 것인지, 또는 다른 'receive'(받다) 문장을 형성할 것인지 여부는, 무엇보다도 TANYA(타냐)가 주제인지 아니면 MARTIN(마틴)이 주제인지(=누구를 주제로 서술할지에 대한 관점: 옮긴이)에 달려 있다(제3장 4절 1항을 보기 바람).

3) 몇 가지 마무리 언급

개념 형성기는 출력물로서 메시지들을 산출한다. 그것은 '명제 · 술어 · 개체 · 수식어'와 같이 서로 다른 유형에 대한 표상이 될 수 있다. 메시지와 그 구성성분들은 다음과 같은 경험 범주들을 나타낼 수 있다.

EVENTs, STATEs, THINGs, PERSONs, ACTIONs, PLACEs, PATHs, MANNERs
(사건, 상태, 사물, 사람, 행위, 장소, 경로, 방식)

현재 이 절에서는 이들 범주들이 참여하는 표상의 유형들에 대해서 살펴보았다. 이것들은 위계로 짜인 '함수-논항' 구조와 '핵어-수식어' 관계로 파악될 수 있다. 양화 표현 · 변항 결속 · 동일 개체에 대한 반복 언급도 허용한다.

추가하여 이들 구조에서 논항들이 맡고 있는 '대상 · 근원 · 목표 · 사동주 · 행위주 · 피동주 · 수혜주 · 경험주 · 도구'와 같이 아주 제약된 묶음의 추상적 역할도 논의되었다. 아마 이들 의미역의 배당은 기저에 깔린 술어에 달려 있을 것이다. 메시지에 'CAUSE(X, Y)'〔'일으키다'(X, Y) 또는 '-게 하다'(X, Y)〕라는 술어가 있으면, X는 사동주이다. 'FROM(X)'〔으로부터(X)〕라는 술어가 있으면 X는 근원 의미역이다 등등. 이것은 공간 및 행위 영역에 대해서만 성립되는 사례가 아니다. 또한 다른 개념 영역에도 적용된다. 우리는 시간의 영역과 소유의 영역을 예로 살펴보았다. 여러 연구자들은

'Lisa began/kept/stopped working.'
(리사가 일을 시작하였다/지속하였다/그만두었다)

에서와 같이 '정황'이나, 또는

'the metal melted.'
(그 쇠가 녹았다)
'I don't know the play well enough.'
(나는 그 경기를 잘 알지 못한다)

에서와 같이 '속성' 및 '정도'는 물론,

'he showed us a picture on the screen.'
(그는 우리한테 화면상으로 그림을 한 장 보여 주었다)

에서 볼 수 있는 '지각' 등과 같이, 그 분석을 여러 다른 영역에까지 확대한다. 일부 언어형식 주조기의 절차들은 그런 메시지의 의미역 구조를 참고한다.

의미 해체에 대한 논제도 살펴보았다. 화자의 메시지에서 기저의 술어들이 실지로 어느 정도로까지 명시되어야 할 것인가? 이는 아마 '전부 아니면 전무'의 사안은 아닐 것이다. 오히려 메시지에 있는 의미 구성성분들은 다양하게 차이가 나는 두드러짐이나 활성화 상태를 보여준다. 언어형식 주조기는 자신이 접속하는 레마(*lemma*)의 종류에서, 자신이 산출하는 수식 내용의 세부 사항에서, 그리고 자신이 생성하게 될 어순에서, 이러한 서로 다른 정도의 두드러짐을 깨달아야 한다. 이것이 우리를 마지막 초점으로 데려간다.

메시지 구조에서는 시간상 왼쪽으로부터 오른쪽으로 특정하게 순서짓기를 가정해야 할 아무런 이유가 없다. 앞에서 살펴본 예들에서 왼쪽으로부터 오른쪽으로 가는 구조는, 오직 우리가 채택한 개념상의 관습에 말미암을 뿐이다. 메시지 구조는 이른바 집합 체계이다(Levelt 1974 제2권을 보기 바람). 그렇지만, 주어진 메시지를 놓고서 서로 다른 부분들의 활성화에 대한 순서는 다양하게 달라질 수 있다. 그리고 분트의 원리에 따르면, 언어형식 주조기가 맨 처음 이용 가능해지는 부분들을 놓고서 작동하기 시작할 것이므로, 활성화의 순서는 언어형식 주조기에 의해 생성된 문장 구조에 영향을 미칠 가능성이 있는 것이다.

4. 서술관점과 정보 구조

1) 핵심 의미역 구조

화자의 입장에서 보아 메시지에 담겨 있는 의미역 관계들이 각각 '중요성 · 현저성 · 중심성'에서 서로 차이가 난다는 생각을 다시 살펴보기로 한다. 화자가 어떤 관계를 더 초점 무대 속으로 끌어들이고, 나머지 다른 것들을 배경 속으로 남겨 두고 싶을 수 있다. 이를 언급하는 또다른 방식은 화자가 개념구조를 어떤 '서술관점'(*perspective*) 속으로 가져오는 것이다(Fillmore 1977; MacWhinney 1977). 서로 다른 서술관점은 동일한 의미역 구조를 서로 차이가 나는 형식화로 이끌어 갈 수 있다.

제3장 3절 2항에서 한 가지 예가 주어졌다. 'Martin received the book from Tanya'(마틴이 그 책을 타냐로부터 받았다)라는 문장은 'Tanya gave the book to Martin'(타냐가 그 책을 마틴에게 주었다)에 있는 문장과 동일한 의미역 구조를 지닌다. 그렇지만 두 문장의 서술관점은 서로 다르다. 앞의 문장은 수혜자의 서술관점에서 그 장면을 묘사한다. 반면에 뒤의 문장은 출발점으로서 사동주를 택한다. 화자는 어느 장면에서 자신이 표현하고 싶은 것이 어떤 의미역 관계인지를 결정해 주어야 한다. 화자가 사동주를 완전히 무시하여 빼어 버리고서 'Martin received the book'(마틴이 그 책을 받았다)라고도 말할 수 있는 것이다. 그럴 뿐만 아니라 이들 중 어떤 의미역을 무대에 초점으로 내세울 것인지도 결정해 주어야 한다. 초점으로 내세운 의미역을 필모

어(Fillmore 1977)에[33] 따라 '핵심요소'(*nuclear elements*)로 부르기로 한다. 제 6장과 제 7장에서 논의될 것이지만, 이들 핵심 요소는 '주어·직접 목적어·(아마) 간접 목적어'라는 주요 문법 기능으로 부호화되는 경향이 있다. 반면에 배경 요소들은 덜 중요하며, 흔히 수의적인 문법 기능으로 귀결되는 경향이 있다. 이것들은 보통 사격(*oblique*)[34] 기능들로 불린다.

다음에 필모어(1977)에게서 가져온 또 다른 예가 있다.

① I hit the stick against the fence.
(나는 그 울타리를 향해 그 막대기를 내리쳤다)

② I hit the fence with the stick.
(나는 그 막대기로 그 울타리를 내리쳤다)

예문 ①을 발화하는 화자는 자신의 메시지에서 화자인 I(나)와 STICK(막대기)을 무대 초점 요소 또는 핵심 요소로 갖고 있다. 반면에 예문 ②의 화자는 화자인 I(나)와 FENCE(울타리)를 무대 초점으로 끌고 왔다. 두 경우에서 모두 핵심 요소들이 주어와 직접 목적어로 부호화되어 있다. 반면에 각각의 경우에서 비-핵심 요소는 전치사를 지닌 부차적 문법 기능으로 실현되어 있다.

물론 문제는, 화자가 발화한 문장에 의지하지 않은 채, 화자에게서 핵심 요소가 무엇인지를 결정해 내는 것이다. 이를 위해서 "핵심 요소

---

33) Fillmore의 글들은 남용우·임선호·이통진·황봉주 편역(1987) 《격문법이란 무엇인가: 격문법 이론 연구》(을유문화사) 속에 모아져 있다. 본문에서 거론되는 1977년 논문은 이 편역서의 제 8장으로 번역되어 있다.

34) 사격에 대립되는 개념이 정격(*core*)이다. 정격은 주격과 대격을 가리킨다. 이들이 모든 문장들에 나타난다는 속뜻이 깔려 있다. 그렇지만 사격은 영어에서 주로 전치사에 의해서 표현된다. 이는 동사의 내항이나 의미에 따라서 실현 여부가 결정된다.

들이 주요 문법 기능으로 배당된다"는 필모어(1977)의 주장을 입증할 필요가 있을 것이다. 이 문제에 대한 몇 가지 경험적 접근이 제7장에서 논의될 것이다. 여기서는 메시지에 있는 어떤 요소들이 화자에 의해서 강조됨을 시사하는 것만으로 충분하다. 이하에서 논의되는 바를 잘 이해하기 위하여, 이 초점화(*foregrounding*)에 대한 형식적 성격을 제시해 줄 필요는 없을 것이다. 그렇지만 한 가지 특정한 무대 초점 요소를 더 자세히 살펴볼 필요가 있다. 메시지의 주제이다.

2) 주제

화자가 어떤 지시대상에 대하여 서술을 하고자 한다면, 화자는 어느 지시대상이 언급되고 있는지를 수신자가 이해할 수 있도록 분명히 해주는 것이 좋다. 이런 일이 지금까지 살펴온 메시지 구조로부터는 분명해지지 않는다. 비록 우리가 '핵심 요소'들이 무엇인지를 알고 있다고 하더라도, 그것들 가운데 어느 것이 화자가 서술하려고 의도하는 것인지 여전히 분명하지 않다. 예를 들어, 다음 사건 명제를 살펴보기로 한다.

여기서 VISIT(방문하다) 라는 사건은 첫 번째 논항으로서 '사동주'인 $PERSON_i$(사람$_i$) 와 두 번째 논항으로서 '피동주'인 $PERSON_j$(사람$_j$) 를 가진 함수이다. 이런 표상은 그 서술이 이뤄지는 초점 모은 대상이 PETER(피터) 인지, 아니면 LIZ(리즈) 인지 여부를 우리에게 말해 주지 않는다. 이는 메시지의 참·거짓에 대한 진리값의 사안은 아니지만, 심리학적 관점에서 보면 실질적인 차이를 만들어 낸다. 논의 초점이 PETER(피터) 인 경우에, 피터에 대하여 청자 자신이 알고 있는 것이 무엇이든지 간에, 그 초점에다 자신이 통합해 놓으려고 하는 정보가 주어진다. 그것이 리즈인 경우에, 청자는 자신이 LIZ(리즈) 에 대하여 알고 있는 바를 살펴보아야 하며, 피터가 리즈를 방문했음을 추가해 놓는다. 따라서 청자를 위하여, 주제는 어쨌든 발화 속에서 표시되어 있어야 한다. 그 주제는 '문장 주제'(*sentence topic*) 로 부호화될 것이다. 그렇지만 언어형식 주조기는, 오직 언어화 이전의 메시지에서 어느 대상이 주제인지(어느 대상이 그 메시지가 언급해 놓는 대상인지) 가리켜질 경우에만, 적합한 문법 부호화를 수행할 수 있다.

다음처럼 관례를 세워 놓는다. 한 메시지에 대하여

TOPIC = X
(주제 = X)

를 더해 놓을 것이다. 단 여기서 X는 '주제' 논항이다. 따라서 앞에서 살핀 메시지가 LIZ(리즈) 에 대한 것이라면,

TOPIC = LIZ
(주제 = 리즈)

라고 추가해 놓게 된다. 가령 'Liz was visited by Peter'(리즈가 피터에 의해 방문을 받았다) 에서와 같이, 화자는 주제 요소를 문장의 시작 위

치에 놓고 부호화하는 경향이 있다. 이는 제 7장의 논제이다.

메시지에 있는 항목이 어떤 것이든지 주제가 될 수 있는 것은 아니다. 첫째, 주제는 메시지의 핵심 요소들 가운데 하나이어야 한다. 누군가 다음처럼 물을 경우에,

What about the stick?
(그 막대기는 어떻습니까?)

다음처럼 대답하는 것은 기묘하다.

??I hit the fence with the stick.
(??난 그 막대기를 갖고서 그 울타리를 내리쳤습니다)

하지만 핵심 요소로 된 다음의 대답은 괜찮다.

I hit the stick against the fence.
(난 그 울타리를 향해 그 막대기를 내리쳤습니다)

필모어(1977)의 분석이 옳다면, 뒤에 있는 대답 문장의 기저에 있는 메시지만이 그 핵심 요소들 중에서 주제로 된 STICK(막대기)을 갖고 있다.

둘째, 주제는 청자가 어느 대상 또는 일련의 대상들이 언급되는지를 알 수 있다는 점에서 반드시 지시적으로 되어야 한다. 이 책에서는 롸인하알(Reinhart 1982)의 주제에 대한 분석을 따른다. 거기에서는 'What about a fly?'(파리는 어떻습니까?)라는 질문에 대하여, 아주 기묘하게 느껴지는 다음 답변을 제시한다.

??There is a fly in my tea.
(??내 찻잔 속에 파리가 한 마리 있습니다)

달리 말하여, 여기서 비확정적인 개념으로서 FLY(파리)가 표현되었는데, 이는 주제가 아닌 것이다.[35] 그 이유는 대답에서 제시된 대상은 어떤 파리이든 상관없는 것이며 오직 배경 제시로서만 성립될 수 있기 때문이다. 그 대답에서 앞 질문에 제시된 주제에 대해 언급하고 지시된 특정한 파리(= 주제로 부각된 파리)는 없는 것이다.

하나의 메시지는 주제를 얼마나 많이 갖는 것일까? 문장의 요소들이 주제로 실현되어야 하는 만큼이나 많다. 생략 구조를 복원하기 위해 기저에 메시지가 깔려 있는 경우에, 그 문장은 주제가 없는 문장이 된다. 물론 설명이 없는 경우에도 주제란 존재하지 않는다.[36] 가령

---

35) 확정성(*definiteness*)은 영어에서 정관사 the 또는 수식 어구에 의해서 표시된다. 특히 담화에서는 확정적이라는 용어가 청자와 화자 사이에서 지시되는 대상이 공유되어 있을 때를 가리킨다. 달리 말하여 서로 '공유 지식'(*shared knowledge*)을 지닐 경우이다. 부정관사로 된 'a fly'는 아무 파리이든지 다만 하나 이상이 존재해 있기만 하면 되는 것이다. 뭔가 범위나 대상을 좁히거나 줄여 확정해 놓은 것이 아니다. 먼저 질문 형식으로

What about a fly?
(파리는 어떻습니까?)

어떤 주제(*topic*)가 청자와 화자 사이에 도입되었으므로, 그 주제가 이미 확정된 것으로 간주된다. 그렇다면 다음에 이어지는 발화에서는, 확정된 이런 주제를 이어받아 언급해 주어야 옳다. 언어에서 이런 기능은 '확정성'을 띤 표현들에 의해 실현된다. 즉 영어에서는 'the fly'나 대명사 표현 'them, it' 등으로 된다. 한국어에서는 zero(영) 대명사나 '그 파리' 정도로 표현될 수 있다. 이와는 달리, 본문에서 제시된 대답이 기묘한 까닭은 'a fly'(파리 한 마리)라는 표현을 써서 새롭게 어떤 배경을 도입하고 제시하는 표현을 썼다. 만일 미리 아무런 주제도 제시되지 않았다면, 이런 배경 제시 표현에서 어떤 사건이 초점으로 전개될 수 있으므로, 이 문장이 완벽히 적합하다. 그렇지만 앞의 질문(What about a fly?)에서 이미 초점이 모아지고 주제가 제시되었다. 따라서 이런 상황에서 이 문장은 적합한 발화가 될 수 없는 것이다.

36) 주제(*topic*)는 설명(*comment*)과 짝이 된다. 생략 문장의 경우에, 대체로 외현적 음성 형식을 갖는 표현은 오직 '설명'에만 관련된 부분이다. 다시 말하여 선행된 담화에서 찾아지는 '주제'가 다 생략되어 있는 것이다(복원 부분은 '주제' 관련 부분임). 그렇다면 주제는 담화 도입에서 정해지지만, 설명은 담화 진행을 이어가고 있는 부분이라고 말할 수 있다.

'LIZ'(리즈)에서와 같이 오직 지시대상만 언급하는 경우처럼, 서술어가 없는 메시지는 주제가 없다. 또한 비록 서술어가 있는 경우에라도, 화자는 그 서술어의 주제가 무엇인지를 결정하지 않은 채 — 즉, 화자가 청자로 하여금 청자의 관련 정보를 어느 대목에다 모아 두어야 할지를 결정하지 않은 채 — 놔두고 싶어 할 수도 있다. 그런 경우에는 언어형식 주조기도 또한 문장 주제가 없는 상태로 문장을 산출할 것이다. 앞에서 보았던 예문이

> 'There is a fly in my tea.'
> (내 찻잔 속에 파리가 한 마리 있습니다: 담화 주제를 끌어내려는 경우에 적합함)

이런 종류의 것이다. 그것은 그 잔 속의 차에 대한 것일 수도 있고, 화자에 대한 것일 수도 있으며, 파리가 빠져 있는 차의 상태에 대한 것일 수도 있다.

둘 이상의 주제가 있을 수 있는 것일까? 롸인하알(1982)은 '그렇지 않다'고 가정한다. 물론 다음과 같이 접속문으로 서로 다른 주제를 가진 문장들을 결합할 수는 있겠지만,

> It was Tom who cooked the meal and it was Mary who served it.
> (그 음식을 요리한 이는 톰이었고, 그것을 대접한 이는 메리였다)

접속문으로 결합되지 않은 경우에는 "한 문장에 오직 하나의 주제만 있다"는 가정을 받아들일 것이다. 비-접속 문장은 기껏해야 하나의 문장 주제(그 문장이 언급하고 있는 구성성분)를 지닌다. 주제는 기저에 있는 메시지가 하나의 '주제 표시 요소'를 지니는 경우에 생겨난다.

주제는 반드시 담화상으로 '주어진 정보'가 되어야 하는 것일까? 전혀 그렇지 않다. 화자는 아주 새로운 대상을 도입하고, 동시에 그것에

대하여 설명을 베풀어 줄 수 있다. 만일 저자가 다음과 같이 말한다면,

'Constantine wrote more than six hundred compositions.'
(콘스탄틴은 600곡이 넘게 음악을 작곡하였다)

비록 청자가 그 작곡가에 대해 한 번도 들어보지 않았다 하더라도, 청자는 콘스탄틴을 주제로 여길 것이다. 아마 청자는 저자가 어느 시점에 그 사람이 누군지(저자는 Constantine Huygens를 언급하려고 함)를 밝힐 것으로 기대할 것이다. 곧, 미지의 대상을 놓고서 새롭게 생성된 머릿속 저장고의 주소 아래에다 그 주제에 대한 설명을 저장하는 것이다.

제 4장 2절 2항에서는 현재 협의의 개념인 문법 부호화와 관련된 '문장 주제' — 즉 '문장 주제'의 문법 부호화를 실행하는 메시지 수준의 자질임 — 와 좀더 광의의 개념인 '담화 주제'(*discourse topic*)를 구별하게 될 것이다.

3) 주어진 정보 및 추론 가능성

앞에서 살펴본 예문으로부터, 서술이 이뤄지는 지시대상들은 대체로 청자에게 접속될 수 있음이 명백해진다. 보통 협동적인 화자는 메시지에서 지시대상이 이미 '주어져 있음'(*givenness*)을[37] 표시한다. 명백한 예를 하나 들어보기로 한다. 어떤 앞선 문장에서 지시대상이 하나 언급되었다면, 그것은 그 담화에서 대화 참여자들 사이에 주어져

---

37) 1970년대에 프라그(Prague) 학파에서 의사소통을 분석하면서, 청자에게 이미 알려져 '주어져 있는' 정보와 청자에게 '새로운' 정보가 한 문장 안에서 서로 긴밀히 짜여 있음을 찾아내었다. 즉, 화자는 기본적으로 주어진 정보를 먼저 내세우고 곧 이어 새로운 정보를 제시하는 것이다. given(주어져 있음)이란 용어는 old(옛 정보) 또는 shared (공유된)라는 말로도 쓰인다. 이는 new(새 정보)와 대립된다.

있고 쉽게 접속 가능하다. 그렇다면 다음 예시에서 보듯이

> I saw John. He was at the meeting.
> (저는 존을 보았습니다. 그가 그 모임에 있었습니다)

화자는 주어져 있는 지시대상을 대명사로 언급하는 경향이 있다. 앞서 나온 담화에서 주어지지 않은 지시대상이라고 하더라도,

> The pope was here today.
> (교황이 오늘 여기 왔었습니다: 혼동이 일어날 수 없는 '유일한' 대상이므로 정관사 the가 붙어 있음)

로 대화를 열어가는 경우와 같이, 대화 참여자들이 여전히 추론 가능하다. 우리는 메시지에서 각 지시대상에 대한 추론 가능성이나 추론 불가능성이 주어져 있는 것으로 가정할 것이다. 주어져 있음 및 추론 가능성에 대한 이런 논제들은 제 4장 5절 1항에서 더 폭넓게 논의될 것이다.

4) 초 점

화자는 추가적으로 메시지에서 새로운 초점이 무엇인지를 표시해 주게 될 것이다. 이것도 또한 제 4장에서 다루어질 것이다. '새로운 초점'은 청자가 채 주목하지 않았지만, 이제부터 주목해야 하는 정보이다. 언어형식 주조 과정에서, 화자가 초점 맞춰 정렬된 정보를 표시해 주기 위한 두 가지 중요한 방식이 있다. ① 초점에 음높이 악센트(*pitch accent*)를 주는 것과 ② 그것을 문장 끝에다 두는 것이다. 두 가지 수단이 모두 다음 예문에서와 같이 첫 번째 문장으로부터 두 번째 문장까지 '초점 변환'을 표시하기 위해 이용된다.

Peter saw much of Mary recently. But yesterday he visited LIZ.
(최근에 피터는 메리를 자주 만났습니다. 그러나 어제 그는 리즈를 방문하였습니다)

현재의 절에 있는 항목들이 모두 발화의 '정보 구조'로 불리는 바에 기여한다. 화자는 어떤 의도를 전달하기 위하여 메시지를 만들어 낸다. 의도로부터 나오는 그 메시지와 발화가 효율적으로 되기 위해서는, 청자가 그 발화의 의도를 추론할 수 있어야 한다. 그러므로 화자는 그 메시지가 무엇에 대한 것인지를 분명히 해 두는 것이 중요하다. 그 지시대상이 이미 주어져 있는지, 추론할 수 있는지, 아니면 전적으로 새로운 것인지, 어떤 정보에 초점이 모아져 있는지 등등. 이것들이 모두 청자의 처리를 쉽게 만들 것이다. 메시지 구조에서 주어져 있음·추론 가능성·새로운 초점을 표상하는 형식적 방법들을 다루지는 않을 것이지만, 우리는 메시지의 수준에서 그것들이 모종의 방식으로 표시된다고 가정해야만 한다. 계속 이어지는 장들에서는 다양한 측면의 문법 부호화가 이들 메시지 수준의 특징들에 의해서 제어된다고 논의할 것이다.

5. 서법 · 시상 · 지시표현

언어형식 주조기의 절차 — 특히 어순 및 동사활용 형태의 배당과 관련되어야 하는 절차 — 는 메시지에 있는 '서법 · 시상 · 지시표현'의 지시 사항들에 따라 진행될 것이다.

1) 서법 및 양태

무엇보다도 메시지에서 서술 · 명령 · 의문 중 어느 발화가 의도되는지 명시적으로 되어야 할 것이다. 의문 서법은 다시 '예/아니오' 대답 의문과 내용 제시 의문 사이에 추가 구분이 이뤄져야 한다.[38] 이들 사례를 기저에 있는 메시지의 시점에서부터 살펴나가기로 한다.

기본서법은 단정 서술이다. 이미 제2장에서 언급된 대로, 단정 서술 서법의 이용은 인식상의 책임을 떠맡는 중립적 또는 특권적 방식이다. 실제로 화자가 자신의 인식상 책임감을 이런 중립적 방식으로 표현하고자 하는 경우에, 그 메시지가 그런 효과를 달성하도록 어떤 표지를 담을 수 있다. 이를 DECL(서술문)로써 가리키기로 한다. 시제의 처리 방법과 같이, 이것도 명제를 수식해 주는 함수로 취급될 수 있다. 'John fell'(존이 넘어졌다)이라는 발화를 준비하는 화자는, 언어화 이전의 메시지를 다음과 같이 만들어 낼 것이다.

DECL(PAST(FALL(JOHN)))
서술문(과거(넘어지다(존)))

---

38) 원문에는 앞의 것을 polar(극성) 의문, 뒤의 것을 content(내용) 의문이라고 부른다. '극성'은 긍정 및 부정의 두 극이 있기 때문에 붙여진 것이다. 여기서는 풀어서 '예-아니오' 대답 의문과 '내용 제시' 의문으로 번역해 둔다. 뒤의 의문은 늘 wh-낱말과 함께 나타나므로 'wh-의문'이라고도 불린다.

비슷하게 'Let us go'(우리 함께 가십시다)와 'Go away'(꺼져 버려!)와 같은 문장에서 명령 서법은 "I want you/us to do something"(화자인 나는 당신이/우리들이 뭔가 실행하기를 바랍니다)과 같은 유형으로 된 실천 의무를 표현한다. 윌슨 · 스뻬버(Wilson and Sperber 1988)에 따르면, 명령 서법은 전형적으로 어떤 사태에 대한 희망을 표현하는 데 쓰인다(가령, 우리가 간다거나 당신이 가는 사태임). 그것이 어떤 사람이든 반드시 의무를 지울 필요는 없는 것이다. 예를 들어 'Get well soon'(빨리 병이 나으렴!)은 바람직한 상태를 표현한다. 그렇지만 청자에게 (병이 낫는) 의무를 지우는 것은 아니다. 화자가 그런 태도를 중립적 방식으로 표현하려고 하는 경우에, 그는 자신의 언어화 이전의 메시지를 명령형 표지 IMP(명령문)로 부호화할 것이라고 가정한다. 따라서 'Let us go'(우리 함께 가십시다)의 기저에 깔려 있는 메시지는 다음처럼 될 것이다.

IMP(GO(WE))
명령문(가다(우리))

화자가 뭔가를 알고자 할 경우에(즉, 어떤 정보 혹은 생각에 대하여 알아내려고 하는 표현할 경우에), 의문 서법으로 표시된 메시지를 구성할 수 있다. 의문 서법은 두 가지 하위 유형으로 나타난다. '예/아니오' 대답 의문과 내용 제시 의문이다. 앞의 의문은 명제에 대한 긍정적 대답이나 부정적 대답을 요구한다. 그러므로 '극성' 의문이라고 불린다. 내용 제시 의문은 정보의 빠진 부분을 채워 주기를 요구한다. 빠진 내용은 이른바 'wh-'로 시작되는 낱말로 언급된다. what(무엇), where(어디), how(어떻게) 등과 같다(제 3장 2절 2항을 보기 바람). 이런 형식 때문에 때로 'wh-의문'으로도 불린다. 의문문 메시지를 위해 우리가 사용할 기호 표시법은 '?'이다. 대체로 의문 형식이 '예/아니오'인지

아니면 '내용 제시'에 대한 것인지는 자명하다. 따라서

'Did John fall?'
(존이 넘어졌습니까?)

밑에 깔려 있는 메시지는 다음처럼 표현될 수 있다.

?(PAST(FALL(JOHN)))
의문문(과거(넘어지다(존)))

어떤 정보를 얻기를 희망하는 표현을 하는 것은, 흔히 청자가 그 정보를 제시하도록 의무를 지우게 될 것이다.

서술문 서법은 표준적인 서법 또는 기본 서법으로 간주될 수 있다. 따라서 중의성이 없을 경우에는 DECL(서술문) 표시를 해 놓지 않고 그대로 내버려 둘 것이다. 따라서 다음 메시지

PAST(FALL(JOHN))
과거(넘어지다(존))

은 서술문을 표시한 것으로 해석될 것이다.

제1장 3절 1항에서 논의된 대로, 의무를 지우거나 희망하는 일은 인식적이든 도덕적이든 '정도의 문제'로 간주된다. 의무감에 대한 이들 양태가 메시지에 표현될 수 있겠지만, 그것들을 표상하는 고정 형식을 지닌 방식은 도입하지 않을 것이다. 이것들이 언어형식 주조기로 하여금 양태 동사(can, may; 능력, 가능성)나 '미래' 양태(will, shall; 의지 미래, 단순 미래)를 이끌어 들이도록 할 것이다. 양태(*modality*)의 처리에 대해서는 쓰른(Seuren 1985)을 참고하고, 서법의 분석과 의무 양태에 대해서는 도허티(Doherty 1987)를 보기 바란다.[39]

그러나 태도에 대한 표현은 지금까지 제시된 것보다도 아주 훨씬 복잡하다. 예를 들어, 'John came?'(존이 왔어?) 에서와 같이 화자는 상승 억양으로써 서술문 형식을 이용하여 질문을 던질 수 있다. 이는 의문문 'Did John come?'(존이 왔었는가?) 과는 조금 차이가 난다. 서술문 형식은 놀람을 표현하거나 또는 존이 올 예정이 아니었다는 전제를 표현한다. 이런 측면으로 본다면, 의문문 형식이 좀더 중립적이다. 또한 분개・비꼼・굴복・흥분과 같이 감정적 태도가 운율 수단 — 특히 문장 운율 수단(van Bezooijen 1984; Scherer 1986) — 에 의해 쉽게 표현될 수 있다.

이 시점에서 우리는 아마 "언어형식 주조와 관련된 모든 것이 메시지 수준에서 부호화되어야 한다"는 가정을 한정해야 할 것이다. 메시지 수준의 부호가 본질적으로 명제로 되어 있다면, 높은 음높이나 날카로운 비명소리로 '직접' 표현된 감정적 태도들은, 아마 서로 다른 경로를 통하여 음운 부호화 및 조음에 영향을 미치게 될 것이다. 우리는 '음운 부호화 장치'와 '조음기관'이 독립적으로 이런 종류의 화자 태도에 민감히 작용할 가능성을 배제해서는 안 된다. 그런 이유로 말미암아, 흔히 '억양 의미'로 불리는 바에 대한 논의를 제 8장에서 살펴볼 것이다. 거기에서는 음운 부호화의 출력 표상들을 다루게 된다.

---

39) 우리말 번역에서는 '양태'와 '양상'이란 두 용어가 통용되고 있다. 아마 모두 우리말로 (사건을 바라보는) '모습'을 가리키기 때문일 것이다(모습 '樣', 모습 '態', 얼굴 '相'). 논리학에서는 '양상 논리'(필연성/가능성) 라는 말이 굳어져 쓰이고 있다. 학교 문법에서는 '양태'를 쓰고 있다(남기심・고영근 1985:173 《표준 국어 문법론》 탑출판사). 여기서는 후자를 따른다.

2) 상

언어에 따라서는 언어형식 주조기가 동사활용 형태에서 시간 지시 표현만을 표시하지 않을 것이다. 언어형식 주조기는 또한 어떤 행위가 지속적인지 순간적인지 여부(가령 꾸준히 '읽기': 일순간 '때리기'), 막 시작하고 있는지 여부, 반복된 활동인지 여부와 같은 시간 자질들도 표시할 것이다. 이들 시간 속성은 '상'(*aspect*)이라고 불린다. 영어에서 가장 분명한 상의 경우는, 단순 시제와 진행 지속 시제 사이에 있는 문법적 구별이다. 가령,

John read the book.
(존이 그 책을 읽었다)
John was reading the book.
(존이 그 책을 읽고 있는 중이었다)

그런 의미 자질들이 표현되는 경우에, 메시지는 이런 효과를 내기 위해 수식어를 포함해야 한다. 그렇지만 저자는 이런 목적만을 위해서 의미론적 함수나 기호를 도입하는 일은 자제할 것이다.

3) 지시표현

발화에서 물론(시·공간 속에서) 지시표현의 붙들어 두기(*anchoring*)도 메시지에서 마련되어야 한다. 영어나 스페인어 또는 독일어와 같이 시제 체계를 지닌 언어에서, 시간 표현은 필수적이다. 제2장에서는 이런 붙들어 두기가 두 가지 시간 표현 관계를 담고 있음을 살펴보았다. (화자 중심의) 지시표현 관계와 (외부 대상 중심의) 내재적 관계이다. 둘 모두 메시지에 표현되어야 한다. 시간 지시표현은 그 발화 시점의 '지금'(now)과 언급된 시점 사이에 있는 관계를 표현한다. 내재

적 시간 관계는 관련된 참조 시점과 그 사건 시점 사이에 성립된다. 혼동이 될 염려가 전혀 없을 경우에는, 이들을 모두 PAST(과거)나 PRESENT(현재)나 FUTURE(미래)로 표현할 것이다. 제 3장 2절 6항의 의미 유형 분석에 따라서, 이들은

PAST(FALL(JOHN))
과거(넘어지다(존))

에서와 같이 명제 전체에 대하여 작용하는 술어로 간주될 수 있다. 내재적 시간이 앞에서 언급된 '상'(*aspect*) 자질과 동일한 종류의 의미 자질임을 유의하기 바란다. 그것은 사건이나 상태나 활동에 대한 비-지시표현적인 시간 양상인 것이다.

또한 사람과 공간 지시표현 특징들도 또한 메시지에 표현되어야 한다. 자기 자신이나 청자를 가리키는 화자는, 이런 특징을 그런 방식으로 부호화할 것이다. 프리츠(Fritz)가 하이더(Heida)에게 말을 하는 경우, 이들 역할은 즉각 다음과 같이 대명사로 나타난다.

I want to ask you something.
(난 네게 뭔가 물어보고 싶다)

만일 프리츠가 다음처럼 말하는 경우는 아주 이상하게 들릴 것이다.

Fritz wants to ask Heida something.
(프리츠가 하이더에게 뭔가 물어보고 싶어한다)

이는 (화자 자신이 아닌) 다른 제 3의 프리츠가 (화자를 대면하고 있는 청자가 아닌) 다른 하이더를 가리키는 것으로 해석될 수 있다. 달리 말하여, 어느 지시대상(= 사람)이 현재 말을 하고 있는 화자이며, 어느

지시대상(= 사람)이 그 말을 듣고 있는 청자인지에 대하여 그 메시지에 부호화되어 있어야 하는 것이다.

비슷하게, 필요한 경우에 화자는 발화상황에 있는 대상과 자기 자신 사이에 있는 공간 관계도 부호화한다. 이는 'The book is here'(그 책이 여기 있어)에서와 같이 공간 지시의 올바른 문법적 표현을 위해서 필요하다(제2장 2절 2항을 보기 바람).

6. 언어마다 특수한 요구사항

서로 다른 언어들에 대해서 과연 서로 다른 언어형식 주조기가 있으며, 메시지에서 표현을 위해 부호화되어야 하는 것을 놓고서 언어마다 특수한 요구사항이 어떤 것이든 있는지 여부에 대해서도 질문을 던져야 한다. 예를 들어, 지시표현의 '근접성' 자질을 살펴보기로 한다. 제2장에서는 공간 지시표현을 위한 일부 영어 체계의 속성들이 논의되었다. 즉, here(여기)와 there(저기) 사이에 있는 구분과, this(이것)와 that(저것) 사이에 있는 구분이, 화자 자신과의 근접성에 관련되어 있어야 한다고 언급하였다. 화란어와 똑같이 영어의 체계는 두 극점의 대조를 지닌다.

가까움 : 멀리 떨어짐 (PROXIMAL : DISTAL)

이들은 화자 자신과의 거리가 들어가 있는 내용이다. 그러나 몇몇 언어는 이런 측면에서 차이가 난다. 스페인어에서는 세 차원으로 된 대조를 보인다. '여기/저기' 차원에 대해서는

aquí : ahí : allí

와 같은 세 가지 형식이 쓰인다. '이것/저것' 차원에 대해서도

este : ese : aquel

와 같이 세 가지 형식을 지닌다. 이는

가까움 : 중간 지역 : 멀리 떨어짐
(PROXIMAL : MEDIAL : DISTAL)

범주들의 대립이다.[40] 일본어의 지시표현 체계도 또한 3분 체계이며, 이러한 세 가지 범주에 대하여 서로 다른 형태소들을 가진다(Fillmore 1982).

'언어상대론' 옹호자인 워어프(Whorf 1956) 한테는 미안한 일이겠지만, 영어 화자와 화란어 화자들이 화자 자신으로부터 떨어진 거리를 지각하는 데에 스페인어 화자와 일본어 화자들보다 거의 차이가 있을 것 같지 않다. 그러나 표현을 위해서 화자로부터 떨어져 있는 거리에 대한 정보를 마련해 놓는 경우에, 영어 화자와 화란어 화자들은 자신의 메시지에 있는 정보를 이분지 방식으로 표상해야 한다. 반면에 스페인어 화자와 일본어 화자들은 삼분지 부호를 이용해야만 할 것이다. 따라서 메시지 차원에서 부호화하는 일은 언어마다 특수한 차이를 반영해 주어야 한다.

좀더 일반적인 차원에서 명백하게 이 점이 쉴레징어(Schlesinger 1977) 에 의해서 논의되었다. 그리고 실지로

가까움 : 멀리 떨어짐 (PROXIMAL : DISTAL)

40) '중간 지역'은 화자의 세력권에 속하지도 아니고, 청자의 세력권에 속하지도 않은 제3의 영역이다.

만이 유일한 가능 사례는 아니다. 현재 이 장의 더 앞쪽 부분에서는 언어마다 특수한 체계에 대한 또 다른 중요한 측면이 논의되었다. 즉, 시제 표시이다. 시제 체계가 없는 언어가 있다. 즉, 동사의 종결어미 활용에서 필수적으로 PAST(과거)나 PRESENT(현재)와 같은 시제 자질을 표시하지 않는 언어들이 있다.[41] 말레이(Malay)어가 그런 언어이다. 물론 말레이어 화자는 여전히 다른 방식으로 이들 시제 관련성을 표현한다. 하지만 영어에서와 같이 시제를 표현하는 것이 필수적인 것은 아니다. 또한 시간을 표현할 의도를 갖고 있지 않을 경우라면, 말레이어 화자의 메시지가 시간 정보를 포함할 것이라고 가정할 필요도 없다. 그렇지만, 영어 화자는 의사소통 가치가 전혀 없다고 해도 반드시 시제를 부호화해 놓아야 한다.

또 다른 유명한 경우가 호주 언어의 하나인 킬리빌라(Kilivila)어에 있는 '분류사'(*Classificatory particle*, 분류 첨사) 체계이다.[42] 이는 인류

---

41) 시간 표시 방법은 인간의 모든 언어에서 다음과 같은 발달 경로를 따른다고 가정된다. 상(*aspect*) 체계가 기본이다. 상은 화자와 사건과의 관계만을 표시해 주기 때문이다. 여기에 화자의 발화 시점이 도입되면서 동시에 참조 시점도 같이 들어와 비로소 시제(*tense*) 체계가 생겨난다. 현재까지 상만 있는 언어가 있고, 상과 시제가 모두 갖춰진 언어가 있지만, 상이 없이 오직 시제만 갖추고 있는 언어는 전혀 없는 것으로 알려져 있다. 상만 갖고 있는 언어에서 정밀한 시간을 표현하려면 시간 부사를 도입하거나 종속절 형식으로 표현하므로, 결과적으로 동일한 내용을 가리킬 수 있다. 상과 시제를 모두 가진 언어를 '시·상' 체계 언어라고도 한다. '시·상'의 문제는 우리말에서와 같이 '양태'(*modality*)도 같이 관련되므로('겠'이 대표적임) 더욱 복잡해진다(영어는 시제·양태 조동사가 따로 있음). 결국 시간 표현 속에는 화자와 사건뿐만이 아니라, 발화 시점과 그 사건을 바라보는 (기대하는) 모습들이 모두 한꺼번에 〈화자, 사건〉의 함수 속에 자리를 틀고 있는 셈이다.

42) 전세계의 분포를 보면 대체로 동아시아 언어들이 분류사를 갖고 있는 것으로 언급된다. 특히 수량 분류사의 경우에, 비록 우리말과 중국어와 일본어가 '한자 어원'의 분류사를 쓰더라도, 달리 각각

"책 한 권(卷) : 책 한 개(个) : 책 한 본(本)"

과 같이 쓰고 있음은 흥미롭다(영어에도 이른바 '조수사'〔助數詞〕가 있지만 입

학자 말리높스끼(Malinowski 1920)에 의해 처음 기술되었다. '지시 대명사·수사·형용사'들은 그것이 수식하는 대상의 부류와 관련하여 접사를 구현시킨다. 그 접사들은 다음과 같은 대상의 속성을 드러낸다. ① 그 대상이 나무이고 길쭉한지, 아니면 둥글고 돌과 같은 성질을 갖고 있는지 여부, ② 그 대상이 나뭇잎으로 만들어졌는지 아니면 나무의 섬유질로 만들어져 있는지 여부, ③ 그 대상이 갈라져 나뉜 가지들이 있는지, 진흙 단지인지, 잘려진 일부인지 여부, 등등. 말리높스끼는 그 언어의 형태에 문법화되어 있는 이런 우연한 종류의 범주를 42개나 찾아내었다(오직 서구 문화 입장에서 기술한 것임). 최근의 킬리빌라어 첨사들에 대한 분석을 보려면, 센프트(Senft 1985)를 참고하기 바란다. 이 언어의 화자들은 그들의 메시지에 그런 자질들을 반드시 부호화해야 한다. 그렇지 않으면 그 언어 형태론이 올바르게 실현되지 않을 것이다.

이렇게 비슷한 사례들이 개념 부호화 및 문법 부호화의 구별 가능성에 대하여 흥미로운 물음을 제기한다. 메시지 차원에 있는 표상은, 실제로 언어형식 주조기 속에 캡슐로 들어 있는(*encapsulated*) 언어 정보에 의지하지 않고서도 세워질 수 있는 것일까? 또는 두 체계들이 앞장에서 추측하였던 것보다 훨씬 덜 자족적인 것일까?

슬로빈(Slobin 1982)은 한 언어에서는 필수적으로 문법 표시를 하지만 다른 언어에서는 그러하지 않는 자질들의 목록이 수적으로 아주 작음을 논의한다. 달리 말하여, 두 체계 사이에 '틈새'가 있다면, 그것은

말로는 거의 안 쓴다고 함). 우리말 수량 분류사는 우형식(2001) 《한국어 분류사의 범주화 기능 연구》(박이정)을 참고하고, 일반 논의는 ① Craig ed.(1986) 《명사 부류 및 범주화 *Noun Classes and Categorization*》(John Benjamins), ② Senft(2000) 《명사의 분류 체계 *Systems of Nominal Classification*》(Cambridge Univ. Press), ③ Aikhenvald(2003) 《분류사: 명사 분류 기제의 유형론 *Classifiers: A Typology of Noun Categorization Devices*》(Oxford Univ. Press)을 참고하기 바란다.

아주 제한된 종류일 것이다. 그러나 실제로 두 체계 사이에 있는 상호작용을 처음에서부터 가정할 근거는 전혀 없다. 언어 학습에서, 메시지를 부호화할 경우에 (어린이) 화자는 그 언어가 어떤 지각적 특징 혹은 개념적 특징들에 주의를 하도록 요구함을 명백히 깨달아야만 한다. 그리고 슬로빈과 다른 연구자들이 보여 주었듯이, 어린이는 자신의 언어 형태 요소 배당에 필요한 개념적 속성들을 놓고서 자신의 '연속된 가정'들을 드러내는 특징적 오류를 범한다.[43]

그러나 비록 개념 형성 및 문법 부호화가 언어를 습득하는 어린이에게 상호작용을 하고 있지만, 어른 화자는 표현을 위해 메시지를 마련하는 경우에 무엇을 부호화해야 할지 익히 배웠다. 모어 화자는 경험상 자신의 언어가 '중간 근접성 · 수사 · 시제 · 대상 모양새'에 대하여 무엇을 요구하는지 이미 알고 있거나, 또는 무엇이 필요하든 간에 거기에 대해 문법 부호화에서 어떤 범주를 요구하는지 잘 알고 있다. 따라서 '언어화 이전의 메시지'를 마련하는 데에 적합한 정보를 선택할 것이다. 개념 형성기는 더 이상 언어산출의 각 경우마다 언어형식 주조기에다 그것이 입력물로서 어떤 것인지를 물을 필요가 없는 것이다. 한마디로 말하여 '그 체계들은 자족적으로 되어 있다'. 의미 구조상 언어마다 특수한 요구사항들은 개념 형성기의 절차지식 기반에 이미 잘 표상되어 있는 것이다.

---

43) 이는 모국어 습득에서도 마찬가지이다. 가령, 서너 살 된 우리나라 어린이들이 '이 장난감'을 언제나 '이거 장난감'과 같이 말한다. 제 2언어를 배울 때에도 이와 같이 잘못된 규칙 적용 사례들이 일정 기간 지속적으로 나타난다〔이를 본문에서 '연속된 가정들'(*successive hypothesis*)로 표현함〕. 따라서 언어교육에서는 목표 언어의 최종 완벽한 상태에 이르기 전까지 나타나는 모든 현상을 포괄하기 위하여 inter-language(중간언어)라는 용어도 쓴다. 언어 습득과 관련하여 우리말로 된 책으로, 김영주 외 7인(1997) 《언어학 이론과 한국어 의미 · 통사구조 습득 Ⅰ》(민음사)와 조숙환 외 7인(2000) 《인간은 언어를 어떻게 습득하는가: 언어의 의미 · 통사구조 · 습득에 관한 연구》(아카넷)를 참고하기 바란다.

7. 요 약

이 장에서는 표현을 위해서 메시지를 마련하는 경우에 개념 체계에 대한 목표(*target*) 표상들을 개관하였다. 이들 표상은 '명제적'이라고 불린다. 그것들이 진리치를 갖고 있거나 또는 그런 표현의 구성성분 일부를 지닐 수 있기 때문이다. 표상의 명제적 모습만이 결코 유일한 '사고의 언어'는 아니다. 명제 모습이 공간적 · 음악적 · 운동적 부호들과 같이 다른 정신적 부호들 사이에서 매개되어야 한다는 점에서, 명제 모습은 심지어 중심적인 부호도 아닌 것이다. 그러나 개념이 언어로 표현되려면, 즉시 그 개념들을 표상의 명제적인 모습으로 부호화해 놓아야 한다.

언어화 이전의 메시지는 특별한 종류의 명제 구조이다. 우리는 그것을 '의미론적'이라고 불렀다. 그것들은 언어형식 주조기에 대한 입력물이며, 그 역할을 위하여 재료가 되는 여러 가지 특징을 함의한다. 그것들이 완결된 명제일 필요는 없다. '개체 · 술어 · 수식어' 등을 가리키는 표현과 같이, 의미 구조에 대한 다양한 유형들이 언어화 이전의 메시지가 될 수 있다. 메시지는 다양한 정도의 복잡성을 띠는 '함수-논항' 관계를 담고 있다. 그것들은 복합 개념 내용을 표현하기 위하여 계층적으로 구성될 수 있다. 일부 논항들은 추상적인 역할을 맡는다. 사동주 · 행위주 · 근원 · 목표 의미역 등과 같다. 이들 의미역의 특성은 아마 관련 함수(≒ 동사)에 의해서 결정될 것이다.

> DO (X, Y), CAUSE (X, Y), FROM (X), TO (X)
> '실행하다(X, Y), 게 하다(X, Y), 부터(X), 까지(X)'

와 같이 일부 의미 함수들은 기본적이다. 따라서 여러 가지 다양한 개념 표현에 실현되는 경향이 있다. 의미 표상에서 그 함수들의 출현은 그 메시지에 어떤 '의미역 구조'를 부과해 놓는다.

메시지와 메시지로부터 귀결되어 나오는 발화가 효과적으로 되기 위해서는, 임의의 메시지가 어떤 서술관점과 맞물려 들어가야 한다. 잠재적인 청자는 그 발화가 무엇에 대한 것인지, 어떤 정보가 계속 진행되는 담화에서 이미 이용 가능한 정보인지, 어떤 항목에 새롭게 초점이 모아질 것인지 등을 알아낼 수 있어야 한다. 이들 그리고 다른 '제어' 측면들도 그 메시지에 표시되어야 한다.

언어형식 주조기가 그 메시지를 입력물로 받아들이기 위해서는, 메시지가 서법을 표시해 주어야 한다. 즉, 그 발화가 서술문인지, 명령문이지, 의문문인지를 표시해 주어야 한다. 게다가, 동사 활용 형태의 생성에 필요한 시상 및 지시표현 자질들도 담고 있어야 한다.

언어는 문법상으로 드러나는 의미 자질들의 종류에서 서로 차이가 난다. 결과적으로 메시지의 부호화는 서로 다른 언어의 화자들에게서 똑같은 것이 아니다. 메시지 부호화 절차는 반드시 그 언어로 된 메시지 구성에서 이러저러한 의미 구성부문들이 필수적임을 언급해 놓아야 한다. 예를 들면, 화자의 언어가 시제 체계를 지닌 경우에, 유형 명제(*type proposition*)의 각 메시지 그리고 모든 메시지는 반드시 시제 표시 요소들과 함께 제공되어야 한다. 이런 부호화 절차는 시제 정보가 의사소통 가치가 있는지 여부에 대한 물음과는 무관한 것이다.

제 4 장

메시지 생성

발화 생성에서 '언어화 이전의 메시지' 구성은 첫 번째 단계이다. 이 단계는 보통 어떤 의사소통 의도의 개념에 의해서 개시된다. 화자가 뭔가를 말함으로써 어떤 목적을 성취하고자 하며, 말해진 바로부터 청자가 그 의도를 인식하기를 원한다. 의사소통 의도가 주어지면, 화자는 그 목표를 실행하는 데에 도구가 될 것으로 기대되는 표현을 위해서 관련 정보를 선택할 것이다. 이 정보는 협동하는 청자로 하여금 그 의도를 추론하는 일이 가능해지도록 만들어 줘야 한다. 이런 논제가 제 4장 1절에서 언급된다.

그러나 정보는 오직 상호작용 상황과 관련되는 경우에만 의사소통 도구가 될 수 있으며, 그 상황은 지속적으로 바뀌어 나간다. 담화가 진행되면서, 중간 목표가 달성되거나, 아니면 차단되어 버리거나, 또는 새로운 관련 사실들이 나타난다든지 등등이다. 표현을 위하여 메시지를 구성하는 동안에, 화자의 주요 과제는 담화 상황에서 무엇이 일어나고 있는지에 대하여 계속 정보를 얻어내는 것이다. 이를 '담화기록'으로 부른다. 이는 제 4장 2절의 주제이다.

그러고 나서 우리는 순수 메시지 구성물을 살펴볼 것이다. 메시지 마련은 두 단계로 이뤄진다고 제안될 것이다. 첫째 단계는 '거시적 설계'로 불릴 것이다. 이는 하위목표들에 대한 하나의 순서열로서, 의사소통 의도의 정교화와 이들 의사소통 목표(단정, 질문 등)를 실현하기 위하여 표현될 정보선택으로 이뤄진다. 이는 이어지는 발화행위들의 내용을 결정짓는다. 둘째 단계는 '미시적 설계'이다. 이는 언어화 이전의 메시지에 의해 요구된 형식대로 거시적 설계를 생성해 놓기 위하여, 추가적으로 각 발화행위의 모양새를 만들어 내는 일과 관련된다.

제4장 3절과 4절은 '거시적 설계'를 다룬다. 3절에서는 의사소통 목표에 대해 도구적인 정보를 화자가 어떻게 선택하는지를 놓고서 좀더 자세히 논의한다. 4절에서는 화자의 선조화 문제점에 관심을 둔다. 즉 이는 여러 가지 메시지를 포함하는 복합 정보를 표현하기 위하여 화자가 어떻게 순서를 잡는지에 대한 물음이다.

제4장 5절에서는 '미시적 설계' 기저에 있는 몇 가지 과정을 탐구한다. 화자는 메시지에 있는 지시대상들을 청자가 접속할 수 있도록 해 주기 위하여, 그 담화에서 이미 주어진 대상이나 새롭게 도입되는 대상을 놓고서 청자의 주의력을 이끌어 가는 신호 방식을 써서 표시해 놓을 것이다. 또한 화자가 어떤 특정 지시대상을 그 주제로 표시해 주고 싶을 수도 있다. 추가적으로 화자는 모든 정보가 필요한 명제 형식으로 주어졌는지, 그리고 모든 '언어화 이전의 메시지'가 언어형식 주조기에서 언어마다 특수한 요구사항들을 드러내는지에 대해서도 살펴보아야 한다.

1. 의도로부터 메시지까지

각 발화행위의 모태는 '의사소통 의도'이다. 이 개념은 제 2장에서 소개되었다. 우리가 앞에서 살펴보았듯이, 발화행위 계획에서 화자의 '주요한' 목적은 청자에 의한 '의도 인식'이다. 제 4장에서는 화자의 의사소통 의도로부터 시작하여, 다 형성된 경우에 협동하는 청자가 그 의도를 인식할 수 있도록 하는 언어화 이전의 메시지에 이르기까지, 화자가 어떻게 진행해 나가는지를 살펴본다. 우리는 좀더 '부차적인' 화자의 다른 의도들에도 오직 지엽적으로만 관심을 두게 될 것이다. 이는 상대방에 의해서 그렇게 인식되는 것은 아니다. 그렇지만 그런 좀더 부차적인 의도라고 하더라도 결코 화자를 다루는 이론에서 덜 흥미로운 것이 아님이 덧붙여져야 한다. 그것들이 표현된 정보의 선택은 물론(제 4장 3절 5항을 보기 바람), 소리 세기나 빠르기나 억양과 같이 말하기의 운율 자질에도 영향을 줄 수 있다.

정보를 전해 주는 경우로서, 하나의 사례를 놓고서 시작하기로 한다. 화자 싸이먼은 청자인 한나한테 '우보가 우주 비행사임'을 말해 주려고 한다. 좀더 격식을 갖춰 말하면, 싸이먼의 메시지 부호화 내용은, 어떤 상황이 일어나게 하려는 의도로부터 시작된다. 이는 다음처럼 표상된다.

KNOW (HANNA, INTEND (SIMON, BELIEVE (HANNA, ASTRONAUT (WUBBO))))
알다 (한나, 의도하다 (싸이먼, 믿다 (한나, 우주비행사이다 (우보))))

목표 상태는 싸이먼이 한나로 하여금 '우보가 우주비행사임'을 믿도록 의도하였음을 한나가 깨닫는 일이다. 이런 목표를 달성하기 위해서 싸이먼에게 여러 가지 방법이 있다. 심지어 반드시 언어적 수단일 필요도 없다. 예를 들면, 싸이먼이 한나한테 우주 비행복을 입고 있는 우보의 사진을 한 장 보여 줄 수도 있다. 만일 한나가 우보를 알고 있으나, 그가 우주 비행사임을 모르고 있다면, 싸이먼이 그 사진을 보여 주는 일은 그런 의사소통 의도를 충족시켜 줄 수 있다. 그러나 싸이먼의 의사소통 의도가 비-언표적이라면(즉 그 목표를 달성하기 위하여 그 의도가 언어적 수단을 이용하는 것이라면), 싸이먼은 반드시 메시지를 부호로 집어넣어야 한다. 자신의 목표를 달성하기 위하여, 싸이먼은 다음과 같이 그 메시지를 부호화할 수 있다.

DEL(ASTRONAUT(WUBBO))
서술문(우주 비행사이다(우보))

형성이 다 끝났을 경우에, 이런 메시지는 다음과 같이 발화될 것이다.

'Wubbo is an astronaut'
(우보가 우주 비행사이다)

만일 한나가 의사소통에 협동한다면, 그녀는 우보가 우주 비행사라는 명제뿐만 아니라, 싸이먼이 그녀로 하여금 이 명제를 믿도록 의도하였음도 깨닫게 될 것이다.

의도로부터 메시지까지의 여정은 보통 두 단계 이상을 포함한다. 흔히 그 목표는 하위 목표들로 확장되어야 할 것이다. 예를 들면, 그 의도가 어떤 사람한테 길을 알려 주는 것이라면, 화자는 하위 목표("먼저 그녀에게 시청을 가리켜 주고 나서, 그 박물관의 정확한 위치를 알려 준다")와 하위-하위목표("시청으로 가기 위해서는 먼저 도심 고속도로를 타야만 하고, 그러고 나서 두 번째 신호등에서 오른쪽으로 돌아 들어간다") 등을 이루는 '전체 계획'을 만들어 내야 한다. 화자는 달성해야 할 다양한 하위목표들을 계획하고 그것들을 순서대로 놓아야 한다. 각 하위목표에 대하여, 화자는 표현할 발화행위를 결정해 놓아야 한다. 즉, 단정 서술인지, 명령인지, 의문인지, 아니면 다른 어떤 것인지를 결정해야 한다. 그 목표를 충족시키기 위하여, 이는 각 발화행위를 놓고서 대화 상대방에게 표현해 줄 정보에 대한 계획도 포함한다.

제 2장에서 길게 논의되었듯이, 많은 것들이 명백히 형성되지 않은 채로 전달될 수 있다. 화자는 일반적으로 오직 전달될 그 정보의 일부 도막만을 표현해 놓은 발화로부터 목표나 하위목표를 추론해 나가는 협동적인 대화 상대방의 능력을 믿고 의지할 것이다. 발화행위는 간접적 표현이 될 수도 있다. 버터워쓰(Butterworth, 1980b)를 수용하여, 이들 활동의 총체가 '거시적 설계'(*macroplanning*)로 불릴 것이다. 그 출력물은 우리가 '발화행위 의도'(*speech-act intentions*) 또는 더 줄여서 '화행'으로 부르게 될 내용에 대한 순서열이 된다. 의도된 서법(서술문·의문문·명령문)과 내용이 구체화되는 대로 이것들이 메시지가 된다.

그러나 화자는 연속된 발화행위의 내용들을 계획하고 순서지어 놓아야 할 뿐만 아니라, 또한 각 발화행위의 내용들이 서술관점 속에 들어와야 하며, 특정한 정보 구조도 배당되어야 한다. 주제나 초점 또는 새로운 정보로서 표현되어야 하는 것들의 분포도 메시지에 배당되어야 하며, 메시지가 충족시켜야 할 언어마다 특수한 매개인자들도 화자는 깨닫고 있어야 할 것이다. 화자 쪽에서 이들 활동은 '미시적 설계'(*microplanning*)로 불릴 것이다. 의도된 발화행위 각각에 대하여 미시적 설계의 출력물은 '언어화 이전의 메시지'가 된다.

거시적 설계와 미시적 설계를 메시지 부호화 절차에서 별개의 두 단계로 여기고 싶을 수 있다. 거시적 설계에서 화자는 의사소통 의도를 개별적 발화행위의 내용 수준까지 내려가도록 정교히 가다듬는다. 미시적 설계에서는 의도된 발화행위 각각에 대한 내용을 놓고서 정보 서술관점이 주어지며, 언어화 이전의 메시지를 위해 필수적인 모든 자질들이 배당된다. 물론 그런 두 단계 이론은 (완벽히 한 단계가 끝난 뒤에

〈그림 4-1〉 의도로부터 언어화 이전의 메시지까지

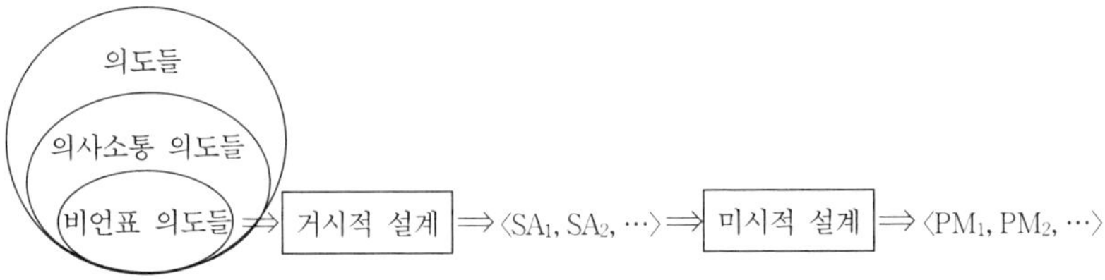

*SA는 발화행위(*speech act*), PM은 언어화 이전의 메시지(*preverbal massage*).

다음 단계로 진행하는 것이 아니라 조금씩 넘어가는) 점증적인 종류가 되어야 한다. 화자가 모든 거시적 설계를 미시적 설계가 개시될 수 있기 전에 완벽히 종결지어 놓아야 할 필요는 없는 것이다. 그 모든 세부사항들을 계획해 놓지 않은 채, 어떤 진행 방향만 내어 주면서 시작할 수도 있다. 이 두 단계 견해는 궁극적으로 너무 제약적이라고 판명될 수 있다. 미시적 설계에 의해서 거시적 설계가 영향을 입는 상황들도 있을 수 있기 때문이다. 그렇지만 그런 역방향 정보 흐름이 있기 전까지는, 두 단계의 견해가 좀더 제약적이기 때문에 선호될 것이다.

지금까지 논의된 내용이 〈그림 4-1〉에 요약되어 있다. 거기에서 의사소통 의도는 의도의 부분집합이며, 다시 의사소통 의도의 부분집합만이 발화행위들로 실현될 것임을 보여준다. 그렇다면 메시지 부호화에 포함된 두 종류의 과정이 있다. 첫째, 화자는 그 의도를 정교하게 만들어야 한다. 그 하위 목표 각각에 대하여 화자는 어떤 발화행위를 계획해야 한다. 즉 그 목표를 실현하는 데에 도구가 될 만한 표현들에 대한 정보를 골라내어야 한다. 이것이 '거시적 설계'이다. 둘째, 표현될 각 정보 단위는 청자의 주의력을 의도된 방식으로 이끌어 가며, 언어형식 주조기의 입력물 요구사항을 충족시킬 '정보구조·명제형식·서술관점'을 집어넣음으로써, '언어화 이전의 메시지'로 모양새를 갖춰야 한다. 이것이 '미시적 설계'이다.

메시지 부호화 과정에 대한 두 측면은 모두 아주 맥락 의존적이다.

자신의 목표를 정교히 만들고, 표현을 위한 효과적인 정보를 골라내기 위하여, 화자는 정밀한 담화 상황을 고려하여야 한다. 정보 서술관점의 배당에서도 동일한 내용이 성립된다. 담화 맥락은 계속해서 변화해 가는 상황이다. 그러므로 메시지 부호화에 대한 과정은, 계속 진행되고 있는 담화에 대하여 화자가 지닌 머릿속 '담화기록'들을 참고해야 한다. 위 그림에서 묘사된 과정들을 논의하기에 앞서, 우리는 이런 화자의 담화기록에 대한 중요한 논제를 다루게 될 것이다.

2. 담화기록 보관과 메시지 구성을 위한 그 중요성

졸가리 잡힌 담화를 정의하는 특성은, 앞서 말한 것이 무엇이든 상관없이 화자의 새로운 움직임이 모두 앞서 말한 바에 어떤 방식으로든 관련된다는 점이다. 협동적인 화자의 기여 내용들은 진행되는 담화에 관련될 것으로 가정된다. 그러나 이는 화자 쪽에서 '담화기록' 보관 장부나 머릿속 창고를 필요로 한다. 화자는 언급된 바와 그 자신에 의해서 그리고 대화 상대방에 의해서 전달된 바를 놓치지 말고 기억해 둬야만 할 것이다. 현재 화자에게 이용 가능하거나 접속 가능한 담화의 정보에 대한 총합은 화자의 '담화기록'(*discourse record*) 이라고 불린다. 이는 담화가 전개된 대로 기록된 그 담화에 대한 화자의 내적 표상인 것이다.

담화기록은 본래 역동적인 대상이다. 그것은 화자에 의해서이든 다른 참여자에 의해서든 간에, 대화를 놓고서 이뤄진 각각의 새로운 기여 내용과 더불어 변해 간다. 화자의 담화기록은 앞서 이뤄진 모든 발화에 대한 피상적인 흔적이 아니다. 그것은 그 대화에서 일어난 바에 대한 구조화된 해석인 것이다. 흥미롭지만 덜 연구된 논제는, 담화의 어떤 측면들이 심층 부호화(즉 장기 기억)로 이끌어 가며, 어떤 측면들이 일시적인지(즉 오직 짤막한 시간 동안만 작업 기억에 유지되는지)에 대한 것이다. 화자의 담화기록 보관 장부에 있는 몇 가지 주요한 항목들을 개관해 나가기로 한다.

1) 담화 유형

담화에는 여러 가지 유형이 있다. 이들은 서로 다른 종류의 기여를 화자 쪽에 요구한다. 무엇보다도 먼저, 격식 없는 일상 대화가 있다. 이는 일반적으로 가정된 것보다 덜 통합된 유형일 수 있다. 예를 들어, 동료들과 함께 나누는 일상 잡담이, 부모나 자식들과 나누는 일상 잡담과 똑같을 것인지 의심스럽다. 어쨌든, 정의를 내리는 특성 중에는 '비-격식성 · 대체로 동등한 발언권 · 주제 변경의 자유로움'에 대한 대화 참여자들의 자각이 있다. 화자가 일상 대화처럼 담화에 참여하여 경험하는 경우에, 그는 제 2장에서 논의된 '발언기회 얻어내기' 규칙들 가운데 어떤 것을 따를지 묵시적으로 알고 있다.

대화 분석가들은 다양하게 서로 다른 유형의 담화들을 구별하고 연구해 왔다. 이야기 말하기(Jefferson 1978; Ryave 1978)나 더러운 농담(Sacks 1978)을 포함하여, 서사적 이야기(*narrations*)가 일상 대화 속에 일어날 수 있다(Beaugrande 1980; Labov 1972; Scollon and Scollon 1981). 그렇지만 그런 서사적 이야기가 완결될 때까지 단일한 한 사람의 화자가 발언권에 대한 주도권을 쥐고 있음을 대화 상대방 쪽에서 깨달아야 한다. 화자는 다른 참여자들에 의해서 제멋대로 끼어들어 중단되는 일도 기대할 수 있겠지만, 그런 경우에 구조화된 일련의 메시지를 산출해 냄으로써 벌충해 주어야 한다. 강의는 구조화된다는 측면에서 비슷하지만(Goffman 1981), 대화 속에는 포함되지 않는다. 강의는 좀더 심각하며, 사적인 내용이 아니다. 강의에서는 화자가 공간상으로 마주한 특정 청중들에게 자신의 견해를 전달해 주도록 되어 있다. 시험 및 면담 조사는 고정된 '질문-대답'의 발언 순서로 특성이 지워진다(Atkinson and Drew 1979). 거기에서는 누가 질문을 할지, 그리고 누가 대답을 할지에 대하여 분명하게 역할이 나뉘어져 있다. 논쟁은 시험과 같이 '질문-대답'이라는 속성을 많이 공유하지만(Walton 1982), 질문자의 역할은 똑같이 참여자들 사이에 배분되어 있으며, 참여자들은 각자 방어할 어떤 논제를 갖고 있다. 이런 목록은 결코 완결된 것이 아니다. 다른 유형의 담화도 많이 있다. 계획하기 담화(*planning discourse*, Lind and Goguen 1978; Goguen and Linde1983), 길 가리켜 주기(Klein 1982; Wunderlich and Reinelt 1982), 공간 묘사(Ehrich 1982; Ehrich and Koster 1983; Levelt 1981, 1982a, b;Linde and Labov 1975), 라디오 대담(Goffman 1981), 환자 치료 담화(Labov and Fansel 1977) 등도 포함된다.

화자는 자신이 간여하는 담화 유형과 자신에게 배당된 특별한 역할에 대해 놓치지 말고 기억해 두어야 한다. 잘못된 담화 유형의 얼개에서 화자가 자신의 메시지를 구성하는 경우에 범주 착오를 저지르게 된다. 가령, 시험을 논쟁으로 간주하는 경우에나, 항공기 관제 담화를 일상 대화로 간주하는 경우에 그러하다. 대화 참여자들이 간여된 담화 유형은 특히 서로 간에 잘 알려지는 것이 중요하다. 그렇게 되어야 참여자들이 공통 기반 위에 있게 될 것이다. 담화 유형에 대하여 합의를 수립하는 일이 처음 시작에서부터 명백한 타결을 요구할 수도 있다. 그렇지만 담화 유형은 흔히 대화가 실행되는 방식에 의해서 생기게 된다(Schegloff 1987). 예를 들면, 대화 상대가 그 담화가 '의사-환자' 유형의 것임을 인식하는 일은, 어떤 사람이 의사처럼 말하는 방식에 달려있는데, 가령 일상용어인 'bruise'(멍, 피멍) 대신에 의학용어 'hematoma'(혈종)라고 말하는 일과 같다.

2) 담화 주제

담화 주제는 말해지고 있는 대상이며, 따라서 참여자들에 의해 서로 경험되는 대상이다. 어떤 대화가 '생활비'에 대한 것일 수도 있고, 어떤 면담이 한 사람의 '의료 조건'에 대한 것일 수도 있으며, 계획된 담화가 오늘밤 '도둑질'에 대한 것일 수도 있다. 관련성의 대화규범은 화자가 진행중인 담화에 관련된 기여를 하도록 요구한다. 통상적으로 어떤 기여는 담화 주제와 관련될 것이다. 그것이 담화가 졸가리 잡히도록 만드는 바이다. 브롸운·율(Brown and Yule 1983)은 이를 '주제에 따라 말하기'로 부른다.

그러나 화자가 현재의 주제를 바꾸어서 현재의 주제와 관련되지 않은 목표를 실현하고자 할 수도 있다. 화자가 주제의 전환을 개시할 수 있는 기제들이 많이 있다. 그 전환이 'The next issue I want to address is …'(내가 언급하고 싶은 다음 사안은 …)와 같이 명백한 선언으로 이뤄질 수 있다. 이것이 그로우스·시드너(Grosz and Sidner 1985)가 '진짜 중단'(*true interruption*)이라고 부른 내용이다. 또한 그 전환이 'That reminds me of …'(그것이 나에게 뭘 생각나게 하느냐면 …)처럼 조심스럽게 현재 주제와의 관련을 시사해 주면서 실행될 수도 있다. 이것이 '벗어남'(*digression*)을 도입해 놓는다. 마지막으로 'Whoops, I forgot to tell you that …'(아차, 네게 말해 주려고 했던 걸 잊어버렸는데 …)에서처럼 '되돌아가기'(*flashback*)가 있다. 이는 더 이른 단계에서 다루어졌어야 할 어떤 하위 목표를 충족시키기 위하여 화자가 만들어 놓게 될 종류의 중단이며, 흔히 주요한 주제로 되돌아가기가 뒤따르게 된다. 그리고 음높이(*pitch*)를 올리는 일처럼(Brown, Currie and Kenworthy 1980) 새로운 주제의 도입을 표시해 주는 운율 수단도 있다. 화제 전환 효과를 지닌 수단의 선택은, 또한 담화의 유형에도 달려 있을 것이다. 특히 그 담화 유형에서 참여자들 사이에 있는 힘의 안배에도 달려 있을 것이다.

브라운 · 율(Brown and Yule 1983)은 상호 합의를 이뤄내는지 여부에 따라서 화자의 주제가 담화 주제로 발전할 수도 있고, 또는 그러하지 않을 수도 있음을 지적한다. 화자는 현재의 담화 주제인 내용을 놓치지 말고 기억해야 한다. 그것을 자신의 사적인 '화자 주제'와 혼동해서는 안 된다. 정신분열증 환자들의 말하기를 뒤죽박죽 만들어 놓는 것은 정확히 이런 종류의 혼동인 것이다(Brown 1973; Rochester and Martin 1979).

비록 담화 주제에 대한 개념이 직관적으로 분명하며, 담화 이해를 위하여 담화 주제의 관련성이 거듭거듭 시범적으로 예시되어 왔지만(Bransford and Johnson 1973; Sanford 1985) 담화 주제는 형식화하기 어렵기로 악명이 높다. 어떤 대화가 생활비에 대한 것일 때, 담화 주제는 동시에 식비에 대한 것일 수도 있고, 식빵 값에 대한 것일 수도 있다. 대부분 흥미로운 주제의 대화는 구조상으로 위계적이며, 담화에서 참여자들이 기여하는 데 그 위계를 통하여 위 층위나 아래 층위로 움직일 수 있다. 그로우스 · 시드너(Grosz and Sidner 1985)는 이를 그 담화의 의도적 구조 — 전개되고 있는 위계적 목표 및 하위 목표들 — 와 관련을 짓는다. 어떤 하위 목표가 도입되는 경우에, 대화 상대방도 그 위계에서 한 단계 아래로 내려간다. 그 하위 목표가 충족되는 경우에, 좀더 높은 수준의 목표를 고려하는 데로 되돌아갈 수 있다. 큰 움직임은 '주제 전환'(*topic shift*)과 같은 것이며, 어떤 타협이 필요할 수 있다. 작은 움직임들은 발화에서 발화로 넘어가면서 생겨난다.

가장 낮은 수준의 하위 목표는 궁극적으로 개별적인 메시지와 그것들의 주제를 불러낸다(제3장 4절 2항을 보기 바람). 그것들이 담화 주제의 위계에서 가장 작은 재료이다.

말해지고 있는 바를 놓치지 않고 따라가는 화자는, 진행되고 있지만 구조화되지 않은 주제들의 목록을 머릿속에 담아둠으로써 그렇게 하는

것이 아니다. 머릿속에 담겨 유지되는 것은

㉠ 담화가 전개되는 대로 그 담화 내용을 놓고서 구조로 짜 놓은 정신 표상
㉡ 내용 구조의 일부 및 지금 정교히 가다듬어지고 있는 목표 구조에 대한 지시바늘(*pointer*)

이다. 이들 두 요소를 차례로 살펴나가기로 한다.

3) 담화 내용: 담화모형과 담화전제

대화 상대들은 사람·대상·사건 등의 지시대상을 도입하고 재도입하며, 그것들에 대하여 서술을 한다. 그렇게 함으로써, 이들 대상과 그 관계 및 속성에 대한 '정신 모형'을 세우고 있는 것이다(Jonson-Laird 1983). '담화모형'(*discourse model*)은 담화가 진행된 대로 그 담화의 내용에 대하여 '공유된 지식'이라고 화자가 믿는 바에 대한 기록이다(Johnson-Laird and Garnham 1980; Kamp 1984; Prince 1981; Seuren 1985; Webber 1981).

담화모형들은 구체적 개별사례 사건과 사람 등 지시될 수 있는 대상들의 표상에 의해서 채워진다. 또한

'the world wars'
(세계 제1차, 2차 대전들: 유한 집합)
'the natural numbers'
(자연수: 무한 집합)

에서와 같이 유한 집합이나 무한 집합을 가리키는 일도 가능하다. 이들 각각의 지시대상은 담화모형 안에서 하나의 '주소지'(*address*)를 갖는

다. 그리고 그 지시대상을 대상으로 하여 의사소통이 뭔가 이루어지는 경우에는, 그 주소지에 대한 서술(*predication*)이 덧붙여지는 것이다.

참여자의 모든 새로운 발화행위가 담화모형의 상태를 변화시켜 놓는다. 그 변화가 주소지를 하나 더해 놓을 수도 있다. 이는 전형적으로 비-확정(*indefinite*) 표현을 이용하여 실행된다. 화자가 다음처럼 말하는 경우

there is a baby in the bath.
(그 욕조에 아기가 한 명 있어요)

그 화자는 대화 상대방에게 머릿속에 있는 하나의 주소지로서 BABY(아기)를 더해 놓도록 초대하는 것이다. 그렇지만 아직 어떤 특정한 아기를 가리키고 있는 것은 아니다. 아기가 누구이든지 상관없이, 아기가 한 명 그 욕조에 있다면 그 서술은 참이 된다. 그 시점까지의 담화와 관련하여, 이것은 '새로운 정보'(*new information*)이다.

어떤 발화행위가 또한 기존의 주소지에다 정보를 추가해 놓을 수도 있다. 앞에 언급한 화자가 다음처럼 말할 수도 있다.

the baby is crying.
(그 아기가 울고 있어요)

이제 그 화자는 확정 표현으로써 어느 특정한 아기를 가리키고 있는 것이다. 이 문장은 아무 아기나 가리키는 것이 아니다. 그 욕조에 있는 특정한 그 아기가 우는 경우에만 참이 된다. 전형적으로 'the baby'(특정한 그 아기)와 같이 확정(*definite*) 표현은 이미 머릿속에 들어 있는 주소지를 가리키는 데 이용된다. 그 아기는 이제 '주어진 정보'(*given information*)이다(이들 개념의 정교한 내용에 대해서는 제4장 5절 1항을 보기 바람).

화자는 의도에 따라서 기존의 대상이나 새로 도입한 대상에 대하여 정보를 전달할 수도 있고, 아니면 다른 참여자로 하여금 그런 정보를 제공하도록 초대할 수도 있다. 좀더 격식을 갖춰 말한다면, 발화행위는 현재의 담화모형을 그 다음 담화모형으로 사상하는(*mapping*) 일로 간주된다. 발화행위는 지시대상들에 대한 공유 집합이나 그 지시대상들에 대한 공유 정보를 바꿔 놓는다. 특히 공유 정보는 대화 상대방들에 대한 정보를 포함한다. 예를 들어 화자가 명령을 내린 경우에, 청자에 대한 자신의 정보에다 이제 청자가 어떤 행위에 대하여 책임지고 수행을 하도록 하는 화자의 의도를 알고 있음을 추가해 놓는다.

화자의 발화는 청자한테 그 의사소통 의도를 추론하도록 초대한다. 즉 전달되는 정보에 대한 표상을 구성하도록 청자에게 요구하는 것이다. 이는 새로운 주소지를 만드는 일과 옛 주소지나 새 주소지 아래 새로운 정보의 창고를 만드는 일을 포함할 수 있다. 일반적으로 화자의 목적은 필요한 대목들에서 청자의 표상이 화자 자신의 것과 일치되도록 하는 일이 될 것이다.

가장 간단한 두 사람 사이 상호작용의 경우에서는, 이런 화자의 담화기록 부분에 포함된 네 가지 지식 구조가 있다. 이런 네 가지 지식 구조들을 구별하기 위하여, 마샤(Marcia)와 세쓰(Seth)가 자신들의 여행 경험에 대하여 대화를 나누는 가상적인 예를 살펴보기로 한다. 좀더 구체적으로, 그 담화의 주제는 이탈리아에서의 여행이다. 마샤와 세쓰의 정신 표상은 다음 〈그림 4-2〉에 그려져 있다.

이 교점들은 장소·사람·사건 등과 같은 지시대상에 대한 머릿속 주소지들을 나타낸다. 이 그림은 대화에서 언급된 주요한 개별 구현사례(*tokens*)의 일부만을 나타낸다. 가령 두 참여자의 '자아'(*egos*)와 같은 것은 그려지지 않은 채 남겨 두었다. 실제로 지시대상들에 대하여 언급된 바가 다 나타나 있는 것도 아니다. 그것은 각 주소지 아래에 저장된 서술 내용들의 목록으로 이뤄져야 한다. 그 그림에서 동일한

〈그림 4-2〉 예시로 든 대화 속에 포함된 지식의 유형들

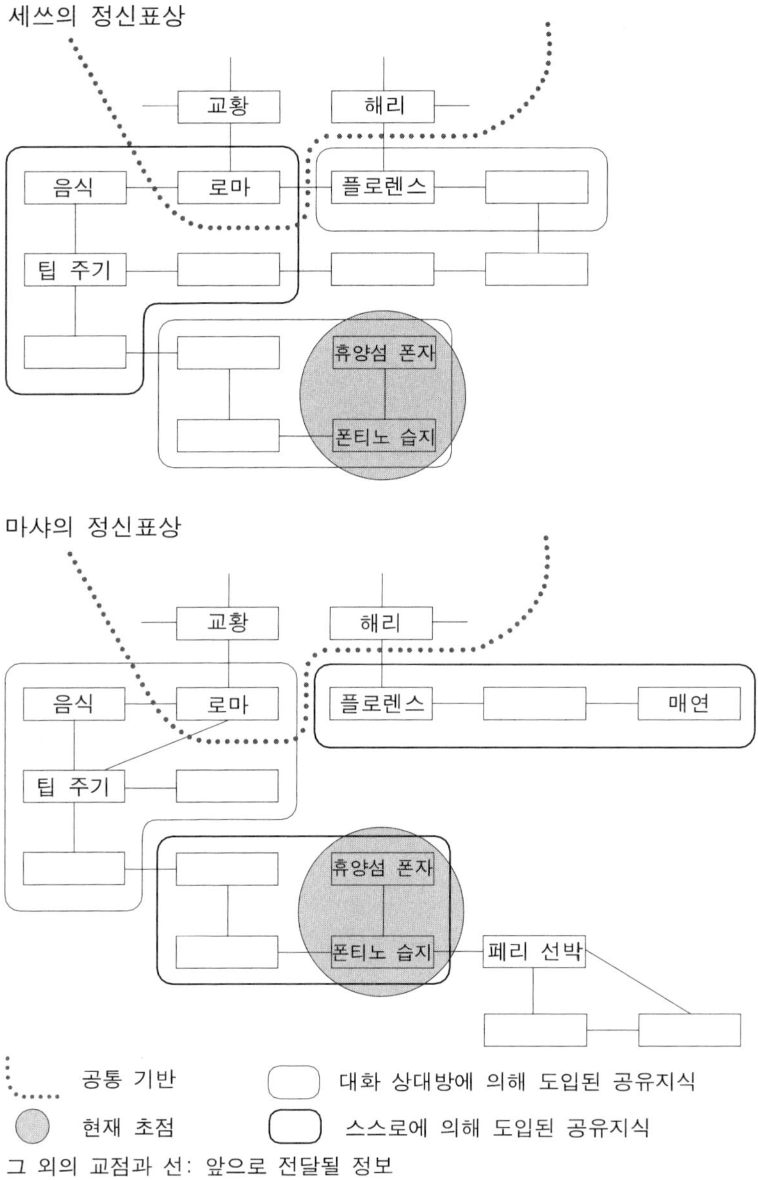

명제에 나타나서 관련된 교점들 사이에는 선이 그려져 있다. 만일 세쓰가 'the food is nice in Rome'(로마에서는 음식이 괜찮아)라고 말한다면, FOOD(음식)와 ROME(로마)에 대한 교점들 사이에 선이 하나 그려진다. 이는 서술 내용이 담화모형에서 어떤 방식으로 그것들을 관련지어 놓음을 나타낸다.

화자의 '담화계획'(*discourse planning*)과 관련된 첫 번째 종류의 지식은, 현재 담화 상호작용과는 독립적으로, 화자가 청자와 공유한다고 믿는 지식이다. 이를 '공통 기반'(*common ground*)이라고 부르기로 한다. 예를 들어, 세쓰는 마샤가 교황의 존재를 알며, 교황이 로마에 거주한다는 사실을 알고 있다고 믿을 수 있다. 세쓰와 마샤 두 사람에 관해서, 〈그림 4-2〉에서는 대상 POPE(교황)와 ROME(로마)는 물론 그것들의 지엽적 관계를 뜻하는 연결선을 보여준다. POPE(교황)와 ROME(로마)는 '공통 기반'으로 이름이 붙은 점선 속에 들어 있다. 공통 기반은 또한 덜 일반적인 유형의 지식도 포함할 수 있다. 세쓰와 마샤는 서로 잘 아는 친구인 해리(Harry)에 대하여 공유 지식을 지닐 수 있다. 더욱이나 마샤가 이탈리아에 대하여 얘기하고 싶어함을 서로간에 알고 있다고 세쓰가 믿는다. 실제로 공통 기반이 대화 상대에 의해서 공유되는지 여부는 현재의 논의와 관련되지 않는다. 관련되는 사안은, 공통 기반이 공유되어 있다고 화자가 믿는다는 점이다. 공통 기반에서 마지막 항목은 담화에 대한 공유 맥락이다. 이는 화자가 대화 상대와 공유하는 것으로 믿고 있는 지엽적 장면(*local scene*)이다. 세쓰는 자신의 지각 내용으로부터 그 장면에서 마샤가 어디에 있으며, 마샤가 어떻게 지향해 있는지를 알고 있다. 세쓰는 마샤도 이런 지식을 공유한다고 믿는다. 마샤는 세쓰도 이를 알고 있음을 안다. 이런 등등을 서로 믿고 있다.[1)]

---

1) 전문 용어로 이를 대화 참여자들 상호간의 믿음(*mutual belief*)이라고 말한다. 그렇지만 이런 상호 믿음의 확인은 자칫 무한 퇴행(*infinite regression*)에 빠질

두 번째 지식 구조는 그 담화의 진행 동안 지금까지 화자가 성공적으로 청자에게 전달하였다고 믿는 바이다. 이는 '화자 자신의 기여'(*speaker's own contributions*) 들로부터 생겨나는 공유 지식이다. 예를 들면 세쓰가 로마에서의 자기 경험을 말했지만, 교황에 대한 것은 아니었다. 오히려, 마샤가 모를 것으로 세쓰가 믿고 있던 음식·팁 주는 습관·기타 다른 사안을 다루었다. 세쓰가 마샤한테 전달했다고 믿고 있는 이런 정보는, 〈그림 4-2〉에 있는 세쓰의 표상에서 굵은 선의 상자 속에 고유한 기여로 표시되어 있다. 마샤 나름의 기여는, 청자와 화자가 서로 잘 알고 있는 친구인 해리가 살고 있는 플로렌스(Florence) 와 세쓰한테 아직 알려지지 않은 폰자(Ponza) 섬에 대하여 전달해 준 정보와 관련된다. 이들 항목이 마샤의 표상에서 고유한 기여로서 굵은 선 상자 속에 담겨 구별되어 있다.

세 번째 지식 구조는, 담화가 전개되면서 대화 상대가 그 담화에서 화자에게 전달하고자 의도한 것으로 화자가 믿고 있는 정보이다. 화자의 견지에서 보면, 이는 대화 상대방으로부터 나오는 공유 지식이다. 곧 '대화 상대방의 기여'(*interlocutor's contribution*) 이다. 예를 들면, 마샤가 세쓰가 잘 모르는 폰자 섬과 그들의 친구 해리가 사는 곳인 플로렌스에 대하여 말했다고 세쓰가 간주한다. 이상적으로만 보면, 화자의 정신 표상에 대하여 화자가 고유하게 기여한 부분이, 대화 상대방인 청자의 정신 표상에 있는 부분과 서로 일치해야 한다. 그렇지만 이런 지식이 공유된다는 화자의 믿음은 잘못되기 쉽고, 따라서 좀더 뒤에 오해

수 있다. 마치 두 개의 평면 거울을 마주 평행되게 거리를 두고 세워 놓은 것처럼, 〔세스의 믿음〔마샤의 믿음〔세스의 믿음〔마샤의 믿음〔 …〕〕〕〕〕과 같이 끝없이 확인 과정을 거치게 되는 것이다. 이런 무한 퇴행을 막기 위해서는, 상식에 바탕을 두고서 공통된 어떤 명제를 상정해 놓아야 한다. 즉, 마샤가 어떤 특정한 반응을 보인다면, 그 반응은 거짓 의도를 담고 있지 않고 정직하게 마샤의 특정한 믿음을 그대로 나타낸다고 간주해야 하는 것이다. 이런 전략이 그라이스가 택한 상식적 접근이다.

로 이끌어갈 수도 있다. 예를 들면, 마샤는 자신이 플로렌스에서 공기를 오염시키는 매연에 대해서 언급했다고 믿는다. 그렇지만 주의를 기울이지 못하여 세쓰는 이를 담화기록 속에 집어넣는 데 실패하였다.

네 번째 지식 구조는, 화자가 전달하고자 하지만 아직 언어 표현으로 실현되지 않은 정보이다. 이처럼 화자의 의해서 '전달될 정보'(*information to be conveyed*)도 또한 〈그림 4-2〉에 그려져 있다. 마샤는 좀 있다가 폰자 섬의 도선(渡船)에 대하여 말하려고 한다. 한편 세쓰는 플로렌스에 대하여 마샤가 말한 바를 좀 있다가 로마에서 자신이 겪은 일과 관련짓고자 한다. 전달하려고 의도된 지식, 즉 '의사소통 목표'는 그 담화가 진행되어 나감에 따라 담화계획 또는 담화연결에 의해서 전개되어 나간다.

이제 화자의 담화모형은 "화자 자신의 기여 + 대화 상대방의 기여"로 정의될 수 있다. 즉 "화자 자신이 대화 상대방에게 전달했다고 믿는 지식 구조" + "지금까지의 담화에서 대화 상대방이 전달하고자 의도했다고 화자가 믿는 지식 구조"인 것이다. 분명히 여러 사람이 참여하는 담화는 그 그림이 더욱 복잡해질 것이지만, 여기서 우리의 관심거리로 삼지는 않을 것이다.

대화에서 모든 움직임은 대화 상대방들의 지식 유형을 바꾸어 놓는다. 세쓰가 새로운 대상을 도입하고, 마샤가 그것을 파악했다고 믿는 경우에, 세쓰 '자신의 기여' 부분이 그 요소에 의해서 확장된다. 마샤가 실제로 그것을 파악했다면, 그녀가 지닌 '대화 상대방의 기여' 부분도 거기에 따라 확장된다 등등. 담화모형은 지속적으로 변화하는 것이다.

새로운 기여가 이전에 말해진 바와 관련된다는 점 — 즉 담화모형에 대한 현재의 상태와 유관하다는 점 — 이 일관된 담화의 특징이다. 그것은 추가된 연결 정보를 기존의 주소지에 더해 주거나, 또는 그 정보들을 기존의 주소지에 연결해 놓음으로써 새로운 지시대상들을 도입하게 될 것이다. 여기서 중요한 개념이 전제(*presupposition*)이다. 일관된 담화를 유지하기 위하여, 담화모형에서 새로운 메시지에 대한 전제들이 만족되어야 하거나 만족될 수 있어야 한다. 만일 마샤가 미리 폰자섬으로 가는 어떤 도선(渡船)에 대해 미리 언급하지 않은 채, 막바로 다음처럼 말했더라면

'The ferry is convenient'
(그 도선이 편안해)

마샤의 기여는 이른바 '존재'(*existential*)의 전제를 위배하였을 것이다. 마샤가 정관사 the라는 확정 표현을 쓰는 일은, 그 담화모형 또는 공통 기반에서 FERRY(도선)이라는 주소지의 존재를 미리 전제하기 때문이다. 만일 세쓰가 다음처럼 묻는다면,

'When did you stop taking your vacations in Italy?'
(이탈리아에서 휴가 보내는 일을 네가 언제부터 그만두었니?)

실제로 마샤가 이탈리아에서 계속 휴가를 보내어 오다가, 어떤 시점에서부터 그만두었다는 사실적 전제가 들어 있을 것이다. 그런 질문은 오직 담화모형 또는 공통 기반에서 그런 사실이 어딘가의 주소지에 있는 경우에만 일관된 기여가 된다.

종종 화자는 여전히 담화모형에서 자신의 기여를 하는 데에 전제들을 무시한다. 그들은 쑤른(Seuren 1985)에서 전제된 정보를 '거꾸로 보충하기'라고 부른 바를 실현하기 위하여, 대화 상대방의 지능에 의존한다. 마샤가 그 도선(渡船)에 대하여 말하는 경우에, 세쓰는 분명히 거기에 어떤 도선이 있을 것임을 도출할 것이다. 그리고 마샤가 의미하는 그 도선에 대하여 정보를 곧 받게 될 것이라는 희망과 기대에서, 그 도선에 대하여 임시 주소지를 미리 마련해 놓을 것이다. 비슷하게 세쓰의 질문에 대한 반응으로, 마샤도 다음처럼 생각할 것이다.

'Ah, he thinks I am not going to Italy anymore.'
(아, 세쓰는 내가 더 이상 휴가를 이탈리아로 가지 않을 것으로 생각하는구나)

마샤는 자신의 담화모형에 대해서 명백해 보이는 세쓰의 믿음을 추가해 놓고 나서, 그것이 잘못일 경우에 그것을 부정하여

'Oh, I haven't stopped going.'
(이탈리아로 휴가 여행을 떠나는 것을 난 그만두지 않았어)

이라고 말하거나, 또는 그것이 참된 믿음인 경우에는 그 질문에 다음처럼 대답할 것이다.

'Since 1985.'
(1985년 이후부터는 안 갔어)

그러나 전제와 모순이 되는 정보가 이미 담화모형에 있을 경우에는 '거꾸로 보충하기'가 불가능하다. 그런 경우에는 전제가 이미 위배되고, 그 담화는 일관성이 깨어진다. 이는 다음과 같은 도막의 담화에서 일어난다.

Marcia : I always go to Italy for vacation.
Seth : When did you stop taking your vacations in Italy?
마샤 : 언제나 난 휴가를 이탈리아로 가서 보내거든.
세쓰 : 이탈리아로 가서 휴가 보내는 일을 넌 언제부터 그만두었니?

이는 봔더싼트(van der Sandt 1982)를 따라 쑤른(Seuren 1985)으로 하여금 다음의 전제 검사를 제안하도록 하였다.

If S is the formulation of a message, the P is the formulation of a presupposition of the message if and only if ① P, but/and S is coherent and ② perhaps not P, but/and S is coherent.
(S가 어떤 메시지의 형식이라면, P는 다음의 두 필요충분조건에서 그 메시지의 전제에 대한 형식이 된다. ① P가 참이지만/참이며 S가 의미 연결되어 일관적이라는 필요충분조건과 ② 아마 P도 참이 아니지만/참이 아니며 S도 의미 연결의 일관성이 없다는 필요충분조건)

세쓰의 질문(S)에 대한 전제(P)는 'You stopped taking your vacations in Italy'(이탈리아로 가서 휴가를 보내는 일을 네가 그만두었다)로 형식화될 수 있다. 첫 번째 검사 ①은 다음과 같은 연결체가 일관적이 되도록 요구한다.

'You stopped taking your vacations in Italy, and when did you stop doing so?'
(이탈리아로 가서 휴가를 보내는 일을 네가 그만두었는데, 언제부터 그렇게 그만두었니?)

이는 분명히 일관적이다. 두 번째 검사 ②는 다음과 같은 연결체가 비-일관적임을 예측한다.

'*Perhaps you didn't stop taking your vacations in Italy, but when did you stop doing so?'
(*아마 이탈리아로 가서 휴가 보내는 걸 네가 그만두지 않았겠지만, 언제부터 그렇게 그만두었니?)

이는 실제로 일관성이 없다. 그러므로 이탈리아로 가서 휴가 보내는 일을 마샤가 그만둔 것은, 실제로 세쓰의 질문 속에 있는 메시지에 대한 전제인 것이다. 동일한 검사가 좀더 앞에서 본 그 도선의 존재 전제에 대해서도 쉽게 적용될 수 있다. 메시지를 산출할 때에 협동적인 화자는 전제에 대한 위배가 생겨나지 않는 방식으로 지시대상들을 도입하고 지시내용을 유지해 나갈 것이다.

어떤 크기의 담화이든지 상관없이, 화자가 자신의 주의력 중심(≒단기 작업기억: 옮긴이)에 전체 담화모형을 유지해 나갈 수 없다는 점을 명백히 해 두어야 한다. 오히려 담화모형은 장기 기억에 저장된다. 그러나 그것은 쉽게 접속될 수 있다. 어떤 시점에서든지, 오직 이런 정보의 작은 도막만이 주의력이 모아지거나 '가리켜진다'. 이런 도막이 '초점'(focus)이라고 불린다.

4) 초점

화자의 주의력 폭은 사뭇 제한되어 있다. 화자는 자신의 담화계획에서 한꺼번에 오직 하나 또는 소수의 개념들만을 놓고서 작업할 수 있다. 그리고 화자의 발화를 해석하고 있는 청자에 대해서도 동일한 내용이 성립된다. 화자가 시간상 특정한 순간에 주의를 쏟고 있는 정보는 '화자의 초점'이라고 불린다. 비슷하게 '청자의 초점'도 존재한다. 대화 참여자들의 초점이 공유된다고 화자가 믿는 경우에, '다 함께 주의를 쏟는' 것으로 화자가 표시해 놓는 담화모형의 유일한 부분이 존재한다. 세쓰와 마샤 사이의 대화에서, 이는 로마에서의 음식이나 휴양지 폰자 섬 또는 다른 담화 대상 가운데 어떤 것이든지 될 수 있다. 물론 개별적인 지시대상들 이외에도, 초점상 더 많은 것들이 있다. 화자는 특정한 목표 또는 하위 목표가 충족될 수 있도록 초점을 모은다. 다 함께 주의를 쏟는 어떤 의사소통 의도가 존재하는 것이다.

주의력 초점(*attentional focusing*)이란 개념은 심리학에서 고전적이며, 언어사용의 연구에만 국한되지 않는다. 빌헬름 분트(Wilhelm Wundt 1986)는 '통각'(*apperception*)으로 불렀다. 윌리엄 제임스(William James

1892)는 '이해력'(*apprehension*) 또는 '1차 기억'(*primary memory*)이라고 불렀다. 이들 및 다른 많은 연구자들은 우리가 한 번에 오직 몇 가지 연결되지 않은 요소들에만 의식적으로 주의를 쏟을 수 있음을 논의했다. 밀러(Miller 1956)는 '7±2 단위의 마술 숫자'에 대해 말하였다. 브로드벤트(Broadbent 1975)는 '세 개의 홈 등록기'(*three-slot register*)를 언급하였다. 그러나 정보가 구조화된 경우에는 주의력의 폭이 좀더 커질 수 있다. 그리고 이는 흔히 화자가 메시지를 계획하는 경우의 예이다. 담화계획에서 '초점'에 대하여 현재 이 책에서 쓰는 용법은 췌잎(Chafe 1979, 1980), 그로우스(Grosz 1981), 그로우스·시드너(Grosz and Sidner 1985), 헤르만(Herrmann 1983), 쌘퍼드·게로드(Sanford and Garrod 1981)가 '초점 모으기'(*focusing*)라는 용어를 쓰는 방식과 일치한다.

앞에서 본 〈그림 4-2〉에 있는 그물짜임에서, 동그라미로 된 음영 부분들은 대화 상대방을 위한 '현재의 초점'으로 상정된다. 세쓰와 마샤는 그들의 초점이 서로 잘 맞춰진 바람직한 상황에 있다. 그들이 모두 휴양지 폰자 섬과 폰틴 제도(the Pontines), 그리고 그것들에 대해 전달되고 있는 정보에 집중한다.

추가로 그로우스·조쉬·봐인슈타인(Grosz, Joshi, and Weinstein 1983)이 제안한 대로 '초점 중심'(*focal center*)을 구분할 수도 있다. 이는 화자가 현재의 발화를 만들어 내면서 새롭게 주목하고 있는 내용이다. 곧 그의 초점에서 가장 두드러진〔卓立〕 부분이다. 화자의 초점 중심이 청자의 초점 중심과 서로 차이가 나는 일은 예외가 아니라 오히려 일반적이다. 화자는 자신의 발화에 의해서 청자로 하여금 아직 주의를 기울이고 있지 않은 뭔가에 주의를 쏟도록 만들려고 노력한다. 그러므로 '화자의 초점 중심'과 '청자의 초점 중심' 사이를 구별해 놓는 것이 중요하다. 화자로서는 초점 중심을 정렬시켜 놓는 것이 주요한 관심사이다. 화자가 자신의 초점 중심을 어떤 새로운 지시대상으로 바꾸는 경우에, 대화 상대방에게 어디로 가야 할지를 그의 발화에서 말해 주어야 한다. 화자의 초점과 대화 상대방의 초점이 아직 정렬되지 않은 것이다. 앞의 예에서, 마샤는 자신의 초점을 폰자 섬으로 가는 도선(渡船)으로 바꾸고, 거기에 대해 뭔가 말해 주려고 할 수 있다. 만일 세쓰의 초점이 여전히 〈그림 4-2〉에 그려진 대로 그대로 있다고 마샤가 믿는다면, 마샤는 다음처럼 말할 수 있다.

> 'The island can be reached by an old ferryboat.'
> (그 섬에는 낡은 도선을 타고 갈 수 있어)

이런 방식으로 마샤는 현재 세쓰가 초점 모으고 있는 휴양지 폰자 섬에 새로운 정보를 연결해 주며, 'an old ferryboat'(임의의 낡은 도선)이라는 비-확정 표현을 이용함으로써, 새롭게 초점 모은 요소가 아직 담화모형 또는 공통 기반 속에 들어 있지 않음을 신호한다.

좀더 일반적으로 말하여, 청자한테 다음 어디에다 초점을 모을지를 알려주는 화자의 방식은, 화자의 새로운 초점 중심뿐만 아니라 또한 화자의 현재 초점 중심에도 달려 있다. 따라서 협동적인 화자는 대화 상대방의 현재 초점과 그 현재 중심을 놓치지 말고 기억해 두어야 한다. 그것들은 그 담화모형에 표상된다. 표상이 진실을 담고 있는지 여부는 관련이 없다. '대화 상대방의 현재 초점'과 '대화 상대방의 초점 중심'은 화자가 주관적으로 그렇게 믿는 내용이다. 다시 말하여, 메시지를 구성할 때 화자가 고려해 두어야 하는 것이다. 과연 그런 화자의 믿음이 사실로 보장되는지 여부는, 현 단계에 있는 화자의 산출 과정에서 논제가 되지 않는다.

새롭게 초점이 모아진 요소가 흔히 화자의 메시지에 대한 주제가 되는 것은 아니다.

'The island can be reached by an old ferryboat.'
(그 섬에는 낡은 도선을 타고 갈 수 있어)

에서 그 메시지는 휴양지 폰자 섬에 대한 것이지만, 한편 이제 화자의 새로운 초점 중심은 그 도선이 되는 것이다. 그럼에도 불구하고, 주제와 새로운 초점 중심이 서로 동시에 생겨날 수도 있다. 세쓰가 느닷없이 다음처럼 말할 수 있는 것이다.

'The pope didn't say much in five languages.'
(교황은 5개 국어로 많은 내용을 말하지 않았어)

여기서 교황에 새롭게 초점이 모아지며, 교황이 바로 그 메시지의 주제인 것이다.

보통 화자는 새롭게 초점이 모아지거나 또는 새롭게 도입된 정보를, 현재 초점이 되는 정보나 그 담화모형에 이미 들어 있는 정보보다, 그 문장에서 좀더 뒤쪽에다 놓는다. 클락 · 하빌랜드(Clark and Haviland 1977)는 이런 순서 짓기 원리가 청자에게 새로운 정보를 현재 또는 최근에 화자 · 청자 사이에 공유된 구체적 구현사례들과 어떻게 연결되도록 도와주는지를 보여 주었다. 물론 언어형식 주조기는 이 모든 것을 '알고' 있어야 한다. 달리 말하여, 화자가 메시지에서 지시대상들을 어디에서 — 즉 현재의 초점에서든, 담화모형의 임의의 부분에서든, 또는 공통 기반에서든 — 찾을 수 있는지를 부호화해 놓거나, 아니면 그것들이 '완전히 새로운' 것임을 부호화해 놓는 일이 필요할 것이다. 이 논제는 다시 제 4장 5절 1항에서 다룰 것이다.

5) 말해진 것에 대한 축자 기억

무엇보다도 대화 상대방은 내용에 대하여 귀를 기울여야 한다. 그러나 제한된 범위 안에서 말해진 바에 대한 축자 표현을 청자들이 그대로 저장해 둔다는 증거가 있다. 입말 텍스트를 놓고서 청자의 기억에 대한 실질적인 실험실 조사연구가 있었다(개관을 보려면 Levelt and Kempen 1975; Levelt 1978을 참고하기 바람). 주요 발견결과는 청자의 축자 기억이 단명하다는 것이다. 일반적으로 회상 및 재인은 절이나 문장의 마지막 부분이나 시작 부분에 대해서는 잘 이뤄지지만, 최신성이 덜한 자료에 대해서는 거의 우연한 수준으로 급속히 하강해 버린다(Jarvella and Herman 1972).[2)]

그렇지만, 좀더 자연스런 환경에서 수행되어 좀더 자연스런 자료를 지닌 다음 세 가지 연구에서는 대화 자료의 축자 표현도 장기 기억에 영향을 미침을 시범적으로 보여 주었다. ① 킨취・베이츠(Kintsch and Bates 1977)는 어느 강의를 수강한 학생들을 대상으로 하여 그 강의로부터 나온 진술 내용들에 대한 기억을 검사하였다. 여기서 특히 농담들의 축자 형태에 대하여 기억을 잘하였고, 그 강의 주제에 본질적이지 않은 진술들에 대해서도 기억을 잘 하였음을 찾아내었다. 이들 효과는 그 강의가 끝나서 5일이 지난 뒤에까지도 여전히 측정될 수 있었다. ② 키넌・먹휘니・메이유(Keenan, MacWhinney, and Mayhew 1977)는 학교 식당에서 관찰된 토론 집단의 대화를 녹음하고, 그들이 '높은 친교적 상호작용'의 진술이라고 부른 것들의 축자 표현에 대한 기억을 검사하였다. 이 개념은 다소 애매하다. 그 용어가 뜻하는 바는

---

2) 기억 실험에서 한 문장의 시작 부분과 끝 부분이 피험자들에게 잘 기억되는 것을 각각 초두성(*primacy*) 효과와 최신성(*recency*) 효과라고 한(특히 최신성 효과가 더 높음). 문장의 중간 부분들에 대한 기억은 현격히 낮아진다. 이런 모습의 기억 곡선이 욕조 모습과 비슷하므로, 때로 이를 욕조(*bath tub*) 효과라고도 부른다.

다음 사례에서와 같이 화자나 대화 상대방에 대한 개인적 간여가 있다는 점이다.

> 'Do you always put your foot in your mouth?'
> (언제나 본의 아니게 넌 말실수를 하는 거니?)

'낮은 친교적 상호작용' 진술들에 대해서보다는, 축자 기억이 높은 친교적 상호작용 진술들에 대해서 더 나았다. 이들 두 연구에서는 청자들이 상호작용에서 두드러진 발화의 축자 형식을 기억 속에 보관해 둠을 보여 주었다. ③ 베이츠 · 마슬링 · 킨취(Bates, Masling, and Kintsch 1978)는 텔레비전 드라마로부터 가져온 대화들을 검사 자료로 이용하여, 특히 지시대상이 녹화된 그 대화 속에 도입되거나 유지되는 방식을 놓고서 축자 기억을 분석하였다. 무엇보다도, 그들은 피험자들이 개인 이름이 쓰인 진술들을 인칭 대명사가 쓰인 진술들보다도 더 잘 기억하고 있었고, 생략된 문장들보다 생략이 없는 문장들을 더 잘 기억하였음을 찾아내었다. 이들 결과는, 발화의 화용적 역할이 새로운 지시대상을 도입할(이것들이 대명사로 나타나지는 않음) 예정일 경우에 이용되거나 또는 어떤 지시대상에 대하여 새로운 진술을 도입하려는(이것들이 생략에 의해 실행되지는 않음) 경우에 이용된 축자 표현에 대하여 기억할 기회가 좀더 많아짐을 보여 주는 듯하다.

놀랍게도, 화자들이 스스로 말한 바에 대하여 무엇을 기억하는지는 조사연구가 거의 이루어지지 않았다. 도이취 · 야뷜러(Deutsch and Jarvella 1983)는 자기 자신의 이야기와 대화 상대방의 이야기에 대한 기억을 비교하였다. 어떤 제약된 실험 조건 아래에서는 스스로 산출한 이야기에 대한 회상이 다른 사람이 산출한 이야기에 대한 회상보다 좀 더 나았음을 발견하였다. 그러나 이런 차이는 전적으로 남이 산출한 이야기 내용보다 스스로가 산출한 이야기 내용에 대해 더 많은 주의력을 쏟았음에 의해서 설명될 수 있다. 또는, 담화모형에 비춰서 화자가 스스로 전달한 정보의 담화기록을 대화 상대방이 전달해 준 정보보다 더 잘 유지해 둘 것이다. 자기 자신의 이야기가 스스로 조음해 낸 것이라는 사실이 전적으로 무관할 수도 있다.

말해진 것에 대한 축자 기억이 화자가 말하려고 하는 바에 대하여 어떤 중요성이든 지닐 것인가? 대화 상대방의 발언기회에 있던 마지막 표현이, 현재 화자가 지닌 발언기회의 언어 표현에 영향을 미칠 수 있다는 관찰 증거(Schenkein 1980; Harley 1984)와 실험 증거(Levelt and Kelter 1982)가 있다. 르펠트·켈터(Levelt and Kelter 1982)의 한 가지 실험에서는, 가게 주인들에게 전화를 걸고 똑같이 다음의 네 가지 질문들 중 하나를 화란어로 물어보았다.

(1) What time do you close?
(언제 가게문을 닫습니까?)

(2) <u>At</u> what time do you close?
(몇 시<u>에</u> 가게문을 닫습니까?)

(3) What time do you close, since I will have to come downtown especially for this, you know?
(알다시피 특히 내가 이것 때문에 시내로 나가야 하겠는데, 언제 가게문을 닫습니까?)

(4) <u>At</u> what time do you close, since I will have to come downtown expecially for this, you know?
(알다시피 특히 내가 이것 때문에 시내로 나가야 하겠는데, 몇 시<u>에</u> 가게문을 닫습니까?)

이들 질문은 두 가지 방식에서 차이가 났다. 그것들이 전치사 at(-에)을 포함하고 있는지 없는지 여부, 이유를 나타내는 부가절이 없이 짤막한지, 아니면 부가절을 지니고서 문장이 긴지 여부이다. 전치사 at

(또는 좀더 정확하게 말하여 화란어에서 대응하는 전치사) 은 어떤 것이든 유의미한 기능을 지니고 있지 않았다. 가게 주인들은 가령 five o'clock (다섯 시) 또는 at five o'clock (다섯 시에) 으로 대답하였는데, 그런 시간 표현구에서 at의 출현에 대해 점수가 매겨졌다. 네 가지 질문 가운데에서 어떤 것에서든 at이 대답에 나타날 수도 있고 그렇지 않을 수도 있었다. 질문 (1) 과 (2) 에 대해서는 그 대답들이 at의 사용에서 질문을 따라 일치하는 경향이 있었다. 질문 (2) 에서 유의하게 at을 (1) 보다 좀더 많이 이끌어내었다. '질문 : 대답'의 일치도가 61%였다. 달리 말하여, 대화 상대의 질문에 있는 at이 그 질문에 대한 내용과는 아무런 상관이 없음에도 불구하고, 가게 주인들에게는 그 전치사가 머릿속에 등록되어 있었음에 틀림없다. 그렇지만 질문 (3) 과 (4) 에 대해서는 체계적인 '질문 : 대답'의 일치가 전혀 존재하지 않았다. 일치 정도는 무작위 표본으로 47%로 떨어졌던 것이다. 이는 아마 오직 전치사가 마지막 구에 발화된 경우에 한해서만 되돌아가 반복함으로써, 대화에서 두드러진〔卓立〕 내용이나 또는 화용적 중요성에 의해서 뒷받침되지 않은 내용에 대한 축자 회상이 단명하였던 게 아닌가 짐작케 한다.

그렇지만, 축자 표현이 대화상의 목적을 위해 중요한 경우에는, 화자들이 머릿속에다 그것에 대한 담화기록을 만들 것이며, 유용하게 그 표현을 이용할 것이다. 클락 · 윌크스-깁즈 (Clark and Wilkes-Gibbs 1986) 는 일련의 도형 짜놓기 놀이판 (*tangram*) [3] 그림을 놓고서 피험자들이 정보를 의사소통해 주도록 하였다. 거기에서 불규칙한 기하 모양새들은 이름을 붙이기 어렵게 되어 있었다. 서로 얼마 동안 주고받은

---

3) 《시사영어사/랜덤 하우스 영한 대사전》에 보면, 'tangram'은 정방형의 판을 잘라 삼각형 5개 · 정사각형 1개 · 평행 사변형 1개로 만들고 (모두 7개) 이들 판을 서로 짜 맞추면서 갖가지 모양새를 만들어 내는 놀이판이다. 어원은 '당(唐) +도표'로 나와 있다. 여기서는 '도형 짜놓기 놀이판'으로 번역해 둔다.

뒤에, 대화 상대들은 각 모양새들에 대하여 'the angel'(그 천사)에서와 같이 고정된 지시표현을 마련하였다. 이는 대화상으로 'sort of an angel flying away or something; it's got two arms'(멀리 날아가고 있는 일종의 천사나 또는 그런 어떤 겁니다; 그게 두 팔을 가졌어요)와 같이 동일한 그림에 대하여 충분한 최초의 묘사를 다시금 전해 주는 일보다도 훨씬 더 실용적이었다. 물론 이는 화자가 자신이나 또는 대화 상대방에 의해 앞서 쓰인 축자 표현에 대한 담화기록을 유지하고 기억하도록 요구한다.

이것으로써 화자의 담화기록에서 우리의 실험 조사 항목들에 대한 논의를 끝낸다. 다음에 있는 절에서부터는 화자가 거시적 설계와 미시적 설계에서 이들 담화기록을 지속적으로 언급함이 분명해지게 될 것이다.

3. 거시적 설계 1: 표현될 정보에 대한 결정

비-언표적 의도는 화자 스스로 또는 대화 상대방으로 하여금 어떤 것의 사실성이나 바람직한 상태에 대하여 책임을 다하게 하려는 의도이다. 화자는 발화에서 이들 의도가 관련된 사람에게 인식될 수 있도록 만들어 주어야 한다. 비-언표적 의도의 성격에 따라, 이는 하나 또는 그 이상의 발화행위의 구성을 포함할 수 있다. 그 의도가 청자에게 기차가 도착하고 있음을 알려주려는 경우에는, 단일한 발화행위(즉 '그 기차가 도착하고 있음'에 대한 단정 서술)만으로 충분할 수 있다. 그렇지만 그 의도가 청자에게 플로렌스로부터 로마까지 가는 길에 대하여 알려주는 경우에는, 여러 개의 서술문 발화행위로 된 하나의 순서 열이 필요하게 될 것이다. 반대로, 하나의 발화행위에서 동시에 여러 가지 의사소통 의도들을 실현시킬 수도 있다. 마샤가 세쓰에게 최근에 해리를 만났는지 여부를 묻는 경우에, 세쓰가 다음처럼 대답할 수 있다.

'I saw the bastard in Florence.'
(플로렌스에서 그 놈을 봤어)

이 대답은 마샤에게 '플로렌스에서 세쓰가 해리를 보았다'는 사실성에 대한 보증뿐만 아니라, '그 놈'(*the bastard*)으로 언급된 해리의 성격을 놓고서 어떤 평가를 전달한다. 이런 의사소통 의도로부터 발화행위에 이르는 '다 : 다' 사상(*many-to-many mapping*)은 거시적 설계의 분석을 아주 복잡하게 만든다.

정보가 화자의 메시지에 표현되기 위한 주요 요구사항은, 청자의 담화모형이 의도된 방식으로 바뀌어 나가는 데에 도구적이어야 한다는 점이다. 도구와 관련된 메시지는,[4] 청자에게 전달될 정보 각각의 세부 내용에서 모두 자세히 표현할 필요는 없다. 화자는 협동적인 청자가 메시지에 표현해 놓은 제대로 선택된 정보 조각들로부터 의사소통 의도를 추론할 수 있을 것으로 가정할 것이다. 전달될 정보와 표현될 정보 사이의 관계는, 제 2장에서 확대하여 논의된 그라이스의 원리에 의해 지배된다. 특히 양에 대한 규범은 화자로 하여금 과다-정보 상태와 과소-정보 상태 사이에서 중용을 취해 나가도록 요구한다. 하나의 규칙처럼 상정할 수 있는 것으로서, 공유된 지식으로부터 쉽게 추론할 수 있는 정보는, 그 담화모형이나 공통 기반 속에 들어 있으므로, 메시지 속에 표현될 필요가 없다. 화자는 그것을 속뜻에 의해서 전달해 놓을 것이다. 길 묘사에서 화자가 다음처럼 말한다면

---

4) 흔히 이를 '도구 추론'이라고 부른다. '철수가 밥을 먹었다'라는 문장에서, 식사도구인 '수저'는 묵시적으로 주어져 있다. 이정모·이재호 편(1998:105, 137, 291쪽) 《인지 심리학의 제문제 I》(학지사)을 보기 바란다.

'Then turn right at the church.'
(그러고 나서 그 성당에서 오른쪽으로 돌아가십시오)

그는 속뜻으로 거기에 어떤 길이나 통로가 있음을 전달해 주고 있다. 이는 명시적으로 표현될 필요가 없다. 똑똑한 청자는 그것을 추론할 수 있는 것이다. 실제로 정보를 속뜻으로 전달하는 것은 도구 추론과 관련된다. 첫째, 묵시적 도구 추론은 효율적이다. 화자는 전체 정보 꾸러미 가운데에서 일부만을 표현해야 할 것이다. 헤르만(Herrmann 1983)은 이를 '간결성 선호 원리'(*pars-pro-toto principle*)라고 부른다. 둘째, 묵시적 도구 추론은 청자의 지능과 협동성을 인정하는 방식이다. 셋째, 묵시적 도구 추론은 '공손 의도'와 같은 2차적 의사소통 의도를 표현하는 방식이 될 수 있다. 마지막으로, 전달될 정보를 놓고서 세부 사항을 모두 표현하는 일은, 대화 상대방으로 하여금 화자의 기여를 양의 규범을 위배하는 것으로 해석하도록 이끌어 갈 우려가 있다. 이는 화자에 의해 의도되지 않은 엉뚱한 추론으로 이끌어 갈 소지가 있다.[5]

이하에서, 우리는 우선 거시적 설계 절차의 형식을 살펴볼 것이다. 그러고 나서 거시적 설계에 대하여 경험적인 언어심리학 연구들을 다루게 될 것이다. 특히, 의사소통 의도를 정교히 가다듬는 일에 있어서 주의력 자원의 이용, 대상을 가리켜 주기 위한 화자의 정보 선택, 요청하는 일에 대한 구성을 다룬다.

1) 거시적 절차지식의 형식

제 1장에서는 절차지식을 다음 형식과 같이 '조건-행위'(입력-출력) 짝으로 된 집합으로 기술하였다.

---

5) 장황하게 말하는 일이 흔히 청자를 깔보고 상세히 설명하는 것으로 오해되거나, 아니면 화자의 현학성을 드러내는 것으로 곡해될 소지가 있다.

IF a certain set of conditions are met, THEN perform a certain action.
(만일 어떤 일련의 조건이 만족되면, 어떤 특정한 행위를 수행한다)

어떤 종류의 'IF ~THEN ~'(조건-행위, 입력-출력) 짝들이 거시적 설계에 포함되어 있는 것일까? 달리 말하여, 거시적 설계가 본질적으로 절차지식이라면, 이들 절차는 어떤 형식을 지니게 될 것인가? 〈그림 4-1〉에서 가정된 과정의 관점에서 보면, 절차에 대한 조건은 적어도 하나 또는 그 이상의 비-언표적 의도를 포함해야 한다. 수행될 행위는 분명 발화행위나 또는 (서술 단정이나 질문과 같이) 발화행위들의 열일 것이다. 오직 인공지능 연구자들만이 그런 절차를 명시적으로 형식화하는 일을 시작하였다(특히 Appelt 1985를 보기 바람). 그들이 자신의 제안에 대하여 '심리적 실재성'을 주장하는 것은 아니다. 그럼에도, 거시적 설계에 대한 경험적 연구들로 들어가기 앞서서, 그런 이론적 제안을 한두 가지 살펴보는 것은 가치가 있다.

우선 정보를 알려 주는 가장 단순한 사례를 들어보기로 한다. 제 4장 1절에서는 싸이먼이라는 화자를 예로 들었다. 그는 청자인 한나에게 우보가 우주 비행사임을 알려주려는 비-언표적 의도를 지녔다. 이는 더 일반적인 용어로 씌어질 수 있다(대체로 Appelt 1985를 따름). 화자의 비-언표적 의도가 다음 상태로 일어나는 것으로 가정하기로 한다.

KNOW(H, INTEND(S, BELIEVE(H, P)))
알다(청자, 의도하다(화자, 믿다(청자, 명제)))

여기서 H는 청자이고, S는 화자이며, P는 믿게 될 명제이다. 이런 의도를 실현하는 한 가지 방식은 명제 P를 단정하는 것이다. 차례로, 이는 그 메시지를

DECL(P)
서술문(명제)

로 입력함으로써 실행될 수 있다. 사실상, 이는 정보를 알려 주는 일반적인 한 가지 메시지 부호화 절차이다.

IF the goal state is KNOW(H, INTEND(S, BELIEVE(H, P))),
THEN encode message DECL(P).
(만일 입력으로서 목표 상태가 '알다(청자, 의도하다(화자, 믿다(청자, 명제)))'라면, 출력으로서 메시지를 '서술문(명제)'로 부호화한다)

달리 말하여, 명제 P를 단정하는 발화행위는, 어떤 조건 아래에서 화자가 청자로 하여금 명제 P가 사실임(가령, 우보가 우주 비행사임)을 믿게 하는 효과를 일으킬 것이라는 점이, 화자가 지닌 절차지식의 일부이다. 그 조건들은 추가적으로 더 구체화되어야 한다. 무엇보다도, 화자는 청자가 자신에게 귀를 기울이고 있음을 믿어야 한다. 더욱이 화자는 청자가 아직 명제 P를 알지 못한다고[6] 믿고 있어야 한다. 이 명제가 이미 상호 공유된 지식이라면, 싸이먼이 아마 한나한테 '우보가 우주 비행사임'을 주장하지 않을 것이다. 만일 서로 알고 있는 지식임에도 불구하고 그렇게 말한다면, 아마 또 다른 의사소통 의도를 실현시키고 있을 것이다. 가령, 화자 자신이 우보를 부러워함을 한나한테 드러내려는 듯하다. 이들 조건과 아마 여러 가지 더 많은 조건들이 앞에 있는 IF(조건, 입력) 진술에 추가되어야 할 것이다.

비슷한 '조건-행위' 짝이 어떤 행위를 요구하는 의도로 형식화될 수 있다. 싸이먼이 한나한테 그녀가 우표를 한 장 자신에게 사다 주기를 바랄 수 있다. 의도된 목표 상태는, 싸이먼이 한나로 하여금 우표를

6) 언어교육에서는 이를 흔히 화자와 청자 사이에 '정보 간격'(*information gap*)이 있다고 표현한다.

한 장 사다 주도록 하고 있음을 청자인 한나가 아는 것이다. 이런 의도를 실현하는 발화행위가 요청이다. 더 형식을 갖춰 표현하면 다음과 같다.

> IF the goal state is KNOW(H, INTEND(S, INTEND(H, DO(A)))), THEN encode message?(FUTURE(DO(H, A)))
> (만일 입력으로서 목표 상태가 '알다(청자, 의도하다(화자, 의도하다(청자, 하다(행위))))'라면, 출력으로서 메시지를 '의문문(미래(하다(청자, 행위)))'로 부호화한다)

여기서 부호 A는 의도된 행위, 즉 우표를 사다 주는 행위이다.

이것이 싸이먼의 절차지식의 일부라면, 그는 한나한테 다음처럼 물을 것이다.

> 'Will you buy a stamp?'
> (우표 한 장 사다 줄래?)

그러나 여기에 또한 추가 조건이 있다. 앞에서와 같이 동일한 물리적 조건이 있다. 상호 공유지식으로서 틀림없이 싸이먼은 한나가 자신에게 귀를 기울여 들을 수 있음을 믿는다. 또한 싸이먼은 한나가 아직 우표를 사러 가고자 하지 않음을 믿어야 한다. 우표를 사러 가고자 하는 한나의 의도가 말을 꺼내기도 전에 이미 공유된 상호 지식이라면, 한나한테 우표를 한 장 사러 가 주도록 요구하는 일은 그 자체로 또 다른 의사소통 의도를 포함한다(가령, 그녀가 더 서둘러야 함을 알려 주고자 하는 의도임). 달리 말하여, 이 절차가 작동하기 위하여 여러 개의 IF(조건, 입력) 진술들이 추가되어야 할 것이다. 사실상,

> Can you buy a stamp?
> (우표 한 장 사다 줄 수 있겠니?)

Please, buy a stamp.
(제발 우표 한 장 좀 사다 주렴.)

등에서와 같이 서로 다른 요구 형식들에 대한 조건은, 요청에 대한 언어심리학 연구로부터 분명해지듯이 사뭇 복잡하다(제 4장 3절 3항을 보기 바람). 가장 초보적인 거시적 설계 절차를 놓고서도, 분명히 거기에 대한 명백한 형식을 만들어 내는 일에서 가야 할 길이 멀다. 이제 거시적 설계에 대한 몇몇 경험적 연구를 다루어 나가기로 한다.

2) 거시적 설계 및 주의력 자원

청자에게 어떤 정보가 전달되어야 하는지는 전적으로 화자의 의도와 담화모형에 대한 현재의 상태에 달려 있다. 그 정보가 이미 화자의 초점 속에 들어 있을 수도 있다. 그렇지 않고 다른 대안으로서, 그것이 정교한 기억 탐색을 포함할 수도 있다. 전자의 예는, 화자가 우연히 창 밖을 내다보고 폭풍우를 목격하고서, 청자에게 이에 대하여 알려 주려는 의도를 발전시키는 경우이다. 그 사건은 화자의 초점 속에 들어 있다. 추가 정보로서 아무런 것도 머릿속 기억으로부터 인출될 필요가 없다. 후자의 사례는, 상대방 쪽에서 길 방향을 묻는 상황이다. 협동적이면서 길을 잘 알고 있는 화자는, 청자와 화자가 있는 '여기'로부터 목표 장소까지 가는 길을 구성하는 지엽적 정보를 머릿속에서 인출해 냄으로써, 대화 상대방의 담화모형 속에 있을 정보 간격을 채워 넣는 일을 목표로 삼을 것이다. 이것은 여러 단계의 인출을 포함할 수 있다. 화자는 그 도심 윤곽을 놓고서 자신이 지닌 인지 지도의 관련 부분에 접속하는 인출 단서로서 시작 위치와 목표 위치를 이용할 것이다. 이것들은 화자의 장기 기억 속에 들어 있다. 그러고 나서 그는 두 곳을 이어주는 가장 짤막한 길이나 가장 쉬운 길을 추론할 것이다. 청자를 위해 그는 그 길의 연속적 부분들을 찾아내려고 성당·육교·공공건물과 같이 두드러진 지형 지물을 인출해 낼 것이다. 언어 표현이 이뤄지도록 정보를 인출하는 일은, 실질적인 '기억 탐색·추론·계획 짜기'를 포함할 수 있다.

정교한 탐색은 어떤 담화 유형에 대해 특징적이다. 길 방향 안내뿐만 아니라, 이야기·강의·연설·다른 담화의 독백(= 한 방향 의사소통) 형식들이 이 범주에 들어 있다. 면담 조사나 논쟁은 다른 사례들이다. 그런 계획 짜기와 정교한 탐색은 실행상 제어를 잘 해 놓아야 하며, 화자의 주의력을 필요로 한다. 화자는 동시에 각 메시지를 추가적으로 마련하기 위하여 이용할 수 있는 어떤 주의력도 유지할 필요가 있다. 따라서 정보가 인출되고 있는 동안에도 그 이야기가 끊임없이 유창하게 흘러가도록 유지될 수 있는 것이다.

좀더 길게 혼잣말을 하는 화자들은, 주의력을 많이 쏟아 넣는 정보 인출과 추론 단계, 그리고 언어 표현을 위하여 메시지를 마지막으로 손질하는 데 집중하는 단계 사이에서 — 곧 거시적 설계 및 미시적 설계 사이에서 — 천천히 바뀐다는 증거가 있다. 이 증거는 좀더 길게 끌어 이어진 연설이나 독백에서 '머뭇거리며 멈춤 : 유창히 말함'의 분포에 대한 핸더슨·골드먼-아이슬러·스까벡(Henderson, Goldman-Eisler and Skarbek 1966), 골드먼-아이슬러(Goldman-Eisler 1968), 버터워쓰(Butterworth 1975, 1980b), 비티(Beattie 1983) 등의 업적에 뿌리를 둔다. 다른 종류의 실험 증거를 보려면 페트뤼(Petrie 1988)를 참고하기 바란다.

핸더슨 등(Henderson et al. 1966)은 '말함 : 멈춤' 교체를 제시한다. 저자는 이를 '핸더슨 도표'라고 부를 것이다. 한 가지 그런 도표가 〈그림 4-3〉으로 제시되어 있다. 두 축의 좌표는 시간을 나타낸다. 수평축은 말하는 시간이고 수직축은 머뭇머뭇 멈추는 시간이다. 계속 말을 하거나 아니면 침묵으로 이어진 각 마디는 대응하는 수평 방향이나 수

〈그림 4-3〉 독백담에서 머뭇거림 및 유창함 단계들의 교체(Beattie 1983)

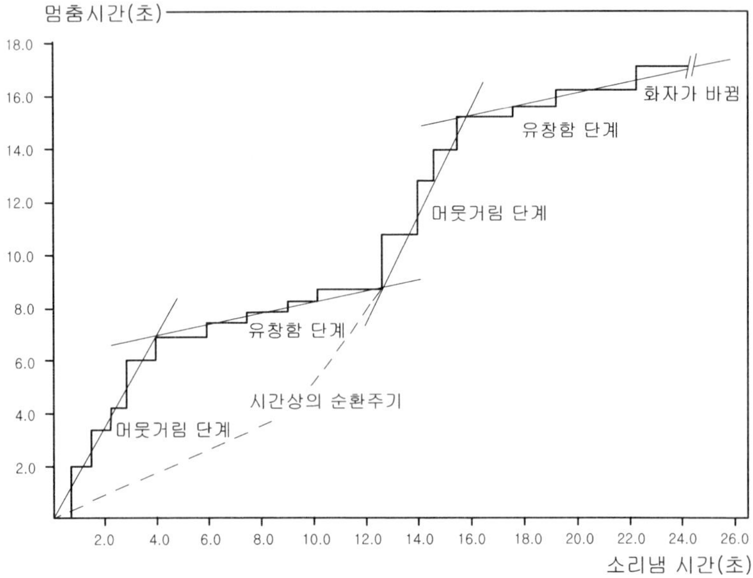

직 방향으로 추적된다. 침묵으로 간주된 것은 어떤 것이든지 200ms 또는 250ms보다 좀더 긴 비-발성 구간이다. 〈그림 4-3〉의 경우는 200ms이다. 결과적으로 귀결되어 나오는 곡선의 일반적 경사는, 언어로 표현된 긴 이야기 확장 연결체를 놓고서 소리 내어 말함에 대한 멈춰 침묵함의 비율이다.

앞에서 언급된 연구자들에 의해서 이뤄진 유관한 관찰은, 핸더슨 도표에서 리듬 있는 경사의 교체가 있는 듯하다. 가파르고 평평한 단계들이 사뭇 정규적으로 서로 교체되며 이어진다. 가파른 부분은 '머뭇거리는 발화 단계'로 불린다. 멈춤이 상당량 있기 때문이다. 이들 연구자는 또한 이런 멈춤이 목표 정교화 및 정보 인출과 더불어(즉 미시적 설계와 더불어), 화자의 주의력 몰두 때문이라고 제안한다. 평평한 부분은 유창하게 말하는 단계를 나타낸다. 여기서는 상대적으로 멈춤이 적다. 제프・브뢰스낀・거어스먼(Jaffe, Breskin, and Gerstman

1972) 와 파워(Power 1983, 1984)에서는 이들 변동이 무작위적일 수 있음을 경고하였다. 그렇지만 다른 연구들에서는 그럴 듯하지 않은 해석이라고 비판하였다(Beattie 1980, 1983, 1984를 보기 바람).

〈그림 4-3〉에 있는 곡선은 녹화를 해 둔 '교사-학생' 상호작용의 표본으로부터 나왔다. 비티(Beattie 1980)는 단일 화자를 놓고서 30초보다 더 긴 이야기 확장 연결체들을 모두 분석하였다. 이들 독백은 오히려 16초의 큰 표준 편차를 지닌 22초의 평균 주기 시간(머뭇거리는 단계 + 유창하게 말하는 단계)을 보여 주었다. 비티(1980)는 '판단 실험'을 이용하여 이들 주기의 비-무작위적 성격을 예증해 놓았다. 이들 독백의 일부로부터 나온 연속 문장들의 녹취기록 내용을 피험자들이 무작위 순서로 듣고서, 그것들의 원래 순서를 복원하는 과제였다. 주기를 건너 뛰어 연결된 문장들에 대해서보다, 동일한 주기 안에 나타나는 문장들에 대해서 이것이 유의하게 더 쉬운 과제로 밝혀졌다. 달리 말하여, 여러 주기들 사이에서보다 동일한 하나의 주기 안에서 개념적 의미 연결이 좀더 많이 있다는 것이다. 그 주기는 일련의 발화행위 속으로 어떤 의사소통 목표를 정교히 집어넣는 일을 포함한다. 이것이 '일관된 담화 마디'(*coherent discourse segment*)로 귀결되는 것이다. 그런 뒤에 화자가 자신의 초점을 새로운 목표나 하위 목표로 바꾼다면, 정교화에 대한 새로운 순환이 시작될 것이며, 다음의 일관되게 연결된 담화 마디로 귀결될 것이다.

비록 이것이 오직 시사적인 결과이지만, 모든 종류의 독백 각각에 대하여 주기 개념을 일반화하지 않도록 유의해야 한다. 화자의 주의력이 거시적 설계와 미시적 설계 사이를 오간다면, 이는 오직 미시적 설계에 애를 많이 쓸 경우에만 유창성에서의 명백한 변동으로 이끌어 갈 것이다. 실제로, 발화 유창성 및 언어 표현을 위한 정보 선택에 의해서 얹혀지는 '인지적 부담' 사이에 있는 관계를 놓고서 독자적 실험 예증이 있어 왔다. 예를 들어, 골드먼-아이슬러(Goldman-Eisler 1968)

는 '만화 해석 과제'에서보다 '만화 묘사 과제'의 실행에서 더 유창성이 있었음을 보여 주었다. 굳·버터워쓰(Good and Butterworth 1980)는 피험자들에게 길을 말하여 알려 주도록 요구하였다. 이들 연구자는 집에서 직장까지 가는 친숙한 길과 비교적 덜 익숙한 길 사이를 비교하였다. 익숙지 않은 길보다 친숙한 길이 약간이지만 유의미하게 더 유창히 서술되었다. 유창성은 발화에서 침묵 시간의 전체 비율에 의해서 측정되었다. 친숙한 길의 침묵 시간은 33%이며, 익숙지 않은 길의 침묵 시간은 37%였다. 친숙한 길에 대하여 피험자에게 반복하여 거듭 말해 주도록 요구했을 때, 침묵 비율은 27%로 떨어졌다. 아마 언어 표현을 위해 정보를 선택하는 일은, 거듭 말해 주는 후자 사례에서 훨씬 더 쉬울 것 같다. 왜냐하면 기억에서 아주 쉽게 이용될 수 있기 때문이다.

후자의 상황은 클락·클락(Clark and Clark 1977)이 '이상적 전달'이라고 불렀던 내용에 이르게 된다. 이미 피험자가 자신이 말하고 싶은 바를 잘 알고 있으며, 그것을 유창하게 발화한다는 개념이다. 클락·클락은 화자가 절(*clauses*)들을 매끄럽게 전달하기 위해 애를 많이 쓴다고 시사하였다.[7] 즉, 절 내부의 멈춤이 최소화되도록 노력하는 것이다. 굳·버터워쓰(1980)는 실제로 원래의 처음 서술에서보다 반복된 서술에서 실질적으로 절 내부의 멈춤(250ms 이상의 멈춤임)이 잦지 않음을 찾아내었다(전체적인 숫자상으로 멈춤에 대한 처음 서술과 반복

7) 일반적으로 clause(절)은 문장에서 아직 서법(의문문 서법, 명령형 서법, 서술문 서법 등)이 들어가 있지 않은 형식으로 정의된다. 그런데 여기서는 문장과 관련된 개념이라기보다, 오히려 생각의 기초 단위로서 '명제'와 같은 지위를 지닌 '동사-명사'로 된 결합체를 뜻한다. 우리 머릿속에서 생각은 개개의 낱말로 따로 이뤄지는 것이 아니다. 이들 낱말이 최소한의 단위로 결합된 모습으로 이뤄진다. 이는 하나의 개별사건을 가리킨다. Chafe and Danielewicz(1987) "Properties of Spoken and Written Language" in Horowitz and Samuels eds. 《입말과 글말의 이해 *Comprehending Oral and Written Language*》(Academic Press)에서는 이를 절과 유사한 단위(*clause-like unit*)라고 불렀다.

서술이 각각 41%와 28%였음). 달리 말하면 정보 선택 과제가 덜 까다로운 경우에, '절 형태로 된' 메시지들을 전달하는 일에(즉, 미시적 설계에) 화자가 더 많은 주의력을 쏟아 넣을 수가 있었던 것이다.

미시적 설계에서 가끔 주의력 실수(*attentional lapses*)는 전면적인 말하기 오류로 이끌어 간다. 할리(Harley 1984)는 여러 가지 그런 사례들을 보고하였다. 그것들 가운데 하나로, 화자는 '자신이 8시 52분에 일어났다'(he got up at 8:52)고 말할 내용과 '자신이 8시 52분에 기분이 좋았다'(he felt fine at 8:52)고 말할 내용을 오락가락 뒤섞어 놓았다. 이는 다음과 같은 발화 실수로 이끌어갔다.

'*I <u>felt up fine</u> at 8:52.'
(*난 8시 52분에 <u>일-좋</u>았어요)

뒤섞어 버리는 프로이드식(Freudian) 말하기 실수도 또한 주의력 실수 때문에 말미암는 것으로 언급된다. 이는 제 6장 4절에서 다뤄진다.

3) 대상물을 가리키기 위한 정보 선택

올슨(Olson 1970)은 주위에서 어떤 대상을 가리키는 화자의 지시표현이 '지시내용의 맥락에서 대안이 되는 대상물들이 어떤 것이 있는지'와 관련된 함수라는, 거의 자명하지만 획을 긋는 관찰을 하였다. 동일한 대상이라 하더라도, 맥락 속에 있는 대안들의 집합에 따라 다르게 가리켜질 수도 있다. 화자와 청자가 다 함께 오직 두 개의 검은색 공만을 관찰하는 상황 속에서, 화자가 어떤 큰 공을 가리키고 싶어하는 경우에는, 지시표현이 다음처럼 될 것 같다.

the <u>big</u> one
(그 <u>큰</u> 거)

the big ball
(그 큰 공)

그렇지만 대안이 되는 다른 대상이 큰 흰색 공일 경우에는, 화자의 지시표현이 다음처럼 될 것이다.

the black one
(그 검정 거)
the black ball
(그 검정 공)

그 공의 속성에 대한 선택은 그것이 청자에게 변별적일 수 있는지 여부에 달려 있다. 청자한테 임의 대상의 정체를 전달해 주고 싶은 화자는, 대체로 대상의 속성들을 모두 목록으로 거론해야 하는 것이 아니다. 화자는 언어 표현을 위해서 청자가 독자적으로 지시 맥락에 있는 대상을 확인할 수 있도록 도구가 되는 어떤 하위 집합을 선택할 것이다.

앞에서 언급했듯이, 그라이스의 양에 대한 대화규범은 화자에게 과소-명시되거나 중의적인 것과 과다-명시되거나 잉여적인 것 사이에서 중용을 택하도록 요구한다. 위에 언급된 상황에서, 과소-명시의 사례는 'the ball'(그 공) 처럼 지시하기 표현을 쓰는 것이다. 이는 작고 큰 공 사이에서 분간을 충분히 해 주지 못한다. 과다-명시된 사례는 'the big black ball'(그 큰 검정 공) 처럼 쓰는 것이다. 이는 필요한 것보다도 더 많은 정보를 담고 있다. 실제 화자들은 어떻게 하는 것일까?

일반적인 발견내용은 분명하다(개관을 위해서 Deutsch and Pechmann 1982를 보기 바람). 지시표현이 거의 언제나 충분하거나 중의적인 것이 아니며, 잉여적으로 되는 경향이 있다. 잉여적 지시표현은 그라이스의 대화규범과 모순되는 듯하다. 좀더 정밀히 연구할 필요가 있다. 한 가지 예가 도이취 · 페크먼(Deutsch and Pechmann 1982)의 논문에서 발견될 수 있다. 그들은 생일 선물로서 어떤 아이에게 가장 주고 싶어하는 것을 여덟 가지 장난감 배열을 놓고서 선택하도록 어린이와 어른들에게 요구하였다. 배열되어 있는 장난감들은 2개에서 4개까지 서로 다른 종류의 것들이었다(가령, 빗·수저·자동차·컵). 어떤 것은 크고 어떤 것은 작았다. 그것들은 세 가지나 네 가지의 서로 다른 색깔로 되어 있었다. 이들 속성의 결합은 서로 다른 배열에 걸쳐서 다양하게 제시되었다. 어른들의 지시표현 가운데에는 오직 5%만이 과소-명시한 것들이었고, 28%는 잉여적으로 과다-명시한 것들이었다. 비슷한 실험으로 페크먼(Pechmann 1984)은 어른들의 지시표현들 가운데 60% 넘는 비율이 잉여적이었음을 찾아내었다.

페크먼(1984)은 양의 대화규범으로부터 이런 표면적 일탈에 대한 몇 가지 이유들을 분석하였다. 그의 연구에서는 성인 피험자들에게 일련의 슬라이드를 제시해 주었다. 각각 다양한 여러 숫자의 대상물을 담고 있었고, 종류나 색깔이나 크기에서 차이가 났다. 슬라이드에 있는 대상물들 가운데 하나는 별표로 표시가 되어 있었다. 피험자들의 과제는, 동일하지만 별표가 들어 있지 않은 슬라이드를 보고 있을 상상 속의 청자에게, 어느 대상물에 별표 표시가 되어 있는지를 말해 주는 것이었다.

〈그림 4-4〉는 네 가지 대상물에 대하여 애초에 제시된 배열의 예(페크먼은 검정과 하양 대신에 파랑과 빨강을 이용하였음)와 세 가지 대상물을 놓고서 가능한 일련의 세 가지 배열을 보여준다. 각 배열을 놓고서 화란 피험자들이 대답한 특징적 반응이, 각 그림 아래에 영어 번역으로 주어져 있다. 굵은 글씨로 되어 있는 것은 운율 악센트를 나타낸다. 배열 A에 대한 전형적 반응은 'the black **bIrd**'(그 검정 <u>새</u>)이다. 'black'(검정)도 '**bIrd**'(<u>새</u>)도 어떤 것도 홀로 청자에게 그 대상물을 확정시켜 주기에 충분치 않았을 것이다. 그 지시표현은 비-잉여적이다(과소-명시적이다). 배열 A에 뒤이어진 배열 B인 경우에, 피험자들은

전형적으로 'the white cUp'(그 하얀 컵)으로 응답한다. 이 경우에도 또한 다른 대상물로부터 그 지시대상을 구별해 주기 위해 색깔과 대상물 이름이 필요하다. 또 다른 흰색 대상물이 있고, 또한 또 다른 컵이 있기 때문이다.

그러나 색깔이나 대상물 이름이 그 대상을 식별해 내기에 충분한 경우에는 어떤 일이 생겨나는 것일까? 배열 C에서 식별을 충분히 해 주는 것은 색깔 이름이다. 그 배열에 오직 검은색 대상물이 하나만 있고, 바로 그것이 그 지시대상인 것이다. 비록 'cUp'(컵)이 잉여적이며, 더욱이 식별요소가 아니라는 점에도 불구하고(그 배열에 또다른 컵이 있음), 대부분의 피험자들은 여전히 그것을 'the black cUp'(그 검정 컵)으로 가리켰다. 대상물 이름 그 자체가 식별내용 정보인 경우에도, 피험자들은 색깔을 또한 포함해 놓는 경향이 있었다. 이것이 배

〈그림 4-4〉 대상 이름 붙이기 실험에 쓰인 자극물(Pechmann 1984)

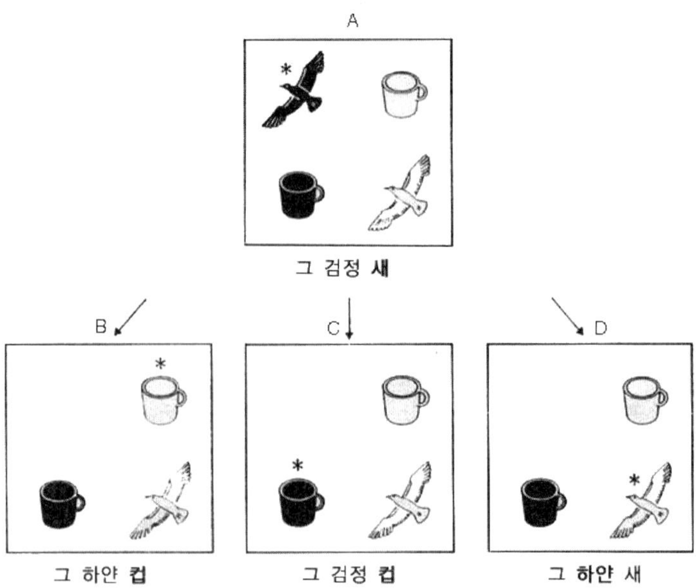

열 D의 경우이다. 거기에서는 'bird'(새) 만으로 식별이 충분할 것 같다. 이 경우에도 피험자들은 전형적으로 'the whIte bird'(그 하얀 새)라고 말한다. 또한 배열 C와 D 둘 모두에 대해서, 비-식별요소 정보에 두드러진〔卓立〕 운율이 주어지지 않음에 주목하기 바란다. 두드러진 운율이 배열 C에서는 'cUp'(컵) 에, 배열 D에서는 'whIte'(하얀) 에 주어졌다. 우리는 잠시 뒤에 이 발견결과를 다시 다룰 것이다.

이 사례로부터 화자들이 잉여적으로(과다-명시하여) 말한다고 결론짓는 것은 잘못일 듯하다. 왜냐하면 화자들이 단순히 그 지시대상과 관련하여 청자한테 모든 정보를 제공해 주는 것이기 때문이다. 이 점은 일반적으로 페크먼(1984) 의 결과에 대해서 성립하지 않는다. 또한 헤르만 · 도이취(Herrmann and Deutsch 1976), 도이취 · 페크먼(Deutsch and Pechman 1982), 헤르만(Herrmann 1983), 그리고 다른 여러 논문에서 보고된 발견결과와도 모순이 된다. 특히 두 가지 속성 이상이 포함되어 있을 경우에, 화자들은 자신의 지시표현을 놓고서 경제적으로 표현하는 일을 시작한다. 또한 '품질 낮은 의사소통'을 청자가 제대로 처리해 낼 수 있도록 도와주기 위하여, 화자들이 자신의 대상물 이름에서 어떤 잉여성을 도입할 것 같지는 않다. 만일 청자에게 하나의 식별 속성이 누락되더라도, 청자는 여전히 또 다른 식별 속성의 도움으로 그 지시대상을 확정할 수 있을 것이다. 그렇지만 화자들도 또한 비-식별 속성들을 추가해 놓음으로써, 자신의 서술 내용을 중언부언 잉여적으로 만듦을 보았다.

화자가 그 지시대상을 과다-명시하여 잉여적으로 언급하는 데에는 적어도 두 가지 다른 이유가 있다. 하나는 잉여적 비-식별 정보가 청자에게 그 지시대상을 찾아내도록 도움을 줄 수 있다. 도이취(Deutsch 1976), 맨골드(Mangold 1986), 쏘넌슈아인(Sonnenschein 1982, 1984)은 대상물들의 배열에서 최소한도로 명시된 대상물보다 과다-명시된 지시대상을 청자가 더 쉽게 찾아냄을 보여 주었다. 분명히 청자들은 자신이 찾아내야 하는 그 대상물에 대한 '총체적 윤곽'을 만들어 낸다. 비록 색깔이 충분히 식별요소가 될 것 같은 경우에라도, 'a big red bird'(큰 빨간 새 한 마리) 보다 'something red'(어떤 빨간 것) 를 찾아내기가 더 어렵다. 가령 'a bird'(새 한 마리) 와 같이 찾을 대상물의 종류에 대한 정보는, 특히 그런 '총체적 윤곽'을 구성하는 데 도움이 된다. 이 점이 '대상물 이름 부르기'를 놓고서 심지어 대상 이름이 잉여적인 경우에라도 지시표현에 그 대상 이름을 포함해 놓는다는 실험상의 발견결과에 대한 일반적 경향을 설명해 줄 것 같다. 가령 'the red one' (그 빨간 거) 이라고 말하기보다, 'the red bird'(그 빨간 새) 라고 말하는 것이다. 여기서 주의력을 흩어놓는 '오답' 대상물의 성격은 무관하다.

명백히 잉여성을 만들어 놓는 또 다른 이유는, 화자의 담화모형과 관계된다. 화자는 지각 상으로 청자와 공유된 상황에서(즉 더 앞에서 '공통 배경'이라고 불렀던 바에서) 오직 그 대상물을 식별해 주는 속성을 점검해야만 그 대상을 가리킬 수 있는 것이 아니다. 청자에 의해서 초점이 모아진 최종 대상물과 그것을 대조함으로써 또한 그 대상을 가리킬 수 있는 것이다. 달리 말하여, 청자의 현재 '초점 중심'에 있는 것과 대조를 만들어 주는 정보를 표현해 주는 일에 의해서도 새로운 '초점 중심'이 도입될 수 있는 것이다. 아마도 이것이 〈그림 4-4〉에서 배열 C와 D에서 일어났던 바일 듯하다.

우리는 두 사례에서 모두 화자가 식별되지 않는 정보를 말해 주었음을 관찰하였다. 각각 'cUp'(컵) 과 'whIte'(하얀) 이다. 옛 지시대상이 지각상 더 이상 제시되어 있지 않았음에도 불구하고, 화자는 명백히 새로운 지시대상을 이전의 것(black bird 검정 새) 과 대조하였다. 그런 비교는 차이가 나는 특징을 점검하도록 요구하였다. 지각상 잉여적인지 그렇지 않은지 여부이다. 달리 말하여, 그 담화모형에 비춰보아 'cUp'(컵) 과 'whIte'(하얀) 는 잉여적이지 않은 정보를 표현한다. 반면에 'black'(검정) 과 'bird'(새) 는 잉여적이다. 왜냐하면 배열 A에서 초점 중심에 있던 이전의 대상물이 바로 'a black bird'(한 마리 검정 새)였기 때문이다.

페크먼(Pechmann 1984)은 후자 종류의 잉여성을 그 담화모형과 관련하여 '안에서 비롯된 잉여성'으로 부른다. 이는 '밖에서 비롯된 잉여성'과 대립된다. 이는 지각상 주어진 대안 대상물들의 집합으로부터 도출되어 나오는 것이다. 특히 안에서 비롯된 식별요소 정보에 각각 'cUp' (컵)과 'whIte'(하얀)에서와 같이 운율 강세가 주어짐은 주목할 만하다. 이는 페크먼(1984)과 터큰(Terken 1984)에 의한 연구에서 아주 일반적인 발견결과이다. 〈그림 4-4〉 배열 D에 있는 'whIte'(하얀)에서와 같이, 안에서 비롯된 식별요소 정보에 대해서는 체계적인 악센트 부여가 있다. 그렇지만 〈그림 4-4〉 배열 D에 있는 'bird'(새)에서처럼 밖에서 비롯된 식별요소 정보에 대해서는, 체계적인 악센트 부여가 없다. 저자는 제4장 5절 1항에 있는 미시적 설계를 논의하는 자리에서 이 문제를 다시 다룰 것이다.

대안들 가운데에서 하나의 대상물을 가리키기 위하여 화자가 어떤 정보를 표현할 것인지는, 안에서 비롯된 요인과 밖에서 비롯된 요인 둘 모두에 달려 있을 것이다. 안에서 비롯된 지시, 즉 앞서 언급된 대상물의 관점으로부터 나온 지시는, 특히 현재의 지시 대상물이 이전의 것과 오직 약간 다를 경우에만 협동적이다. 차이가 나는 특징을 강조함으로써, 화자는 청자한테 거기에 맞춰서 앞서 포착해 둔 '총체적 윤곽'을 수정하도록 알려준다.

> "Don't construct a totally new template for your search; previous one, slightly modified, will do."
> (탐색을 위해 전체적으로 새로운 형상을 구성하지 말고, 약간 고쳐진 이전의 것으로 충분할 것이다)

그렇지만 너무 차이점이 많다면 청자는 새로운 목표의 '총체적 윤곽'을 구성하는 것이 더 경제적이다. 이것이 아마 〈그림 4-4〉의 배열 B에 있는 지시대상을 위한 사례일 듯하다. 청자로서는 'BLACK BIRD'(검정 새)로부터 총체적 윤곽을 도출해 내어 새로운 목표 개념 'WHITE CUP'(하얀 컵)을 구성하는 것이 비효율적이다. 이 경우에는 밖에서 비롯된 지시가 언급된다.

그라이스의 대화규범은 너무 일반적이어서 실험상으로 반증이 불가능하다. 그렇지만 지금까지 논의된 결과들은 분명히 대상물을 언급하는 데에 협동하는 방식이 한 가지만 있는 것이 아니라, 더 많이 있음을 보여준다. '밖에서 비롯된'(*exophoric*) 관점에서 보면 양에 대한 대화규범을 위배하는 것도, '안에서 비롯된'(*endophoric*) 관점에서 보면 그렇지 않다. 여전히 또 다른 관점이 있다. 놀랍게도 이 관점은 거의 주목을 받지 못하였다. 도이취 · 페크먼(Deutsch and Pechmann 1982)에서는 화자들이 특히 나이가 더 어린 아이들의 경우에는 과소-명시를 한다. 충분히 정보를 전달해 주지 못함으로써 화자는 협동성을 위배하는 것이다. 한 배열에서 비슷한 대상물들을 많이 담고 있는 경우에, 관련된 '밖에서 비롯된' 대조 사항들을 모두 결정하는 일은 화자에게 너무나 과중한 작업이 될 듯하다. 그 대신에, 화자는 몇 가지 두드러진 특징들만 언급하고, 협동적인 청자한테 일임하여, 그 지시대상이 독자적으로 확정될 수 없을 경우에 청자로 하여금 추가 질문을 하도록 한다. 도이취 · 페크먼(1982)은, 어린이들과 더러 어른들도 지시대상에 대하여 '밖에서 비롯된' 유관 특징을 충분히 구별해 낼 수 있을 경우에라도, 청자가 알아서 하도록 수행함을 보여 주었다.

클락 · 윌크스-깁즈(Clark and Wilkes-Gibbs 1986)는 이런 악덕을 미덕으로 바꾸어 놓았다. 그들은 대화에서 대상물을 가리키는 일이 언제나 협동 과정임을 강조한다. 화자들은 자신의 대화 상대방과 함께 현재의 목적을 위해서 제대로 대상물 가리키기가 충분히 이해되었다는 상호 믿음을 수립하려고 노력한다. 이런 상호 믿음을 수립하는 일은 종종 어떤 발언기회 얻기를 요구한다. 이미 제 4장 2절 5항에서 언급되었던 클락 · 윌크스-깁즈(1986)의 실험에서, 피험자 짝들이 손쉽게 부를 이름이 없던 불규칙한 모양새들을 배열하는 일에 대해서 서로 대화를 나누었다. 그런 '도형 짜놓기 놀이판'(*tangram*)의 모양새에 대하여 지시내용을 수립하는 전형적인 노력이 다음에 예시되어 있다.

A : Uh, person putting a shoe on.
(어, 사람이 신발을 한 짝 신고 있어)
B : Putting a shoe on?
(신발을 한 짝 신고 있는 중이란 말야?)
A : Uh huh. Facing left. Looks like he's sitting down.
(어 그래. 왼쪽을 바라보면서. 그가 앉고 있는 것 같은데)
B : Okay.
(그래, 알았어)

첫 번째 사람 A는 어떤 지시표현을 제시한다. 그의 짝 B는 그것이 충분하지 않음을 알려 준다. A는 어떤 정보를 더해 주며, B는 'Okay'(그래, 알았어)라고 말한다. B는 A에 의해 의도된 지시대상을 찾아내었다는 믿음을 만들어 낸다. 가리키기 상황이 언제나 이것처럼 복잡한 것은 아니다. 그렇지만 클락 · 윌크스-깁즈(1986)는 가리키기에 대한 더 간단한 사례도 본질적으로 차이가 나는 것이 아님을 논의한다. 화자는 지시표현을 제시하고, 청자는 어떤 방식으로 현재의 목적을 위해 그것이 충분함을 대답으로 나타낸다. 아이작스 · 클락(Isaacs and Clark 1987)은 이 이론에 대한 추가적인 실험 증거를 제시하였다.

헤르만(Herrmann 1983)은 대상물 가리키기에서 지시표현을 위한 화자의 정보 선택에 대하여 헤르만 · 도이취(Herrmann and Deutsch 1976)에 의한 발견결과에서와 같이 더 많은 여러 가지 발견결과들을 개관하였다. 가령 만일 두 가지 특징이 있으며, 그 특징이 각각 '밖에서 비롯된' 의미로 충분히 식별이 이뤄진다면, 화자들이 지시대상 및 다른 대안물 사이에서 가장 지각적으로 두드러진 차이점을 포착해 주는 특징을 선택하는 경향이 있음을 지적하였다. 달리 말하여, 그 선택은 지각상으로 유도되는 것이다. 또한 이들 연구자는 강한 묶음(*set*) 효과를 찾아내었다. 만일 색깔과 같이 한 특징이 몇 번이고 되풀이하여 도구적으로 쓰인다면, 화자는 그것이 잉여적으로 된 경우에도 그 특징을 계속 쓰게 될 것이다. 화자의 협동성은 분명히 어떤 타성(*inertia*)을 보여준다.

여전히 발전되어야 할 것은 대상물 지시의 간접적 수단에 대한 이론이다. 제2장에서 넌버그(Nunberg 1979)의 지시 기능에 대한 개념을 언급하였다. 이는 '지시영역'(*demonstratum*)을 그 지시대상에 관련짓는다(= 지시영역 속에 지시대상이 들어 있음: 옮긴이). 우리는 그 지시대상이 반드시 손으로 가리켜진 대상물이어야 할 필요가 없음을 보았다. 또한 반드시 이름 붙여진 대상물일 필요도 없다. 넌버그(1979)의 예들 중 한 가지 예에서는, 교대 시간이 되어 떠나면서 교대로 들어온 자신의 동료에게 'the ham sandwich is sitting at table 20'〔그 햄 샌드위치(를 주문한 손님)가 20번 식탁에 앉아 있어〕라고 상기시켜 주는 간이식당 종업원을 언급하였다. 이름 붙여진 대상물(곧 그 지시영역임)은 'the ham sandwich'(그 햄 샌드위치)이다. 그러나 사실 언급된 개체는 샌드위치가 아니라 손님이다. 아마도 그 지시영역과 그 간이식당의 맥락이 청자에게 그 기능을 도출할 수 있도록, 따라서 그 지시대상을 도출할 수 있도록 해 줄 것이다. 그러나 그 지시대상을 염두에 두고 있는 화자는 자신으로 하여금 간접적으로 가리킬 수 있도록 해 주는 지시 기능을 어떻게 찾아낼 수 있는 것일까? 그리고 왜 화자가 그렇게 간접 지시를 하고 싶어하는 것일까? 화자가 언어 표현을 위해 선택하는 바는, 전달될 정보로부터 아주 차이가 있을 수 있지만, 여전히 도구적으로 될 수 있다.

4) 요청하는 정보 선택

요청을 하는 화자는 청자에게 여러 정보를 전달한다. 제 1장에서 논의한 대로, 청자는 화자가 자신으로 하여금 어떤 행위를 수행하도록 바라고 있음을 알고 있어야 한다. 그러나 그것만으로는 충분하지 않다. 청자는 또한 그 행위를 얼마나 강력히 의무적으로 수행하도록 되어 있는지도 알아야 한다. 그리고 화자와 청자 사이에서 이런 행위를 요구하는 그 화자의 권리가 무엇인지에 대해서도 반드시 서로 간에 알려져야 한다. 헤르만(Herrmann 1983)은 이를 '요청의 적법성'이라고 부른다. 자신의 상관인 대령에 의해서 자신의 바지가 다림질이 되기를 바라는 사병은, 그 대령한테 그 요청의 적법성을 전달하는 데에 아마 힘든 시간을 겪게 될 것이다. 청자가 그 행위를 수행할 수 있으며, 기꺼이 수행하려고 함도 또한 반드시 서로 간에 알려져야 한다. 청자가 그 일을 기꺼이 하려는 마음은, 부분적으로 그 요청의 적법성에 달려 있을 것이다. 따라서 요청의 수단에 의해서 전달될 정보는 적어도 다음 사항들을 포함한다. ① 어느 정도의 확고함이나 의무감과 더불어, 화자는 청자 쪽에서 어떤 특정한 행위를 해 주기를 바란다. ② 화자는 청자에게 이 행위 과정에 대해 의무를 부여해 놓는 데 어떤 적법성을 지니며, ③ 청자가 그 행위를 수행할 능력과 청자가 기꺼이 하려는 마음을 잘 깨닫고 있다.

그렇지만 또한 요청으로 전달될 모든 정보가 명백하게 표현되는 일은 아주 드물다. 현재의 담화모형과 대화 참여자들의 공통 배경이 주어지면, 실질적으로 화자는 말해질 내용을 경제적으로 만들어 놓을 수 있다. 청자는 속뜻으로 담긴 정보를 추론할 것이다. 화자가 언어 표현을 위해 선택하게 될 것은, ① 확고하게 화자가 그 행위를 희망함, ② 그 행위를 요청하기 위해 적법한 상태에 대한 화자의 느낌, ③ 상대방이 그 행위를 수행할 능력과 상대방이 기꺼이 하려는 마음에 대한 화자의 평가 등에 달려 있다.

헤르만(1983)과 그의 동료 연구자들은 요청하기에 대한 실험연구에서 이들 요인 몇 가지를 제어하였다. 한 가지 실험은 두 사람 사이의 게임으로 이루어졌는데, 실험 주체와 피험자가 함께 놀이를 하였고, 피험자의 발화가 분석되었다. 놀이 참여자는 어떤 과제를 수행해야 했던 '탐정'의 역할을 맡았다. 피험자들은 144명의 젊은 독일 성인이었다. 그 게임은 어떤 시점에서 피험자들이 자신의 짝한테 자신의 권총을 건네어 주도록 요청하는 일 이외에는 아무런 것도 할 수 없는 방식으로 짜여졌다. 그렇지만 그 짝도 또한 권총이 필요할 것이라고 스스로 깨닫게 되므로, 서로 간에 알려져 있었다. 그렇지만 그 짝이 기꺼이 그 요청을 수행하려는 마음은 자명하지 않았다. 이 실험에서 헤르만이 다양하게 변화시켜 놓은 것은, 화자가 권총을 요청하기에 스스로 적법한 상태로 여길 수 있는 정도였다. 그 권총은 그 자신의 소유이거나 그의 짝의 소유였다. 이 요인이 화자의 요청 형식에 대한 선택에 강력하게 영향을 미쳤다. 화자가 그 권총을 소유한 소유주의 경우에는, 그는 독일어로 된 다음과 같은 요청 형식을 선호하였다.

> give me the pistol.
> (그 권총을 줘)
> you must give me the pistol.
> (반드시 내게 그 권총을 줘야 해)
> I need the pistol.
> (난 그 권총이 필요해)

이들 형식은 청자가 기꺼이 그 권총을 건네어 주려는 마음이나 청자의 능력에 대해서 어떤 관심도 표현하지 않는다. 더욱이 위 형식 중 처음 두 개의 표현은 행위를 수행해야 하는 청자의 의무를 표현하지만, 반면에 세 번째 것은 화자가 권총이 필요하다는 점을 확고히 형식화하고 있다. 그렇지만 그 권총이 상대방의 소유라면, 화자는 다음처럼 말하였다.

could you give me the pistol.
(좀 그 권총을 줄 수 있겠어)
would you give me the pistol.
(그 권총을 내게 줄 마음이 있어)
I would like to use the pistol.
(난 그 권총을 쓰고 싶어)

이들 표현에서 처음 두 개의 문장은, 청자가 수행을 하지 않을 여지를 남겨 놓으면서, 청자의 조건에 대한 관심을 표현하고 있다. 세 번째 문장에서는 필요성을 표현하지만, 그 바람의 확고함을 표현하지 않으며, 그 행위를 수행할 어떤 의무도 구체화해 놓지 않는다.

헤르만(1983)과 윈터홉-스뻑 · 헤르만 · 와인드릭(Winterhoff-Spurk, Herrmann, and Weindrich 1986)에 있는 다른 실험들에서는 기꺼이 그 요청을 따르려고 하는 마음에 대한 지각의 정도를 다양하게 바꾸었다. 기꺼이 요청을 따르려는 마음이 의심스러울 경우에는, 화자들이 상대짝의 기꺼이 수행하려는 마음이나 능력에 대한 조건에 대하여 관심을 표현해 주는 경향이 있음을 찾아내었다. 그렇지만 이는 화자가 강력히 그 요청을 할 적법한 위치에 있었을 경우에는 좀처럼 실행되지 않았다. 공손함의 표현은 사그라져 드는 권리와 더불어 역비례 관계로 증가하였다. 명백히 그 규칙은 언어로 표현될 정보가 두 방향으로 도구화되어야 한다는 점이다. 한편으로, 청자가 의도된 의무를 충분히 도출해 낼 수 있어야 한다. 즉 그 발화가 서술 단정이거나 질문이거나 감정 표현이 아니라, 사실상 행위 수행에 대한 요청을 전달하고 있음을 청자가 믿도록 이끌어져야 한다. 다른 한편으로, 그 발화에서는 청자의 기분이 나빠져서, 청자가 따르려고 하지 않을 위험성을 최소화해야 한다. 의무를 부여하는 화자의 권리가 아주 명백한 경우에는 그런 위험이 작아진다.

또한 프뢴씩 · 클락(Francik and Clark 1985)은 청자 쪽에 있는 잠재적 장애들을 극복하는 방식으로 화자가 요청을 구성해 냄을 찾아내었다. 화자가 분명히 시계가 없는 누군가에게 시간을 묻는 경우에 그 요청은 다음 형식으로 되는 경향이 있다.

> Do you have a watch?
> (시계 있습니까? / 시계를 차고 있습니까?)

그렇지만 청자가 시계를 차고 있다면, 전형적 요청은 다음과 같다.

> Do you know what time it is?
> (지금 몇 시입니까? / 지금 몇 시인지 아십니까?)

지금까지, 우리는 화자가 언어 표현을 위해 정보를 선택하는 두 가지 경우를 살펴보았다. 대상물을 지시하는 경우에서의 선택과, 요청을 하는 경우에서의 선택이다. 하나의 규칙으로서, 실험 결과들은 화자들이 전달되어야 할 정보를 모두 다 발화하는 것이 아님을 보여 주었다. 오히려 화자들은 의사소통 목표를 달성하는 데에서 언어 표현을 위해 도구가 되는 정보를 선택한다. 가리키기에서는 이것이 '안에서 비롯된' 정보이든 '밖에서 비롯된' 정보이든 간에, 청자의 주의력을 '새로운 지시대상에 초점 모아 놓는' 데에 효과적인 정보이다. 요청하기에서는 이것이 '청자 쪽에서 안 따르려고 하는 반응의 위험'을 최소화해 놓는 정보이다. 다시 이것은 당연한 요청 권리의 유무와, 기꺼이 하려는 청자의 마음에 대한 지각 등에 달려 있다.

5) 주요 구조와 부차 구조의 정보 선택

정보 선택의 문제점은 우리가 '길 방향 일러주기 · 장면 서술하기 · 이야기하기 · 공동 행위 계획하기'와 같이 복합적인 언어활동을 고려하는 경우에 실질적으로 더 복잡하다. 이들 경우와 다른 경우들에서, 주요 목표는 잇따라 하위 목표들과 하위-하위 목표들로 전개된다. 우리는 다음 절에서 다시 이들 논제 몇 가지를 다룰 것이다. 여기서는 화자의 정보 선택에 대한 한 가지 아주 일반적인 특징 — 즉, 이들 거의 모든 복합 유형의 담화에 공통적인 특징을 주목할 것이다. 화자는 언어 표현을 위해 그들이 선택한 정보를 클라인 · 스떠떠하임(Klein and Stutterheim 1987)이 주요 구조(*main-structure*) 정보와 부차 구조(*side-structure*) 정보라고 부른 내용대로 범주화한다. 예를 들면, 어떤 사람에게 자신의 장래 계획을 말하도록 요구했을 때 다음처럼 말했다.

(5) So, I will go to the university and study something, probably French. And then, I will become a teacher, *although the chances are bad right now*. And then of course, I will marry and have children. *I am very traditional here, I love babies.*

(그래서 난 대학에 진학하여 뭔가를 공부할 거예요. 아마 불어일 거예요. 그러고 나서 비록 지금 기회들이 좋지 않지만〔현재시제〕 난 교사가 될 거예요. 그러고 나서 물론 결혼도 하고 아기도 가질 거예요. 난 여기서 아주 전통적인데요, 아기들을 사랑하거든요〔현재 시제〕)

이 텍스트의 주요 구조는 계속 이어진 추가 단계들로 구성된다. 그것들은 면담 조사자의 질문에 대한 대답으로, 화자가 스스로 마련해 놓은 주요 목표에 대한 직접적인 정교화 내용들이다. 텍스트에서 이탤릭

글씨로 된 부차 구조는, 추가적인 논평·결합·수식 등으로 구성된다. 호퍼(Hopper 1979)와 롸인하알(Reinhart 1984)은 부차 구조를 '배경 정보'로 부르고, 주요 정보를 '초점 정보'로 부른다.

일반적으로 보아, 선택된 주요 구조나 초점 정보가 어떻게 화자의 의사소통 의도와 관련되는지 살펴보는 것이, 부차 구조나 배경 정보가 언어 표현을 위해 왜 선택되는지를 설명하는 것보다도 훨씬 더 쉽다. 화자는 행위나 계획이나 결정들에 대한 근거를 제시해 주기 위해, 모든 종류의 '부차적 의도'들을 생성할 수 있다. 또는 제4장 1절에서 논의된 의미에서, 대화자로서 유식해 보이거나 즐거워 보이는 것과 같은 비-의사소통 의도들을 개진할 수도 있다. 부차 구조 정보의 선택을 위한 근거가 무엇이든 상관없이, 화자는 메시지의 생성에서 부차 구조에다 특별한 처리를 해 놓는다. 예를 들면, 부차 구조에는 주요 구조 정보에서처럼 동일한 시간 가리키기 서술관점이 주어지지 않는다. 사례 (5)에서 주요 구조의 '미래시제'는 부차 구조에서는 나타나지 않는다. 또한 부차 구조 메시지는 사건보다 상태를 표현하며, 다양하게 현저히 다른 차이들이 있다(Klein and Stutterheim 1987을 보기 바람).

주요 구조 정보와 부차 구조 정보의 언어적 차이가 발화산출에서 검사된 한 가지 실험연구인 브롸운·델(Brown and Dell 1987)은 피험자들에게 어떤 이야기를 듣고서 다른 사람에게 그대로 전달해 주도록 요구하였다. 각 이야기는 어떤 도구를 써서 실행된 행위를 포함하였다(가령, 등 뒤에서 찌르기). 한 가지 실험 변인은 이용된 도구의 종류였다. 그것은 그 행위를 위한 전형적 도구(칼)일 수도 있었고, 또는 비-전형적 도구(얼음 깨는 송곳)일 수도 있었다. 화자들이 그런 이야기를 전달해 주면서 다시 말한 경우에, 종종 전형적 도구는 비-전형적 도구보다 덜 명시적으로 언급되었다. 등 뒤로 찌르는 일의 기본적인 도구가 칼이기 때문에, 언어 표현을 위하여 화자는 그 정보의 선택을 억제할 수 있었다. 쉽게 추론 가능한 것이기 때문이다. 그럼에도 불구하고, 화자가 그 칼을 명시적으로 언급하기로 결정한 경우, 이는 분명히 어떤 '부차적 의도'에서 말미암는 것이다(가령, 그 이야기를 화려하게 꾸민다든지, 아주 명시적으로 말한다든지, 아니면 여러분이 지닌 어떤 의도이든지). 그렇지만 비-전형적인 도구는 언어로 표현이 되어야 하는 주요 정보이다. 브라운 · 델(1987)은 비-전형적 도구와 전형적 도구의 문법 부호화에서 어떤 특징적 차이를 찾아내었다. 주요 정보—곧, 비-전형적인 도구들은 다음에서와 같이 동일한 절에서 그 행위와 함께 부호화되는 경향이 있었다.

The robber stabbed the man with an icepick.
(그 강도는 얼음 깨는 송곳으로 그 사람을 찔렀다)

반면에 부차 정보—즉, 전형적 도구들은 다음 예에서처럼 더 앞에 있는 선행절에서 마감되는 경향이 있었다.

The robber grabbed a knife and stabbed the man
(그 강도는 칼을 움켜쥐었고, 등 뒤에서 그 사람을 찔렀다)

달리 말하여, 화자의 메시지에서 그 도구가 그 이야기의 주요 구조에 속할 경우에, 그 도구가 부차 구조에 속하였을 경우보다 행위와 도구 사이에 더 밀접한 관계로 표현되었다.

4. 거시적 설계 2: 표현을 위한 정보 순서화

가장 간단한 단정·요청·선언 등보다 더 많은 내용을 어떤 것이든 언어로 표현하고자 할 때에는, 화자가 그 때마다 선조화 문제(*linearization problem*)로 불리게 될 바를 해결해야 한다. 즉, 무엇을 먼저 말하고, 다음에 무엇을 말할지 등을 결정하는 일이다. 선조화 문제는 아리스토텔레스 이래로 수사학 논의에서 주제가 되어 왔다. 교육 수준이 높은 화자는 언어 표현을 위해 특히 정보를 순서 짓거나 배열하는 방식에 주의력을 쏟을 것으로 가정되었다. 비록 간단한 두 개의 명제라도, 청자의 해석에서 그런 배열이 극적 효과를 지닐 수 있다. 이는 다음 예문들로부터 분명해진다.

(6) She married and became pregnant.
(그녀가 결혼을 하고, 임신을 하게 되었다)
(7) She became pregnant and married.
(그녀가 임신을 하고, 결혼을 하게 되었다)

이들 문장은 각각 동일한 두 개의 명제를 담고 있다. 그렇지만 그것들의 순서가 다르며, 따라서 담겨 있는 속뜻도 달라진다.

명제들의 선조성을, 메시지에서 주제화나 서술관점 취하기에서 말미암는 순서 짓기의 종류와 구별해 놓는 것이 중요하다. 뒤의 것은 췌잎(Chafe 1970)에서 '선조화'로 불렸다. 다음 예문(8)에서 두 개의 문장이 이런 측면에서 차이가 난다. 두 번째 문장(8나)는 '주제화'되어 있다.

(8 가) I will send you the money next week.
(다음 주에 내가 당신에게 그 돈을 보낼 것입니다)
나) The money I will send you next week.
(그 돈에 대해서는 다음 주에 내가 당신에게 보낼 것입니다)

그러한 주제화 효과는 제 4장 5절 3항에서 논의될 것이다. 여기서 우리의 주요 초점은 전체 명제나 술어에 대한 선조화이다.

언어 표현을 위해 화자가 정보를 순서 짓기 위한 두 가지 주요한 결정 요소가 있다. '내용과 관련된' 결정 요소와 '처리와 관련된' 결정 요소이다.

1) 내용 관련 결정 요소

선조화에 대한 '내용 관련' 결정 요소는 다음 원리로부터 도출된다.

> 자연스런 순서의 원리
> 언어 표현을 위해 그 내용의 자연스런 순서에 따라 정보를 배열한다.

자연스런 순서로 간주되는 내용은 서로 다른 담화 영역들에 대해 차이가 나며, 일반적인 정의는 존재하지 않는다. 그럼에도 불구하고, 어떤 중요한 경우에 대해 그 개념은 분명하다. 사건 구조를 놓고 볼 때, 자연스런 순서란 사건에 대한 시간적 배열 순서이다. 명시적으로 화자가 다른 방식을 언급하지 않는 한, 대화 상대방은 언급되는 순서가 시간적 배열 순서를 따른다고 가정할 것이다. 이것이 앞에 있는 예문 (6)과 (7)에서 생겨나는 바이다. 그것이 기본적 사례이다. 협동적인 화자는 다음 예문에서와 같이 종속절을 써서 문장 배열이 시간적 배열 순서로부터 벗어남을 표시해 줄 것이다.

(9) She became pregnant after she married.
(그녀는 결혼한 뒤에 임신하게 되었다)

after(뒤에)라는 낱말이 시간적 배열 순서가 보존되지 않았음을 청자에게 알려 준다. 어린이들은 이러한 일탈 구조들을 습득하는 데 어려운 시기를 보냄이 알려져 있다(E. Clark 1970). 시간적 배열 순서를 보존하는 일이 어린이들에게서 가장 일찍 생겨나는 수사학적 기술의 하나인 것이다.

또한 자연스런 순서 매겨 주기를 지닌 다른 영역도 있다. 선조적 공간 구조가 좋은 사례이다. 앞에서, 우리는 어느 도심지에서 출발 지점으로부터 목표 지점까지 이르는 가장 짧거나 손쉬운 길에 대한 화자의 기억 인출을 살펴보았다. 화자로서는 개념상으로 이용 가능한 이런 공간적 정보를 만드는 것만으로는 충분치 않다. 그 정보가 또한 언어 표현을 위해 순서가 매겨져야 한다. 자연스런 순서는 출발지에서부터 목적지까지 이어지는 장소들의 연결이다. 또한 이것이 반드시 기억 창고로부터 화자가 가장 짧은 길을 인출해 내는 순서가 되어야 할 필요는 없다. 시작 부분을 자세하게 작업해 나가기에 앞서서, 그는 또한 우연히 그 길의 마지막 부분을 깨닫게 될 수도 있는 것이다. 달리 말하여, 자연스런 순서는 청자를 위하여 배당되어야 하는 것이다. 길 방향을 일러주는 경우에, 화자가 사실상 출발지에서부터 목적지까지 공간적 연결성을 따른다는 점은, 여러 경험적 연구들로부터 분명하다(Klein 1979, 1982; Munro 1977; Wunderlich and Reinelt 1982).

왜 자연스런 순서가 그렇게 당연한 것일까? '자연스런 순서의 원리'는 무엇이 자연스런 순서를 구성할 것인지에 대하여 대화 참여자들 사이에서 다만 묵시적 합의가 있는 담화 영역들에서는 효과적일 것이다. 이런 묵시적 합의는 기억 조직화의 보편 원리에 기인할 수도 있고, 또는 문화마다 좀더 특수한 '각본'(Schank 1975)들에 말미암을 수도 있다. 아마 보편 원리의 사례는, 시간 영역에 대한 시간적 배열 원리일 것이다. 사람들이 관련 사건들을 보통 시간상으로 순서가 매겨진 구조로 조직하고 기억한다면, 그런 순서에 따라 화자가 그 정보를 인출하고 청자가 그것을 해독하는 것이 상대적으로 쉽거나 자연스러울 것이다. 하나의 '각본'은 어느 특정 문화에서 그 순서가 어떻게 되어야 하는지를 놓고서 추가적인 구체화 내용을 제공한다. 예를 들어, 식사에서 음식이 들어오는 순서는 보편적이지 않다. 그렇지만 하나의 문화 속에서는 그 언어 공동체에 의해 공유된 하나의 각본이 있을 것이다. 이것이 음식을 언급하는 메시지를 배열하기 위하여 일련의 기본 값을 제공해 줄 수 있다.

2) 처리관련 결정요소

선조화 처리에 관련된 결정요소는, 자연스런 순서가 없을 경우에 그리고 특히 화자가 다차원의 정보 구조를 표현해야 하는 경우에 가장 분명해진다. 고전적인 사례는 한 사람의 아파트 내부 공간의 배치를 서술하는 과제이다(Linde and Labov 1975). 2차원이나 3차원의 공간 정보가 표현을 위해 어떤 선조적인 순서로 들어가 있어야 하는지, 자연스럽게 진행하는 단일한 방식은 존재하지 않는다. 주요 제약 요인은 화자의 담화기록 유지 능력이다. 화자는 이미 말해진 바와 앞으로 표현되어야 할 바를 놓치지 말고 기억해 두어야 한다. 이는 특별한 기억 작용을 필요로 한다. 또한 화자가 청자의 기억 한계에 대한 어떤 관심을 보여 줄 수도 있다. 그는 계속 이어지는 정보 도막들로부터 다차원의 배열에 대한 마음속 그림을 재구성해야 할 것이다.

과정에 관련된 '선조화의 원리'를 놓고서 실험연구로부터 나온 결과들은 르펠트(Levelt 1981, 1982a, b, 1983)가 보고하였다. 그 실험에서는 피험자들에게 〈그림 4-5〉에 있는 것과 같이 공간 격자 모양의 그물을 묘사하도록 요구하였다. 이것들이 그들 앞에 있는 책상 위에 놓여졌다. 이들 그물은 서로 다른 색깔의 원들로 이루어져 있고, 수평선과 수직선에 의해서 연결되어 있었다. 이 책의 그림에서는 색깔이 색깔 이름으로 대치되었다. 피험자들은 화살표에 의해 가리켜진 교점에서부터 그들의 묘사를 시작하였다. 그 피험자의 묘사를 녹음하여, 그 녹

〈그림 4-5〉 선조화 실험에서 묘사되는 유형(Levelt 1982a)

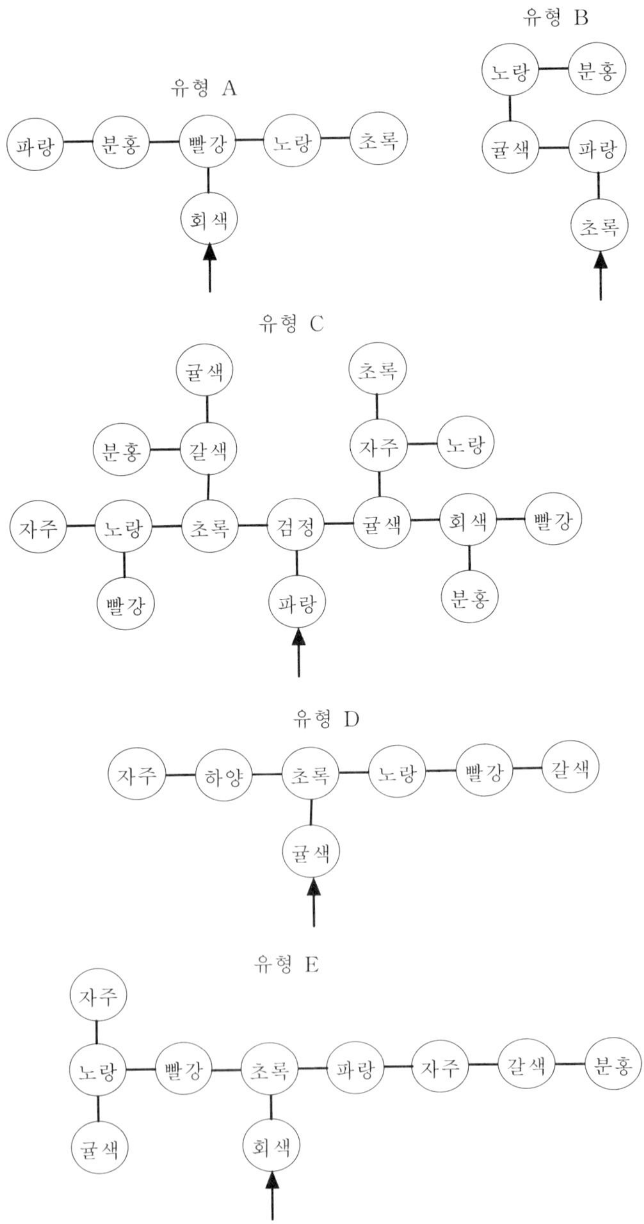

음 내용을 들으면서 다음의 피험자가 그 그물을 올바르게 그려낼 수 있게 해 주는 방식으로 묘사를 하도록 요구받았다. 다음에 〈유형 A〉에 대한 어떤 피험자의 묘사가 있다(화란어로부터 번역해 놓음).

(10) Begin in the middle, a grey node. From there upwards a red node. Then to the left, a pink node from the red. Then from pink again to the left a blue node. Then back again to red. Then from red to the right a yellow node. And from yellow again to the right a green node.
(가운데에서 시작하는데요, 하나의 회색 교점이에요. 거기에서부터 위쪽으로 하나의 빨강 교점으로 올라가요. 그러고 나서 왼쪽으로 가는데, 그 빨강으로부터 하나의 분홍 교점으로요. 그러고 나서 분홍으로부터 다시 왼쪽으로 가는데 하나의 파랑 교점으로요. 그러고 나서 다시 빨강으로 되돌아가고요. 그러고 나서 빨강으로부터 오른쪽으로요 하나의 노랑 교점으로요. 그리고 노랑으로부터 다시 오른쪽으로요 나의 초록 교점으로요)

피험자들의 선조화 서술을 성공적으로 예측한 정확한 모형은(Levelt 1982a), 여기서 선조화가 근거하고 있는 원리들보다 중요성이 덜하다. 이들 원리는 필요한 변형을 통하여 묘사들의 다른 공간 및 비-공간 영역들에 대해서도 성립될 것 같다. 왜냐하면 이것들이 지각과 기억에 대한 아주 일반적인 성격을 반영해 주기 때문이다. 〈그림 4-5〉에 있는 여러 가지 다양한 유형들을 참고하면서 이것들을 개관해 나가기로 한다.

연결성 원리

Wherever possible, choose as the next node to be described one that has a direct connection to the current node.
가능한 경우라면 언제든지, 현재의 교점에 직접 연결되어 묘사될 것을 다음 교점으로 선택한다.

이 원리는 화자가 '그 연필을 위로 들어 옮기지 않고서도'(*without lifting the pencil*) (≒ 화자의 주의력 초점이 되는 머릿속 연필 끝점을 말함) 가능한 대로 어떤 유형을 많이 반복할 것임을 예측한다. 위에 있는 예문(10)에서, 그 화자는 연결 모습으로서 GRAY(회색)에서부터 시작하여 RED(빨강)로, PINK(분홍)로, BLUE(파랑)로 간다. 그리고 다시 RED(빨강)로부터 YELLOW(노랑)로, GREEN(초록)으로 간다. 화자들은 유형을 줄로 잇는 부분들에 대해 좀처럼 연결성 원리를 위배하지 않는다. 〈유형 A〉에서는 아무도 RED(빨강)에서 시작하여 GREEN(초록)으로 YELLOW(노랑)로 가지 않았다. 〈유형 B〉에 대해서는 모든 피험자가 연결 모습으로 GREEN(초록)에서 시작하여 PINK(분홍)로 갔다. 길 방향을 일러주듯이 모든 중간 교점들을 언급하였다.

에릭·코스떠(Ehrich and Koster 1983)는 인형 집의 가구배열 묘사에서 높은 정도의 연결성을 찾아내었다. 이는 특히 배열이 무질서하거나 비-기능적이었을 경우에 표시되었다. 화자는 하나의 대상물로부터 가장 가까운 대상물로 작은 건너뜀을 만들어 내는 듯하였다. 가령, 탁자 주위에 의자들이 있어서 가구 배열이 자연스러웠을 경우에는, 이런 종류의 연결성이 훨씬 덜하였다. 그런 경우에 자연스런 순서가 우세하였다. 화자는 먼저 중심 대상물(그 탁자)을 도입하고, 그 탁자와 어떤 기능적 관계를 지닌 모든 대상물(의자들·거실 스탠드 전등·꽃병)들을 언급할 것 같다.

연결성 원리는 분명히 담화의 공간적 영역들에만 제한되는 것이 아니다. 자신의 친척들을 목록으로 만들어 말해 주도록 요구받은 화자는, 언급할 다음 사람으로서 마지막으로 언급된 사람에 대하여 언제나 촌수가 가장 가까운 사람을 선택한다(Levelt 미출간 자료). 사람들은 항상 ME(나)로부터 시작하여, PARENT(부모)로 UNCLE(삼촌)이나 AUNT(숙모)로 COUSIN(사촌)으로 진행한다. 결코 곧장 PARENT(부모)로부터 시작하여 COUSIN(사촌)으로 진행하는 법은 없다. 연결성은 지각과 기억에서 일반적 순서를 매겨 주는 원리이다.

물론 화자가 언제나 옛 교점들을 반복하지 않은 채, 임의의 연결 방식으로 새로운 교점(새 항목의 정보)들을 도입하는 것이 가능한 것은 아니다. 〈그림 4-5〉에 있는 것들과 같이, 이런 문제는 화자가 유형들에 있는 줄의 마지막 교점에 도달할 경우에 생겨난다. 예문(10)에서 그 유형의 오른쪽 부분에 대한 묘사를 완성하기 위하여, 화자는 마지막 교점인 BLUE(파랑)로부터 껑충 뛰어 그 갈림길 선택 교점 RED(빨강)로 되돌아갔다. 되돌아오기 건너뜀(*return leap*, 복귀 도약)은 연결성을 위배한다. 그렇지만 피험자들의 3분의 2가 이렇게 한다. 연결성을 보존하는 유일한 방법은, 옛 항목들을 되밟으면서 그 갈림길 선택 교점까지 한 단계 한 단계 되돌아오는 것일 듯하다. 이는 피험자들의 3분의 1이 하는 방식이다. 다음에 〈그림 4-5 A〉의 동일한 유형을 놓고서 연결성이 보존된 다른 묘사 사례가 있다.

(11) I start at node gray. Go straight on to red. Go left to pink. Go straight on to blue. Turn around, go back to pink. Go back, uh straight on to red. Straight on to yellow. Straight on to green.
(저는 회색 교점에서 출발합니다. 곧장 계속 빨강으로 갑니다. 왼쪽에 있는 분홍으로 갑니다. 곧장 계속 파랑으로 갑니다. 빙 돌아서, 도로 분홍으로 되돌아갑니다. 되돌아가는데, 어 곧장 계속 빨강으로 갑니다. 곧장 계속 노랑으로 갑니다. 곧장 계속 초록으로 갑니다)

화자는 'turn around'(빙 돌다)를 추가함으로써, 그리고 다시 PINK(분홍)를 언급함으로써 연결성을 보존한다. 분명히 화자는 그 유형을 통하여 머릿속 여행을 하고 있다. 옛 항목을 반복하는 일은 연결성을 보존한다. 그렇지만 '양의 규범'을 위배한다. 피험자들 대부분은 양의 규범을 준수하는 쪽을 택한다.

연결성을 어기고 '건너뛰는' 피험자들은 되돌아오는 길을 어떻게 만들어 내는 것일까? 〈유형 A〉에 대해서는 이것이 간단한 사안이다. 거기에서는 건너뛰어 되돌아올 선택 교점이 오직 하나만 있기 때문이다. 화자는 머릿속으로 '줄의 끝 교점에 이르게 되면 RED(빨강)로 되돌아가도록' 기억을 위한 깃발을 세워 둔다. 그렇지만 화자가 줄의 끝 교점에 이르기 전에 둘 또는 그 이상의 갈림길 선택 교점들을 지났다면, 그는 어떤 순서로 이들 교점들로 되돌아가야 할 것인가? 이런 문제는 〈유형 C〉를 묘사하는 경우에 생겨난다. 화자가 연결 모습으로 BLUE(파랑), BLACK(검정), ORANGE(귤색), PURPLE(자주), GREEN(초록)을 언급하여 묘사를 시작하는 경우에, 화자가 되돌아갈 갈림길 선택 교점들이 그 줄에서 세 가지가 있다. BLACK(검정), ORANGE(귤색), PURPLE(자주)이다. 다음에 있는 원리가 화자들이 이를 어떻게 다루는지를 표현한다.

기억 더미(*stack*) 원리

Return to the last choice node in the waiting line.

대기 중인 선에서 마지막 갈림길 선택 교점으로 되돌아간다.

GREEN(초록)에 도착한 막 언급된 화자는, 우선 PURPLE(자주)로 되돌아갈 것이며, PURPLE(자주)의 오른쪽에 있는 YELLOW(노랑) 교점을 언급할 것이다. 그러고 나서 그는 ORANGE(귤색)로 되돌아가서 GRAY(회색)를 언급할 것이다. 그런데 이 교점은 그 자체로서 하나의 갈림길 선택 교점이다. RED(빨강)〔또는 PINK(분홍)〕를 언급한 뒤에, PINK(분홍)〔또는 RED(빨강)〕를 언급하기 위하여, 화자는 GRAY(회색)로 되돌아갈 것이다. 이는 그 줄에서 마지막 갈림길 선택 교점이다. 그러고 나서 오직 BLACK(검정)으로 되돌아가게 될 것이다. 되돌아오기 주소지들에 대한 화자의 담화기록 장부는, 더미로 그것들을 쌓아두는 일과 같다. 연결된 줄의 마지막 교점에 도달한 뒤에는, 언제나 그 기억 더미 위에서 꼭대기에 있는 항목으로 되돌아간다. 실험 자료에서는 이 원리에 거의 예외가 없음을 보여준다.

이 기억 더미 원리는 문제 해결을 다루는 심리학에서 잘 알려져 있다. 예를 들어 뉴얼·싸이먼(Newell and Simon 1972)을 보기 바란다. 이는 계층적으로 짜여진 구조를 놓치지 않고 계속 추적해 가는 어떤 지배적 방식이다. 화자들이 또한 여러 갈래로 가지가 나뉜 다른 공간이나 비-공간 영역들을 선조화하는 데에도, 그 원리를 따를 것 같다. 아파트 내부 공간 묘사를 놓고서 린드·레이봅(Linde and Labov 1975)에서 찾아낸 결과도 그 원리와 충분히 일치된다.

세 번째 그리고 마지막 원리는 화자들이 여러 갈래로 나뉘는 곳에 도착할 경우에 실행하게 될 내용을 규정한다. 그들이 밖으로 뻗은 가지를 어떤 순서로 처리하는 것일까? 〈그림 4-5〉의 〈유형 D〉를 살펴보기로 한다. 화자가 GREEN(초록) 갈림길 선택 교점에 도착하면, 화자가 어느 가지를 먼저 묘사할 것인가? 왼쪽 가지일까, 아니면 오른쪽 가지일까? 그런 선택을 지배하는 확률 규칙이 있다.

> **최소 부담 원리**
> Order alternative continuations in such a way that the resulting memory load for return addresses is minimal.
> 되돌아갈 주소지들을 놓고서, 기억 부담이 최소인 방식으로 대안이 되는 지속 순서를 이어 놓는다.

〈유형 D〉에 대해 이 원리는 화자들이 왼쪽 가지를 먼저 묘사하는 경향이 있을 것임을 예측한다. 왼쪽으로 먼저 가거나 오른쪽으로 먼저 가거나 상관없이, 화자는 되돌아오기 위해 GREEN(초록) 갈림길 선택 교점을 기억을 위한 깃발로 표시해 두어야 할 것이다. 그러나 그가 왼쪽으로 먼저 간다면, 그 기억 부담에 대한 지속이 더 짧아질 것이다. 되돌아오려고 건너뛰기 전에, 오직 두 개의 추가 교점만이 있는 것이다. 만일 화자가 오른쪽으로 먼저 가는 경우에는, 기억에서 그 깃발을 제거하기 이전에, 세 개나 되는 많은 교점이 묘사되어야 한다. 실제로 화자들은 대부분 더 긴 가지보다는 더 짤막한 가지를 먼저 묘사하였다.

또 다른 사례는 〈유형 E〉이다. GREEN(초록) 갈림길 선택 교점의 가지 중에서 어느 가지가 먼저 선택될 것인가? 두 가지에서 모두 동일한 숫자의 교점 및 선을 담고 있다. 그럼에도 최소 부담 원리는 오른쪽으로 먼저 가는 것을 선호한다고 예측한다. 그 유형에는 두 가지 갈림길 선택 교점이 있다. GREEN(초록)과 YELLOW(노랑)이다. 화자가 오른쪽으로 먼저 가는 경우에, 그는 PINK(분홍)에 도착할 때까지 기억 더미 위에 GREEN(초록)을 보관할 것이다. 그러나 건너뛰어 GREEN(초록)으로 되돌아온 뒤에, YELLOW(노랑)에 도착할 때까지는 그 기억 더미가 비어 있다. 달리 말하여, 한 번에 기억되어야 할 되돌아갈 주소지가 하나만 있지, 결코 두 개 이상 있는 것이 아니다. 그렇지만 화자가 먼저 왼쪽으로 가는 경우에는, 그는 GREEN(초록)은 물론, 두 번 더 이동한 뒤에 YELLOW(노랑)까지도 기억을 위한 깃발을 꽂아 두어야 할 것이다. 그러면 그는 자신의 기억 더미 위에서 되돌아갈 주소지로서 두 개의 주소지를 지니게 될 것이다. 따라서 기억 부담은 먼저 오른쪽으로 감으로써 최소화될 것이다. 실제로 이것이 실험 조사에서 화자들이 선호하여 실행하는 바였다.

더 많은 선택 대안들이 있을 경우에, 그 원리는 다음처럼 언급된다.

> "Do the simplest thing first."
> (가장 간단한 것을 먼저 실행한다)

그리고 또한 이것이 담화의 다른 영역에도 적용될 것으로 기대된다.

가령, 많은 항목들을 구매할 큰 식료품점과 치마를 하나 찾을 세탁소라는 두 개의 서로 다른 가게를 놓고서 장보기 순서를 일러주어야 하는 경우에, 아마 그 세탁소를 먼저 언급함으로써 그 일러주기를 시작할 것이다. 그러나 오직 추가적인 조사만이 선조화의 과정과 관련된 결정 요소로서 이 원리와 앞에 있는 두 개의 원리가 얼마나 일반적인지를 말해 줄 것이다.

이 절에서와 앞 절에서는 거시적 설계의 여러 측면들을 논의하였다. 화자가 언어 표현을 위해 정보를 선택하고 순서를 매겨 놓는 과정들이었다. 거시적 설계의 결과는, 발화행위 의도 또는 일련의 발화행위 의도들이 된다. 화자는 정보를 선택하고 순서를 매긴다. 서술이나 의문이나 명령 서법을 지닌 그 표현은, 원래의 의사소통 의도로부터 진행되어 오는 목표들을 실현시키는 데에 도구가 될 것이다. 달리 말하여, 거시적 설계 절차들은 메시지의 실체를 산출한다. 그 메시지가 어떤 특정한 명제를 서술해야 한다거나, 또는 어떤 사태에 대해 질문을 해야 한다는 것 등이다. 그러나 메시지가 표현 가능해지려면 더 많은 것이 실행되어야 한다. 그 내용들이 청자가 주의력을 기울여 지시대상들을 찾고, 새로운 것을 기억 속에 등록할 수 있는 등의 방식으로 제시되어야 한다. 또한 언어형식 주조기가 이해할 수 있는 명제 형식으로 입력되어 있어야 한다. 이것이 미시적 설계이며, 다음에서 다룰 내용이다.

5. 미시적 설계

이 절에서는 미시적 설계에 대한 네 가지 주요 측면이 논의될 것이다. 첫 번째 측면은 메시지에 있는 지시대상들에 대하여 '접속 가능성 상태'라고 부를 내용을 배당하는 것이다. 메시지에 있는 지시대상마다 어디에서(가령 현재의 초점에서 또는 어딘가 그 담화모형에서) 그것이 찾아질 수 있는지를 언급하는 지표가 제공될 것이다. 이 지표는 문법 부호화에서 고려될 것이다. 이는 그 발화에서 청자의 주의력을 그 지시대상이 확인될 곳으로 안내하는 단서를 만들어낼 것이다. 두 번째 측면의 미시적 설계로 다루어질 것은 '주제화'이다. 이는 지시대상들 중 하나에다 주제 역할을 배당하는 것이다. 세 번째 측면은 표현될 정보에 대한 '명제화'이다. 정보를 명제 형식으로 번역하는 일이 불가피하게 서술관점의 배당을 포함한다고 논의될 것이다. 미시적 설계의 마지막 측면은, 언어마다 특수한 요구사항들에 대한 언어형식 주조기의 인지이다.

1) 지시대상에 대한 접속 가능성 상태 배당

화자는 사람・사물・사건 등의 지시대상들을, 청자가 자신의 고유한 담화모형에서 그것들을 만들거나 자리 잡게 할 수 있는 방식으로, 담화 속에 도입하고 또 재도입할 것이다. 여기서 문제가 되는 것은 그 지시대상에 대하여 '추정된'(*estimated*) 청자의 접속 가능성이다. 여기서 '추정된'이라는 수식어를 쓴 것은, 관여되는 사안이 화자의 판단일 뿐이지, 청자에 의해 경험된 실제의 접속 가능성이 아니기 때문이다. 제4장 2절에 있었던 마샤와 세쓰 사이의 대화를 회상하기 바란다. 어떤 시점에서 마샤는 플로렌스 도심 속의 매연에 대하여 뭔가를 말하였다. 주의력의 실수로 말미암아, 세쓰는 그 언급을 기억 속에 집어넣지 못하였다. 이를 깨닫지 못한 채 마샤가 이 매연에 대하여 말을 계속하고 싶어하는 경우에, 그녀는 지시대상으로서 그것이 세쓰한테도 접속 가능하다고 판단할 것이다. 그러고 나서 그녀는 그것을 정관사를 써서 'the smoke'(그 매연)로 가리킬 수 있다. 그러나 자신의 담화모형 속에 그 지시대상을 자리 잡게 할 수 없었던 세쓰는 'what smoke?'(어떤 매연을 말하니?)라고 하거나 또는 비슷한 어떤 것을 물을 것이다.

한 지시대상에 대한 접속 가능 상태는, 메시지에서 각 지시대상을 놓고서 화자에 의해 붙여진 복합 값이나 지표로 지각될 수 있다. 이 값은 언어형식 주조기가 그 지시대상에 대하여 연산을 하게 될, 언어 모습에 대한 중요한 결정요소의 하나이다. 마샤의 담화개체 SMOKE(매연)는, 그 개체에 대한 접속 가능성이 세쓰한테 어떠하리라고 생각하는지에 따라, 그녀의 발화에서 'the smoke'(그 매연), 'smoke'(매연), 'that'(저것), 'it'(그것) 등으로 다양하게 표면화될 수 있다.

화자는 지시대상에 대한 접속 가능성 상태를 자신의 내용 및 초점 판단으로부터 도출할 수 있다(제 4장 2절 3항과 4항을 참고). 이는 세 가지 이분법 갈래를 포함하며, 추후 문법 부호화에 중심적으로 관련된다.

① 그 지시대상이 적어도 청자에게 접속 가능하다고 추정되는지 여부
② 그 지시대상이 청자의 담화모형 속에 있는 것으로 가정되는지 여부
③ 그 지시대상이 청자의 현재 초점 속에 있다고 짐작되는지 여부

이들 세 가지 이분법은 직교하는 것이 아니다. 오히려 다음과 같이 동심원을 이루는 방식으로 내포되어 있다.

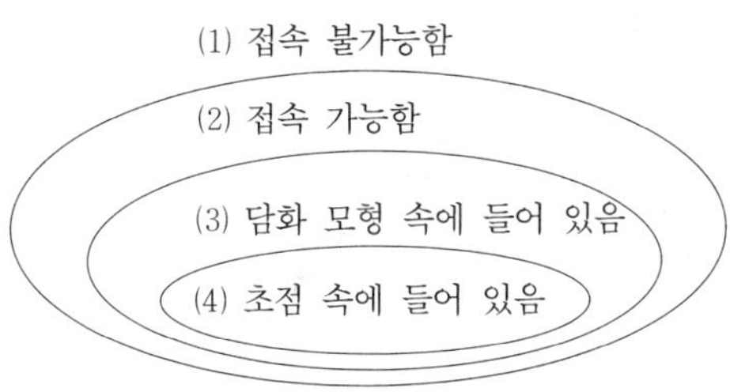

이 이분법을 이루는 내포는 자연스럽게 동심원 속의 숫자로 된 네 가지 경우와 일치한다. 이들 이분법에 따라 지시대상의 접속 가능성 상태에 대한 문법 부호화의 결과는 서로 다른 언어에서 아주 차이가 날 수 있다. 그러나 대부분의 언어에서는 한 방식이나 다른 방식으로 이들 이분법을 인지하는 듯하다. 네 가지 경우를 논의하는 데에서, 저자는 영어에 대한 사례만 제시할 것이다. 그 사례들은 다른 언어들에 대하여 간단히 일반화될 수 없다.[8)]

(1) 접속 불가능함(*inaccessible*) : 화자의 담화기록은 청자가 그 개체를 찾아낼 수 없거나 또는 추론할 수 없다고 화자에게 알려 준다. 그 개체가 공통 기반에도 없고 또한 담화모형에도 없는 것이다. 또한 이들 공유된 지식 구조에 있는 개체들로부터 추론될 수도 없다(다음의 (2) '접속 가능함'을 보기 바람). 프린스(Prince 1981)는 이들 지시대상을 '완전히 새로운'(*brand new*) 것이라고 부른다. 제4장 2절 3항에 있는 〈그림 4-2〉를 보면, 그 논의에서 마샤가 도입하고자 하는 그 도선(渡船)은 마샤에게(= 그녀의 정신 표상에서) 거기에 대해 세쓰가 알고

8) 우리말에서는 영어와 같은 관사 체계가 없으므로, 부정관사 a와 정관사 the의 구별이 직접적으로 적용될 수 없다. 옮긴이는 영어의 관사 체계가 궁극적으로 우리말 수량 분류사와 관련될 것으로 생각한다. Carlson and Pelletier(1995) eds. 《총칭성 책자 *The Generic Book*》(University of Chicago Press)에 있는 글들을 보면, 일반적으로 명사가 '총칭성'의 모습으로 주어지는 게 기본적임을 알 수 있다. 우리말에서도 임의의 명사는 그 1차적 해석이 '총칭성'으로 주어진다. 그리고 이어지는 요소들에 의해서 점점 그 범위가 줄어들면서 더욱 확정적으로 된다(가령, 우편 주소를 적을 경우에 '대한민국→ 경상남도→ 진주시→ 가좌동→ 경상대학교→ 사범대학→ 국어교육과'처럼 점차 범위를 좁혀감). 우리말의 질서와는 달리, 영어에서 관사를 먼저 내세우려면, 적어도 그 전제로서 언급되는 대상이 개별성을 지녀야 하며, 확정적인지 여부가 결정되어야 한다. 이런 점을 반영하여, 통사론에서는 1990년대에서부터 명사구(NP)를 'DP'로 표시하는 것이 일반화되었다. 곧 Determiner(관사)가 명사구(NP)를 거느리는 기능범주의 핵어라고 보는 것이며, 기능범주가 어휘범주보다 더 높은 층위에 있다는 뜻이다.

있는 어떤 것으로서 표상되어 있지 않다. 영어 화자라면 보통 '접속 불가능한' 특징을 지닌 지시대상을 부정관사로 부호화할 것이다. 예를 들어,

> One can reach the island by <u>an</u> old ferryboat.
> (그 섬에 <u>어떤</u> 낡은 도선을 타고 도착할 수 있어)

만일 다음과 같이 정관사 표현을 썼다면, 상대방의 정신 표상을 고려하지 않았다는 점에서 마샤는 협동적이지 않은 듯하다.

> One can reach the island by <u>the</u> old ferryboat.
> (그 섬에 <u>그</u> 낡은 도선을 타고 도착할 수 있어)

임의의 지시대상을 접속 불가능한 것으로 표시해 주는 일은, 청자로 하여금 언급되는 그 개체에 대하여 기억창고 속에 새로운 주소지를 만들어 주도록 한다.

(2) 접속 가능함(*accessible*) : 비록 그 지시대상이 담화모형에도 없고 공통 기반에도 없지만, 담화기록이 화자한테 청자가 그 지시대상을 추론할 수 있도록 만들어 준다. 마샤는 휴양지 폰자 섬이 이탈리아 근해에 있으며, 폰틴 제도(the Pontines) 가운데 하나라는 정보를 성공적으로 도입하였다고 믿는다. 또한 그녀는 세쓰가 이 정보에 초점을 모으고 있다고 믿는다. 마샤는 이제 이탈리아 근해 섬들에 대한 세쓰의 일반적 지식에 의존한다. 특히 그런 섬들에서는 아주 낡은 도선을 운항시키는 경향이 있다는 지식이다. 그녀는 휴양지 폰자 섬에도 그런 낡은 배를 타고 가야 함을 세쓰가 추론할 수 있을 것으로 생각한다. 그렇다면 그녀는 다음처럼 말할 수 있다.

One day I took the old ferryboat.
(어느 날 난 그 낡은 도선을 탔어)

여기서는 그 낡은 도선의 존재가 추론될 수 있는 휴양지 폰자 섬이, 청자의 초점 속에 들어있다고 가정되는 것이 필수적이다. 이와는 달리, 세쓰가 플로렌스 도심지에 초점을 모으고 있다고 마샤가 믿는 경우에는, 그녀가 'the old ferryboat'(그 낡은 도선)에 의해서 폰자 섬의 도선을 가리킬 수 없다. 정관사 표현을 이용함으로써, 화자는 청자에게 임의의 지시대상이 ㉠ 그들의 공통 기반 속에서〔세쓰가 'the pope'(유일한 그 교황)에 대해서 말할 수 있음〕, ㉡ 또는 그들 사이에 공유된 담화 지식에서, ㉢ 또는 현재 초점이 되고 있는 것으로부터 추론에 의해서 유일하게 확정될 수 있음을 말한다. 마지막 ㉢의 경우에는 청자가 '거꾸로 보충하기'(*backward suppletion*)에 의해서 머릿속 기억창고에 새로운 주소지를 만들어 낼 것이다.

다음 두 가지 사례는 이미 담화모형에 있는 개체를 가리키는 데 관심을 둔다. 그 개체가 유일하게 확정될 경우에는, 화자는 청자에게 "you can identify the referent"(당신이 그 지시대상을 찾아낼 수 있습니다)라고 말해 주려고 확정적인 지시표현을 이용할 것이다. 그러나 화자가 청자의 주의력을 이끌어내기 위하여 더 많은 것을 실행할 수 있다. 화자는 우세하지 않거나 축약된 지시표현을 쓸 수도 있다.

(3) 담화모형 속에 들어 있음(*in discourse model*) : 그 개체가 담화모형 속에 들어 있지만, 청자의 현재 초점 속에는 들어 있지 않다. 앞에 있는 경우에서와 같이, 그런 지시대상은 유일하게 확정될 수 있다. 그것은 '접속 가능한'이라는 지표를 받는다. 영어 화자는 확정적 지시표현을 씀으로써 이를 표현할 것이다. 그러나 이것 이외에도, 지시대상이 담화모형에서 이용될 수 있는 상태로 지표를 받는다. 그런 의미에

서 그것은 전혀 새로운 값을 갖지 않는다. 한 개체가 그 담화 속으로 새롭게 도입되는 경우에, 그것은 새로운 값을 지닌다. '개념상으로 우세함'으로 불리는 이런 개념은 다음 절에서 논의될 것이다.

이미 그 담화모형 속에 들어 있으며, 다른 이유로 말미암아 우세하지 않은 어떤 항목은 영어 발화에서 운율적 악센트가 없어질 것이다. 즉 음높이 악센트(*pitch accent*)가 보류될 것이다. 마샤가 휴양지 폰자 섬에서 자신의 경험을 관련지은 뒤에, 다시 플로렌스 도심지에 대하여 말할 경우에, 추가적인 생각으로서 그녀는 폰자 섬의 성당에 대하여 뭔가를 덧붙이고 싶어 할 수도 있다.

> The island 〔or Ponza〕 has a beautiful chUrch.
> (그 섬 〔또는 폰자 섬〕에 어떤 아름다운 성당이 있어)

담화의 어디에 쓰이든지 상관없이, 'island'(섬)나 'Ponza'(폰자 섬)는 두드러지지 않은 방식으로 발화될 수 있다. 악센트 얹어 놓기에 의해서, 담화모형 '외부에' 있는 그 지시대상인 'Ponza's church'(폰자 섬의 성당)로 가게 된다.

화자가 이미 담화모형 속에 들어 있는 어떤 지시대상을 놓고서 악센트 없이 말하는 경향은 다양한 경험적 연구들에서 밝혀졌다. 예를 들면, 그것은 현저하게 브라운·율(Brown and Yule 1983)의 발견결과와 일치한다. 그들은 실험연구에서 어떤 화자들한테 채색된 도형·낱말·연결선들을 담은 시각적 도표를 묘사하도록 지시하였다. 화자마다 각각 한 명의 청자가 있었다. 청자가 그 도형을 볼 수는 없지만, 화자의 묘사를 듣고서 그 도형을 그려내어야 했다. 다음 사례에서는 전형적 묘사 방식을 보여준다.

> halfway down the page draw a red horizontal line of about two inches on eh the right hand side just above the line in black

〈표 4-1〉 도표 묘사에서 우세함 및 우세하지 않음

지시대상 / 우세 여부	지시대상이 담화모형 속에 없음		지시대상이 담화모형 속에 들어 있음	
	접속 불가능함	추론 가능함	초점 속에 없음	초점 속에 들어있음
우세함	87%	79%	4%	0%
우세하지 않음	13%	21%	96%	100%

write 'ON'.
(그 페이지 반쯤 밑으로 대략 2인치(≒5㎝)의 빨간색 수평선을 그려 주고, 에 그 선 바로 위에 오른쪽 칸에다 검은색으로 '켜짐'이라고 써요)

그 녹음 테이프들에 있는 지시표현들을 놓고, 운율적 우세함 또는 우세하지 않음이 분석되었다. 〈표 4-1〉에서 그 결과가 제시되어 있다.

이들 명백한 결과는 또한 먹휘니·베이츠(MacWhinney and Bates 1978), 마슬린-윌슨·레뷔·타일러(Marslen-Wilson, Levy, and Tyler 1982), 터큰(Terken 1984), 퐈울러·하우썸(Fowler and Housum 1987)의 결과와도 잘 일치한다. 퐈울러·하우썸(1987)에서는 독백에서 첫 번째와 두 번째 산출된 화자들의 낱말 발화를 비교하였다(두 경우에 모두 동일한 개체를 가리키고 있었음). 화자들이 이미 언급된 지시대상을 가리킬 때에는 그 이름을 약하게 발음해 주어 구별하였음이 드러났다. 이들 낱말은 더 짧고, 음높이(*pitch*)에서도 더 낮으며, 거듭된 사용에서는 덜 강하였다.

이제 마샤의 발화로 돌아가 보자. 그녀가 다음처럼 말하였다.

The island has a beautiful church.
(그 섬에 어떤 아름다운 성당이 있어)

동일한 상황에서 그녀가 'it has a beautiful church' 라고 말하지 말아야 함에 유의하기 바란다. 그 대명사 'it'은 세쓰에 의해서 플로렌스를 가리키는 것으로 해석되었을 듯하다. 그것이 세쓰의 현재 초점인 것이다. 이는 네 번째 사례로 데려간다.

(4) 초점 속에 들어 있음(*in focus*) : 그 지시대상이 청자의 현재 초점 속에 들어 있다. 그런 지시대상에는 '초점 속에 들어 있음'이라는 특징이 주어진다. 앞에서 보인 내포 관계 그림을 보면, 각 '초점 속에 들어 있는' 지시대상은 또한 담화모형 속에 들어 있고, 접속 가능하다. 이는 영어 화자가 보통 지시표현을 악센트 없이 말하며, 그것을 확정적으로 만들 것임을 의미한다. 그러나 그 특정한 '초점 속에 들어 있는' 특징은 추가 결과들을 지닌다. 지시표현이 축약될 것이다. 세쓰가 혼자 섬에 초점을 모으고 있는 것으로 마샤가 믿는 경우에, 그녀는 다음처럼 말할 수 있다.

It also has a beautiful church.
(그게 어떤 아름다운 성당을 갖고 있어)
I have seen a beautiful church there.
(난 거기서 어떤 아름다운 성당을 봤어)

대용 형태 'it'(그게)과 'there'(거기서)는 청자에게

"Don't search; you have the referent in focus."
(다른 것을 탐색하지 마시오. 당신이 그 지시대상을 초점 속에 지니고 있습니다)

라고 말해주는 것이다. 이런 축약의 이용은 특히 췌잎(Chafe 1976), 프린스(Prince 1981), 마슬린-윌슨 · 레뷔 · 타일러(Marslen-Wilson, Levy, and Tyler 1982), 브롸운 · 율(Brown and Yule 1983)에서 아주 잘 다뤄져 있다. 그러나 축약의 정도가 있음도 덧붙여져야 한다〔Chafe은 이를 '감쇠'(attenuation)라고 불렀음〕. 마샤(Marcia)가 아마 다음처럼 말하지는 않을 것이다.

The island of Ponza has a beautiful church.
(폰자라는 그 섬이 어떤 아름다운 성당을 갖고 있어)

이는 아주 완전한 지시구 'the island of Ponza'(폰자라는 그 섬)를 담고 있다. 조금 덜 완벽한 것으로는 'Ponza island'(폰자 섬), 'the island'(그 섬), 'Ponza'(폰자)가 있다. 정보가 아주 축약된 것으로 'there'(거기에)와 'it'(그거)이 있다. 한 개체가 담화에서 거듭 언급되는 경우에 화자들은 지시표현의 크기를 줄여 놓는 경향이 있다. 이런 효과에 대한 경험적 증거는 크롸우스 · 봐인하이머(Krauss and Weinheimer 1964), 오스굳(Osgood 1971), 브롸운 · 율(Brown and Yule 1983), 클락 · 윌크스-깁즈(Clark and Wilkes-Gibbs 1986), 뢰드커(Redeker 1986), 아이작스 · 클락(Isaacs and Clark 1987), 슈뤼더(Sridhar 1988)에 의해 보고되어 있다. 형용사와 관계절과 다른 수식구들도 생략되는 경향이 있다. 대화 참여자들이 지시표현의 크기를 경제적으로 줄여 놓음으로써 그롸이스의 양에 대한 대화규범을 따른다. 이런 경제적으로 줄이기는 또한 초점 속에 들어 있지 않은 담화 개체들에 대해서도 실행된다. 그렇지만 지시대상이 청자의 초점 속에 들어 있다고, 특히 그의 초점 중심에 있다고 믿어지는 경우에, 하나의 규칙으로서 지시하기는 'it'(그거), 'he'(그), 'that'(저거), 'this'(이거)와 같이 '대용 형태'(*pro-forms*)들의 사용에 의해서 이뤄진다.

이들 네 가지 사례는 '접속 가능함 · 담화모형 속에 들어 있음 · 초점 속에 들어 있음'이라는 세 가지 접속 가능성의 특징으로 지시대상의 지위를 드러낸다. 화자가 이 세 가지 값의 지표를 각 지시대상에 배당하는 일은 절차지식에 의해 지배되는 것으로 간주될 수 있다. 기저의 절차들은 다음처럼 서술될 수 있다.

만일 그 지시대상이	{ 유일하게 확인될 수 있다면 그 담화모형 속에 있다면 청자의 현재 초점 속에 있다면 }		
그것에	{ + 접속 가능함 + 담화모형 속에 들어있음 + 초점 속에 들어 있음 }	값을 배당한다.	

그렇지 않다면, 그것에 반대되는 음의 값을 배당한다.

이들 특징에 대한 영어 부호화 값은 각각 '확정성 · 악센트 없애기 · 축약(대명사화)'을 채택한다. 다른 언어들에서는 이들 특징을 다른 방식으로 표현한다. 심지어 영어에서도 이들 경험의 어림 법칙에 대한 예외들이 알려져 있다. 그 한 가지 예외는 운율 두드러짐〔卓立〕의 배당과 관련된다. 다시 말하여, 이미 그 담화모형 속에 들어 있는 어떤 항목이라도, 반드시 악센트 없애기에 지배되는 것은 아니다. 독자적인 이유들 때문에, 임의 항목이 개념상으로 우세함을 지닐 수도 있다. 이제 이 논제를 살펴나가기로 한다.

2) 개념상으로 우세함

화자가 새로운 지시대상을 그 담화 속으로 도입하는 경우에, 그것은 청자에게 '보도 가치'(*news value*)라고 불렀던 값을 갖는다. 그것은 개념상으로 '우세하다'(*prominent*). 그러나 이미 담화 속에 들어 있는 지시대상도 또한 우세해질 수 있다. 다음 사례를 살펴보기로 한다.

세쓰와 마샤가 대화를 어떤 새로운 주제로 바꾸었다고 상정하기로 한다. 그들이 알고 있는 세 명의 소년과 한 명의 소녀 사이의 말다툼이다. 샘(Sam), 솔(Saul), 싸이먼(Simon), 테시(Tessie)이다. 주인공들을 도입하고 나서, 세쓰가 다음처럼 말할 수 있다.

> First Tessie pestered SAm, then she insulted SAUl, and finally she hit SImon.
> (먼저 테시가 샘을 성가시게 했고, 그러고 나서 솔을 욕했고, 마지막으로 싸이먼을 때렸어)

세 명의 희생자(즉 어떤 행위의 피동주)가 모두 그 담화모형에서 이미 표상되었다는 사실에도 불구하고, 여기서 음높이(*pitch*) 악센트를 받는다. 누트붐·터큰(Nooteboom and Terken 1982)은, 계속되지만 동일한 역할로 나타나는 서로 다른 지시대상에 음높이(*pitch*) 악센트가 배당됨을 지적하였고, 실험적으로 보여 주었다. 앞에 있는 예문에서, 이것은 샘·솔·싸이먼에 대한 경우이다. 테시의 행위와 관련하여 모두 피동주로 그려지고 있다. 이 효과에 대한 페크먼(Pechmann 1984)의 실험 증거가 앞에서 논의되었다. 이들 사례에서 지시대상들이 동일한 의미역(피동주)으로 '대조되고' 있다고 말할 수 있다. 페크먼의 용어로는 '내심적' 대조(*endocentric contrast*)가 있는 것이다. 보도 가치(*news value*)는, 청자의 주의력 초점 속에 있는 한 가지 것으로서, 동일한 의미역이 이제 서로 다른 지시대상들에 의해서 채워진다는 사실에 놓여 있다. 이를 표현하기 위하여, 화자는 그 항목에 우세함(*prominence*)을 배당하여 메시지에 표시해 놓을 것이다. 차례로 이것이 그 지시표현에 대한 악센트 얹어 놓기로 이끌어 갈 수 있다.

그렇지만 동일한 지시대상이 동일한 역할로 다시 나타나는 경우에, 그것은 우세하지 않게 된다. 위 예문에서 그것은 테시에게서 나타난다. 그녀는 계속 행위주가 되고 있다. 맨 처음 언급의 우세함과 상관없이, 두 번째와 세 번째 언급에서는 악센트가 없다(모두 she로 나옴).

반복된 언급이 보통 선행대용(*anaphoric*) 수단에 의해서 이뤄진다. 즉, 테시에 대하여 she를 쓴 것처럼, 원래 지시표현을 대신하는 낱말들에 의해서 이뤄지는 것이다. 대용 표현과 특히 선행어 대용 대명사는 악센트를 결여하게 될 것으로 기대할 만하다. 그것들은 이미 그 담화모형에 들어 있는 개체들을 가리키는 것이다. 그러나 대명사들도 그 지시대상이 동일한 개념상의 역할에서 대조를 이루는 경우에는, 또한 악센트를 받을 수 있다. 다음 예문을 살펴보기로 한다.

Tessie went after SImon, and then hE chased hER.
(테시가 싸이먼을 뒤따라갔고 그러고 나서 바로 그가 그녀를 뒤밟았다)

여기서 테시와 싸이먼이 대명사 her(그녀)와 he(그)로 축약되었다. 그렇지만 이들 축약된 형태가 음높이(*pitch*) 악센트를 받는다. 두 지시대상에 대하여 그것은 동일한 역할에서 대조를 신호해 준다. 처음에 행위주가 테시였고, 나중에는 싸이먼이었다. 처음에 피동주가 싸이먼이었고, 나중에는 테시였다. 여기서 대명사로의 축약은 청자에게 그 지시대상들이 여전히 초점 속에 들어 있음을 말한다. '악센트 얹음'은 청자에게 동일한 종류의 행위가 지속되지만, 역할들이 뒤바뀜을 의미한다. 그 행위에 있는 역할들이 만일 이런 대조적 우세함이 이용되는 경우에, 실제로 아주 비슷해야 한다는 점에 주목하기 바란다. 다음과 같은 예문은 말해질 수 없을 것이다.

??Tessie went after SImon, and then hE kissed hER.
(??테시가 싸이먼을 뒤따라갔고 그러고 나서 바로 그가 그녀에게 키스를 하였다)

뒤따라가는 일(*going after*)과 추적하는 일(*chasing*)은 뒤를 따라간다는 방식에서 비슷하다. 그렇지만 키스를 하는 것은 비슷하지 않다. 이들 사례에서는 화자가 지시대상들이 그 담화모형 속에 들어 있는지 안 그런지를 표시한다. 그뿐만 아니라 또한 청자의 현재 초점 속에 들어 있는 것과 화자의 새로운 초점 속에 들어 있는 것 사이에서 그것들을 대조되는 역할로 표시한다.

메시지에 있는 요소들에 대하여 우세함(*prominence*)을 배당하는 일은, 항목들을 지시하는 일에만 국한되는 것이 아니다. 서술어도 또한 화자에 의해서 우세한 것으로 표시될 수 있다. 특히 질문에 대답하는 일에서 분명해지듯이, 이는 또한 청자를 위한 추정된 '보도 가치'(*news value*)에 달려 있다. 다음에 있는 질문과 대답을 살펴보기로 한다.

질문: What happened to your uncle?
(네 삼촌 어떻게 됐니?)
대답: He dIEd last week.
(지난주에 돌아가셨습니다)

그 대답은 새로운 정보를 제공한다. 아마 질문자가 묻고 싶었던 내용일 것이다. 그 메시지에서 새로운 이 정보에 우세함이 주어져 있다. 그리고 개념상으로 우세한 정보는 보통 음높이 악센트와 함께 만들어지는데, 그것이 서술어인 경우에도 그러하다.

요약하면, 메시지에 있는 개념상의 개체는 그것이 보도 가치를 지닌 경우에 '〔+우세함〕 자질'을 배당받는다. 이 개념이 비록 형식화되기 어렵지만, 분명한 세 가지 경우가 인식될 수 있다. ① 화자는 담화에서 개체가 새롭게 도입되는 경우에, 즉 그것이 '담화모형 속에 들어 있는' 접속 가능성 자질을 지닌 경우에 우세함과 함께 표시된다. ② 또한 그 지시대상이 초점 모아진 역할에서 대조적으로 되는 경우에도 우세함과 함께 표시된다. ③ 그리고 특히 어떤 지시대상에 관한 질문에 대답을 하는 경우에는, 새로운 서술어에도 우세함을 배당할 것이다.

3) 주제화

화자가 언어 표현을 위하여 어떤 정보를 선택한 경우에, 청자의 주의력을 끌기 위하여 화자는 다양한 기제를 이용할 것이다. 앞 절에서 다뤄진 한 가지 그런 기제가, 청자에게 어떤 특정한 지시대상의 위치를 신호해 주거나, 또는 그 담화모형에 새로운 주소지를 추가할 필요가 있음을 신호해 주는 것이다. 그러나 실행되어야 할 것들이 더 많이 있다(제 3장 4절을 참고하기 바람). 흔히 화자가 어떤 지시대상을 주제로 만들 필요가 생겨나는 것이다.

화자는 그 메시지에서 언급하는 지시대상을 주제로 표시해 놓을 것이다. 이런 방식으로, 화자는 청자한테 표현되고 있는 정보를 기억창고 속에 있는 어느 주소지에다 저장해 놓을지 말해 줄 수 있다. 화자가 다른 사람한테 자신의 여동생인 제인(Jane)에 대하여 정보를 주고자 한다면, 다음처럼 말할 수 있다.

Jane is married to Peter.
(제인은 피터와 결혼을 하였습니다)

여기서 제인은 주제이다. 청자에게는 그 담화모형에 있는 제인의 주소지 아래에다 그 새로운 정보(피터와 결혼한 상태)를 저장하도록 초대된다. 만일 '피터'에 대한 주소지도 있을 경우(즉 '피터'가 그 담화모형 안쪽이나 바깥쪽에서 접속 가능한 경우)에, 청자는 추가적으로 그 해당 정보(피터가 제인과 결혼한 상태)를 '피터'의 주소지 아래에다 저장할 수 있다. 그렇지만 화자는 제인을 주제로 만드는 경우에, 아마 다만 전자의 정보만 의도할 것이다. 절차지식 표현 용어로는 다음처럼 나타낼 수 있다.

IF the goal is that the listener store the information under address X, THEN assign topic status to X.
(만일 목표가 주소지 X 아래에 청자가 그 정보를 저장해 놓아야 하는 것이라면, X에는 주제의 지위를 배당한다)

이것이 왜 어떤 목표로 되어야 하는지는 별개의 문제이다. 그것은 화자의 비-언표 의도로부터 모종의 방식으로 진행되어 나가야 한다. 스스로 그런 목표를 설정하는 일에 대한 한 가지 분명한 이유는, 가령 'Is your sister married?'(네 여동생이 결혼을 했니?)와 같이 대화 상대방의 명시적인 질문 때문이다. 어떤 지시대상을 주제로 만드는 또 다른 중요한 이유는, 그것이 특히 의사소통이 이뤄질 사태에서 현저하다는 점이다. 인간 사동주(*agent*)는 비-인간 대상 의미역(*theme*)보다 주제화가 더 쉽게 된다.

<u>Peter</u> cut the tree: <u>The tree</u> was cut by Peter.
(<u>피터</u>가 그 나무를 잘랐다: <u>그 나무</u>가 피터에 의해 잘렸다)

크고 움직이는 물체는 작고 움직이지 못하는 물체보다 주제화가 더 쉽게 이뤄진다 등등. 우리는 현저한 항목을 놓고서 청자에게 제시하기를 선호한다. 현저한 항목들은 세계에 대해 우리의 정보를 저장하는 데 말뚝(*pegs*)이 된다. 이들 현저한 항목이 그 담화모형 속으로 도입되자마자, 우세함을 놓고서 화자는 더 이상 그것들을 표시하지 않게 될 것임에 주목하기 바란다. 대신에, 그것들을 놓고 이뤄진 서술 내용들이 우세해질 것이다. 즉, 청자가 이들 말뚝 위에 걸어 놓도록 초대받은 새로운 정보 항목들이 우세해진다. 주제화 및 현저함 사이의 관계는 다시 제7장 3절에서 다루어질 것이다. 거기에서는 주제화된 요소와 핵심 요소들의 문법 부호화가 논의될 것이다.

진행되는 담화에서, 흔히 초점 모으는 일과 주제화하는 일 사이에는 연속적 관계가 있다. 이는 다음 예문에서 예시된다.

I have a sIster. She is mArried.
(난 <u>여동생</u>이 한 명 있는데, 걔가 <u>결혼</u>을 했어)

첫 문장은 청자의 주의력 초점 속으로 어떤 새로운 지시대상을 가져온다. 즉, 화자의 여동생이다. 그 지시대상이 청자에게 아직 접속 가능하지 않으므로, 화자는 운율적 우세함을 지니고 비-확정적(=부정관사)이며 온전한 형태(=일반명사)의 지시를 이용한다. 이런 방식으로 청자에게 자신의 담화모형 속에 새로운 주소지를 마련하도록 초대된다. 다음 문장에서는 이 지시대상을 주제로 다룬다. 이제 그것은 청자의 현재 초점 속에 들어 있다. 따라서 짤막한 대명사 형태 'she'(그녀)로 언급되며, 운율적 우세함을 지니지 않는다. 그러나 이제는 서술어가 우세함을 받는다. 흔히 어떤 지시대상을 이야기 속에 도입하고, 그것에 대하여 뭔가를 말하기 위해서는 두 가지 연속 단계를 선택한다. 초점으로 만들기와 주제로 만들기이다.

어떤 지시대상이 화자의 메시지에서 주제로 된 경우에, 그것은 문법 부호화에서 일종의 특별한 처리를 받게 될 것이다. 예를 들면, 그것은 문법적 주어로 표현되는 경향이 있다. 주제로 되지는 않았지만 여전히 아주 두드러진 대상들(즉, 그 메시지의 다른 핵심 개체들)도 또한 특별한 취급을 받게 될 것이다. 그것들은 주요 문법 기능으로 부호화되는 경향이 있다. 제7장에서 이들 논제를 다루게 된다.

4) 명제 형식과 서술관점 배당

화자는 흔히 아직 명제 형식으로 완성되지 않은 정보를 의사소통하려고 결정한다. 길 방향을 일러주는 경우를 다시 보기로 한다. 가령,

암스테르담에 있는 왕립 콘세르트헤보(*Concertgebouw*) 오케스트라 극장으로 가는 길을 말해 주도록 요구받은 경우에, 화자는 청자에 의해 이뤄질 연속 이동을 알려 줄 거시적 설계를 실행할 것이다. 그러나 이들 이동 각각이 애초부터 명제 형태로 되어 있지는 않을 것이다. 오히려 이들 이동은 시·공간적 심상으로 될 것이다. 미시적 설계의 한 가지 중요한 측면은, 이들 심상을 명제 형식으로 번역해 놓는 것이다. 이 하위절의 주요한 논점은, 이런 번역이 반드시 서술관점(*perspective*)의 배당을 함의한다는 것이다.

서술관점 선택에 대한 개념은 앞에 있는 제 4장 4절 2항에서 본 묘사사례(10)과 (11)에 의해 쉽게 예시된다. 이는 선조화의 실험에서 두 사람의 피험자에게 주어진 내용이었다(Levelt 1982b). 그 묘사는 〈그림 4-5〉의 〈유형 A〉에 대한 것이다. 이들 묘사에 있는 단일한 이동을 살펴보기로 한다. 즉, 'PINK-BLUE'(분홍-파랑) 연결과 관련된 이동이다. 첫 번째 피험자는 묘사(10)에서 이를 다음처럼 표현하였다.

(10′) Then from pink again to the left a blue node.
(그러고 나서 분홍으로부터 다시 왼쪽으로 하나의 파랑 교점으로)

묘사(11)을 말해 준 두 번째 피험자는 다음처럼 표현하였다.

(11′) Go straight on to blue.
(곧장 계속 파랑으로 가십시오)

생략상의 차이점을 잠시 논의에서 제외한다면, 그 묘사 내용들은 이용된 방향 용어에서 대조를 보여준다. (10′)에서는 'to the left'(왼쪽으로)라고 말했다. (11′)에서는 'straight on'(곧장 계속)이라고 말했다. 비록 지각상의 구조가 두 피험자들에게 동일하였지만(하나의 분홍 교점과 하나의 파랑 교점이 검은색 수평선으로 연결됨), 그것들이 상이한 방식으로 범주화되었다. PINK(분홍)에 대한 BLUE(파랑)의 관계가 (10′)에서는 TO THE LEFT OF(의 왼쪽으로)이다. (11′)에서는 STRAIGHT ON(곧장 계속)이다. 그들이 BLUE(파랑)을 가리키기 위하여 지시 기준 장소로 PINK(분홍)를 선택한 것은 일치한다. 모든 실험에서 다음처럼 말한 피험자는 아무도 없었다.

Pink is to the right of blue.
(분홍이 그 파랑 오른쪽에 있다)

관찰된 공통성과 차이점이 모두 서술관점 선택에 대한 특성을 드러낸다. 모든 피험자들이 BLUE(파랑)를 PINK(분홍)에다 관련짓는다. 다른 방식으로는 하지 않는다. 이는 그들이 선택한 선조화 전략의 결과이다. 즉, 여행을 하듯이 연결된 모습으로 그 유형을 묘사하는 것이다. 화자가 분홍 교점에 도착하여 분홍 교점을 언급한 뒤에는, 화자에게 그 여행을 지속하려면 언급된 마지막 교점에다 다음 교점을 관련지어 놓도록 요구한다. 즉, PINK(분홍)가 현재 초점이므로, BLUE(파랑)를 PINK(분홍)에 관련짓도록 요구하는 것이다. 이 연구에서 전체 유형 묘사를 BLUE(파랑) 교점으로부터 시작하도록 요구한 경우에는, 모든 화자들이 PINK(분홍)를 BLUE(파랑)에다 관련지을 것임은 의심의 여지가 없다. 만일 화자가 일러주기에 의해 얽매이지 않고, PINK(분홍)도 BLUE(파랑)도 현재 초점 속에 들어 있지 않은 경우에, 그 화자는 자유롭게 어떤 서술관점이라도 택할 수 있다. 이분지 공간 관계에 대한 범주화도 스스로 참조점(*reference point*)을 선택하는 데 달려 있을 것이다. 그렇지만 어떤 선택이 이뤄져야 함에 주목하기 바란다. BLUE(파랑)이든지 PINK(분홍)이든지 이들 중 어느 하나가 명제 형식에서 BLUE(파랑)와 PINK(분홍) 사이의 공간 관계를 서술하기 위한 '위치관련 기준점'(*relatum*)이 되어야 하는 것이다.

두 피험자들 사이의 차이점은 서술관점 선택에서 또 다른 자유의 정도를 드러내는 미묘한 것이다.

첫 번째 피험자는 지시표현적(*deictic*) 서술관점에 비춰 그 유형을 묘사한다. 자신을 좌표계의 기반으로 간주하고 있는 것이다(제 2장 2절 2항을 보기 바람). 그 피험자에 의해 이뤄진 정신 여행은 '눈으로 쳐다보기'(*gaze*) 여행이다. 모든 방향 용어들이 화자 중심 기반에 비추어, '눈으로 쳐다보기' 여행을 통해 어디로 이동하는지를 청자에게 말한다. 자신의 앞에 있는 탁자 위에서 그 유형을 검사하는 화자는, 분홍 교점으로부터 파랑 교점으로 가기 위하여, 자신의 '눈으로 쳐다보는' 방향을 왼쪽으로 이동시켜야 한다. 여기서 'left'(왼쪽)라고 말하는 화자들이, 그 유형에 '눈으로 쳐다보는' 여행 이동의 범주를 적용하고 있다는 강력한 증거는, 거의 모든 화자들이 또한 회색 교점으로부터 빨강 교점으로 가는 첫 이동을 묘사하는 데에 'up'(위로) 또는 'upwards'(위쪽으로)라고 말하지, 결코 'straight'(곧장)이나 'ahead'(앞으로)라고 하지 않는다는 점이다. 그 유형이 탁자 위에 놓여 편평하다는 사실에도 불구하고, '눈으로 쳐다보는' 여행 이동은 실제로 그 여행에 있는 이 첫 번째 단계에 대해서 위쪽으로의 이동이다. 르펠트(Levelt 1982b)는 본질적으로 수평면에 있는 공간 관계에 대하여 'up'(위로) 'down'(아래로) 등과 같이 수직 차원의 용어를 자주 사용하는 '눈으로 쳐다보기' 여행 이론을 제안하였다. 그 원리는 뒤에 쉐퍼드·허위츠(Shepard and Hurwitz 1984)에 의해서도 제안되었다. 간단히 요약하면, 지시표현적 서술관점을 선택한 화자들은, 장소 서술을 위한 기능으로서 UP·DOWN·LEFT·RIGHT(위로·아래로·왼쪽으로·오른쪽으로) 등 '눈으로 쳐다보는' 이동의 범주를 선택한다.

'straight on'(곧장 계속)이라고 말한 다른 화자들은, 고정된 지시표현적 서술관점으로부터 눈으로 쳐다보는 여행을 하지 않는다. 오히려 차를 타고서 그 유형을 통과하면서 운전을 하는 것처럼 일종의 '몸소 체험'(*body*) 여행을 한다. 'turning around'(빙 돌고서)라고 말한 내용을 기억하기 바란다. 그 유형을 통한 전반적인 움직임을 놓고서 보면, 이전에 곧장 직선을 따라 움직인 방향은, 좌표계에 대하여 새로운 '내재적'(*intrinsic*: 각주 9 참고) 근거로서 선택된 것이다. 그것은 움직임이 이뤄지면 다시 방향이 새로 잡힌다. 'straight on'(곧장 계속)이란 표현은, 빨강 교점으로부터 분홍 교점까지 차를 몰고 가는 것과 동일한 방향의 이동을 지속하는 일로부터 나온 것이다. 그리고 실제로 그 피험자는 자신의 묘사에서 동일한 방향이 지속되는 경우에, 모두 'straight on'(곧장 계속)이란 표현을 쓰고 있다. 또한 '몸소 체험' 여행의 피험자들에게는 거리의 편평한 배열에서 있어야 할 'up'(위로)이나 'down'(아래로)의 표현이 전혀 들어 있지 않음에 주목하기 바란다.

이 사례는 동일한 시지각 유형이 지시표현적(*deictic*) 서술관점이나 '내재적'(*intrinsic*)[9] 서술관점의 선택에 따라 명제상 아주 다른 방식으로 표현될 수 있음을 보여준다. 서술관점은 어떤 개체가 다른 어떤 개체들에 대하여 지시 기준 장소(*reference locations*)가 되는지를 결정해주며, 이들 관계에 대한 방향도 결정한다. 그 실험에서 대부분의 피험자들이 지시표현적 서술관점(= 눈으로 쳐다보는 여행)을 택하는 것을 선호하였다. 그러나 피험자들의 3분의 1은 몸소 체험 여행 전략을 이

9) deictic(지시표현적)과 intrinsic(내재적)은 대립 용어이다. 앞의 것은 화자가 기준이 되지만('나' 중심 기준), 뒤의 것은 화자가 아닌 다른 대상이 기준이 된다('다른 사물' 중심 기준). '내재적'이란 말뜻은 다른 사물에 기준점이 내재되어 있다는 의미이다. '지시표현적'은 화자인 나를 중심으로 손가락으로 가리키듯이 표현한다는 뜻이다. 이 용어들은 축자적 해석만으로는 제대로 본질을 파악할 수 없으므로, 각별히 유의하기 바란다. 이 두 용어의 사례들이, 먼저 제2장 2절 2항에 있는 〈그림 2-1〉로 제시되었고, 이어 논의된 시간 표현의 기준점에서도 동일한 내용이 거론되었다. 이 장의 앞에서 다뤄진(제4장 4절 2항) 묘사에서도, (10)의 화자는 자신을 중심으로 하여 마치 벽에 걸린 지도를 바라보듯이 서술하고 있다. 이것이 지시표현적 서술관점(눈으로 쳐다보기 여행)이다. 그러나 (11)의 화자는 마치 자동차를 몰고서 그 교점들을 차례로 통과하듯이 서술하고 있다. 이것이 '내재적' 서술관점이다(몸소 체험 여행).

용하였다. 이는 어떤 유형에 바탕을 둔 '내재적' 서술관점을 요구한다(화자의 사실적 방향과는 무관하며, 직접 차를 몰고서 통과하는 것으로 간주함). 분명히 이는 인지 유형에 대한 사항이다. 이것이 사소한 차이일까? 방심함이 없이 계속 조심해야 한다. 부모나 형제들 가운데 왼손잡이가 있는 피험자들이, 그 실험에 있는 다른 참여자들보다 지시표현적 서술관점을 덜 택하는 쪽으로 기울어져 있음이 밝혀졌다. 대뇌 반구 기능의 측면화(*lateralization*)가 서술관점 선택에서 모종의 역할을 하는지 여부에 대해서 궁금해질 것이다.

특히 그 실험 사례는, 명제 형식을 시지각 정보에 배당하는 단일한 필연적 방법이란 존재하지 않음을 분명히 해 주었다. 이 점은 비슷한 실험에서도 다시 확증되었다(Garrod and Anderson 1987을 보기 바람). 시지각 체계의 출력물이 그것 자체로 명제 형식이 되어야 하는 것은 아닌지, 그런 필요성을 기대할 법하다. 그런 경우에는 정신상으로 간단히 명제에 '내재적' 서술관점이 부과될 듯하다. 그렇지만 지각된 구조를 하나 또는 다른 명제 형식으로 집어넣는 데에 실질적 자유가 있다. 이는 공간적으로 표상된다. 그것들은 모두 동일한 지각 유형에 대하여 동등한 기술 내용이다. 그러나 그것들은 서술관점에서 차이가 난다. 이는 지각적 요인들이 서술관점 배당에 역할을 맡지 않음을 의미하는 것은 아니다. 지각적 요인들도 서술관점에 영향을 준다. 화자들은 배경이 지시 참조점으로 간주되는 '초점/배경' 관계로 된 언어 표현을 선호한다. 'The wall is behind the cat'(그 벽이 그 고양이 뒤에 있다)고 표현하기보다는, 오히려 'The cat is in front of the wall'(그 고양이가 벽 앞에 있다)이라고 말한다. 더 작은 것이 더 큰 것과 관련하여 자리 잡는 것을 선호한다(큰 대상이 지시 참조점으로 됨). '의자-책상' 장면이 묘사되는 방식은 '?A chair and a table next to it'(?의자 하나와 그 옆에 있는 책상 하나)라고 표현되기보다 오히려 'A table and a chair next to it'(책상 하나와 그 옆에 있는 의자 하나)로 말하는 것을 선호한다. 움직이는 물체와 정지해 있는 물체가 있는 경우에는, 다음과 같이 움직이는 물체 A가 정지된 물체 B와 관련하여 자리 잡는 경향이 있다(B가 지시 참조점으로 됨).

'A approaches B' 또는 'A passes by B.'
(A가 B에 접근한다, 또는 A가 B를 지나간다)

포함된 물체는 용기(*container*)와 관련하여 자리 잡는 경향이 있다(용기가 지시 참조점으로 됨). '?A circle around a triangle'(?삼각형 주위를 두른 원)보다는 'A triangle in a circle'(원 안에 있는 삼각형: 용기 역할을 하는 원이 기준이 됨)로 표현된다. 로슈(Rosch 1975)는 구체적인 지각 범주에서뿐만이 아니라, 자연수 범주처럼 추상적 차원에서도 자연스런 지시 참조점(*reference points*)이 있음을 논의한다.

우리는 이 절을 공간 장면의 묘사에 있는 서술관점 선택에 대한 한 가지 경험적 연구를 살펴봄으로써 끝마치게 될 것이다. 에뤽(Ehrich 1985)은 피험자들에게 인형 집에 있는 가구의 배치를 묘사하도록 요구하였다. 그리고 지시 대상물의 선택과 관련성을 결정한 요인들을 분석하였다. 이들 선택은 반드시 공간 장면이 명제 형식으로 표현되는 경우에 이뤄졌다. 그 연구에서는 이들 선택의 몇 가지 체계성을 보여준다. 에뤽은 요인들의 숫자를 다양하게 바꾸었다. 대상물의 크기와 상대적 위치, 화자와 관련하여 그것들의 위치와 방향들, 배경인 벽이 있음과 없음 등. 피험자들에게는 전적으로 낱말의 선택에서 자유가 주어졌다.

에뤽은 자신의 피험자들에게 〈그림 4-6〉과 같은 가구 배열들을 제시해 주었다. 각 피험자는 열려 있는 출입문을 통하여 단일한 방을 조사하였다. 한 가지 조건에서는 그 방에 벽이 없었다. 그렇지만 이것은 화자의 묘사에서 아주 작은 효과만을 지녔다. 벽의 유무는 현재의 목

〈그림 4-6〉 가구 배치 묘사들의 사례(Ehrich 1985)

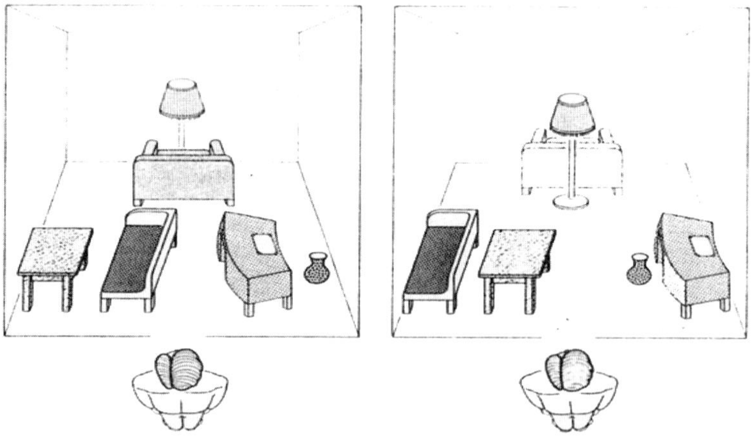

적을 위해서 무시될 수 있다. 피험자들은 실험자와 'I spy'(내가 스파이 노릇을 한다) 게임을 하면서, 여섯 가지 물건이 있는 그 방을 잠시 조사하였다. 이런 일 있은 뒤에 그 방이 제거되었고, 느닷없이 피험자들에게 그 가구 배열을 청자가 재구성할 수 있는 방식으로 묘사하도록 요구하였다. 네 가지 주요 결과들이 나왔다.

(가) 대다수의 화자들이 지시표현적(*deictic*) 서술관점을 택하였다. 〈그림 4-6〉의 왼쪽 그림에 있는 배열에서, 그들은 'In front of the lamp is a chair'(그 전등 앞에 의자가 하나 있어요)라고 말하기를 선호하였다. 그렇지만 거꾸로 'In front of the chair is a lamp'(그 의자 앞에 전등이 하나 서 있어요)라고 말하지는 않았다. 오른쪽 그림에 있는 다른 가구 배치의 경우에, 비록 그 전등이 내재적으로 그 의자 뒤에 있었지만, 심지어 'There is a lamp in front of the chair'(그 의자 앞에 전등이 하나 서 있어요)라고 말하는 것을 선호하기도 하였다.

(나) 화자들은 좀더 자신한테 가까이에 있는 물체의 위치를 가리키

기 위하여 더 주변적인 물체를 지시 참조점으로 이용하는 것을 선호하였다. 왼쪽 그림에서 보인 가구 배열을 묘사하는 경우, 대부분의 화자는 그 전등과 관련하여(전등이 지시 참조점으로 됨) 그 의자를 자리 잡게 하였다. 오른쪽 그림에 있는 다른 가구 배열을 묘사하는 경우, 그들은 그 의자와 관련하여(의자가 지시 참조점으로 됨) 그 전등을 자리 잡게 하였다.

(다) 화자들은 더 작은 사물을 가리키기 위하여 지시 대상으로 좀더 큰 사물을 선호하였다. 왼쪽 그림에 있는 가구 배열을 묘사하는 경우, 실질적으로 소수의 피험자들은 'Behind the chair is a lamp'(그 의자 뒤에 전등이 하나 서 있어요) 라고 말했다. 반면에 오른쪽 그림의 가구 배열을 묘사하는 경우, 거의 아무도 '??Behind the lamp is a chair'(?? 그 전등 뒤에 의자가 하나 있어요) 라고 말하지 않았다.

(라) 일반적으로 화자들은 'behind'(뒤에) 보다는 'in front of'(의 앞에) 의 관점에서 상대적인 위치를 표현하는 일을 선호하였다. IN FRONT OF(의 앞에) 상태가, 아마도 BEHIND(뒤에) 상태보다 좀더 현저한 관계인 듯하다.

이들 발견결과는 그 장면에 대하여 내재적 기능 속성과 전체 윤곽(*gestalt*) 의 속성에 따라 공간 관계를 명제로 표현하는 선호된 방식들이 있음을 보여준다. 더욱이 비슷한 배열을 이용하면서 뷔르클러 등(Bürkle et al. 1986) 은 대화 상대방의 장소와 역할이 서술관점 선택에 영향을 줄 수 있음을 보여 주었다. 그러나 이것은 모두 경향일 뿐이지, 철칙은 아니다. 화자는 서술관점을 자유롭게 저것이 아닌 이것을 선택한다. 그리고 실제로 동일한 장면이 서로 다른 피험자들에 의해서 묘사되는 방식은 놀랍게도 다양하다. 에뤽(1985) 의 애초 반응 녹음(*protocols*) 들을 들여다볼 경우에, 동일한 가구 배열을 놓고서 두 가지 묘사가 어떤 것도 똑같지 않다는 사실에 의해 충격을 받게 된다. 대상물·관련성·주의력 속성·서술관점 선택에 비춰서 피험자들마다 개인적인 안목을 더해 놓았기 때문이다.

5) 언어마다 특수한 요구사항 인지

제3장 6절에서 비록 의사소통과는 무관하지만 특정한 개념상의 특징들에 대하여 필수적인 문법 부호화가 들어 있는 몇 가지 사례를 기술하였다. 예를 들면, 시제 체계를 지닌 언어에서는 한 상태나 사건에 대한 지시표현적 시간 속성과 '내재적' 시간 속성을 언어화 이전의 메시지에 부호로 집어넣는 것이 필수적이다. 이는 화자의 거시적 설계에 대한 일부가 아닐 수도 있다. 왜냐하면 그것이 의사소통 의도를 정교하게 만드는 일로부터 진행되어 갈 필요가 없기 때문이다. 오히려 표현에 대한 언어화 이전의 메시지를 놓고서 마지막 손질을 하는 데에서, 그것들이 아직 표현되어 있지 않았다면 화자가 이들 도막의 개념적 정보를 인출해 낼 것이다. 그렇지만 이 시제 표현은 오직

DECL(P)와 ?(P)
'서술문(명제)'와 '의문문(명제)'

유형의 발화행위 의도들에 대해서만 필요하다. 명령문은 영어에서 고정된 시제를 지닌다. 그렇다면 서술문과 의문문을 놓고서 화자는 명제 수식어로서 두 종류의 시제 기능(=지시표현적 시제 표현과 내재적 시제 표현)을 삽입할 것이다(제3장 2절 6항을 보기 바람).

그 언어가 개별적으로 요구하는 것이 무엇이든, 그 요구에 대하여 화자가 처리할 수 있도록 자동적으로 이런 인식 기능을 수행하는 일련의 정규적 절차를 지닌 것으로 가정해야 한다. 이들 연산이 특별한 주의 노력을 필요로 할 것 같지는 않다. 그리고 이것이 아마 미시적 설

계에 대한 더 일반적인 속성일 수 있다. 화자 주의력의 대부분은 거시적 설계·비-언표 의도 정교히 가다듬기·표현을 위한 정보 인출하기에 쏟아진다.

미시적 설계의 마지막 결과는 '언어화 이전의 메시지'(*preverbal message*)이다. 언어화 이전의 메시지가 통합된 전체로서 전달된다고 가정할 이유는 없다. 점증적 발화산출에서는, 구성되고 있는 메시지의 조각과 도막들이 번갈아가며 교대로 이용될 수 있다. 각 도막은 문법 부호화를 위해 언어형식 주조기에 의해서 즉각 채택된다. 제7장에서 보게 되겠지만, 그 덩이(*chunks*)들이 전달되는 순서는 문법 부호화의 과정에 영향을 미치게 될 것이다.

6. 요약

이 장은 의사소통 의도 및 비-언표 의도에 대한 특성들과 더불어 시작하였다. 발화행위를 수행하는 일은 청자에게 정보를 전달하는 일보다 더 많은 것을 포함한다. 그것은 또한 말해진 내용으로부터 인식될 수 있는 의사소통 의도를 만드는 일을 포함한다. 그러고 나서 메시지를 산출하는 과정이, 거시적 설계와 거기에 뒤따르는 미시적 설계의 두 단계 과정으로 분석되었다. 거시적 설계는 일련의 목표와 하위 목표들로 의사소통 의도들을 정교히 가다듬는 일로 이뤄진다. 그리고 각 하위 목표에 대하여 그 하위 목표가 실현될 수 있는 언어 표현에 관한 정보를 선택하는 일로 이뤄진다. 미시적 설계는 청자로 하여금 그 의사소통 의도를 추론하도록 이끌어 갈 어떤 정보 구조를 그 메시지에 제공해 줌으로써, 마지막으로 언어 표현을 위한 발화행위를 손질한다.

거시적 설계와 미시적 설계는 둘 모두 고도로 맥락 의존적이다. 그 담화의 맥락은 지속적으로 흐르며 바뀌어 간다. 우리는 관련된 기여를 하기 위하여 화자들이 반드시 놓치지 말고 따라가야 할 담화 맥락의 여러 측면을 검토하였다. 면담이나 강의처럼 그들이 관여하는 담화의 유형들을 머릿속에 등록해 두어야 한다. 또한 그들은 그 담화의 주제도 참작하고 고려해야 된다. 또한 화자는 그 자신과 대화 상대방에 의해서 기여된 그 내용들을 놓고서 어떤 내적 표상을 세워 놓는다. 이 공유 지식은 '화자의 담화모형'으로 불린다. 그들은 또한 현재 무엇이 초점 속에 들어 있는지를 점검한다. 그리고 마지막으로 문자 그대로 발화된 것에 대한 어떤 기록이 있는데, 이것이 특히 화용상으로 중요하고 현저한 경우이다.

그러고 나서 거시적 설계를 다루었다. 언어 표현을 위해 정보를 선택하는 일은 다음과 같은 사항들을 포함할 수 있음이 논의되었다.

① 실질적 계획 짜기
② 기억 탐색
③ 추론하기

화자의 주의력은 이들 활동을 수행하는 일과 언어 표현을 위해 메시지를 마지막으로 마무리 짓는 일 사이에서 앞뒤로 오락가락 움직여 다닐 것이다. 이는 혼잣말에서 특징적 리듬으로 이끌어 갈 수 있고, 거시적 설계에 대부분의 주의력이 쏟아지는 것처럼 만들어 놓는다.

화자는 흔히 오히려 제한된 양의 정보를 표현함으로써, 인식 가능한 복합 의도들을 만들 수 있다. 그 정보는 청자 쪽에서 의도된 추론을 하는 데에 오직 도구가 되어야 한다. 우리는 대상물을 지시하는 경우에 그리고 요청을 하는 경우에, 화자가 언어 표현을 위하여 선택하는 바에 대한 몇 가지 실험 작업을 개관하였다. 대상물 이름 부르기에서는 그라이스의 양의 대화규범으로부터 기대할 될 수 있는 것보다 더 많은 잉여성이 드러났다. 그러나 이들 일탈이 불합리하거나 동기가 없는 것은 아니었다. 한 대상에 대한 과다 명시는, 특히 그것이 화자에 의해 초점 모아진 대상의 종류를 드러내는 경우에 도움이 된다. 또한 화자들이 의도된 지시대상을 앞서 언급된 어떤 대상과 대조하는 경우에도 잉여적 정보를 제공해 주는 것 같다. 이는 청자의 탐색을 이끌어 가는 효과적인 방식이다. 요청에 대한 연구에서도 또한 화자들이 언어 표현을 위하여 효율적 정보를 선택함을 보여 주었다. 즉, 기꺼이 하려는 마음이나 그 요청을 따라 수행할 능력에 비춰서 청자의 처지를 알려주는 정보이며, 동시에 청자가 의도된 추론을 해 나갈 수 있게 만드는 정보를 선택하는 것이다. 애초의 의사소통 의도를 정교하게 가다듬는 일은, 화자로 하여금 '부차적 의도'(*side intentions*) 라고 부른 바를 지각할 수 있도록 이끌어 갈 수 있다. 이 장의 제약된 의미에서 이는 의사소통이 될 수도 있고, 그렇지 않을 수도 있다. 부차적 의도는 오히려 독립된 메시지들로 부호화되는 경향도 있다. 이는 흔히 화자의 담화에서 그렇게 인식될 수 있다.

여러 가지 연속된 발화행위를 포함함으로써 표현될 정보가 복잡한 경우에, 화자는 언어 표현을 위해 그 정보를 어떻게 순서를 매길지 결정을 내려야 할 것이다. 이는 화자의 '선조화' 문제라고 불렸다. 우선적으로 그 해결책은 무엇이 표현될 것인지에 대한 내용에 달려 있다. '자연스런 순서'의 원리는 담화의 특정한 영역들에 대한 기본적인 해결책을 서술한다. 주요 사례는 시간 영역에서 사건들이 일어나는 시간 순서대로 표현되어야 한다는 것이다. 두 번째로, 화자로 하여금 저것보다 이런 선조화 내용을 선호하도록 유도하는 작업 기억에 일반적 제약이 있다. 이들 제약은 잘 정의되어 있으며, 본질적으로 아주 일반적이다.

미시적 설계는 이 장의 마지막 절에서 다룬 주제였다. 논의된 첫 번째 측면은 메시지에 있는 각 지시대상에 대하여 접속 가능성 지표를 배당하는 것이었다. 이는 청자에게 그 지시대상이 어디에서 찾아질 수 있는지를 알려주기 위해 실행된다. 곧, 현재의 초점에서이든지, 그 담화모형에서이든지, 다른 어디에서이든지, 또는 전혀 어디에서도 찾을 수 없는 새로운 정보인지 등을 알려 준다. 언어는 이런 접속 가능성 지표를 놓고서 문법 부호화를 위한 일정 범위의 수단들을 지닌다. 또한 어떤 지시대상이 특별한 지위의 주제로 주어질 수도 있다. 이는 대화 상대방으로 하여금 그 새로운 정보를 담화모형에 있는 지시대상의 주소지 아래에다 저장하도록 하기 위하여 실행된다. 지시대상들은 현저함(*saliency*)에 대해 다양한 정도를 지닐 수 있다. 현저한 개체는 그 담화모형에서 현저하지 않은 개체보다 주소지를 얻는 데 더 나은 기회를 지니게 될 것이다. 결과적으로 현저한 항목은 현저하지 않은 항목들보다 더 쉽게 주제화된다. 메시지에 있는 항목들은 또한 우세함(*prominence*)에서 다양하게 달라질 것이다. 화자는 만일 어떤 항목을 청자에게 새로운 어떤 것(즉, 새로운 지시대상, 초점 모아진 역할 속에 있는 새로운 개체, 또는 새로운 서술어)으로 만들어야 한다면, 화자는 그것을 우세하게 만들 것이다.

언어 표현을 위해 선택된 정보는 궁극적으로 '명제 형식'으로 부호화된다. 이는 반드시 서술관점의 배당을 포함한다. 특히 관계들에 대한 선택과 이들 관계들을 위한 지시 참조점을 포함한다. 이들 선택은 다양한 요인들에 달려 있다. 화자의 선조화 전략·공간 장면에서 전체 윤곽의 관계·화자의 인지 유형 등이다.

마지막으로 그 언어가 시제 체계를 지닌 경우에 시간 정보와 같이, 말해진 특정 언어를 놓고 인식될 개념상의 정보를 화자는 자동적으로 인출할 것이다. 미시적 설계의 최종 결과는 언어형식 주조기에 의해 그 특성 입력물로 인식될 수 있는 언어화 이전의 메시지이다.

제 5 장

표면구조

일단 하나의 메시지나 메시지의 일부가 표현될 준비가 되었으면, 주조하기 과정이 시작될 수 있다. 연속적인 메시지 조각들을 놓고서 언어형식 주조기가 '레마'(*lemma*, 낱말의 통사·의미 정보값)들에 접속하고, '의사소통 기능·필수 논항·수식어'들에 대한 메시지를 검토하며, 문법 관계를 구체화하고, 이것들을 굴절어미와 구 구조 속으로 맞춰 보내는 일을 개시할 것이다.

이런 주조하기 과정의 첫 단계는 제 1장에서 '문법 부호화'로 불렸고, 낱말형태들이 접속되고 운율유형이 생성되는 두 번째의 '음운 부호화'와 구별되었다. 이 장에서는 이 두 단계들 사이에 고리를 형성하는 표상의 유형에 대해 성격을 밝혀낼 것이다. 이는 '표면구조'(*surface structure*)로 불릴 것이다. 이 용어가 특정한 문법 이론을 암시한다고 해도, 그 이론을 온전히 받아들여 따르는 것은 아니다. 이 책에서의 정의에 따라, 표면구조는 문법부호화의 산출물이며, 음운 부호화에 대한 입력물이다. 오히려 브뤼즈넌(Bresnan 1982)의 표면구조 개념에 더 가까운 것이다.

뒤에 이어지는 장에서 논의되는 문법 부호화의 과정들을 이해하기 위하여, 우리는 반드시 그것들의 목표 구조에 대하여 충분히 명백하고 구체적인 내용을 갖고 있어야 한다. 한편으로는, 표면구조가 문법 기능을 통하여 의미 관계를 표현하는 방식을 살펴볼 필요가 있다. 이런 의미에서 기능으로의 사상(*mapping*)은 레마의 내적 구조에 달려 있다. 레마는 표면구조의 말단 요소(*terminal elements*)들이다. 다른 한편으로는, 이들 문법 기능이 표면구조의 계층적 구 조직 및 격 표지 부여에서 실현되는 방식을 구체화하는 것이 필요하다. 이런 조직화는 음운 부호화를 위한 필수적 입력물이다.

일반적으로 이러한 이론적 개념들은, 말하기 과정에 대한 경험적 분석으로부터 전개된 것이 아니다. 거의 언어학과 컴퓨터 과학으로부터 나왔다. 그렇지만 화자에 대한 이론을 세우는 데에 이것들이 필수적인 얼개를 제공해 주며, 독립적으로 이용될 수 없다. 현재 이 장에서 가정하게 될 이론은, 다음 세 가지 이유에서 대체로 브뤼즈넌(1978, 1982)의 노선을 따른다. 첫째, 이 이론은 우리로 하여금 표면구조 생성에 대한 명백한 절차들을 만들어 내도록 해 주는 분명한 이론이다. 둘째, 곧 논의되겠지만, 이 이론이 어휘에 바탕을 두고 있으며,[1] 이 점이 문법 부호화에 대한 이론을 위하여 매력적인 출발점이 된다. 뒤에 이어지는 장에서 레마는 화자가 표면구조를 구성하는 추진력임을 논의할 것이다. 개념적 정보가 문법 기능에 연결되는 것은 바로 머릿속에 있는 어휘의 레마(= 통사·의미값)에 의해서이다. 어휘에 바탕을 둔 문법은 이런 개념을 발전시키는 데 자연스런 짝이다. 셋째, 브뤼즈넌의 이론은

1) Bresnan 이론은 '어휘 기능 문법'이라고 불린다. 우리말로는 신수송(1991) 《통합 문법 이론의 이해: 어휘 기능 문법》(한신문화사)이 있다. 어휘에 기반을 둔 문법으로 또한 자연 언어 처리에서 많이 쓰이는 것이 핵어 중심 구 구조 문법(HPSG)이며, 거기에 쓰이는 어휘모형은 푸슽욥스끼(Pustejovsky 1995 김종복·이예식 2003) 《생성 어휘론》(박이정)으로 번역되어 있다.

캠픈 · 흔캠프(Kempen and Heonkamp 1987)에서 계발된 문법 부호화에 대한 언어심리학 이론과 아주 잘 부합되며, 제7장에서 이 이론을 따를 것이다. 이 두 이론은 모두 어휘에 바탕을 둔다. 앞으로 논의되듯이, 두 이론이 모두 이중의 구성성분/기능 표상을 지니고 작동한다. 그렇지만 어떤 문법 이론도 유일하게 올바른 것이라고 주장될 수 없음에 유념해야 한다. 이 책에서 브뤼즈넌 이론의 모든 세부 사항에 몰입하지는 않을 것이다. 그녀의 이론은 오직 문법 부호화의 문제에 접근하기 위한 매력적인 명백한 얼개로서만 이용될 것이다. 현재의 이 장에서는 표면구조의 구 및 기능 측면에만 국한될 것이다. 레마의 내적 문법 구조는 다음 장에서 다뤄질 것이며, 화자의 레마 접속이 논의될 것이다.

우선 먼저 문법 부호화가 음운 부호화와 독립되어 있다는 가정은, 화자가 낱말형태들의 목록에 접속하고 음성유형들을 연산하기에 앞서서 절이나 문장을 위한 표면구조를 완결해 냄을 뜻하는 것이 결코 아니다. 점증적인 문장 산출의 개념은 또한 이 층위에서도 타당하다. 분트(Wundt)의 원리를 따르면, 이용 가능하게 되는 표면구조의 최종 조각은 어떤 것이든 즉각적으로 음운 부호화를 유발할 것이다. 몇몇 낱말형태는 이미 그 레마와 함께 이용될 수도 있지만, 다른 낱말형태들이 여전히 기억 창고로부터 인출될 것이다. 임계 시간 안에 한 낱말의 음운 형태를 찾아내지 못하고 실패하는 일은, 문법상의 수정을 유발할 수도 있다(Levelt and Maassen 1981과 이 책의 제7장 5절을 참고하기 바람). 그렇지만 첫 번째 어림값으로서, 문법 부호화는 입력물로서 메시지를 받아들이고, 산출물로서 음운형태에 대해 미-명세된 표면구조를 산출하는 자동적 과정으로 취급될 수 있다.

1. 통사 측면

1) 문법 기능 표현으로서의 표면구조

브뤼즈넌(Bresnan 1982)의 이론에서 '주어 · 직접 목적어 · 간접 목적어'와 같은 문법 기능은 기본 요소(*primitives*)들이다. 이는 모든 언어에서 통사구조의 토대가 된다. 그러나 이들 문법 기능은 언어의 표면구조에서 다르게 실현된다. 개략적으로 말하여, 이것들은 격 표지나 어순에 의해서 실현된다. 예를 들면 다음 〈그림 5-1〉에 있는 메시지를 취하고서, 영어와 인도 남부지방의 말라얄람(Malayalam)어에서 문법 부호가 각각 어떻게 부착되는지 예시하기로 한다(Mohanan, 1982). 메시지는 어떤 사건에 대한 명제이다. 서법 표시 형태가 없으므로, 약속에 따라 이는 기본 서법인 '서술문'을 갖는다. 그 시간 표시 형태가 명제 수식어로서 나타나 있으며, 이는 '과거'를 나타낸다. 대상물 '어린이 · 고양이 · 엄마'가 모두 그 담화모형에 나타난 구체적 지시대상이지만, 현재의 목적을 위해 그것들의 접속 가능성 지표는 표시하지 않는다.

영어에서 문법 기능은 대체로 어순과 구 순서에 의해 표현된다. 문법 기능은 구 구조에서 명제들에 배당된다. 예를 들면, 한 문장의 주어는 문장(S) 교점에 의해서 직접 지배되는 명사구(NP)이다. 앞의 그림에 있는 영어의 표면구조에서, 'the child'(그 어린이)에 대한 명사구는 문장(S)으로부터 직접 가지가 나뉜 유일한 명사구(NP)이다. 따라서 'the child'는 그 문장의 주어이다. 비슷하게 간접 목적어 기능도, 동사구(VP)에 있는 첫 번째 명사구(NP)인 'the mother'(그 엄마)에 의해 수행된다. 직접 목적어 기능은 그 동사구에 있는 두 번째 명사구인 'the cat'(그 고양이)에 배당된다. 달리 말하면, 문법 기능들은 표면구조의 형상에서 표현된다. 따라서 영어와 같은 언어들은 '형상성' 언어라고 불린다(이 개념의 탁월한 논의로는 Webelhuth 1985를 보기 바람).

〈그림 5-1〉 (가) 메시지, (나) 형상성 언어인 영어의 표면구조,
(다) 비-형상성 언어인 말라얄람어의 표면구조

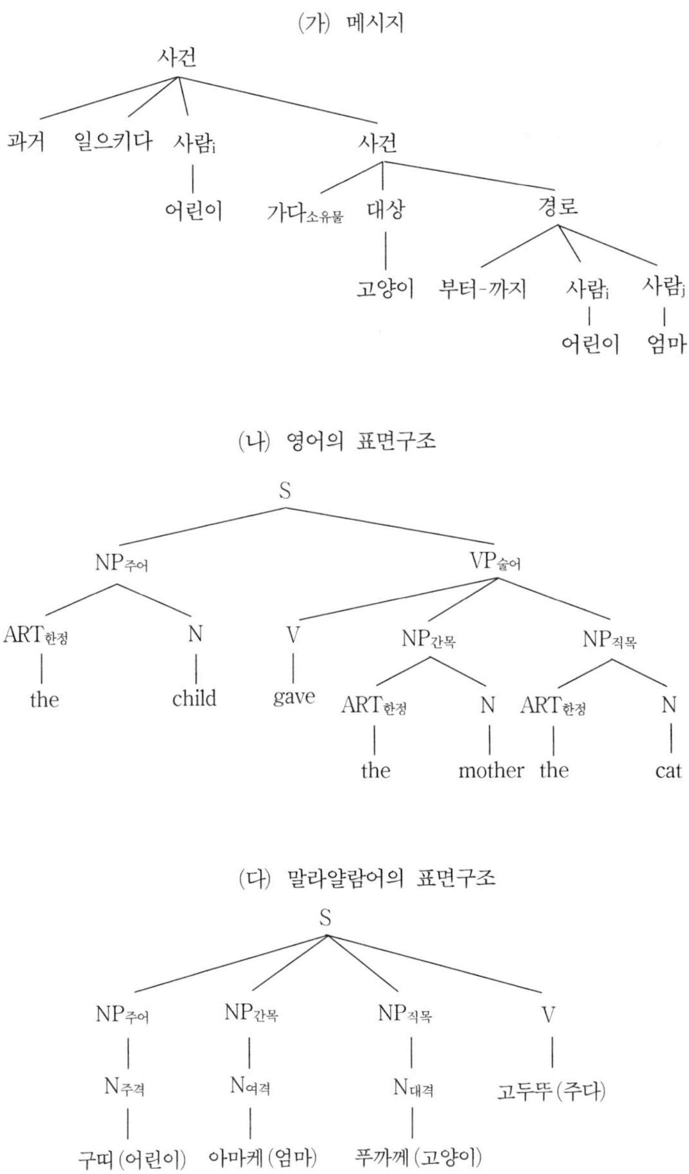

그렇지만 말라얄람어에서 문법 기능은 격 표시 형태를 통해 표현된다(Mohanan 1983). 예를 들어, 주어 명사구(NP)는 그 핵어명사 'kutti'에 주격을 배당함으로써 표시된다. 여기서는 주어 명사구만이 문장 교점(S)에 의해 직접 지배되는 유일한 명사구가 아니다. 두 개의 목적어 명사구들도 문장 교점에 의해 지배된다. 더욱이 명사구들의 순서는 문법 기능의 배당과 무관하다. 주어 명사구가 꼭 첫 번째 위치에 있어야 할 필요가 없는 것이다. 두 개의 목적어 명사구들의 순서도 또한 중요하지 않다. 그것들은 문법적으로 오직 여격 표지와 대격 표지에 의해서만 구별된다. 이를 두 목적어들의 순서가 아주 중요한 영어의 사례와 비교해 보기 바란다. 다음과 같이 두 목적어의 순서가 서로 바뀌면,

'the child gave the mother the cat.'
(그 어린이가 그 엄마한테 그 고양이를 주었다)
'the child gave the cat the mother.'
(그 어린이가 그 고양이한테 그 엄마를 주었다)

완전히 다른 의미를 지닌다. 말라얄람어는 비-형상성 언어로 불린다. 문법 기능들이 구 구조의 형상으로 부호화되지 않기 때문이다. 비-형상성 언어들은 아주 자유로운 어순을 지니며, 그 표면 구 구조는 '평판적인' 경향이 있다(즉, 계층이 많이 없음).[2)]

---

2) 이는 1980년대 초반 생성문법의 잘못된 시각을 그대로 담고 있다. 한국어와 일본어도 말라얄람어와 같이 비-형상성 언어로 구분되었었다. 하지만 우리말에서 ㉠ '철수는 <u>장난감을</u> <u>고물로</u> 만들었다'와 ㉡ '철수는 <u>고물로</u> <u>장난감을</u> 만들었다'는 동일한 형태들을 지니지만, 어순이 바뀜에 따라 서로 정반대의 뜻을 지닌다. ㉠은 파괴 행위이고, ㉡은 창조 행위이다. 뿐만 아니라, ㉢ '영이를 철수가 사랑하고, 동수도 그렇다'에서 대용 표현 '그렇다'는 반드시 형상성을 지닌 구 구조인 '영이를 사랑하다'를 요구한다. 자유 어순이라 하더라도, 먼저 정상적 어순을 상정한 뒤에, 주제나 초점 부여의 동기에 따라 자유로운 이동을 거친다. 이런 점을 고려하면 비-형상성 언어라는 개념 자체가 온당치 않

이들 사례는 문법 부호화의 목표 구조가 고도로 언어 의존적임을 보여준다. 문법 기능을 위치(= 어순)에 따라 부호화하는지, 격표지 형태 부여에 의해 부호화하는지에 따라서, 대체로 언어가 형상성 여부로 나뉜다. 독일어와 같이, 많은 언어에서는 두 가지(= 형상성 및 비-형상성) 방식으로 어떤 기능들을 부호화한다. 이들 목표 구조를 생성해 내는 문법 부호화의 과정은, 결과적으로 반드시 언어 의존적이다. 문법 부호화의 심리적 기제들이 얼마나 많이 그리고 어떤 차원으로 바뀔 수 있는지는 아주 흥미로운 질문거리이다.

2) 음운 부호화의 입력물로서 표면구조

하나의 표면구조는 문법 부호화의 결과일 뿐만 아니라, 또한 주조 과정에 계속 뒤이어진 음운 부호화 단계를 위한 입력물이기도 하다. 분절(어휘적) 및 초분절(운율적) 형태정보를 정확히 산출하기 위해서, 구 구조가 얼마만큼 필요한지는 아주 분명한 것이 아니다. 최소한 다음 세 가지 항목이 필요하다.

1 올바른 문법 순서로 된 문장에 있는 모든 실사와 허사 낱말들을 위하여, 어휘부에 있는 정보를 가리켜 주기 위한 지시바늘들의 열

우리는 이러한 지시바늘들을 '어휘 지시바늘'(lexical pointers)로 부르겠다. 레마의 어휘 지시바늘은, 해당 낱말형태 정보가 저장되어 있는 어떤 주소지를 가리킨다. 〈그림 5-1〉에서 이들 어휘 지시바늘은 'the'(그) 'child'(어린이) 등의 낱말로 나타나 있다. 이것들이 그 낱말 형태 그 자체를 나타내는 것이 아니라, 다만 그것들이 찾아질 수 있는 머릿속 어휘부의 주소지를 나타냄을 자각하기만 한다면 이는 편리한 개념이다.

다. 모든 언어구조에 기본적으로 '계층성'이 들어가 있는 것이기 때문이다.

2 각각의 어휘 지시바늘을 위한 모든 특수 구별자질

한 형태 주소지에 대한 지시바늘은, 인출될 낱말형태에 영향을 주게 될 다양한 자질들로 지표가 붙을 수 있다. 우리는 이들을 '특수 구별자질'(*diacritic features*)로 부를 것이다. 표면구조는 '격 · 수 · 인칭 · 시제 · 상 · 한정성 · 음높이(*pitch*) 악센트'들을 나타내 주어야 한다. 이 밖의 다른 자질들도 지시바늘로 가리켜지는 낱말형태를 놓고서 형태론이나 음운론적으로 표지가 부착될 것이다. 어미 활용 그 자체는 아직 구체화되지 않음에 유의하기 바란다. '격 · 수' 등은 활용어미 절차가 오직 두 번째 단계에서 작동되도록 하는 추상적인 지시내용이다. 음높이 악센트 자질에 대해서도 동일한 내용이 성립된다. 어떤 레마가 음높이 악센트에 대해 표지가 부착된다면(가령 해당 개념이 우세하기 때문에), 이는 음운 부호화의 후속 단계를 위하여 다양한 결과를 갖게 될 것이다. 일반적으로 의미론적으로 동기를 지닌 음높이 악센트는, 문장 억양과 문장 리듬에 대한 주요 결정 요소임이 인식되고 있다(Bolinger 1972, 1983, 1986; Cutler and Isard 1980; Halliday 1967b; Ladd 1980; Schmerling 1976; Selkirk 1984a). 우리는 제5장 2절에서 음높이 악센트 배당의 논제로 되돌아 갈 것이다.

3 구 정보

우선 이는 올바른 운율 구조의 배당(특히, 문장 운율의 배당)을 위하여 중요하다. 두 개의 발화가 동일한 낱말 열을 포함하고 있지만, 서로 다른 표면 구 구조를 가질 수 있다. 예를 들면, 주요한 구들이 꺾쇠괄호에 의해 가리켜지는 다음 문장들을 비교해 보기로 한다.

(1) The widow 〔discussed the trouble〕 〔with her son〕
(그 과부가 〔자신의 아들한테〕 〔그 골칫거리를 의논하였다〕)

(2) The widow 〔discussed 〔the trouble with her son〕〕

(그 과부가 〔자신의 아들에 대한 골칫거리〕를 의논하였다.)

무심하지 않은 화자라면, 이런 문장을 서로 다르게 발음한다(Levelt, Zwaneburg, and Ouweneel 1970; Wales and Toner1980). 문장(1)에서는 'trouble'(골칫거리) 뒤에 가벼운 운율적/선율적(*rhythmic/melodic*) 중간 쉼이 나타난다. 그렇지만 문장(2)에서는 그렇지 않다. 음운 부호화는 표면구조에 대한 그런 구 속성들을 알려 준다. 문장 리듬도 어느 정도 표면구조에서 낱말들의 묶음을 반영한다. 이런 구 정보는 분명히 리듬이나 억양(가령, 음높이 악센트가 더 중요함)의 결정 요소일 뿐만 아니라, 또한 제8장과 제10장에서 보게 되듯이 이것이 어떤 몫을 맡고 있다.

더욱이 구 정보는 낱말 발음에 대한 중요한 결정 요소가 될 수 있다. 예를 들면, 어떤 구에서 한 낱말의 위치는 그것이 음운론적으로 축약될지 여부를 결정한다. 아래 예문에서 구의 마지막 위치에 나오는 전치사 of는,

'Who were you thinking <u>of</u>?'
(당신은 누구에 대해서 생각하고 있었습니까?)

다음 예문과 같이 구 마지막 위치에 있지 않고 중간 위치에 있는 전치사 of와는 달리

'a blade of〔əv〕 grass'
(잔디 잎사귀)

쉽게 축약되지 않을 것이다. 이런 종류의 더 많은 사례들은 쎌컥(Selkirk 1972)에서 찾을 수 있다. 쎌컥과 같이, 캔쓰또뷔치·키씨버쓰(Kenstowicz and Kisseberth 1979)와 케이씨(Kaisse 1985)도 한 문장

에서 낱말들의 최종 음성형태에 영향을 줄 수 있는 다른 다양한 구 구조 속성들을 분석하였다. 이런 논제는 제 10장에서 다루어질 것이다.

언어에 따라서 어떤 구 정보가 한 문장의 음운 부호화를 위해 필요하게 될 것인지를 놓고서 더 많은 것들이 언급될 수 있다. 그렇지만 '형상성 언어'를 말하는 화자를 위해 그런 모든 정보가 관련될 것 같지는 않다. 명사구·동사구 등의 유형에 따라 범주화된 모든 구들과 더불어, 완전한 구 구조는 어떤 상한선을 나타낸다. 그렇지만 우리가 절차적인 견해를 견지하는 한, 두 단계의 주조하기 사이에서 고리와 같은 표상으로서 언어학적으로 충분히 구체화된 표면구조들을 고려하는 일이 여전히 정당화될 수 있다. 최소한으로 필요한 정보의 생성(앞에서 목록으로 제시됨)은, 모든 문법 범주와 '완전한' 표면구조에 나타난 구 관계들을 포함하여, 절차적 단계들을 요구할 것이다. 제 7장에서 분명해지게 되겠지만, 그것들은 필수적인 중간 결과 또는 문법 부호화의 산출물이다.

3) 표면 구 구조의 몇 가지 속성

화자에 대한 이론에 관심을 둔다면, 최소한 다음 네 가지 속성은 표면구조의 필수적인 재료 성분들이다.

[1] 표면구조는 구 구조이다.

다시 말하여, 그것들은 교차되는 가지 없이(〈그림 5-1 나〉와 〈그림 5-1 다〉에서와 같이) 계층적인 나무 구조로 표상될 수 있다. 구와 하위구(또는 구성성분으로 불림)들은 '왼쪽에서-오른쪽으로' 이뤄진 올바른 순서대로 표상된다(Levelt 1974, 제 2권). 표면구조의 최종 교점들은 두 가지 종류이다. 어휘부에서 주소지를 만들기 위한 지시바늘(이런 지시바늘은 특수 구별자질들로써 지표가 붙어 있음)들을 지닌 레마와 어휘 지시바늘을 지니지 않지만 어떤 문법 기능을 수행하는 공범주(*empty*)[3] 요소들이다. 다음 문장에서 뒤의 사례가 드러난다.

the story is hard to explain (e) to Peter.
(그 이야기는 〔공범주 요소〕 피터에게 설명해 주기가 어렵다)

여기서 (e)는 공범주 요소의 위치를 표시한다. 여기서 공범주 요소는 explain(설명하다)의 직접 목적어이다. 그렇지만 그것은 이동되어 나간 주절의 주어 'the story'(그 이야기)이며, 어휘적으로 표현된다.[4]

[2] 표면구조는 모든 교점에 대한 범주 정보를 나타낸다.

이는 먼저 네 가지 주요한 어휘 범주를 포함한다. 명사(N)・동사(V)・형용사(A)・전치사(P)이다.[5] 이들은 '구의 핵어'(*head-of-phrase*)

3) 생성문법에서 empty category(공범주)라고 쓰는 관용표현을 따르기로 한다. 음성 실현 형식이 비어 있다는 뜻으로 '공'(*empty*)라고 부른다. 생성문법에서는 큰 공범주 대명사 PRO, 작은 공범주 대명사 pro, 이동 뒤 남은 흔적(*trace*) t 등이 공범주 요소들이다. 이는 복원 가능 구조에서 찾아지는 생략 요소와는 구별된다.

4) 초기 표상은 "___is hard 〔PRO to explain 〔the story〕 to Peter〕"로 설정된다. 만일 'the story'가 밖으로 이동해 나가지 않는다면, 표면구조는 "It is hard to explain the story to Peter"로 된다. 그렇지 않고 비어 있는 앞쪽의 자리를 향해 the story가 이동을 한다면, "The story_i is hard 〔〔PRO〕 to explain t_i to Peter〕"처럼 된다. 음성 형식으로 나올 때에는 공범주 요소 PRO와 t가 모두 소리가 나지 않으므로, "The story is hard to explain to Peter"로 된다.

5) 어린이들이 모국어 습득에서 제일 먼저 나타나는 범주들로 가정된다. '명사・동사・형용사・전치사'는 개념상으로 각각 '대상・사건・속성・시공간 위치'에 해당한다. 이 범주들은 기본적으로 명사다운 자질 〔±N〕과 동사다운 자질 〔±V〕가 서로 배합되어 〔+N, −V〕와 〔−N, +V〕와 〔+N, +V〕와 〔−N, −V〕에 따라 유도된 것이다. 이런 범주 구분 방식에서 〔−N, −V〕 자질로 표시되는 '전치사'(시간과 공간 표시)가 과연 주요한 어휘 범주에 소속되는지는 의문이다. 전통문법에서 '허사'로 불러왔기 때문이다. 또 전통문법에서 실사로 불려온 '부사'가 주요한 어휘 범주 속에 들어가 있지 않음도 유의할 대목이다(생

라는 문법 기능을 가질 수 있다(다음의 속성 [3]을 보기 바람). 〈그림 5-1 나〉에서 영어 표면구조에 있는 어휘 항목 child(어린이)는 명사(N) 범주이며, 명사구(NP) the child(그 어린이)에서 구의 핵어로 기능한다. 비슷하게, gave(주었다)는 동사(V) 범주이며, 동사구(VP) gave the mother the cat의 핵어로 기능한다. 또한 관사(Art, 가령 정관사 the)·접속사(Conj, 가령 역접 접속사 but)와 같이 구의 핵어가 될 수 없는 사소한 어휘 범주들도 있다.[6)]

주요한 어휘 범주 N·V·A·P가 핵어가 될 수 있는 구는 각각 명사구(NP)·동사구(VP)·형용사구(AP)·전치사구(PP)들이다. 이것들은 '구 범주'(*phrasal categories*) 또는 '주요한 구성성분'(*major constituents*)으로 불린다. 〈그림 5-1 나〉에 있는 사례에서는 명사구(NP)가 the child, the mother, the cat(그 어린이, 그 엄마, 그 고양이)이며, 동사구(VP)가 gave the mother the cat(그 엄마한테 그 고양이를 주었다)이다. 차례로 이런 구 범주는 여전히 더 복잡한 구들의 핵어로 표상될 수 있다. 보통 NP′·AP′·VP′·PP′로 가리켜진다.[7)] 문장 the

---

성문법에서 부사는 '부가어'로 취급됨).

6) 이 기술도 응당 '기능범주의 핵어가 된다'고 고쳐져야 한다. 생성문법에서 1990년대 이후로 이들이 각각 DP와 ConjP(&P)를 투영해 주는 '핵어'로 인정받기 때문이다. 이들은 또한 사소한 어휘범주가 아니라, 중요한 기능범주이다. 이런 전환은 이 책이 출간되던 1988년 전후로 생겨났으므로, 제대로 그 내용이 반영되어 있지 않다.

7) 표기 약속으로 '′'는 prime으로 읽지 않고 bar(작대기)로 읽는다. 원래 타자기만을 쓰던 시절에 Chomsky가 $\bar{N}$이나 $\bar{V}$와 같이 '—'를 범주들 위에다 쳐 넣었던 데에서 유래한다. 컴퓨터 시대로 접어들면서, 그리고 '—'가 논리학에서 '부정'을 나타내기 때문에, '—' 대신 '′'을 쓰게 되었다. 초기에는 '—'나 '′'이 계속 확대되어 세 개나 네 개까지 겹쳐진 형식도(가령 '≡, ≣'이나 '″', '‴', '⁗') 도입되었다. 그렇지만 여러 가지 논의를 거쳐서, 오직 두 개의 층위만을 설정하고, 그 두 층위 가운데 임의의 층위를 계속 반복하여 쓸 수 있다는 쪽으로 매듭지어졌다. 두 층위는 원래의 핵어를 0층위라고 할 경우에, 중간 층위인 1층위와 최종 층위인 2층위가 있을 뿐이다. 1층위는 '′'으로 표시하고, 2층위는 '″'와 같이 double prime으로 나타내거나 또는 phrase의 앞 문자를 따서 'P'로

child gave the mother the cat on request(그 어린이가 요청에 따라 그 엄마에게 그 고양이를 주었다)에서 'gave the mother the cat on request'(요청에 따라 그 엄마에게 그 고양이를 주었다)라는 구는, 핵어로서 동사구(VP) 'gave the mother the cat'을 가진 동사구 바(VP′)이다.[8] 마지막으로 구 범주 S(문장)가 있다.[9] 이는 핵어로서 영어에서는 동사구(VP) 또는 동사구 바(VP′)를 가질 수 있다. 말라얄람어에서, 그리고 아마 독일어와 화란어를 포함하여 많은 비-형상성 언어에서는, 핵어로서 하나의 동사(V)를 가질 수 있다. 어떤 언어가 문장(S)의 핵어로서 하나의 동사구(VP)를 가질 경우에, 더러 그 구의 핵어 기능은 '서술어'(PRED)로 불린다. 곧, 그 문장이 핵어 구로서 하나의 서술어를 갖고 있다고 말한다.

앞의 속성 [1] 아래 언급된 '왼쪽에서-오른쪽으로'의 순서는 구의 통사 범주에 의해 제약된다. 제7장에서 그 부분에 순서를 부여하는 절차 또는 통사 전담기제로서 구 범주를 살펴볼 것이다.

모든 표면구조가 뿌리로서 문장(S)을 갖는 것은 아니다. 거의 모든 구가 표현 가능한 하나의 표면구조로 될 수 있다. 그 뿌리가 문장(S)이 아닌 경우에, 귀결되어 나오는 발화는 '생략'(*elliptic*)이라고 말해진다. 따라서 'What did you see?'(넌 뭘 보았니?)라는 물음에 대한 대답으로서 'A church'(어떤 성당)는 생략이다. 이 생략 문장의 표면구조

나타낸다. 가장 많이 쓰이는 표기 약속은 '′'과 'P'이며, 명사 투영을 예로 들면 "N°→N′→NP"처럼 표시한다. 이를 말로 표현할 경우에 각각 "핵어 층위·중간 층위·최종 층위"라고 부른다. 여기서 제시한 'NP′·AP′·VP′·PP′'는 현재 '′' 없이 반복된 모습으로 'NP·AP·VP·PP'로 쓰인다. 이들은 최종 층위 XP에 부가된 모습을 나타내며, 이론상 이 부가는 같은 범주를 그대로 반복하여 무한히 늘어날 수 있다.

8) 부가된 구조에도 현재는 VP로만 표시한다. 바(′)를 덧붙이지 않는다.

9) 생성문법에서 초기의 표기인 문장 S는 1990년대부터 기능범주의 투영으로 인식되면서, 종결어미(C)를 핵어로 하는 CP로 표기한다. 문장을 만들어 가는 기능범주의 위계는 대략 〔CP 〔TP 〔AGRP ....〕〕〕로 표시된다.

는 명사구(NP) 범주이다. 우리는 제 3장에서 기저의 메시지도 또한 생략될 수 있음을 살펴보았다. 즉, 메시지가 완전한 하나의 명제뿐만이 아니라, 바로 하나의 개체(*entity*)도 될 수 있는 것이다.

[3] 뿌리 교점인 문장(S)을 제외하면, 표면구조는 모든 구에 대한 기능 정보를 나타낸다.

첫째, 표면구조는 각 구에 대한 '구의 핵어 기능'을 나타낸다. 주요한 구 핵어 기능은 앞에서 본 속성 [2] 아래 구체화되었다. 그 속성은 각 구성성분에 유일한 하나의 핵어를 배당한다. '구의 핵어'가 되는 것이 무엇을 의미하는 것일까? 이 개념은 "그 구에 있는 하나의 요소가 자신이 가진 몇몇 자질을 그 구에 전체적으로 부과한다"는 사실을 설명하기 위하여 계발되었다(특히 Jackendoff 1977을 보기 바람). 예를 들면, 명사구(NP)의 핵어명사가 복수인 경우에, 전체 명사구도 복수가 된다. 즉, houses(집들)가 복수인 경우에, the red houses(그 빨간 집들)도 또한 복수가 되는 것이다. 이는 비-핵어 요소들에 대해서는 성립되지 않는다(비-핵어가 투영에 관계하지 않기 때문임). 가령, 명사구 'the kings' crown'(그 임금들의 왕관)은, kings(임금들)가 복수임에도 불구하고 단수가 된다. 핵어명사 crown(왕관)이 단수이기 때문이다. '성・인칭・한정성・격'과 같은 자질들에 대해서도 핵어와 구 사이에 비슷한 관계가 존재한다. '구의 핵어'(*head-of-phrase*) 관계는 또한 문장의 산출에서도 중요하다. 제 7장에서는 구의 핵어가 그 주위로 전체 구를 수립해 나가기 위한 절차를 호출할 수 있음을 살펴보게 될 것이다.

각 구에 대하여 구의 핵어가 무엇인지 유일하게 결정되므로, 흔히 표면구조에 대한 그림 표상에서 분명하게 표시되지 않는다. 〈그림 5-1 나〉에서 이는 V, N, VP(동사, 명사, 동사구)에 'Head'(핵어)라는 아래첨자를 더해 놓는 일(V_{Head}, N_{Head}, VP_{Head})에 해당되지만, 거의 표시해 놓지 않는다. 핵어는 전체적으로 그 구의 문법 기능을 수행한다. 그러므로 하나의 명사구가 그 문장의 주어이며, 따라서 특정한 격(주격이나 또는 ergative격[10]) 을 가진 경우에, 핵어명사도 동일한 격을 지닐 것이다. 주어처럼 어떤 특정한 문법 기능이 서로 다른 구들에까지도 분포될 수 있다. 이는 특히 비-형상성 언어에서 분명하다. 그 자유로운 어순이 불연속적 표현을 허용한다. 한 문장의 주어가 '형용사+명사' 짝인 경우에, 그 두 요소가 표면구조상으로 멀리 떨어져 있을 수도 있다. 심지어 'Elephant mouse big small kill'(큰 코끼리가 작은 쥐를 죽이다)에서와 같이, 목적어의 '형용사+명사'에 있는 형용사와 함께 한데 모여 산출될 수도 있다. 헤일(Hale 1981)에 의해 연구된 호주의 비-형상성 언어인 왈비리(Walpiri)어에서는, 주어의 두 부분이 한 유형의 격형태(*ergative*, 주동-사역-원인격)를 모두 얻을 것이며, 목적어의 두 부분이 모두 다른 유형의 격(격형태 없이 나타나므로 'absolutive' 절대격으로 불림)으로 될 것이다. 불연속적 표현은 유일한 하나의 핵어를 갖는 것이 아니지만, 각각의 그 연속적 구 부분들은 하나의 핵어를 지닌다. 격형태 표시의 수단으로 그것들에 모두 동일한 문법

---

10) ergative는 1980년 즈음 두 편의 논문에서 일본 번역 용어 '능격'(能格)으로 도입되었다. 설혹 '能'의 뜻을 새기더라도 제대로 말뜻을 만들 수 없는 잘못된 용어이다(??능한 격, ??능력 있는 격). 이 용어의 어원은 희랍어 ergon과 관련되어 'work, deed'(일, 행위)를 뜻한다. 이 격 개념과 관련하여 Dixon(1994) 《주동-사역-원인격 속성 *Ergativity*》(Cambridge Univ. Press)의 설명이 자주 인용된다. 그 이후 특히 두보이스(Du Bois 1985, 1987, 2003)에 의해서 담화·화용 차원과 관련된 속성이 논의되었다(Du Bois et als. 2003 《선호된 논항 구조 *Preferred ArgumentStructure*》 John Benjamins). 이 개념은 복합 개념이며, 담화 전개에서 한 문장의 초두 위치를 차지하는 경향이 있다. 잠정적으로 여기서는 '주동-사역-원인' 격으로 번역해 둔다. 격 형태 실현으로 언어를 나눌 때에 영어나 우리말은 nominative-accusative(주격-대격) 언어이지만, 남미나 호주에 있는 어떤 언어들은 ergative-absolutive('주동·사역·원인'-절대격) 언어이다. 여기서 절대격은 따로 격 형태가 표시되지 않음을 뜻한다. 중세 국어의 논의에서는 이를 '무표격'(격 형태소가 없는 격)이라고 불렀다.

기능이 배당되므로, 따라서 그 기능적인 속성도 함께 표시하게 된다.

둘째, 구들에는 필요하다면 그것들의 문법 기능과 관련하여 표지가 붙여진다. 〈그림 5-1〉에 있는 사례들은 주어(SUBJ)·술어(PRED)·두 종류의 목적어(각각 간접 목적어 IO와 직접 목적어 DO)·한정사(DET 관사)이다. 이들 문법 기능과는 별개로, 'the cat was given by <u>the child</u>'(그 고양이가 〔어떤 사람한테〕 <u>그 어린이에 의해서</u> 주어졌다)에 있는 the child(그 어린이)와 같이, 수동태 문장에서 'by'(에 의해서)를 뒤따르는 명사구(NP)를 가리키는 사격(斜格, OBL)도[11] 있고, 'Grabber tried to steal the money'(그래버가 그 돈을 훔치려고 시도하였다)에서 steal the money(돈을 훔치다)와 같이 동사구 보문(이하 'V-COMP'로 쓸 것임)도 가능하다.[12] 이들 문법 기능은 '동사·명사·형용사·전치사'의 레마에 있는 구체적인 내용들로부터 기원되어 나온다. 이 내용은 다음 장에서 다루어진다.

구의 핵어는 그 구에 있는 다른 요소를 '하위 범주화한다'(*subcategorize*)고 말해진다. 예를 들면, 〈그림 5-1 나〉와 〈그림 5-1 다〉에 있는 동사 give(주다)는 세 개의 명사구(NP)를 가질 수 있다. 이는 주는 일에 대한 개념적 필수 논항들을 표현한다. 곧, 주는 사람·주어지는 대상·받는 사람이다. 이들 논항에는 각각 주어·직접 목적어·간접

---

11) 서구에서는 격을 크게 core case(정격)과 oblique case(사격)으로 나눠 왔다. 정격은 주격과 대격을 가리키며, 한 문장에 기본적이라고 상정된다. 사격은 오직 동사의 의미와 관련하여 그리고 수동태 변형에 의해 도입되는 격이며, 특히 영어에서는 모두 전치사를 갖고서 실현된다.

12) 더 엄격하게 용어를 만들어 주어야 한다면, 'steal the money'(돈을 훔치다)가 V(동사)가 아니라 VP(동사구)이므로, VP-COMP라고 불러야 마땅하다. 아마 저자는 'that-clause'를 만드는 S-COMP(완전한 내포문으로 실현된 보충어)와 대립시키기 위해 오직 V(동사)라는 표지만 있으면 된다고 판단하였던 듯하다. V-COMP(동사구 보충어)는 to-infinitive(to 부정사 절)와 bare infinitive(to 없는 부정사 절)를 싸안는 개념이다. 이하에서는 V-COMP를 '동사구 보문'으로 번역하기로 한다.

목적어로 문법 부호가 붙여진다. 이들 가운데 오직 마지막 두 개의 논항(직목・간목)만이 give가 핵어인 동사구에 나타난다. 이 두 개의 논항이 그 동사에 의해서 하위 범주화되는 것들이다. '주어'는 그 동사의 '외부 논항'으로 불린다.[13]

구들은 그 핵어의 개념적 필수 논항을 표현하지 않더라도 오히려 어떤 수식(*modification*)을[14] 표현해 주는 문법 기능들도 지닐 수 있다. 이는 대부분 형용사(A) 또는 형용사구(AP)의 경우이다. 이는 명사(N) 또는 명사구(NP)를 수식한다.

'the little child'(그 작은 어린이)에서 little(작은)은 수식 기능을 지닌다. 이는 child(아이)의 논항이 아니다. 그러나 다른 구도 또한 수식 기능을 수행할 수 있다. 'the child gave the mother the cat <u>on request</u>'(그 어린이가 <u>요청에 따라</u> 그 엄마에게 그 고양이를 주었다)에서 전치사구 on request(요청에 따라)가 그런 수식 부가어이다. give에 의해 하위 범주화된 직접 목적어(the cat)・간접 목적어(the mother)와는 달리, 사격 전치사구 on request(요청에 따라)는 표면구조에서

---

13) 개념상으로 볼 때, 모든 동사에 '주어'가 필수적이다. 이는 주어가 동사의 속성을 구별해 줄 수 없다는 뜻이다. 이와는 달리 동사구 내부에 실현되는 필수 요소들은 동사의 속성을 구분해 주는 열쇠가 된다. 주어는 모든 동사에 언제나 실현되므로, 이를 동사(구) 밖에 있는 논항으로 보아 external argument(외부 논항) 또는 extended argument(확대된 논항)로 부른다. 동사(구) 속에 들어 있는 논항은 internal argument(내부 논항)로 불러야 마땅하겠지만, 논항을 따질 때에 주로 동사의 내부 요소들을 거론하게 되므로, 관례적으로 따로 수식어를 붙이지 않은 채 쓰고 있다. 외부 논항의 개념을 맨 처음 논의한 Williams (1981) "논항구조와 형태론 Argument Structure and Morphology", *The Linguistic Review*(vol. 1-1)를 참고하기 바란다. 그리고 '하위범주화'란 말에서 '하위'는 동사가 핵어로서 상위에 있고, 동사가 거느리는 요소들이 하위에 있다고(또는 그것들을 지배한다고) 가정하므로, 이를 반영해 주는 용어이다.

14) '수식어'보다 더 많이 쓰이는 용어는 adjunct(부가어)이다. 이는 필수 요소인 argument(논항)과 대립된다. 그렇지만 어휘가 확대되어 변동할 경우에 '필수적 부가어'가 도입되기도 한다. 따라서 시간・공간 표현과 관련되거나 문장과 동사구를 꾸며주는 부사와 같이 수의적 부가어와 구분이 필요하게 된다.

동사구 위층위(VP′) 교점에 부착되어 있다. 수식구들은 일반적으로 구 구조에서 한 층위 위에 부착된다. 하위 범주화된 구와 수식어(또는 부가어) 구들이 모두 '보충어'(*complements*) 라고 불린다.

마지막으로, 표면구조에 있는 어떤 요소는 '지정어'(*specifiers*, 명시어로도 번역됨) 이다. 명사구 the child, the mother, the cat(그 어린이, 그 엄마, 그 고양이) 들이 모두 한정사(DET) 의 지정어 기능을 갖는 정관사 the(그) 를 지니고 있다. 무엇보다도 한정사(*determiner*, 관사라고도 함) 는 확정성 또는 비-확정성을 표현한다. 또한 'two children'(두 아이) 에서와 같이 숫자(NUM) 에 대한 지정어도 있다. 그리고 'very large'(아주 큰) 의 very와 같이 정도(DEG) 에 대한 지정어도 있다. 또한 다른 유형의 지정어도 존재한다. 이 범주는 아주 이질적이며, 여기서 다뤄지지 않을 것이다.

요약하면, 문법 기능의 관점으로부터, 각 구성성분은 기껏해야 네 가지 유형의 요소로 이뤄져 있다. ① 핵어(*head*) 와, ② 핵어에 의해 하위 범주화되고 (만일 있다면) 개념적 필수 논항들을 표현하는 보충어(*complements*) 와, ③ (만일 있다면) 수식을 표현하는 보충어(더 정확히는 부가어임: 옮긴이) 와, ④ (만일 있다면) 지정어(*specifiers*) 이다. 표기상의 약속으로, 핵어만 제외하고서 이들 기능은 구의 범주 이름 아래 아래첨자로 딱지가 붙여질 것이다. 흔히, 애매하지 않다면 대부분 또는 모든 기능 딱지는 생략되는 게 관례이다.

[4] (공범주 요소가 아닐 경우에) 표면구조에서 가장 낮은 층위 또는 최종 교점은 특수 구별자질들(제 5장 1절 2항 시작 부분의 맨 처음 두 항목 [1]과 [2]에서 논의되었듯이) 을 위해 지표가 붙은 어휘 지시바늘을 지닌 레마들이다.

이 정도면 표면구조의 통사 측면에 대한 구체화 내용으로 충분하다.

더 심도 있는 논의는 브뤼즈넌(Bresnan 1982), 개즈더 등(Gazda et al. 1985), 제킨도프(Jackendoff 1977), 르펠트(Levelt 1974)에서 볼 수 있다. 위에 있는 개념들은 모두 제7장에서 화자의 표면구조 생성을 다룰 때 다시 논의될 것이다.

2. 운율 측면

표면구조는 운율을 갖고 있지 않지만, 화자의 의도를 충분히 반영할 운율 유형들의 생성을 위하여 다음 단계에서 요구되는 정보를 포함해 둬야 한다. 특히 표면구조는 반드시 서법(*mood*)과 초점(*focus*)에 대한 구체적 내용을 담고 있어야 한다. 이들을 차례로 살펴보기로 한다.

1) 서법(*mood*)과 양태(*modality*)

언어화 이전의 메시지는 그 발화에 대한 의도된 서법 표지를 담고 있다. 서술·의문·명령 등이다(제3장 5절 1항을 보기 바람). 물론 문장 생성에서 의도된 서법은 통사 결과물들을 갖는다. 다음의 메시지들은,

DECL(PAST(LEAVE(JOHN)))
서술문(과거(떠나다(존)))

?(PAST(LEAVE(JOHN)))
의문문(과거(떠나다(존)))

서로 다른 표면구조의 생성으로 이끌어 갈 것이다. 각각 John left(존이 떠났습니다)와 Did John leave?(존이 떠났습니까?)이다. 시제 표지와 같이 메시지에 있는 서법 표지는 표면구조에서 시제가 실현된 동사

의 어떤 특징으로 이끌어 갈 것이다. 차례로 이는 특정한 통사구조를 선택한다.

그러나 서법 표지의 추가 결과가 존재한다. 이는 그 문장의 선율(*melody*)을 함께 결정할 것이다. 실제로 한 언어에서 서술 문장에 억양을 매기는 중립적이거나 기본적인 방식이 있을 것이다. 비슷하게 명령 문장이나 의문 문장에 대해서도 그러할 것이다. 이들 기본적인 억양은 대체로 문장의 마지막에 있는 경계 지점의 어조로 실현된다. 서술 및 명령 서법은 내려가는 어조이며, 의문 서법은 올라가는 어조이다. 이것이 성립되고, 표면구조가 문법 부호와 음운 부호 사이를 잇는 고리와 같은 표상이라면, 각각 세 가지 서법에 대하여 표면구조에서는 음운 부호화 장치가 어떤 어조를 선택할지를 알 수 있는 어떤 단서를 담고 있을 것이다. 그런 일반화에 대해서 아주 신중해야 된다. 제 3장 5절 1항에서, 화자의 전제와 태도가 주요 문장 서법들에 대하여 바람직하게 '표준' 어조로 여길 수 있는 것과 복잡한 방식으로 상호작용할 수 있음을 살펴보았다. 과연 그런 기본값 어조가 있는지 여부는 열려 있는 물음이다. 그것들이 표면구조에서 어떻게 언급되는지를 구체화하는 일은 아직 덜 성숙된 듯하다.

화자가 자신의 발화 운율로 표현할 수 있는 다른 양태와 태도에 대한 상황은 심지어 덜 분명하기까지 하다. 이런 논제는 커뜰러·이자드(Cutler and Isard 1980)에 의해 멋지게 다루어졌다. 이들은 화자가 "각 억양 윤곽이 그 나름의 구체적인 표현 의미를 갖는다"는 '억양 갖춘 어휘'(*intonational lexicon*)를 가졌다는 제안이 성립되기 어려움을 보여 주었다. 동일한 하나의 억양 윤곽이 화자의 서로 다른 서법들을 표현할 수 있다(동일한 화자에게서의 놀람과 분개함 같은 것). 또한 서로 다른 억양 윤곽들도 화자의 동일한 감정적 태도를 표현할 수 있다. 이들 억양 '의미'들은 아주 문맥의존적이다. 우리는 제 8장에서 이것들을 다시 살펴보게 된다. 여기서는 서법과 양태를 위한 억양의 구체적인 내용들도 결국 표면구조 표상 속에 도입될 수 있음을 언급하는 것만으로 충분하다. 그러나 이것이 어떻게 수행되어야 하는지 보여 주어야 할 문제가 남아 있다.

2) 운율적 초점

한 발화의 운율에 영향을 줄 두 번째 메시지 성분은 '우세함' (*prominence*) 이다. 제 4장 5절 2항에서 어떤 대상이 메시지에서 우세하게 되는 세 가지 배경을 언급하였다. 곧,

① 어떤 지시대상으로서 그 담화모형 속으로 새롭게 도입되는 것
② 초점 맞춰진 역할에서 앞에서 언급된 대상과 서로 대조가 되는 것
③ 새로운 서술을 포함하는 것

들이다. 이들 세 가지 배경은 청자에게 그 대상이 '보도 가치'(*news value*) 를 지닌다는 공통점을 가진다. 이곳에서는 표면구조에서 우세함이 어떻게 표현될 것인지를 논의한다. 이들 세 가지 경우에서 우세함이 다르게 표현될 가능성을 배제해서는 안 되겠지만(Cutler and Isard 1980에서는 화자가 대조적인 우세함을 특별히 취급한다는 증거를 제시하였음), 현재의 목적을 위해서 잠시 이 가능성을 무시할 것이다.

그렇다면 표면구조에서 우세함이 '운율적 초점'(*prosodic focus*) 이라고 불리는 바를 통하여 실현된다. 이는 담화기록에 있는 초점(*attentional pointer*, 화자가 주의를 집중하는 지시바늘) 과 혼동되어서는 안 된다. 물론 어떤 관련이 있다. 곧, 화자의 새로운 초점 속에 있는 바는, 흔히 청자에게 새로운 정보가 될 것이다. 따라서 화자에 의해서 우세함이 주어질 것이다. 차례로 그 우세함은 '운율적 초점'으로 귀결된다. 운율적 초점의 논의에서 혼동이 없는 경우라면, 그대로 '초점'이라고 말하게 될 것이다.

메시지의 우세한 부분들과 부합하는 통사구들에 대해서는 초점으로 표지가 질러질 것이다. 표면구조에서 이를 통사 범주 기호 앞에 'f'(초점)를 접두사처럼 덧붙여 놓을 것이다. 그러나 어떤 통사구가 초점 표지를 받는 경우에, 최소한 그 구성성분 구들 중 하나는 또한 초점으로 표지가 질러질 것이다. 따라서 계속해서 그렇게 레마 층위로까지 내려가게 될 것이다. 예시를 보여 주기 위해 세쓰와 마샤의 대화로 돌아가기로 한다. 어떤 시점에서 마샤는 세쓰에 의해 던져진 어떤 질문을 놓고 다음과 같은 발화로 대답한다.

(3) I saw a chUrch.
(난 어떤 성당을 봤어)

이것이 어떤 질문에 대한 대답이 될 것인가? 다음과 같이 이것이 자연스러운 대답이 될 수 있는 질문이 최소한 세 가지 있다.

(4) Did you see a palace?
(넌 궁전을 봤니?)
(5) What did you see?
(넌 뭘 봤니?)
(6) What did you do?
(넌 뭘 했니?)

질문(4)에는 대조적인 우세함이 있다. CHURCH(성당)라는 개념이 PALACE(궁전)와 대조됨으로써 보도 가치를 지니게 된다. 따라서 명사 church(성당)는 표면구조상으로 주어진 초점이다(다음의 나뭇가지 그림 ㉮). 이 사태는 표면구조상 다음처럼 표상될 수 있다(현재의 논의를 위해 관련 없는 기능적 세부 사항들은 모두 빼버렸음. 이하의 나뭇가지 그림에서도 동일함).

㉮

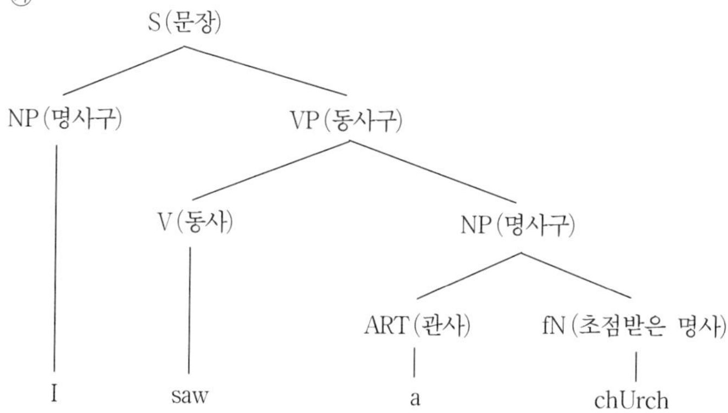

질문(5)에는 메시지에서 두드러진 것이 SEE(보다)의 대상 의미역 논항이다. 이것은 표면구조에서 대답에 해당하는 전체 명사구를 놓고서 하나의 초점으로 표현된다(나뭇가지 그림 ㉯).

㉯

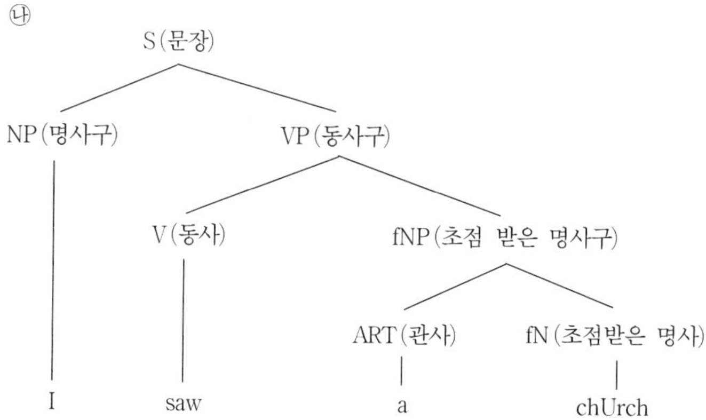

질문(6)에는 전체 ACTION(행위)이 논제였다(즉, 거기 가서 어떤 성당을 보는 일). 그 ACTION(행위)은 표면구조의 동사구로 맞물려 들어가므로, 전체 동사구 'saw the church'(그 성당을 봤다)에 초점이 배당된다(다음의 나뭇가지 그림 ㉰).

㉰

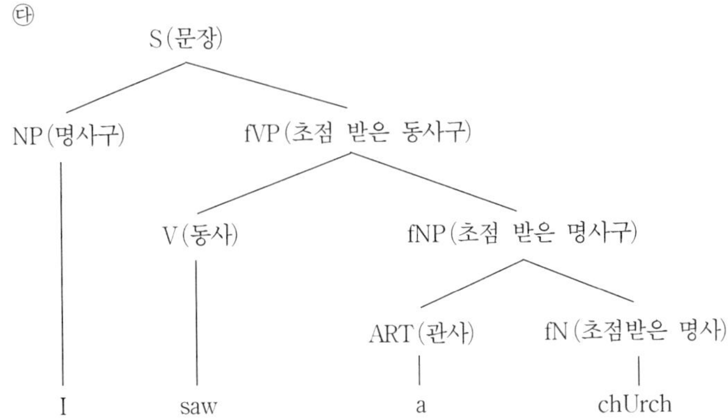

하나의 문장을 산출하는 데에서 화자는 음높이(*pitch*) 악센트의 유형으로서 어느 정도 초점 정보를 실현해야 할 것이다. 음높이 악센트는 표면구조에서 특정한 레마들에 배당된 운율적 매개인자이다. 앞에 있는 세 가지 표면구조의 나뭇가지 그림이 모두 church의 레마에 배당된 음높이 악센트를 지닌다. 표기상의 약속으로, 표면구조에서 음높이 악센트를 지닌 레마는 대문자로 된 '강세 모음'으로 씌어질 것이다. 그렇지만 음높이 악센트가 레마에 대한 추상적인 매개인자라는 점은 아무리 강조해도 충분치 않다. 표면구조가 낱말형태 정보는 담고 있지 않다. 그 레마가 음높이 악센트를 담는 경우, 이는 레마의 어휘 지시바늘이 음높이 악센트를 위해 어떤 특수 자질을 가졌음을 의미한다.

화자가 음높이 악센트의 유형을 연산하는 방식은 제 7장에서 다루어질 것이다. 여기서 저자는, 다만 표면구조에서 초점과 음높이 악센트의 유형들을 재배하는 어떤 규칙성만을 제시할 것이다. 이 제시내용은 대체로 셸컥(Selkirk 1984a)을 따른다. 주요 논제는, 어떤 메시지 도막의 우세함이 화자가 생성하는 표면구조에 표상되는 방식과 레마들의 층위까지 전달되어 내려가는 방식이다. 주요한 규칙은 다음 세 가지 내용이 될 듯하다.

가 구 초점 규칙(*Prasal-Focus Rule*)
메시지에 있는 어떤 개념의 우세한 속성은 그것을 표상하는 표면구조 구를 놓고서 초점을 배당하여 표현된다. 초점을 받은 어떤 구에서, 핵어 또는 그 핵어의 개념적 필수 논항을 표현하는 보충어에 초점이 배당되어야 한다.

앞으로 논의되겠지만, 이 규칙은 더 높은 층위의 구에 초점이 배당된 경우에, 결국 언제나 초점을 받는 어떤 레마가 존재할 것임을 보장해 준다. 그 레마에 어떤 일이 일어나는지는 다음 규칙으로 제시한다.

나 음높이 악센트 규칙(*Pitch-Accent Rule*)
초점을 받은 레마(*lemma*, 어휘의 통사·의미값; 제1장 각주 4를 보기 바람)는 음높이 악센트를 받는다.

구들의 핵어와 그 핵어의 개념적 필수 논항 사이를 구별해 주는 부차적인 규칙도 다음과 같이 제시된다.

다 초점 해석 규칙(*Focus-Interpretation Rule*)
메시지에서 초점은 오직 어떤 논항이 우세한 개념을 표현하는 경우에만 그 논항에 배당될 수 있다. 그렇지만 우세한 개념을 표상하는지 여부에 관계없이 초점은 그 핵어에 배당될 수 있다.

이들 규칙은 아주 추상적이므로, 몇 사례를 실제 검토하면서 어떻게 작동하는지를 살펴보기로 한다. 앞에서 살펴본 질문 (4)~(6)이 좋은 출발점이다. 세쓰가 'Did you see a palace?'(넌 궁전을 봤니?)라고 물었을 때, 마샤는 대조되는 항목으로 'church'(성당)를 도입해야 한다. 그 담화에 그녀가 비-확정적인 어떤 대상을 봤음이 전제되어 있는 것이다. 따라서 마샤는 자신의 메시지에서 다른 게 아닌 바로 'CHURCH'(성당)라는 개념에 우세함을 배당해 주었다. 구 초점 규칙 가에 따라,

그 개념을 표상하는 명사에 초점이 주어졌다. 그 명사가 레마이기 때문에, 음높이 악센트 규칙 [나]를 통해서 초점은 음높이 악센트로 표현되었다(앞에 있는 나뭇가지 그림 ㉮에 있는 chUrch임). 이밖에 어떤 것에도 초점이나 음높이 악센트는 주어지지 않았다.

질문(5)에서 세쓰는 다음처럼 물어보았다.

'What did you see?'
(넌 뭘 봤니?)

이 질문은 여행에서 뭔가를 보았다는 전제를 담고 있다. 마샤는 메시지에서 그것을 우세하게 만들어 줌으로써, 그 담화모형에서 자신이 본 대상(어떤 성당, *some church*)을 도입하였고, 그 밖의 다른 것은 아무것도 우세하게 만들어 놓지 않았다. 그 메시지에 있는 대상은 표면구조에서 목적어 명사구에 사상된다(*mapped onto*). 그 명사구는 구 초점 규칙 [가]에 따라 초점이 배당되었다. 그 명사구에는 논항이 없고, 핵어와 지정어만 가졌다. 따라서 동일한 구 초점 규칙 [가]는 핵어명사에 초점이 배당되도록 요구한다. 그 핵어 명사는 레마이며, 음높이 악센트 규칙 [나]에 의해서 거기에 음높이 악센트가 주어진다(chUrch).

질문(6)은 다소 좀 복잡하다. 세쓰가 'What did you do?'(넌 뭘 했니?)라고 질문을 하였다. 마샤 쪽에 어떤 ACTION(행위)이 있었음을 전제하고 있다. 이제 마샤의 과제는 자신의 ACTION(행위)을 그 담화 속에 도입해 놓는 것이다. 마샤는 그 메시지에서 ACTION(행위)에다 우세함을 배당하였다. 그 ACTION(행위)은 표면구조에서 동사구로 표상되었다. 구 초점 규칙 [가]에 따라 이것이 초점을 받았다. 구 초점 규칙 [가]는 이제 그 핵어나 그 하위 범주화된 보충어들 중 하나가 초점을 받도록 요구한다. 동사 'saw'(보았다)이거나 그 목적어 명사구 'a church'(어떤 성당)이거나 아니면 둘 모두이다. 그것이 어느 것인지를 구체화하지는 않는다. 마샤는 명사구를 선택하였다(그녀가 왜 그렇게 하였는지는 곧 논의될 것임). 지금서부터는 그 핵어 명사(chUrch)를 위해 음높이 악센트로 이끌어 가면서, 이야기가 질문(5) 'What did you see?'(넌 뭘 봤니?)에서처럼 진행된다.

왜 그 명사구가 초점을 받았을까? 초점 해석 규칙 [다]는, 명사구에 초점 맞추는 일을 오직 그것이 그 메시지에서 우세한 개념을 표현할 경우에만 허용한다. 분명하게, 마샤는 그녀 자신의 메시지에서 우세한 것으로서 ACTION(행위)뿐만 아니라 또한 대상 의미역 논항인 CHURCH(성당)까지 표시하였다. 구 초점 규칙 [가]에서는 우세한 대상을 표현하는 명사구가 어쨌든 초점을 받도록 요구한다. 따라서 그 명사구는 독립적인 이유로 초점을 받았다. 그러나 이것이 사실이지만, 동사구와 관련하여 구 초점 규칙의 조건이 이미 채워져 있었다. 초점을 받은 논항이 하나 있었고, 더 이상 어떤 것도 요구되지 않았던 것이다. church가 saw보다 강세를 더 많이 받게 될 또 다른 이유가 있다. 그것은 중핵 강세(*nuclear stress*: 한 문장이 끝나고 있음을 표시하는 화용적인 강세억양임)를 받는다. 이는 이 제5장 2절 2항의 말미에서 다시 논의될 것이다.

그 메시지에서 ACTION(행위)이 우세할 경우에, 보충어가 아니라 바로 그 핵어 동사가 초점을 받는 일이 조금이라도 가능할 것인가? 래드(Ladd 1980)와 셸컥(Selkirk 1984a)은 이것이 가능함을 논의하고, 다양한 사례들을 제시하였다. 세쓰와 마샤 사이의 대화에 대한 논의에서 다음과 같은 이야기를 주고받을 수도 있다.

(7) Seth : Did you have a chance to see the Saint Peter?
(넌 성 베드로 성당을 볼 기회가 있었니?)
Marcia : I sAw the church.
(난 그 성당을 봐 뒀어〔확실히 구경했어〕)

구경해 두는 일이나 베드로 성당이라는 개념적 필수 논항이나 아무것도 마샤의 그 담화에서 새롭게 도입되지 않았다. 그녀는 둘 모두 대화 상대방 세쓰의 주의 쏟기 초점 속에 들어 있다고 어림할 수 있었다. 이 점은 the church(그 성당)가 the Saint Peter(성 베드로 성당)에 대한 '대용어'라는 사실로부터, 그뿐만 아니라 또한 마샤가 심지어 기능과 논항을 모두 축약하여 'Yes, I did'(응 그랬어)라고 대답할 수 있다는 사실로부터도 분명해진다. 또한 sAw(봐 뒀어)에 음높이 악센트가 주어졌다. 마샤는 확실히 해 두려고 자신의 메시지에서 ACTION(행위)을 우세하게 만들어 놓았다. 이는 세쓰에 의해 요구된 새로운 정보였다. 초점 해석 규칙 [다]는 이제 운율적 초점을 보충어 명사구 the church(그 성당)에 부여할 가능성을 배제해 버렸다. 그것이 그 메시지에서 우세하지 않았기 때문이다. 좀더 일반적으로 말하여, 하나의 규칙으로서, 더 앞서 나온 표현을 대체해 주는 '대용어'에는 강세가 박탈될 것이다. 이는 청자에게 그 지시대상이 가까이에 있음을 말해 준다. 표면구조에서 대용어가 초점을 받게 될 수 있는 유일한 경우는, 그 메시지에서 그 지시대상에다 대조적인 우세함을 위해 표지가 주어질 때이다. 이런 종류의 사례는 다음과 같은 예문을 놓고서 제4장 5절 2항에서 논의된다.

> 'Tessie went after SImon, and then hE chased hEr'
> (테시가 싸이먼을 뒤따라갔는데, 그러고 나서 그가 그녀를 뒤쫓았다)

그러나 현재의 예문에 있는 핵어 동사 saw(보았다)는 초점을 받을 수 있다. 따라서 그것이 그 메시지의 우세하지 않은 부분을 표상한다는 사실에도 불구하고, 음높이 악센트를 받을 수 있었다. 이는 초점 해석 규칙 [다]로부터 나온다. 셸컥은 이를 '기본값 악센트'라고 부른다. 귀결되어 나오는 표면 초점 구조는 〈그림 ㉣〉에 있다.

㉣

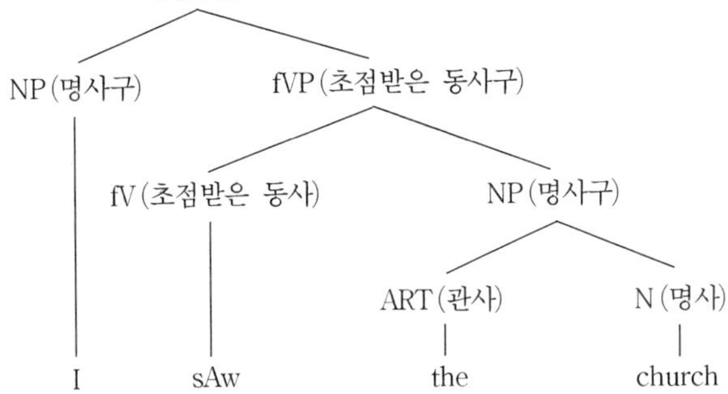

이것은 본질적으로 saw(보았다)가 대조적인 강세를 받는 상황과는 차이가 남에 유의하기 바란다. 이는 다음과 같은 주고받기에서 일어날 듯하다.

(8) Seth : Did you PAINT the Saint Peter?
(넌 성 베드로 성당 벽에 그림을 그렸니?)
Marcia : No, I only SAW the church.
(아니, 난 그 성당을 단지 눈으로 보기만 했어)

여기서 초점 구조는 다음의 〈그림 ㉤〉에서와 같이 된다. 오직 동사에만 '좁은' 초점을 받는다.

㉤

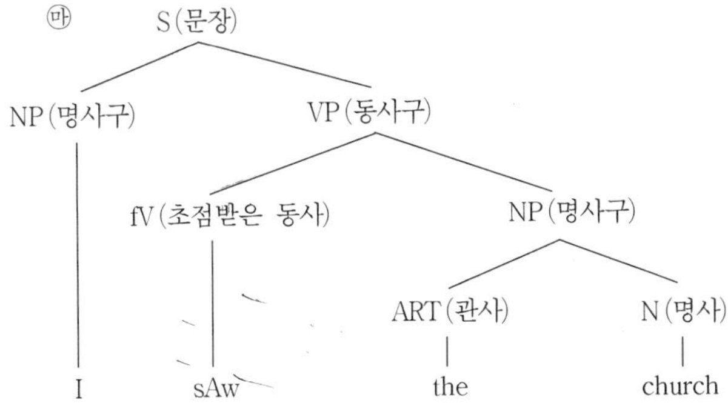

구의 핵어에 대한 기본값 음높이 악센트의 가능성은, 동사구에 대해서뿐만 아니라 또한 세 가지 다른 주요 구 범주에 대해서도 존재한다. 예문(9)에서 전치사구의 전치사 핵어 위에 기본값 강세가 놓인다(이 예문의 수용 가능성 여부는 어느 정도 판단하는 사람이 말하는 영어 방언 종류에 달려 있음).

(9) 가게 주인 : Did you manage to deliver the wine to Mr. PEters?
(자네 그 술을 베드로 선생네 집까지 배달을 잘해 드렸는가?)
가게 점원 : Yes sir, I got it tO him.
(예 사장님, 그걸 제가 바로 그분한테다 전해 드렸습니다)

여기서 전치사가 결코 대조적이지 않지만, 그 가게 점원은 베드로 선생네 집이 그 가게 주인의 주의력 중심에 있다고 가정할 수 있다. 따라서 방향이나 목표가 어느 것도 그 가게 점원의 메시지에서는 우세해지지 않는다. 확인할 목적으로 우세해지게 만들어진 바는 PATH(경로)이다.[15] 이 경로는 전치사구 tO him(바로 그분한테다)에 사상된다(*mapped onto*). 동일한 PATH(경로)가 또한 그 가게 주인의 질문에서 우세한 부분이었지만, 어떤 독자적 이유로 말미암아 거기서 베드로 선생네 집도 또한 우세해졌음에 주목하기 바란다. 그 사람이 그 담화 속으로 새롭게 도입되고 있는 것이다. 그러므로 구 초점 규칙 ㉮에 따라서, 그 가게 주인이 그 명사구 보충어 Mr. PEters(베드로 선생네 집)

15) 그 가게 주인은 베드로 선생네 집이라는 '도착점'을 언급하고 있다. 그러나 그 가게 점원은 배달하는 도중에 우연히 베드로 선생을 만나서 그에게 술을 전해 주었다. 따라서 그 사람이 그 술을 자신의 집에까지 갖고 갔을 것으로 본다. 여기서 'PATH'(경로)라는 말은 그 가게로부터(출발점) 그 집까지(도착점) 이어지는 어느 중간 지점에서 그 점원이 베드로 선생을 만났음을 함의하고 있다.

에 초점을 맞춤으로써, 전치사구 초점을 실현하는 것이 가능하였다.

우리가 초점 배당의 논제를 벗어나기 전에, 수식어의 역할에 대하여 한 마디 언급될 필요가 있다. 구 초점 규칙 [가]는 그 핵어의 개념적 필수 논항들을 언급하지만, 그 수식어들은 언급하지 않는다. 하나의 수식어 보충어 또는 지정어에 초점을 모음으로써, 구성성분에 초점이 배당될 수 있는 것일까? 실제로 그 보충어가 개념적 필수 논항을 표상할 필요가 있을 것인가? 아마 그러할 것이다. 다음의 사례에서 보듯이 하나의 일탈 사례가 분명히 그런 경우인 것처럼, 하나의 수식어나 지정어에 초점을 모으는 일은, 오직 좁은 초점만을 포함하는 경향이 있다.

(10) Seth : What did you see today?
(오늘 넌 뭘 보았니?)
Marcia : I saw an Old church.
(어떤 낡은 성당을 봤어)

형용사 Old(낡은)는 그 명사구 an old church(어떤 낡은 성당)의 초점을 떠맡을 수 없다. 오직 앞에 있는 담화에서 new(새로운)와 같이 다른 형용사와 대조적일 경우에라야 가능하다. 다음에는 시간 부사가 전체적으로 그 동사구에 대하여 초점을 맡을 수 없는 사례가 제시되어 있다.

(11) Seth : What did you do?
(넌 뭘 했니?)
Marcia : I visited the church todAY.
(오늘 난 그 성당을 찾아갔어)

이는 결코 그 메시지에 있는 우세함이 표면구조에서 어떻게 문법 부호로 입력되는지에 대한 충분한 설명이 아니다. 그렇지만 본질적 핵심은, 초점과 (그 초점의 자극으로서) 음높이 악센트가 메시지의 우세함

구조에 의해서 — 즉 그 '기능 · 논항 · 수식어'들에 의해서 — 조건화된다는 점이다. 음높이 악센트의 배당을 위한 독자적인 통사적 이유는 존재하지 않는다. 통사론은 오직 매개역할만 맡을 뿐이다.

초점의 배당은 중핵 강세(*nuclear stress*: 한 문장이 끝나고 있음을 표시하는 화용적 강세억양)의 배당과 혼동되어서는 안 된다. 어떤 주요구에서 한 낱말이 다른 낱말들보다 강세를 더 많이 받는다는 것은 영어의 일반 규칙이다. 이런 낱말은 그 구에서 맨 오른쪽에 있는 구성성분의 맨 오른쪽 비-대용 낱말이다. 다음처럼 말을 하면서 화자가 어떤 대화를 열어갈 경우에

(12) Peter's father had a terrible accident
(베드로 아버지가 어떤 심각한 사고를 당했어)

보통 father(아버지)가 그 명사구 Peter's father(피터의 아버지)에 있는 Peter's보다 좀더 세게 강세를 받는다. 왜냐하면 father(아버지)가 그 명사구의 가장 오른쪽에 있는 구성성분이기 때문이다. 비슷하게 accident(사고)도 그 명사구 a terrible accident(어떤 심각한 사고)에서 가장 강하게 강세를 받을 것이다. 그 동사구 had a terrible accident(어떤 심각한 사고를 당했어)에서도 accident(사고)가 강세를 가장 많이 받을 것이다. 왜냐하면 동사구의 가장 오른쪽 구성성분인 그 명사구에서 그것이 강세를 가장 세게 받는 낱말이기 때문이다. 전체적으로 그 문장에서, accident(사고)가 강세를 가장 세게 받는 낱말이 될 것이다. 왜냐하면 그 문장의 가장 오른쪽에 있는 구성성분인 동사구에서 강세를 가장 세게 받는 낱말이기 때문이다(제 10장 2절 2항도 참고하기 바람).

마샤가 세쓰의 'What did you do today?'(넌 오늘 뭘 했니?)라는 질문에 대해 'I saw a church'(난 성당을 보았어)라고 대답을 하였을 경우에, 구 초점 규칙 ㉮는 saw(보았다)와 church(성당)에 모두 초점을 모으는 일을 허용하였다. 마샤가 두 낱말에 모두 초점을 모았다면, 중

핵 강세(한 문장이 끝나고 있음을 표시하는 화용적 강세억양)의 배당으로 말미암아, church(성당)가 여전히 saw(보았다)보다 더 강하게 되었을 듯하다. 이런 논제들은 제8장과 제10장에서 다시 살펴보게 될 것이다.

이 절에 있는 초점의 취급 방식은, 대체로 영어 사실들에 근거하였다. 다른 언어들에 대해서는 규칙들이 아주 차이가 날 수 있음을 유의할 필요가 있다(독일어에서 억양을 위한 규칙 체계에 대한 하나의 고전적인 분석을 보려면 Bierwisch 1965를 참고하기 바람).

3. 요약

이 장에서는 문법 부호화와 음운 부호화 사이를 매개하는 표상을 살펴보았다. 그것은 '표면구조'로 불렸다. 문법 부호화 과정은 레마와 문법 관계들의 구 구조 조직내용 속으로 언어화 이전의 메시지에 있는 개념들과 그 관계들을 투영해 놓았다.

제1절에서는 이런 조직화 내용의 다양한 통사 측면과 음운 부호화를 위한 관련성을 개관하였다. 표면구조가 문법 관계들을 표상하는 방식은, 세계 언어에서 두 극점 사이에 걸쳐 있다. 형상성 언어에서는 문법 기능들을 표면 구성성분의 계층적이며 '왼쪽에서-오른쪽으로'의 조직화 방식으로 표현한다. 비-형상성 언어에서는 문법 기능들을 표현하기 위하여 낱말들을 놓고서 격표지 붙여 놓기를 이용한다. 어순이 덜 관여하는 것이다. 구 구조와 활용어미 자질들은 음운 부호화를 위해 중요하다. 표면구조에서 레마들은 해당 낱말의 형태정보가 어디에 저장되어 있는지를 알려주는 주소지를 나타낸다. 이들 지시바늘은 그 낱말 어근이 거쳐 나갈 활용형태를 위해 지표들이 붙어 있다. 한 낱말이 조음되는 방식도 또한 그 구에 있는 위치와 그 구 구조의 다른 속성

들에 달려 있다. 특히 구 구조는 문장 운율(*rhythm*)과 선율(*melody*)의 생성에 관련된다.

표면구조의 구성성분들은 서로 다른 통사 범주로 이뤄져 있으며, 서로 다른 문법 기능을 실현한다. 주요한 구 범주들은 문장·명사구·동사구·전치사구·형용사구이다. 이들 구는 각각 하나의 핵어를 지닌다. 영어에서 한 문장의 핵어는 동사구이다. 이는 서술의 기능을 실현한다. 다른 핵어들은 명사·동사·전치사·형용사이다. 이들은 동일한 구 내부에서 동사나 전치사의 목적어들처럼 보충어로 하위 범주화될 수 있고, 수식어와 지정어를 가질 수 있다. 핵어는 문장 생성에서 중요한 역할을 맡는다. 핵어는 구 내부에서 핵어의 보충어들에 대해 올바른 문법 기능들을 배당하면서, 핵어의 주위에 핵어의 특징적 구를 수립해 나갈 통사 절차를 불러낼 수 있다.

제 2절에서는 표면구조가 문장 운율을 생성하기 위한 지시사항을 구현하는 방식을 개관하였다. 이는 서법과 양태에 대한 지침들과 초점 표지들로 실행된다. 표면구조에서 서법과 양태가 지시되는 방식은 잘 알려져 있지 않다. 우리는 그런 지침들이 음운 부호화에 의해 인식된다고 가정하였다. 이는 억양의 적합한 유형을 생성해 낸다(특히 특징적인 경계 지점의 어조들임).

초점은 처음서부터 언어화 이전의 메시지에 있는 어떤 우세한 개념을 표현하는 각 통사 구성성분에 배당된다. 이들 초점 표지는 레마 층위로까지 '스며들어 내려갈' 것이다. 결국 초점을 받은 각 구성성분은 최소한 하나의 초점 받은 레마를 담고 있는 것이다. 그 레마의 어휘 지시바늘은 음높이 악센트에 대한 지표를 받게 될 것이다. 즉, 그 낱말은 운율상으로 어떤 우세한 방식으로 발음될 것이다. 마지막으로, 한 발화의 운율은 그 표면구조의 구 조직화 내용에 의존한다. 중핵 강세의 배당이 한 가지 사례로 주어졌다.

제 6 장

어휘 항목과 레마(*lemma*)에 접속하기

제 6장과 제 7장의 주요 논제는, 언어형식 주조과정들이 어휘적으로 주도된다는 점이 될 것이다. 이는 문법 부호화 및 음운 부호화가 어휘 항목들에 의해서 매개됨을 의미한다. 언어화 이전의 메시지는 어휘 항목들이 활성화되도록 촉발한다. 활성화된 어휘 항목의 통사・형태・음운 속성들은, 차례로 한 발화의 생성 기저에 깔려 있는 문법・형태・음운 부호화 절차들을 촉발한다. 어휘가 개념화 및 문법・음운 부호화 사이에 있는 본질적 매개자라는 가정은 '어휘 가설'(*lexical hypothesis*)로 불릴 것이다. 특히 어휘 가설은 결과적으로 화자의 메시지에서 아무것도 그 메시지 자체만으로는 수동태나 이중 목적의 여격 구성과 같이 특정한 통사 형식을 촉발하지 않을 것임을 함의한다. 반드시 그 메시지에 의해 촉발되는 중간 매개적 어휘 항목들이 있어야 한다. 이는 그것들의 문법 속성과 활성화의 순서에 의해서 '문법 부호화 장치'가 특정한 통사구조를 산출하도록 한다.

발화산출에서 머릿속에 있는 어휘부의[1] 핵심적 역할은, 어느 정도 상세히 머릿속 어휘부의 항목들에 대한 내적 구조와 조직화 내용을 살펴볼 필요가 있게 만든다. 이는 제6장의 첫 두 절에서 이루어진다. 제6장 1절에서는 어휘 항목들의 구조와 그것들의 상호 관련성을 다룬다. 제6장 2절에서는 좀더 자세하게 제1장에서 '레마'(*lemma*, 어휘의 통사·의미값; 제1장 각주 4를 보기 바람)로 부른 어휘 항목들의 측면을 분석한다. 이들 구조적인 절들 뒤에, 우리는 처리하기의 논제로 방향을 틀 것이다. 제6장 3절에서는 발화에서 레마 접속에 대한 몇몇 주요한 이론을 개관한다. 이 이론적인 절은 좀더 경험적인 두 절에 의해 후속된다. 제6장 4절에서는 접속하기 실패를 언급하고, 그것들의 분류 및 잠재적 원인들을 언급한다. 제6장 5절의 주제는 어휘 항목 접속에 대한 시간 경로이다.

1. 머릿속 어휘부에 있는 항목들의 구조 및 조직

1) 어휘 항목의 내적 구조

화자의 머릿속 어휘부는, 화자 자신이 지닌 낱말들에 대한 서술지식의[2] 저장소이다. 언어산출의 관점에서 보면, 어휘부에 있는 각 항목

---

1) mental lexicon을 '심성 어휘집'으로 번역하기도 한다. '심성'은 '마음의 성격'으로 곡해될 소지가 있다(가령 심성이 좋다/나쁘다). 머릿속 기억창고에 들어 있다는 점을 살리기 위하여 '머릿속'이라고 번역해 둔다. 그리고 흔히 언어 부서들이 '통사부·음운부·형태부' 등과 같이 모두 '부'로 통일되어 있다. 따라서 어휘집보다는 '어휘부'로 번역해 둔다.

2) 우리 머릿속 지식은 흔히 서술지식과 절차지식으로 구분된다(Anderson 1983, 1993이 자주 인용됨). 이들은 각각 대상 지식(*what-knowledge*)·방법 지식(*how-knowledge*)으로도 불린다. 서술지식은 '서술문'(what에 대한 대답)의 형식으로 끝난다는 특징 때문에 붙여졌다. 오관을 통한 경험 내용은 모두 우리 머릿속에서 서술문 형식으로 저장된다고 가정한다. 사실과 개념에 대한 세부 지식들이다. 절차지식은 이런 서술지식을 대상으로 하여 새롭게 연결하거나 통

은 적어도 네 가지 자질들에 대한 목록이다. 첫째, 그 어휘 항목의 의미에 대한 명세내역이 있다. 이것은 그 항목이 선택되기 위하여 메시지에서 충족되어야 하는 개념상의 조건에 대한 집합이다. 'eat'(먹다)라는 항목을 예로 들면, 그 의미는 다음과 같은 어떤 내용이다.

'to ingest for nourishment or pleasure'
(영양분이나 즐거움을 위하여 섭취하다)

둘째, 한 묶음의 통사 속성들이 있다. 그 항목의 품사 범주('eat'에 대해서는 동사)와 그 항목이 가질 수 있는 통사 논항들('eat'에 대해서는 외부 주어 및 내부 목적어이며, 따라서 타동사가 됨)과 그 밖의 속성들을 포함한다. 어휘부에 있는 항목들은 그 통사 조건들이 충족됨에 따라 문법 부호화 동안 활성화된다. 셋째, 그 항목에 대한 형태론상의 명세내역이 있다. 'eat'에 대해서는 이것이 원형 형태(즉 더 이상 작은 구성성분 형태소로 나뉠 수 없음)이고, 3인칭 현재시제 활용 모습이 'eats'이며, 과거시제 활용은 'ate'이라는 점이 된다. 넷째, 형태 명세내역이 있다. 특히 음운론상의 분절음 견지에서, 그 항목의 음소 결합과 그 음절 구조와 악센트 구조들이다. 분절음 구조는 단일한 음절의 '모음/자음' 순서 열로서, 'eat'는 모음 /i/와 자음 /t/를 갖고 있다(〈그림 6-1〉을 보기 바람).

합하는 방식을 가리킨다. 곧, 머릿속 서술지식들을 어떻게 이용할지에 대한 것(how에 대한 대답)이며, 조건문 형식(if, then)으로 제시된다. Nadel(2003) 편《인지과학 백과사전 *Encyclopedia of Cognitive Science*》(Nature Publishing Group) 제 2권 569쪽에는 지식의 종류를 다음처럼 제시한다.

지식의 종류

	서술 지식	절차 지식
낮은 차원	사실적 지식	흐름도 지식(algorithm)
높은 차원	개념적 지식	전략적 지식

〈그림 6-1〉 머릿속 어휘부 항목의 내적 구조

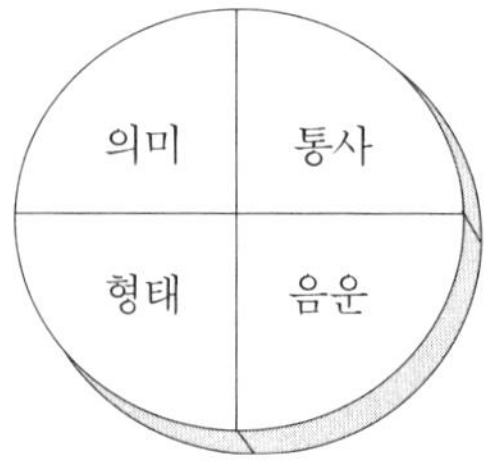

더욱이, 이들 네 종류의 정보 사이에는 내적 관계들이 있다. 특히 한 항목의 '형태・의미・통사' 사이에는 체계적 관계가 존재한다. 예를 들어, 'painter'(화가) 라는 낱말을 살펴보기로 한다. 그 의미는 형태론 'paint-er'(그리다-사람) 에 관련된다. 접미사 '-er'는 그 동사 어간에 의해 표현된 행위의 행동 주체(그림 그리는 사람) 를 표현하고 있으며, 접사 '-er'는 통사 범주 명사와 관련된다 등등.

아마, 어떤 항목과 함께 저장되어 있는 추가적 속성들도 있을 것이다. 어휘 항목은 한 담화 맥락을 다른 맥락보다 더 적합해지도록 만들어 주는 특정한 '화용・문체・정서적' 특징들도 지닐 수 있다. 격식 갖춘 담화에서는 'policeman'(경찰관) 이란 어휘 항목이 'cop'(경찰의 속어) 이란 어휘 항목보다 더 적합하다. 이런 격식성만을 제외하면 'cop'은 의미상으로 policeman(경찰) 과 아주 비슷하다. 아기에게 말하는 이야기나 연인끼리 말하는 이야기 등과 같이, 이른바 '언어투식'(registers) 이라고[3] 불리는 기제가 특정한 내포 의미를 지닌 어휘 항목들

3) 1960년대에 이 용어가 처음 도입될 때에는 'style'이라는 말도 함께 쓰였다(가령 style shifting 말투 바꾸기). 이 용어는 밑바닥에 언어가 '변이체'(variation) 라는 전제가 깔려 있다. 언어 변이가 생겨나는 대표적인 경우는 두 가지이다. 하나는 '지역 방언/사회 방언'이라고 불리는 것이며, 다른 하나는 '언어투식'이다. 앞의 것은 지역이나 사회 계층에 따라 변이가 생기는 것이며, 서로 다른 화자가 서로 다른 방언을 말한다. 뒤의 것은 동일한 화자에 의해서 여러 가지 언어 상황에 따라 언어사용 내용이 달라지는 것이다. 이는 서로 다른 맥

을 선택할 듯하다. 그런 특징들이 그 항목의 사용에 대한 개념적 조건으로 간주되어야 할지 여부는 논란거리가 되는 사안이다. 우리는 그런 문제를 다루지 않을 것이다.

2) 머릿속 어휘부에서 어휘 항목들 사이의 관계

어휘부에 있는 어휘 표제들은 따로따로 고립된 섬이 아니다. 어휘부는 내적 구조를 지닌다. 어휘 항목(*items*)들은 다양한 방식으로 연결되거나 관련된다. 여기서는 언어산출과 관련된 일부 그런 관계들을 탐구해 나가기로 한다. 등재된 '표제'(*entries*)들 내부에서, 그리고 등재된 표제들 사이에서, 어휘 항목 관련성들이 존재한다.

모든 어휘 항목들이 어휘 표제는 아니다. 가령 'eat, eats, ate, eaten, eating'과 같이 동사의 다양한 활용내용들은, 동일한 어휘 '표제'에 속하는 어휘 항목들이다. 이들은 하나의 표제 내부에서 서로 관련된다. '인칭·수·시제·서법·상'에 대한 특수 구별자질들이, 그 어휘 표제 내부에서 올바른 항목을 선택하는 책무를 맡게 될 것이다. 일반적으로 우리는 이것이 '어휘 활용' 사례라고 가정한다. 따라서 어휘 항목 'dog'(개)와 'dogs'(개들)는 동일한 어휘 표제나 어휘 주소지 아래에서 찾아질 것이다. 비슷하게 'man'(남자)과 'men'(남자들)도 그러하며, 'he'(그가)와 'his'(그의)와 'him'(그를)도 그러하고, 'big'(큰)과 'bigger'(더 큰)와 'biggest'(가장 큰)도 그러하다(여기서는 비교급을 동사의 활용

락에서 무엇(what)을 어떻게(how) 말할지에 대하여 동일한 화자가 다르게 지각한 결과로 인해 생겨나는 것이다. '언어투식'을 정의하는 일은 언어사용의 사회적 맥락을 어떻게 규정하는지에 달려 있다. 일본에서는 '사용역'(使用域)이라고 번역한다. 아마 언어투식의 '사용범위'를 생각한 듯하다. 그렇지만 이 용어는 '한 사람의 화자'가 언어사용 맥락이나 분위기에 따라 구현하는 '여러 가지 언어 변이체'라는 뜻을 잘 전달해 주지 못한다. 여기서는 '언어투식'으로 번역해 둔다.

으로 여김). 그러나 그것이 파생에 대해서는 성립되지 않는다. 'act'(행위하다), 'action'(행동), 'active'(능동적인), 'activity'(활동) 등은 서로 다른 어휘 표제이다(Butterworth 1983a).

머릿속 어휘부에서 어휘 표제들 사이에 있는 관계는 두 가지 종류이다. 내재적(*intrinsic*) 관계와 연상적(*associative*) 관계이다. 내재적 관계는 한 어휘 표제를 놓고서 목록으로 들어 있는 네 가지 종류의 특징들로부터 도출된다. 어휘 항목들은 어떤 특징을 공유하기 때문에, 머릿속 어휘부에서 연결될 가능성이 있다. 이들 네 가지 종류의 특징들을 각각 살펴보기로 한다.

첫째, 어휘 항목들이 의미를 토대로 하여 특별한 연결을 지닐 가능성이 있다. 관련 문헌에서는 다음과 같은 연결을 다룬다. ① 한 낱말과 그 상의어 사이의 연결. 가령, 'dog'(개)와 'animal'(동물), 또는 'green'(초록색)과 'color'(색깔) 사이의 연결이다. ② 한 낱말과 같은 층위에 있는 하의어(co-hyponym 동류 하의어) 사이의 연결. 가령, 'dog'(개)와 'cat'(고양이), 또는 'green'(초록색)과 'blue'(파란색) 사이의 연결이다. ③ 한 낱말과 가까운 유의어 사이의 연결. 가령, 'close'(긴밀한)와 'near'(가까운) 사이의 연결이다. 그러한 연결이 존재한다는 증거가 있다(Noordman-Vonk 1979; Smith and Medin 1981). 의미를 중심으로 관련된 어휘 항목들의 집합은 '개념밭'으로 불린다. 색깔 이름의 개념밭, 친척 용어의 개념밭 등이 있다. 이런 개념에 대한 자세한 개관은 밀러(Miller 1978)를 보기 바란다.[4] 이따금 말하기

---

4) 학계에서 'word field'를 '낱말밭'으로 번역하고 있으므로, '밭'을 살려 semantic field를 '개념밭'으로 번역해 둔다(일본에서는 '의미장'으로 번역함). 우리말로 된 개론서로는 허발(1979) 《낱말밭의 이론》(고려대 출판부), 허발(1985) 《언어 내용론》(고려대 출판부), 이성준(1993) 《언어 내용 이론》(국학자료원), 우리말 내용 연구회(1994) 편 《우리말 내용 연구》(국학자료원)이 있다. 우리말을 대상으로 배해수·김응모 교수 등에 의해 많은 연구가 이뤄졌다. 배해수 교수는 1990 《국어 내용 연구: 성격 그림씨를 중심으로》(고려대 출판부),

오류들은 그런 연결 내용을 드러낸다. 가령, 다음의 오류에서

"Irvine is quite clear"
(어바인이 아주 긴-깝다)

cl-ear(긴-깝다)는 close(긴밀한)와 near(가까운)의 뒤섞임을 담고 있다(Fromkin 1973).

둘째, 형태론상으로 결정된 연결이 동일한 형태소 어간을 지닌 표제 사이에서 성립될 수 있다. 그런 표제는 파생법상 관련된다고 말해진다. 가령, 'nation'(국가, 민족)과 'national'(국가적인, 전국적인)과 nationalize(국유화하다)이며, likely(~일 것 같은)와 unlikely(있을 법하지 않은)이다. 또한 놀랄 것도 없이 언제나 이들 사례에 포함된 의미관계도 존재한다.

셋째, 머릿속 어휘부에 있는 표제들 사이에서 명백한 음운론상의 연결이 존재한다. 똑같은 시작 말소리나 끝 말소리를 지닌 낱말들이 발화산출에서 관련성을 보여준다. 이따금 over(넘어)를 open(열다)으로 말하거나, work(일)를 week(주일)로 말하는 일처럼, 특징적 오류로 이끌어 간다(Fay and Cutler 1977). 이는 어떤 방식이나 다른 방식에서, 음운론상으로 유사한 항목들이 머릿속 어휘부에서 연결되어 있음을 시사한다(하지만 입증되지는 않았음). 다른 증거들은 제 8장에서 논의될 것이다.

1992/1994 지음/엮음 《한국어 내용 연구 1, 2》(국학자료원)가 있다. 김응모 교수는 1989 《국어 평행이동 자동사 낱말밭》(한신문화사), 1995 《한국어 종교 관혼상제 자동사 낱말밭》(박이정), 1996 《한국어 신체관계 자동사 낱말밭》(박이정), 1997a 《한국어 운동경기 동사 낱말밭》(박이정), 1997b 《한국어 구기경기 동사 낱말밭》(박이정), 1998 《한국어 여가선용 자동사 낱말밭》(박이정), 1999 《한국어 싸움·국방의무 자동사 낱말밭》(박이정), 2000a 《일상언어 자동사 낱말밭》(한국문화사), 2000b 《언어표현 자동사 내용 연구》(한국문화사) 등이 있다.

넷째, 아직까지는 머릿속 어휘부에 있는 어휘 항목들 사이에서 통사적으로 조건 지어진 관계를 놓고서 쉽게 납득할 만한 실험적 증거는 제시되지 않았다. 모든 명사들이 서로서로 연결되어 있는 것일까? 또는 모든 타동사들이 연결되어 있는 것일까? 분명히 그런 부류들은 각각 발화의 산출에서 특징적 역할을 맡는다. 이는 신경 병리학 사례에서 극적으로 뚜렷해질 수 있다. 언어산출에서 전체 명사 부류가 실질적으로 접속 불가능한 기억 상실 장애들이 있다. 그렇지만 이것이 머릿속 어휘부에서 그 구성원들이 특별한 상호 연결을 지니고 있음을 함의하는 것은 아니다.

내재적 관련성의 본질은 그것 자체로 하나의 논제가 된다. 어휘 항목들 사이에서 직접적 연결이 있을 수 있거나, 아니면 그 관련이 매개적으로 될 수도 있다. 예를 들어, 직접적 의미 관계란, 한 항목에 대하여 같은 층위의 모든 하의어(下義語)들이 그 항목과 더불어 목록으로 올라있을 것 같다. green(초록색)은 같은 층위의 하의어 주소지들에 대한 목록 내용을 담고 있을 듯하다. blue(파란색), red(빨간색)에 대한 주소지 등이다. 매개적 의미 관계란, GREEN(초록)과 BLUE(파랑)라는 개념들 사이에 어떤 관계가 존재하지만, green(초록색)과 blue(파란색)라는 어휘 항목들의 차원에서는 상호지시 관계가 전혀 없는 경우가 될 듯하다. 이런 구분은 제6장 4절에 있는 '어휘적 침범'에 대한 분석을 위해 중요하다. 내재적 연결이 어휘 표제들 사이에서 공유하고 있는 자질의 필수적 결과는 아니다. 마치 사전의 배열 방식처럼 어휘 표제들은 공유된 낱말 시작 자음들을 토대로 연결되지만, 아마도 공유된 첫 음절 마지막 자음은 무관할 것 같다.

어휘 표제들 사이에 있는 연상 관계는, 의미 속성에서 필수적인 토대를 지니는 것이 아니다. 오히려 그 토대는 언어사용에서 항목들의 잦은 '공기'(*co-occurrence*) 관계에 놓여 있다. 'war'(전쟁)와 'death'(죽음), 그리고 'truth'(진, 참됨)와 'beauty'(미, 아름다움)는 적절하게 관련된 두 가지 사례이다. 비록 이들 연결이 애초에 복잡한 개념 관계에 의해서 매개되지만, 이것들은 어휘 항목들 사이에서 직접적 연상 관계가 된다. 하나의 항목이 쓰이는 경우에, 비록 원래의 개념 연결이 진행중인 담화에서 논의거리가 되지 않는다고 할지라도, 나머지 다른 항목들도 함께 점화될 것이다. 어떤 내재적 의미 관련성이 또한 강한 연상 관계로 발전할 것으로 기대된다. 왜냐하면 의미 관련 항목들이 담화에서 '공기'(共起)하는 경향이 있기 때문이다. 'left'(왼쪽)와 'right'(오른쪽), 'big'(큰)과 'small'(작은)과 같은 반의어들도 적절하게 관련된 사례이다. 연상 관계들에 대한 의미론적 분석을 보려면 클락(H. Clark 1970)을 참고하기 바란다.

3) 낱말 인출 대 낱말 구성

우리는 머릿속 어휘부가 낱말들에 대한 '서술지식'의 수동적 저장고라고 가정한다. 그것이 '절차지식'을 담고 있지는 않다. 절차지식은 새로운 낱말들의 생성을 가능하게 만든다. 화자들은 말을 할 때에 새로운 낱말을 만들어 내는가? 그 대답은 모든 언어에 대하여 아마도 '그렇다'이겠지만, 정상적인 발화 동안에 자발적으로 새로운 낱말 만들기에 대한 정도는 철저히 언어들 사이에서 다양하게 변동할 것이다.

두 극점으로 된 분포에서, 영어는 한 극점에 위치한다. 영어 화자들은 이전에 전혀 써 보지 않은 새로운 낱말을 거의 산출하지 않는다. 바우어(Bauer 1983)에서 인용된 극단적인 한 가지 사례는 다음과 같은 자발적 발화에서 일어났다.

I feel particularly sit-around-and-do-nothing-ish today.
(오늘 난 특히 하릴없이 빈둥거리-듯이 느낍니다)

덜 엉뚱한 사례들은 'bucketful'(양동이 가득)과 같이 접미사 '-ful'(가득 찬)이나, 또는 'unnarrow'(안 좁은)나 'unobscure'(안 흐릿한)와 같이 접두사 'un-'(아니)으로 이뤄진 새로운 구성과, 'my lecture-tie'(나의 강의용 넥타이)에서와 같이 새로운 합성어이다. 밀러(Miller 1978)가 관찰하였듯이, 영어에서 가장 생산적인 사례 중 하나는 숫자 이름이다. 숫자들의 무제한적인 양은, 머릿속 어휘부의 저장고에 다 수용할 수 없게 만든다. 아마 '4,257'과 같은 숫자의 어휘 표제는, 어휘부 속에 지니고 있지 않은 듯하다. 그렇게 새로운 낱말 만들기의 이용은 여전히 일상 언어에서 예외적이다. 대체로 영어 화자들은 이전에 자주 쓰인 낱말을 이용한다. 이들 낱말은 아마 머릿속 어휘부에 저장되어 있을 것이다.

또 다른 극점의 경우는, 터키어와 핀란드어에서처럼, 어떤 교착어 화자들에게서 일어난다. 이들 언어에서는 낱말이 형태소들의 열로 이뤄진다. 어근 하나에 접사들이 더해지며, 각각 그 낱말에 의미를 추가해 놓는다. 이들 열은 아주 길어질 수도 있다. 아마 터키어를 놓고서 핸카머(Hankamer 출간중)가 논의하였듯이 마음대로 길어질 것이다. 터키어에서, '집'에 대한 어근은 'ev'(집)이다. 'ler'(들)를 더해 놓음으로써 'ev-ler'(여러 집들)처럼 복수를 만든다. 다시 'ev-ler-den'처럼 'den'(부터)을 더해 놓음으로써 "그 여러 집들로부터"를 의미하는 낱말을 만들어 낸다. "우리 호주머니에 있는 것들 중의 하나에다"를 뜻하는 낱말은 다음과 같다.

'ceb-lar-lmlz-da-ki-kar-nln-ki-n-ya'
(to the ones of those that are in our pockets)

핸카머(Hankamer 출간중)가 계산하기로는, 비록 임의의 열에서 접사들이 반복이 될 기존 가능성을 무시한다고 하더라도, 단일한 터키어

명사는 400만 이상의 상이한 형식들로 나타날 수 있다고 한다.[5] 이들 형식의 대부분이 터키어 화자들에 의해서 전혀 이용되지 않음은 명백하다. 그러나 그것들은 가능한 낱말로서 인식될 것이며, 올바르게 해석될 것이다. 이런 상황은 영어 화자의 숫자 이름에 대한 사례와 비교될 만하다. 그렇지만 터키어 화자에게는 이것이 예외라기보다는, 오히려 정상적이다. 머릿속 어휘부 속에 저장된 형태들은, 아마 '집'에 대하여 'ev'(집)와 같이 모든 어간들, 모든 가능한 접사들, 그리고 일정 숫자의 자주 쓰이는 다중 형태의 낱말들로 이뤄질 것이다. 이런 '수

---

5) 이런 지적에는 오류가 있다. 어휘와 통사는 기본적으로 서로 다른 영역에 속한다. 어휘는 비-생산성, 비-규칙성, 비-확장성의 특성을 지닌다. 흔히 어휘부에 관용구나 속담이 들어 있다고 보는 이유도, 이런 어휘 특성을 준수하기 때문이다. 통사는 이와 반대가 된다. 생산적이고 개방적이며 규칙적이다. 어휘와 통사는 서로 반대되거나 배타적 성격을 지닌다. 이런 특성은 기본적으로 우리의 인지 구조에서 나오는 것이다. 어휘는 한 언어 공동체 구성원들이 모두 경험하는(모두가 알 수 있는) 대상이나 사건을 가리킨다. 반면에 통사는 개개인의 서로 다른 개별적 경험 내용을 나타낸다. 영어에서 합성어를 만드는 방식은 통사 규칙을 반대로 적용한다. 다시 말하여, 영어의 통사구조는 선핵 구조이지만, 어휘 구조는 후핵 구조인 것이다. 어순이 자유로운 한국어에서는 이런 특성이 통사구성을 어그러뜨리는 '비-통사적' 구성으로 이뤄진다. 그런 대표적 유형이 어근 결합 관계 및 '사이시옷' 구성이다. 통사는 개별적 체험을 나타내어 주지만, 어휘는 공통 체험을 가리킨다. 이를 Tulving이 제안한 개별 구현사례(*episodic*, 일화) 기억과 일반 의미(*semantic*) 기억으로 말할 수도 있다. 통사는 개별 구현사례 기억을 표현해 주지만, 어휘는 일반 의미 기억을 표현해 주는 방법이다. 달리 말하여, 통사는 개개인의 고유한 체험에서부터 나오는 것이지만, 어휘는 언어 공동체 구성원의 공유 체험에서 나오는 것이다. 이런 측면은 어휘부의 용량 제약과도 모순 없이 어울린다. 어휘부가 2500cc의 뇌 속에 차려져야 한다면, 어휘부는 무한정한 경험과는 어긋나며, 일정 범위의 공통적인 경험들하고만 대응되어야 한다. 이렇게 가정해야 자가당착을 벗어나게 된다. 이런 점을 고려하여 옮긴이는 Hankamer의 주장이 오류라고 본다. 4백만 개의 형식과 결합될 수 있는 것은, 어휘 산출이 아니라, 통사 결합의 가능성에 지나지 않는 것이다. 통사도 또한 기본적으로 반복(*recursion*, 회귀 함수)의 구현체이다. 따라서 4백만 항목도 소수의 형식을 반복 구현한 것임에 틀림없다.

동적’ 저장고를 생산적으로 이용하기 위하여, 터키어 화자는 반드시 어휘의 ‘절차지식’에 접속해야 한다. 즉, 언어화 이전의 메시지에서 개념화 내용이 주어지면 새로운 낱말들을 세워 놓는 방식이다. 달리 말하여, 그런 화자는 어휘 부호화(*lexical encoding*)에 바쳐진 강력히 발달된 처리 구성부문을 지니고 있어야 한다. 이 부서에서 산출물로서 새로운 낱말들을 만들어 내는 것이다.

이런 비교로부터 도출될 결론은 다음과 같다. 화자들은 자신의 머릿속 어휘부에 저장된 것보다 좀더 많은 낱말들을 산출할 수 있으며, 자신이 말을 하고 있는 동안에 새로운 낱말들을 구성하는 능력을 지니고 있다. 그러나 이들 낱말 구성 능력을 이용하는 정도에서 언어들마다 크게 차이가 난다. 터키어 화자들의 문법 부호화는 대부분 그런 어휘 부호화로 이루어진다. 반면에 영어 화자들은 보통 자신이 과거에 자주 사용한 낱말들을 이용한다는 점에서 극히 ‘보수적’이다. 영어 화자에게서 어휘 부호화는 문법 부호화에서 아주 작은 역할을 맡고 있으며, 그 작용은 통사 부호화이다. 물론 화자에 대한 이론은 두 종류의 문법 부호화를 모두 포함해야만 한다. 그렇지만 사실상 어휘 부호화에 대한 심리학에 대해서는 거의 아무 것도 알려져 있지 않다. 불가피하게 제 6장의 나머지 부분에서는 물론, 제 9장에서도, 머릿속 어휘부에 저장된 항목들을 인출한다는 뜻에서 ‘어휘 접속’(*lexical access*)을 다루게 될 것이다. 이들 항목이 모두 낱말들이다(그러나 제 6장 1절 4항을 보기 바람). 이는 이들 낱말 항목이 서로 간에 강력한 형태론적 관련성을 지닐 가능성을 가로막아 버리는 것은 아니다. 그 증거들을 살펴보려면 버터워쓰(Butterworth 1983a)와 커뜰러(Cutler 1983a)를 참고하기 바란다.

낱말 구성 과정에 대해서는 거의 주의를 쏟지 못했다. 영어 화자나 중국어 화자들에 관한 한, 이것이 저자의 논의에 대한 극적 제약은 아니다. 그렇지만 터키어나 일본어의 산출에 있는 이론적 논제들을 제대로 드러내지 못할 것이다. 이들 언어에서 어휘 항목은 흔히 낱말이 아니라, 그보다 더 작은 단위의 형태소들이다.

4) 구 및 관용구

화자는 낱말 저장고 이외에도 구(*phrase*)[6] 및 관용구에 대한 저장고들도 지니고 있다. 가령 'Dutch uncle'(심하게 꾸지람이나 훈계를 하는 사람)이나 'red tape'(관료주의, 비능률적 행정편의주의)와 같이, 직접 특정한 단일 개념이 구들로 이뤄진다. 이것들이 합성어가 아니라 구인 점은, 그것들의 억양 유형으로부터 명백해진다. 합성어인 'blAckbird'(유럽 지빠귀, 미국 찌르레기)와 'hOt dog'(음식 이름 핫도그, 수완가)에서와 같이 합성어 억양을 지니는 것이 아니다. 그러나 그 의미가 모호하다는 점에서 그것들은 특별하다. 의미가 합성되어 도출되는 통사구의 경우에서와 같이, 그것은 그 부분들의 의미로부터 도출되어 나오는 것이 아니다. 'red tape'(관료주의)와 'green tape'(녹색 끈) 사이의 차이점은, 'red apple'(빨강 사과)와 'green apple'(초록 사과) 사이에 있는 차이에서처럼 색깔에 있는 것이 아니다. 그것들은 관용구의 의미를 지닌다. 그런 관용구는 또한 통사적 가능성도 제약시켜 놓는다. 'hot dog'를 복수로 만들어 'hot dogs'라고 하는 것은 괜찮다. 그렇지만 '??I have a hotter dog than you'(??난 너보다 더 뜨거운 개를 하나 가졌다)처럼 비교급 형태로 이것을 이용하는 것은 올바르지 않다. 다음 관용 표현을 보기로 한다.

'to kick the bucket'
(죽다: 상태 표현임)

---

6) 언어학계에서는 phrasal word(구 단어/구적 낱말)란 용어도 같이 쓰인다.

더 앞에 있는 사례들에서처럼, 이것은 투명한 의미를 지니고 있지 않다(= 부분들의 의미로써 전체 의미를 합성해 놓을 수 없음). 이것도 또 통사적 가능성을 아주 많이 제약해 놓는다. 이 표현은 아무 시제나 오는 것이 아니다. 오직 'He has kicked the bucket'(그는 죽었어: 오직 결과 상태에 대한 표현만 가능함)이라고 말할 수 있다.[7] 비록 영어에서 'he is dying'(그는 죽어가고 있다)이라고 말할 수 있더라도, 이 관용표현은 겉으로 동사와 명사가 멀쩡히 나와 있더라도 전혀 분리될 수 없이 고정되어 있기 때문에 '*he is kicking the bucket'(*그는 그 운명의 양동이를 발로 차고 있다)라고 말할 수는 없다. 또한 그 표현에 변형을 가한 '*the bucket was kicked by John'(*그 운명의 양동이가 존에 의해서 차이었다), '*it was the bucket that John kicked'(*존이 걷어찬 것이 바로 그 운명의 양동이였다)와 같은 구성도 불가능하다.

이들 논제를 놓고서 아주 많은 언어학 참고문헌이 있지만(가령 Makkai 1972와 Cruse 1986을 보기 바람), 관용구들에 대한 화자의 산출을 놓고서 많은 내용이 알려져 있는 것은 아니다. 우리는 관용구적 이음말이 머릿속 어휘부에 있는 '표제'라고 가정할 것이다. 각 표제는 하나 또는 그 이상의 항목들로 이루어진다. 'kick the bucket'(죽다: 상태 표현임)이라는 표제는 원형 부정사 표현과 과거 표현에 대한 항목을 포함하지만, 진행형 표현에 대한 항목은 갖고 있지 않다. 'red tape'(관료주의)에 대한 표제는 단수 항목과 복수 항목을 포함하지만, 비교급 항목은 갖고 있지 않다. 낱말과 같이 관용구들도 그것들의 특수한 개념상의 조건을 지닌다. 메시지에서 그런 조건이 충족되는 경우에 그 관용구가 접속될 것이다.

---

7) 이런 특징과 반대되는 관용구도 있다. 가령 'bark up the wrong tree'(헛짚다)는 반드시 '진행형' 표현으로만 쓰인다. "the police are barking up the wrong tree"(경찰에서 헛짚고 있어).

〈그림 6-2〉 레마와 형태-음운 형식을 구성하는 어휘 표제항목

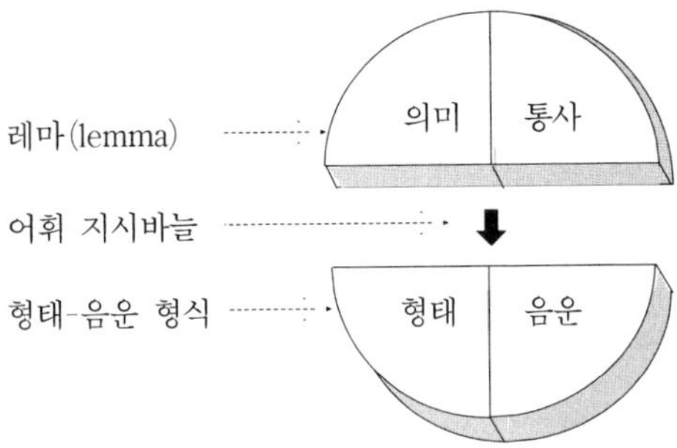

5) 어휘 항목, 레마, 형태-음운 형식

우선 개략적으로 말하여, 문법 부호화 과정은 어휘 표제들에 있는 음운 정보와는 독립되어 있다. 게다가, 어휘 부호화를 많이 지니지 않은 언어들로서는, 한 낱말의 형태론적 구성이 대체적으로 문법 부호화에 대하여 무관하다. 오직 어휘 표제의 의미·통사만이 관련 있는 것이다. 이제 캠픈·하이버스(Kempen and Huijbers 1983)에서 도입된 용어를 따라, 한 표제 항목 구성에 대한 이런 부분을 '레마'(*lemma*, 어휘의 통사·의미값)로 부르기로 한다. 다른 한편으로, 그 표제의 형태론적 구성과 그 음운 속성들은 음운 부호화에 대해 필수적이다. 그 표제의 레마는 대체로 그 단계의 처리에서는 무관하다. 따라서 언어산출의 관점으로부터 하나의 어휘 표제는 두 부분으로 나뉠 수 있다. 그 레마와 그 형태정보이다. 위의 〈그림 6-2〉를 보기 바란다. 이런 이론적 구별은 전체적으로 머릿속 어휘부에 확대될 수 있다. 레마는 '레마 어휘부 속에' 들어 있으며, 형태-음운 형식들은 '형태 어휘부 속에' 들어 있는 것으로 언급될 수 있다. 각 레마는 그 상응하는 형태를 '가리키고' 있다. 즉, 레마는 그 항목에 대한 정보가 저장된 형태 어휘부에 있는 주소지를 가리킬 수 있다. 이는 제 5장 1절 2항에서 논의되었다.

머릿속 어휘부를 두 종류의 창고로 나누어 놓는 일은, 머릿속 어휘

부에 있는 두 종류의 내적 조직화에 대한 존재를 알려 주는 공간적 비유에 지나지 않는다. 즉, 하나는 항목들의 의미에 따른 것이고, 다른 하나는 그것들의 형태 속성에 따른 것이다. 이들 사뭇 독립적인 두 종류의 조직화는, 다음 장들에서 살펴보게 될 '말소리 실수'나 '혀끝에서 맴돌기 현상'과 같이 다양한 산출 현상들에서 드러난다. 그렇지만 그 구분을 과장하여 진술하지 않도록 조심해야 된다. 특히, 어휘 표제가 하나의 전체로서 인출될 수 없다고 — 다시 말하여, 레마의 인출이 언제나 그 항목의 형식에 대한 인출보다 선행해야 된다고 — 결론을 내려서는 안 된다. 이는 아직까지 해답을 찾지 못한 열려 있는 논제이다(제 6장 5절 4항을 보기 바람).

2. 레마의 구조

1) 의미 및 통사 속성

레마에 있는 의미 정보는, 그 레마가 활성화되기 위하여 메시지에서 어떤 개념 조건들이 충족되어야 하는지를 구체화해 준다. 그것이 바로 레마가 뜻하는 바이다. 이들 조건은 메시지처럼 똑같은 명제 형식으로 진술될 수 있다. 하나의 예로서 동사 'give'(주다)에 대한 '개념 명세내역'을 살펴보기로 한다.

the child gave the mother the cat.
(그 어린이가 그 엄마한테 그 고양이를 주었다)

이 문장의 밑바닥에 깔려 있는 메시지 구조는 제 5장에 있는 〈그림 5-1 가〉로 제시되었다. 동사 'give'(주다)에 대한 개념 명세내역은 다음과 같은 것이 된다.

1 개념 명세내역

동사 'give'(주다)에 대한 개념 명세내역

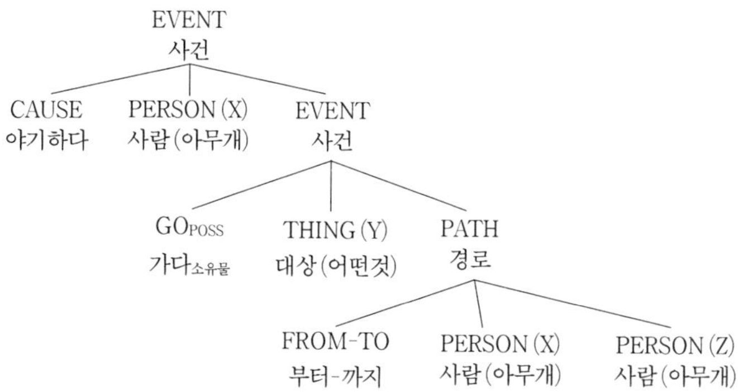

이런 개념 명세내역은 세 개의 변항을 담고 있다. PERSON(X) '사람(X)'는 사역 사건 EVENT의 사동주이며 동시에 경로 PATH의 출발점이다. THING(Y) '대상(Y)'는 대상 의미역을 받는다. 그리고 PERSON(Z) '사람(Z)'는 경로 PATH의 목표점이다. 이는 메시지의 하위 구조와 부합될 수 있는 개념상의 '기판'(*template*)으로 간주될 수도 있다. 이는 그 메시지에서 어떤 방식으로 변항 'X · Y · Z'가 결속되는지와 무관하다. 그러나 개념 논항들을 위하여 개념 명세내역이 이들 세 개의 홈(*slots*)을 가졌다는 사실은 중요한 것으로 판명될 것이다. 그것들은 개념구조에서 문법상의 기능들이 배당될 수 있는 세 가지 변항이다. 이 점이 레마에 대하여 명백히 진술되어야 한다.

2 개념 함수의 논항: (X, Y, Z)

이들 논항은 메시지에서 어떤 의미 역할을 실행한다. 함수 CAUSE(야기하다)와 GO_{poss}(가다$_{소유물}$)와 PATH(경로)이다. 곧 살펴보게 될 것이지만, 레마들에 대한 일부 중요한 문법적 일반화 내용이 '의미역'들로 표현될 수 있다.

더욱이 세 개의 논항이 각각 개념 범주 PERSON · THING · PERSON(사람 · 사물 · 사람) 임은 중요하다. 이는 'give'(주다)의 사용에서 '선택 제약'(*selectional restictions*)이라고 불린다.[8]

제 5장에서 본 〈그림 5-1〉의 메시지는 개념 변항을 CHILD, CAT, MOTHER(어린이, 고양이, 엄마)로 묶는다(여기서는 '동물'을 특별한 종류의 THING '사물'로 가정하고 있음). 개념 명세내역과 메시지 사이에 서로 부합이 있으면(이 사례에서는 서로 부합됨), 그 레마가 인출된다. 이는 그 통사 속성들이 이용 가능하게 됨을 의미한다. 이런 과정이 레마의 통사 속성들을 갖다 주는 것이다.

레마의 통사 정보는, 그 항목의 '통사 범주 · 문법 기능 배당 · 일련의 특수 구별자질 매개변인'들을 구체적으로 밝혀 준다. 하나의 실례로서 'give'(주다)에 대한 레마를 다시 한번 살펴보기로 한다. 그것은 통사 범주와 기능들에 대하여 다음과 같은 명세내역을 지닌다.

③ 통사 범주: 동사

이는 그 레마가 문법 부호화에서 상위문동사로 행동함을 뜻한다.

---

8) 〈지은이 각주〉 선택 제약 PERSON · THING · PERSON(사람 · 사물 · 사람)은 실제로 'give'(주다)에 대하여 너무 제약적일 수도 있다. 다음 문장에 있는 'give'의 용법을 실례로 들어보자.

The bright lights gave Santa's arrival a colorful appearance.

(여러 가지 밝은 빛이 산타클로스 도착을 다채로운 출현이 되도록 해 주었다) 흔히 레마의 개념 명세내역에 있는 논항 홈을 채울 수 있는 개체의 종류에 대한 선택 제약은 아주 정의하기가 어렵다. 위 예에서는 논항이 각각 '대상 · 사람 · 사건'이다. 우리는 이 논제를 전적으로 무시할 것이다. 자세한 것은 Bresnan(1982)를 참고하기 바란다.

4 문법 기능: (주어, 직접목적어, 간접목적어)

이는 'give'(주다)에 대한 레마가 주어와 직접 목적어와 간접 목적어를 요구함을 의미한다. 앞 예에서 이들 문법 기능은 각각 the child, the cat, the mother(그 어린이, 그 고양이, 그 엄마)라는 구에 의해 실행된다. 그렇지만 이들 세 요소를 순서 매기는 일에 대해서는 아무런 것도 말해지지 않았다. 사실 문장 'the child gave the mother the cat'은 '주어-간접목적어-직접목적어' 순서로 된 문법 기능을 지닌다. 아직까지 문법 기능들을 목록으로 만들어 놓는 순서는 자의적이지 않다. 관례에 따라 그것은 논항들이 등록된 순서와 대응될 것이다. 그렇다면, 첫 번째 논항 X가 첫 번째 문법 기능(SUBJ 주어)으로 실현되고, 두 번째 논항 Y가 두 번째 문법 기능(DO 직접목적어)으로 실현되며, 세 번째 논항(목표/수혜주) Z가 세 번째 문법 기능(IO 간접목적어)으로 실현되어야 한다. 메시지에 있는 논항을 순서 매겨 주는 일은 표기상의 관습에 지나지 않음을 잊지 말아야 한다(제 3장 3절 3항의 마지막 단락을 보기 바람). 그러나 레마는 어느 개념 논항이 어느 문법 기능으로 사상되어야 할 것인지에 대한 명세내역을 담고 있다.

이런 사상(*mapping*)은 'give'(주다)에서처럼 언제나 단순히 '1 : 1' 종류의 것이 아니다. 특히 문법 기능의 숫자가 언제나 논항의 숫자와 동등하게 되는 것은 아니다. 문법 기능들이 논항보다 더 많이 있을 수도 있다. 종종 이는 레마가 V-COMP(동사구로 된 내포문) 또는 S-COMP(문장으로 된 내포문) 유형의 보충어를 요구하는 경우이다. V-COMP(동사구로 된 내포문)를 요구하는 동사의 예는 'believe'(믿다)와 같이 이른바 '인상 이동'(*raising*) 동사들이다. 'believe'(믿다)에 대한 개념구조 명세내역은 두 개의 변항 X와 Y를 갖는다. 여기서 X는 믿는 주체인 경험주이며, Y는 어떤 사태이다. 그러나 'believe'(믿다)가 다음과 같은 문장에서는,

Atilla believed the world to be flat.
(아틸라는 지구가 평평하다고 믿었다)

세 가지 문법 기능 SUBJ · DO · V-COMP(주어 · 직접 목적어 · 동사구로 된 내포문)이 배당된다. '추가된' 직접 목적어 the world(지구)는,[9] 사실은 '지구가 둥글다'는 그 사태를 표현해 주는 동사 보문의 '인상된' 주어이다. 'believe'(믿다)에 대한 레마는 추가된 문법 기능이 어디에서 나오는지를 명시해 주어야 한다.

[5] 직접 목적어는 동사구로 된 내포문(= to 부정사)의 주어이다.

그것은 또한 V-COMP(동사구로 된 내포문)가 'to be flat'(평평하다고)처럼 부정사 절로 되어야 한다. 그러므로 'believe'(믿다)에 대해서 다음과 같이 추가적인 통사 명세내역을 표시해 주어야 한다.

[6] 내포문으로 실현되는 보충어와의 관계: 직접목적어(DO)는 동사구 내포문의 주어와 동일하다. 동사구 내포문은 특수 매개인자 '부정사 절'(inf)을 지닌다.

그렇지만 'give'(주다)에 대한 레마는 전혀 그렇게 특수하게 명세된 함

9) 앞에서 동사 believe가 오직 두 개의 논항 X(믿는 주체) · Y(믿음의 내용)만을 갖고 있다고 기술해 놓았다. 여기에 믿음의 대상은 표상되어 있지 않다. 만일 그 대상을 표시한다면, 따로 논항이 하나 더 추가된 셈이다. additional(추가된) 직접 목적어란 그런 의미로 쓰인 것이다. 우리말에서는 '믿다' 동사가 '알다' 동사와 같이 동일한 구문을 만들어 준다. "〔철수〕가 〔영이가 추녀인 것〕을 〔영이가 미녀인 것〕으로 믿는다/안다"에서와 같이 논항이 세 개 실현된다(믿다/알다(X, Y, Z): X는 경험주이고, Y는 대상이며, Z는 믿는/알고 있는 상태임). 영어에서의 설명처럼 인상도 필요하지 않고 예외적으로 격을 표시(*exceptional case marking*)할 필요도 없다. 한마디로 말하여, 우리말이 더 기본적인 형상이며, 영어는 특수한 어휘화 유형을 지닌 것이다.

수 관계들을 갖고 있지 않다.

이제 레마의 목록에 있는 마지막 두 가지 항목들로 돌아가 보기로 한다. 제 6장 1절 5항에서 하나의 레마가 하나의 형태-음운 형식을 '가리키고' 있음을 논의하였다. 레마는 특정 형태의 정보와 관련된다. 그것은 '어떤 형태가 저장된 주소지를 가리키고' 있는 것이다. 이제 그 화자의 어휘부 속에서 'give'(주다)에 대한 형태정보를 위한 어휘부 속의 주소지를 713번지라고 해 두자.

7 어휘 주소지 지시바늘(*pointer*): 713번지

그 어휘 형태 주소지 또는 항목은 여러 낱말형태들을 담고 있다. 즉, 'give'의 활용 모습들로서, 'give, gives, gave, given, giving'이다. 이것들은 다만 여러 자질이나 특수 구별자질 변이체(*diacritic variables*)에 값들을 배당해 줌으로써 구별될 수 있다. 이들 매개인자는 레마 목록상 마지막 항목으로 등록된다.

8 특수 구별자질 변이체(*Diacritic variables*): 시제, 상, 서법, 인칭, 수(단수/복수)

그리고 여기 포함될 것으로 레마의 음높이 악센트(*pitch-accent*, 고저음조의 악센트) 값이 있다. 동사 'give'(주다)는 초점을 받을 수도 있고 안 그럴 수도 있다. 따라서 앞장에서 논의되었듯이, 그 발화가 생성되는 동안에 음높이 악센트를 받을 수도 있고, 그렇지 않을 수도 있다. 이들 모든 변동 요소의 값들은 표면구조를 생성하는 과정 동안에 모아진다. 오직 모든 특수 구별 매개인자들의 값이 고정되는 경우에라야, 낱말형태 일람표가 성공적으로 전달될 수 있다.

이들 매개인자가 모아지기에 앞서서, 'give'(주다)에 대한 통사정보

〈그림 6-3〉 'give'(주다)의 레마

give 개념 명세내역: 야기하다(X, (가다$_{\text{소유물}}$ (Y, (부터-까지 (X, Z)))))
개념 논항: (X, Y, Z)
통사 범주: 동사
문법 기능: (주어, 직접목적어, 간접목적어)
보충어(COMP)와의 관계: 해당 사항 없음
어휘 주소지 지시바늘: 713번지
특수 구별자질 매개인자들: 시제
상
서법
인칭
수
음높이 악센트

값은 〈그림 6-3〉으로 요약된다. 이런 사례는 화자가 레마(*lemma*, 어휘의 통사·의미값)로 저장해 놓은 서로 다른 유형의 지식을 항목화하기 위해서 주어졌다. 이들 항목 아래에 있는 지식 내용은, 물론 레마마다 서로 차이가 날 것이다. 다음 하위 절에서 우리는 동사 레마의 어떤 추가적 측면 — 특히 동사들이 개념 논항을 문법 기능과 관련짓는 방식들을 살펴볼 것이다. 제6장 2절 3항에서는 다른 주요한 레마 범주(명사·형용사·전치사)들과 조동사에 대하여 언급될 것이다.

2) 문법 기능 및 개념 논항

문법 기능들이 개념 논항에 배당되는 방식은,[10] 세계 언어들에서

10) 개념 논항과 문법 기능(또는 의미 구조와 통사구조)이 서로 '1 : 1'로 대응된다는 가정을 '연결 이론'(*linking theory*)이라고 부른다. 두 층위가 긴밀히 대응되어 직접 연결될 수 있다고 보기 때문이다. 물론 이런 연결 관계를 어기는 것으로 보이는 구문들이 있으며, 언어학 논의에서는 아무렇게나 그러는 것이 아님을 밝히는 데 주력한다. 홍기선(1992) "연결 이론과 한국어 연구," 《주시경 학

전적으로 자의적인 것이 아니다. 그 동사가 사동주를 개념 논항으로 지닌 경우, 보통 그것은 'give'(주다)의 사례에서와 같이 주어 기능과 짝이 된다. 다시 각각 다음 예문들에서와 같이, 만일 그 동사가 사동주 이외에 대상 의미역이나 피동주 의미역을 갖고 있다면, 이 논항은 목적어 홈(*slot*)을 차지하는 경향이 있다.

John kicked the ball.
(존이 그 공을 찼다)

여기서 ball(공)은 동사 kick(차다)으로부터 대상 의미역(*theme*)을 받는다. 또한

George killed the dragon.
(조지가 그 용을 죽였다)

에서 dragon(용)은 동사 kill(죽이다)로부터 피동주(*patient*) 의미역을 받는다. 그렇지만 주어 홈(*slot*)이 채워지지 않는다면, 피동주 의미역과 대상 의미역이 오히려 주어 기능으로 표현된다.[11] 가령 이는 'fall'(떨어지다)과 같은 동사들에서 일어난다. 여기서는 다음 예문에서 보듯이 대상 의미역 하나만을 논항으로 요구한다. 사동주 의미역은 전혀 요구되지 않는다.

보》 10집(탑출판사)과 양정석(2002) 《시상성과 논항 연결: 시상성 가설 비판을 통한 연결 이론의 수립》(태학사)을 읽어보기 바란다.

11) 수동 구문이나 비-대격 구문(*unaccusativity*)들은 초기 표상에서 목적어 자리에 대상 의미역만이 있고, 주어 자리는 빈 채로 주어진다. 도출 과정에서 위 층위에 있는 빈 자리로 필수적인 이동이 일어난다. 그 결과 대상 의미역을 받는 논항이 '주어'로 실현되는 것이다. Alexiadou, Anagnostopoulou and Everaert(2004) 편 《비대격성 수수께끼: 통사론-어휘론 상호 접면 속성의 탐구 *The Unaccusativity Puzzle: Exploration of the Syntax-Lexicon Interface*》(Oxford Univ. Press)를 참고하기 바란다.

the bottle fell.
(그 병이 떨어졌다)

만일 어떤 동사가 사동주 의미역과 대상(또는 피동주) 의미역 이외에도, 추가로 근원(*source*)이나 목표(*goal*) 의미역을 지닌다면, 이는 사격(*oblique*) 문법 기능으로 대응되는 경향이 있다. 이는 다음처럼 'send'(보내다)와 같은 동사에서 일어난다.

Henry sent the letter to Japan.
(헨리가 그 편지를 일본으로 보냈다)

이 문장은 사동주와 대상과 목표 의미역을 지닌다. 여기서 목표 의미역을 받는 논항 'Japan'(일본)은 전치사구로 실현되어, 사격의 문법 기능을 받는다. 그러나 목적어 또는 주어 기능이 다른 논항에 의해서 점유되지 않은 경우에, 근원 또는 목표 의미역이 '상승 이동'된다.[12] 예를 들면 동사 'leave'는 대상 의미역과 근원 의미역을 지닌다.[13] 이들은 다음과 같이 각각 주어와 목적어에 '1 : 1'로 사상된다(*map onto*).

Marcia left Italy.
(마샤가 이탈리아를 떠났다)

---

12) 문법 관계 이론에서는 1970년대에 '승진, 강등, 실직'(*promotion*, *demotion*, *en chômage*) 등의 비유어를 쓴 적이 있다. 그러나 그 이후 변형 관계에서 '강등'이 언어구조를 보존할 수 없음이 밝혀져서, 오직 상승 이동만 남게 되었다. 이는 raising(인상) 구문으로도 불린다. 최근에 생성문법에서는 이동에 관련된 모든 사항이 '임의범주 이동'(*move-alpha*)이나 '임의범주에 영향을 끼침'(*affect-alpha*)이란 개념으로 통합된다.

13) 개념상으로 먼저 관찰자가 있고 어떤 대상이 있으며 그 대상과 관련된 사건이 있어야 한다. 관찰자와 화자는 동일한 사람이므로, 자신이 관련된 사건 언급이 아닌 경우에는, 문장 구조에 아무런 영향을 주지 않는다. 따라서 의미역은 관찰 대상이 대상 의미역을 받고 있고, 그 대상이 일으킨 사건이 출발점이 근원 의미역을 받고 있는 것이다.

문법 기능들을 놓고서 우리는 주어로부터 직접 목적어와 간접 목적어를 거쳐서 사격 기능까지 어떤 선호 계층이 있을 것이라고 말할 수 있다. 더욱이 의미역들을 놓고서도 사동주로부터 대상 의미역과 수혜주를 거쳐서 근원 의미역과 목표 의미역까지 어떤 '서열'이 있다(이들 논제들에 대한 추가 논의를 보려면 Pinker 1985, Bock and Warren 1985를 참고하기 바란다).

그러나 모든 동사가 문법 기능을 자신의 개념 논항에 배당하는 일을 놓고서 전형적인 이런 순서를 보여 주는 것은 아니다. 한 가지 반례가 동사 'receive'(받다)이다. 다음의 예문에서 보듯이, 여기서는 정반대로 목표 의미역이 주어로 부호화되어 있고, 사동주가 사격 의미역으로 되어 있다.

> the mother received the cat from the child.
> (그 엄마가 그 고양이를 그 어린이로부터 받았다)

더욱 중요한 것으로, 한 언어의 문법에서는 사상되는(*mapping*) 순서를 바꾸기 위하여 아주 정규적인 수단을 제공할 수 있다. 〈그림 6-3〉에 제시된 대로, 동사 'give'(주다)에 대한 사상 순서는 다음과 같다.

```
X(사동주),   Y(대상),   Z(목표)
   |           |          |
 주어,      직접목적어, 간접목적어
```

그러나 'give'(주다)에 대해 아래와 같이 또 다른 사상도 가능하다.

```
X(사동주),   Y(대상),   Z(목표)
   |           |          |
 주어,      직접목적어, 사격목적어
```

이런 사상은 다음과 같은 예문의 산출에 이용된다.

The child gave the cat to the mother.
(그 어린이가 그 고양이를 그 엄마에게 주었다)

전형적인 사상 순서(*mapping order*)에서 이 예문도 세 개의 논항을 갖고 있다. 이 점은 〈그림 6-3〉에 있는 'give'(주다)의 레마 명세내역이 완벽하지 않음을 의미한다. 다시 말하여, '문법 기능' 아래에 대안이 되는 사상 '주어·직접목적어·사격목적어'도 주어져야 하는 것이다. 'give'(주다)를 위한 사상의 이런 짝도 예외가 아니다. 'send, sell, buy'(보내다, 팔다, 사다)에서와 같이 다른 동사들에서도 비슷한 짝들이 있다. 이들 사례에서도 각각 간접목적어 기능과 사격목적어 기능 사이에 교체가 있다. 브뤼즈넌(Bresnan 1978, 1982)에 의해서 '어휘 규칙'(*lexical rule*)으로 불린 이런 규칙성은 '여격 교체' 규칙이다.[14]

또 다른 어휘 규칙은 '수동태'이다. 영어에서 타동사들은 대부분 개념 논항들을 문법 기능들에 사상하는 능동태와 수동태를 갖고 있다. 이들은 그 논항들 가운데 문법 기능이 두 개의 논항(거의 사동주와 피

---

14) 이런 규칙성의 밑바닥에는 '부분 : 전체'의 대립이 작용하고 있는 것으로 알려져 있다. 가령 load(싣다)의 경우에 다음과 같이 대립된다(Pinker 1989 《학습 가능성과 인지 *Learnability and Cognitin*》 MIT Press).

① he loaded books <u>into the cart</u>.
(그 수레 일부분에 책을 실어 넣었다: 부분 해석임)

② he loaded <u>the cart</u> with books.
(책으로 가득 그 수레를 채워 실어 놓았다: 전체 해석임)

한편 우리말에서는 이런 대립이 다음처럼 격조사로 표현된다(또는 부사구 수식으로도 표현될 수 있음).

③ 철수는 그 벽<u>에</u> 그림을 그려 놓았다.
(벽의 일부에만 영향이 미침: 부분 해석)

④ 철수는 그 벽<u>을</u> 그림으로 그려 놓았다.
(벽이 전체적으로 영향을 받음: 전체 해석)

동주임)에 배당되는 방식에서 차이가 난다.

〈능동태 레마〉		〈수동태 레마〉	
사동주	피동주	사동주	피동주
|	|	|	|
주어	목적어	사격목적어	주어

동사 'kill'(죽이다)을 살펴보기로 한다. 'George killed the dragon'(조지가 그 용을 죽였다)과 같은 능동태 문장에서는 사동주와 피동주가 전형적인 문법 기능인 주어와 직접목적어로 되어 있다. 그러나 수동태의 변이체는 다른 문법 기능을 배당해 놓는다. 가령 'the dragon was killed'(그 용이 죽임을 당하였다)에서와 같이, 피동주가 주어 위치로 이동해 올라갔다. 사동주는 문법 부호를 부여받지 못한 채 있거나, 또는 'the dragon was killed by George'(그 용이 조지에 의해서 죽임을 당하였다)와 같이 사동주가 'by-구'로 된 사격목적어로 나타난다. 수동태 변이체가 개념 논항들의 문법 부호화를 위해 선택되는 경우에, 어휘 주소지 지시바늘은 과거완료 시제 형태소를 위한 특수 구별자질 매개인자를 가리켜 얻는다.[15] 이것이 음운 부호화에서 'killed'(죽인)를 선택할 것이다. 또한 조동사(*was*)를 인출하는 일로도 이끌어 갈 것인데, 이는 제 6장 2절 4항에서 논의될 것이다.

대부분의 언어가 수동태를 갖고 있다. 그렇다면 수동태가 화자를 위해 무슨 일을 하는지 궁금해질 것이다. 수동태가 공통되게 지니는 바는, 그렇지 않았더라면 주어로 문법 부호가 입력되었을 논항을(즉 서

15) 영어의 전통 문법에서는 '현재-과거-과거완료'를 제시하여 마치 시제에 세 가지 항이 있는 것처럼 착각을 불러일으키게 만든다. 그렇지만 사실 '과거완료'는 시제와 무관하다. '과거완료'란 하나의 행위가 이미 다 끝나서 어떤 상태로 바뀌었음을 언급하는 것이다. 이를 '결과 상태'(*resultative*)라고 말한다. 이 특성 때문에 과거분사가 형용사의 성격도 띠는 것이다.

열의 꼭대기를 차지하는 논항을) 강등시키는 것이다. 이것은 흔히 사동주일 것이다. 그렇지만 사동주가 없는 경우에는 다음 예에서 보듯이 대상 의미역이 될 수도 있다.

> 'the cat was given to the mother.'
> (그 고양이게 그 엄마한테 건네졌다)

문법 기능들을 배당하는 경우에, 화자가 왜 상위 논항의 전형적 위치를 부정하려고 하는 것일까? 화용적 이유는 아마 문법적 주어가 주제(*topic*)를 문법 부호로 입력하는 데 보편적으로 선호되는 방식일 것이라는 점이다(Keenan 1976을 보기 바람). 흔히 문장 주제는 상위 논항과 함께 나타나지만, 반드시 그럴 필요는 없다. 그 메시지에서 또 다른 논항에 주제의 역할이 배당되는 경우, 그것을 문법적 주어로 나타나도록 해 주는 사상(*mapping*)이 필요하게 될 것이다. 이것이 수동태 사상이 제공해 주는 것이다. 수동태에서는 상위 논항을 주어 위치로부터 '강등시켜' 주제화된 논항을 위해서 그 홈을 비워 두는 것이다.

강등된 논항에는 어떤 일이 일어나는 것일까? 수동태 구문은 그것의 문법 부호화를 요구하지 않는다. 만일 그 논항(사동주라고 하자)이 그 메시지에서 결여되어 있다면, 그것이 다음처럼 그 문장에서도 나타나지 않을 것이다.

> 'the dragon was killed.'
> (그 용이 죽임을 당하였다)

그러나 그것이 비록 주제로서는 아니더라도 여전히 표현되어야 할 논항이라면, 영어에서는 수동태가 최소한 그 문법기능 위계의 맨 아래에다 다음과 같은 사격 전치사 'by-구'로 그 사동주의 문법 부호화를 허용한다.

'the dragon was killed by George.'
(그 용이 조지에 의해서 죽임을 당했다)

이것은 수동태 동사 형태들의 필수적 속성은 아니며, 많은 언어에서 그런 기제를 갖고 있는 것은 아니다. 필수적인 것은, 더 낮은 위계의 것을 주제로 부각시켜 주기 위하여 상위 논항을 강등시키는 어휘적 가능성이다. 보통 이는 한 개의 논항 숫자 감소로 귀결된다. 이런 사태는 다음과 같은 그림으로 보일 수 있다(Pinker 1985).

수동태 구문을 위한 주제화 및 강등 구조

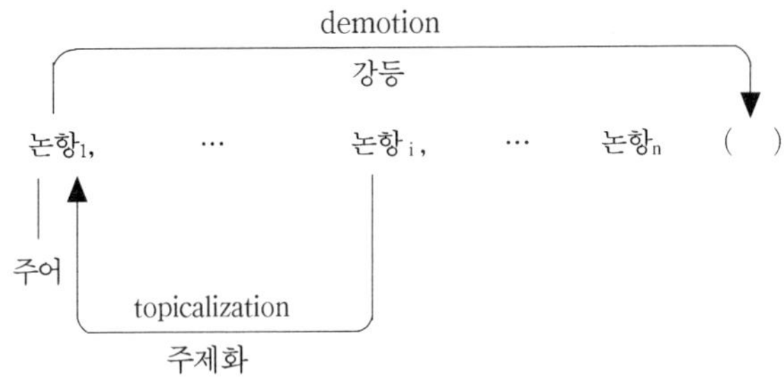

상승 이동된 논항이 일직선상에서 꼭 두 번째 것일 필요는 없음에 유의하기 바란다. 즉, 'give'(주다)의 수동태 변이체가 주제화된 '대상 의미역'을 표현하는 데 이용되거나(the cat was given to the mother) 또는 주제화된 '목표 의미역'을 표현하는 데 이용될 수도 있다(the mother was given the cat).

3) 전치사 · 형용사 · 명사

말하는 동안에 동사의 레마는 문법 기능들을 배당하는 일에 주요한 역할을 맡지만, 명사 · 형용사 · 전치사 · 부사, 그리고 조동사 · 지시대명사 · 접속사와 같이 다른 범주들에 대한 레마 없이는 언어형식을 짜넣기가 불가능하다. 전치사·명사·형용사들은 각각 전치사구·명사구·형용사구의 핵어가 될 수 있다. 그리고 이들 구에 있는 다른 요소들을 하위 범주화할 수 있다. 이들 범주 각각에 대하여 곧 이어 살펴볼 것이다. 제6장 2절 4항에서는 조동사와 다른 부차 범주들을 다룰 것이다.

■ 전치사

전치사에 의한 하위 범주화는 보통 필수적이다. 예를 들어, 'toward'(쪽으로)는 방향 논항을 표현해 주는 명사구를 요구한다.

Frederic pointed toward the sun.
(프레데릭은 태양 쪽으로 가리켰다)

전치사에 대한 레마는 그 논항과 문법 기능을 밝혀 준다. 'toward'(쪽으로)에서는 그것이 '목표' 의미역과 '전치사 목적어' 기능이다. 후자는 하위 범주화된 명사구에 대한 격자질로 표현되었다. 'toward him'(그 사람 쪽으로, 그를 향하여)이며, '*toward he'(*그가 향하여)는 아니다. 더욱이 전치사의 레마는 대부분 개념 명세내역을 지닌다. 'toward'(쪽으로)는 그 개념이 DIRECTION(방향), 즉 목표나 지시대상을 포함하지 않는 PATH(경로)임을 명시한다(제3장 3절 1항을 참고 바람). 밀러·존슨-레어드(Miller and Johnson-Laird 1976)는 다양한 전치사 레마들에 대하여 자세하게 개념 명세내역을 제시한다.

그러나 또한 텅 빈 개념 명세내역을 지닌 전치사도 있다. 이것들은 때로 관용구적 전치사로 불린다. 다음 문장에서,

George waited for the dragon.
(조지는 그 용을 기다렸다)

전치사 'for'는 그 동사에 대해서 관용구적 관계를 지니며, 그렇지 않다면 무의미하다. 그것이 여전히 핵어로서 구조를 만들고 있는 그 명사구에 대하여 격을 밝혀 주어야 한다. 그것이 관용구이므로 그 동사의 레마에 목록으로 올라 있다.

'wait'(기다리다)의 레마

wait	개념 논항: (X, (Y)) 문법 기능: (주어, (for 목적어))

이는 'wait'(기다리다)이 두 개의 개념 논항을 갖고 있음을 의미한다. 기다리는 주체와 기다림의 대상인 개체이다. 첫 번째 논항은 필수적이다. 그러나 'John waited'(존이 기다렸었다)에서와 같이 두 번째 논항은 수의적으로 생략될 수 있다. 수의적인 논항은 문법 부호상으로 "for OBJ"(for 목적어)로 입력될 것이다. 그러나 이 "for"의 지위는 무엇일까? 우리는 그것이 비-관용구적인 레마, 즉 유의미한 전치사인 for(위하여)의 주소지라고 가정할 것이다. 목적어 논항이 있을 경우에는 그 레마 'wait'(기다리다)를 활성화하는 일이 자동적으로 레마 for까지 언급하는 일을 포함할 것이다. 이 경우에 for의 개념 활성화 조건이 그 활성화에서는 아무런 역할도 맡지 못한다(= 관용구이므로). 또한 전치사구의 추가 산출과도 무관함에 유의하기 바란다. 다만 for의 통사 자질과 그 어휘 항목 지시바늘만이 관련된다.

■ 형용사

형용사는 'hard work'(어려운 일)에서와 같이 명사구에서 지정어(*specifier*)로 실현될 수 있지만, 형용사구에서 핵어(*head*)로도 실현된다. 후자의 경우, 형용사는 그 구에서 다양한 요소들을 하위 범주화할 수 있다. 형용사 레마는 이것이 어떻게 실행되는지를 밝혀 준다. 너무 자주 인용되는 사례가 이를 보여 줄 것이다. eager(열망하다)와 easy(쉽다)는 다음 문장에서 보듯이, 각각 형용사구 eager to please(기쁘게 해 주려고 열망하다)와 easy to please(기쁘게 하기 쉽다)의 핵어이다.

John is eager to please.
(존은 〔누군가를〕 기쁘게 해 주려고 열망한다)
John is easy to please.
(〔누구든지〕 존을 기쁘게 하기가 쉽다)

두 형용사의 레마가 모두 형용사 범주이며, 다음처럼 문법 기능을 명세한다.

문법 기능: (주어, 문장으로 된 내포문)

두 예문에서 모두 그 주어는 John(존)이다. S-COMP(문장으로 된 보충어)는[16] to please(기쁘게 하다)이다. 그 차이는 레마들에 밝혀진 COMP(보충어)와의 관계에 있다.

eager
보충어(COMP)와의 관계: 상위문의 주어는 내포문의 주어이다.
내포문은 특수 매개인자 'to 부정사절'로 실현된다.
easy
보충어(COMP)와의 관계: 상위문의 주어는 내포문의 목적어이다.

16) 이 책에서 쓰는 범주를 따르면, 이 형용사들이 'to부정사 절'을 요구하므로 V-COMP(동사구로 된 보충어)로 적어 주어야 한다. 그렇지만 저자는 이런 부정사 절에서 문장 형식 "누가 누구를 기쁘게 해 주다"(X please Y)를 전제하고 한다. 이런 점 때문에 하위 범주화 내역을 먼저 S-COMP(문장으로 된 보충어)으로 적고, 다음에 그 문장(내포문)이 '부정사 절'임을 표시해 주고 있다.

내포문은 특수 매개인자 'to 부정사 절'로 실현된다.

이는 eager가 그 형용사 핵어일 경우에 존을 please의 주어로 만들어 준다(존이 누군가를 기쁘게 하다). easy가 그 형용사 핵어일 경우에는 존을 please의 목적어로 만들어 준다(누군가가 존을 기쁘게 하다). 두 경우에 모두 S-COMP(문장으로 된 보충어)의 동사는 'to 부정사' 형태가 될 것이다. 레마에서 COMP(보충어)와의 관계에 대한 명세내역은, eager(열망하다)의 S-COMP(문장으로 된 보충어)에서 주어가 없는 구문을 만들어 내기 위하여, 그리고 easy(쉬운)의 S-COMP(문장으로 된 보충어)에서 목적어 없는 구문을 만들어 내기 위하여, 문장 산출 과정의 지시사항으로 기능한다. 이들은 오직 형용사의 레마에 있는 문법 기능 명세내역에 대한 하나의 사례일 뿐이다. 저자는 그것들의 개념 명세내역과 형태 명세내역을 논의하는 일을 모두 유보할 것이다.

■ 명 사

구의 핵어로서, 명사는 지시사와 양화사와 같은 지정어들을 가질 수 있다. 어떤 명사들은 또한 보충어도 하위 범주로 가질 수 있다. 그렇지만 이들 보충어 표현은 언제나 수의적이다. 그런 보충어가 the father <u>of Sylvia</u>(실비아의 아버지)에서처럼 전치사구일 수도 있고, <u>Germany</u>'s president(독일의 대통령)에서처럼 명사구일 수도 있으며, the claim <u>that the world is flat</u>(지구가 평평하다는 주장)에서처럼 문장일 수도 있다. 세 가지 경우에서 모두 보충어는 명사의 개념 명세내역에 대해 적합한 논항을 표현한다. 각각 '아버지의 자식 · 대통령의 영토 · 그 주장이 언급하는 사태'이다. 그것들은 the father with money(재력가인 그 아버지) 또는 France's cheese(프랑스의 치즈)에서와 같이, 명사에 의해서 하위 범주화되지 않는 수식 요소들과는 구별되어야 한다. 이들은 개념상의 수식내용을 나타내며, 논항은 아니다. 따라서 그것들은 핵어 명사의 레마에 명세되지 않는다.

명사의 레마는 두 가지 주요 부류에 속한다. 고유명사와 일반명사이다. 고유명사의 레마는 각각 개념상의 개별 구현사례(*token*)를 명세한다. 개념상 명세내역은 기억창고 속에서 그 구현사례의 주소지에 대한 지시바늘 이상이 될 필요는 없다. 고유명사의 예들은 Mount Everest(에베레스트 산), Hans Brinker(한스 브링커),[17] World War Ⅱ(제2차 세계대전)이다. 그렇지만 고유명사가 순수하게 지시적인 것만이 아니라, 또한 추가적으로 내포의미 자질을 지닐 수도 있다. 예를 들면, Mount Everest(에베레스트 산)가 전쟁이 될 리 만무하고, World War Ⅱ(제 2차 세계대전)가 산이 될 것 같지 않다. 개별 구현사례에 주어진 이름에는, 보통 어떤 유형 정보가 있다(Carroll 1983a, b).

일반명사는 전적으로 유형(*type*) 정보를 개념 명세내역으로 포함하고 있는 명사들이다(type/token의 구분은 제3장의 번역자 각주 16을 참고하기 바람). horse(말), furniture(가구), democracy(민주주의)가 예들이다. democracy(민주주의)의 레마는 그 레마가 활성화되기 위하여 메시지에 있는 유형 개념이나 개별 구현사례 개념이 반드시 드러내 주어야 하는 여러 가지 개념 속성을 명세해 준다. 곧, 국민들에 의한 통치나, 자유선거나, 여러분이 생각하는 것 등이다. 이들 개념 명세내역의 정확한 구조에 관한 문제는 대단히 어렵다. 여기서는 그것들이 논의되지 않은 채 남겨질 것이지만, 그것들 중 일부는 제6장 3절에서 다뤄진다.

일반명사들은 추가적으로 통사 노선들을 따라 가산명사와 물질명사로 하위 구분된다. dog(개), event(사건, 일), belief(믿음, 신념)와

---

17) Dodge(1986) 《한스 브링커 또는 은빛 스케이트 *Hans Brinker or the Silver Skates*》라는 소설 속 주인공인데, 네덜란드에서 바닷물을 막은 둑에 난 작은 구멍을 밤새도록 자신의 팔뚝으로 막아 마을을 구하였다.

같은 가산명사의 레마는 수에 대해 특수한 변이체를 지닌다. 이는 '단수' 또는 '복수' 값을 가질 수 있다. 또한 그것들은 확정적 관사(= 정관사) 또는 비-확정적 관사(= 부정관사)를 받아들일 수 있다. 반면에 sugar(설탕), happiness(행복), furniture(가구)와 같은 물질명사의 레마는 고정된 통사 자질 '단수'를 갖고 있다. 이들은 보통 오직 확정적 관사만 받아들인다. 비록 가산명사와 물질명사 사이의 구별이 이들 레마의 개념 명세내역에 대한 속성들과 관련되어 있지만(가산명사는 셀 수 있는 개체를 가리키고, 물질명사는 개체화되지 않은/못하는 물질을 가리킴), 원론적으로 그것은 문법상의 구별일 뿐이다. 예를 들면, 다음 문법상의 대립 예문들에서 가산성과 물질성 사이에는 개념상의 차이가 전혀 존재하지 않는다.

the painting<u>s</u> in my house	:	the furniture in my house
(내 집에 있는 그림<u>들</u>)		(내 집안에 있는 가구 전체)
the blessing<u>s</u> of my marriage	:	the happiness of my marriage
(내 결혼에 대한 축복<u>들</u>)		(내 결혼 생활의 기쁨)

4) 조동사와 몇 가지 부차 범주

앞에서 살펴보았듯이, '관용구적 전치사'에 대한 인출 조건은 개념상으로 필수적인 종류의 것이 아니었다. 이는 또한 일부 어떤 조동사들에 대한 경우일 수 있다. 특히 영어의 have와 be와 do이다. 어떤 화자가 다음 문장을 만들어 내는 경우에

The child has given the cat to the mother.
(그 어린이가 그 고양이를 그 엄마한테 〔건네어〕 주었다)

그 메시지는 특정한 시간 지표를 담고 있고(제 2장 2절 3항을 보기 바

람), 완료 시제 동사구를 산출하는 문법 부호화 장치를 유발할 것이다. 이는 다음 제 7장에서 논의될 특정한 동사구(VP) 절차에 의해 실행된다. 이는 조동사 have의 레마를 활성화하며, 그것에 적합한 특수 구별 자질(위의 사례에서는 3인칭 단수 현재임)들을 제공한다. 달리 말하여, 그 조동사 레마가 개념상으로는 활성화되지 않으며, 오히려 통사 구성 절차에 의해서 전달되는 것이다. 그 레마의 활성화를 위한 직접적 개념 조건들이 존재하지 않으므로, '그 의미 명세내역은 비어 있다'.[18]

그러나 이것이 모든 조동사들에 대해서 그런 것은 아니다. can·may·shall과 같은 양태 조동사들은 진정한 독립적인 의미 활성화 조건들을 지니고 있다. 그 메시지에서 가능성 및 필연성을 관련지어 놓는다(Lyons 1977; Seuren 1985). 이것들은 동사구로 된 내포문을 취하는 상위문동사로 취급될 수 있다(Bresnan 1982; Pinker 1985).[19]

---

18) 이 주장은 강한 입장으로 해석되어서는 안 된다. 만일 강하게 해석된다면, gave나 has given의 의미 차이가 전혀 없어야 할 것이다. 그렇지만, 과거시제인 gave로 되는 경우와 지금 예에서처럼 현재완료인 has given으로 되어 있는 경우에는, 깃들어 있는 속뜻이 서로 다르다. 저자는 이 점을 무시하고 있는 듯하다. 영어에서 과거는, 바로 1초 전에 일어나도 과거시제로 표현된다. 현재 시점에서 멀고 가까움에 상관이 없다. 어떤 사건이 현재 발화시 이전에 일어났었다는 사실만 가리키고 있다. 그런데, 왜 '현재완료 시제'를 갖고 있는 것일까? 저자의 결론과 같이 '의미상으로 텅 빈 껍데기'에 불과할 것인가? 결코 그렇지 않다. 이는 '과거완료'의 본질을 파악하면 해답이 나온다. 과거완료는 기본적으로 어떤 과정이나 행위가 다 끝난 뒤 어떤 결과 상태를 확인할 수 있다는 뜻을 담고 있다. has가 현재시제로 되어 있기 때문에, 발화 시점에 어떤 사건의 결과 상태가 과연 그러한지 아닌지 여부를 확인할 수 있다는 속뜻이 깃들어 있다. 따라서 has given the mother the cat이 사실이라면, "그 어린이한테서 더 이상 그 고양이를 찾을 수 없음"을 청자가 다시 확인할 수 있거나, 또는 "그 엄마가 그 고양이를 갖고 있다"는 속뜻이 들어가 있는 것이다. 이런 점이 시제 표현의 '대립적 의미자질'이다.

19) 시제와 양태에 대한 처리 방식은 언어학자와 논리학자 사이에 심한 차이를 보인다(논리학에서는 '시제 논리'와 '양상 논리'의 하위 분야가 있음). 언어학자들은 단순히 핵과 논항의 관계만을 따지고 있다. Guéron and Lecarme eds. (2004) 《시간의 통사론 *The Syntax of Time*》(MIT Press)를 보기 바란

레마들에서 그 통사적 명세내역은 다음과 같다.

양태 동사
통사 범주: 동사
문법 기능: (주어, 동사구로 된 내포문)
내포문과의 관계: 상위문의 주어는 동사구 내포문의 주어이다.
동사구 내포문은 특수값 to 없는 '부정사 절'(inf)을 갖는다.

따라서 'Olithia can go'(올리시아가 갈 수 있다)의 표면구조는 다음처럼 될 것이다.

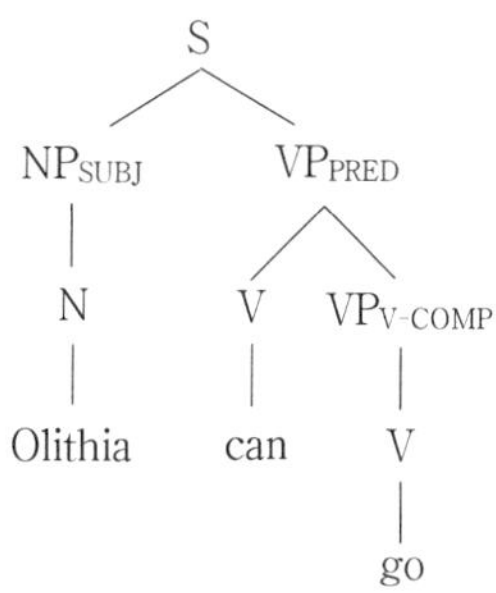

단, 여기서 go(가다)의 주어는 can(조동사)의 주어가 되며, go(가다)는 부정사 절(to가 없는 민-부정사 절) 형식의 지표가 붙는다.

다. 그런데 옮긴이는 이런 처리법이 개념상의 오류를 범한다고 본다. 논항은 하나에서부터 다수까지 변동되기 때문이다. 시제와 양태는 모든 문장에서 요구된다. 따라서 마치 프레게가 처음 양화사를 모든 문장에 장착하였듯이, 이것들도 또한 연산자(*operator*)로 취급되어야 하는 것이다. 시제와 양태가 연산자로 취급되어야 한다는 주장은 논리학자 A. N. Prior(1914~1969)에 의해 이뤄졌다. 그의 글은 Clarendon 출판사에서 나온 1957 《시간과 양상 *Time and Modality*》, 1967 《과거 · 현재 · 미래 *Past, Present and Future*》, 1968 《시간과 시제에 관한 논문집 *Papers on Time and Tense*》으로 읽을 수 있다. 또한 Mani, Pustejovsky, and Gaizauskas eds. (2005) 《시간의 언어: 독본 *The Language of Time: A Reader*》(Oxford Univ. Press)에서 여러 가지 다른 처리법들을 볼 수 있다.

대부분의 영어 조동사는 오히려 활용 잠재성들을 퇴화시켜 왔다(Pinker 1985를 보기 바람). 예를 들어, 조동사 may는 부정사 절로도 쓰일 수 없고 완료 형태나 진행형으로도 쓰일 수 없다. '*to may'도 없고 '*mayed'도 없으며 '*maying'도 없는 것이다. 화란어에서는 'to may go'와 같은 구성을 산출할 수 있다. 이와는 달리 영어 형식 주조기는 그런 일을 할 수 없다. 화란어에서는 가능한데, 영어에서만 이것이 불가능해져야 할 개념상의 이유는 없다. 전적으로 포함된 레마의 통사적 속성들에 기인할 뿐이다.

의미 명세내역이 있든 없든 상관없이, (저자가 다시 한 번 더 반복하는데) 어떤 레마들은 통사적 절차에 의해서 직접 전달될 수 있다. 이는 특정 전치사와 조동사에 대한 경우일 뿐만 아니라, 또한 다른 경우에도 그러하다. 특히 구의 핵어가 될 수 없는 소수의 부차적 통사 범주들에 대해서도 그러하다. 제 7장에서 어떤 관사들에 대해서, 특히 영어의 정관사 the와 부정관사 a에 대해서, 이것이 일어남을 보게 될 것이다. 그렇지만 다음 절은 레마들의 개념적 활성화에 온전히 바쳐질 것이다.

3. 레마 접속에 대한 여러 이론

사실상 문법 부호화의 과정이 어휘적으로 도출된다면, 레마들에 접속하는 방식은 언어산출 이론에서 핵심 논제가 된다. 그렇지만 그 메시지의 단편들을 놓고 레마들이 어떻게 활성화되는지에 대해서는 아주 조금 알려져 있다. 그 문제의 중대성에 비춰보아, 이는 전혀 놀라운 일이 아니다. 정상적인 말하기 속도를 지닌 화자는 1분당 대략 150개의 낱말을 산출한다(Maclay and Osgood 1959). 평균 잡아 400㎳마다 한 낱말을 산출하는 셈이다. 시간적 압박감 아래, 그 비율은 쉽게 200㎳마다 한 낱말의 산출로 배가될 수 있다. 정상적인 교육을 받은 어른 영어 화자는, 대략 3만 개의 낱말을 '산출 어휘'(*active vocabulary*)로 갖고 있다.[20] 산출 어휘는 실제로 매일 발화에 이용하는 낱말이다. 화자는 이들 3만 개의 낱말 또는 그만한 정도의 대안들로부터, 유창한 발화에서 단 한번만이 아니라 지속적으로 1초당 2번에서 5번 정도로 올바른 선택을 내려야 한다(어떤 분명한 시간상의 제한이 없이도 유지될 수 있는 비율임). 모든 정상적인 어른에 의해 공유되며 결정짓기 비율이 그렇게 높은 인지 과정은 아마 달리 존재하지 않을 것이다. 그럼에도 오류 비율은 아주 낮다. 말하기 실수들을 수집하는 연구자는 하루 동안의 채집량이 미미함을 알고 있다. 가아넘 · 쉴컥 · 브롸운 · 밀 · 커뜰러(Garnham,

---

20) 〈지은이 각주〉 그 숫자는 화자마다 크게 변동될 것이며, 더욱이 측정하기도 어렵다. 옥스퍼드 대학교 학부생들에 대한 Oldfield의 1963년 추정치는 대략 7만 5천 낱말 정도의 어휘량이었다. 그렇지만 이는 학생들에 의해 이해된 낱말들이었다(즉 그들의 이해 어휘들임). 그들의 산출 어휘는 분명히 실질적으로 더 작을 것임에 틀림없다.

〈옮긴이 각주〉 저자는 산출과 이해에 이용되는 어휘를 각각 '능동적'(*active*) 어휘와 '수동적'(*passive*) 어휘란 용어로 쓰고 있다. 그렇지만 이해에서는 수동적인 모습만 있는 것이 아니다. 오히려 이해자의 머릿속에서 적극적으로 짐작하고, 인출하고, 부합시키는 일들이 역동적으로 일어난다(이를 '재구성' 과정이라고도 부름). 따라서 번역에서는 비유적인 용어를 직역하기보다는, 오히려 직접적인 용어로서 '산출 어휘'(산출 관련 어휘) 및 '이해 어휘'(이해 관련 어휘)를 쓰기로 한다. 그리고 머릿속 어휘의 수는 Nagy and Herman(1987) "어휘 지식의 너비와 깊이: 습득 및 지도를 위한 함의 Breadth and Depth of Vocabulary Knowledge: Implications for Acquisition and Instruction" in McKeown et al. eds. 《어휘 습득의 본질 *The Nature of Vocabulary Acquisition*》(Lawrence Erlbaum)에서는 4만 개 정도로 보았다. Pinker(김한영 외 번역 1998: 상권 220쪽 이하) 《언어 본능》(그린비)에서는 6만 개 정도로 본다. 한편 Aitchison(임지룡 외 번역 1993: 8쪽 이하) 《언어심리학: 머리속 어휘사전의 신비를 찾아서》(경북대 출판부)에서는 무려 15만 개의 낱말을 이해하고, 이 중 90%를 사용한다고 보았다. 연구자에 따라 어휘 숫자가 크게 변동되는데, 더 자세한 논의는 Stahl and Nagy(2006) 《낱말 의미 교육 *Teaching Word Meanings*》(Lawrence Erlbaum Asso.) 제 3장을 보기 바란다.

Shillcock, Brown, Mill, and Cutler 1982)는 20만 개의 낱말로 된 말뭉치에서 191개의 말실수를 찾아내었다. 대략 1천 개의 낱말마다 1번의 실수인 셈이다. 이들 실수 가운데 거의 절반(86개)이 어휘 오류였다. 호토프(Hotopf 1980)는 8군데의 학술회의 화자들에 대한 녹음 기록에서 전체 125개 이상의 낱말 말실수를 찾아낼 수 없었다.

레마 접속 이론의 주요 논제는, 동사나 일반명사나 형용사나 또는 또 다른 실사들에 대한 개념 명세내역(≒ 의미 정보값)이, 어떻게 그 메시지의 일부 단편과 '공명을 일으키게' 되는지, 그리고 서로 다른 레마들 사이에서 이처럼 높은 처리 비율로 어떻게 신속하고 정확한 선택이 이뤄지는지에 대해서이다. 이 절에서는 일부 접속 이론을 개관할 것이다. 먼저 어휘 접속(*lexical access*) 이론을 평가하는 데에 중요한 두 가지 이론적 논제부터 살펴보기로 한다.

1) 병렬처리와 수렴

■ 병렬처리

고속 접속은 병렬처리를 요구한다. 예를 들어, 표현될 임의의 개념에 대해서 딱 들어맞는 레마가 찾아지기 전까지 그 적합성을 놓고서 머릿속 어휘부에 있는 모든 레마들이 계속 점검되어야 했더라면 아마 재난이었을 것이다. 이는 그 문장에 있는 새로운 낱말에 대하여 (1초당 2번에서 5번까지) 수천 번의 검사를 포함했을 것이기 때문이다. 접속 이론들에 대하여 우열을 가리는 시금석은, 계속 이어지는 그런 검사를 그 이론이 줄여 놓을 수 있는 정도가 될 것이다. 이론적 근거들을 위하여 필요한 접속에 대한 병렬 설명이 있을 뿐만 아니라, 또한 말하기에서 병렬 어휘 접속에 대한 설득력 있는 경험적 증거들도 있다. 말하기 실수(특히 '혼성')들이 종종 'tummy'(배: 어린아이 말투)와 'stomach'(배)에 대해서 stummy(배: 어린이 말과 어른 말을 혼성한 잘못된 형태)에서와 같이(Fromkin 1973), 두 개의 비슷한 유의어에 대한 동시 활성화를 드러내어 준다.

어휘 접속에서 또 다른 종류의 병렬처리에 대한 비슷한 증거가 있다. 서로 다른 메시지 단편(*fragments*)들이 나란히 레마들을 촉발시킬 수 있다. 만일 동시에 둘 이상의 단편이 이용 가능하다면, 그것들의 레마에 대한 활성화가 순차적일 필요는 없다. 예를 들어, 만일 어떤 '함수-논항' 구조가 'the text fits the page'(그 덩잇글이 그 페이지에 꼭 들어맞는다)라고 표현될 예정이라면, 개념 단편인 FIT(꼭 들어맞다) · TEXT(덩잇글) · PAGE(페이지)가 모두 화자의 머릿속에서 동시에 언어 표현을 위해 이용될 수 있으며, 각각의 레마를 위해 그 나름의 탐색을 시작해 나간다. 만일 유창한 발화산출 동안에 작동하며 서로 다르지만 겹치는 병렬 접속 과정이 평균 세 개가 있다면, 산출 속도 면에서 3배만큼 빨라진다. 이런 유형의 병렬성이 또한 특징적 유형의 오류 성향으로도 이끌어 갈 수 있다. 화자는 흔히 다음처럼 말할 가능성이 있다.

> the page fits the text.
> (그 페이지가 그 덩잇글에 꼭 들어맞는다)

이런 유형의 말하기 실수는 실제로 드물지 않다.

■ 수렴

접속하기 흐름도가 어떠하든지 상관없이, 궁극적으로는 올바른 하나의 항목으로 수렴되어야 한다. 클락(E. Clark 1987, 1988)과 같이, 우리는 언어에서 '참된 동의어는 존재하지 않는다'고 가정할 것이다. '대조의 원리'(*principle of contrast*)가 있다. 이 원리에서는 언어에서 모든 형태들이 의미상으로 대조된다고 말한다. 만일 낱말 형식 'a'가 올바르게 의미 개념 'A'를 표현한다면, 낱말 형식 'b'는 더 이상 올바르게 의미 개념 'A'를 표현할 수 없는 것이다.

수렴은 의미 개념과 낱말 형식이 간단히 '1 : 1' 관계를 이룰 경우에 보장될 것이다. 이는 '어느 정도' 고유명사와 그 고유명사가 가리키는 개인에 대해서 실현된다.[21] 이들 사례에서는 제 6장 2절 3항에서 살펴보았듯이, 그 레마에 대한 개념 명세내역은 기억 창고 속에 있는 개별 구현사례의 개별 주소지에 대한 지시바늘에 지나지 않을 가능성이 있다. 모든 '개념 : 낱말'의 관계가 이런 종류의 것이었더라면, 레마에 접속하는 일이 타자기를 치는 것과 비슷했을 것이다. 각 개념이 고유한 글쇠를 치고서 그것의 고유한 레마 특성을 출력해 주었을 것이다. 좀 더 심리학적 용어로 말하면, 레마를 활성화시키는 일이 아무런 선택도 담고 있지 않은 간단한 반응이었을 것이다. 돈더즈(Donders 1868) 이후로 우리는 이들 정신적 반응이 모두 가장 신속한 것임을 알고 있다. '1 : 1' 사상이 높은 속도는 물론, 하자 없는 수렴을 보장한다.

대안이 되는 '구성성분적' 견해(*componential view*)에서는 한 낱말의

---

21) 고유명사(이름)의 지위는 특이하다. 낱말(언어형식)과 대상(실제 존재)이 '1 : 1'의 대응관계에 있는 듯 느껴지기 때문이다. 밀(J. S. Mill, 1806~1873) 《논리의 한 체계 *A System of Logic*》(Rosen ed. 1974, University of Toronto Press)에 있는 '§. 2 On names'에서 문장과 명사가 똑같이 이름(*name*)을 가리킨다고 보았다. 프레게(Frege, 1848~1925)도 다음처럼 생각하였다. "고유명사는 어떤 대상을 가리킨다. 고유명사처럼 문장도 '아직 채워지지 않은' 어떤 대상이다. 논항이 들어와 그 부분을 채워 문장이 닫힐 경우에는 어떤 사건을 가리킨다." 이런 생각이 아리스토텔레스 논리학을 벗어나, 일원론에 바탕을 둔 현대 술어 논리를 탄생시킨다. 그렇지만 엄밀히 따져 보면, 고유명사가 늘 실세계의 존재성을 보장해 주는 것은 아니다. '홍부, 심청이'와 같은 인물들은 특정한 속성만을 지닌 상상 속의 대상이다. 또한 '우리 반 철수는 이순신이다, 영이는 황진이이다'라는 표현에서와 같이 고유명사도 일반명사처럼 확대되어 쓰일 수 있다. 카아납(Carnap, 1891~1970)의 용어를 빌리면, 고유명사도 또한 여느 언어형식과 마찬가지로 외연의미(*extension*)와 내포의미(*intension*)를 모두 갖고 있는 것이다. 이런 이유 때문에 본문에서는 '어느 정도'라고 울타리(*hedge*) 표현을 추가해 놓았다.

개념 명세내역이(즉, 그 의미가) 개념 구성성분들이나 자질들의 어떤 집합체인데, 이는 그 메시지의 좀더 작거나 큰 단편들에 대해서 점검되어야 한다. 절차적(*procedural*) 이론에서는, 밀러·존슨-레어드(Miller and Johnson-Laird 1976)에 의해서 계발된 것과 같이, 구성성분들이 서술어이며, 각 서술어를 놓고서 그것이 다뤄지고 있는 개념을 위해 참인지 아니면 거짓인지를 평가할 수 있는 검사 절차가 있다. 앞에서 본 〈그림 6-3〉에 있는 레마 'give'(주다)에 대한 개념 명세내역은,

CAUSE, GO_{poss}, FROM-TO
'야기하다, $가다_{소유물}$, 부터-까지'

와 같은 서술어나 함수들의 그런 집합체이다. 그 레마의 응용 가능성을 검사하기 위하여, 그 개념은 아마 이들 성분 각각의 출현을 놓고서, 그리고 그것들의 올바른 관련을 놓고서 점검되어야 할 것이다. 왜냐하면 그것들 가운데 아무것도 그 개념과 모순되어서는 안 되기 때문이다. 레마의 인지적 명세내역에 대한 구성성분 구조가 좀더 자세하면 자세할수록, 올바른 레마로 수렴되기 위해서 더 많은 검사가 실행되어야만 할 것임이 분명하다. 그리고 이것은 그 검사들이 병렬적으로 작동하지 않는다면, 접속 속도에 손실이 될 것이다. 비록 낱말 의미에 대한 이론에서 어느 정도 구성성분 속성이 불가피하더라도, 특히 발화산출에서의 접속 이론을 위해서는 그 경험적 필요성을 신중히 검토해 보는 일이 가치가 있다. 포더·개뤝·워커·팍스(Fodor, Garrett, Walker, and Parkes 1980)에서는 또한 메시지가 구성되는 개념 목록과 한 언어의 낱말들 사이에 어떤 밀접한 부합 일치가 있음을 제안하였다.

어휘 접속의 어떤 이론으로도 아직 해결되지 않은 고약스런 수렴 문제가 하나 있다. 저자는 이를 '상의어 문제'(*hypernym problem*)라고 부

를 것이다. 이는 서로 다른 이론에서 상이한 모습으로 나타나겠지만, 간략히 형식화하면 다음과 같다.

> 상의어 문제
>
> 레마 'A'의 의미가 레마 'B'의 의미를 결과적으로 이끌어내는[22] 경우에, B는 A의 상의어이다. 만일 A의 개념 조건들이 충족되면, B의 개념도 또한 반드시 충족된다. 따라서 만일 A가 올바른 레마라면, 또한 B도 인출될 것이다.

예를 들어 보이면 다음과 같다. 만일 특정 화자가 개념 DOG(개)를 표현하고자 의도한다면, 그 상의어의 레마 animal(동물)을 활성화하기 위한 모든 개념 조건들도 충족된다. 왜냐하면 dog(개)의 의미가 animal(동물)의 의미를 결과적으로 이끌어내기 때문이다. 그렇다면 그 화자가 dog(개) 대신에 왜 animal(동물)이라고 말하지 않는 것일까? 좀더 격식 없이 표현하자면, 화자들이 왜 'the man walks'(그 남자가 걸어간다) 대신에 상의어를 써서 'the <u>person</u> <u>moves</u>'(그 <u>사람이</u>

22) entail(결과적으로 참값을 이끌어 내다)의 어원은 'into+to cut(tailler)'(더 깎아내어 조각품을 만듦)이다. 이는 한 명제가 참일 경우에 결과적으로 이끌어 내거나 딸려 나오는 참값 명제를 가리킨다. 가령, '유감스럽다'(*regret*)와 같은 동사는 내포문의 사실성(*factivity*)을 보존해 준다. "철수가 오지 않은 것이 유감스럽다"라는 문장이 참인 경우에, '철수가 오지 않았다'라는 참값의 명제를 이끌어 낼 수 있는 것이다. 그러나 '믿다'(*believe*)와 같은 불투명(*opaque*) 동사는 그렇지 않다. 비록 "철수가 오지 않았다고 믿는다"라는 문장이 참이더라도, '철수가 오지 않았다'가 참인지 여부를 알 수 없다. entail은 앞의 경우와 같은 도출 관계를 말한다. 본문에서 A가 하의어이고, B가 상의어로 제시하였다. 이는 A가 B의 진부분 집합임을 전제로 한다. 이럴 경우에, A가 참이면, 반드시 B도 또한 참이 되는 것은 아니다. 가령, 하의어를 지닌 "<u>개</u>는 이름을 갖고 있다"라는 문장이 참일 때에, 상의어를 지닌 "<u>포유류</u>는 이름을 갖고 있다"라는 문장은 거짓이다. 이런 점을 고려하면, 저자가 용어를 잘못 쓰고 있다고 번역자는 판단한다. 상의어 관계를 가리키기 위해서는 entail(결과적으로 참값을 이끌어 내다)이 아니라, 오히려 presuppose(전제하다)라고 써야 옳을 것이다.

움직인다)와 같이 말하지 않으며, 왜 'the plane flies'(그 비행기가 날아간다) 대신에 'the thing travels'(그 대상이 이동한다)라고 말하지 않으며, 왜 'his leaving made her weep'(그의 작별이 그녀를 울렸다) 대신에 'the event caused an event'(그 사건이 어떤 사건을 일으켰다)라고 말하지 않는 것일까?[23]

상의어 문제는 어휘 접속의 이론들에 대한 효율성 여부를 판별하는 시금석이다. 접속 이론들을 개관한 뒤에, 저자는 처리 원리를 만들어 나갈 것이며, 이를 접속 이론에 융합시킴으로써 상의어 문제를 해결하게 될 것이다. 그 원리는 또한 일반적으로 수렴의 논제에 대해서도 또 다른 서광을 비춰 줄 것이다.

2) 낱말 탐지기 이론

이는 모튼(Morton 1969, 1979)이 계발한 '낱말 탐지기'(*logogen*)[24] 이론이며, 원래 어휘 접속에 대한 일반 이론으로 의도되었다. 즉, 언어이해와 언어산출 둘 모두에 대한 접속 이론이다. 비록 이런 얼개에

23) 비록 제 6장 3절 6항에서 저자가 약정을 세워 놓지만, 이를 다룰 수 있는 개념은, 옮긴이의 생각에 원형(*prototype*) 이론이나 민간분류학(*taxonomy*) 이론에서 찾을 수 있을 듯하다. 우리가 처음 만들어 내는 개념들이 전형적인 본보기(*examplar*) 또는 기본 층위(*basic level*)의 대상들이기 때문이다. 특히 민간분류학에서는 어느 문화권에서든지 5~6가지 층위로 세상의 대상들을 분류하는데, 기본 층위를 중심으로 위와 아래로 두 층위 정도가 더 설정된다고 본다.

24) 이는 모어튼에 의해 logos(낱말)와 genus(생산 birth)란 어원으로 만들어진 학술 용어이다. 어원만 보면 낱말 산출과 관련될 듯하다. 그렇지만 기본적인 착상은 언어의 산출과 이해 과정에서 일어나는 어휘 접속을 가리키기 위한 것이다. logogen이 언어이해와 산출 과정에서 주로 낱말형태들을 처리하는 역할을 맡고 있으므로, '낱말형태 탐지 처리기'로 쓸 수 있겠지만, 여기서는 간단히 줄여 '낱말 탐지기'로 쓰기로 한다. 신현정(2003:139) "어휘 의미의 처리," 조명한 외 11인 《언어심리학》(학지사)에서는 '일종의 단어 탐지 시스템'이란 말을 썼는데, 이 글은 관련된 내용을 상세하게 써 놓아서 크게 도움을 준다.

있는 대부분의 조사연구가 언어이해(특히 낱말 인식)에 바쳐져 왔지만, 그 이론은 또한 산출 연구도 촉발시켜 왔다. 현재의 논의는 후자에 국한될 것이다. 이 이론에서는 어휘 항목들이 머릿속에서 낱말 탐지기로 표상되어 있다. 낱말 탐지기는 한 낱말의 적합성에 대한 증거를 모아 놓는 기제이다. 이 기제는 그 낱말들의 적합성을 가리켜 줄 수 있는 정보에 민감하다. 모든 낱말 탐지기는 그것들의 특정한 정보를 모으는 일에서 동시에 활성화된다. 즉, 낱말 탐지기 체계는 병렬 접속 기제이다. 일반적인 발화산출에서 낱말 탐지기를 활성화해 주는 정보는 이른바 '인지 체계'로부터 시작되어 나온다. 인지 체계란 모든 개념적 · 통사적 · 고차 함수들에 대한 보관창고이다.[25]

각 낱말 탐지기는 '문턱값'(*threshold*)을 갖는다.[26] 모아진 증거 조각들이 그 문턱값을 넘어서자마자, 해당되는 낱말 탐지기가 '점화된다'(즉, 그 낱말의 형태를 사용 가능해지도록 만든다). 이는 그 낱말 탐지기가 음운 부호를 이른바 '반응 임시저장고'(*Response Buffer*)로 보내어 줌을 의미하며, 짤막한 시간 동안만 머물게 된다. 동시에 낱말 탐지기의 활성화 수준은 도로 0으로 떨어지며, 그것의 문턱값이 잠정적으로 낮아진다. 반응 임시저장고는 성대 반응(*vocal response*)을 개시하기 위하여 음운 부호를 이용할 수 있다. 그것은 또한 그 음운 부호를 '낱말 탐지기 체계'로 되돌릴 수도 있다. 그 경우에 낱말 탐지기는 다시 활성화될 것이다. 이미 한 번의 활성화가 있어서 낱말 탐지기의 문턱값이 여

---

25) 고차(*higher-order*) 함수는 논리학에서 2차 함수 이상을 가리키는 말이다. 1차 함수는 상항(*constant*)으로만 이뤄진 명제를 다룬다. 2차 함수에서부터는 변항(*variable*)이 도입되며, 변항에 대한 또 다른 변항이 도입되면 차수가 더 높아진다. 차수는 괴델의 업적에 의해 완전성과 불완전성으로 나뉜다는 점에서 심각한 논제이다. 오직 상항으로 이뤄진 1차 함수만이 완전하다. 여기서는 이런 축자적 의미보다는 일반적인 meta-function(상위 함수)의 의미로 쓰였다.

26) 기본 발상은 그 '문턱'만 넘으면 활성화되며, 지능의 높낮이에 무관하게 누구에게나 똑같이 그 활성화가 일어남을 뜻한다. 더러 일본 용어 '역치'(閾値, 문턱값)를 쓰기도 하지만, 여기서는 쉬운 말로 풀어 써 둔다.

〈그림 6-4〉 낱말 탐지기 모형

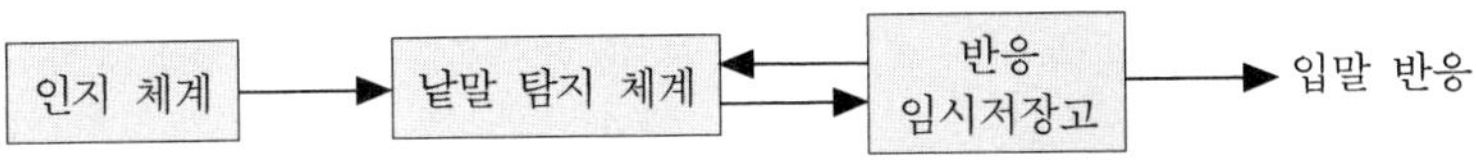

* 단, 여기에 오직 발화 생성에 관련된 부분만 표상되어 있음

전히 낮기 때문에, 정상적으로 다시 그것이 점화될 것이며, 이는 동일한 음운 부호가 '반응 임시저장고'에 되돌아옴을 의미한다. 이것이 무한정 계속될 수도 있다. 이런 방식으로 음운 부호는 심지어 그것이 즉각 발화될 수 없는 경우라 하더라도 언제든 이용될 수 있도록 유지된다. 이것이 흔히 유창한 발화에 나타나는 경우일 것이다. 거기에서 낱말들은 산출을 위해 올바르게 순서가 지어져야 한다. 낱말 탐지기의 문턱값은 그 낱말 탐지기가 과거에 얼마나 자주 활성화되었으며, 그리고 최근에 그것이 일어났는지 여부에 따라서 변동될 것이다. 〈그림 6-4〉는 그 모형의 이런 부분에 대한 얼개이다.

'개념 형성기'가 통사 정보를 산출한다는 점만을 제외하면, '인지 체계'는 개념 형성기와 동일하다. 낱말 탐지기는 레마와 비슷하다. 그것들이 특정한 개념과 통사 정보에 맞춰진다는 점에서 그러하다. 그것들이 '반응 임시저장고'에 보내는 음운 부호들은 어휘 항목들에 대한 '형태' 정보이다.

낱말 탐지기 이론은 유창한 발화산출에서 일정 범위의 경험적 발견사실들을 설명하는 데에 이용되었다. 다음에 두 가지 사례가 있다.

① 만일 어떤 낱말 탐지기의 문턱값이 과거에 덜 자주 이용되어 활성화 값이 좀 높다면, 낮은 빈도의 낱말 탐지기들은 높은 빈도의 처리기보다 접속 시간이 더 길게 소요될 것이다. 왜냐하면 높은 문턱값을 넘어서기 위하여 더 많은 증거가 모여야 되기 때문이다. 이것이 높은 빈도의 낱말보다도 낮은 빈도의 낱말들에서 더 흔히 어휘화 이전 단계의 짤막한 머뭇거림이 나타나는 경우일 것인가? 머클레이・오스귿(Maclay and Osgood 1959) 에서와 마틴 · 스트뢰인지 (Martin and Strange 1968) 에서는 어떤 간접적인 증거를 제공한다. 높은 빈도로 나타나는 허사(관사, 대명사, 그리고 다른 부차 범주의 낱말들) 들이, 평균적으로 훨씬 낮은 빈도의 실사(명사, 동사, 형용사 등) 보다 훨씬 덜 짤막한 머뭇거림 뒤에 실현되었다. 비티 · 버터워쓰(Beattie and Butterworth 1979) 는 짤막한 머뭇거림과 관련되는 것은, 한 낱말의 서술 가능성 (*predictability*) 이며, 그 빈도가 아니라고 논의하였다. 유창한 발화에서 서술 가능성과 낱말의 빈도는 높은 상관관계에 있으므로, 그 효과가 분명히 통계학적으로 해결되어야 한다. 비티 · 버터워쓰(1979) 는 서술 가능성이 고려된 경우에 아무런 빈도 효과도 찾아내지 못하였다. 르펠트(Levelt 1983) 는 강한 빈도 효과를 찾아내었지만, 서술 가능성 효과는 거의 없었다. 그 자료는 공간상의 채색 그물에 대한 피험자의 서술에서 나온 어휘화 이전 단계에서 짧게 쉬는 머뭇거림이었다(그 과제는 제 4장 4절 2항에서 논의되었음). 화자들은 red (빨강) 와 같이 높은 빈도의 색채어 앞에서보다, purple (자줏빛, 심홍색) 과 같이 낮은 빈도의 색채어 앞에서 '… er (어) …'를 좀더 많이 썼다. 서술 가능성은 두 번째 예에서 다시 논의된다.

② 그 모형에 따르면, 낱말 탐지기는 또한 관련된 맥락 정보를 '인식 체계'로부터 모아들인다. 가령 table (탁자) 라는 낱말은

"The cup was placed on the ____."
(그 잔이 ____ 위에 놓여 있었다)

라는 문장을 따르는 경우가, 다음의

"They went to see the new ____."
(그들은 새로운 _____를 보러 갔다)

을 따르는 경우보다 더 쉽게 인식된다. 첫 예문의 맥락은 table(탁자)에 대하여 높은 추이 가능성을 제공한다. 반면에 뒤의 문장에서는 그 빈칸에 film(영화)란 낱말이 더 쉽게 인식되게 한다(Morton 1979).

낱말산출에서도 유사한 맥락효과가 있는 것일까? 라운스버뤼(Lounsbury 1954)는 더 낮은 추이 가능성에서 화자들이 좀더 많이 머뭇거릴 것으로 예측하였다. 골드먼-아이슬러(Goldman-Eisler 1958, 1968)는 이것이 실제 사실임을 보여 주었다. 계속하여 이 점이 테넌바움・윌리엄즈・힐려(Tannenbaum, Williams, and Hillier 1965)와 버터워쓰(Butterworth 1972)와 비티・버터워쓰(Beattie and Butterworth 1979)에 의해서 확증되었다. 개관을 보려면 버터워쓰(Butterworth 1980b)를 참고하기 바란다.

비록 이들 두 현상이 낱말 탐지기 이론과 합치되지만, 머뭇거림 자료가 거의 언제나 다양한 방식으로 달리 해석될 수 있음에 유의해야 한다. 레마 접속과 낱말형태 접속에 비춰 보면, 앞의 사례 ①에 있는 낱말 빈도 효과는, 그 레마의 접속에 말미암거나, 아니면 그 낱말형태의 접속에 말미암을 수 있다. 이는 낱말 탐지기 이론과 관련된 구별사항이 아니다. 왜냐하면 어휘 항목이 세부 내용에 대한 구별 없이 전체적으로 접속되기 때문이다. 빈도 효과를 놓고서, 형태에 기반을 둔 해석을 옹호하는 논의는 개뤝(Garrett 1982)과 르펠트(Levelt 1983)를 참고하기 바란다.

더욱이 사례 ②에 있는 맥락 효과는, 적합한 맥락 속에서 table(탁자)이나 film(영화)이라는 낱말 탐지기에 대한 낮아진 문턱값에 기인하는 것이 아니다. 오히려 '물건 놔두기'나 '외출'에 대해 이야기하는 맥락 속에서 개념 TABLE(탁자)이나 FILM(영화)에 대한 더 큰 이용 가능성에 기인할 수도 있다. 이것이 그 자료에 대한 골드먼-아이슬러의 해석이었다. 그녀는 목표 낱말을 '뒤따르는' 문장 도막이 똑같이 그 목표 낱말 바로 앞에서 머뭇거림을 예측하였다는 발견 사실로써 그 해석을 뒷받침하였다. 골드먼-아이슬러에 따르면 어휘화 이전 단계의 머뭇거림은 그 화자가 복잡한 개념의 계획에 몰입해 있음을 가리킨다. 이것이 또한 뒤따르는 낱말들을 덜 분명해지게 하거나, 예상되는 그 '머뭇대는' 낱말의 지속을 야기할 수 있다. 달리 말하여, 어휘화 이전 단계의 머뭇거림에 대한 맥락 효과는, 낱말 탐지기를 접속하는 차원에서가 아니라, 개념 계획이나 메시지 구성에 대한 예비 상태에서 생겨난다는 것이다.

유창한 언어산출을 위한 낱말 탐지기 이론의 주요한 매력은 그 분산 제어 구조에 있다. 모든 레마가 이용 가능한 메시지나 메시지 도막을 놓고서 그것들의 특징적 자질을 동시에 점검한다. 문턱값 활성화에 도달한 첫 번째 낱말 탐지기가 '점화될' 것이다. 이는 정상적으로 그 문장에서 마지막으로 사용된 것보다 더 많은 낱말 탐지기들이 어느 정도 활성화됨을 예측한다. 수렴에 대한 유일한 해결책이 존재하는 한, 이는 괜찮다. 그러나 궁극적으로 그 체계가 올바른 낱말 탐지기를 점화하도록 보장해 줄 것인가? 이런 속성은 자연스럽게 일어나지 않을 것이다.

앞서 다룬 상의어 문제를 다시 살펴보기로 한다. 만일 화자가 개념 DOG(개)를 표현하고자 의도한다면, 인지 체계는 dog(개)에 대한 낱말 탐지기의 활성화와 관련된 개념 특징들을 이용할 수 있도록 만들 것이다. 그러나 이들 특징은 animal(동물)에 대한 낱말 탐지기를 활성화해 줄 그런 특성들도 하위 집합으로서 지닌다. 왜 animal(동물)이 아니라, dog(개)가 점화되는 것일까? 한 가지 대답은 dog(개)가 animal(동물)보다 더 낮은 문턱값을 지니며, 그런 만큼 문턱값 촉발에 도달하는 데 더 빠르다는 점일 수 있다. 그렇다면 모든 상의어 관계를 놓고서 이것이 전반적으로 성립되어야 한다. 즉 상의어들은 빈도가 낮아서 반드시 더 높은 문턱값을 지녀야 하는 것이다.

그렇지만 이 점이 사실이 될 수 없다. 왜냐하면 어떤 낱말의 상의어가 하의어 낱말 그 자체보다도 훨씬 더 높은 빈도로도 쓰일 수 있기 때문이다. dog(개)와 collie(스코틀랜드 산 양치기 개 콜리)를 비교해 보자. 전자는 후자의 상의어이다. 그 상의어가 또한 훨씬 더 높은 빈도를 지니며, 따라서 더 낮은 문턱값을 갖는다. 결국 개념 COLLIE(양치기 개 콜리)를 표현하고자 의도하는 화자는, 필경 하의어보다 상의어인 dog(개)를 말하는 것으로 귀결될 것이다. 수렴 문제는 낱말 탐지기 이론에서 해결되지 않는다.

3) 식별 그물

식별 그물짜임은 원래 언어 학습의 컴퓨터 모형으로 제안되었고(Feigenbaum 1963), 그 이후 인공지능에서 널리 쓰였다. 골드먼(Goldman 1975)은 'BABEL'로 불리는 인공 언어산출 체계에서 어휘 접속을 처리하기 위하여 처음으로 식별 그물(*discrimination nets*)을 구성해 놓았다. 본질적으로 식별 그물은 이분지의 나뭇가지 구조이다. 그 나무에서 비-종결 교점은 각각 논의 중인 개념화 내용에 대한 참값 또는 거짓값을 지닌 어떤 서술어를 나타낸다. 최종 종결 교점은 어휘 항목들에 대응한다. 그 접속 절차는 그 나무의 뿌리 서술어를 위한 검사를 가동함으로써 시작된다. 만일 그 검사가 논의 중인 개념에 대하여 '참값'으로 평가한다면, 제어기는 그 교점의 왼쪽 자식 교점으로 옮아간다.[27] 만일 '거짓값'으로 평가한다면, 오른쪽 자식 교점으로 진행해 나간다. 다음 검사는 자식 교점의 서술어에 관심을 맞춘다. 그 절차는 스스로 종결된다. 그것은 종결 교점에 도달할 때까지 반복된다. 그 최종 종결 교점에 있는 어휘 항목은 그 개념에 대한 그 체계의 어휘 반응이 된다.

27) mother(어미) daughter(딸) 교점(모녀관계)은 아마 우리 정서로 부른다면 각각 '아버지' 교점에 대한 '아들' 교점(부자관계)이라고 불렀을 듯하다. daughter 교점을 여기서는 '자식 교점'으로 번역해 둔다.

〈그림 6-5〉 네 가지 가구에 대한 기본적 식별

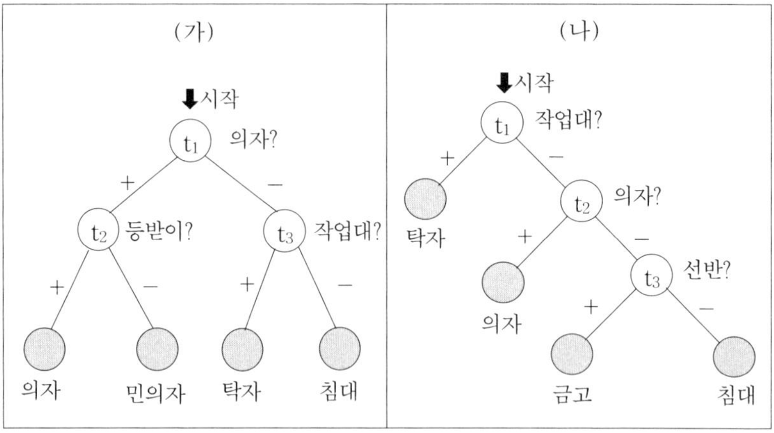

〈그림 6-5-가〉에 일부러 만들어 놓은 사례가 제시되어 있다. 이는 네 가지 가구를 표현하는 레마들 사이를 식별한다. 의자(*chair*) · 민의자(*stool*, 등받이 없는 의자) · 탁자(*table*) · 침대(*bed*) 이다. 어느 화자가 개념 STOOL(민의자)을 표현하고자 의도하고, 〈그림 6-5-가〉에 있는 나무 그림이 식별 그물이라면, 그는 먼저 그 개념이 의자의 존재를 포함하는지 여부를 결정하는 검사를 실시할 것이다. 이 검사는 '참값'이라고 평가할 것이다. 그렇다면 제어기는 첫 번째 검사 교점의 왼쪽에 있는 자식 교점으로 바뀐다. 그것은 표현될 그 개념이 등받이를 포함하는지 여부에 대한 검사를 나타낸다. STOOL(민의자)의 경우, 그것은 '거짓값'으로 평가할 것이다. 이는 그 절차를 레마 stool(민의자)을 나타내는 종결 교점으로 가져간다. 달리 말하여, 그 레마는 일련의 두 가지 의미 검사를 실행함으로써 인출된다. 이는 또한 그 그물조직에 있는 다른 세 가지 레마에 대해서도 성립된다. 덜 대칭적인 사례가 〈그림 6-5-나〉에 나타나 있다. 그것은 table(탁자) · chair(의자) · cabinet(금고) · bed(침대) 사이를 식별해 주는 그물조직이다. 여기서 그것은 table(탁자)을 인출하기 위하여 오직 한 번의 검사를 담고 있지

만, cabinet(금고)이나 bed(침대)를 따라가기 위해서는 순차적인 세 가지 검사를 거친다.

골드먼은 자신의 식별 그물 접근에 대하여 심리적 실재를 주장하지 않았다. 그렇지만 우리는 그것이 산출에서 어휘 접속의 심리적 이론을 위한 매력적 선택인지 여부를 질문할 수 있다. 그런데 대답은 부정적이다. 이런 접근의 주요한 단점을 몇 가지 살펴보기로 한다.

① 식별 그물은 순차적인 검사 기제이며, 실시간으로 작동하지 않는다. 몇 가지가 이 문제점을 강조하는 데 기여할 수 있다. 만일 어느 화자가 3만 개의 실사를 갖고 있다면, 그 화자의 식별 그물은 3만 개의 종결 교점을 지닐 것이다. 평균하여 얼마나 많은 순차적 검사들이 그런 종결 교점에 도달하는 데에 포함될 것인가? 이는 식별 그물의 구조에 달려 있다. 최적의 경우는 그 구조가 〈그림 6-5-가〉에서 보인 것과 같다. 모든 레마가 똑같은 숫자의 검사를 포함하는 것이다. 비록 이것이 오직 레마들의 숫자가 2제곱일 경우에만 가능하지만,[28] 그것은 다른 경우들에서도 가깝게 접근될 수 있다. 그런 그물조직에 대해서, 평균 검사 횟수는 2logN에 접근한다(단, 여기서 N은 레마들의 숫자임). 3만 어휘에 대하여, 이 숫자는 약 15이다. 달리 말하여, 그런 그물조직에서 하나의 종결 교점에 이르는 데에 대략 15회의 순차적 검사가 요구되는 것이다. 최악의 경우는 〈그림 6-5-나〉에 있는 것과 같은 그물짜임이다. 거기에서는 최소한 어떤 검사라도 그 결과가 하나의 레마를 산출한다. 이런 경우에 검사들에 대한 평균 횟수는 다음과 같다.

$$0.5(N+1) - \frac{1}{N}$$

28) 참값과 거짓값 두 가닥으로 나뭇가지가 나뉘므로, n^2의 지수로 증가하는 검사 방식이 만들어진다.

우리가 예를 든 어휘부에 대하여, 이 숫자는 대략 1만 5천 회이다. 이런 극단적인 검사 횟수는 비현실적이라고 판단된다. 그렇지만 이런 접근에서는 이만큼의 횟수가 최적의 경우이다. 우리는 개념들이 복잡하게 변이됨을 알고 있다. 따라서 그것들을 식별하는 데에 필요한 검사의 횟수에서도 변이가 있을 것이다. 간단히 말하여, 하나의 레마를 인출하는 데 필요한 순차적 검사들의 평균 수치는 15회에서 1만 5천 회 사이의 어딘가에 위치하게 될 것이다. 1초마다 2회 및 5회 사이에서 이를 실행하기 위해서는, 반드시 1초마다 30회에서 7만 5천 회 사이의 비율로 화자가 자신의 검사를 실시해야 하는 것이다. 이는 어휘 접속의 '실시간' 모형을 위해서는 전혀 설득력이 없다.

② 레마의 접속 시간은 검사 횟수에 대한 단조 증가 함수가 될 것이다. 예를 들면, 앞에서 언급된 네 가지 레마의 식별 방식으로 〈그림 6-5-나〉가 옳은 것으로 선택된다면, 더 아래 교점에 있는 bed(침대)에 접속하는 것보다 더 높은 교점에 있는 table(탁자)에 접속하는 것이 시간이 덜 소요될 것이다. 관련문헌에서는 아무런 것도 이런 예측을 뒷받침해 주지 않는다. 르펠트 · 슈로이더 · 흔캠프(Levelt, Schreuder, and Hoenkamp 1978)에서와 슈로이더(Schreuder 1978)에서는 시각적 사건의 제시에서 네 가지 이동 동사들 take along, pass, launch, pick up(데리고 가다, 지나가다, 진수하다, 집어들다) 중에서 하나를 선택하는 일을 놓고서, 반응시간이 가능한 식별 그물의 어떤 것과도 합치되지 않았음을 보여 주었다. 피험자들이 자신이 좋아하는 지각된 움직임을 무엇이든 자유롭게 말하는 이름 부르기 과제에서는, move(움직이다)와 같이 개념 특징들을 덜 갖고 있는 더 일반적인 동사가, launch(진수하다)와 같이 더 특수한 동사보다 이름 부르는 대기시간이 언제나 더 길게 소요되었다. 합리적으로 생각해 보면, move(움직이다)가 launch(진수하다)보다 개념 구성성분을 훨씬 적게 담고 있으며, 따라서 그 어휘들이 식별 그물로 짜여 있다면, 좀더 짧은 발화 개시 대기시간을 보

여 주어야 옳다. 간단히 말하여, 그 이론은 접속 시간과 관련하여 잘못된 종류의 예측을 한다.

③ 제안된 종류의 식별 그물은 정확한 수렴의 기준에서도 실패한다. 특히 그것들은 아주 원리가 잡힌 이유들로 말미암아 '상의어 문제'를 다룰 수 없다. animal(동물)과 bear(곰)에서처럼 만일 레마 a가 레마 b의 상의어라면, a와 b는 동일한 식별 그물에 표상될 수 없다. 왜 그럴까? 동일한 이분 나뭇가지 위에서 a와 b가 서로 다른 교점들에 위치하기 위해서는, 그 예에서 반드시 ANIMAL(동물)과 BEAR(곰)를 나타내는 기저 개념들 A와 B 사이를 식별해 주는 검사가 적어도 하나 존재해야 한다. 그러나 a가 b의 상의어이므로, A가 '참값'으로 평가하는 모든 검사들은, 또한 B에 대해서도 '참값'으로 평가하게 될 것이다. 즉 ANIMAL(동물)에 대해 참이 되는 모든 것은, BEAR(곰)에 대해서도 참이 될 것이다. 그렇지만 B에 대해 참이 되는 것은, A에 대하여 참이 되는지 여부를 결정할 수 없다. 달리 말하여, A와 B가 반대되는 값들을 받는 검사란 존재할 수 없다. 실제로 이는 심각한 문제이다. 머릿속 어휘는 상의어 관계가 풍부하다. 그렇지만 이것들이 모두 이분 식별 그물에 의해 표상될 수는 없다. 따라서 순전히 구조적 이유 때문에, 그 식별 그물이 현실적인 심리 모형이 될 수 없는 것이다. 똑같은 이유로, 그 식별 그물은 인공적인 자연언어 생성기에 있는 어휘 표상으로서도 실패할 것이다.

④ 마지막으로 머릿속 어휘가 계층을 지닌 분류학적 방식으로 조직되어 있다고 생각하는 것은 착각이다. 어휘 항목들 사이에서 많은 의미 관계들이 아주 다른 속성들이다. 가령 친족 용어, 색깔 이름, 1주의 요일 이름 등의 개념들 사이에 있는 의미 관계를 살펴보는 경우에 서로 다른 점들이 즉각 분명해진다(Miller and Johnson-Laird 1976; Lyons 1977).

4) 결정짓기 도표

밀러 · 존슨-레어드(Miller and Johnson-Laird 1976)에서 식별 그물에 대한 주요 개선이 제안되었다(Steedman and Johnson-Laird 1980도 보기 바람). 여기서 제안된 '결정짓기 도표'(*decision-table*)에서는 레마를 인출하기 위해 여전히 화자가 일련의 검사를 실시하지만, 그 검사들이 병렬적으로 실행될 수 있다. 다음 〈표 6-1〉에 있는 사례가 결정짓기 도표의 개념을 소개하는 데 도움이 될 것이다.

결정짓기 도표는 일련의 'IF~THEN'(만일 ~라면 ~이다)이나 '조건-행위' 짝을 나타내는 행렬이다. 그 도표의 상단부에 있는 행들은 의미 검사의 결과들을 나타낸다. 그것은 바로 앞 절에서 논의한 것처럼 동일한 종류의 검사이다. 예를 들면, 결정짓기 도표가 개개의 가구에 관심을 둔다면, '작업대, 의자, 선반'과 같은 속성에 대한 검사가 실시될

〈표 6-1〉 결정짓기 도표의 예

검사 (의미 조건)	검사 결과 출력					
	1열	2열	3열	4열	5열	6열
		만일				
검사 1	+	+	−		+	−
검사 2	−	−	+	−	+	+
검사 3	+	−		+	−	
검사 4	+	+	−	+	−	+
레마 (어휘 인출행위)						
a	◎					
b ◀ 그러면		◎	◎			
c					◎	
d				◎		
e					◎	

것이다. 자세한 것은 밀러 · 존슨-레어드(1976)를 보기 바란다. 만일 어떤 화자가 개념 STOOL(민의자)을 표현하려고 한다면, 그는 병렬적으로 모든 검사들을 실시하고, 각 검사에 대한 값(+ 또는 −)을 산출할 것이다. 이런 유형의 결과는 출력(*outcome*)이라고 불린다. STOOL(민의자) 검사의 출력이 〈표 6-1〉의 제 2열에서 동그라미를 쳐 놓은 것이라고 상정해 보자. 이런 출력은 그 도표의 하단부에 명시된 행위에 대한 조건이 된다. 제 2열에 있는 '◎'는 어휘 인출행위 b가 있는 열에 속해 있다. 그 예에서는 그 행위가 바로 'stool'(민의자)을 인출하는 일이 된다. 달리 말하여, IF(만일, 조건) 제 2열에 명시된 결과가 나온다면, THEN(그러면, 행위) 레마 b가 쓰이게 된다. 그 도표의 상단 전반부에 특정한 칸들이 비어 있음에 주목할 필요가 있다. 이는 대응되는 검사값이 무관함을 의미한다. '빈칸' 검사에 대한 값이 어떠하든지 간에, 그 어휘 인출행위는 그 열에 있는 모든 '+'와 '−' 값에 대하여 부합이 있을 경우에 수행될 것이다. 잠시 뒤에 우리는 결정짓기 도표에 대한 이런 중요한 속성을 다시 살펴보게 될 것이다.

〈표 6-1〉의 하단부도 또한 주목할 만한 어떤 속성을 지닌다. 첫째, b열에 대한 경우에서와 같이, 단일한 하나의 행에서 둘 이상의 '◎'가 가능할 것인가? 그렇다. 가능하다. 이것은 서로 다른 개념을 표현하는 같은 형식의 낱말인 '동음이의어'를 나타내는 자연스런 방식이다. 가령 제 2열과 제 3열은 각각 하천의 BANK(둑)과 금융기관의 BANK(은행) 개념에 대한 출력들을 나타낼 수 있다. 그것들이 모두 bank라는 낱말에 접속하는 어휘 인출행위를 일으킬 것이다. 그 예에서 제 5열에서처럼 동일한 열에 나타나는 두 개의 '◎'는 어떠할까? 이것은 허용되지 말아야 한다. 그것은 수렴의 이론적 기준을 위배하는 것이다. 단일한 개념이 두 개의 서로 다른 어휘 인출행위로 이끌어 갈 수 있다. 결정짓기 도표는 언제나 이것이 일어나지 않도록 하는 방식으로 배열될 수 있다. 어휘 인출행위가 전혀 없는 출력, 즉 도표 하단

부에 대응하는 '◎'가 전혀 없는 출력들도 존재할 수 있을까? 이런 상황은 제 6열에 있는 출력에 의해서 예시된다. 그 표에 있는 검사의 횟수와 더불어 가능한 출력 형태들의 숫자도 신속하게 늘어남에 주목할 필요가 있다. 그렇다면, 이들 각각의 출력을 떠맡는 가능한 어휘 인출 행위가 충분히 존재하지 않을 수도 있다. 밀러·존슨-레어드(1976)에서는 '지수 함수로 폭증하는 도깨비'에 대하여 말하였다. 그들은 이런 위협적 폭발을 곧 논의될 '표-연결'을 도입함으로써 억제해 놓고자 하였다.

그러나 어휘 인출행위가 전혀 없는 출력 유형들이 존재한다는 것은, 실제로 무엇을 의미하는가? 대응하는 어휘 항목이 없는 어떤 단일 개념이 존재하는 경우는 '어휘상의 빈칸'(*lexical gaps*)으로 불린다.[29] 그런 사례가 언어산출 이론에 대하여 재앙은 아니다. 왜냐하면 우리가 향유하는 대부분의 개념화가 하나의 단일 낱말로 표현될 수 있는 것이 아니기 때문이다. 그런 환경 아래에서, 화자는 통사적 해결책에 호소할 것이다. 즉, 그 개념을 표현하는 구나 문장을 만들어 쓰게 될 것이다. 만일 표현될 개념이 죽은 동물이라면, 그 검사는 레마 'corpse'(사체)에 수렴될 것이다. 만일 그 개념이 죽은 나무라면, 그 검사는 하나의 레마로 수렴되지 않을 것이다.[30] 그렇다면 그 화자는 'dead tree'

29) 옮긴이는 바로 이것이 비유 언어의 동기가 된다고 본다. 대상에 대해서는 뭔가를 느끼지만, 그것을 직접 가리켜 줄 어휘가 없다. 이런 상황에서는 이미 익숙하게 알고 있는 기존의 어휘들로써 확장 설명해 가는 것이다. 아마 선승들이 전해 주는 선시(禪詩)가 비유와 역설로 가득 차 있지만, 비슷한 체험을 공유하지 못한 사람에게는 정확히 그 속내를 더듬어 내기가 어려울 것 같다. 인간의 의사소통 전반에 깔려 있는 기본 전제는 공유 경험이다. 공유 경험은 갓 태어난 아기가 보여 주는 '감정이입'(*empathy*)에서부터 시작하여 여러 체험을 통해 쌓여 나간다.

30) 우리말에서 말라죽은 나무를 가리키는 한자어로 '고사목'(枯死木)이 있다. 그렇지만 영어에는 대응되는 단일 낱말이 없는 듯하다. 마찬가지로 우리는 '낙엽' 또는 '마른잎'이라는 낱말을 흔히 쓴다. 그렇지만 영어에는 고작 낙엽수(落葉

(죽은 나무)라는 구를 만들어 내는 일에 호소하게 될 것이다. 우리는 이를 그 도표의 밑바닥에 f행을 첨가해 놓고서 '통사구 형성 행위'를 가리키도록 함으로써 조정할 수 있을 것 같다. 어휘 인출행위가 전혀 없는 모든 출력 유형들은 f행에 있는 '◎'을 지니게 될 것이다.

물론, 이는 화자가 어떤 메시지를 어떻게 '단일 개념'들로 분할해 놓는지—즉 그 언어에서 정상적으로 낱말들이 존재하는 개념 단편들로 나눠 놓을지—에 대한 어려운 질문에 대답을 않은 채 남겨 둔다.

비록 '지수 함수로 폭증하는 도깨비'가 화자에 대한 이론에 큰 문제가 되는 듯하지 않지만, 결정짓기 도표의 크기를 줄여 놓는 일을 살펴보아야 할 또 다른 이유가 있을 수 있다. 일련의 어휘 항목에 대하여 결정짓기 도표를 작성해 보려고 한 번이라도 시도해 본 사람이라면 누구든지, 그 집합에 있는 거의 모든 새 항목이 새로운 검사를 추가하도록 요구함을 경험하게 될 것이다. 비록 평균적으로 10번째 항목마다 매번 새로운 검사가 필요하다고 가정하더라도, 3만 개나 되는 머릿속 어휘부에 대해서는 3천 번이나 검사를 실시하게 될 것이다. 이는 각 어휘 항목의 인출에 대한 IF(만일~라면, 조건) 진술이 적어도 3천 번의 검사 출력에 대한 유형으로 됨을 함의한다. 이는 각 항목에 대하여 한 번 또는 몇 번의 검사만으로도 그 확인이 충분한 이상적인 경우로

樹)를 뜻하는 라틴어 어원의 'deciduous tree'라는 낱말밖에 없고, '낙엽'에 대응하는 낱말이 없다. 오직 fallen leaves(떨어진 잎새)나 falling leaves(떨어지는 잎새)처럼 통사적 형태로 쓸 도리밖에 없다. 여기서 놓치지 말아야 할 중요한 사항이 있다. 어떤 조건에서 하나의 단일 낱말이 성립되는 것일까? 옮긴이의 판단으로는, 의사소통 구성원들 사이에 공유된 경험이나 추체험(追體驗) 가능성이 보장될 경우라야 한다. 느닷없이 1990대년 말에 우리말에 '왕따'라는 비-통사적 구성을 지닌 낱말이 등장하였고('왕따돌림'에서 나옴), 순식간에 엄연히 하나의 낱말로서 공인되었다. 이는 대중매체나 주변에서 중고등학생들 간에 어떤 특정한 행위가 반복적으로 일어난다는 데 공공의 합의가 주어졌으며, 이 합의가 곧 구성원들 사이에서 공유 경험으로 간주되었기 때문에 그런 지위를 얻었던 것이다.

부터 너무 멀리 벗어나 있는 것이다.

'표 연결'은 커다란 결정짓기 도표를 더 작은 일련의 도표로 분할해 놓는 방식이다. 각각의 의미 영역에 대한 표가 있을 것이다. 하나는 가구 용어들에 대한 것이고, 하나는 이동 동사들에 대한 것이며, 하나는 친척 용어들에 대한 것 등등이다. 이들 표 각각은 몇 차례의 검사들을 포함하므로, 검사 결과 나오는 출력 유형의 숫자는 결코 과다해지지 않을 것이다. 그 검사들의 출력 유형에 따라 각 표마다 하나 또는 그 이상의 다른 표('후속 표'로 불림)들을 참고하도록 만들 수 있다는 점에서 그 표들은 서로 연결되어 있다. 검사하기는 어떤 가장 우세한 표에서부터 시작된다. 만일 어휘 인출행위가 전혀 없는 어떤 출력 유형으로 귀결된다면, 제어기는 어떤 후속 표로 옮겨간다. 이는 순차계열에 있는 어떤 표가 어떤 어휘 인출행위를 산출해 낼 때까지 계속 반복될 것이다. 그러나 다시 이것이 연속적임에 주목하기 바란다. 어떤 어휘 인출행위를 산출하기 위하여, 평균적으로 얼마나 많은 후속 표들을 화자가 탐색해 나가야 할 것인지는, 그 표들이 연결된 방식에 달려 있을 것이다.

결정짓기 도표 접근은 수렴을 어떻게 처리할 것인가? 실제로 정확한 항목이 찾아질 것인가? 그 시금석은 다시 '상의어'에 대한 처리와 관련된다. 앞에 있는 절에서 우리는 식별 그물이 상의어 관계를 표상할 수 없음을 살펴보았다. 그러나 결정짓기 도표는 가능하다. 〈표 6-1〉에 한 가지 실례가 있다. diplomat(외교관)과 ambassador(대사)에서와 같이, 낱말 d가 낱말 a의 상의어라고 가정하기로 한다. 이 점이 그 도표에서 어떻게 가시화될 것인가? 제 1열과 제 4열의 출력을 비교해 보자. 그것들은 제 1행의 칸만을 제외하면 동일하다. 제 1열에서는 '+'를 보여 주지만, 제 4열에서는 빈칸이다. 이는 출력 1이 출력 4를 함의하지만, 그 역은 아님을 의미한다. 그것이 상의어 관계를 정의하는 것이다. 구체적 사례를 살펴보기로 한다. 만일 누군가가 대사(하의어)

라면, 그는 외교관(상의어)이다. 그러나 외교관(상의어)이 반드시 대사(하의어)일 필요는 없다. 한 나라를 대표하는 대사의 특정한 특징을 공유하지 않는 다른 외교관들도 많이 있기 때문이다. 검사 1은 이런 특징에 관심을 둔다. 그 검사는 한 개인이 외교관인지 여부를 결정하는 일과는 무관하지만(제 4열에 있는 빈칸임), 그 검사가 한 개인이 대사인지 여부를 결정하는 데에는 필수적이다.

그러나 비록 상의어 관계가 결정짓기 도표에서 표상된다고 하더라도, 우리의 수렴 기준에 대해 위배 사항을 만들어 낸다. 명백한 이유는, 만일 특정한 항(즉 ambassador 대사)에 대한 열이 충족된다면, 그 상의어에 대한 열도 또한 필연적으로 충족된다. 결과적으로, 만일 AMBASSADOR(대사)처럼 더 구체적인 개념이 표현될 것이라면, 거기에는 두 개의 어휘 인출행위가 있게 될 것이고, 따라서 상의어도 또한 접속될 것이다. 많은 낱말들이 다음처럼 전체적인 상의어 위계를 지니므로,

ambassador → diplomat → person → human etc.
(대사 → 외교관 → 사람 → 전체 인간 등)

어휘 인출행위들은 영원히 뒤죽박죽 모습이 될 것이다. 더 뒤에서 우리는 심지어 낱말 혼성에서처럼 뒤죽박죽 모습이 있을 경우에라도, 그것이 조금이라도 거의 어떤 항(하의어 항목)과 상의어를 포함하지 않음을 살펴보게 될 것이다.

실시간 병렬처리를 허용한다는 점에서 결정짓기 도표는 식별 그물에 대한 주요한 개선 내용이다. 그렇지만 그 현재의 형태에서 그것은 적합한 수렴을 무시한다. 이는 심각한 단점이 된다.

5) 활성화 확산

어휘 접속(*lexical access*)에 대한 연결주의 설명이 가능할 것인가? 병렬처리의 기술을 놓고서 잠재적으로 강력한 형식언어로서 연결주의를 논의하였던 제1장에서, 우리는 낱말형태 접속에 대한 한 가지 사례를 다루었다(제1장 3절에 있는 〈그림 1-2〉를 참고하기 바람). 그 사례에서 최상위 수준 교점들은 레마였으며, 활성화 확산을 밑으로 분절음이나 음소 수준까지 추적하였다. 이런 과정과 관련하여 실질적인 여러 제안들이 이뤄졌다(특히 Dell 1986, 1988을 보기 바람). 우리는 제9장에서 이것들을 다루게 될 것이다. 현재 우리의 문제는 활성화의 처리 단계에 관심을 둔다. 레마 수준의 교점들이 어떻게 활성화되는 것일까? 이 책을 쓰고 있는 시점 현재, 진지한 제안들을 담고 있는 관련 문헌이 전혀 없다.

한 가지 접근은 개념 구성성분을 표상하는 교점들의 수준을 구별해 주는 것일 수 있다. 앞의 가구 사례로 다시 되돌아가면, 그런 속성들을 작업대를 갖는 것, 선반을 갖는 것, 의자가 되는 것 등등으로 생각해 볼 수 있다. 연결주의 설명에서, 그런 속성들은 입력 교점들로 표상될 수 있다. 그것들을 A, B, C 등으로 부르기로 한다. 이런 설명에서, 하나의 개념은 활성화된 그런 교점들의 모음 이상이 아니다. 이는 '분산 표상'(*distributed representation*)이라고 불린다. 출력 교점은 레마들이 될 것이다. stool(민의자)·chair(의자) 등이다. 가장 단순한 설명은, 이것이 오직 두 수준의 교점들이며, 입력 교점이 각각 다른 모든 출력 교점과 연결되어 있다.

이제 서로 다른 개념들에 대하여, 입력 교점들의 활성화(이는 이분지 활성화 척도를 포함하거나 그렇지 않을 수 있음), 각 교점에 대한 출력 함수(즉 그 교점의 활성화 정도가 어떻게 그 출력의 수준을 결정하는지), 레마 교점들의 입력 함수(즉 출력 단위에 영향을 주는 분산된 활성

〈분산된 개념표상의 예〉

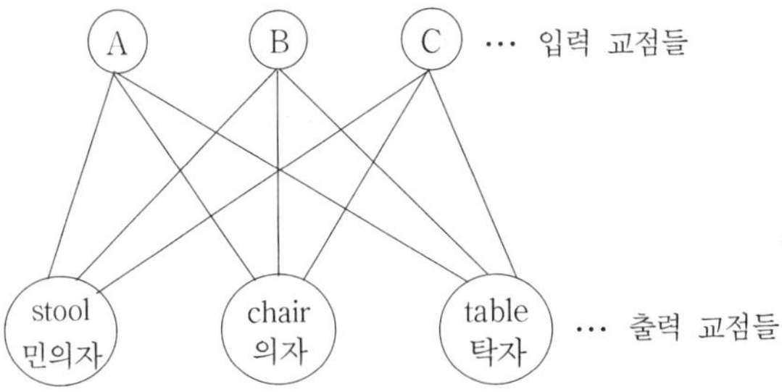

화가 어떻게 그 단위를 활성화하려고 합산되는지) 등에 대한 특징적 상태를 정의해 줌으로써, 추가적으로 그 체계를 명시해 줄 수 있다. 우리는 이런 과제 속으로 들어가지는 않을 것이다. 사실상 관련문헌에서는 어휘 접속을 모형화하기 위하여 이것이 어떻게 실행되어야 하는지에 관하여 오직 우연한 제안만이 있다.

오히려 우리는 현재의 논의를 두 가지 관찰 내용에만 제한할 것이다. 첫 번째 것은 병렬 활성화 설명으로서, 활성화 확산이 실시간 제약들을 떠맡기 위하여 뛰어난 후보라는 점이다. 입력 교점으로부터 출력 교점까지 단계들의 숫자는 하나 또는 (만일 숨겨진 교점들의 수준이 있다면) 둘이다. 두 번째 관찰 내용은 지금까지 어떤 사람도 '수렴'에 대해서 설명을 하려고 아직 시작도 해 보지 못했다. 활성화가 확산되는 구조도 알려져 있을 않을 뿐만 아니라, 또한 상의어 문제를 해결하는 데에 원리가 잡힌 접근도 전혀 없는 것이다.

6) 상의어 문제의 해결을 향하여

앞에서 관찰하였듯이, '수렴'은 모든 레마 접속 이론에 대하여 한 가지 주요한 장애물이다. 특히 기존의 이론들은 상의어 문제에 대한 올바른 처리를 전혀 포함해 놓고 있지 않다. 아래의 논의에서는, 처리 모형에서 잘 융합된다면 임의 항(하의어 항목)과 그 상의어에 대한 올바른 수렴을 보장해 주는 세 가지 원리가 제안될 것이다.

첫 번째 원리는 '핵심자질'이라는 개념을 이용할 것이다. 어떤 레마의 변별 핵심자질 또는 개념적 변별 핵심 조건은, '가장 현저한'(*most salient*) 특권적 의미 구성성분이다. 변별 핵심자질의 존재를 가정하는데 대한 경험적 토대가 있다. 밀러(Miller 1969)는 레마의 변별 핵심자질을 결정하기 위하여 '부정 검사법'(*negation test*) 절차를 제안하였다. 이동 동사를 분석하기 위하여 르펠트 등(Levelt et al. 1978)과 슈로이더(Schreuder 1978)에서 이 절차가 이용되었다. 친척 용어들을 연구하기 위하여 누드먼(Noordman 1979)에서도 이용되었다.

'부정 검사법' 밑에 깔려 있는 착상은, 대립어에 제약이 전혀 없을 경우에, 부정은 오직 낱말의 변별 핵심자질에만 영향을 줄 것이라는 점이다. 다음에 이동 동사의 연구로부터 나온 사례가 있다. 피험자들에게 다음과 같은 문장을 완성하도록 요구하였다.

> They do not ski, but they ____.
> (그들이 스키를 타지 않지만, 그들이 ____)

어떤 피험자도 전혀 breathe(숨을 쉬다)나 think(생각하다)와 같은 동사들로 이런 문장을 완성하지는 않았다. 가장 잦은 응답은 skate(스케이트를 타다)였다. 피험자들은 ski(스키를 타다)의 대부분의 의미가 부정 아래에서도 보존되었다는 점에서, 명백히 최소 부정(*minimal negation*)을 적용하였다. ski(스키를 타다)와 같이, skate(스케이트를 타다)도 또한 신발에 부착된 어떤 도구를 포함하여 얼음판 위에서 일어나는 어떤 형태의 인간 이동 동작을 가리킨다. 오직 도구의 성격만 차이가 난다. 그 도구의 성격은 바로 부정의 영향 아래 바뀐 개념 구성성분이다. 이런 검사법에 따라 그것은 ski(스키를 타다)에 대한 레마의 변별 핵심자질 구성성분을 이룬다. Miller는 변하지 않은 부분(현재 사례에서는 ski와 skate에 의해 공유된 의미)을 그 레마의 '전제'라고 불렀다.

비록 부정 검사법이 변별 핵심자질의 개념을 예증하는 데에 도움이 되지만, 그것이 임의 항목의 변별 핵심자질을 찾아내기 위하여 절대로 안전한 절차는 아니다. 부정된 항목에 대한 대립어가 담화 상황에서 제약되어 있는 경우에, 그 검사법은 쉽게 실패로 끝나 버린다. 존이 스키를 타고 있거나 아니면 일을 하고 있음을 우연히 여러분이 알고 있다면, 앞의 문장을 완성하는 모습은 다음처럼 자연스럽게 이뤄진다.

John isn't skiing, he is working.
(존이 스키를 타고 있는 것이 아니라 일을 하고 있다)

이제 첫 번째 원리를 다루기로 한다. 이는 더 일찍이 클락(E. Clark 1987, 1988)의 대조 원리로 도입된 것에 대한 더 강한 내용이다.

"Every two forms contrast in meaning."
(모든 두 가지 형식은 의미상으로 대조를 이룬다)

이 원리는 한 언어에서 온전한 동의어의 존재를 부정한다. 변별 핵심자질들에 대하여 이런 원리를 제약해 나감으로써, 우리는 다음과 같은 유일성 원리를 얻게 된다.

[1] 유일성 원리(*The uniqueness principle*)
어떤 두 가지 어휘 항목도 결코 동일한 변별 핵심자질을 지니지 않는다.

달리 말하여, 어휘 항목들이 존재하는 만큼, 변별 핵심자질들도 많이 존재하는 것이다. 이런 원리는 앞에 있는 결정짓기 도표의 논의에서 기술된 통찰력을 포착한다. 즉, 도표에 더해진 모든 새로운 항목은 새로운 개별 검사를 요구하는 듯하다. 다음의 두 가지 원리는 어휘 접속에서 변별 핵심자질의 역할을 말한다.

> [2] 변별 핵심자질 원리(*The core principle*)
> 한 어휘 항목은 오직 그 변별 핵심자질 조건이 표현된 개념에 의해서 만족되어야만 인출된다.

이것이 아주 강한 원리는 아니지만, 상의어 문제를 해결하는 쪽을 향한 첫 단계가 된다. 그 근거는, 유일성 원리에 따라 임의의 항(하의어 항목)과 상의어(또는 상층의 낱말)가 결코 동일한 변별 핵심자질을 갖고 있지 않다는 점이다. 앞에 있는 예를 계속 이용하기로 한다. skiing(스키 타기)과 skating(스케이트 타기)이 모두 gliding(미끄러짐에 의한 이동)의 형태들이다. 따라서 glide(미끄러져 이동하다)는 이들 동사의 상의어이다. 부정 검사법이 glide(미끄러져 이동하다)에 적용되는 경우에, 그것은 움직임에서 미끄러운 지속성이 전혀 없는 stick(핀을 찔러 고정하다, 붙다)과 같은 동사를 산출할 것이다. glide(미끄러져 이동하다)의 변별 핵심자질은 명백히 이런 '미끄러운 지속성'을 특징으로 하는 움직임 방식이다. 그렇기 때문에, ski(스키를 타다)와 glide(미끄러져 이동하다)가 서로 다른 변별 핵심자질 조건들을 갖고 있는 것이다. 이제 화자가 개념 GLIDE(미끄러져 이동하다)를 표현하고자 한다면, 변별 핵심자질 원리는 어떤 하위 항도 쓰이지 않을 것임을 보장한다. 그 화자가 오류를 범하면서 ski(스키를 타다)를 인출하지는 않을 것이다. 왜냐하면 그 낱말의 변별 핵심자질 조건이 개념 GLIDE(미끄러져 이동하다)에 의해 만족되지 않기 때문이다.

그러나 여전히 그 반대 사태가 일어날 수 있다. 만일 개념 SKI(스키를 타다)가 결과적으로 개념 GLIDE(미끄러져 이동하다)를 이끌어낸다면 다음이 성립한다. 만일 SKI(스키를 타다)가 그 화자가 표현하고자 하는 개념일 경우, GLIDE(미끄러져 이동하다)의 변별 핵심자질 조건이 반드시 그 개념에 의해 만족된다. 그렇기 때문에, 우리에게는 상의어의 인출을 막아내기 위한 추가 원리가 필요하다.

> 3 구체적인 명세내역의 원리(*The principle of specificity*)
> 그 개념에 의해 변별 핵심자질 조건이 만족되는 모든 항목 중 가장 구체적인 명세내역이 인출된다.

이런 원리는 SKI(스키를 타다)가 해당 개념인 경우에, glide(미끄러져 이동하다)의 인출을 막아낸다. ski(스키를 타다)의 의미가 결과적으로 glide(미끄러져 이동하다)의 의미를 이끌어내기 때문에, ski(스키를 타다)가 더 구체화된 명세 낱말 항목이다. 이는 곧 인출될 유일한 낱말이 될 것이다.

이들 원리는 양에 대한 그라이스의 대화규범을 연상시킨다. 개념 SKI(스키를 타다)를 표현하려고 하는 경우에, glide(미끄러져 이동하다)라고 말해서는 안 되는 것이다. 그렇게 말하는 것은 사실상 자매가 세 명이 있더라도, 거짓은 아니지만 부주의하게 "I have two sisters"(저에겐 자매가 두 명이 있습니다)라고 말하는 것과 같다.

그렇다면 어휘 접속이란, 본질적으로 그 개념에서 결과적으로 이끌어내는 서술어를 최대한의 범위로 인식하는 일과 (그것들이 있을 경우에) 그 변별 핵심자질 조건들로 이것들을 지니는 유일한 레마를 찾아내는 일을 포함한다. 우리는 제 6장 3절을 '개념 : 낱말' 사이에 '1 : 1' 대응 관계의 이상적인 경우를 살펴보면서 시작하였다. 그런 이상적인 경우에는 한 낱말을 인출하는 일이 간단한 정신 반응이 되었을 것이다. 현재의 가정 하에서, 이런 이상적인 상황에 가까이 다가가게 되었다. 대략 낱말 탐지기 이론에서처럼, 각각의 어휘 항목은 그 고유한 변별 핵심자질 조건의 실현을 놓고서 어떤 검사 기제로 간주될 수 있다. '구체적인 명세내역의 원리'에 대한 구현은 정확한 수렴을 보장해 줄 것이다.

4. 레마 접속의 실패

1) 원인에 대한 분류

현대 언어심리학에서 말하기 오류의 연구를 창시한 사람인 앤서니 코헨(Anthony Cohen)은 말하기 실수를 'blabbers'(재잘재잘)라고 불렀다(Cohen 1965, 1968). 말하기 오류가 생각이 부주의하다거나 또는 심지어 밑바닥에 깔린 형성 기제에 대한 간접적 노출이라는 점은, 메륀줘·메이어(Meringer and Mayer 1985)와 프로이드(Freud 1904)처럼 이 분야를 개척한 사람들의 견해만은 아니었다. 말하기 오류에 대한 연구는 현재 발화산출 연구에서 가장 번성하는 경험적 방법 가운데 한 가지 방법에 대한 주요한 추동력이다. 이 분야에 고전적 업적이 세 가지 있다. 프롬킨(Fromkin 1973), 프롬킨(1980), 커뜰러(Cutler 1982a)이다. 커뜰러(1982b)는 완벽한 참고문헌이다.

이 절에서 논의될 세 가지 부류의 말하기 오류는, 산출 과정에서 서로 다른 오류 원인들을 지닌다. 모두 레마 인출에서의 이탈에 말미암지만, 포함된 기제들은 서로 차이가 난다. 우리는 낱말 오류들에 대한 두 가지 주요 원인들을 구별해 놓아야 할 것이다. 개념침범(*conceptual intrusion*)과[31] 연상침범(*associative intrusion*)이다.[32] 개념침범은 둘 이상의 개념에 대한 동시 활용에 의해서 레마 선택이 교란되는 경우에 일어난다. 연상침범은 레마들 사이의 연상에 의해서, 레마 선택이 간

---

31) intrude(침범하다, 방해하다)는 혼성된 낱말을 만들어 내는 경우에는 '침범'이라는 말을 쓰고, 다음에 논의되는 산만함의 경우에는 '방해'라는 말을 쓰기로 한다.

32) 〈지은이 각주〉 우연히 한 개인이 머릿속에서 왜 대안이 되는 생각을 갖게 되었는지, 그가 자신의 생애에서 왜 특정한 연상 관념을 세워 놓았는지는 여기서 관심거리가 아니다. 이들 오류에 대한 더 우원한 원인과 가까운 원인 사이의 구분, 그리고 여기서 다루고 있는 기제들에 대해서는 Cutler(1982a)를 참고하기 바란다.

섭받는 경우에 일어나며, 낱말 연상으로 더 잘 알려져 있다. 우리는 레마들 사이에서 연상 관련이 직접적인 관련, 즉 다른 어떤 것에 의해 매개되지 않는 관련이라고 가정할 것이다(제 6장 1절 2항을 보기 바람). 추가 구분이 이뤄져야 한다. 간섭하는 요소는 의미상으로 의도된 요소에 관련될 수도 있고 그렇지 않을 수도 있다. 후자의 구분은 전자와는 독립되어 있으므로, 마침내 우리는 네 갈래의 분류를 갖게 된다.

〈그림 6-6〉에서 표현될 의도된 개념은 언제나 'C_1'이다. 사용 맥락에서 이 개념을 표현하기 위하여 적합한 레마는 언제나 'l_1'이다. 개념 침범은 또 다른 개념 'C_2'의 출현에 의해 일어난다. 그것이 그 고유한 레마 'l_2'를 활성화하며, 이것이 'l_1'의 활동에 침범해 들어간다. 개념

〈그림 6-6〉 레마(lemma) 접속에서 개념침범과 연상침범

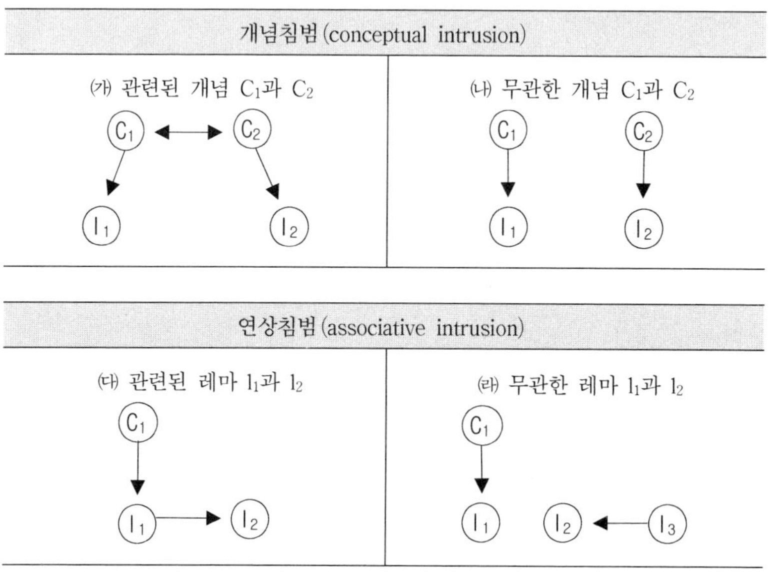

* 침범을 하는 개념 C_2는 (가) 의도된 개념 C_1에 관련된 의미이거나, (나) 또는 C_1과 무관하다. 또한 침범을 하는 레마 l_2도 (다) 의도된 레마 l_1에 관련된 의미일 수도 있고, (라) 그렇지 않고 무관할 수도 있다.

'C_1'과 'C_2'는 〈그림 6-6-가〉에서와 같이 의미상으로 긴밀히 관련될 수 있거나, 또는 〈그림 6-6-나〉에서와 같이 무관할 수도 있다. 연상침범은 어떤 레마가 직접적으로 또 다른 레마를 활성화하는 일에 의해서 일어난다. 〈그림 6-6-다〉에서는 의도된 레마 'l_1'이 긴밀히 연합된 레마 'l_2'를 활성화한다. 그렇게 되면 이것이 'l_1'의 활동에 침범해 들어갈 수 있다. 〈그림 6-6-라〉에서 침범을 하는 레마 'l_2'는 레마 'l_1'과 무관하다. 그것은 독립적이지만 여전히 활동적인 레마 'l_3'에 의해서 활성화된다. 레마 'l_2'가 레마 'l_3'에 긴밀히 연합되어 있는 것이다. 이제 이런 개념들을 혼성(*blends*)과 대치(*substitutions*)와 낱말의 차례 뒤바꿈(*exchanges of words*)이라는 세 가지 부류의 말하기 오류에 적용함으로써 더 구체적으로 살펴 나가기로 한다.

2) 혼성(*blends*)

낱말 혼성에서는 두 개의 낱말이 하나로 녹아 있다. 두 개의 레마가 인출되는데, 이들은 동일한 통사 홈(slot)을 놓고서 경합을 벌인다. 의미론적으로 말하면, 두 종류의 낱말 혼성이 있다. 첫 번째 종류는 비슷한 의미의 낱말들을 포함한다. 두 번째 종류는 우리가 산만함(*distractions*)으로 부를 내용을 포함한다. 다음에 첫 번째 종류에 대한 일련의 사례가 있다.[33]

(1) The competition is a little <u>stougher</u> 〔stiffer-tougher〕 (Fromkin 1973)
(그 경기는 약간 '격-칠었어': '격렬하고-거칠었어'의 혼성)

---

33) 원문에는 혼성된 기호를 '/'로 표시해 주고 있다. 그렇지만 이미 원문에서 이 기호는 두 항목 가운데 하나를 선택하는 뜻으로 썼다. 혼동을 피하기 위하여, 대신 번역에서는 작은 줄표 '-'로 바꿔 넣는다.

(2) Irvine is quite <u>clear</u> 〔close-near〕 (Fromkin 1973)
(어바인이 아주 '가-웃이야': '가깝고-이웃이야'의 혼성)
(3) To determine <u>watch</u> 〔what-which〕 (Fromkin 1973)
('무-것을' 결정하기 위하여: '무엇을-어느 것을'의 혼성)
(4) At the end of today's <u>lection</u> 〔lecture-lesson〕 (Fromkin 1973)
(오늘 '강-업' 끝에 : '강의-수업'의 혼성)
(5) and would like to <u>enlicit</u> 〔enlist-elicit〕 your support (Fromkin 1973)
(그리고 네 뒷받침을 '지-끌고' 싶거든: '지지를 얻고-이끌고'의 혼성)
(6) Lexikon ist ein Terminus, der sich <u>eingebildet</u> 〔herausgebildet-eingebürgert〕 hat (Bierwisch 1982)
(어휘부는 '탄-숙해져' 온 어떤 용어이다: '탄생하여-익숙해져'의 혼성)

이런 부류의 낱말 혼성에 대한 주요한 관찰은, 전체적으로 보아 그 메시지의 맥락에서 두 개의 낱말이 의미상 대략 동등하다는 것이다. 이런 의미의 관련성이 〈그림 6-6-가〉에서와 같이 개념상으로 관련된 것일까, 아니면 〈그림 6-6-나〉와 같이 레마 연상으로 관련된 것일까? 경험적 증거는 전자의 해석을 선호한다. 레마 연상의 경우, 두 개의 혼성 낱말이 긴밀한 연상 관념으로 될 것으로 기대할 것 같다. 낱말 연상 도표에 있는 가장 긴밀한 연상 관념들 중에는 반의어들이 있다(가령 Palermo and Jenkins 1964를 참고 바람). 그러나 반의어 혼성(*antonym blends*)은 아주 예외적이다. 메륀줘・메이어(Meringer and Mayer 1896)의 표본에는 오직 다음에 보인 두 개만 포함되어 있다.

wehr 〔weniger-mehr〕
(보다 더 적-이: '보다 더 적게-보다 더 많이'의 혼성)

Beneinung 〔Bejahung-Verneinung〕
(긍-인하는: '긍정하는-부인하는'의 혼성)

프롬킨(Fromkin 1973)의 65종 혼성어의 목록에는 반의어 혼성이 전혀 포함되어 있지 않다. 호토프(Hotopf 1980)도 이런 예외성을 점검하는 다수의 예를 제시한다. 관찰된 소수의 경우만이 개념 층위에서 비롯된 것일 가능성이 있다. wehr(보다 더 적-이: '보다 적게-보다 많이'의 혼성)를 산출한 화자는 밀접히 관련된 두 개의 개념을 머릿속에 갖고 있었을 수 있다. 즉 LESS('덜': weniger에 대한 레마를 활성화함)와 NOT MORE('더 이상이 아닌': mehr에 대한 레마를 활성화함)이다. 반의어는 의미론상으로 관련되어 있지만, 오직 그것들의 '전제'가[34] 관심거리일 경우에라야 그러하다. 그것들의 변별 핵심자질 의미는 서로 배타적인 것이다. 오직 변별 핵심자질 의미의 동등성이나 유사성이 이런 범주의 혼성들에 해당되는 듯하다.

후자의 제약은 또한 항(하의어 항목)과 상의어의 혼성을 배제한다. 제6장 3절 6항에서, 항(하의어 항목)의 변별 핵심자질 의미는 언제나 그 상의어의 변별 핵심자질 의미와 차이가 난다고 제안되었다. 사실상 호토프(1980)가 보여 주듯이, 그런 혼성은 거의 잘 일어나지 않는다. 예를 들면, 프롬킨(1973)에 있는 혼성어 65종 가운데, 다만 '하의어-상의어 뒤섞임'에 대한 세 가지 '잠재적'인 경우가 있다.

dealsman 〔dealer-salesman〕
(거-판원: '거래상-외판원'의 혼성),
hegraines〔headaches-migraines〕
(편-통: '두통-편두통'의 혼성),

---

34) 여기서 presupposition(전제)은 일반 용어가 아니다. Miller(1969)에서 특별히 대립어 사이의 공통기반을 가리키기 위해 도입된 용어이다. 제6장 3절 6항을 참고하기 바란다.

swifting 〔shifting-switching〕
(바-환: '바꿈-교환'의 혼성)

저자가 '잠재적'이라고 하는 이유는, 그 두 개의 변별 핵심자질 의미가 이들 혼성어가 나타난 맥락에서 기능상으로 동등하였을 수도 있기 때문이다(Bierwisch 1982).[35]

서로 긴밀한 연상 관념으로 되는 것이 혼성된 낱말의 성격은 아니다. 그런 경우가 일어날 수도 있지만, 똑같이 그런 경우가 일어나지 않을 수도 있는 것이다. 그러므로 관련된 낱말의 혼성에 대한 원인론은, 그 메시지(메시지 단편) 자체가 두 가지 동등하게 적합한 개념들과 관련하여 어떤 양면성을 담고 있는 것으로 보인다. 버터워쓰(Butterworth 1982)에서 이런 종류의 침범을 이름 붙여 놓은 것처럼, 거기에 '대안이 되는 계획'들이 있다. 이들 긴밀하게 관련된 개념은 거의 동시에 그것들의 레마를 촉발한다. 낱말 연상 관념인지 그렇지 않은지에 상관없이, 양쪽 어휘 항목이 인출되고, 그것들이 모두 동일한 표면구조 홈에 삽입된다. 이것이 그 낱말형태들이 음운 처리 수준에서 혼성이 일어나도록 유도하는 것이다. 요약하면, 이들 혼성은 개념침범에 말미암는 것이다.

산만함에 의한 혼성에 대해서도 똑같은 내용이 언급될 수 있다. 레마 'l_1'을 통하여 개념 'C_1'을 표현하는 흐름 속에 있는 화자가, 산만함에 의해서나 또는 뭐라 불리든 프로이드식 원인에 의해서 방해를 받는다고 생각할 수 있다. 버터워쓰(1982)는 이를 '경합 계획' 종류의 간섭이라고 불렀다. 그 메시지의 일부가 아닌 어떤 개념 'C_2'가 독자적으로 레마 'l_2'를 활성화할 것이다. 양쪽 레마가 동시에 점화된다면, 혼성이 일어날 수 있다. 이런 종류의 예는 다음과 같은 것이다.

35) 혼성어를 말한 화자가 '상의어 : 하의어'의 관계가 아니라, 사실상 동등한 차원의 유의어 관계로 여겼을 가능성이 있다는 뜻이다.

(7) Dann aber sind Tatsachen zum <u>Vorschwein</u> 〔Vorschein-Schweinereien〕 gekommen.
(그러나 그 뒤 여러 사실이 '겉-분함'으로 나타났습니다: '겉모습-지저분함'의 혼성임. Mayer와 Freud 둘 모두에 의해서 관찰되었고, Meringer and Mayer 1985와 Freud 1904에서 인용됨)

이 유명한 낱말의 화자는, 자신이 오히려 중립적인 문장을 말하고 있었을 때에, 자신이 '지저분함'을 생각하고 있었다는 점을[36] 두 관찰자에게 모두 동의해 주었다. 방해하는 생각(C_2)이 방해하는 레마(l_2)을 활성화하였고, 그 두 낱말형태가 뒤섞인 것이다. 포함된 두 개념은 분명히 무관하였고, 두 낱말 사이에 연상도 전혀 없었다. 이는 〈그림 6-6-나〉에서 보여준 유형의 '산만함'에 의한 혼성인 것이다.

앞에서 본 예 (1)~(7)에서 모두 그런 경우이듯이, 혼성된 두 개의 낱말은 보통 동일한 통사범주에 속한다. 첫 번째의 '개념침범' 견해에서는 이것이 놀라운 일이다. 만일 '실사'(*content words*)가 전적으로 개념적 명세내역의 토대 위에서 촉발된다면, 통사 범주의 정보는 분명 무관해야 한다. 서로 다른 범주에 속하지만 비슷한 의미를 지닌 레마가 또한 합성되는 경향도 있을 것이기 때문이다. 그렇지만 두 개의 그런 레마가 경합하였더라면, 무슨 일이 생겨났을지 생각해 보아야 한다. 그것들은 범주상의 차이로 말미암아 동일한 구의 통사 환경에 나타날 수 없다. 이 때 두 가지 중 하나가 일어날 수 있다. 첫 번째는, 이미 존재하는 구 제약은 오직 특정 통사범주의 레마만 삽입이 허용될 수 있게 한다는 내용이다. 그런 경우에, 다른 레마가 이용하기에 부적당하며, 추가적인 처리의 효과도 없을 것이다. 후속 통사 처리에 의해

36) 비록 '겉모습으로 나타났다'고 가치 중립적인 문장을 말하려고 있었지만, 또한 동시에 그 겉모습이 '지저분하다'고 생각하고 있었으므로, 두 생각이 서로 교란되어 혼성이 이뤄진 것이다.

서 그것이 '걸러져' 제거되었다고 말할 수 있는 것이다. 만일 어떤 레마를 당장 걸러 제거할 수 있을 만큼 충분히 구 통사 환경이 제약되어 있는 것이 아니라면, 두 번째 일이 일어날 수 있다. 각각의 레마가 그 고유한 구 통사 환경의 구성을 촉발할 수 있으며, 어떤 구 혼성이 일어날 수 있다. 이들 경우는 예외적이다. 푀이(Fay 1982)의 문장 혼성에서 보고된 다음 예문은 그런 과정에서 말미암는 것일 수 있다.

(8) And that is how I got interested <u>into</u> it 〔into-interested in〕
(그리고 그것이 내가 바로 그것 '속-에' 어떻게 흥미를 갖게 됐는지에 대한 이유야 : '속으로-에'의 혼성)

'걸러 제거한다'는 개념은 또한 낱말 혼성의 다른 측면에 대한 설명을 위해서도 중요하다. 많은 낱말 혼성이 낱말 그 자체이다. 다시 말하여, 가령 위에서 본 사례 (2), (3), (4), (6)에 대한 경우이다. 델·롸익(Dell and Reich 1981)은 혼성 가운데에서 실제 낱말들에 대한 약간의 과도 표상(*overrepresentation*)이 있다는 통계적 증거를 제공해 주었다. 이는 더 이후에 있는 단계의 결과일 가능성이 있다. 즉 낱말형태들이 산출되는 시기에서 걸러내는 일의 결과일 수 있다. 그 단계에서 선택적으로 걸러내는 일은 또한

herrible 〔terrible-horrible〕
(지-서운 : '지독한-무서운'의 혼성)

에서와 같이 형태가 비슷한 낱말들 사이에서 혼성의 원인이 될 수도 있다. 이런 현상에 대한 분석을 보려면 버터워쓰(1982c)를 참고하기 바란다. 이런 논제는 제 9장에서 더 논의될 것이다.

비록 현재 절에서 논의된 혼성이 한 종류나 다른 종류의 개념 방해에 말미암는 것이지만, 또한 다른(가령 음운적인) 오류 원인들을 지닌

혼성도 있다. 혼성 현상에 대한 광범위한 논의를 보려면, 버터워쓰(1982), 할리(Harley 1984), 스땜버거(Stemberger 1985a)를 참고하기 바란다.

3) 대치

낱말 대치는 다양한 종류가 관찰된다. 다음 예들은 여기서 관심을 갖는 선택 오류의 일부 사례이다.

(9) He's a high—low grader 〔low → high〕 (Fromkin 1973)
(그는 고—저학년 애야: '저학년'을 '고학년'으로 잘못 말함)

(10) Don't burn your toes 〔fingers → toes〕 (Fromkin 1973)
(자네 발 데지 않게 조심하게: '혼나다'는 뜻의 관용구 '손을 데다'를 '발을 데다'로 잘못 말함)

(11) Der hat so'n Ding geheiratet—ich meine geerbt 〔geerbt → geheiratet〕 (Bierwisch 1982)
(그가 결혼했는데—내 말뜻은 이걸 물려받은 건데: '물려받다'를 '결혼하다'로 잘못 말함)

(12) I just put it in the oven at a very low speed 〔temperature → speed〕 (Garrett 1982)
(막 난 그걸 오븐에다 아주 낮은 속도로 집어넣었어: '온도'를 '속도'로 잘못 말함)

(13) Met een blauw vlakje, een blauw rondje aan de bovenkant 〔rondje → vlakje〕 (Levelt 1983)
(상단 끝에 있는 파란 점, 파란 원반을 갖고서 말야 : '원반'을 '점'으로 잘못 말함)

이런 묶음의 사례에서는 목표 낱말과 대치된 낱말이 서로 관련 없는 상황이 포함되지 않았다는 점에서 다소 편중되어 있다. 무관한 낱말들간의 대치도 실제로 일어난다. 그렇지만 먼저 가장 잦은 유형의 대치 현상을 살펴볼 것이다. 여기에는 목표 낱말과 오류 사이에 어떤 의미론적 관계가 포함된다. 이는 우선 〈그림 6-6-가〉와 〈그림 6-6-다〉에 있는 경우를 다루게 됨을 의미한다. 그렇다면 그 침입이 개념적인지, 아니면 연상적인지를 질문해야 한다.

가장 빈번히 관찰되는 사례들에서는 앞의 예 (9)에서처럼 반의어나 또는 의미가 대립하는 사례를 포함하거나, 아니면 (10)에서와 같이 동일한 층위의 하의어(*co-hyponyms*), 즉 동일한 개념밭에서 나온 낱말들을 포함한다. 이는 낱말 연상에서 전형적으로 마주치게 되는 유형이다. 공통 기반이 되는 '전제'에서 유사성이 있지만, 변별 핵심자질에서는 차이가 난다. 여기서 프롬킨(Fromkin 1973)의 낱말 대치에 대한 목록은 다시 한 번 황금광맥이 된다. 거기에서 다음과 같은 대치 사례들을 찾아내었다.

> last → first; wine → beer; later → earlier; come → gone; little → much; sun → world
> (마지막 → 처음; 술 → 맥주; 더 뒤에 → 일찍이; 온 → 간; 적은 → 많은; 양 → 지구)

또한 앞에서 본 예 (11)과 (12)에서처럼, 공통 부류가 덜 직접적이며, 더 우원한 동일 층위의 하의어도 있다. 호토프(Hotopf 1980)는 이들의 경우에 낱말 대치에서 찾아질 수 있는 의미 관계가 거의 소진되어 있다고 주장한다.

혼성 현상과는 다르게, 이런 사실은 낱말 대치가 종종 연상 관계를 반영함을 보여준다. 이는 〈그림 6-6-다〉에 있는 오류 원인을 무기력해지게 만든다. 예를 들면, 'Don't burn your toes'(자네 발 데지 않도록 조심하게나: '혼나다'는 뜻의 관용구 '손 데다'를 잘못 말함)에서 개념 FINGERS(손)는 레마 fingers(손)를 활성화시키지만, 가까운 연상 관념으로 toes(발)를 갖고 있으므로 그것을 활성화시킨다. 모종의 이유로 말미암아 finger(손)가 점화되기에 앞서서 toes(발)의 활성화가 문턱값에 도달하여, 그런 우연한 실수가 만들어진다.

무엇이 연상 관념 레마를 목표 낱말 레마에 앞서서 이용될 수 있게 만들 수 있는 것일까? 한 가지 분명한 제안은, 낱말 탐지기 이론의 측면에서 보아 그 연상 관념이 더 낮은 문턱값을 지닌다는 점이다(제 6장 3절 2항을 보기 바람). 낱말 탐지기 이론에 따르면, 높은 빈도의 낱말이 활성화에서 낮은 빈도의 낱말보다 더 낮은 문턱값을 지닌다. 그렇다면, 연상에서 비롯된 대치에서, 대치되는 낱말이 목표 낱말보다 빈도가 더 높은지 궁금해진다. 이는 빈도가 높은 낱말이 낮은 빈도의 낱말을 더 많이 대치할 것 같고, 그 역의 관계는 덜 일어난다고 예측하게 될 것이다.

쿠써롸・프란씨스(Kucera and Francis 1967)의 낱말 빈도표를 이용하면서, 저자는 프롬킨(1973)에서 목록으로 정리된 낱말 대치 내용들을 분석함으로써, 이 점을 구체적으로 만들어 놓았다. 대치 목록에서 그 대치가 거의 목표 낱말의 연상 관념이었던 것은 23개의 사례가 있었고(가령 question〔질문〕을 말해야 할 상황에서 answer〔대답〕로 잘못 말하거나, east〔동쪽〕로 말해야 하는 상황에서 west〔서쪽〕로 잘못 말함), 그 낱말에 대한 빈도가 이용되었다. 이들 가운데에서 17개의 사례가 예측된 방향으로 일어났다. 오직 6개의 사례가 다른 방향으로 일어났다. 이런 차이는 '0.02' 수준에서 유의하다. 모든 대치 낱말들이 고려된다면, 목표 낱말과 대치 낱말 사이에서 빈도 차이가 구별될 수 없다. 목표 낱말들에 연합된 낱말에 의한 침범(*intrusion*)으로 해석될 수 있는 것은, 오직 오류들에 대해서만 성립한다. 그 예증된 빈도 효과는, "대치되는 낱말이 목표 낱말처럼 동일한 빈도를 지닌 부류가 되는 경향이 있다"는 호토프(1980)의 통계적 발견결과와 모순되지 않는다. 아주 일반적으로 보아, 한 낱말과 그 첫 연상 낱말이 동일한 빈도의 부류가 되는 한, 그 발견은 놀라운 것이 아니다. 예증된 빈도 차이는, 그런 빈도 부류들의 내부에서 성립되는 것이다.

다음 질문은 낱말 대치에 대한 원인으로서 개념침범을 배제할 수 있는지 여부에 대한 것이다. 비록 빈도가 낮은 종류의 것이지만, 예 (11)~(13)은 분명히 아주 긴밀한 연상 관념을 포함하지 않는다. 그 맥락에서 개념상으로 동등한 낱말들은 어떠할 것인가? 동의어와 상의어(가령 dog〔개〕에 대한 animal〔동물〕)는 호토프의 자료에 나타나지 않는다. 개뤹(Garrett 1982)에서는 또한 이들 놓쳐버린 사례들에 주의를 기울였다. 우리가 살펴보았듯이, 동의어(또는 더 나은 용어로 그 맥락에서 동등한 항들)는 혼성에 대해 일반적인 경우이다. 그것들이 왜 대치 자료에서는 결여되어 있는 것일까? 이것은 인위적 가공물 이상이 아닐 개연성도 있다. 만일 그 메시지 맥락에서 A와 B가 거의 비슷한 동의어라면, 실질적으로 어느 레마가 먼저 촉발되는지는 문제가 되지 않는다. 선택된 낱말이 두 사례에서 모두 적합하게 될 것이며, 두 활성화 과정 사이에 '경쟁'이 있었음을 듣는 사람이 아무도 눈치 채지 못할 것이다. 그렇지만 혼성 현상에서는 A와 B가 하나로 녹아 붙으며, 이것이 주의하며 듣는 사람의 귀에는 실수로 탐지될 것이다. 대치 현상에서 아주 인상적인 것은 아무것도 일어나지 않는다. 결국 우리는 거의 비슷한 동의어가 목표 낱말을 대치할 수 있음을 배제할 수 없다.

비슷한 논의로써, 낱말 대치 현상에서 상의어(상층 어휘)가 거의 없음을 설명해 줄 수 있을 것인가? 적어도 일부는 그러하다. 우리는 어떻게 어떤 화자가 현실적으로 이용된 낱말인 animal(동물) 대신에 dog(개)를 말했어야 함을 알 수 있는 것일까? 종종 이 현상은 주목받지 못한 채 지나가 버린다. 그렇지만 그 화자가 고쳐 말해 줌으로써 그런 점이 드러날 수 있다. 화자의 자발적 교정에 대한 분석에서는, 화자들이 어떤 낱말을 더 구체적인 낱말로 바꾸어 넣는 일이 조금도 드문 일이 아님을 보여준다(Levelt 1983). 앞에서 본 예 (13)이 그런 경우이다. 그 화자는 검정 원호에 의해 이어져 있고 채색 원반들로 이뤄진 시각 형태들을 묘사하고 있었다. 이런 맥락에서 원반(화란어로 rondje)은 명백히 '점'(화란어로 vlakje)이지만, 그 역은 반드시 그럴 필요가 없다. 즉, spot(점)이 disk(원반)의 상의어인 것이다. 그렇지만 여전히 이들 사례에서 그 개념이 상의어를 촉발하였는지 여부를 결정할 수 없다. 개념 DISK(원반)가 레마 spot(점)이 이용된 순간에 이미 활성화되어 있었는지 여부를 전혀 알 수 없는 것이다. 그것이 사후의 반성이었을 수도 있다. 그 경우에, (13)의 예는 전혀 대치가 아니다. 간단히 말하면, 상의어 대치가 일어났다고 확증도 할 수 없고, 부인도 할 수 없는 것이다. 그러나 우리가 가정하듯이 만일 낱말 연상이 대치의 주요한 원인이라면, 상의어에 의한 대치가 일어날 것으로 기대할 수 있다. dog(개)를 animal(동물)로 대치하는 것과 같은 낱말 연상은 드문 것이 아니다.

지금까지 우리는 어떤 의미 관계를 포함하고 있는 대치 현상을 살펴왔으며, 그것들을 앞에서 본 〈그림 6-6-가〉의 유형이나 〈그림 6-6-다〉의 유형으로 해석하려고 시도해 왔다. 우리는 〈그림 6-6-다〉에서와 같이 오류 원인에 대한 타당한 증거가 있음을 찾아내었다. 연상침범이다. 개념침범은 있을 수도 있고, 그렇지 않을 수도 있다. 의미상으로 무관한 침범은 어떠할 것인가? 낱말 대치 현상들 가운데에서 〈그림 6-6-나〉와 〈그림 6-6-라〉와 같은 경우들을 찾아낼 수 있는 것일까? 다음과 같이 〈그림 6-6-라〉 유형인 듯한 두 가지 경우를 프롬킨(1973)에게서 가져왔다.

(14) a branch falling on the <u>tree</u> 〔roof → tree〕
(<u>나무</u> 위에 떨어지는 가지: '지붕'을 '나무'로 잘못 말함)

(15) 질문: when are you going to have the ale?
(자네 그 에일을[37] 언제 마실 셈인가?)

대답: with the <u>beer</u> 〔dinner→beer〕
(<u>맥주</u> 먹으면서: '저녁'을 '맥주'로 잘못 말함)

사례(14)에서는 목표 낱말 roof(지붕)과 대치 낱말 tree(나무)가 의미상으로 관련되어 있지 않다. 그렇지만 branch(나뭇가지)와 가까운 연상 관념이다. 그런 집단은 앞에서 본 〈그림 6-6-라〉와 같다. 거기서 의도된 개념(C_1)은 ROOF(지붕)이며, 의도된 레마(l_1)도 roof(지붕)이다. 방해하는 레마(l_2)는 tree(나무)이다. 이것도 여전히 또 다른 레마(l_2)인 branch(나뭇가지)와 가까운 연상 관념이다. 비슷하게 사례(15)에서도 다른 레마(l_2)인 beer(맥주)가 대화 상대방의 ale(에일 맥주)와 연합된다. 이것(l_3)도 또한 그 화자의 머릿속에서 활성화된다. 따라서 목표 낱말만이 아니라, 그보다도 최근에 활성화된 레마도 또한 의도되지 않았지만 연합된 레마에 의해서 침범을 일으킬 수 있다. 출간되어 있는 자료에서 이런 경우는 조금도 희귀한 것이 아니다(특히 Harley 1984를 볼 것).

사례(15)에서는 그 점화가[38] 그 화자에 의해 지각된 어떤 낱말로부터 기인될 수 있음을 보여준다. 르펠트·켈터(Levelt and Kelter 1982)에 의해서 모아졌고 제 4장 2절 5항에서 제시된 실험 자료를 상기하기 바란다. 가게 주인들에게 다음과 같은 질문을 던졌을 때

<u>At</u> what time do you close?
(몇 시<u>에</u> 가게문을 닫습니까?)

대답을 할 때에 거의 at을 포함하여 가령 '<u>At</u> six'(여섯시<u>에</u>요)라고 말할 것 같다. 'What time do you close?'(언제 가게문을 닫습니까?)라고

37) 맥주의 일종이며, 도수가 6도에서 8도 정도라고 한다.

38) 점화는 목표가 주어지기 이전에 주어지는 자극이다. 만일 그것이 목표의 점화 처리에 어떤 영향을 끼친다면, 그런 경우를 점화 효과라고 말한다.

질문했을 때, 전형적인 대답은 전치사 없이 'Six o'clock'(여섯시요)라고 말하는 것과 대조된다. 이것이 산출에서 '동일성 점화'의 사례이다. 대화 상대방의 낱말 사용(at을 썼음)이, 바로 뒤의 말할 기회에서 그 화자가 그 낱말을 쓰게 될 가능성이 높아지는 것이다.

비록 〈그림 6-6-라〉에서 제시된 종류의 연상침범이 명백히 많은 낱말 대치들에 대한 한 가지 원인이지만, 다른 경우에서 〈그림 6-6-나〉에서처럼 개념침범에 말미암을 가능성을 배제할 수는 없다. 프롬킨(1973)의 표본으로부터 가져온 다음의 사례 (16)이 아마 이런 종류의 것일 듯하다.

(16) he's not that happy in Hawaii 〔Illinois → Hawaii〕
(그는 하와이에서 그리 즐거워하지 않습니다: '일리노이'를 '하와이'로 잘못 말함)

그 화자는 이미 하와이를 생각하고 있었다. 이는 뒤따르는 그 다음 문장에서 표현될 예정이었다. 이런 사례는 여기서 논의될 마지막 종류의 접속 오류 쪽으로 자연스럽게 다리를 놓아준다. 다음에서 낱말 차례 뒤바꾸기를 살펴보기로 한다.

4) 낱말의 차례 뒤바꿈

더 앞쪽에서, 낱말 차례 뒤바꾸기는 동시에 활성화되어 있는 서로 다른 메시지 단편들로부터 귀결되어 나온다고 시사되었다. 지금까지 출간된 여러 가지 글들로부터 뽑아낸 두 가지 특징적 사례는 이러한 예증으로서 충분하다.

(17) Well you can cut rain in the trees 〔rain ↔ trees〕 (Garrett 1982)

(그럼 당신은 나무 속에서 비를 자를 수 있습니다: '비'와 '나무'를 서로 뒤바꿔 놓음)

(18) This spring has a seat in it 〔spring ↔ seat〕 (Garrett 1980a)
(이 용수철이 그 안에 의자가 있습니다: '용수철'과 '의자'를 서로 뒤바꿔 놓음)

낱말 차례 뒤바꿈에서, 두 낱말이 가까운 연상 관념인 경우는 우연에 지나지 않는다. 전형적으로 그것들은 대부분 동일한 문장의 일부로서 둘 모두 막 형성되어 나올 서로 다른 개념들을 표현한다. 버터워쓰(Butterworth 1982)에서는 이런 종류의 간섭을 '내적 계획'(*plan internal*)의 간섭이라고 불렀다. 앞 단락의 사례 (16)은 연속된 두 문장 사이에서 시작 부분의 뒤바뀜에 대한 경우일 수 있다. 이는 낱말 차례 뒤바꿈을 〈그림 6-6-나〉에 표상된 범주에다 집어넣는다. 낱말 차례 뒤바꿈은 제 6장 3절 1항에서 논의된 두 번째 유형의 병렬처리 속성에 대해서 이용될 수 있는 가장 분명한 증거이다. 즉 그 메시지의 서로 다른 단편들에 의해서 서로 다른 레마들을 동시에 접속하는 일인 것이다. 그런 병렬처리는 아마 말하기의 속도와 유창성에 이바지할 것이다. 그것이 또한 명백히 어떤 오류 성향도 만들어 낸다.

이런 유형의 낱말 차례 뒤바꾸기에서, 두 개의 낱말은 언제나 동일한 통사 범주에 속한다. 이는 표면구조를 전개하는 데에서 그 레마의 삽입이 꼭 들어맞는 통사 범주를 요구하는 것이었다면 누구나 기대할 법한 바이다. 개뤝(Garrett 1980a)은 차례가 뒤바뀌는 낱말들이 서로 다른 구에 속하며, 그것들 각각의 구에서 비슷한 역할을 수행함을 관찰하였다. 비슷한 역할이 무엇인지 정의하기는 어렵지만, 어떤 기능적인 것이 문제가 되는 듯하다. 그 요소들은 흔히 둘 모두 구의 핵어(*head*)이며, 자신이 표현하는 의미역에서나 또는 자신이 실행하는 문법 기능에서 비슷해지는 경향이 있다. 우리는 이들 논제를 다음 제 7장 1절 2항에서 다루게 될 것이다.

5. 어휘 접속의 시간 경로

1) 접속의 단계

대상의 이름은 어떻게 신속히 인출되는 것일까? 화자들에게 대상에 대한 그림을 보여 주고, 될 수 있는 한 재빨리 그 대상의 이름을 부르도록 요구한다면, 그림 제시로부터 목소리 반응 개시까지는 대략 600ms에서 1,200ms가 소요된다. 이런 '말소리 개시 대기시간'(*speech-onset latency*)은[39] 여러 단계에 걸친 처리의 결과이다. 이는 시간상으로 일부 겹침을 보일 수도 있고, 그렇지 않을 수도 있다. 실험 참여 화자는 먼저 그 그림을 시각적으로 처리할 것이다. 이는 '시각 특징 · 경계선 · 구석 각 · 음영 · 겹침 · 전경/배경 관계' 등을 포함한다. 다음 단계는 시각적으로 부각되는 대상을 놓고서 자동차나 탁자나 시계나 또는 드러난 대상의 종류가 무엇이든지 간에 범주를 부여해 나가는 일이 될 것이다. 이런 범주나 개념은 대응되는 어휘 항목으로 car(자동차) · table(탁자) 등을 인출하는 경우가 된다. 후자의 단계가 하나의 단계인지, 아니면 두 단계를 포함하는지 잘 알 수 없다. 하여간 그 레마와 형태정보가 둘 모두 인출될 것이다. 마지막으로 조음 반응이 준비되어야 한다. 오직 그런 뒤에라야 명시적으로 이름 부르기가 개시될 수 있다.

물론 발화에서 실사 낱말들에 접속하는 일이 모두 이런 모든 단계를 거쳐 통과하는 것은 아니다. 시각 처리 및 범주화는 어휘 접속(*lexical access*)의 필수 부분이다. 표현된 개념을 지각하는 다른 방식들도 있다. 여태까지 어휘 접속의 시간 경로에 대한 연구는 거의 전적으로 '이

39) speech-onset latency(말소리 개시 대기시간)는 피험자에게 자극이 제시되는 시점에서부터 피험자가 그 낱말의 첫소리를 발성할 때까지 걸리는 반응시간 간격을 말한다. latency는 '지연시간'으로도 번역될 수 있지만, '지연'이란 말이 일부러 지연시킨다는 속뜻이 깔릴 수 있고, 뒤에 나올 delay(지연)의 번역 용어와도 겹치는 문제가 있다. 여기서는 '대기시간'으로 번역해 둔다.

름 부르기' 과제 — 즉 사물이나 시각 관계들을 놓고서 이름 부르기에 대한 연구로 이뤄졌다. 현재의 절에서도 이들 연구에만 관심을 둔다.

이름 부르기에서 '말소리 개시 대기시간'은 여러 가지 요인에 달려 있으며, 이것은 추정된 이러저러한 단계에서 그 효과를 발휘한다. 그 요인에는 시각 효과 · 개념 효과 · 낱말 빈도 효과 등이 있다. 먼저 우리는 대기시간 효과를 논의할 것이다. 이는 대체로 시각 처리 및 개념 처리 단계들 동안에 일어나게 된다. 그러고 나서 적합한 어휘 접속에 기인하는 효과들을 다루게 될 것이다. 그 다음에 레마 인출과 형태 인출의 논제를 살펴보게 될 것이다. 곧, 그것들이 두 개의 연속적인 단계일 것인지, 아니면 동일한 인출 작용의 두 측면일 것인지에 대한 물음이다. 마지막으로, 범주화 및 어휘 접속의 단계들 사이에 있는 잠재적 중복에 대해서도 몇 마디 언급이 이뤄질 것이다.

2) 시각 처리 및 범주화

시각적으로 표상된 대상은 어떻게 범주화될 것인가? 이 물음은 그 자체로 책 한 권의 분량이 필요하다. 여기서는 광범위하게 논의되지 않을 것이다. 그러나 이름 부르기 대기시간이 범주화에 대한 우선순위를 드러낸다. 로슈(Rosch)와 그녀의 동료들은(특히 Rosch, Mervis, Gray, Johnson, and Boyes-Braem 1976을 보기 바람) '기본 층위'를 도입하였다. 그것은 '사과 · 신발 · 의자 · 자동차' 등이며, 시각 대상들의 범주화에 대한 최우선 선호 층위이다. 상위 층위의 범주들도 있다. '과일 · 의복 · 가구 · 탈것' 등이다. 기본 층위 항목 각각에 대한 하위층위 범주들도 있다. '조리용 사과 · 끈 없는 여성용 구두(*pump*) · 발받침 의자(*Ottoman*) · 지붕접이 자동차(*convertible*)' 등이다. 자신의 업적들을 일부 포함하여 씨모어(Seymour 1979)에서 잘 개관된 다수의 연구들에서는, 이름 부르기 대기시간이 화자가 자신에게 제시된 대상들을 놓고서 기본 층위의 항목들을 이용할 때 가장 짧음을 보여 주었다. 피험자가 혼합 묶음의 '과일들 · 가구 항목들 · 탈것들' 등을 받고 fruit, furniture, vehicle(과일, 가구, 탈것) 등을 말하도록 요구받은 경우〔즉 apple(사과)와 chair(의자) 같이 기본 층위의 항목이 아니라, 대신 상위층위 범주들을 이용하도록 요구받은 경우〕에, 이름 부르기 대기시간이 실질적으로 더 길어진다. 그러나 대기시간이 또한 하위층위에 있는 항목들을 이용해야 하는 경우에도 더 길어진다. 이런 발견결과는 아마 기본 층위가 아닌 항목들에 대한 더 낮은 빈도의 용법에 의해서는 설명될 수 없을 것이다. 오히려 시각적으로 제시된 대상들을 범주로 나눠놓는 최우선 선호 방식이 있음을 보여준다.

시각 대상의 범주화 과정은 이른바 점화 계열표에 의해서 더 추적될 수 있다. 이름 불릴 그림에 앞서서 또 다른 시각 자극(점화임)이 미리 제시된다. 이는 목표 대상에 대해 어떤 관계를 이끌어낼 수 있으며, 이런 관계가 그 목표에 대하여 이름 부르기 반응에 영향을 미칠 가능성이 있다. 플로뤼스 다카이스 · 슈로이더(Flores d'Arcais and Schreuder 1987)는 그림 명명 과제를 이용하였다. 거기에서 점화는 또 다른 그림이었다. 점화 그림은 그 목표의 제시 이전에 450ms 앞서 나타났으며, 200ms 동안 볼 수 있었다. 점화는 다양한 방식으로 그 목표에 관련될 수 있었다. 그 방식들 중 다음 두 가지가 있었다.

① 점화와 목표가 지각상 비슷할 수 있었다. 즉 어떤 시각 특징을 공유할 수 있었다.
② 또는 기능상으로 비슷해지게 만들면서, 그것들이 똑같은 상위 층위 범주가 될 수 있었다.

이들 두 가지 방식을 모두 실현하거나 하나를 실현해 줌으로써, 아니면 전혀 실현해 주지 않음으로써, 네 종류의 점화가 나온다. 목표 그림의 예와 이들 네 종류의 점화 사례가 〈그림 6-7〉에 제시되어 있다.

〈그림 6-7〉 목표 그림 (e)와 상이한 관계를 이끌어내는 점화 그림

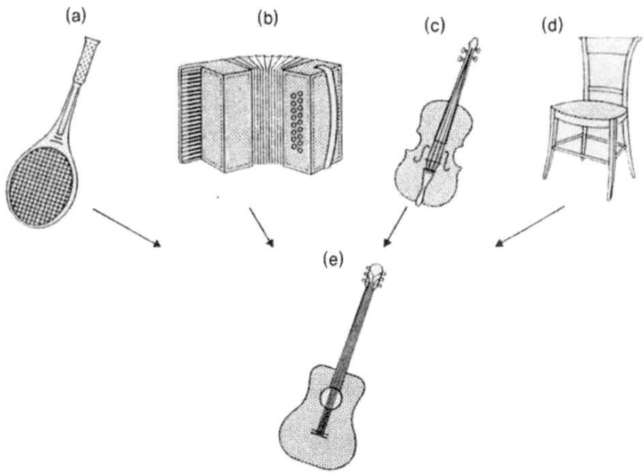

(a) 지각상 관련됨, (b) 기능상 관련됨, (c) 지각과 기능상 관련됨, (d) 무관함.

플로뤼스 다카이스·슈로이더(1987)는 두 가지 '점화 경로'가 있을 것으로 짐작하였다. 이는 다음 〈그림 6-8〉에 그려져 있다. 첫 번째 경로는 점화 그림과 목표 그림에 의해 공유된 시각적 지각 특징을 포함한다. 두 번째 경로는 기능상으로 공유된 특징들을 공유한다. 〈그림 6-8〉의 밑바닥 부분은 앞에서 살핀 〈그림 6-6-가〉 및 〈그림 6-6-나〉와 유사하지만, 그 그림은 지각적 특징과 기능적 특징 교점의 추가 층위를 나타낸다. 그 목표 그림은 일련의 시각 특징들을 활성화한다. 그것들 중에는 'P_1'과 'P_i'가 있다. 점화 그림은 또 다른 일련의 특징들을 활성화한다. 그것들 중에는 'P_i'와 'P_m'이 있다. 따라서 'P_i'는 점화와 목표에 의해서 모두 활성화된 지각 특징이다. 만일 두 개의 그림이 아주 비슷하다면, 그것들은 여러 지각 특징들을 공유한다. 목표 그림의 특징들은 대응하는 개념 교점 'C_1'을 활성화할 것이며, 점화의 지각 특징들은 개념 교점 'C_2'를 활성화할 것이다. 맨 처음 시각 점화경로는, 점화 그림으로부터 출발하여 공유된 지각 특징(그 그림에서 'P_i')을

〈그림 6-8〉 두 가지 점화 경로

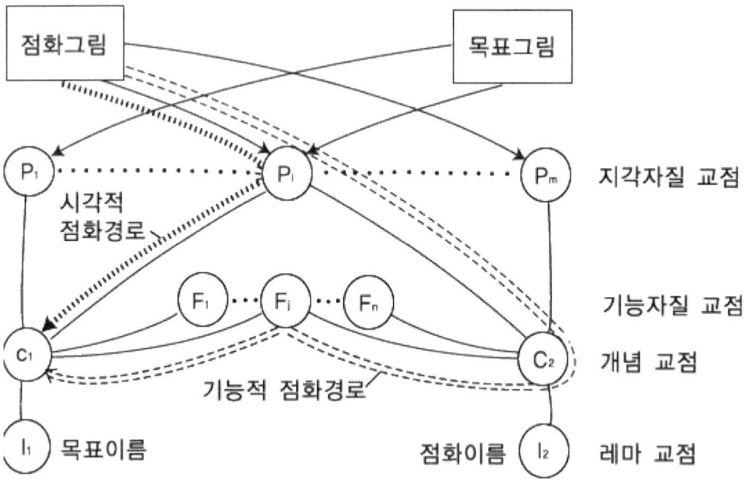

* 점화의 개념 교점을 포함하지 않는 직접적 시각 점화가 있고, 점화 개념 교점을 포함하는 기능적 점화 또는 개념적 점화가 있다.

거쳐 목표 개념 'C_1'까지 진행한다. 점화가 미리 'P_i'를 활성화하는 경우에, 그 화자는 그 목표 대상을 범주화하는 데에 더 신속해질 것이다. 차례로 이는 이름 부르기 반응을 가속시켜 줄 것이다. 이 경로에서 개념 'C_2'를 포함하지 않음에 유의하기 바란다. 점화 개념이 활성화될 필요가 없는 것이다.

이것은 두 번째 기능적 점화 경로에 대해 차이가 난다. 점화의 시각 특징들이 점화의 개념 교점 'C_2'를 활성화한다. 차례로 이는 기능적(또는 개념적) 자질 'F_j'를 그 목표 개념과 공유하며(가령 둘 모두 악기임), 이를 통하여 활성화 확산이 일어날 수 있다. 더 앞에 있는 〈그림 6-7〉에 있는 '점화-목표' 짝은, 이들 경로 중 어느 것이 이름 부르기 반응을 가속시켜 주는 데에 더 효과적인지를 검사할 수 있게 한다.

그 결과는 명쾌하다. 〈그림 6-7-a〉에 있는 것과 같은 점화가 이용된 경우(즉 그 목표와 시각 특징들을 공유하는 것), 이름 부르기 반응이

〈그림 6-7-d〉의 무관한 점화가 이용된 경우에 비해 약 35ms 가속되었다. 그러므로 시각 경로가 꽤 효과적이다. 그렇지만 〈그림 6-7-b〉와 같은 점화는 아주 효과적인 것이 아니었다. 이름 부르기 대기시간은 유의미하지 않은 16ms 정도로 줄어들었다. 가장 좋은 점화는 〈그림 6-7-c〉이었다. 지각적 특징과 기능적 특징들을 모두 그 목표와 공유한다. 그것은 이름 부르기 반응을 125ms로 가속시켜 놓았다.

아주 비슷한 실험으로 허튼로커·쿠비첵(Huttenlocher and Kubicek 1983)에서도 기능상으로 관련된 그림(가령 드럼과 기타 등)들에 의한 실질적 점화를 찾아내었다. 일부 이들 짝은 또한 지각적으로 관련되었다(가령 바이올린과 기타 등). 그렇지만, 그런 경우에 그것들이 서로 다른 시각 관점이나 각도에서 그려졌으므로, 그 목표에 대한 낮은 수준의 시각 처리가 점화에 의해서 도움이 되지 않았을 것이다. 이들 경우가 플로뤼스 다카이스·슈로이더(1987)에 의해 독자적으로 연구가 이뤄졌다. 그들은 기능적으로 관련된 대상들 사이에 그것들이 물리적으로 유사하다면(가령 기타와 바이올린 등), 심지어 시각 관점이 차이가 나더라도 실질적인 점화(47ms)가 있음을 찾아내었다.

많은 연구자들은 점화 그림을 이용하지 않고, 점화 낱말을 이용하였다. 인쇄된 낱말은 목표 그림과 시각 특징들을 공유하지 않는다. 이는 시각 점화 경로를 배제한다. 이런 작업은 글레이저·둥글홉(Glaser and Düngelhoff 1984)에 잘 개관되어 있다. 여기서 우리는 이들 저자에 의해 얻어진 주요한 일련의 결과들을 살펴볼 것이다. 그들의 연구에서 중요한 변수는 점화 낱말의 제시와 목표 그림 사이에 있는 지연이었다. 이는 '자극개시 시차'(SOA)라고 불린다.[40] 만일 점화가 목표

40) stimulus-onset asynchrony(자극개시 시차)는 피험자에게 점화가 제시되는 시점으로부터 목표가 제시되는 시점까지의 시간 간격을 가리키는 말이다. asynchrony(비-동시성)이란 결국 이런 시간 간격을 가리키므로 '시차'(時差)로 번역해 둔다.

를 선행한다면, 자극개시 시차(SOA)는 '－' 값을 갖는다. 만일 점화가 목표를 뒤따른다면, 자극개시 시차(SOA)는 '+' 값을 갖는다. 모든 경우에서 피험자의 과제는 단순히 그 그림을 명명하는 것이었다. 그들의 '말소리 개시 대기시간'이 측정되었다. 물론 점화 낱말이 심지어 그 그림 뒤에 바로 제시되더라도(즉 '+' 자극개시 시차를 지님) 이름 부르기 대기시간상으로 어떤 효과를 지닐 가능성이 있다.

어떤 종류의 점화 낱말을 그 연구자들이 이용하였던 것일까? 첫째, 그 점화가 개념상으로 그 목표와 관련될 수 있었다. 만일 그 그림에서 성당을 보여 주었다면, 점화 낱말이 house(집)가 될 수 있었다. 이것은 관련된 점화 낱말이다. 둘째, 점화 낱말이 관련이 없을 수 있었다. 만일 그 그림이 성당이었다면, 무관한 점화 낱말이 car(자동차)가 될 수 있었다. 셋째, 점화 낱말이 그 그림의 이름이 될 수 있었다. 만일 이름 불릴 그 그림이 성당을 보여 주었다면, 동일한 점화가 church(성당)라는 낱말이었다. 넷째, 점화가 중립적일 수 있었다. 이 경우에 제시된 '낱말'이 바로 'xxxxxx'로 표시된 열이었다. 맨 뒤의 조건은, 기준선 조건으로 취급되었다. 만일 점화 낱말이 중립 조건에서보다 그림의 명명을 더 빨라지도록 하였다면, '촉진' 효과가 있었다. 만일 이름 부르기가 중립 조건에서보다 더 늦어졌다면, '억제' 효과가 있었다. 〈그림 6-9〉에서는 주어진 관련·무관·동일 점화들을 놓고서 서로 차이가 나는 자극개시 시차(SOA)들에서 관찰된 억제 효과 및 촉진 효과를 보여준다.

〈그림 6-9〉를 보면, 동일 점화가 심지어 목표 그림 뒤에 200ms나 늦게 나오더라도 일반적으로 촉진을 일으켰음이 분명하다. 그렇지만 다른 두 종류의 점화인 관련된 점화와 무관한 점화는 일반적으로 억제 효과를 산출하였다. 그것들의 제시는 이름 부르기 반응을 늦춰 놓았다. 가장 강한 억제는 관련된 점화로부터 결과되었다. 후자의 결과는 앞에서 언급된 허튼로커·쿠비첵(1983)과 플로뤼스 다카이스·슈로이

더(1987)에서 찾아진 결과와 모순되는 듯하다. 그들은 관련된 그림 점화가 무관한 그림 점화보다도 더 짧은 이름 부르기 대기시간을 일으켰음을 알아내었다. 그렇지만 이들 두 연구에서 모두 400ms의 절대 값을 갖는 '−' 자극개시 시차(SOA)들을 이용하였다. 〈그림 6-9〉에서 가장 왼쪽에 있는 값이다. 또한 그 영역에서 관련된 점화 곡선과 무관한 점화 곡선이 교차될 수 있다. 이 그림에 있는 결과들에 대한 해석은 여태 큰 논란거리이다(특히 Vorberg 1985를 보기 바람). 현재 우리의 목적을 위해서, 관련되든 무관하든 상관없이 만일 점화가 목표가 아닌 어떤 개념을 활성화한다면, 이름 부르기 반응에 간섭이 있음을 결론 내리기에 충분하다. 이름 부르기 반응은 오직 동일 점화가 주어지는

〈그림 6-9〉 세 종류 점화와 자극개시 시차의 촉진 및 억제
(Glasser and Düngelhoff 1984)

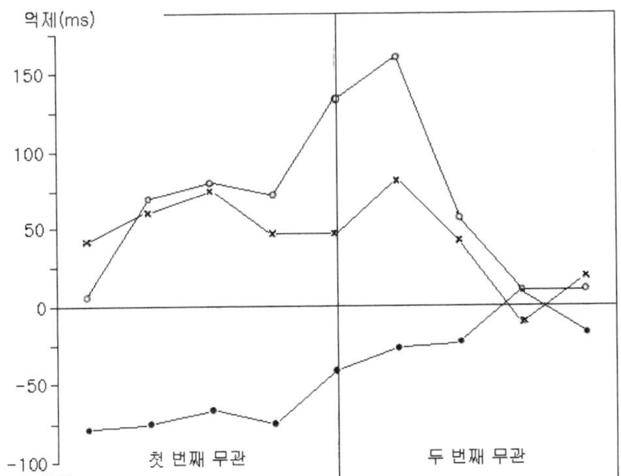

* 위쪽 도표: 점화가 목표를 뒤따름, 아래쪽 도표: 점화가 목표를 앞섬.
관련된 점화(○), 무관한 점화(×), 동일한 점화(●)

경우에만 촉진된다. 이는 놀랄 것도 없다. 왜냐하면 그것이 목표 개념을 활성화해 주기 때문이다.

첫눈에 아주 다른 일련의 실험으로 보이는 내용으로, 쉬뤼풔즈(Schriefers 1985)에서도 또한 두 번째 개념에 의해서이지만 현재의 관련 사항을 놓고서, 이름 부르기에서 방해의 증거를 찾아내었다. 그는 피험자들에게 〈그림 6-10〉에 있는 것과 같은 그림 짝을 제시하였다.

〈그림 6-10-가〉에 있는 삼각형 짝을 살펴보기로 한다. 그 영역의 왼쪽이나 오른쪽에 있는 '+' 부호가 먼저 피험자에게 제시된다. 1.5초 뒤에 짝으로 된 삼각형이 제시된다. 피험자의 과제는 '+' 위치에 있는 삼각형이 그 짝 중에 더 큰 것인지, 아니면 더 작은 것인지를 가리켜 주면서 '더 크다' 또는 '더 작다'를 말하는 것이다. 쉬뤼풔즈(1985)는 상대적으로 작은 삼각형의 짝들(〈그림 6-10-가〉에 있음)을 큰 삼각형

〈그림 6-10〉 쉬뤼풔즈(Schriefers 1985) 비교판단 실험에 쓰인 삼각형과 막대기 짝

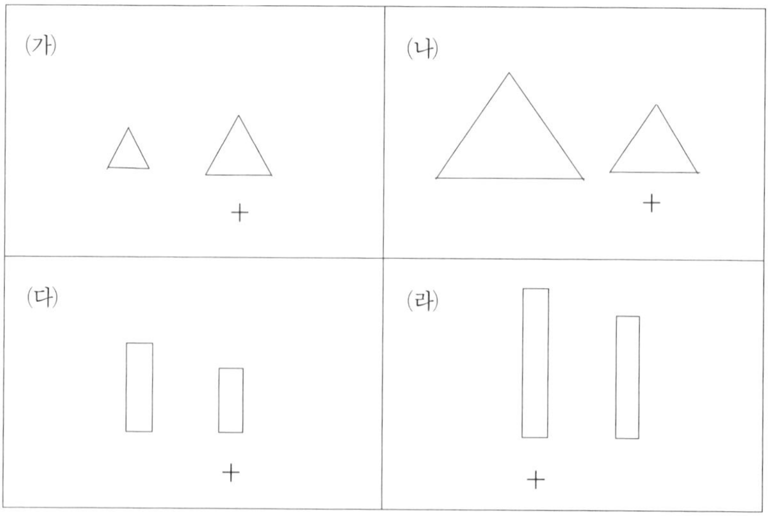

* 피험자의 과제는 '+'로 표시된 그림이 다른 것보다 더 큰지 아니면 더 작은지, 더 긴지 아니면 더 짧은지를 말하는 것이었다.

의 짝(〈그림 6-10-나〉에 있음)과 혼합함으로써, 이런 관계의 이름 부르기 과제를 복잡하게 만들어 놓았다. 얻어진 이름 부르기 대기시간은 강한 '합치효과'를 보여 주었다. 작은 삼각형 짝이 있었을 때, 피험자들은 '더 크다'를 말하는 것보다도 '더 작다'를 말하는 것이 더 빨랐다. 하지만 큰 삼각형 짝들과는 '더 작다'를 말하는 것보다도 '더 크다'를 말하는 것이 더 신속하였다. 정확히 동일한 유형의 결과가 〈그림 6-10-다〉와 〈그림 6-10-라〉에서처럼 크기가 다양한 막대기 짝들에 대해서도 얻어졌다. 〈그림 6-10-라〉에서와 같이 두 막대기가 모두 긴 경우에, '더 길다'를 말하기가 더 쉬웠다. 〈그림 6-10-다〉에서와 같이 두 막대기가 모두 짤막한 경우에는 '더 짧다'를 말하는 것이 더 빠른 대답이었다. 달리 말하여, 판단될 그림에 대한 상대적 크기가 그 짝의 절대적 크기와 합치되는 경우에, 이름 부르기 반응의 대기시간이 가장 짧았다. 쉬뤼풔즈(1985)는 결정짓기 단계 또는 범주화 단계에 있는 어떤 충돌을 가정함으로써 이런 결과를 설명하였다. 한 짝의 큰 그림이 있는 경우에, 개념 BIG(크다)이 자동적으로 피험자의 머릿속에 생성된다. 이는 개념 판단 SMALLER(더 작다)의 준비를 간섭 방해하지만, 개념 판단 BIGGER(더 크다)의 준비를 촉진할 것이다.

이런 합치 결과는 앞에서 논의된 발견결과와 아주 많이 비슷하다. 목표 개념과 더불어, 서로 다른 개념이 화자의 머릿속에 생성되어 있는 경우에, 그 목표를 명명하는 일에 방해되는 간섭이 있을 것이다. 이들 모든 발견결과에 대하여 던져야 할 필수적 질문이 있다. 저자가 이미 시사하였듯이, 그 질문은 개념 층위에 있는 간섭인지 여부, 또는 한 개념에 대한 어휘 항목의 인출이 다른 어휘 항목의 활성화로부터 방해를 받는지 여부이다. 쉬뤼풔즈(Schriefers 1985)는 이를 명백히 검사하였다. 만일 그것이 실제로 어휘 접속 층위에 있는 간섭 방해 사안이라면, 합치효과는 언어 반응이 전혀 요구되지 않는 경우에 사라져야만 한다. 이를 검사하기 위하여, 쉬뤼풔즈는 〈그림 6-10-다〉와 〈그림

6-10-라〉에 있는 길고 짧은 막대들을 갖고서 그 실험을 반복하였다. 언어산출을 피하기 위하여, 이번에는 피험자에게 두 막대기 중 더 큰 막대가 '+'로 표시된 경우에 어떤 반응 단추를 누르게 하였고, 더 짧은 막대가 '+'로 표시된 경우에 다른 반응 단추를 누르도록 요구하였다. 그 결과는 전혀 감소되지 않는 '합치효과'를 보여 주었다. 이는 방해 간섭이 사실상 판단의 개념 층위에서 일어남을 드러내 준다.

3) 어휘 접속

쉬뤼풔즈(Schriefers 1985)는 똑같은 일련의 실험으로 '의미 유표성 효과'도 찾아내었다. 〈그림 6-10-가〉에서와 같이 오직 한 가지 크기 범주로 된 삼각형 짝만이 제시된 경우, 반응 'bigger'(더 크다)가 'smaller'(더 작다)보다 체계적으로 더 짧은 대기시간으로 주어졌다. 비슷하게 〈그림 6-10-다〉에서처럼 길고 짧은 막대 짝들을 놓고는 반응 'taller'(더 길다)가 'shorter'(더 짧다)보다 믿을 만하게 더 신속히 나왔다.

big(크다)과 tall(길다)과 같은 형용사는 의미상으로 무표적(≒기본적)이라고 불린다.[41] 이들 낱말은 중립적으로 크기나 수직적 확장에 대한 총체적 규모를 가리킨다. 예를 들면 "how big is your dog?"(당신 개는 얼마나 큽니까?)은 그 개가 크다는 것을 전제하지 않는다. 반면에 "how small is your dog?"(당신 개는 얼마나 작습니까?)은 개가 작다는 것을 전제로 한다. 유표성 개념에 대한 자세한 논의를 보려면,

41) 대립되는 형용사 항목들 중 어느 하나만이 기본 척도단위 명사로 선택된다. '크다 : 작다'에서 오직 '크기'만이 기본적인 척도단위 명사가 된다. '밝다 : 어둡다'에서도 '밝기'만이 척도단위 명사가 된다. '높다 : 낮다'에서도 '높이'만이 기본적인 척도단위 명사가 된다. 언어학에서는 이런 특성을 unmarked(무표적)이라고 부른다. 무색 무취한 기본 바탕의 속성을 가리키는 말이다. 이와 반대되는 개념을 marked(유표적 有標的)이라고 부른다. 기본 바탕에 추가 자질(또는 표지 標識)들이 덧붙여지는 것이다.

클락 · 클락(Clark and Clark 1977)을 참고하기 바란다.

쉬뤼풔즈(1985)에서 알아낸 바는, 의미상으로 유표적 관계의 이름을 인출하는 것이 무표적(≒ 기본적)인 것을 인출하는 데 걸리는 시간보다 더 많이 소요된다는 것이다. 이것이 '합치효과'와 같이 판단에 대한 사안일까? 이를 검사하기 위하여, 쉬뤼풔즈는 길고 짧은 막대를 갖고서 그 실험을 반복하였다. 하지만 이번에는 언어로 반응하는 것이 아니라, 단추 누르기로 대답을 하였다. 합치효과에서 그러하였듯이, 그 유표성 효과도 남아 있을 것인가? 그 결과는 명백하였다. 더 이상 유표성 효과에 대한 흔적이 어떤 것도 남아 있지 않았다. 그 효과를 얻기 위해서는, 분명히 언어 반응을 보이는 것이 필요하다. 달리 말하여, 그 효과는 그 낱말을 찾아내는 일이나 그 낱말을 똑똑히 발음하는 일에 말미암는 것이다. 쉬뤼풔즈는 독립적으로 순수 조음 대기시간을 측정함으로써, 후자의 가능성을 배제하였다. '의미 유표성 효과'는 전적으로 어휘 항목에 접속하는 일에서 비롯되는 것이다.

또한 어휘 접속 층위에서 일반적으로 일어나는 것으로 간주되는 또 다른 효과는 '낱말 빈도 효과'이다. 이는 낱말 탐지기 이론에 대한 논의에서 이미 언급되었다(제 6장 3절 2항). 그림에 대한 명명(이름 부르기) 과제를 놓고서, 오울드필드 · 윙필드(Oldfied and Wingfield 1965)는 이름 부르기 대기시간 및 대상 이름의 언어사용 발생 빈도 사이에 높은 상관성을 찾아내었다. 예를 들면, basket(바구니)에 대한 말소리 개시는 그림 제시 시점으로부터 640ms가 소요되었다. syringe(피하 주사기/관장기/살수기)는 평균하여 1,080ms가 걸렸다.

이런 차이는 시각 처리 및 범주화에 기인하는 것일까? 즉 그 대상을 인식하는 데 필요한 시간에 기인하는 것일까? 윙필드(Wingfield 1968)는 동일한 대상을 놓고 재인 대기시간을 측정함으로써, 이것이 그 경우가 아님을 보여 주었다. 예를 들면, basket(바구니)에 대한 재인 대기시간을 측정하기 위하여, 피험자들에게 반복적으로 일련의 동일한 그림들이 주어졌다. 그렇지만 이번에는 그들이 바구니를 볼 때마다 반응 단추를 누르고, 그렇지 않다면 반응을 보이지 않는 과제로 실시되었다. 그런 재인 검사가 그 일련의 대상 각각에 대하여 실시되었다. 낱말 빈도는 이들 재인 대기시간과 전혀 상관이 없음을 보여 주었다. 의미상의 유표 효과처럼, 빈도 효과는 어휘 접속의 단계에서 일어나며, 더 이전의 단계에서는 안 일어난다. 더욱이 이들 두 효과가 연결될 수도 있다. 의미상으로 유표적인 형용사들은 보통 무표적인 것보다도 더 낮은 빈도의 용법을 지닌다.

낱말 빈도 효과는 앞에서 언급된 허튼로커・쿠비첵(Huttenlocher and Kubicek 1983)의 연구에서도 찾아졌다. 그들은 높은 빈도의 이름을 가진 그림들이 낮은 빈도의 이름을 가진 그림보다 대략 100㎳ 정도로 더 신속히 반응이 이뤄졌음을 알아내었다. 이 효과는 점화 효과와는 독립적이었다. 즉, 동일한 빈도 효과가 점화 그림이 목표와 관련되었는지 여부에 상관없이 찾아졌던 것이다. 이는 다시 어휘 접속에 대한 단계별 관점을 증명한다. 범주화 단계는 의미 점화에 대해 민감하게 변동하고, 뒤따르는 어휘 접속 단계는 낱말 빈도에 민감하게 변동하며, 그 두 효과는 더해진다. 쉬뤼풔즈(1985)의 합치효과와 유표성 효과도 또한 추가되었으며, 똑같은 두 단계가 포함되어 있었다.[42]

더욱이, 허튼로커・쿠비첵(1983)은 그들이 찾아낸 100㎳의 낱말 빈도 효과가 조음 개시에 말미암지 않았음을 보여 주었다. 원래 실험에서 이름으로 주어졌던 똑같은 낱말들이, 단순히 읽혀졌을 때 그 효과가 거의 완전히 사라졌다. 쉬뤼풔즈(1985)처럼 이들 연구자도 조음적 설명을 배제하였다.

42) 〈지은이 각주〉 Humphreys, Riddoch, and Quinlan(1988)에 의한 최근의 연구에서 빈도 효과가 언제나 의미 점화에 독립적인 것만은 아니라는 증거를 제공한다. 아주 긴('−' 음 방향의) 자극개시 시차(SOA)가 이용되면, 어떤 상호작용이 생겨날 가능성이 있다. 그들의 실험에서는 '−5'초였다.

4) 레마와 낱말형태에 접속하기 : 두 가지 단계일 것인가?

지금까지 우리는 그림 명명 과제에서 다음과 같은 처리 단계나 처리 층위들을 인식하였다. 첫째, 시각 처리 단계가 있다. 이 층위에서 점화 및 목표 사이에는 시각 유사성에 대한 촉진 효과가 있다. 둘째, 개념 범주화 단계가 있다. 이 층위의 처리에서, 점화 및 목표의 개념적 밀접성이나 기능적 밀접성이 이름 부르기 대기시간에 어떤 효과를 지닌다. 셋째, 적합한 어휘 접속 층위가 있다. 여기서는 낱말 빈도와 의미 유표성이 효과를 지닌다. 이 단계에서 임의 항목의 인출에 대한 의미 조건들은, 개념 범주화 동안에 두 번째 층위의 처리에서 생성된다.

추후 면밀한 연구를 필요로 하는 질문은 다음과 같다. 임의 항목의 레마와 형태 속성들이 어휘 접속 단계 동안에 한꺼번에 '동시에' 인출되는가, 아니면 연속하여 '순차적으로' 인출되는가? 물론 그 논제는 레마 및 낱말형태 정보가 어휘 개별항에 있는 변별적인 종류의 정보인지 여부에 관한 물음도 아니며, 또한 이들 종류의 정보가 언어형식 주조 과정(곧 각각 문법 부호화와 음운 부호화 동안)의 연속적 단계에 관련되어 있는지 여부에 관한 물음도 아니다. 오히려 그 논제는 어휘 인출 단계가 추가적으로 두 가지 연속적 인출 단계로 분할되어야 하는지 여부에 관한 물음이다. 그 결론을 미리 짐작할 수 있겠으나, 아직은 정확히 알 수 없다.

두 단계 인출 과정을 옹호하는 한 가지 현상학적 논의는, 말이 나오지 않은 채 '혀끝에서만 맴도는'(*tip-of-the-tongue*) 현상이다. 이는 제 9장에서 논의하게 될 것이다. 종종 말을 하는 당사자에게 놀랍겠지만, 모든 사람이 심지어 유창하게 말할 경우에도 의도된 낱말이 입밖으로 나오지 않는 경험을 겪어 보았을 것이다. 그럼에도 누구나 뭔가에는 접속을 하였으나, 그 낱말이 혀끝에서 맴돌고만 있음을 느낀다. 심지어 시작 자음이나 음절의 숫자까지 아는 경우도 있다. 그런 경우에 그 레마에는 접속하였다고 말하고 싶어진다. 그 낱말의 통사가 이용 가능해진 것이다. 문제가 되는 낱말이 올바르게 통사 환경에 들어와 구성되지만, 음운 형태 인출이 저지되고 있는 것이다.

그러나 혀끝에서만 맴도는 조건 아래에서, 성별 표시와 같이 그 항목의 통사 속성들이 사실상 인출되었음을 보여 주기 위한 결정적 실험은 아직 이뤄지지 않았다. 혀끝에서만 맴도는 상태에 있는 '불어' 화자는 그 낱말이 남성 정관사 le(= the) 낱말인지, 아니면 여성 정관사 la(= the) 낱말인지 여부를 알고 있을 것인가? 그것은 한 항목의 개념 조건이 만족되자마자 통사와 낱말형태들이 동시에 인출되는 경우일 듯하다. 그렇다면 혀끝에서만 맴도는 상태에서 이런 공동 인출이 차단되어 있을 법하다.

버터워쓰(Butterworth 출간중)는 어휘 접속의 두 단계 이론을 옹호하는 증거들을 놓고서 뛰어난 개관을 제시한다. 사실상 어휘 접속에서 의미 활성화가 형태 활성화를 선행한다는 개념을 옹호하는 설득력 있는 실험적 증거가 있다(Kempen and Huijbers 1983; Levelt and Maassen 1981). 문제는 우리가 이런 의미 활성화의 위상을 알지 못한다는 점이다. 그것이 '단순히' 단계 2의 활성화—즉 표현될 개념들에 대한 활성화인가? 아니면, 단계 3의 활성화—즉 한 낱말의 의미-통사 구성을 포함하는 레마의 활성화인가? 아직까지 이 질문에는 확정적 대답이 마련되어 있지 않다.

5) 범주화 및 어휘 접속은 서로 중첩되지 않는 단계들인가?

아직까지 정밀 조사가 진행중인 관련 질문 한 가지는, 범주화 접속과 어휘 접속이라는 두 번째 처리 층위와 세 번째 처리 층위가 서로 연결된 순차적인 것인지 여부뿐만 아니라, 또한 시간상으로 전혀 중첩되지 않는 단계인지 여부에 대한 것이다. 어휘 접속이 오직 범주화가 완결된 뒤에라야 시작되는 것일까? 아니면 오히려 그것은 어떤 범주화 반응이 있자마자 곧 어휘 활성화가 일어나는 것일까? 특히, 첫 번째 막연한 범주화 반응이 의미상으로 관련된 어휘 항목 묶음을 활성화해 주는 경우가 대답이 될 수도 있다. 이는 의미상 연대(*semantic cohort*)로서,[43] 그 범주화가 더 예리해지고 더 확정적으로 되면 추가적으로 더 좁혀들어 가게 된다. 우리는 제 6장 4절 2항에서 clear〔close-near〕(가-웃이다: '가깝다-이웃이다'의 혼성)와 같은 혼성 현상을 설명하기 위하여 이런 가능성을 고려하였다.

범주화 단계 및 어휘 접속의 단계 사이에 시간상으로 중첩이 있다는 증거는 험프뤼즈·뤼덕·퀸런(Humphreys, Riddoch, and Quinlan 1988)에서 찾아질 수 있다. 르펠트 등(Levelt et al. 준비중)도 대상 이름 부르기 과제를 놓고서 음운 활성화가 아주 짤막한 지연과 더불어 범주화 반응을 뒤따름을 알아내었다. 의미 및 음운 활성화가 모두 존재하는 어떤 짤막한 기간이 존재할 가능성이 있다. 그러나 후자 종류의 활성화는 말소리 개시 순간까지 유지되지만, 반면에 범주화 반응은 그 그림의 제시 뒤에 재빨리 사라져 버린다. 달리 말하여, 그 두 단계가 순차적으로 이어져 있지만, 중첩되는 짤막한 기간이 있을 수 있다.

대상 이름 부르기에서 '뒤늦은' 단계의 존재를 예증하는 일이 가능하

---

43) 이광오·김영진(2003:250쪽) "언어 I : 이해," 이정모 외 17인《인지 심리학》(학지사)에서는 cohort model(연대 모형)을 다음처럼 설명하고 있다. "활성화된 단어들의 집합을 '연대'라고 부른다. 연대는 로마 군대의 단위로서 3백~6백 명의 병사로 이루어졌다고 한다. 연대 단위의 병사 수만큼 많다는 비유라고 생각하면 될 것이다. 활성화된 단어들, 즉 연대의 구성원들은 그 수가 일정한 것은 아니다. 보통 수십 개 정도이나, 경우에 따라서는 수백 개도 될 수 있을 것이다." 이를 염두에 두고 생각하면, '의미상의 연대'(*semantic cohort*)란 비슷한 여러 의미 단위가 서로 연합하여 더 큰 단위로 짜여 있는 것을 말하는 듯하다. 조명한(1989:191~214) "언어처리 이론으로서의 단원성의 문제"(이정모 외 11인《인지 과학》민음사)에서는 cohort 모형이 원래 단어 재인과 관련하여 제시된 내용들을 설명해 놓고 있어 도움이 된다.

다는 사실은, 거기에 어떤 항목의 형태에 대한 활성화가 있지만, 그 의미에 대한 활성화는 어떤 것도 더 이상 존재하지 않는다는 것이며, 레마 활성화가 없이도 물론 형태 활성화가 존재할 수 있다는 착상에 의해서 뒷받침된다.

6. 요 약

머릿속 어휘부는 발화산출에서 중심 역할을 맡는다. 어휘부는 산출을 위해 화자가 이용할 수 있는 낱말들에 대한 정보의 저장고이다. 이런 정보는 적어도 각 항목의 의미와 그 통사·형태·음운 속성들을 포함한다. 일부 연구자들은 문법 부호화에 필수적인 임의 항목의 레마 정보와, 뒤에 이어지는 음운 부호화 단계에서 이용되는 그 형태정보 사이를 구별한다. 머릿속 어휘부에 있는 개별항들은 의미와 형태 둘 모두에 따라 다양한 방식으로 서로 관련되어 있다.

화자가 이용하는 모든 낱말이 어휘부 속에 저장되어 있는 것은 아니다. 낱말들이 즉석에서 새롭게 구성될 수 있는 것이다. 그러나 언어마다 그것이 요구하는 어휘 부호화의 양에서 엄청나게 차이가 난다. 영어 화자는 자주 이용되는 낱말과 관용구들을 놓고서 자신의 어휘부 저장고에 크게 의존한다.

어휘 항목의 레마 정보는 화용 조건 및 문체 조건을 포함하여, 그 사용을 위한 개념상의 명세내역들과 다양한 종류의 (형태-)통사 속성들로 구성된다. 후자에는 그 레마의 통사 범주가 있고, 그것이 부가해 놓는 문법 기능들이 있으며, 개념구조에서 이들 기능과 개념적 변이체(또는 의미역) 사이의 관련성들이 있다. 또한 레마들은 다양하게 특수한 구별자질을 지니며, 그 매개변인들이 문법 부호화 동안에 마련되어야 한다. 그것들 중에는 인칭·수(단수/복수)·시제·상·서법·격·

음높이 악센트와 같은 변이 자질이 있다.

문법 기능들에 대하여 가장 가치가 높게 부여된 주어 기능을 지닌 우선순위 계층이 있다. 비슷하게 의미역들에 대해서도 위계가 있다. 제일 높은 층위의 것은 사동주이다. 가장 높은 층위에 있는 의미역은, 최우선의 문법 기능과 '1 : 1' 대응이 되는 경향이 있다. 비록 전부는 아니더라도, 이런 기능과 의미역의 정렬 상태는 대부분의 동사에 의해서 뒷받침된다. 종종 동사들은 능동태와 수동태와 같이 서로 대안이 되는 사상 순서(*mapping order*)를 지닌다. 수동태는 가령 주제화의 목적으로 더 낮은 층위의 논항에 주어 기능을 배당하는 일이 가능해지도록 한다.

유창하게 발화하는 동안에 어휘 항목들은 어떻게 접속되는 것일까? 어휘 접속 이론들이 평가받게 되는 두 가지 필수 기준이 있다. 첫 번째는 그 이론이 어휘 접속의 속도를 어떻게 설명하는지에 대한 기준이다. 강력한 순차적 이론은 본질적으로 이런 기준에서 실패한다. 유창한 발화에서 일어나는 재빠른 접속뿐만 아니라, 다양한 말하기 오류 현상은 병렬처리를 드러내 준다. 두 번째 기준은 수렴이다. 어떤 특정한 개념을 표현하려는 화자의 의도가 주어지면, 올바른 항목에 대한 접속을 그 이론이 설명해 줄 수 있을까? 올바른 수렴에 대한 시금석은 '상의어 문제'에 대한 해결책을 그 이론이 제공하는지 여부이다. 표현될 어떤 개념이 주어질 때, 그 올바른 해당 항목에만 접속하고 상의어에는 접속되지 않음을 그 이론에서 어떻게 보장해 주는가? 다양한 이론을 개관하였는데, 일부(식별 그물, 아마 표-연결)는 속도 기준에서 실패하였다. 그리고 낱말 탐지기 이론 · 결정짓기 도표 이론 · 활성화 확산 이론 등 모든 이론이 수렴의 기준에서 실패함을 보여 주었다. 이런 수렴 실패를 치료하는 쪽으로 가는 방법은 세 가지 원리를 구성해 놓는 일이었다. 처리 이론에서 구현되는 경우에, 이는 속도 기준을 만족시키기 위하여, 극복 불가능한 문제를 만들어내지 않으면서도 올바른 수렴을 보장해 주었다.

'낱말 혼성 · 대치 · 차례 뒤바꿈'과 같은 말하기 오류는 무질서한 현상이 아니다. 언어 자료는 실수가 유형별로 일어나며, 어휘 접속에 포함된 기제의 여러 측면을 드러내 준다. 혼성 현상은 개념 수준에서 그것들의 점화 원인을 지닌다. 둘 또는 그 이상의 개념들이 언어 표현을 위해 경합하는 것이다. 그 침범해 들어오는 항이 흔히 가까운 유의어이지만, 혼성이 또한 산만함에 의해 침범을 받는 프로이드식 사고에 말미암을 수도 있다. 반면에 대치 현상은 비록 전적으로 그런 것은 아니지만 주로 낱말 연상에 의해서 야기된다. 즉, 레마들 사이에서 일어나는 직접적 연상 연결 때문이다. 마지막으로 낱말 차례 뒤바꿈 현상은 메시지에 있는 두 개의 상이한 개념들이 동시에 똑같은 통사 범주로 된 어휘 항목을 촉발하는 경우에 일어날 수 있다. 이런 마지막 종류의 오류 야기 현상은 다음 장에서 광범위하게 다뤄질 것이다. 모든 경우들에서, 말하기 오류는 둘 이상의 어휘 항목에 대한 병렬적 활성화를 드러내 준다.

마지막 절에서는 어휘 접속의 시간 경로를 논의하였다. 특히 대상들을 놓고서 이름 부르기나 시각 관련 내용들에 대해서 이름 부르기에 포함된 처리 단계들을 다루었다. 세 가지 단계(또는 층위)의 처리가 구별되었다. 첫 번째 층위는 그 그림에 대한 시각 처리이다. 이 단계는 시각적으로 비슷한 물질에 의한 방해 간섭에 민감하게 반응하였다. 두 번째 단계에서는 시각 형태를 범주화하는 일에 관심을 둔다. 이 층위의 처리에서는 '기본 층위' 범주 이용을 선호하는 우선순위가 있다. 이 단계는 각별히 동일한 의미 범주 및 상이한 의미 범주의 점화에 의한 간섭 방해에 민감하게 반응한다. 세 번째 단계는 적합한 어휘 접속 단계이다. 그 속도는 전달된 항목의 사용 빈도에 크게 의존한다. 이 마지막 과정에서는, 한 항목의 레마 정보가 시간상으로 그 형태정보에 앞서서 쇠퇴하는 방식으로 전개되어, 시간상의 중첩이 일어나지 않는다고 가정할 근거가 있다.

제 7 장

표면구조의 생성

문법 부호화는 '어휘 가설'(*lexical hypothesis*)에 따라 어휘로부터 유도된다. 개념상으로 활성화된 레마는 적합한 통사 환경을 구성해 내기 위하여 다양한 통사 절차를 일으킨다. 그 절차는 구 순서 짓기와 격 표시를 이용하여 필요한 문법 기능들을 표현하는 '구·절·문장 유형'들을 세워 나간다. 문법 부호화는 메시지가 '1 : 1' 사상으로 표면구조에 보내지는 과정이다.

제 7장에서는 먼저 어휘로부터 유도될 뿐만 아니라 또한 그 운용 방식에서 점증적으로 처리되는 '문법 부호화 장치'(*Grammatical Encoder*)를 놓고서, 필요한 종류의 기본틀을 살펴볼 것이다. 제 1장에서 살펴보았듯이, 그 메시지의 계속 이어진 도막들이 이용 가능해짐에 따라, 점증적 처리의 요구는 표면구조가 대체로 '왼쪽으로부터 오른쪽으로' 생성됨을 함의한다. 분트(Wundt)의 원리는 표면구조의 생성이 훨씬 멀리 앞을 내다보거나 뒤돌아봄 없이 일어나야 함을 요구한다. 따라서 산출된 각 표면구조의 단위는 음운 부호화 장치(*Phonological Encoder*)로 즉각 처리될 수 있는 것이다. 어휘상으로 유도되고 그 운용방식에

서 점증적으로 처리를 하는, 문법 부호화에 대한 유일하게 명시적인 이론이나 연산 이론은 '점증적 산출 문법'(*Incremental Production Grammar*) 이다. 캠픈·흔캠프(Kempen and Hoenkamp 1983, 1987), 캠픈(Kempen 1987), 디스밑·캠픈(De Smedt and Kempen 1987), 흔캠프(Hoenkamp 1983)를 참고하기 바란다. 언어산출에 대한 다른 연산처리 모형의 개관을 보려면 캠픈(1988)을 보기 바란다. 제7장 1절에서 문법 부호화 장치에 대한 소묘는 이런 이론의 주요 노선을 따르게 될 것이다. 이는 브뤼즈넌(Bresnan 1982)의 어휘 기능 문법과 자연스럽게 같은 모습이 된다. 이 소묘의 첫 번째 목적은 어휘에 의해 점증적으로 유도되는 문법 부호화 장치가 정합적이며 가능한 개념임을 보여주는 것이다. 두 번째 목적은 그 개념의 경험적 잠재성을 예증하려는 것이다. 저자는 그 기본틀의 제시와 더불어 말하기 오류의 분석을 함께 합쳐 놓음으로써 이를 실행할 것이다. 문법 부호화의 오류는 밑바닥에 깔린 기제를 아주 잘 드러내 줄 수 있다. 그 오류들이 제안된 기본틀과 일치되는 것일까, 아니면 이따금 문제가 되는 것일까?

'흐름도'를 다룬 제7장 1절 뒤에서는 언어심리학의 문법 부호화에서 좀더 고전전인 조사연구 전통 쪽으로 방향을 바꿀 것이다. 제7장 2절에서는 문법 부호화의 단위들을 다루게 될 것이다. 짤막한 쉼과 말소리 개시 대기시간이 문법 부호화의 '덩이'(*chunks*)들에 대하여 무엇을 말해 줄 것인가? 제7장 3절에서는 메시지에서 화자가 대체로 우세한 논항들에 문법 기능들을 어떻게 배당하는지 살펴본다. 개념들에 대한 접속 가능성과 주제화 필요성은, 문법 부호화의 경로와 결과에 영향을 미칠 수 있다. 제7장 4절에서는 문법 부호화에서 결속(*cohesion*)에 대한 조사연구를 개관한다.[1] 화자가 계속 진행될 자신의 문장을 앞서

---

1) 'together+to stick'(서로+붙다)의 어원으로 된 이 용어는 1970년대의 담화 연구에서 다뤄지기 시작하였다. 문장은 동사의 투영으로 만들어진다. 문장은 다른 문장과 이어진다. 이때 문장을 잇는 방식을 cohesion(결속)이라고 부른

언급된 담화 내용과 제대로 연결되도록 하기 위하여 어떻게 지시표현 및 통사 수단을 이용할 것인가? 제 7장 5절에서는 제 1장에서 제기된 문제를 다룬다. 첫째, 문법 부호화가 맨 첫 단계의 메시지 입력에로 돌아가 되짚어보기가 될 수 있는지 여부(이는 단원체 이론에서 불가능한 경우임), 둘째, 문법 부호화가 다음 처리 구성부문인 음운 부호화로부터 나온 되짚어보기에 의해 영향을 받을 수 있는지 여부이다. 문법 부호화에 있는 언어심리학 연구에 대하여 탄탄하게 쓰인 개관을 보려면 복(Bock 1987a)을 참고하기 바란다.

1. 문법 부호화의 기본틀

1) 몇 가지 기본적인 종류의 운용법

문법 부호화가 어휘상으로 유도된다는 주장은, 부호를 입력하는 운용법이, 대체로 인출된 레마의 문법 속성들에 의해 제어됨을 의미한다. 이것이 어휘 요소들이 범주형성 절차임을 뜻하는 것은 아니다. 앞

다. Halliday and Hasan(1976) 《영어에 있는 결속 *Cohesion in English*》(Longman)에서 ① 지시표현, ② 어휘 사슬, ③ 접속사, ④ 생략, ⑤ 대치 등을 결속 기제로 다뤘다. 모든 언어에서 가장 많이 쓰는 방식은 지시표현과 어휘 사슬의 형성이다. 지시표현은 흔히 우리말에서 zero 대명사(공범주 대명사)로 나타난다. 가령, "철수가 진주에 왔다. 영이를 만났다"에서 보듯이, 뒷 문장의 주어는 공범주 대명사이다. 영어에서는 악센트가 얹히지 않은 일반 대명사가 이 역할을 한다. 어휘 사슬은 유의어나 동일 내용을 가리킬 수 있는 말을 서로 바꿔가는 것이다. 가령 "철수가 영이를 사랑한다"는 문장이 있을 때, 같은 의미를 지니는 어휘들(좋아하다, 붙어 다니다, 수시로 전화하다 …)이 계속 뒤에 나타날 수 있다. 문장과 문장이 모여 문단이 되면, 문단을 이어 놓는 방식은 coherence(개념 연결)라고 부른다. 이 개념 연결은 언어 외적 정보인 청자·화자의 배경지식까지 관련되어 있다. 우리말에서 흔히 문장을 전개한다(펼쳐 나간다)라고 말한다. 일부에서 쓰는 '응집성'(엉겨 한 점으로 모아짐)이란 용어는 이런 문장 전개와는 정반대 방향이며, 잘못된 조어로 보인다.

장에서는 레마를 낱말의 의미와 문법에 대한 서술지식들의 묶음으로 취급하였다. 그렇다면 언어형식 주조기의 문법 부호화 절차는, 그 레마들이 이용 가능하게 만드는 정보에 의해 안내될 것이다. 예를 들어, 레마 give(주다)는 주어에 대한 홈과 직접목적어 및 간접목적어에 대한 홈을 요구한다. 적합한 틀을 마련키 위해, 이는 전용 통사형성 절차를 가동시킨다. 더 일반적으로 말하여, 레마는 궁극적인 산출물로서 통합된 표면 구조를 만들어 내도록, 순서 잡힌 모습으로 구체화된 통사형성 절차를 불러낸다. 캠픈 · 흔캠프(Kempen and Hoenkamp 1987)에서 통사적 환경을 동사들이 요구하는 절차 꾸러미로 만들고, 명사 · 형용사 · 전치사에 대해서도 비슷한 절차 꾸러미를 만든 것은 바로 이런 맥락에서이다. 이들 꾸러미는 주요 범주 레마를 중심으로 하여 문장(S) 구성성분, 명사구(NP) 구성성분, 형용사구(AP) 구성성분, 전치사구(PP) 구성성분들을 세워 놓는 전담요소들이다. 이것들은 서로 다른 종류의 레마가 그 통사 환경에 부과해 놓는 문법 제약들을 처리하기 위한 필수적 절차지식을 포함한다.

캠픈 · 흔캠프(1987)에 의해 제안된 그 기본틀에 대한 우리의 첫 소묘는 구체적인 사례로부터 만들어질 것이다. 즉 다음의 간단한 서술문에 대한 생성이다.

> the child gave the mother the CAT.
> (그 어린이가 그 엄마에게 그 고양이를 주었다 : 고양이 위에 음높이 악센트가 얹혀 있음)

제5장과 제6장에서 이미 터다지기 작업이 이뤄졌다. 이 사례가 영어 문장이기 때문에, 흐름도에 수정이 필요할 것이다. 특히 동사구(VP) 형성절차의 추가이다. 이는 아마 캠픈 · 흔캠프(1987)에서의 목표 언어인 화란어 생성을 위해서는 필요치 않을 것이다. 그런 문장의 생성에

포함된 일곱 종류의 주요 범주형성 절차들이 있다.

【1】 만일 그 메시지의 어떤 단편(*fragment*)이 자신의 개념 명세내역을 충족시킨다면 어떤 레마(*lemma*, 어휘의 통사·의미 정보값)가 인출된다. 레마에 대하여 의미상으로 조건 지워진 이런 인출은 제 6장에서 광범위하게 논의되었다. 그 사례로 든 문장의 밑바닥에 깔려 있는 메시지는 제 5장에서 〈그림 5-1-가〉로 주어졌다. 이를 다시 아래에 옮겨 왔다.

(가) 메시지

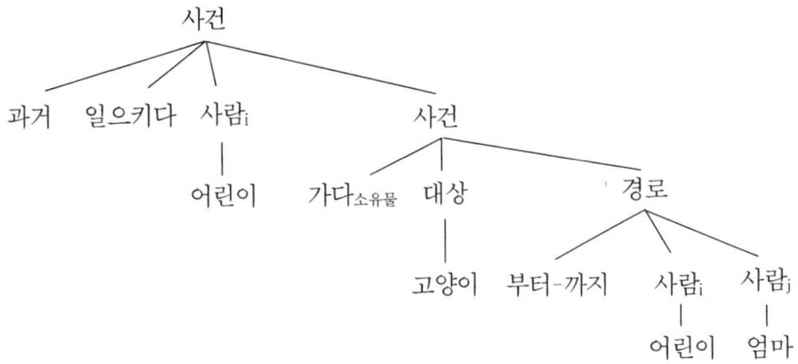

제 5장에서는 이 메시지에 있는 지시대상들에 대한 접속 가능성의 상태가 무시되었다. 여기서는 세 가지 지시대상 'CHILD(어린이)·CAT(고양이)·MOTHER(엄마)'가 모두 〔+접속 가능〕이라고 가정할 것이다. 또한 CAT(고양이)이 〔+우세함〕이라고 가정할 것이다(제 4장 5절 1항을 참고하기 바람). 더욱이 왼쪽에서 오른쪽으로 순서 짓기는, 단지 표기상의 관례에 지나지 않음에 유의하기 바란다. 메시지 단편들이 이용되는 순서는 다른 순서로도 될 수 있다. 앞으로 살펴보게 되듯이, 그 순서는 궁극적인 통사 형식에 대한 주요 결정요소가 될 수 있다.

개념 CHILD(어린이)가 개념 형성기에 의해 전달되는 맨 처음 메시지 단편이었다고 가정하기로 한다. 그 화자가 지닌 3만 개 정도의 레마로부터 오직 레마 child(어린이) 만이 충족된 그 자신의 개념 조건들을 찾아낸다. 그것이 인출되고, 그리고 그 내부 문법상의 명세내역들이 이용 가능해진다.

【2】 그 레마의 통사 범주는 '구 범주 형성 절차'를 불러내는데, 즉 그 구 범주를 위한 지시사항을 수립하는 것이며, 거기에서 그 레마는 핵어의 기능을 이행할 수 있다. 이는 명사(N)·동사(V)·형용사(A)·전치사(P) 유형의 레마에 대해 성립하며, 그것들의 구 범주는 각각 명사구(NP)·동사구(VP)·형용사구(AP)·전치사구(PP)이다.

레마 child(어린이)는 통사범주 명사(N)를 지닌다. 명사는 오직 명사구(NP)의 핵어가 될 수 있다(제5장 1절 3항을 참고하기 바람). 따라서 child(어린이)는 명사구 범주형성 절차를 요구한다. 이는 명사구를 세워 놓는 일로 구체화된다.

범주형성 절차는 레마에 의해서뿐만 아니라, 또한 더 상위에 있는 기능부여 절차에 의해서도 요구될 수 있다. 전자의 예로서, 가령 문장(S)에 대한 서술어·동사구(VP)에 대한 주동사·명사구(NP)에 대한 명사처럼, 어떤 특정한 구의 핵어를 실현하는 절차가 요구될 수 있다. 후자의 예로서, 가령 주어와 직접목적어와 같이 어떤 특정한 문법 기능을 실현하는 절차가 요구될 수 있다.

【3】 범주형성 절차는 필수적이거나 수의적인 보충어(*complements*) 및 지정어(*specifiers*)를 채워 넣을 수 있는 개념적 자료를 위한 그 메시지 내용을 점검하고, 특수 구별자질 매개인자(*diacritic parameters*)들의 값을 제공해 줄 수 있다. 범주형성 절차는 또한 관련된 구의 핵어(*head-of-phrase*) 정보를 위해서도 그 메시지를 점검한다.

핵어로서 child(어린이)를 지닌 명사구 범주형성 절차는 그 메시지에서 개념 CHILD(어린이)에 부착되어 있는 수식 정보 또는 명세 정보를 찾아낸다. 특히 그 절차는 CHILD(어린이)의 접속 가능성 상태를 점검하고서 〔+접속 가능〕 값을 찾아낸다. 더욱이 child(어린이)가 가산명사이므로, 그 절차에서는 수의 개념을 점검하고, '단수'라는 특수 구별자질 매개인자를 산출해 낸다. 그 명사구 형성 절차는 그 레마의 통사범주 명사(N)로부터 특수 구별자질 매개인자 '3인칭'을 도출해 낸다.

【4】 그 범주형성 절차는 하위 경로에 통제권을 넘겨준다. 이는 모든 보충어와 지정어, 그리고 그것이 찾아놓은 매개인자 값을 처리하기 위한 기능부여 절차이다. 이 하위 경로는 병렬적으로 동시에 작동한다.

우리가 다루는 사례에서는, 명사구가 기능부여 절차 DET(한정사)를 요구한다. 이는 개념상의 정보 〔+접속 가능〕을 표현해 주는 확정적인 지정어를 산출할 수 있다. DET(한정사)는 레마 the(정관사)를 불러낸다. 이는 거의 그 낱말형태에 대한 어떤 지시바늘로 이뤄진다. 불어나 화란어에서와 같이 다른 언어에서는 DET(한정사)는 명사구 핵어의 성(*gender*)과 수(*number*) 매개인자도 검사해야 할 것이고, 관사 레마의 특수 구별자질 매개인자에 대한 목록에서, 적합한 값을 골라 집어넣게 될 것이다. 물론 이는 적합한 낱말형태를 찾아내기 위해 필요한 것이다. 불어에서는 le(남성형 정관사)나 la(여성형 정관사)나 les(복수 정관사)이며, 화란어에서는 de나 het이다. 독일어와 다른 여러 언어에서는, 기능부여 절차 DET(한정사)가 또한 격 정보를 요구한다. 그 관사의 낱말형태가, 문장 속에서 요구된 명사구의 문법적 기능(그 문장의 주어인지, 전치사구의 목적어인지 등)에 의존하기 때문이다. 지금까지 the child(그 어린이)에 대해 문법 기능은 아직 결정되지 않았다.

명사구는 구의 핵어 형성 절차에 '단수' 정보를 넘겨준다. 이는 특수 구별자질 매개인자 값으로서 child(어린이)에 대한 레마에 그것을 삽입한다.

일반적으로 기능부여 절차에서는 그 결과들을 그것을 요구한 범주의 전담요소에 전달한다. 우리가 다루는 예에서, DET(한정사)는 명사구에 레마 the(정관사)를 전달하고, 핵어명사 형성 절차가 child(어린이)에 대해서 똑같은 일을 실행한다.

【5】 범주형성 절차는 기능부여 절차로부터 자신이 요청하여 받아낸 관련 재료들의 순서를 결정한다. 각 범주형성 절차는 다수의 홈을 지닌 용기를 갖고 있으며, 순서에 대한 어떤 제약이 있다. 그 홈들이 그 형성 절차에 의해서 채워질 수 있다. 그렇지만 여기에 중요한 심리학적 원리가 있다. '관련 재료들은 점유가 허용된 가장 왼쪽에 있는 홈에서부터 놓이게 될 것이다.'

이는 '왼쪽으로부터 오른쪽으로' 점증적 증가 원리의 구현이다. 메시지의 단편들은 가능한 한 그것들이 이용 가능해지는 순서대로 문법상 표현될 것이다. 좀더 경험적 논의를 담고 있는 제 7장의 절들에서 살펴볼 것이지만, 주제어 또는 현저한 개념들은 문장에서 더 앞쪽에 표현되는 경향이 있다. 이 모형에 비춰 보면, 주제어 개념들의 범주형성 절차는 그것들의 레마가 일찍 이용될 수 있기 때문에 일찍 개시된다고 말할 수 있을 것이다. 가능한 가장 이른 시기에, 범주형성 절차의 용기들에서 왼쪽으로부터 오른쪽으로 이웃한 홈들을 채워가는 일은 발화의 유창성에 기여한다. 왜냐하면 음운 부호화가 '실시간으로'(*on-line*)(즉, 점증적으로 왼쪽으로부터 오른쪽으로) 처리될 수 있기 때문이다.

우리가 다루는 사례에서, 명사구 형성 절차는 레마 the(정관사)를 레마 child(어린이)의 왼쪽에다 놓게 된다. 이는 영어의 의무적 순서이다. 그렇지만 전체 명사구 the child(그 어린이)가 그 문장의 가장 왼쪽에 있는 구성성분으로 귀결될 것이라는 사실은, 필수적 순서 배열하기가 아니라, 분트(Wundt)의 원리에 기인한다(제 1장 5절 2항). 이용 가능해질 맨 처음의 개념 단편으로서 CHILD(어린이)는, 문장 시작 위치에 명사구 the child(그 어린이)를 실현되게 만들어 준다.

【6】 구 범주형성 절차는 그 산출물에 대한 문법 기능을 선택한다. 즉, 그것은 기능상 자신의 종착점을 결정한다. 그것은 핵어가 되거나 또는 더 상위 범주형성 절차의 보충어가 될 것이다. 더 상위의 범주형성 절차가 레마를 갖지는 않지만, 핵어로서 구를 갖는 것들이다. 그것

들은 NP′, VP′, AP′, PP′, S들이다. 맨 뒤의 S는 핵어 또는 서술어로서 VP 또는 VP′를 취한다. 기능상의 종착점에 대한 주요한 규칙은, 범주형성 절차가 가동되도록 요청한 것이 정확히 더 상위 계층의 범주형성 절차에 대한 핵어나 보충어 기능이라는 점이다. 형성 절차를 요청하는 그런 상위 계층이 없다면, 각 범주형성 절차를 위하여 선호된 종착점이 있다(그리고 실제로 선호된 종착 층위가 있다).

위에 있는 사례에서 이것이 어떻게 작동하는지를 살펴보기로 한다. the child(그 어린이)를 산출한 명사구 범주형성 절차가 명사 레마 child(어린이)에 의해서 요청되었지만, 더 상위 계층에 있는 임의의 범주형성 절차에 의해서 이뤄진 것이 아님을 기억하기 바란다. 명사구 형성 절차의 산출물을 위한 무표적 종착점은 '문장의 주어'(*subject of S*)이다. 제 5장에 있는 형식을 따르면, 명사구는 아래첨자 SUBJ(주어)를 획득하며, 스스로 범주형성 절차 S 아래 하위 교점으로 자리를 잡는다. 동시에 이는 특수 격자질 '주격'을 지닌 명사구를 산출한다. 그러고 나서 이는 그 레마가 특수 격자질 값을 요구하는 경우에 한정사(DET)와 명사(N) 형성 절차가 이용 가능해진다(우리가 다루는 현재의 예문에서는 요구하지 않음). 좀더 뒤에서 우리는 더 높은 상위 계층에서 불러내는 형성 절차가 있는 사례들을 살펴볼 것이다.

【7】 선호된 더 높은 상위 계층의 범주형성 절차는 더 낮은 계층에 있는 범주형성 절차의 산출물을 받아들임으로써 활성화된다.

이런 방식으로 NP_{SUBJ}(주어의 역할을 맡는 명사구)는 범주형성 절차 S(문장)를 불러낸다. 이는 문장을 수립하는 전담요소이다. S(문장)는 명사구를 그 주어로 받아들이고, 인칭(3인칭)과 수(단수) 매개변인들을 등록한다. S(문장)는 또한 서법 표지에 대해서 그 메시지를 점검한다. 아무런 것도 찾아내지 못하면, 이는 무표적 서술문 구성성분 순서를 부과하도록 문장을 유도한다(제 3장 5절 1항을 보기 바람). 그러고 나서 S(문장)는 유형 【5】의 운용에 의해서 가장 왼쪽에 있는 홈에 주어 명사구를 배당한다. 서법 표지 IMP(명령문)나 ?(의문문)가 있는 경우에, 이는 동사에 특수 구별자질로 이끌어 갈 것이다. 그런 서법이 표지된 동사는 명령형 어순이나 의문문 어순에 대한 적합한 범주형성 절차를 불러낸다.

캠픈·흔캠프 모형에는 문법 부호화의 기본틀 기저에 일곱 가지 주요 종류의 형성 절차가 있다. 각각 개별적인 형성 절차는 산출로서 'IF X THEN Y'(X가 입력되면, Y가 출력된다) 종류의 '조건-행위'(입력-출력) 짝으로 씌어질 수 있다. 단, X는 조건이며, Y는 행위이다.

'the child gave the mother the CAT'의 표면구조 생성에서, 우리가 어떤 단계에까지 이르렀는지 살펴보기로 한다. 그것은 다음처럼 나뭇가지 구조의 단편으로 쉽게 제시된다.

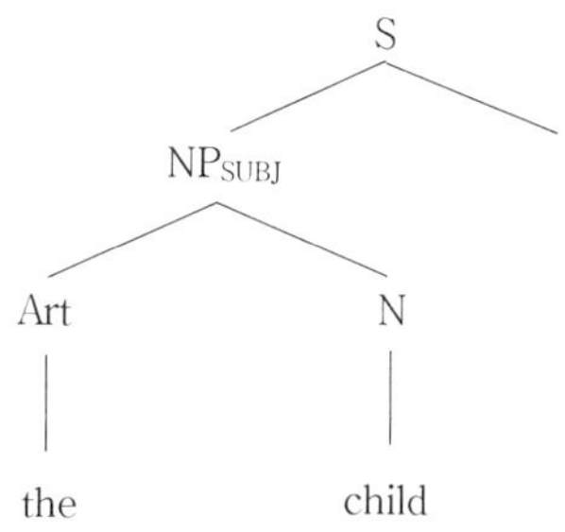

이것이 많은 내용이 되는 것 같지는 않다. 그렇지만 the child(그 어린이)가 그 문장에서 최종적으로 맨 왼쪽의 자리에 도착하였다. 그 문장의 나머지 부분에 대한 문법 부호화가 한참 병렬적으로 운용 처리되는 동안에, 음운 부호화를 막을 것은 아무것도 없다. 이것이 바로 점증적 산출이다.

뒤따르는 부호화 단계는 본질적으로 앞에 있는 것과 동일한 종류의 것이다. 일단 요청되면 범주형성 절차 S(문장)는 유형 【3】의 절차를 실행할 것이다. 특히 CHILD(어린이)를 논항으로 가진 개념 함수에 대한 메시지를 훑어볼 것이다. 메시지에서 이런 속성을 만족시키는 유일한 함수는 CAUSE(야기하다) 이다. 더 정확히 보이면 다음과 같다.

야기하다(사람$_i$, 사건), 단 '사람$_i$'는 어린이이다.

형성 절차 S(문장) 는 또한 그 시제 매개인자(그리고 여기서는 무시되겠지만 비슷하게 상에 대한 매개인자) 를 고정해 놓기 위하여 CAUSE(야기하다) 함수의 수식어들을 검사한다. 그 결과 PAST(과거) 를 찾아낸다. 이는 지시표현적 서술관점의 'r<u' 그리고 외부대상 기준에 내재된 'e=r'을 줄여놓은 것이다(제 2장 2절 3항과 제 3장 2절 6항을 참고하기 바람). 이것이 S(문장) 를 유도하여 그 시제 매개변인에다 '과거시제' 값을 배당하도록 한다.

CHILD(어린이) 가 논항이 되는 함수를 자리잡게 하고, 시간 수식구를 등록해 놓음으로써, S(문장) 는 유형 【4】의 운용으로 바뀐다. 이는 구나 서술어의 핵어를 구성할 수 있는 기능부여 절차를 요구한다. 즉 PRED(서술어) 형성 절차이다. S(문장) 는 거기에 모아 놓은 특수 구별자질 매개인자 '과거시제, 3인칭, 복수'를 제공한다. S(문장) 는 서술어 출력물을 위한, 즉 동사구를 위한 그 두 번째 홈을 보류해 둔다(첫 번째 홈은 이미 주어 명사구에 의해서 점유됨). 이 홈은 이미 채워진 맨 왼쪽의 홈에 곧바로 이어지므로, S(문장) 는 PRED(서술어) 형성 절차가 음운 부호화 장치에 대해서 점증적으로 이용 가능한 출력물을 만들도록 허용한다.

다음 차례로 PRED(서술어) 는 범주 전담요소 VP(동사구) 를 요구한다. 이는 그 구의 핵어인 '동사'를 위하여 관련 사항들이 자리잡도록 하기 위하여 그 메시지를 점검한다. CAUSE(야기하다) 함수로부터 나오는 나무 구조는 give(주다) 의 개념 명세내역과 부합된다(제 6장 2절

1항을 참고하기 바람). 그러나 그것은 또한 receive(받다)의 의미와도 부합된다(제6장 2절 2항을 보기 바람). 그렇지만 오직 사동주를 문장의 SUBJ(주어)에 '1 : 1' 사상하는 레마만이, 명사구 the child(그 어린이)의 이미 생성된 기능상의 종착점과 어울릴 수 있다. 그렇지만 레마 receive(받다)는 SUBJ(주어) 기능을 '목표 의미역 논항'에다 배당할 것 같다. 이는 부적합하다. 이와는 달리 give(주다)의 레마는 다음과 같이 '1 : 1' 사상을 만들어낸다.

X(사동주),	Y(대상),	Z(목표)
|	|	|
주어	직접목적어	간접목적어

그리고 잠정적으로 give(주다)에 대한 다른 레마는 무시하겠다. 이것도 또한 사동주에 주어 역할을 배당한다(제6장 2절 2항을 참고하기 바람). VP(동사구)는 이 레마를 구의 핵어로서 받아들인다.

동사구 형성 절차는 그 구의 핵어 V(동사)에다 특수 구별자질 매개인자들을 옮겨 준다. 이는 기능상 주동사 형성 절차를 개시한다. 이는 주동사 레마 give(주다)에 대해 매개인자들을 배당한다. 그 매개인자들은 시제가 표시된 동사를 만들어 내기 위해 고정된다. 즉 시제에 대해 표시가 되어 있으며, 인칭과 수에 비추어 문장의 주어와 일치가 이뤄진 동사인 것이다. 이것이 완결됨으로써, 주동사 형성 절차는 VP(동사구)에 그 산출물을 보고할 것이다. 유형 【5】의 운용에 의해서, 이는 이 레마에 대하여 그 용기에 있는 처음의 홈 또는 맨 왼쪽의 홈을 배당한다. 이것에 따라 그것이 음운 부호화를 위해 이용될 수 있다.

우리가 구성해 가고 있는 예문에서, give(주다)의 인출은 통사 형성 절차(VP 형성 절차)에 의해서 개시되었다. 거기에서는 주동사를 가질 필요가 있었다. 그러나 give(주다)는 또한 child(어린이)에서 했던 것처럼 똑같은 방식으로 통사적 간섭이 없이도 인출될 수 있었다. 즉, 단지 그 메시지의 대응하는 단편에 대한 '반향'(*resonance*)에 의해서 인출되는 것이다. 그런 경우에, 인출된 동사의 레마는 범주형성 절차 VP(동사구)라고 불렸을 것이며, 궁극적으로 그 선호된 종착점인 S(문장)에 대하여 그 산출물을 전달해 주었을 것 같다.

우리가 얼마나 진행해 왔을까? 레마 the(정관사)와 child(어린이) 다음에, 이제 give(주다)는 표면구조에서 그 마지막 종착점에 도착하였다. 그 상황은 다음과 같다.

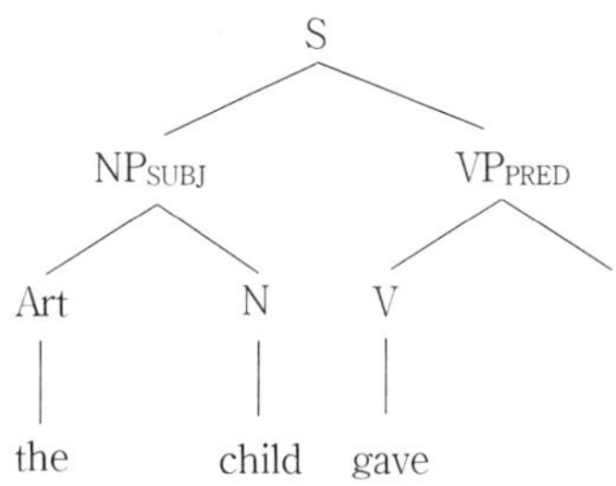

'3인칭, 단수, 과거'의 매개변인을 지닌 give(주다)의 음운 속성들(위 나뭇가지 그림에서는 이를 'gave'로 제시함)은 이제 그 표면구조의 추가적 생성과 함께 발생하는 음운 부호화 절차에 의해서 인출될 수 있다.

다음으로 VP(동사구)에서는 그 메시지를 점검하기 위하여 직접목적어와 간접목적어 기능부여 절차들을 불러낸다(유형 【3】의 운용임). 이는 그 핵어 동사에 의해서 요구된 것으로서, 각각 대상의미역과 목표의미역을 찾아내기 위하여 실행된다. give(주다)에 대한 레마는 대상의미역을 직접목적어 보충어에, 그리고 목표의미역을 간접목적어 보충어에 '1 : 1' 사상하도록 지시함을 기억하기 바란다.

동시에 병렬적으로 작동할 가능성이 있는 기능부여 절차 DO(직접목적어) 및 IO(간접목적어)는, 그 메시지에서 각각 CAT(고양이)과

MOTHER(엄마)를 찾아낸다. 그것들이 모두 이들 개념 단편을 어휘화하기 위하여 범주형성 절차 NP(명사구)를 불러낸다. 명사구 형성 절차는 유형 【3】이며, DO(직접목적어)와 IO(간접목적어)를 놓고서 동시에 병렬적으로 작동할 가능성이 있다. 작동 중인 명사구 형성 절차는 직접목적어와 간접목적어에 의해 이용될 수 있는 그 메시지 단편들을 점검하기 위하여 핵어명사 형성 절차를 불러낸다. 이것이 다시 병렬적 모습으로 실행될 수 있다. 이것은 각각 레마 cat(고양이)과 mother(엄마)의 인출로 이끌어간다. 그러는 동안 명사구 형성 절차는 유형 【3】의 운용을 실행한다. 즉, 그것들은 작업 중인 메시지 단편 CAT(고양이)과 MOTHER(엄마)에 부착된, 수식하거나 지정해 주는 정보를 찾는다. 둘 모두 〔+접속 가능〕의 속성을 등록하고 있다. CAT(고양이)을 놓고서 작업하여 또한 〔+우세함〕의 특성을 찾아낸다. 전자의 특성은 명사구가 확정 DET(한정사) 형성 절차를 불러낼 수 있도록 이끌어간다. CAT(고양이)에 대해 등록된 우세함 속성은 명사구로 하여금 초점 자질 'f'를 산출하도록 만든다. 핵어명사 형성 절차는 그것들의 레마(cat 및 mother)를 각각 그것들의 명사구 형성 절차에 전달해 준다. 여기서는 구의 핵어로서 이런 레마를 받아들인다. 여기서부터 계속하여, 우리가 명사구 the child(그 어린이)에 대하여 살펴본 방식대로 두 개의 명사구가 구성된다. cat(고양이)의 핵어는 초점 자질 'f'를 받는다. 이는 제5장 2절에서 논의된 규칙에 따라, 레마 cat(고양이)에 대한 음높이 악센트 매개변인으로 번역될 것이다. 동시에 병렬적으로 가동되는 명사구 형성 절차는, 유형 【6】의 운용으로 된 산출물을 놓고서 기능상의 종착점으로서 직접목적어와 간접목적어를 갖는다. 이는 시작에서부터 그것들이 이들 VP(동사구) 홈을 채워 넣도록 요구받았기 때문이다.

기능부여 절차 DO(직접목적어)와 IO(간접목적어)가, 명사구 형성 절차가 수립해 놓은 나뭇가지 그림을 받아들이는 경우에, 즉 the cat

(그 고양이) 과 the mother (그 엄마) 에 대한 것을 받아들이는 경우에, 마치 SUBJ (주어) 가 the child (그 어린이) 라는 명사구에 주격을 배당하였듯이, 각각 대격과 여격을 배당한다. 이런 흐름도에 따라서, 격이 아주 뒷단계에서 배당됨에 주목하는 것이 중요하다. 즉, 명사구들이 자신들을 불러낸 기능부여 절차에다 자신들의 나뭇가지 그림을 되돌린 뒤에 이뤄지는 것이다. 이런 방식으로 제어 구조를 조직하는 데 대한 한 가지 동기는, 특정한 말하기 오류들의 본성으로부터 도출된다. 우리는 이 논의로 곧 되돌아 갈 것이다.

유형 【5】의 운용은 VP (동사구) 가 그 명사구들을 '간접목적어 → 직접목적어' 순서로 배열하게 만든다. 마지막으로 VP (동사구) 가 유형 【6】의 절차로 향한다. 이는 서술어 기능부여 절차를 선택하는 일인데 그 기능상의 종착점으로서 그것을 불러내는 것이다. 그런 뒤에 서술어 정보가 S (문장) 에 전달된다. 여기서는 그 용기의 두 번째 홈에 그 동사구를 넣는다 (= VP_{PRED}로 됨). 그 메시지에서 다루어져야 할 것이 이제 아무것도 남아 있지 않으므로, S (문장) 는 그 형성 절차를 멈춘다. 산출된 표면구조는 다음과 같다.

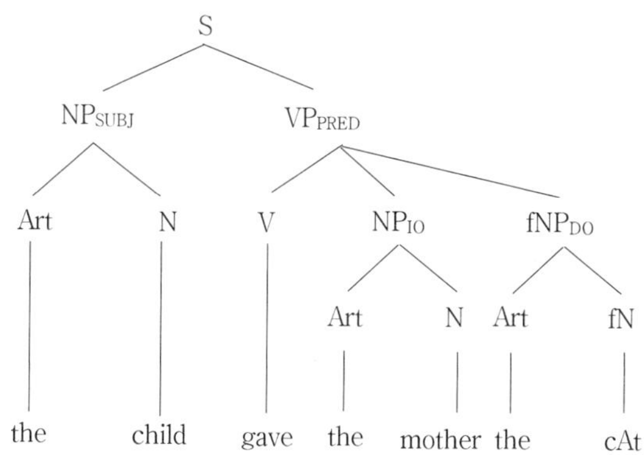

단, 여기서 gave(주었다)는 특수 구별자질 매개인자를 지닌 give(주다)를 줄여 쓴 것이며, cAt은 cat(고양이)에다 음높이 악센트를 더해 놓은 것을 가리킨다.

이 그림이 여러 시간에 걸쳐 수립되고 전달된 것에 대한 '정태적' 표상이라면, 오도하는 것이다. 만일 임의의 한 시점에서 단지 능동적인 교점들만 그리려고 하였더라면, 전체 그림을 결코 보지 못하였을 것이다. NP_{DO}(직접목적어 명사구)가 그 두 번째 홈에다 레마 cat(고양이)을 집어넣은 바로 뒤의 마지막 단계에서, 그 나뭇가지 그림에서 유일하게 능동적인 부분은 다음과 같다.

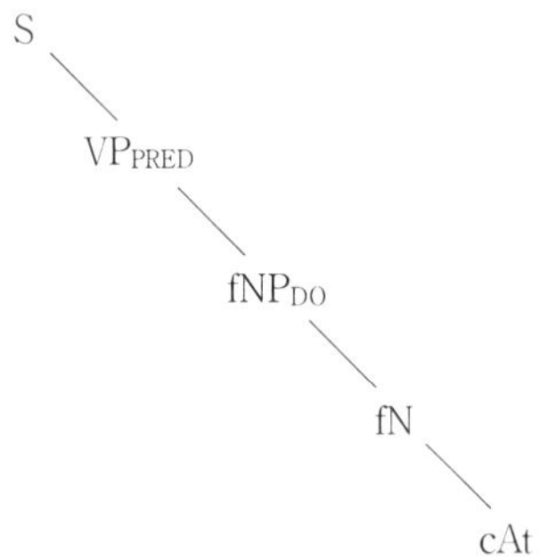

캠픈-흔캠프(Kempen-Hoenkamp 1987)의 흐름도는 형성 절차를 불러내는 데에 엄격한 쌍방 교체를 보여준다. 즉, 범주형성 절차는 기능부여 절차를 불러내며, 기능부여 절차는 범주형성 절차를 불러낸다. 또한 범주형성 절차는 언제나 그 산출물을 (만일 있다면) 그것을 불러낸 기능부여 절차에 전달해 주며, 일반적으로 기능부여 절차도 그 산출물을 그것을 불러낸 범주형성 절차에 전달해 준다.

레마 구조는 표면구조의 생성에 중심 역할을 맡는다. 특히 주동사(*main verb*)는 그 메시지에서 어느 논항이 점검되어야 하는지, 그리고 그것들에 어떤 문법 기능이 배당될 것인지를 결정해 준다. 캠픈-흔캠프(1987)의 흐름도에서 레마에 대한 활성화는 유형 【3】의 형성 절차에 의해서 일정 정도 이끌어진다. 부호화 운용에 대한 제어 구조는, 그 메시지의 어느 부분이 어떤 시점에 문법 부호화를 위해 접속되는지 결정해 준다. 그렇지 않았더라면 일정 기간 아무런 일도 않은 채 잠잠히 있었을 법한 특정 레마들을 이것이 활성화해 줄 수 있는 것이다.

그러나 제어 구조 그 자체는 서로 다른 메시지 단편들의 이용 가능성(점증적 산출임)에 달려 있다. 우리가 다루는 사례에서, CHILD(어린이)는 그 메시지에서 일찍 이용될 수 있었다. 그것은 유형 【3】 형성 절차의 간섭 없이도 레마 child(어린이)를 활성화하였다. 결과적으로, 가동될 첫 번째 범주형성 절차는 명사구였다. 문법 부호화 절차가 운용되는 순서는, 부분적으로 레마들이 이용 가능한 순서에 의존한다. 차례대로, 이는 화자의 의해서 메시지 단편들이 산출되는 순서에 달려 있게 된다. 유창한 발화는 점증적 산출을 필요로 한다. 인출 뒤에 레마는 가능한 대로 신속히 문법상으로 그리고 음운상으로 처리된다. 뒤이어지는 문법 부호화 절차는 그것을 수정하는 것이 아니라, 그보다는 이미 이용 가능한 구조에 순응하도록 맞춰질 것이다. 한 가지 사례는 명사구 the child(그 어린이)가 산출된 뒤에 give(주다)의 선택이다. 그 명사구를 가장 왼쪽 위치(= 주어 위치임)에 놔두기 위하여, 레마 receive(받다)는 비록 그 메시지에 있는 개념상의 명세내역에 알맞고 이용이 될 수 있었겠지만, 그 범주형성 절차에 의해서 걸러져 제거되었다. 만일 receive(받다)를 이용했었더라면, 그 가장 왼쪽 위치에 실현되기 위한 명사구 the mother(그 엄마)를 구성하기 위하여, 그리고 the child(그 어린이)의 주어 배당을 수정하기 위하여(= 주어 배당을 철회하고 전치사 목적어를 배당함), 대기시간을 별도로 만들어 내었을 듯하다. 아마 결코 그런 '쉴 새 없이' 고치기가 일어나지 않는다고 말하는 것은 너무 강할 듯하다. 그보다 그런 수정은 최소한도로만 일어난다.

점증적 산출이 또한 cat(고양이)이 맨 처음 이용 가능한 레마가 되었을 경우에 give(주다)에 대한 수동태 레마의 선택을 설명해 줄 수 있다. 명사 cat(고양이)은 명사구를 불러내며, 이런 범주형성 절차는 the cat(그 고양이)에 대하여 주어 기능을 선언하게 될 것이다. S(문장)는 이 명사구를 자신의 가장 왼쪽에 있는 홈에 배당해 놓을 것이다. 그러고 나서 대상 의미역 논항을 SUBJ(주어) 자리로 보내 주는 수동태 동사의 레마가(제 6장 2항 2절을 보기 바람) 추가 처리를 위한 유일하게 적합한 선택이 될 것이다. 마지막 결과는 다음에 해당하는 표면구조가 될 것이다.

The cat was given to the mother by the child.
(그 고양이가 그 어린이에 의해 그 엄마한테 주어졌다/건네졌다)

물론, 무엇이 레마의 이용 가능성이나 제 1순위를 결정하는지는 중요한 질문이다. 그것은 명백히 그 메시지에서 해당 개념의 주제 속성과 관련되어 있다. 이런 요인과 다른 결정 요소는 제 7장 3항에서 살펴보게 될 것이다.

병렬처리는 유창성에 대하여 주요한 기여 요인이다. 우리가 다루는 사례에서는, 직접목적어와 간접목적어 구성성분이 병렬적으로 구성되었다. 앞에서 다룬 예에서와 같이 능동태 형성 절차가 모두 연결되어 있다면, 여기서는 제어 문제가 존재하지 않는다. 그러나 두 개의 레마 child(어린이)와 cat(고양이)이 독립적으로 그리고 거의 동시에 인출되는 메시지에서, 일찍부터 CHILD(어린이) 및 CAT(고양이)이 둘 모두 이용 가능한 경우의 상황을 상정해 보기로 한다. 두 경우에 모두 명사구 형성 절차를 불러낼 것이다. 차례로 이들은 선호된 종착점으로서 S(문장)에다 자신의 산출물을 전달할 것이다. 두 경우에 모두 자신의 산출물 the child(그 어린이)와 the cat(그 고양이)에 대하여 각각 주어 기능을 선언할 것이다. 가장 간단한 제어 조치는, 우선 항목(*prior entry*)이 그런 경우들을 결정할 것이라는 점이다. 만일 the child(그 어린이)를 구성하는 명사구 형성 절차가 S(문장)를 요구하는 첫 항목이라면, the cat(그 고양이)을 구성하는 나머지 다른 항목에다 두 번째 선호된 종착점이 주어질 것이다. 이것이 유형 【6】의 형성 절차이다. 이런 두 번째 선호 내용은 직접목적어 기능이 될 것이다. 그 메시지에 있는 개념상의 명세내역 및 이제 그 개념 논항에 배당된 문법 기능들을 모두 만족시킬 수 있는 유일한 동사 레마는, give(주다)에 대한 능동태 레마이다(이는 지금까지의 논의에서 무시되어 온 것임). 그러고 나서 그것은 다음 문장의 생성을 관장할 것이다.

The child gave the cat to the mother.
(그 어린이가 그 고양이를 그 엄마한테 주었다)

여기에서 cat(고양이)은 직접목적어이다. 이런 분석을 뒷받침하는 경험적 증거는 제 7장 3절에서 제시될 것이다.

표면구조 단편들을 왼쪽으로부터 오른쪽으로 전달하는 속도가, 뒤이어지는 이들 단편에 대한 음운 부호화의 속도와 완벽하게 일치하는지는 분명치 않다. 따라서 단편들이 때때로 추가 처리를 위하여 기다려야 할 가능성도 있다. 이는 문법 부호화의 산출물에 대한 임시저장 시설을 필요로 한다. 이것이 '통사 임시저장고'(*Syntactic Buffer*)이다. 음운 부호화 장치는 이런 임시저장고로부터 계속 이어지는 단편들을 인출하는 것이다.

2) 말하기 오류: 동일 범주의 구와 낱말들에 대한 차례 뒤바꿈

지금까지 살펴본 흐름도는, 유창한 발화에서 어떻게 특정 낱말과 구 뒤바꿈이 일어나는지에 대해 더 나은 이해를 제공해 줄 수 있다. 제 6

장 4절 4항에서, 낱말 차례 뒤바꿈은 서로 다른 메시지 단편들에 대한 병렬처리에 기인하였다. 앞에서 본 사례에서 MOTHER(엄마)와 CAT(고양이)의 문법 부호화에서는 병렬적 성격이 있었다. 그 두 개의 명사구는 그 흐름도에 따라 동시에 병렬적으로 구성된다. 이제 다음의 오류가 어떻게 생겨날 수 있었는지를 살펴보기로 한다.

(1) The child gave the cat the mOther. 〔instead of: The child gave the mother the cAt.〕
('그 어린이가 그 엄마에게 그 고양이를 주었어'라고 말하지 못하고, 대신 '그 어린이가 그 고양이한테 그 엄마를 주었어')

그 오류는 이른 단계의 산출에서, 즉 두 개의 명사구 형성 절차가 자신들의 핵어명사를 받아들일 때 생겨날 수 있다. 그 흐름도에 따라, 우리는 각각의 명사구가 메시지 MOTHER(엄마)와 CAT(고양이)에 있는 해당 논항들의 레마를 인출할 수 있는 핵어명사 형성 절차를 불러냄을 보았다. 이들 핵어명사 형성 절차는, 자신의 산출물인 레마 mother(엄마)와 cat(고양이)에 대한 종착점에서 오류가 생겨날 수 있다. 그 명사구 형성 절차는, 하나가 필요한 시점에서 어떤 명사이든 이용될 수 있는 것이라면 아무거나 다 받아들인다. 이런 수준의 처리에서 고려되는 유일한 것은, 명사구의 핵어 홈이 통사 범주 명사(N)의 레마에 의해 채워진다는 것뿐이다.

그런 종착점 오류의 결과는 아주 흥미롭다. 첫째, CAT(고양이)을 놓고서 작동하는 명사구는, 그 초점 자질 'f'를 그것의 핵어명사에다 맹목적으로 똑같이 배당할 것이다. 현재 이는 mother(엄마)라는 레마이다. 결과적으로 mother(엄마)가 음높이 악센트를 받게 될 것이다. 이는 '그대로 눌러 앉히기'(*stranding*)로 불린다. 그 음높이 악센트가 그 자리에 그대로 눌러 앉혀져 있고, 뒤바뀌는 목표 레마로부터 분리된다. 대치되어 들어온 요소 mother(엄마)는 그대로 눌러 앉혀진 자질을 적절하게 받아들인다. 두 번째, 명사구는 각각 적합한 DET(한정사) 형성 절차, 즉 의도된 지시대상의 접근 가능성 여부를 나타내는 절차를 불러낼 것이다. 그 효과는 예문(1)에서는 가시적이지 않다. 왜냐하면 명사구가 둘 모두 정관사를 요구하였기 때문이다. 그러나 목표 문장에 다음과 같이 부정관사가 있었더라면,

The child gave the mother a cAt.
(그 어린이가 그 엄마한테 고양이를 한 마리 주었어)

그 뒤바뀐 오류는 다음과 같은 예문을 산출하였을 것 같다.

The child gave the cat a mOther.
(그 어린이가 그 고양이한테 엄마를 하나 주었어)

사실상 낱말 거꾸로 뒤바뀜은 두 가지 속성을 모두 보여주는 경향이 있다. 프롬킨(Fromkin 1973)에게서 가져온 예문(2)가 그런 사례이다.

(2) Seymour sliced the knife with a salAmi. 〔instead of: the salami with a knIfe.〕
('시모어는 어떤 칼로 그 살라미 소시지를 얇게 베어내었어'라고 하지 못하고, '어떤 살라미로 그 칼을 얇게 베어내었어')

여기서 명사 knife(칼)와 salami(살라미 소시지)가 서로 맞바뀌었다. 예상대로 악센트 그대로 눌러 앉히기가 일어났다. 실제로 프롬킨(1973)에서는 이것이 낱말 맞바뀜에서 일반적인 규칙임을 주목하였다. 부머·레이뷔(Boomer and Laver 1968)에 의해서 처음 주목받은 악센트 그대로 눌러 앉히기 현상은, 프롬킨(1971)과 개뤹(Garrett 1982),[2] 그리고 다른 사람들에 의해 광범위하게 분석되어 왔다. 게다가 앞의 오류

사례(2)는 정관사(부정관사)에 대한 눌러 앉히기를 보여준다. 정관사 the와 부정관사 a가 올바른 위치에 나타나지만, 잘못된 명사와 함께 있는 것이다.

현재 이론의 분석에서는 수(단수/복수) 자질에 대해 어떤 일이 일어나야 할 것인가? 유형 【3】의 형성 절차에 의해서, 명사구 형성 절차가 그 핵어 가산명사의 수 매개인자를 계산하는 일과 관련되는 개념상의 정보를 등록한다고 제안되었다. 그리고 유형 【4】에 의해서 명사구가 계산된 수 자질을 구의 핵어 형성 절차에 인계해 준다. 여기서는 자신의 레마에서 특수 구별자질 매개인자로 그것을 삽입해 놓는다. 이는 수도 또한 낱말 맞바뀜의 경우 그대로 눌러 앉혀져야 한다고 예측한다. 명사구가 잘못된 구의 핵어를 받아들이면, 그것은 애초에 도출된 수 자질을 고스란히 그것에다 맹목적으로 제공해 줄 것이다. 실제로 그런 사례들이 생겨난다. 다음에 프롬킨(Fromkin 1973)으로부터 가져온 예문이 있다.

(3) a hole full of floors. 〔instead of: a floor full of holes.〕
('구멍들로 가득한 어떤 마룻바닥'이라고 말하지 못하고, '마룻바닥들로 가득한 하나의 구멍')

만일 수 자질도 함께 맞바뀌었다면, 그 결과는 holes full of a floor (하나의 마룻바닥으로 가득한 구멍들)가 되었을 것이다.

그렇지만, 다음 예문에서와 같이, 수가 그 자신의 레마와 함께 이동해 가는 사례들도 있다(Fromkin 1971).

---

2) 〈지은이 각주〉 Garrett(1982)에서는 대조를 나타내는 악센트가 거의 또는 전혀 눌러 앉혀지지 않음을 시사해 주는 사례를 제시한다. 이는 제 5장 2절 2항에서 언급되었다. 이는 대조적 강세를 특별히 취급하는 Cutler and Isard(1980)의 방식과 일치한다.

(4) examine the horse of the eyes. 〔instead of: the eyes of the horse.〕
('그 말의 눈들을 검사하다'라고 말하지 못하고, '그 눈들의 말을 검사하다')

그 오류는 수가 그대로 눌러 앉혀진 examine the horses of the eye (그 눈동자의 말들을 검사하다) 가 아니었다. 스땜버거(Stemberger 1985a) 에서는 예문(3) 에서와 같이 '복수' 형태를 눌러 앉히는 일이, 예문(4) 와 같이 눌러 앉혀지지 않는 경우보다 대략 4배나 더 많다고 보고하였다. 이는 예문(3) 과(4) 가 서로 다른 원인을 지님을 시사한다. 아마도 우리는 예문(4) 에서 단순히 핵어명사의 맞바뀜이 아니라, 전체 명사구인 the horse (그 말) 와 the eyes (그 눈들) 의 맞바뀜을 처리해야 할 것이다. 이는 현재의 흐름도에서 어디쯤에서 일어날 수 있는 것일까? 그것은 명사구 형성 절차가 기능상의 종착점인 examine (검사하다) 의 직접목적어 및 of의 사격목적어에 그 산출물을 전달해 주는 더 뒷단계에서 일어날 수 있다. 이것이 유형 【6】의 형성 절차이다. 만일 직접목적어 및 사격목적어 형성 절차가 동시에 병렬적으로 명사구를 하나 받아들이도록 대기하고 있다면, 종착점 오류가 발생할 가능성이 있다. 직접목적어는 the horse (그 말) 를 받아들이고, 사격목적어는 the eyes (그 눈들) 를 선택한다. 아마 약간 어긋난 시간 차이 때문일 것이다.

완전한 명사구들에 대한 종착점 오류들이 실제로 발생한다는 점은, 다음 인용된 두 가지 예문으로부터 명백해진다.

(5) I have to smoke my coffee with a cigarette. 〔instead of: I have to smoke a cigarette with my coffee, from Fromkin 1973〕
('난 내 커피와 함께 엽궐련을 피워야 해'라고 말하지 못하고, '난 <u>엽궐련</u>과 함께 <u>내 커피</u>를 피워야 해')

(6) I got into this guy with a discussion 〔instead of: I got into a discussion with this guy, from Garrett 1980a〕
('난 이 친구와 토론을 한 판 했어'라고 말하지 못하고, '난 토론 한 판과 이 친구를 했어')

이들 사례에서는 각각 전체 명사구의 맞바뀜이 있다. 예문(5)에서는 my coffee(내 커피)와 a cigarette(엽궐련 하나)이다. 예문(6)에서는 this guy(이 친구)와 a discussion(토론 한판)이다.

만일 명사구가 사실상 잘못된 기능상의 종착점에 전달되었다면, 복수 형태를 그대로 눌러 앉히는 것이 아니라, 격 표지를 그대로 눌러 앉혔을 것으로 기대할 법하다. 그 흐름도에서는 명사구가 오직 그 구성을 실현되게 만들어 주는 기능부여 절차에 되돌려진 뒤에라야, 구성성분에 격을 배당함을 기억하기 바란다. 말하기 오류 자료는 이런 측면에서 결정적이지 않다. 영어에서는 아주 빈약한 격 형태를 지니고 있으며, 출간된 말하기 오류의 자료 뭉치도 관련 자료를 많이 담고 있지 않다. 한 가지 흥미로운 사례를 페이(Fay 1980b)에서 찾을 수 있다.

(7) If I was done to that. 〔instead of: If that was done to me.〕
('만일 그게 나한테 실행되었더라면'이라고 말하지 못하고, '만일 내가 그것한테 실행되었더라면')

여기서 주어 that(그것이)과 전치사 목적어 me(나한테)가 자리를 뒤바꿨다. 그러나 그 오류가 격을 함께 동반하여 'If me was done to that'(만일 나한테가 그것이에 대해 실행되었더라면)으로 되었던 것은 아니다. 제1인칭 대명사는 주어 기능에서 그래야 하듯이, 주격 'I'로 실현되었다. 이는 그 흐름도와 합치된다.

독일어는 격 표시에서 조금 더 풍부하다. 실제로 메륀줘·메이어(Meringer and Mayer 1896)의 자료 뭉치에서는, 격을 포함하는 소수의 낱말 맞바꿈을 담고 있다. 그것들 일부는 다음과 같이 격 눌러 앉히기에 대하여 명백히 예측된 유형을 따르고 있다.

(8) Bis er es bei Dir abholt. 〔instead of: Bis Du es bei ihm abholst.〕
('그가 너에게서 그것을 모을 때까지'라고 말하지 못하고, '그가 그것에게서 너를 모을 때까지')

만일 격이 그 대명사들과 함께 이동하였더라면, 다음처럼 말하였을 것이다.

Bis ihm es bei Du abholt.
(그것을에게서 그가를 모을 때까지)

그렇지만, 주어 대명사는 응당 그러하듯 주격 표지를 받고 있다. 비슷하게 전치사 목적어 Dir(그것에게서)도 올바르게 여격을 지닌다. 더 최근에 보고된 부정적 사례는 다음과 같다. 이는 비어위슈(Bierwisch) 자료 뭉치로부터 가져왔다.

(9) Wenn der Wand aus der Nagel fällt. 〔instead of: Wenn der Nagel aus der Wand fällt.〕
('그 벽으로부터 못이 떨어질 때'라고 말하지 못하고, '못으로부터 벽이 떨어질 때')

격이 그대로 눌러 앉혀졌더라면, 오류는 다음처럼 되었을 것이다.

Wenn die Wand aus dem Nagel fällt
(벽이 못으로부터 떨어질 때)

버어그(Berg 1987)는 독일어에서 격 조절에 실패하는 다른 사례들을 보고한다. 그러한 조절이 일어나지 않는 경우에는, 그 명사구들이 자신의 기능상 종착점에 이르기 이전에 격이 배당된다고 결론을 지어야 한다.

그렇지만, 일반적으로 격과 수, 그리고 다른 활용어미들은 그대로 눌러 앉혀지는 경향이 강하다(Garrett 1982; Stemberger 1983a, 1985a). 이는 그 레마가 문법상으로 자신의 홈에 삽입된 뒤에라야, 해당되는 특수 구별자질들이 배당된다는 개념을 뒷받침한다.

개뤹(Garrett 1980b)이 시사한 것처럼, 다양한 언어들에서 (문법형태소 또는 특수 구별자질) 조절에 대한 신중한 분석을 시행한 버어그(1987)에서는, 하나의 규칙으로서, 오류를 낳는 요소가 그 자신의 새로운 환경에 순응하여 조절된다고 결론을 내렸다. 그러나 일반적으로 그 환경은 오류가 생기는 요소에 순응하여 조절되지 않는다. 특수 구별자질들이 '그 환경으로부터' 그 레마에 배당된다면, 이것이 정확히 우리가 기대할 만한 결과들의 유형이다. 예를 들면 앞에서 본 사례(3)에서, 우연히 어떤 명사의 레마가 나타나든지 상관없이, 그 핵어명사에다 복수 자질을 배당해 주는 것은, 바로 명사구 형성 절차이다. 사례(4)와 (5)에서도 이와 모순되지 않는다. 왜냐하면 여기서 명사가 아니라 전체 명사구가 잘못된 종착점에 전달되는 것이기 때문이다.

이런 종류의 분석은 문법 부호화에 대한 명백한 흐름도의 장점을 보여준다. 그것은 특정한 종류의 말하기 오류를 예측하도록 도움을 주며, 다른 종류의 오류를 불가능한 것으로 배제해 준다. 심지어 서로 다른 종류의 말하기 오류를 놓고서도 상호 의존성에 대한 어떤 것을 (따라서 그것들의 상대적 빈도를) 우리들한테 말해 줄 수 있다. 예를 들면, 앞에서 보았던 분석에서, 만일 복수 형태가 그대로 눌러 앉혀진다면 격도 또한 반드시 눌러 앉혀져야 한다. 그러나 그 반대는 성립되지 않는다. 이는 복수 자질의 배당이 격자질의 배당보다 더 낮은 수준의 종착점에서 일어나기 때문이다. 그런 예측에 대한 위반 사례는, 우리로 하여금 그 모형을 포기하거나 수정하도록 강요할 것이다.

캠픈-흔캠프(Kempen-Hoenkamp 1987)의 점증적 산출 문법에서는 '통사 전담요소'들의 존재를 가정한다. 범주형성 및 기능부여 절차들에 대한 집합체이다. 우리가 보았듯이 이들 형성 절차는 고도로 단원체의 모습으로 기능한다. 이것들은 요청되는 경우와 자신의 고유한 입력물이 제공되는 경우에 자신의 일을 실행하며, 그 특별한 종류의 고유한 산출물을 특정 주소지에 전달해 준다. 이것들은 자동적으로(즉 화자의 주의력을 기울이지도 않은 채) 그리고 병렬적인 모습으로 자신의 일을 실행한다. 이것들은 아둔한데, 적합한 종류의 것이라면 맹목적으로 잘못된 입력물도 받아들이는 것이다. 지금까지 논의된 말하기 오류는 문법 부호화의 이런 아둔한 자동적 처리 속성을 입증해 준다.

3) 좀더 복잡한 몇 가지 사례

제 6장 2절 1항에서 believe(믿다)와 같은 '인상' 동사에 대해 조금 언급되었다. 다음과 같은 문장에서

Attila believed the world to be flat.
(아틸라는 지구가 평평할 것으로 믿었다)

상위문의 주동사 believe(믿다)는 보충어 구조에 어떤 제약을 부과한다. 즉, V-COMP(동사구 보충어)의 주어가 상위문의 직접목적어로 실현되어야 하며, V-COMP(동사구 보충어)의 시제가 부정사로 되어야 하는 것이다. 제 7장 1절 1항에서 논의된 일곱 종류의 형성 절차(유형 【1】에서부터 유형 【7】까지)가 주어진다면, 그런 문장을 생성하기 위해 필요한 내용을 살펴나가기로 한다.

대부분 제일 먼저 어느 레마가 촉발되는지에 달려 있다. Attila가 이 단계를 마련한다고 가정하기로 한다. 하나의 명사로서 Attila는 범주형성 절차를 불러낸다. 여기서 유형 【2】의 운용에 따라, 이것이 핵어로 나타날 수 있다. 이런 형성 절차가 명사구이며, 이는 핵어로서 고유명사 Attila를 받아들인다. 고유명사의 경우에 명사구는 DET(한정사)를 불러내지 않고, 즉시 기본적인 종착점을 선택한다. 이것이 유형 【6】의 운용인 SUBJ(주어)이다. 이는 유형 【7】의 범주형성 절차 S(문장)를 활성화한다. S(문장)는 얻어진 주어를 그 용기의 가장 왼쪽에 있는 홈에 집어넣는다. 그러고 나서 S(문장)는 유형 【3】에 의해 ATTILA(아틸라)가 논항으로 되는 기능을 찾아보기 위하여 개념구조를 죽 훑어보게 된다. 그리고 BELIEVE(믿다)라는 개념을 만나게 된다. 이는 두 개의 개념 논항을 갖고 있다. 경험주 의미역과 사태(또는 대상) 의미역이다. 이런 단편과, SUBJ(주어)가 경험주라는 정보와, '인칭 · 수 · 시제'를 위한 특수 어미활용 매개인자들이, S(문장)에 의해서 그 구의 핵어 형성 절차인 PRED(서술어)에 넘겨진다. 이는 VP(동사구)를 불러낸다.

VP(동사구)의 상위문동사 형성 절차는, BELIEVE(믿다)로 하여금 레마 believe(믿다)의 인출을 촉발하도록 만든다. 이 레마는 다음과 같이 세 개의 문법 기능을 구체화한다(제6장 2절 1항을 참고하기 바람).

SUBJ, DO, V-COMP
(주어, 직접목적어, 동사구 보충어)

현재 산출 상태의 견지에서 VP(동사구)가 이 레마를 받아들일 수 있을까? 그렇다. 왜냐하면 유일하게 존재하는 제약은 '경험주'로서 주어에 대한 이미 이용 가능한 정보로부터 나오기 때문이다. 그 레마는 SUBJ(주어) 기능이 개념상 경험주 논항을 위하여 예약되어야 함을 구체적으로 밝혀 주며, 그것이 정확히 이 경우가 된다.

레마 believe(믿다)가 주어지면, VP(동사구)는 그 용기 속에다 두 개의 추가 홈을 예약해 둬야 한다. 그것은 DO(직접목적어)를 위해 두 번째 홈을 보존하고, V-COMP(동사구 보충어)를 위해 세 번째 홈을 보존한다. 그러나 여기서 뭔가 특별한 일이 일어난다. VP(동사구)는 DO(직접목적어) 형성 절차를 불러내는 것이 아니라, 오직 V-COMP(동사구 보충어)만을 불러낸다(유형 【4】의 범주형성 절차 불러내기임). 그것은 V-COMP(동사구 보충어)의 주어를 위해서 자신의 DO(직접목적어) 홈을 예약해 둔다. 이것이 그 레마의 구조가 서술해 놓는 바이다. 동일한 이유로, V-COMP(동사구 보충어)에 대한 호출은 그것이 부정사 절이 되어야 함을 구체적으로 밝혀 놓는다.

V-COMP(동사구 보충어)는 사태 논항을 점검하기 위하여 범주형성 절차 S(문장)를 불러낸다. S(문장) 형성 절차는 또한 특수 자질〔+부정사 절〕에 대해서도 제공된다. 이 자질은 S(문장)로 하여금 충분히 내포문 주어 명사구의 문법 기능상 종착점이 상위문동사구의 직접목적어임을 알게 해 준다. 그 내포문 명사구에 대해서 SUBJ(주어) 기능 종착점은 존재하지 않게 될 것이다. 또한 〔+부정사 절〕 자질은 내포문 서술어 VP(동사구)의 기능상 종착점이 S(문장)의 서술어 홈이 아니라, 그 상위문동사구의 V-COMP(동사구 보충어) 홈이 되도록 해준다. 달리 말하여, V-COMP(동사구 보충어)의 S(문장) 형성 절차는 유달리 행동하게 될 것이다. 그것은 독자적으로 그 자신의 용기를 마련해 놓는 것이 아니라, 그 주어 명사구와 서술어 동사구를 위하여 외부의 종착점으로 유도한다. 곧 우리는 그 결과를 보게 될 것이다.

BELEIVE(믿다)의 사태 논항을 점검하면서, S(문장)는 다음과 같은 STATE(상태) 함수를 찾아낸다.

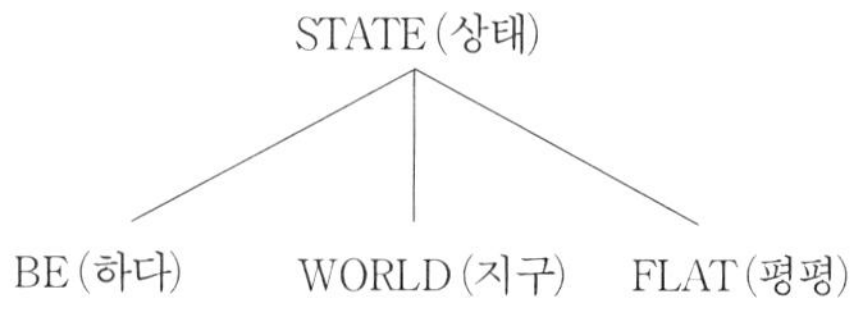

S (문장) 는 SUBJ (주어) 와 PRED (서술어) 기능부여 절차를 불러내며, WORLD (지구) 와 BE FLAT (평평하다) 이라는 단편을 각각 그것들에 배당해 놓는다. 그 기능부여 절차는 병렬적으로 동시에 작동할 수도 있고, 그렇지 않을 수도 있다. SUBJ (주어) 형성 절차는 WORLD (지구) 라는 단편을 어휘로 만들어 주기 위하여, 범주형성 절차 NP (명사구) 를 불러낸다. 이것이 world (지구) 의 인출로 이끌어 가고, 궁극적으로 명사구 나뭇가지 the world (지구) 의 구성으로 이끌어 간다. 다시 이것이 SUBJ (주어) 에게 넘겨진다. 차례로 SUBJ (주어) 는 그것을 상위 문동사구의 DO (직접목적어) 홈으로 전달한다. 거기에서 그것이 격을 받는다. 이런 격 배당은 현재의 문장에서는 가시적인 것이 아니다. 그러나 대명사로 이뤄진 다른 경우에는 똑같은 문장이 이 점을 분명히 보여준다.

Attila believed her to be flat.
(아틸라는 그녀를 밋밋하다고 믿었다)

여기서 her (그녀를) 는 직접목적어를 위해 필요한 대격을 지니고 있다. 그렇지만 '*Attila believed she to be flat' (*아틸라는 그녀가 밋밋한 것으로 믿었다) 와 같이 주어를 표시하는 주격은 실현될 수 없다.[3)]

---

3) 제 6장 2절 1항에 있는 옮긴이 각주 9) 에 지적했듯이, 우리말에서는 이런 구문도 성립된다. 뿐만 아니라 속뜻도 달라진다.

㉠ 철수는 영이를 〔e 미녀라고〕 믿다.

한편 PRED(서술어) 형성 절차는 그 메시지 단편 'BE(FLAT)'〔하다(평평)〕을[4] 어휘로 만들어 주기 위하여 범주형성 절차 VP(동사구)를 불러내었다. 상위문동사 형성 절차는 레마 be(이다/하다)를 만나게 된다. 이는 주어를 필요로 한다. 만일 SUBJ(주어) 형성 절차가 독자적으로 시작되지 않았더라면, 지금쯤 그것이 불러내어졌을 것이다. 상위문동사 형성 절차는 그 레마 be(이다/하다)를 놓고서 어미 활용이 없는 매개인자로 '부정사 절'을 실현시켜 줄 뿐만이 아니라, 그것은 또한 전치사 to를 활성화한다. VP(동사구)는 이 '순서쌍'을 받아들이고, 그것을 자신의 가장 왼쪽에 있는 홈에다 집어넣는다.

ⓛ 철수는 e 〔영이가 미녀라고〕 믿다.

㉠ 문장에는 내포문의 내용과 반대되는 속뜻이 영이에게 깃든다. 곧, 추녀인 영이를 미녀라고 믿는 것이다. 반면 ⓛ 문장에는 이런 속뜻이 없다는 점에서 중립적이라고 말할 수 있다. 이런 점을 설명하기 위해서 '믿다' 동사는 논항을 세 가지 갖고 있다고 봐야 한다. 영어 구문은 유표적으로 ㉠ 구문만을 허용한다고 조건을 덧붙여야 할 것이며, 예외적 격표시도 달리 처리되어야 할 것이다.

4) 함수와 논항의 모습을 갖추기 위해 일부러 '하다(평평)'처럼 적어 놓았다. 번역에서 '하다'는 묘사(*depict*) 동사이며, 국어 맞춤법에서는 '접사'로 취급된다. be동사의 논리식 표상은 난문제이며, 쉽게 다룰 수 없다. 그 이유는 be동사가 ① 어떤 한 개체를 지정하기도 하고, ② 존재를 표시하기도 하며, ③ 동일성을 가리키기도 하고, ④ 또한 여기서처럼 한 개체의 속성을 드러내기도 하며, ⑤ 사건 및 개체의 구분이 주어져야 하고, ⑥ 유표적으로 영어에서는 become(속성 변화)을 가리키기도 하기 때문이다(계사의 '복합적 내포의미'라고 부를 수 있음). 이를 논리식으로 바꿔주기 위하여 반드시 be 동사가 몇 개의 대상을 관련지어 놓는지, 그 대상들에서 어떤 관계를 드러내고 있는지를 형식화해 주어야 한다. 따라서 두 개의 대상을 관련짓고자 한다면, 어떤 종류가 되었든 간에 적어도 추상화(*abstraction*) 연산소를 두 개 도입해야 한다. Rothstein(2001:제 9, 10장) 《술어와 주어 *Predicates and their Subjects*》(Klwuer)에서는 각각 사건과 개체를 나타내는 추상화 연산소 λE와 λe를 도입하였다. 또한 그 둘 사이의 관계를 ㉠ 연접관계로 묶을 것인지, ⓛ 포함관계로 묶을 것인지, ⓒ 등치관계로 묶을 것인지, ⓓ 아니면 사태추이 관계로 묶을 것인지 등도 아울러 결정해야 한다. Davidson(2005: 147) 《진리와 서술어 *Truth and Predication*》(Harvard University Press)에서 "계사의 의미 역할은 올바른 논리형식을 다루는 이론이 해결해야 할 유일한 난문제이다"라고 언급하였다.

마지막으로 핵어 동사 be(이다/하다)는 형용사 보충어를 요구한다. 그 메시지에 있는 속성 FLAT(평평)이 그 보충어로 '1 : 1'로 사상된다. 따라서 VP(동사구)는 FLAT(평평)을 어휘로 만들어 주기 위하여 형용사구 형성 절차를 불러낸다. 이는 형용사 flat(평평-)의 인출로 이끌어간다. 이 형용사가 결국 VP(동사구)의 세 번째 홈으로 들어가는 형용사구의 핵어(그리고 유일한 요소)가 된다. VP(동사구)는 이제 다 채워진 용기를 지니며, 동사구를 요구한 PRED(서술어) 형성 절차는 이 산출물을 상위절 VP(동사구)에 전달할 것이다. 이는 이 동사구를 뒤에 있는 세 번째 홈에 집어넣는다. 이 홈은 V-COMP(동사구 보충어)의 산출물을 위해서 미리 예약되었다. 마지막으로 상위절 VP(동사구)의 산출물이 상위문 S(문장) 서술어 홈으로 들어가게 되고, S(문장)가 작동을 멈출 것이다.

이 사례에서 생성된 두 가지 동사구를 구별해 주는 것이 유용하다. 제5장 1절 3항에서 제안된 표기법에 따라, 상위 동사구는 VP′로 표시될 것이고, 다른 것은 VP로 표시될 것이다.

앞에 있는 예문은 중요하다. 호출(*call*) 층위와 종착점(*destination*) 층위가 서로 다르기 때문이다. 흔캠프(Hoenkamp 1983)가 도입한 이런 구분은, 문장 산출에서 어떤 경험적 발견내용들의 해석과 관련되며, 제7장 2절에서 논의될 것이다. 다음 〈그림 7-1〉은 현재 논의 중인 문장에 대한 두 개의 층위를 나타낸다. 〈그림 7-1-가〉에 있는 화살표들은 어떤 형성 절차가 어떤 것을 불러내었는지를 표시해 준다. 〈그림 7-1-나〉에 있는 화살표들은 그 형성 절차들이 그것들의 산출물을 어디에 전달해 주었는지를 나타내어 준다(관련이 덜한 세부 내용은 생략되었음).

두 층위 사이에 주요한 차이점이 있다. 호출 층위에서는 S(문장)에 대해 내포문을 호출한다. 그렇지만 종착점 층위에서는 내포문 실현 수준에서 S(문장)에 대해 아무런 것도 전달해 주는 것이 없다. 달리 말하여, 내포된 S(문장) 형성 절차는, 주어와 서술어 정보를 위하여 그 메시지를 점검하는 데 포함되어 있다. 그렇지만 그것이 불러낸 형성 절차들의 산출물을 순서대로 배열하는 데에는 포함되지 않다. 구성성분들의 순서 짓기는 전적으로 상위문의 동사구 VP′에 의해서 조절되는 것이다. 각각 이들을 S(문장) 형성 절차에 대한 점검 및 순서 짓기 업무라고 부르기로 한다.

그 차이점은 또한 심층 구조와 표면구조 사이에서 다양한 언어 이론들에 의해 만들어진 구별에 대한 암시이기도 하다. 그 점은 여기서 자

〈그림 7-1〉 "Attila believes the world to be flat"에 대한 호출 층위 및 종착점 층위

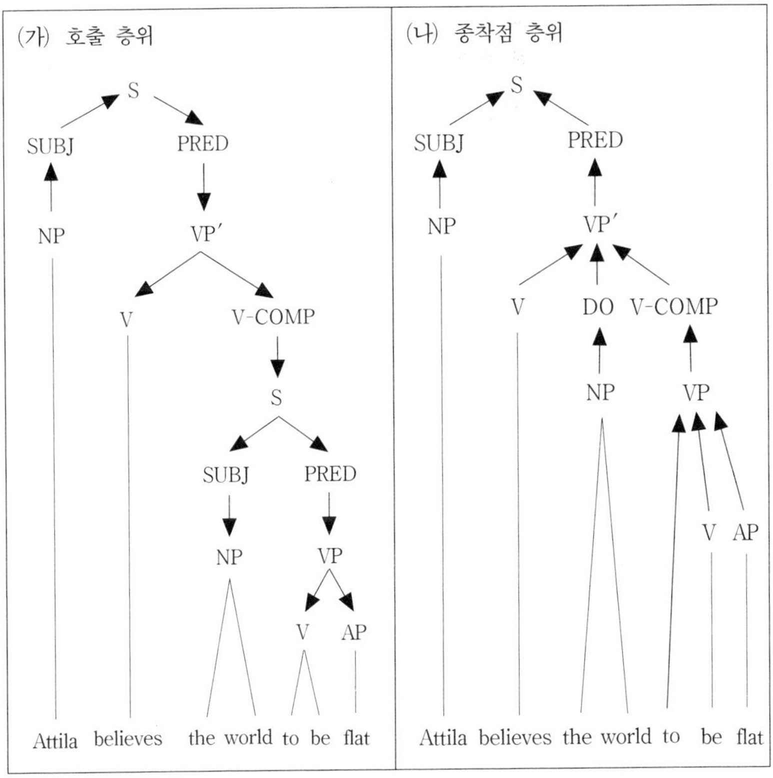

세히 다뤄지지 않는다. 혼캠프(1983)와 캠픈·혼캠프(1987)를 참고하기 바란다.

호출 층위와 종착점 층위 사이의 구별은 또한 다른 사례들을 처리하는 데에 이용될 수 있도록 혜택을 준다. 제6장 2절 3항과 4항에서 논의된 'John is eager to please'(존이 아무개를 즐겁게 해 주려고 안달이다)에서와 같이 어떤 형용사의 S-COMP(문장 보충어)와 'Olithia can go'(올리시아가 갈 수 있다)에서와 같이 V-COMP(동사구 보충어)가 오히려 유추적 방식으로 처리된다. 'Can Olithia go?'(올리시아가 갈 수 있을까?)라는 의문문에서 S(문장)는 VP(동사구) 구성성분의 산출물인 can(을 수 있다)과 go(가다)에 명령을 내릴 것이다. 'Who do you think John saw?'(존이 누구를 보았다고 당신은 생각하십니까?)에서와 같이, 맨 앞에 나온 who(누구를)가 내포문의 목적어 형성 절차의 산출물이며, saw(보았다) 뒤에 '공범주 요소'가 남아 있는, Wh-movement(의문사 이동)도 우아한 방식으로 처리될 수 있다. 캠픈·혼캠프(1987)를 살펴보기 바란다. 도로 뒤돌아보는 일이 전혀 없이 화자가 점증적으로 왼쪽으로부터 오른쪽으로 산출해 나갈 수 있는 것은 이러한 모든 해결책들의 성격에 필수적이다.

4) 생략

그 흐름도는 또한 다음과 같이 등위 접속문에서 생략에 대한 점증적 산출도 설명해 줄 수 있다.

John met the president, and Peter the secretary.
(존이 대통령을, 피터가 국무장관을 만났다[5])

5) 번역에서는 동사 생략이 선행절에서 일어났다. 선핵(*head-initial*) 언어인 영어와 달리, 우리말은 후핵(*head-final*) 언어이기 때문에, 핵을 보존하기 위하여

그것은 두 번째 절의 생성에서 생략되지 않았더라면 반복될 어떤 운용을 건너뛰어 생략하는 일을 포함한다. 여기서는 이 논제를 추구해 나가지 않을 것이다. 디스밑·캠픈(De Smedt and Kempen 1987)을 참고하기 바란다. 이것은 또한 고치기 생성에 포함된 주요한 기제이다. 이에 대하여 제 12장에서 다시 살펴보게 될 것이다.

다소 덜 간단한 것으로, 제 3장 2절 7항에서 논의된 생략의 사례들이 있다. 거기에서 우리는 메시지가 어떤 의미 유형으로 될 수 있는 가능성을 살펴보았다. 즉 명제이거나, 개체이거나, 서술어이거나, 어떤 것이든지 될 수 있다. 가령 CHILD(어린이)라는 개체 메시지를 살펴보기로 한다. 만일 그것이 〔+접속 가능〕이라는 특성을 지닌다면, 논의된 흐름도에서는 명사구 the child(그 어린이)를 생성할 것이다. 그 명사구 형성 절차는 S(문장)의 주어로서 그것을 문장에 전달할 것이다. 그것에 의해서 S(문장)가 작동되도록 호출된다. S(문장)는 명사구에 주격을 내주며, CHILD(어린이)가 논항으로 되는 기능에 대하여 그 메시지를 점검한다. 이번에는 헛수고가 된다. 아무것도 더 찾아질 것이 없기 때문이다. 그러나 이것이 우리가 바라는 바일까? 잠시 제 3장 2절 7항에 있는 예를 다시 살펴보기로 하겠다. 거기서 대화 상대방이 다음처럼 질문하였다.

Who did Peter visit?
(피터가 누구를 방문하였습니까?)

그 대답 메시지가 앞의 경우에서와 같이 CHILD(어린이)라면, 바른 것으로 보일 표면구조가 생성되는데, 즉 the child(그 어린이)이다. 그러나 이는 잘못된 격을 지니고 있다. 만일 그 질문에 대명사를 이용하

앞의 선행절에서 생략이 일어난 것이다.

질 문	대 답
Wirst Du Helmut treffen? (당신은 헬무트를 만나실 겁니까?)	Nein, den Präsidenten (아뇨, 대통령을요: 대격으로 실현됨)
Wirst Du Helmut begegnen? (당신은 헬무트와 만나실 겁니까?)	Nein, dem Präsidenten (아뇨, 대통령과요: 여격으로 실현됨)

여 대답하는 표면구조였더라면, 대격을 지닌 her(그녀를)가 되었을 것이다. 주격을 지닌 she(그녀가)는 아니다.

명사구 형성 절차가 the child(그 어린이)에 대하여 목적어 기능을 지니도록 어떻게 짜낼 수 있을까? 메시지에 있는 CHILD(어린이)를 피동주로 표시하는 것으로 충분할 것인가? 그렇다면, 그 흐름도는 메시지에 있는 피동주를 위하여 목적어 홈을 가질 수 있도록 확장되어야 한다. 그러나 명백히 이는 우리가 원하는 바가 아니다. 'The child was visited by Peter'(그 어린이가 피터에 의해 방문을 받았다)에서와 같이 피동주가 쉽게 주어 위치에 나타날 수 있으며, 그 흐름도는 더 이상 그런 사례를 올바르게 생성할 수 없을 것이기 때문이다. 설상가상으로, 어떤 언어에서는 이용된 동사에 따라 동일한 대상 의미역이 서로 다른 격으로도 표현된다. 적절한 독일어 예문에서는 '만나다'를 뜻하는 유사-유의어 동사로서 treffen(를 만나다)과 begegnen(와 만나다)가 있다.

생략된 대답에서는 위의 도표에서 보듯이 각각 그 동사에 의해 요구된 격 표지들을 지니고 있다. 이는 대답에서 외현적으로 이용되지 않았음에도 불구하고, 우리들로 하여금 이런저런 방식으로 생략 산출이 특정한 동사 레마를 포함함을 인식하게 해 준다. 범주형성 절차는 생략된 대답을 산출하고 있는 그 질문의 표면구조를 명백히 점검할 수 있다. 이것이 어떻게 실행되는지에 대한 구체적인 제안은 없다.

5) 순서 배열 오류

범주형성 절차 S・NP・VP・AP・PP(문장・명사구・동사구・형용사구・전치사구)는 단일한 홈 하나 이상을 포함한 용기를 갖고 있다. 이 형성 절차는 이들 홈에 되돌려진 구성성분들을 순서대로 배열하는 전담요소이다. 점증적 산출의 제어 구조는, 도로 재료들이 되돌려지는 만큼 될 수 있는 한 순서 배열이 왼쪽으로부터 오른쪽으로 많이 이뤄지도록 보장해 준다. 그렇지만 필요한 '도치 현상'들로 이끌어갈 필수적 제약들도 존재한다. 서로 다른 범주형성 절차에 적용된 순서 배열 규칙들을 여기서 상세하게 논의하지는 않는다. 그렇지만 범주형성 절차들이 단일하게 고정된 순서 배열 얼개만을 지니는 것이 아님이 주목되어야 한다. 이것은 특히 S(문장)에 대하여 분명하다. 문장은 의문법과 서술법을 다른 방식으로 다루며, 주절과 하위절을 다른 방식으로 다루게 된다. 그 흐름도에서 그렇게 긴밀히 관련되지만 서로 다른 순서 배열 운용이 있다면, 화자들에게서 특정한 순서 배열 오류에 대한 취약성을 예상해 볼 수 있다. 부적합하더라도 해석될 수 있는 순서를 부여하는 것이다. 이런 관점에서 화자들은 해석 가능한 순서 배열 오류를 저지른다. 페이(Fay 1980b)는 이런 종류의 여러 가지 사례를 모아 분석하였다. 예문(10)과 (11)은 그의 자료로부터 가져왔다.

(10) I wonder how <u>can</u> <u>she</u> tell. 〔I wonder how she can tell.〕
(저는 그녀가 어떻게 말할 수 있을지 궁금합니다)

(11) Linda, do you talk on the telephone <u>with which ear</u>?
〔Linda, with which ear do you talk(!) on the telephone?〕
(린다씨, 어느 쪽 귀를 써서 전화로 말하고/듣고 있습니까?)

예문(10)에서는 종속절 속에 주절의 의문법 배열(How can she tell?)이 들어 있다. 정확히 S(문장) 형성 절차가 따를 것으로 기대할 만한 순서 배열의 혼란 종류이다. 예문(11)에서도 S(문장)가 'Linda, do you talk on the telephone with your right ear?'(린다씨, 오른쪽 귀로 전화 통화를 하고 있습니까?)와 같이 '예/아니오' 질문에서 올바르게 되었을 법한 순서로, 주절의 의문법 순서 배열을 적용한 듯하다. 그러나 이런 순서 배열은 적용될 수 없다. 왜냐하면 wh(의문사) 전치사구가 응당 맨 첫 자리에 실현되어야 하기 때문이다.

그렇지만, 후자의 오류가 개념상의 원인을 지닐 가능성도 배제되지 말아야 한다. 커뜰러(Cutler 1980a)는 이런 오류의 억양 윤곽이 실제로 '예/아니오' 질문의 억양임을 보여 주었다(그 운율은 그 오류가 발생한 바로 뒤에 음성적으로 전사되었음). 질문의 대부분이 산출되던 중 화자가 갑자기 마음을 바꾸었던 것 같다. 그리하여 문장 시작 위치에 가야 할 전치사구 with which ear(어느 쪽 귀를 이용하여)가, 말해지고 있는 문장의 종결 보충어로서 잘못 받아들여졌다. 그런 경우에 커뜰러(1980a)에 따르면 예문(11)은 순서 배열 오류가 아니라 '문장 혼성'(*sentence blend*)이다.

예문(10)의 오류도 또한 대안이 되는 다른 해석을 지닐 수 있다. 그것은 개뤹(Garrett 1982)에서 자리바꿈이라고 부르는 바와 다르지 않다. 가까이 있는 낱말들이 서로 뒤바뀌는 오류이다. 그 낱말들은 전형적으로 동일한 통사 범주가 아니다. 개뤹(1982)에서 가져온 예문이 다음에 있다.

(12) Did you stay up late VERY last night?〔Did you stay up VERY late last night?〕
(어젯밤에 아주 늦게까지 깨어 있었습니까?)

여기서 강세를 받은 부사 very(아주)가 형용사 late(늦게)와 자리가 바뀌었다. 이는 형용사구 형성 절차가 이미 존재하는 순서 배열 얼개에 잘못 적용된 경우는 될 수 없다. 부사를 형용사 뒤에 놓는 형용사구 배열 순서란 존재하지 않기 때문이다. 그 오류는 분명히 다른 원인을 지님에 틀림없다. 개렡(1982)에서는 자리바꿈이 더 뒤에 있는 처리 수준—즉 낱말형태들이 인출되고 해당 통사 위치에 배당되는 곳에서 일어난다고 제안하였다. 달리 말하여, 그것들은 음운 부호화의 층위에서 일어나는 것이다. 전적으로 두 가지 적합한 통사 순서 배열 얼개의 혼동으로 유도될 수 있는 말하기 오류를 찾아내기가 어렵지만, 아마 불가능하지는 않을 것이다.

아마 문법 부호화의 오류로 해석되어야 할 다른 실패들도 있을 것이다. 푀이(1980b)는 다양한 그런 사례를 논의한다. 푀이로부터 가져온 예문은 다음과 같다.

(13) Do you think it <u>not</u> work<u>s</u>?〔instead of: Do you think it doesn't work?〕
(그게 작동하지 않는다고 생각하십니까?)

이 경우에 내포문의 동사구는 부정문을 만드는 조동사 do를 삽입하는데 실패하였다. 그 결과 현재시제 매개인자가 내포문 주동사의 어미활용 'work<u>s</u>'로 실현되었다.

푀이(1982)와 스뗌버거(Stemberger 1985a), 그 외 다른 연구자들도 또한 문장 혼성의 사례를 논의한다. 그런 사례들은 가끔씩 화자가 동시에 병렬적으로 두 가지 일치되지 않는 표면구조를 입력할 수 있음을 보여 주는 듯하다.

말하기 오류들은 분명히 우리들에게 문법 부호화에 대하여 어떤 것을 말해 준다. 임의의 연산처리 이론에 대하여 온전한 규모로 증거를 제시해 주기에는 그 증거가 결코 충분치 않다. 그리고 그 상황은 뒤이어진 절들에서 논의될 실험 증거에 대해서도 다르지 않다.

2. 문법 부호화의 단위

앞 절에서 호출층위와 종착점 층위 사이에 구분이 이뤄졌다. 전자는 문법 부호화의 기능적 측면을 반영한다. 즉, 문법 부호가 입력될 기능 및 논항들을 위하여 그 메시지를 점검하고, 적합한 레마를 인출하며, 그것들이 요구하는 문법 기능을 실현하는 것이다. 후자는 문법 부호화를 순서대로 배열하는 측면에 관심을 둔다. 즉, 어떤 범주형성 절차들이 인출된 문법 기능 정보에 대한 그 낱말과 구의 순서 배열을 실행하는지를 반영해 주는 것이다.

연산처리 관점으로부터는, 화자의 부호화 과정이 우선 기능적으로 도출될 것으로 기대할 것 같다. 화자가 레마와 문법 기능들에서 부호로 입력하는 것은 바로 그 메시지의 기능/논항 구조인 것이다. 그 언어에서 필수적인 순서 배열 절차들은 그런 표현적 기능을 지니지 않는다. 포드 · 홈즈(Ford and Holmes 1978)와 포드(Ford 1982)에서는 호출 층위가 종착점 층위보다도 더 분명하게 화자의 '계획 단위'(*planning units*)들을 반영해 준다는 개념을 위한 경험적 뒷받침을 얻어냈다.

화자의 유창한 발화에서 이들 두 층위가 어떻게 구별될 수 있을까? 포드 · 홈즈(1978)는 그 두 층위의 절 구조를 집중적으로 다룬다. 다시 한번 〈그림 7-1〉의 문장을 살펴보기로 한다.

Attila believed the world to be flat.
(아틸라는 지구가 평평하다고 믿었다)

호출층위 또는 심층구조에는 상위문과 내포문이 있다. 내포문은 believed(믿었다) 뒤에 시작하므로, 그 문장을 나눠 놓는 '심층절' 또는 '기본절'은 다음과 같다(절의 시작은 사선에 의해 표시되었음).

/ Attila believed / the world to be flat (기본절 나눠 놓기)

그러나 종착점 층위에는 오직 하나의 S(문장)만이 존재한다. 그러므로 전체 문장은 하나의 '표면' 절로 이뤄진다. 이는 또한 '완형절'(*finite clause*)로도 불리는데, 그것이 시제가 표시된 동사나 어미 활용이 다 이뤄진 완형 동사를 담고 있기 때문이다.

/ Attila believed the world to be flat (완형의 표면절 나눠 놓기)

일반적으로 화자의 유창한 발화를 기본절이나 아니면 완형절로 나눠놓는 것이 가능하다. 눈대중 규칙은 다음과 같다. 모든 완형절이 하나의 그리고 오직 하나의 시제가 표시된 동사 또는 완형 동사를 담고 있다(위 예문에서 believ<u>ed</u>임). 반면에 모든 기본절은 시제가 표시되어 있든 그렇지 않든 간에, 하나의 그리고 오직 하나의 주동사(*main verb*)를 담고 있어야 한다(위 예문에서 believed와 be임)는 것이다. 언제나 두 개의 주동사 사이에는 절 끊어짐이 있어야 한다. 포드 · 홈즈(1978)에서 가져온 다음 예문은 이들 완형절 분할과 기본절 분할을 보여준다.

완형절 분할

/ I began working a lot harder / when I finally decided to come to Uni

/ 마침내 내가 유니에 오기로 결정하였을 때 / 나는 더욱 열심히 일하기 시작하였다

기본절 분할

/ I began / working a lot harder / when I finally decided / to come to Uni

/ 마침내 유니에 오기로 / 내가 결정하였을 때 / 나는 더욱 아주 열심히 일하기 / 시작하였다

정의 및 이들 예문으로부터, 시제가 표시된 절의 시작은 언제나 심층절(= 기본절)의 시작이 된다. 그러나 그 역은 성립되지 않는다.

실제로 호출층위가 화자의 계획 단위들을 반영해 준다면, 한 문장에 대한 화자의 전달에서 기본절 분할에 대한 증거가 있어야 한다. 어떤 종류의 증거가 있는 것일까? 포드·홈즈(1978)는 뵈일리언(Valian 1971)이 계발해 놓은 기법을 동일한 목적을 위해서 개량하였다. 말을 하고 있는 피험자가 때때로 짤막한 음표(*tone*)를 듣게 되는데, 말하는 일과 별도로, 그 피험자의 과제는 음표가 나타날 때마다 단추를 누르는 것이었다. 음표 시작으로부터 단추 누르기까지의 반응시간은 종속측정값이었다. 피험자들은 '가족생활'과 같이 다양한 일반 주제들을 놓고서 자유롭게 말을 하였다. 음표들은 예기치 못한 시점에서 평균 대략 3.5초마다 한 번씩 나타났다. 화자가 메시지 계획에 몰입한 순간에는 반응시간이 더 길어질 것으로 기대하였다. 왜냐하면 메시지 계획 때문에 음표 자극에 반응하기 위하여 이용될 수 있는 주의력이 떨어질 것이기 때문이다.

포드·홈즈(1978)는 기본절 끝 쪽으로 실현된 음표 자극을 놓고서, 심지어 기본절(= 심층절)의 끝이 표면절(= 완형절)의 끝이 아닌 경우에라도, 반응시간이 늘어남을 찾아내었다. 그렇지만 한 가지 조건은 더 많은 발화가 그 기본절에 뒤이어져야 했을 것이라는 점이다. 그 자료에 대한 그들의 해석은, 화자들이 현재 절의 마지막 음절에 다다르면 다음 기본절에 대한 계획을 시작한다는 것이었다. 그 자료는 화자의 유창한 산출에서 실제로 기본절 운율이 있음을 시사해 준다. 이는 호출층위의 심리적 실재성을 입증한다.

포드(1982)는 화자의 유창한 발화에서 자발적으로 주저대는 짤막한 쉼들을 분석함으로써 이들 발견결과를 확증해 주었다. 그녀는 화자들에게 본질적으로 이전 실험에서와 같이 동일한 과제를 제시해 주었으나, 이번에는 반응을 보일 음표 자극이 없었다. 그녀는 200ms 짤막한 쉼과 좀더 길게 주저대는 짤막한 쉼을 모두 기재해 놓았다. 그녀는 완형절들에서 자주 그랬듯이, 주저대는 짤막한 쉼이 기본절들에 앞서 나왔음을 찾아내었다. 대략 절들 중 5분의 1정도에서 짤막한 쉼이 앞서 나왔다. 또한 짤막한 쉼이 있을 때, 두 종류의 절 앞에서 평균 쉼 길이는 통계상으로 차이가 나지 않았다. 두 경우에서 모두 대략 1초 정도였다. 필요에 의해서 완형절의 시작 부분이 또한 기본절의 시작 부분이기 때문에, 간단한 규칙은 "기본절이 주저대는 짤막한 쉼을 끌어 들인다" 정도로 될 듯하다. 기본절의 시작 부분이 또한 완형절의 시작 부분이 되는지 여부는 무관하다. 더 앞선 포드·홈즈(1978)에 있는 발견결과의 시각으로 보면, 기본절은 선행하는 짤막한 쉼 속에서 계획이 이뤄지면서 개시되거나, 아니면 선행절의 마지막 음절을 발화하는 일과 동시에 계획이 이뤄지면서 개시된다고 말할 수 있다(또는 둘 모두임).

포드(1982)에서는 또한 완형절에 있는 기본절들의 숫자가 그 완형절 앞에서 침묵 지속에 영향을 주는지 여부를 점검하였다. 바로 기본절 하나만을 담고 있는 완형절은 '단순' 완형절로 불릴 수 있다. 완형절이 둘 이상의 기본절을 담고 있는 경우에는 '복합' 완형절이 된다. 만일 발화를 개시하기 이전에 화자가 온전히 완형절을 계획해 놓았더라면, 단순 완형절이 복합 완형절보다 더 짤막하게 주저대는 짤막한 쉼에 의해 선행되었어야 한다. 그러나 그런 차이는 전혀 없었다. 이런 발견은 심지어 그 완형절이 둘 이상의 기본절을 담고 있다고 해도, 화자들이 미리 기본절을 하나 이상 계획하지 않는다는 짐작을 뒷받침해 주었다.

'미리 계획하기'는 발화되기 이전에 그 전체 절이 문법적으로 부호화됨을 의미하는 것은 아니다. 린슬리(Lindsley 1975, 1976), 르펠트·마아쓴(Levelt and Maassen 1981), 캠픈·하이버스(Kempen and Huijbers 1983)에 의해 이뤄진 실험들에서는, 심지어 간단한 주어-동사 문장을 발화하는 일도, 동사가 온전히 부호화가 다 끝나기 이전에 개시될 수 있음을 보여 주었다. 포드・홈즈(1978)에 의해 이뤄진 유일한 주장은, 화자가 한 번에 바로 하나의 절만을 놓고서 부호화하는 일에 몰두한다는 점이다. 오직 하나의 절을 말하는 일의 끝 부분에서만 다음 절을 부호화하는 일이 착수되는 것이다.

포드(1982)에서는 다음처럼 결론을 내린다.

> "… 하나의 문장에 위한 자세한 계획은 구들을 반복하면서 진행된다. 각각의 구들은 하나의 기본절 단위를 계획하는 일로 이뤄진다. 각 단계가 진행되는 동안, 하나의 서술어가 선택되고, 그 어휘 형태가 인출되며, 그 서술어의 논리적 논항들이 결정되고, 그 논리적 논항들이 그 서술어의 어휘 형식에 의해서 구체화된 방식으로 순서대로 연결된다."

우리는 마지막 부분만을 제외하고서 동의할 수 있다. 구들을 순서대로 연결하거나 순서를 매겨 주는 일은 레마의 구조와 호출층위에 의해서만 결정되는 것이 아니라, 또한 종착점 층위에 의해서도 결정되기 때문이다. 주요 범주형성 절차는 되돌려진 구성성분들에 순서를 부여해 준다. 동일한 레마가 주절에 나타나는지 아니면 종속절에 나타나는지 그런 요인들에 따라 서로 다른 순서로 배열된 논항들을 찾아낼 수 있다.

모두 함께 고려하면, 이들 발견내용은 문법 부호화에 대한 운율이 메시지(그 함수-논항 구조)의 통사론적 결합체보다 의미론적 결합체를 따른다는 개념을 뒷받침하고 있다. 화자가 주의를 쏟고 있는 것은 언어로 표현될 메시지를 나눠놓는 것이며, 이것이 문법 부호화의 운율을 (공동-)결정한다. 통사의 순서 짓기 결정은 대체로 또는 완전히 자동적이다. 즉, 병렬적으로 진행될 수 있는 것이다. 특징적인 발화 실수는 통사 순서 짓기의 운용이 실패하는 경우에 발생할 수 있다. 그러나 가령 반응시간 및 주저대는 짤막한 쉼과 같이 이들 통사 운용의 복잡성은 정신적 부담의 척도들에 반영되지는 않을 것이다. 이는 더 일찍이 골드먼-아이슬러(Goldman-Eisler 1968), 테일러(Taylor 1969), 로췌스터 · 질(Rochester and Gill 1973)에 의해 이뤄진 연구들과 동일 선상에 있다. 이들은 주저대는 짤막한 쉼이나 말하기 대기시간이나 중단(*disruptions*)들을 놓고서 각각 통사적 복잡성의 효과가 없음을 발견하였다.

절 경계뿐만 아니라 임의의 다른 구 경계들에도 관련지으면서, 지 · 그로씨인(Gee and Grosjean 1983)에서는 주저대는 짤막한 쉼에 대하여 광범위한 분석을 실행하였다. 그들의 분석에서는 또한 음운론적 단위로서 특히 이른바 억양구와 음운구를 포함하였다. 운율 단위와 그것들의 생성은 제 8장 2절에서와 제 10장에서 논의될 것이다. 여기서는 이들 음운론적 단위가 실질적으로 관찰된 짤막한 쉼 유형들의 설명에 추가되었음을 주목하는 것이 중요하다. 지 · 그로씨인(1983) 결과들을 재분석하면서, 뷘봐잌(Van Wijk 1987)은 관찰된 짤막한 쉼 유형들이 전적으로 음운 부호화와 화자의 조음 준비에 의해서 결정됨을 논의하였다. 달리 말하여, 문법 부호화는 전혀 언급할 만한 역할을 하지 않는다는 것이다.

이것이 계획 단위들로서 심층절들에 대한 앞의 결론과 모순되는 것일까? 반드시 그렇지는 않다. 무엇보다도 먼저, 지 · 그로씨인(1983)의 자료는 읽기 과제를 놓고서 얻어진 것이다. 반면에 포드 · 홈즈(1978)의 자료에서는 자발적 발화를 포함하였다. 문법 부호화의 경로는 아마 이들 두 종류의 과제에서 사뭇 다를 것이다. 읽기에서 화자는 인쇄된 자료에 크게 의존할 수 있다. 어휘 인출과 통사 구성성분들의 수립이 거의 시각 입력물의 분석에 토대를 둘 수 있다. 큰소리 내어 읽기는 1차적으로 지각적 · 음운적 · 조음적 과제이다. 그렇다면, 메시지 계획에 대한 효과를 전혀 찾지 못하고, 문법 부호화와(즉 호출층위와) 읽기의 상호작용에 대한 효과를 전혀 찾지 못하는 것은 조금도 놀랍지 않다. 둘째, 애초의 포드 · 홈즈(1978) 자료는 반응시간이었고,

짤막한 쉼 유형이 아니었다. 그런 반응시간 자료를 놓고서 음운적 해석 혹은 조음적 해석을 해야만 할 강제적 근거는 전혀 없다. 셋째, 이 논제는 이것 아니면 저것에 대한 배타적 선택이 아니다. 만일 음운 부호화와 조음 준비의 과정이 짤막한 쉼 유형들의 생성에 대하여 전혀 책임이 없었더라면, 사실상 그것은 아주 놀라운 일이 되었을 것이다. 그것들이 짤막한 쉼에 대한 근접 원인들이기 때문이다. 게다가, 논의되고 있는 것은 좀더 멀리 떨어져 있는 부호화 운용들에 대한 흔적이 있는지 여부이다. 메시지에 있는 '함수-논항' 구조들을 절과 같은(*clause-like*) 통사 단위에다 '1 : 1'로 사상하는 일(*mapping onto*)은, 짤막한 쉼 유형에서 아마 그런 흔적을 남길 것이다. 홈즈(1984 및 출간 예정)에 의해 계속 뒤이어진 발견내용들은 이런 결론과 합치된다.

3. 주제 및 다른 핵심 항목들의 부호화

1) 접속 가능성과 주제의 부호화

제 3장 4절에서 논의되었듯이, 화자는 언어로 표현될 예정인 개념구조를 놓고서 어떤 관점을 택한다. 먼저 주제의 선택이 있다. 화자의 목적이 어떤 것에 대하여 수신자의 지식을 넓혀 주려고 할 경우에, 그 메시지는 이런 주제 개념을, 그것에 대하여 행해지는 부연설명으로부터 구별해 주기 위하여 강조할 것이다. 언어형식 주조기는 그 주제를 '통사적으로 우세한' 위치로 부호화하게 될 것이다.

'통사적으로 우세한'이란 무엇을 의미하는 것일까? 이는 그 주제가 문법상으로 '주어'로 부호화됨을 의미할 수 있다. 문법상의 기능들에 대해서, 그 목록의 꼭대기에 주어 기능을 지닌 선호 층위가 있음을 기억하기 바란다(제 6장 2절 2항을 참고 바람). 다른 대안으로서, 그것은 주어의 위치에 있든 없든 관계없이, 그 주제가 그 문장에서 '일찍' 부호화될 것임을 의미할 수도 있다. 이는 기능상으로 합당한 말이다. 즉, 화자의 의도가 어떤 것에 대하여 대화 상대방의 정보를 확장시켜 주는 것일 때, 대화 상대방은 먼저 그 부연설명 정보가 부착될 수 있는 (기억 창고 속의) 주소지를 찾아내거나 만들어내고자 할 수 있다. 이는 그 문장에서 그 주제 정보가 동사 뒤에 나타나는 경우보다 일찍 나타나는 경우에 더 쉬워진다.[6]

이들 통사적인 우세함에 대한 두 가지 운반체(*carrier*; 맨 첫 위치를 차지하는 일과 더 일찍 처리되는 일)가 함께 발생하는 일이 아주 일반적인 경우이다. 세계 언어들에 대한 어순 통계는 84%가 주어를 동사와 목적어 앞에다 놓음을 보여준다(Hawkins 1983). 따라서 주제 정보를 부호로 입력하기 위하여 주어 기능이 선택되는 경우에, 주어는 보통 부연설명 정보를 담고 있는 서술어를 선행하게 될 것이다. 그러나 곧 보게 되듯이, 주제 '앞세우기' 및 주어 속성을 주제로 배당하기 사이를 경험상으로 구별을 할 수도 있다.

언어형식 주조기가 그 주제를 어떻게 통사적으로 우세한 위치에다 제대로 놓을 수 있을까? 저자는 이것이 언어형식 주조기 제어구조의 자동적 결과임을 논의할 것이다. 많은 경우에는, 주제 개념이 그 레마를 맨 처음 촉발시켜, 그것이 그 문장 '그리고/또는' 주어 위치에서 일찍 부호화되도록 하는 것으로 충분할 것이다. 이것이 정확히 제 7장 1절의 범주형성 절차 사례인 'the child gave the mother the cat'(그 어

---

6) 선핵(*head-initial*) 매개인자를 지닌 영어를 중심으로 설명하고 있기 때문에, '동사 뒤에'라고 표현하였다. 영어에서는 주어가 동사보다 앞서고, 목적어는 동사보다 뒤에 나온다. 이런 설명이 후핵(*head-final*) 매개인자를 갖는 우리 국어에는 어떻게 적용될 것인가? 국어에서는 핵어인 동사가 맨 뒤에 나온다. 그러므로 더 이상 '뒤 위치'를 이용할 수 없다. 불가피하게, 동사 앞에 오는 요소들에 어떤 구별 표지를 붙여 놓는 길밖에 없다. 이런 배경에서, 접사 부착(= 격 실현) 체계를 지니는 선택을 하게 된다.

린이가 그 엄마에게 그 고양이를 건네주었다)이라는 문장에서 개념 CHILD(어린이)에게 일어났던 바이다. 그 개념 CHILD(어린이)는 일찍 이용 가능한 메시지 단편이었다. 그 화자가 아마 더 앞에 나온 문장에서 그것을 도입하였겠고, 따라서 그 개념이 아주 손쉽게 이용될 수 있었다. 어쨌든 그것은 child(어린이)가 맨 처음 인출된 레마가 되게 하였다. the child(그 어린이)를 문장 시작 위치에서 주어 명사구로 산출해 내는 추가적 운용은, 그 레마의 이런 조기 이용 가능성에 대한 자동적 결과였다. 많은 경우에, 주제가 되는 레마들에 대한 조기 촉발은, 주제가 되는 메시지 단편에 대한 조기 전달에 기인할 수 있다. 그렇다면 분트의 원리는 문법 부호화에서도 또한 자동적으로 그것에 우선성을 주게 될 것이다.

복・워른(Bock and Warren 1985)은 이런 요인을 '개념상 접속 가능성'으로 불렀다. 그들은 아주 쉽게 이용 가능한 개념이 우세한 문법 기능으로 부호화되는 경향이 있음을 보여 주었다. 만일 이것이 작동되는 유일한 요인이라면, 그것이 임의의 개념을 아주 쉽게 이용 가능하게 만드는 것이 주제 성격인지 여부는 사실상 문제가 되지 않아야 한다. 다른 대안으로서 또는 추가적으로, S(문장) 범주형성 절차에 의해서 예비 부호화 운용이 있을 수 있다. 이는 명백히 주제로 표지된 메시지에서 그 단편을 점검한다. 그러나 여기에 대해서는 아직 제안된 이론이 없다. 우리는 이제 문장 시작 위치에 대하여, 그리고 주어 속성에 대하여, 주제적이거나 아니면 아주 쉽게 접속 가능한 정보에 대한 선호도를 보여 주는 어떤 경험적 증거로 돌아가 살피기로 한다.

이런 맥락에서 실험적 작업은 거의 수동태 이끌어내기에 관심을 두어 왔다. 피동주나 수혜주를 대상으로 하여 뭔가를 하고 있는 사동주가 들어 있는 간단한 사건들(가령 어떤 고양이를 공격하고 있는 한 마리의 개)을 묘사하도록 피험자에게 요구하였을 때, 피험자들은 능동태 문장을 선호하였다. 가령,

the dog is attacking the cat.
(그 개가 그 고양이를 공격하고 있다)

와 같이, 사동주가 주어 위치에 표현되는 것이 선호된다. 이 사실에 대한 가장 간단한 설명은, 그런 사건을 지각하는 피험자가 보통 그것을 사동주의 관점(곧, 뭔가를 하고 있는 바로 그 개의 관점을 가리킴)으로부터 부호화한다는 것이다. 이런 정보를 청자에게 전달해 주기 위하여, 그 개를 주제어로 만들어야 한다. 따라서 청자는 그 서술이 그 개에 대한 것임을 알 수 있게 된다. 그렇다면 그 주제어(즉 그 사동주)는 앞에서 논의된 어떤 방식으로든 문법상 주어로서 부호화된다. 만일 이것이 머릿속에서 일어나는 바라면, 피동주(그 고양이)를 주제어로 만드는 실험상의 조작들은, 그 화자가 수동태를 생성하는 확률을 증가시켜 놓아야 한다. 왜 그럴까? 만일 그 고양이가 주제어라면, 문장이 시작되는 주어 위치로 표현되는 경향이 있을 것이다. 이는 수동태 동사 레마의 이용을 선호할 것이다(제 6장 2절 2항). 왜냐하면 다음처럼 그것이 그 대상 의미역 피동주를 주어 기능으로 '1 : 1' 사상하는 것이기 때문이다.

the cat is attacked by the dog.
(그 고양이가 그 개에 의해 공격을 받는다)

다양한 유형의 실험 조작이 수동태를 주제어로 만들거나, 또는 그것을 좀더 접속 가능해지도록 만들기 위하여 이용되었다. 첫 번째 방법은 지각상의 단서를 주는 것이다. 그 장면의 제시 이전에이든 아니면 제시 이후에이든, 누군가 피동주에 대한 그림을 한 장 보여 주지만, 그 피험자가 그 장면을 서술하기 이전에 보여준다. 물론 통제 조건(= 비교할 때 기준을 삼는 조건)은 사동주에 대한 그림을 한 장 보여 주는 것이다. 프렌티스(Prentice 1967), 터너·롬머드봐일(Turner and Rommetveit 1968)은 이런 방법을 이용하여 예측된 결과들을 얻어내었다. 만일 사동주가 (가령 그 개의 그림에 의해서) 단서로 주어졌다면, 수동태 응답이 거의 주어지지 않았다. 그렇지만 그 단서로서 피동주나 수혜주 또는 대상 의미역을 그려 놓았다면, 그 기술에서 'the cat is attacked by the dog'(그 고양이가 그 개에 의해서 공격을 받는다)와 같이 유의미한 숫자의 수동태가 있었다.

다른 조사 연구자들은 입말 단서를 주었다. 테넌바움·윌리엄즈(Tannenbaum and Williams 1968)에서는 먼저 피동주 아니면 사동주가 중심적으로 서술된 단락, 또는 어느 것도 중심적으로 서술되지 않은 단락을 하나 제시하였다. 그러고 나서 곧 서술되어야 할 장면이 뒤이어졌다. 그 피험자의 과제는, 그 장면을 능동태 문장으로 서술하거나, 아니면 수동태 문장으로 서술하는 것이었다. 그리고 그 문장을 완성하는 데 소요된 시간이 측정되었다. 이것은 오히려 자연스럽지 않은 과제이지만, 그 자료에서 명백한 합치효과가 있었다. 그 문장의 주어가 바로 앞선 단락에 의해 유도된 주제어와 일치된 경우에, 능동태와 수동태가 둘 모두 비교적 신속히 산출되었다. 플로뤼스 다카이스(Flores d'Arcais 1975)는 그 사건의 그림(가령 어떤 고양이를 공격하고 있는 개 한 마리)을 제시하기 이전에, 간단히 그 행동주(가령 그 개)나 또는 그 피동주(가령 그 고양이)를 언급하였다. 그 피험자들(이탈리아어 토박이 화자들임)은 그 장면을 자유롭게 능동태 문장이나 또는 수동태 문장으로 기술하였지만, 동사 '공격하다'를 써야만 했다. 그 단서 낱말이 사동주를 언급한 경우, 응답 77%가 능동태 문장이었다. 그 단서가 피동주를 언급한 경우, 응답 67%가 수동태 문장이었다.

주제어를 도입하는 아주 자연스런 방법은 질문을 던지는 것이다. 피험자들에게 그 장면에 대하여 다음과 같이 질문을 던졌다.

"What did the dog do?"
(그 개가 무슨 일을 했습니까?)

또는

"What happened to the cat?"
(그 고양이한테 무슨 일이 일어났습니까?)

여기서 대화 상대방은 어느 행위-주인공(*protagonist*) 정보가 필요한지, 즉 어떤 행위-주인공이 주제가 되어야 하는지를 알려 주었다. 이런 조작은 캐럴(Carroll 1958)에 의해 이용되었다. 그는 수동태 유도에 대하여 첫 실험연구를 수행하였다. 그것은 또한 베이츠·드뵈스코뷔(Bates and Devescovi 출간 예정)에 보고된 연구에서도 이용되었다. 베이츠·드뵈스코뷔 연구에서는 피험자들에게 짤막한 길이의 영상물(35㎜ 슬라이드 필름)을 보여 주었다. 가령 사닥다리를 부수는 어떤 하마에 대한 내용이었다. 그러고 나서 그들에게 필름에 있는 개체들에 대해서 다음과 같이 질문을 하였다.

"Tell me about the hippo."
(그 하마에 대하여 말해 주십시오)

또는

"Tell me about th ladder."
(그 사닥다리에 대하여 말해 주십시오)

그 요구가 사동주에 초점이 모아진 경우, 대답이 100% 능동태 문장이었다. 피동주에 초점이 모아진 경우, 대답의 70%가 다음과 같은 수동태 문장이었다.

'the ladder was hit over by the hippo.'
(그 사닥다리가 그 하마에 의해 다 부서졌어요)

베이츠·드뵈스코뷔는 또한 응답 대기시간을 측정하였고, 명백한 합치효과를 찾아내었다. 능동태 문장들은 상대적으로 짧은 대기시간을 지닌다. 그렇지만 피동주가 탐색되고, 피험자가 여전히 능동태 문장을 이용하는 경우에는, 그 대기시간이 상대적으로 길다. 수동태 대답을 위한 대기시간보다 좀더 길다.

질문 던지기는 또한 복(Bock 1977)에 의해 이뤄진 연구에서도 이용되었다. 그녀는 회상 과제를 이용하였다. 피험자들에게 먼저 다양한 통사구조를 지닌 문장들의 목록을 하나 제시해 주었다. 그러고 나서 그들에게는 그 목록에 있는 문장들 중 한 문장에 대한 회상 단서로 어떤 질문이 주어졌다. 그 질문은 그들이 회상될 문장에서 특정한 항목을 주제화할 만한 방식으로 구성되어 있었다. 만일 다음 문장이

a psychologist cured a neurotic poodle.
(어느 심리치료사가 신경질적인 푸들을 한 마리 치료하였습니다)

피험자의 목록 위에 있는 것이었다면 질문이 다음과 같이 던져질 수 있었다.

The interior decorator was afraid she would have to get rid of her neurotic pet poodle because it was running the furniture, but she was able to keep it after all. What happened?
(그 실내 장식사는 그녀가 신경질적인 자신의 애견 푸들이 가구 위를 뛰어다니고 있었기 때문에 푸들을 내쫓아 버릴 것이라고 걱정을 하였었지만, 결국 그녀는 푸들을 그대로 놔둘 수 있었습니다. 무슨 일이 일어났습니까?)

피험자들은 다음처럼 그 문장을 수동태로 재생하는 경향이 있었다.

a(또는 the) neurotic poodle was cured by a psychologist.
(신경질적인 푸들이 어느 심리 치료사에 의해서 치료되었습니다)

여기서 명백히 그 맥락 문장은 푸들에 대한 것이다. 그 심리 치료사에 대한 것이 아니다. 그 대답에서 푸들은 문장이 시작되는 주어 위치로 부호화된다.

회상 과제로 수동태를 이끌어내는 또 다른 방법은, 기억 문장의 피동주와 관련되는 회상 단서를 하나 제시해 주는 것이다. 이런 절차에 대한 여러 변이 모습은 프륀티스(Prentice 1966), 터너·롬머드봐잍(Turner and Rommetveit 1968), 퍼퓌티·골드먼(Perfetti and Goldman 1975), 복·어윈(Bock and Irwin 1980)에서 찾아볼 수 있다. 가령, 복·어윈(1980)은 피험자에게 여러 문장들로 된 목록을 하나 읽어 주었다면, 그 다음에 핵심 낱말을 써서 그 문장들을 단서로 내주었다. 만일 그 문장이 다음과 같다면,

The falling tree crushed the lumberjack.
(그 쓰러지는 나무가 그 벌목꾼을 덮쳤습니다)

촉진 단서 낱말은 tree(나무)이거나 lumberjack(벌목꾼)이 될 수 있다. 그 실험의 결과는 아주 분명하였다. 재산출된 문장은 비교적 앞쪽 위치에 그 핵심 낱말을 포함하는 구성성분을 지니는 경향이 있었다. tree(나무)가 핵심 낱말이라면, 피험자들은 원래 제시된 형태에서 그 문장을 재산출하였다. 그러나 핵심 낱말이 lumberjack(벌목꾼)인 경우에는, 많은 재산출 모습이 다음과 같은 형태를 취하였다.

The lumberjack was crushed by the falling tree.
(그 벌목꾼이 그 쓰러지는 나무에 의해서 덮침을 당하였다)

유사한 발견내용이 어순에서 차이가 있는 다른 문장의 짝들에 대해서도 얻어졌다.

문장 시작 위치와 주어 속성과의 관련성은, 우리가 살펴보았듯이 절대적인 것이 아니다. 주제어 또는 쉽게 접속 가능한 항목은, 그 문장에서 주어가 되지 않고서도 일찍 부호화될 수 있다. 이는 자유로운 어순을 지닌 언어에서보다 어순이 고정된 영어에서 더 어렵다. 어떤 사람이 어떤 공을 던지는 장면을 묘사하기 위하여, 독일어 화자는 그 장면을 다음과 같이 입력함으로써

Den Ball wirft der Mann.
(그 공을 그 사람이 던졌다)

그 공을 주제어로 만들 수 있다. 거기에서 '그 공'이 주어가 되지 않고서도 앞으로 나가 있고, 강세가 주어져 있다. 그것은 대격('-을')을 지닌다. 영어에서는 주어 속성 배당으로부터 '앞으로 내세우기 효과'를 해결해 내기가 그리 쉽지 않다. 그러나 복·워른(Bock and Warren 1985)에서는, 바로 그 점을 실행한 실험적 모범사례를 계발하였다. 문장 회상 과제인데, 거기에서 그 문장의 주동사가 회상 단서로 이용되었다. 피험자는 한 목록의 문장들을 귀 기울여 듣게 된다. 그 목록에는 두 항목으로 된 세 묶음으로부터 가져온 문장들이 있었다. 〈표 7-1〉에 예들이 주어져 있다.

각 유형 속에 있는 두 가지 대안들은 언제나 두 개의 명사에 대해서로 다른 어순을 포함하였다. 유형 1에서는 doctor(의사)와 shock(전기 충격), 유형 2에서는 property(부동산)와 university(대학), 유형 3에서는 time(시간)과 winter(겨울)이다. 유형 1과 유형 2에 대하여,

〈표 7-1〉 Bock and Warren(1985)의 회상 과제에 쓰인 문장의 종류

【유형 1】 능동태 : 수동태	
능동태:	The doctor administered the shock. (그 의사가 그 전기 충격을 시행하였다)
수동태:	The shock was administered by the doctor. (그 전기 충격이 그 의사에 의해 시행되었다)
【유형 2】 전치사 목적어 : 이중 대격	
전치사 목적어:	The old hermit left the property to the university. (그 노인 은둔자는 그 부동산을 그 대학에 남겨 주었다: 과정)
이중 대격:	The old hermit left the university the property. (그 노인 은둔자는 그 대학에 그 부동산을 남겨 주었다: 결과)
【유형 3】 자연스런 구 접속 : 부자연스런 구 접속	
자연스런 구 접속:	The lost hiker fought <u>time and winter</u>. (그 실종 등반가는 시간 및 겨울과 싸웠다)
부자연스런 구 접속:	The lost hiker fought <u>winter and time</u>. (그 실종 등반가는 겨울 및 시간과 싸웠다)

이들 어순 대안은 문법 기능들을 서로 달리 표현해 놓았다. 유형 1에서는 the doctor(그 의사)나 the shock(그 전기 충격)가 그 문장의 주어가 될 것이다. 유형 2에서는, the university(그 대학)가 전치사 목적어로 되거나 아니면 이중 대격으로 될 것이다. 그러나 문법 기능에서 그런 차이가 유형 3의 대안에서는 전혀 두드러지지 않다. 두 개의 명사가 어떤 순서이든지 동일한 기능을 지닌다. 오직 더 짤막한 낱말이 먼저 나오는 어순이 다소 더 자연스럽게 들린다고 말할 수 있을 뿐이다(Cooper and Ross 1975). 복·워른(1985)이 던졌던 첫 번째 질문은 다음과 같다. "피험자가 그 문장을 회상하는 경우에, 개념상으로 더 쉽게 접속될 수 있는 항목들이 더 우세한 문법 기능(즉, 유형 1에서는 주어, 유형 2에서는 간접 목적어)으로 투영되는 경향이 있는 것일까?" 두 번째 질문은 다음과 같다. "더 쉽게 접속될 수 있는 항목이 문장의 더 앞에 있는 위치에 표현되는 경향이 있을까?" 오직 이 후자의

경우에서만, 유형 3의 문장을 위하여 어떤 효과가 있을 것이다. 그렇지만, 만일 개별 요소의 어순이 오직 문법 기능에 의해서만 매개된다면, 유형 1과 유형 2의 문장들에 대해서만 어떤 효과가 있을 것이다. 유형 3의 문장에 대해서는 효과가 없을 것이다.

그 항목들에 대한 접속 가능성은 어떻게 조절되었을까? '상상 가능성'을 통해서이다(Paivio, Yuille, and Madigan 1968). 파이뷔오 · 율리 · 매디건(Paivio, Yuille, and Madigan 1968)의 도표에 따르면, 그 문장에서 두 개의 핵심 명사들 가운데 '상상 가능성'에서 하나는 높았고, 다른 것은 낮았다. 피험자에게 제시된 그 문장들의 절반에서, 더 쉽게 상상될 수 있는 명사는 더 낮게 상상될 수 있는 명사를 선행하여 실현되었다. 나머지 문장들에서는 순서가 뒤바뀌었다.

회상 과제에서는, 피험자에게 그 문장을 재산출하는 단서로서 문장의 주동사가 주어졌다(가령 administered '시행하였다'임). 유감스럽게도, 피험자들에게는 그 문장을 말하는 것이 아니라, 글로 적어 놓도록 요구되었다. 우리는 그 쓰기 결과들을 정상적인 말하기 조건들에 대해서 일반화해 놓는 일에 신중을 기해야 한다. 말하기에서는 운율이 중요한 역할을 할 수 있기 때문이다. 그러나 그 결과들은 분명하였다. 유형 1과 유형 2의 문장들에 대해서 상상 가능성의 실질적 효과들이 있었지만, 유형 3의 문장들에 대해서는 전혀 효과가 없었다. 복 · 워른(1985)은 개념상의 접속 가능성이 직접적으로 어순에 효과를 끼치지 않는다고 결론을 지었다. 그보다는 더 쉽게 접속될 수 있는 항목이 더 우세한 통사적 기능을 '요구하여 얻어낼' 것이다. 차례로, 이는 더 앞에 있는 통사 위치에 나타날 수 있다.

분명히 복 · 워른(1985)의 방법은 항목들에 대한 명시적 주제화를 포함하지 않았다. 어떤 질문도 다음처럼

What did the doctor do?
(그 의사가 무엇을 하였습니까?)

핵심적인 지시대상들에 대한 것이 아니었다. 또한 복·어윈(1980)에서도 그들은 단서 낱말로서 질문을 나타내지도 않았다. 따라서 주제어 항목에 주어 속성을 배당함이 없이도, '단순히' 앞에 내세우기에 의해서 여전히 주제화가 시행될 수 있는 것이다. 영어에서 이것은 다음과 같이 분열문 구성을 요구할 것이다.

It is the ball that the man throws.
(그 사람이 던진 것이 바로 그 공이다)

또는

As for the ball, the man throws it.
(그 공에 대해서는, 그 사람이 그걸 던졌다)

그러나 특히 이런 분열문의 구성은 주제어가 바뀌었음을 시사하는 추가적 효과를 지닌다(Reinhart 1982와 거기 주어진 참고문헌들을 보기 바람). 여러 언어들에 대한 교차 연구로서 슈뤼더(Sridhar 1988)에서는, 헝가리어와 같은 여러 언어들에서 피험자들이 목적어를 맨 앞으로 내세움으로써, 앞에서 보았던 독일어 예문에서와 같이 주제어로 만들어냄을 찾아내었다.

그러나 이것이 가능하다면, 화자들은 왜 주제어 구성요소를, 동시에 그 문장의 문법상 주어로 부호화하지도 않고서, 맨 앞으로 내세우는 것일까? 한 가지 이유는 그 주어 기능에 대하여 강력한 경쟁자가 있다는 점일 수 있다. 행위주(*actors*)와 사동주(*agent*)는 문장의 주어로 부호화되는 것을 선호하며, 또한 종종 주제어가 될 것이다. 그러나 만일 그 상황이 (가령, 질문과 같이) 주제어가 될 또 다른 논항을 요구한다면, 그 갈등이 어순을 채택함으로써, 그리고 문법 기능의 전형적인 배당을 유지해 줌으로써, 해소될 수 있다. 이는 앞에서 본 독일어 예문에서 일어났던 바이다. 사동주인 der Mann(그 사람이)이 여전히 주어 역할을 하지만, 목적어 '그 공을'은 맨 앞 위치에 놓여 있다. 라인하알(Reinhart 1982)은 이를 다음과 같이 언급하였다.

> "주어는 무표적인 주제어이다. 이는 그 주어를 주제어로 의도하는 경우에, 한 문장을 이용하기가 더 쉬워짐을 뜻한다. 그러나 그것들이 의무적(= 필연적) 주제어는 아니다."

경합 개념은 이른바 먹휘니・베이츠(MacWhinney and Bates 1978)의 경합 모형에서 중심적이다. 이는 다음 절에서 다뤄질 것이다.

2) 핵심 항목과 비-핵심 항목의 부호화: 현저성과 경합

앞의 단락에서 '합치'의 개념이 메시지와 통사 형식 사이에 선호된 관련을 표현하기 위해 사용되었다. 주제어로 된 '수혜주'를 지닌 메시지는, 수동태 통사 형식에 대하여 비록 필연적인 것은 아니더라도 어떤 선호도를 지닌다. 그 문법 부호화가 얻어질 것인지 여부는, 그 부호화 과정에서 다른 다양한 압력들에 달려 있다. 예를 들면, 현저한 사동주에, 또는 그렇지 않으면 우세하거나 아주 쉽게 접속될 수 있는 개념상의 개체에, 주어 기능을 배당하려는 압력이다. 제6장 2절 2항에서 문법상의 기능들에 대한 보편적 위계의 개념을 논의하였다. 이 위계는 주어로부터 시작하여 직접목적어와 간접목적어를 거쳐서 사격목적어로 진행된다. 논항들은 가능한 가장 높은 위계의 기능을 통하여 부호화가 이뤄지기를 '원한다'. 그리고 동시에 의미역들의 서열이 있다. 사동주로부터 시작하여, 대상 의미역을 거쳐, 근원・목표 의미역과 다른 의미역들로 내려간다. 사동주는 보통 가장 우세한 문법 기능(곧 주어)으로 부호화된다. 근원 의미역과 목표 의미역은 일반적으로 사격 '전치사 구'로 끝나게 된다. '합치되는 문법 부호화'란, 메시지에 있는 논항과 수식어들이 자신들의 상대적인 중요성을 반영하는 방식으로 여러 문법 기능 및 통사 위치들에 걸쳐 분포하는 것이다(제 6장 2절 2항에 있는 옮긴이 각주 10)도 참고하기 바람).

그러나 메시지에서 무엇이 어떤 개체의 현저성이나 중요성을 결정하는 것일까? 이미 여러 요인들이 개관되어 왔다. 담화 요인들이 있었다. 대화 상대방의 질문에 의해서 그 개체가 주제화되었는지 여부, 또는 최근에 언급되었는지 여부와 같은 것이다. 또한 '상상 가능성'도 어떤 역할을 맡았음을 보았다. 그렇지만 또한 한 무리의 다른 요인들이 포함될 수 있다. 그것들은 모두 한 개체에 대한 '인간적 관심거리'(*human interest*)로 불릴 수 있는 것과 관련된다(화자의 견지에서 본 관련성임). 이것은 널리 인정되듯이 애매한 구석이 있다. 그렇지만 관련 문헌에서는 인간적 관심거리 또는 개념들의 전경화(*foregrounding*, 前景化)에 대하여 무엇이 기여될 수 있을지를 놓고서 여러 가지 제안을 담고 있다. 필모어(Fillmore 1977)는 '현저성 계층'(*saliency hierarchy*)에 대하여 언급하였다. 현저성에 기여하는 요인들 가운데 '사람 속성'이 있다. 인간적 개념들은 비-인간적 개념들보다 주요 문법 기능인 주어 및 목적어로 부호화되는 더 강한 경향을 띤다. 필모어가 언급한 또 다른 요인은 '상태 변화'이다. 흔히 상태가 바뀌는 것은 상태가 변하지 않는 것보다도 더 흥밋거리가 된다. 화자는 메시지에서 변화하는 대상을 전경으로 내세우게 될 것이다. 따라서 색다른 차이가 늘어나서 그것이 주어와 목적어로 부호화될 것이다. 예문(14)와 (15)를 비교해 보기 바란다. 전자에서는, 그 탁자가 움직이지 않으며, 사격 문법 기능으로 부호화되어 있다. 후자에서는 탁자가 움직이고 있으며, 직접목적어로 나타난다.

(14) I pushed against the table.
(저는 그 탁자에 기대어서 〔뭔가를〕 밀었습니다)

(15) I pushed the table.
(나는 그 탁자를 밀었습니다)

필모어(1977)에 따르면, 여전히 현저성에 이바지하는 또다른 요인은 '확정성'이다(제4장 5절 1항에 기대어 말하면 '접속 가능성'임). 확정적인 지시대상은 비-확정적인 것보다도 더 쉽게 우세한 문법 기능을 차지할 것이다. 소년 두 명과 소녀 한 명이 있는 장면을 묘사하는 데에서, 그 소년이 사동주로 묘사된다는 사실에도 불구하고, 'A boy is kissing the girl'(한 소년이 그 소녀에게 키스를 하고 있습니다) 보다는 'The girl is kissed by a boy'(그 소녀가 어떤 소년에게 키스를 당하였습니다) 라고 말하는 것이 아마 더 자연스러울 것이다.

쵀잎(Chafe 1977), 클락·클락(Clark and Clark 1977)은 현저성이나 정보 가치에 기여하는 것으로 '예상치 못함'을 말한다. 오스굳·복(Osgood and Bock 1977)은 '생생함'도 기여 요인임을 보여준다. 먹휘니(MacWhinney 1977)에서는 '사동주 속성'은 물론 다른 요인들도 언급한다. 그리고 지각적 요인들도 종종 관련문헌에서 언급되어 왔다. 형상(*figure*)이 흔히 배경(*ground*)보다 좀더 현저하고,[7] 가까운 대상이 멀리 떨어진 대상보다 좀더 현저하며, 큰 대상이 작은 대상보다 좀더 현저하다 등등.

여기서 다양한 인간적 관심거리들에 대하여 개관하는 것이 목적이

---

7) 회사후소(繪事後素: 그림 그리는 일은 바탕을 먼저 결정한 뒤에 한다)라는 논어 '팔일편' 구절이 바로 이런 대립을 가리킨다. 곧 figure는 그림(형상)이며, ground는 바탕(배경)이다. 여기서 두드러지게 지각되는 것은 그림 (형상) 그 자체이다. 바탕(배경)은 그림(형상)을 드러내는 기능만 하므로, 눈에 잘 띄지 않고 무시되기 일쑤이다. Langacker(1987, 김종도 번역 1999:133쪽) 《인지문법의 토대 I》(박이정)과 Langacker(1999, 김종도·나익주 번역 2001:28쪽, 44쪽) 《문법과 개념화》(박이정)에서는 'figure/ground'를 '모습/배경'으로 번역하였고, 또한 ground를 '단상'으로도 번역하였다. 여기서는 일관되게 각각 '형상'과 '배경'으로 번역해 둔다.

되어서는 안 된다. 논제로 삼아야 할 것은, 메시지에서 전경화하고 핵심이 되며 강조된 개체들이 모두, 배경으로 되거나 비-핵심 개체들보다 전형적으로 더 높은 위계의 문법 기능들로 부호화되는 것을 찾거나, 또는 그 문장에서 좀더 일찍 부호화가 이뤄진다는 주장이다. 무엇이 경험적 증거일까?

놀랍게도, 오직 유도되어 얻어진 자발적 발화의 분석으로부터 나온 아주 제한된 증거들만 있다. 대부분의 연구에서는, 특정한 사태가 주어진 경우에 피험자들에게 어느 문장이 대체로 적합한 것인지를 질문하거나, 또는 피험자들에게 인쇄된 낱말이나 구성성분들을 어떤 자연스런 순서로 배열해 놓도록 요구하는 일 등에 의존하였다. 오스굳(Osgood 1971)의 획기적 연구(또한 Osgood and Bock 1977도 참고 바람)와 슈뤼더(Sridhar 1988)에서 이뤄진 그 연구의 실질적 확장은, 자발적 말하기에 훨씬 더 가깝다. 이들 실험에서는 피험자들에게 짤막한 장면이나 사건들의 연쇄를 하나씩 묘사하도록 요구하였다. 오스굳(1971)에서는 이것들이 오스굳에 의해서 직접 행동으로 연출되었다. 슈뤼더(1988)의 실험에서는 이것들이 영상물 속에 담긴 장면이었다. 두 연구에서 단점은, 피험자들이 그 장면들에 대한 자신의 묘사 내용을 말한 것이 아니라, 글로 썼다는 점이다. 이런 점에서 피험자들은 언어 표현의 운율적 방법을 쓸 수 없었으며, 다른 통사 형식들에 대한 선택을 통해서 보상할 수 있었다. 그럼에도 여전히 이들 연구에서는 '현저성'을 놓고서 문법적 부호화에 대해 흥미로운 정보를 제공한다.

오스굳(1971)의 연구에서는 26명의 학생 청중 앞에서 순서 열로 된 32개 사건들을 놓고 책상 위에서 실제로 연기를 하였다. 그 사건들에서는 크기와 색깔이 다른 다양한 공·접시·관(*tube*)·나무도막(*chip*)과 같이, 일련의 간단하고 익숙한 대상들을 포함하였다. 피험자들에게는 각 시범 사례마다 '눈을 뜨시오'라는 신호와 함께 눈을 뜨고, '눈을 감으시오'라는 신호와 더불어 눈을 감도록 일러두었다. 곧 이어서

그들이 관찰해 둔 그 사건을 다음과 같이 하나의 단일한 문장으로

"a six-year-old boy 'just outside the door' would understand."
('바로 그 문 바깥에 있는' 여섯 살 난 소년이 이해했을 듯합니다)

묘사하도록 요구하였다. 필요한 경우에 피험자들에게 또한 그 행위주인 오스굳을 'the man'(그 사람)으로 묘사하도록 일러주었다. 피험자들에 의해서 관찰된 전형적인 사건은, 굴러가는 하나의 귤색 공이 수직으로 서 있는 어떤 관(*tube*)에 부딪치고 있는 것이었다. 무엇이 합치되는 묘사가 될 것인가? 그 공은 사동주이며, 장소를 이동하고 있다. 그 관은 피동주이며 정태적이다. 이런 경우에 그 공을 주어 위치에 부호화를 선호할 듯하다. 이와는 달리, 그 관(*tube*)도 또한 미리 앞선 시범에서 형상(*figure*)으로 주어졌다. 반면에 그 공은 일정 시간 동안 주위에 존재하지 않았었다. 이 경우에 '알려진' 정보인 관(*tube*)을 그 문장의 주제어로 만드는 일을 선호할 수 있다. 21명의 피험자들은 그 공이 주어인 문장을 산출하였다. 5명은 그 관(*tube*)을 주어 위치에 놓은 수동태 문장을 만들었다.

전반적으로 인간 속성(*humanness*) 또는 유정성(*animacy*, 살아있는 생물 속성)의 효과는 분명하였다. 피험자들이 미리 보지 못한 큰 파란색 공을 오스굳이 갖고 있을 때, 20명의 피험자들은 'The man is holding a big blue ball'(그 사람이 큰 파란색 공을 갖고 있습니다)과 같이 'the man'('그 사람')이 주어인 문장을 만들었다. 오직 5명만이 새로운 그 큰 공의 현저함이 다음의 수동태 문장 'A big blue ball is held by the man'(큰 파란색 공이 하나 그 사람에게 있습니다)을 만들기에 충분할 만큼 인상적임을 깨달았다. 'the man'('그 사람')이 정태적 역할이든 아니면 능동적 역할이든 간에 그 장면에 포함된 것으로 간주되었을 경우, 흔히 그 표현이 주어 위치에 실현되었다.

형상/배경(*figure/ground*) 짜임새 또한 아주 효과적이었다. 우리는 형상이 배경보다 더 우세한 문법 기능으로 부호화되기를 기대할 것이다. 그 장면이 바로 그 탁자 위에 공이 하나 있었던 경우에는, 다음과 같이

The table is supporting the ball.
(그 탁자가 그 공을 지탱하고 있습니다)

그 탁자를 주어 위치에 놓은 피험자는 아무도 없었다. 그 장면은 'on the table'(그 탁자 위에)처럼 사격으로 부호화되거나, 또는 전혀 나타나지 않았다. 공이 하나 수직으로 세워진 관(*tube*) 위에 있고, 그 관이 접시 위에 세워진 경우처럼, 더 복잡한 정태적 장면을 묘사하는 데에서, 보통 피험자들은 명사구 순서를 그 공이 먼저, 그 관이 두 번째, 그 접시가 세 번째가 되도록 배열하였다. 보통 그 공은 주어로 부호화되었다. 그 접시는 사격을 받아 전치사 구로 부호화되었다.

오스굳은 현저함 요인들을 서로 간에 맞서 대립되게 실연을 해 보았다. 가령, 상태 변화 및 생생함이다. 그가 어떤 아주 큰 귤색 공(생생함)이, 작은 검은색 공(상태 변화 및 사동주 속성)에 의해 부딪친 장면을 제시한 경우, 오직 세 명의 피험자만이 그 큰 공을 주어 위치에 놓은 수동태 문장을 산출하였다. 순수히 지각적 수단에 의해서는 수동태를 이끌어 내기가 아주 어렵다는 것이 일반적인 발견결과이다(Sridhar 1988과 Bates and Devescovi 출간 예정도 참고 바람). 수동태들은 주로 담화 제약에 의해서 촉발된다.

슈뤼더(1988)는 오스굳 유형의 장면 및 사건들을 영상물로 만들고, 서로 다른 10개의 언어 공동체로부터 온 피험자들에게 제시하였다. 광동어(중국어의 방언)・히브리어・핀란드어・헝가리어・세르보-크로아티아어・영어・스페인어・일본어・카나다(Kannada 인도 드라비다어의

방언) 어 · 터키어이다. 이런 여러 다른 언어에 걸친 접근은, 우리가 논의하고 있는 합치효과의 보편성을 검사할 수 있도록 해 주었다. 특히, 더 중요하고 현저하거나 정보를 담고 있는 개체들이 그 문장에서 주요 문법 기능으로, 그리고 비교적 일찍 부호화될 것이라는 주장이다.

슈뤼더(1988)는 이 주장을 놓고서 압도적인 뒷받침 증거를 얻어내었다. 예를 들면, 그 장면이 탁자 위에서 하나의 공을 굴리고 있는 사람이 있었을 경우에, 거의 변함없이 그 사람과 그 공이 각각 주어와 목적어로 부호화되었다. 반면에 조금이라도 그 탁자가 언급되더라도, 그 탁자는 결코 주요 문법 기능으로 실현되지 않았다. 형상과 배경이 주어졌을 경우에, 응답의 70%에서 형상이 배경보다 그 문장에서 더 일찍 부호화되었다. 이런 경향은 모든 언어에서 분명하였다. 행위들은 상태 변화들보다 그 문장에서 더 자주 그리고 더 일찍 부호화되었다. 상태 변화들은 불변의 상태들보다 더 자주 그리고 더 일찍 부호화되었다. 정태적 장면에 대한 묘사 내용은, 오스굳의 사례인 '접시에 놓인 관 위의 공'(*ball-on-tube-on-plate*)에서와[8] 같이(Sridha 영상물 속

8) 번역에서는 바닥에 있는 대상이 먼저 가고, 꼭대기에 있는 대상이 맨 마지막에 나타났다. 이는 우리말 구조가 후핵성(*head-final*) 언어이기 때문에 그러하다. 만일 초점을 모으고 있는 것이 '공'이며 이것이 맨 처음 나타나야 한다는 기대를 수용하면, 아마 우리말에서 '공 밑에 관 밑에 접시' 또는 '공 아래 관 아래 접시'라고 말할 듯하다. 이런 표현에서라도 후핵성의 매개인자로 인하여, 제일 중요한 핵심이 '접시'일 듯이 느껴진다. 그렇다면, Sridha(1988)에서 조사한 언어들 가운데, 핀란드어 · 헝가리어 · 일본어 · 카나다어 · 터키어 등이 우리말과 같이 후핵성 언어로 생각된다. 과연 그 자료가 그렇게 나왔는지 의심된다(시행상의 잘못이나 해석상의 잘못은 없는지 재검토해 봐야 함). 다음 단락에서는 인간 속성(*humanness*)에 대한 실험에서 카나다어에서만 예외가 관찰되었다고 언급한다. 결국, 이 문제는 표현 가치가 우선되어야 하느냐, 아니면 언어구조 형상의 매개인자가 우선되어야 하느냐에 대한 결정과 관련되는 듯하다. 옮긴이는 후자가 먼저 적용되는 것으로 판단된다. Sridha는 전자가 먼저 적용되어야 한다고 본 듯하다. 언어학계에서는 무생물 주어와 관련하여, 심리동사를 중심으로 논의가 심도 있게 진행되고 있다. 만일 경험주와 자극체(무생물 포함)를 중심으로 언어 유형을 나누면 다음의 세 가지 유형이 있다. ①

에도 포함되어 있었음) 꼭대기로부터 바닥으로 진행되는 것이 선호되었다. '나에게 더 가까운' 대상들이 기준점으로 되어 '더 멀리 떨어진' 대상들과 관련이 지워졌고, 그 문장에서 더 일찍이 나타났다(비슷한 증거가 제 4장 5절 3항 '주제화'에서도 제시되었음).

슈뤄더(1988)는 능동적인 사동주 속성과 뒤섞음이 없이, 또한 (유사) 인간 속성(*humanness*)이 검사될 수 있는 장면들도 포함해 놓았다. 한 장면에서는 어떤 검은색 공이 탁자 위에 세워져 있는 인형에 부딪쳤다. 묘사 내용들 중 67%에서, 그 인형이 그 공보다 앞에 나타났다. 그렇지만 그 검은색 공이 노란색 공에 부딪친 장면이 제시된 경우, 묘사 내용들 중 오직 43%에서만이 그 노란색 공이 그 검은색 공보다 앞에 나왔다. 심지어 대상 의미역을 받는 피동주인 경우에라도, 인간 개체를 더 높은 층위로 올려놓는 이런 유형은 10개 언어 가운데 9개 언어에서 성립되었다. 단, 카나다(Kanada)어에서만은 예외였다.

슈뤄더(1988)의 이들 결과와 더 많은 결과들은, 사뭇 다른 언어의 화자들도 아주 비슷한 합치 기제를 보임을 예증해 준다. 아마 메시지에서 전경화되어 있거나 또는 '중요성이 부각된' 자료들은 문법상으로 주요 문법 기능으로 부호화될 것이다. 그리고 중요성에 대한 다양한 기준에 의해서 그것들이 더 중요하면 중요할수록, 문법 기능 위계상 더 높은 층위에 올라가 자리 잡고, 그 문장에서 더 일찍 실현된다.

이런 전통에 입각한 연구에서 입말이 유도되었다. 플로뤼스 다카이

경험주 주어와 자극체 목적어, ② 경험주 여격어와 자극체 주어, ③ 자극체 주어와 경험주 목적어. 언어 유형론에서는 가장 일반적인 것이 ①과 ②이다. ③은 매우 유표적인 것으로 지적된다. 우리말은 ①의 유형이며, 영어는 ③의 유형이다. 자세한 것은 Verma and Mohanan eds. 1990《남아시아 언어에서 경험주 주어 *Experiencer Subjects in South Asian Languages*》(CSLI, Stanford University)를 참고하기 바란다. Sridha(1988)의 결론은 이런 언어학계에서의 관찰과는 차이가 있다. 이것이 실험상의 해석에서 비롯된 것인지, 아니면 작업 가정의 차이에서 말미암는 것인지는 더 깊이 따져봐야 할 문제이다.

스(Flores d'Arcais 1987b)는 움직이는 다양한 모양의 기하학적 형상들을 피험자들에게 제시하고, 그들에게 그런 사건을 각각 묘사하도록 요구하였다. 큰 형상과 작은 형상이 어떤 사건에 포함되어 있었을 경우에는 큰 형상이 먼저 언급되었다. 그 움직임에서 하나의 형상이 다른 형상을 이끌고 있었을 경우에는 이끄는 형상(*figure*)이 먼저 언급되었다. 그런 요인들은 그 사건에서 어느 개체가 주제어로 되는지를 결정해 준다.

앞에서 관찰하였듯이, 메시지로부터 나온 서로 다른 힘들이 종종 상충될 수 있다. 주제어 개체가 사동주로 되지 않을 수도 있다. 생생하고 전혀 새로운 대상이 어떤 행위에 대하여 배경보다 더 중요하지 않을 수도 있다. 유창한 발화에서 그런 상충점은 해소되어야 한다. 더욱이, 서로 다른 언어마다 이들 상충되는 경향을 해결하기 위하여 서로 다른 수단을 제공해 준다. 극단적인 사례로서 비-형상적인 말라얄람(Malayalam, 제5장 1절 1항을 보기 바람)어와 같이 어순이 자유로운 언어에서는, 문법 기능의 배당이 상대적으로 구성성분 어순과 독립적이다. 그런 언어의 화자는 하나의 메시지 기능(가령 주제어 속성)을 어순(문장 시작 위치)으로 '1 : 1' 사상시켜 주고, 다른 것(가령 사동주 속성)을 문법 기능(주어)으로 '1 : 1' 사상시켜 줌으로써 상충점을 해결할 수 있다. 그러나 영어와 같이 고정된 어순을 지닌 언어의 화자에게는 훨씬 이것이 쉽지 않다.

베이츠·먹휘니(Bates and MacWhinney 1982, 1987)와 동료 연구자들(특히 MacWhinney, Bates, and Kiegel 1984; Bates and Devescovi 출간 예정을 참고하기 바람)은 '경합 모형'을 제안하였다. 거기에서는 '의미역 구조·주제어 속성·전경화'를 포함한 다양한 메시지 층위의 측면들이 확률적으로 통사 층위에서 다양한 형식들로 '1 : 1' 사상된다. 이런 사상(*mapping*)의 확률적 매개인자는 언어들마다 서로 다른 것으로 가정된다. 그 매개인자—즉 메시지의 특정한 측면들을 위한 특정한 통사 기제의 선호 사용—들이 어떻게 그 언어의 구조로부터 이해될 수 있는지를 찾아내려는 노력이 이뤄졌다. 비록 이런 작업의 대부분이 여전히 문장 해석 자료에 근거하고 있지만, 입말 산출의 자료가 대략 슈뤼더(1988)의 영상물 제시 절차와 같은 방법에 의해서 확보되고 분석되고 있다(Bates and Devescovi 출간 예정)

경합 모형은 비록 확률적이지만 기능적 메시지 층위 및 형식적 문법 층위 사이에 '직접적인 사상'(*direct mapping*)을 서술한다고 주장된다. 달리 말하여, 합치 기제는 메시지 '자극'들에 대한 직접적인 문법 반응들로 이뤄진다. 이는 만일 '직접적'이란 말뜻이 문법 부호화가 자동적 단원체 처리과정 이상이 아니며, 화자 쪽에서 의도적인 목표 지향 선택들을 포함하는 것이 아니라면, 받아들일 수 있다. 그렇지만 분명히 그런 사상을 실현하는 기제들이 있을 것이다. 그렇다면 경합 모형의 '직접적인' 확률적 사상(*probabilistic mapping*)은 그 기제가 본유적으로 확률적임을 의미한다. 달리 말하면, 개별 언어사용자의 문법 부호화 장치가 확률적 처리 장치로 가정되는 것이다.

확실히 이는 심리학에서 존경할 만한 확률적 모형화(*stochastic modelling*)에 대한 전통적 노선과 긴밀히 이어지는 똑같이 존경할 만한 선택이다. 그렇지만 현재 그 모형이 토대를 두고 있는 확률적 자료는 그런 해결책을 필요로 하지 않는다. 이들 자료는 피험자들 내부에서가 아니라, 두루 여러 피험자들에 걸친 평균값이다. 그것은 또한 각 개별 언어사용자가 메시지를 표면구조로 부호화하는 일에 대하여 일관된 결정방식을 지니는 사례가 될 수 있다. 그렇다면 확률적 발견내용들은 전적으로 피험자들 사이에 있는 처리과정의 차이에 말미암는 것이다. 간단히 말하여, 경합 모형의 기저에 있는 자료들은, 문법 부호화에 대한 (연산) 기제 모형을 계발하는 과제로부터, 또는 (피험자들간에 차이가 나는 매개인자들을 지닌) 결정적 모형이 충분할 것인지 여부를 점검하는 과제로부터, 우리를 해방시켜 주지 않는다.

4. 결속의 부호화

화자의 문법 부호화에 대한 또 다른 중요한 측면은 흔히 '결속'(*cohesion*)으로 일컬어지는 내용의 실현이다(Halliday and Hassan 1976). 결속된 담화에서 화자는 필요하다면 현재 발화의 형식을 그 자신이나 대화 상대방에 의해서 조금 앞서 말해진 내용에 의존하도록 만들어 놓는다. 이는 청자로 하여금 현재의 발화에 있는 요소들을 조금 더 앞선 담화(또는 가끔 막 뒤이어질 담화[9])와 관련하여 해석할 수 있도록 해 준다. 그러나 결속된 힘은 개체들이 언급되는 방식에만 제한되지 않는다. 그것은 또한 화자의 통사론에 전반적으로 스며들어 있다. 이하에서는 두 가지 종류의 결속에 대한 경험적 연구에 초점이 모아질 것이다.

1) 결속된 지시내용

지시내용(*reference*)을[10] 수립하고 유지하기 위하여, 화자가 어떤 문법 수단을 이용할 수 있을까? 우리는 제 4장에서 담화모형에 대한 상태가 주어지면, 화자가 청자에게 어떤 지시대상의 접속 가능성이 어떠

9) 뒤에 이어질 항목과 결속되는 것을 언어학에서는 cataphor(후행 대용)이라고 부른다. 가령 우리말에서 맨 처음 이야기를 꺼내면서 "어제 그런 일이 있었는데…"라고 말할 수 있다. 여기서 지시표현 '그런'은 곧 말해 줄 사건이나 이야기 내용을 가리킨다. anaphora(선행 대용)은 후행 대용의 반대 개념이면서, 동시에 이 둘을 한데 묶는 상의어로서 '대용 표현'으로도 쓰인다.

10) 이 책에서 reference(지시내용)와 referent(지시대상)는 다음처럼 쓰고 있다. 앞의 용어는 지시하는 행위와 지시 과정을 모두 포함한다. 뒤의 용어는 그 결과 상호간에 이해된 지시영역(*demonstratum*) 중에서 특정하게 좁혀진 특정한 대상물을 가리킨다. 제 2장 2절 2항에서는 'reference object'(지시 대상물)이란 용어도 썼는데, referent(지시대상)와 똑같은 말이다. 단, reference point(참조점)와 reference time(참조시)의 경우에 일관되게 '지시 초점'과 '지시 시간'으로도 번역할 수 있겠지만, 언어학에서의 관례를 따랐다.

한지를 신호해 줄 수 있는 방식들에 주의를 기울이면서 시작하였다. 화자는 그 담화모형에 대한 지시대상의 관계에 따라 메시지에 있는 지시대상을 각각 다음과 같이 세 가지 방식으로 표시해 준다고 제안하였다(제 4장 5절 1항을 보기 바람).

〔± 접속 가능함〕(*accessibility*),
〔± 담화모형 속에 있음〕(*in discourse model*),
〔± 초점 속에 있음〕(*in focus*)

이들 표지가 각각 정확히 표면구조에서 부호화되는 경우에, 그 담화모형에서 지시대상에 대하여 청자가 적합한 주소지를 찾아내거나 만들어낼 수 있게 해 주며, 그 나름의 방식대로 청자의 주의력을 끄는 데에 이바지한다.

이들 접속 가능성 표지가 문법상으로 어떻게 부호화되는 것일까? 많은 언어에서 〔±접속 가능함〕 표지를 명사구 형태론이나 또는 관사로 부호화한다. 〔+접속 가능함〕의 지시대상들을 확정적인 정관사 명사구에, 그리고 〔−접속 가능함〕의 지시대상을 비-확정적인 부정관사 명사구에 사상시킨다. 〔±담화모형 속에 있음〕 표지는 흔히 운율 초점으로 사상된다. 화자가 대화 상대방의 담화모형 속에 있는 것으로 가정하는 어떤 지시대상은 악센트를 받지 않는다. 〔±초점 속에 있음〕 표지는 종종 일종의 어휘 축약으로 실현된다. 특히 초점 속에 있는 요소들은 대명사로 되는 경향이 있다. 심지어 완전한 모음 생략이나 음절 생략으로도 될 수 있다. 그러나 언어는 또한 어순이나 특정한 형태에 의한 것과 같이, 지시대상의 접속 가능성 상태를 부호화하는 다른 수단도 지닌다.

영어에서 이들 대용 자질(*anaphoric features*)의 적절한 부호화에 대하여 실험적이며 관찰적인 뒷받침 증거는 이미 제 4장에서 개관되었다. 여기서 우리는 화자에 의해서 이들 자질이 보편적으로 부호화된다는 개념을 뒷받침해 주는, 여러 언어들에 걸친 결과들에 주의를 기울이도록 할 것이다. 또한 서로 다른 언어의 화자들 사이에는 이런 문법상의 부호화가 실현되는 방식에서 어떤 공통성도 있지만, 흥미로운 차이점들도 있다.

오스굳(Osgood 1971)의 연구는 확정적이며 대명사를 쓰는 지시 환경과 관련하여 풍부한 자료를 담고 있다. 슈뤼더(1988)는 오스굳의 주요한 발견내용들이 또한 영어 이외의 다른 언어들에서도 성립함을 보여 주었다. 오스굳은 처음 도입된 어떤 대상이 85%의 사례에서 비-확정적 부정관사로 묘사되었음을 관찰하였다. 그러나 그 대상이 두 번째 나타난 경우에는 45%로 떨어졌음을 관찰하였다. 슈뤼더(1988)에서도 그의 피험자들이 비-확정적 명사구로써 새로운 개체들을 가리키고 있음을 찾아내었다. 그렇지만 어떤 언어에서는 그런 비-확정적 명사구가 그 문장의 주어로서 썩 수용 가능하지 않았다. 이것은 특히 헝가리어와 SOV(주어-목적어-동사) 언어(즉 보통 주어와 목적어 뒤에 동사를 놓는 언어)들에서 그러하였다. 특히 일본어 피험자들은 비-확정적 항목을 확정적 항목 앞에 놓는 어순을 회피하였다. 필모어(Fillmore 1977)에서의 관찰 내용들과 걸맞게 또한 영어에서도 다음과 같이 비-확정적 명사구는 문장의 첫 시작에 오지 못함에 주목하기 바란다.

??A ball is on the table.
(??한 공이 그 탁자 위에 있습니다)

이런 예와 같이 이른바 대상을 제시해 주는 맥락에서는, 많은 언어에서 다음처럼 동사를 앞에 놓는 것을 선호한다.

There is a small ball on the table.
(그 탁자 위에 작은 공이 하나 있습니다)

지시대상이 초점 속에 놓임을 표현해 주는 수단인 축약과 관련하여, 오스군(1971)은 똑같은 사례를 실연해 주는 동안에 동일한 대상이 두 가지 사건에 참여한 경우 대명사 표현이 특히 빈번함을 찾아내었다. 예를 들면, 검은색 공 하나가 파란색 공에 부딪치고, 그 뒤 파란색 공이 차례로 귤색 공에 부딪친 경우, 파란색 공에 대한 두 번째 언급(이제 대화 상대방의 초점 속에 있음)은 다음과 같이 거의 대명사로 표현되었다.

> The black ball hits the blue ball. <u>It</u> hits the orange ball.
> (그 검은색 공이 그 파란색 공에 부딪칩니다. <u>그것이</u> 그 귤색 공에 부딪칩니다)

오스군은 또한 동일한 대상이 두 번째 또는 세 번째로 묘사된 경우에 그 대상을 꾸미는 형용사들의 숫자가 다음과 같이 현격히 줄어든다는 점도 발견하였다.

> a big blue ball → the blue ball → the ball
> (큰 파란색 공 하나 → 그 파란색 공 → 그 공)

비록 일본어 화자들의 응답에서만은 미미하였지만, 슈뤼더(1988)는 10개의 언어에서 모두 이런 경향을 확인하였다.

먹휘니·베이츠(MacWhinney and Bates 1978)는 자발적으로 산출된 발화를 놓고서 체계적으로 두루 여러 언어들에 걸친 연구를 보고하였다. 서로 다른 나이의 어린이들은 물론, 어른들에게도 묘사될 장면들이 그림으로 제시되었다. 세 가지 언어 집단이 있었다. 이탈리아어와 영어와 헝가리어 토박이 화자들이었다. 〔±접속 가능함〕 자질과 관련하여, 영어 및 이탈리아어 화자들이 접속 불가능성을 표현하기 위하여 비-확정적 부정관사를 이용하였음을 찾아내었다. 그러나 이것이 헝가리어 화자들에 대해서는 훨씬 덜하였다. 짐작하건대, 헝가리어에서는 새로운 지시대상이 어떤 관사도 없이 도입되었기 때문이다. 이는 또한 앞에서 언급되었듯이 헝가리어에 대한 슈뤼더(1988)의 발견결과를 설명해 준다. 영어 화자들은 확정적 정관사를 이용하는 일을 이탈리아어와 헝가리어 화자들보다 덜 선호하였다. 아마 비-확정적 부정관사가 뒤의 두 언어에서 추가적 기능(즉 숫자 표시로서의 기능)을 지니기 때문에 확정적 정관사를 많이 썼을 것이다. 여러 기능의 잠재적 혼란을 피하기 위하여, 피험자들은 될 수 있는 대로 명백히 확정적 정관사를 이용하였다.

먹휘니·베이츠(1978)는 완전한 생략과 대명사 표현 사이에 있는 경계선이 영어와 다른 두 언어에 대해서 서로 차이가 나는 것으로 드러났다. 영어 화자들은 주어 위치에서 대명사 형태를 이용하였다. 이탈리아어 및 헝가리어 화자들은 단순히 그 주어를 '삭제'하였다.[11] 이는 영어에서 '거의' 불가능하다.[12] 생략된 주어의 인칭과 수(단수/복수)가 이탈리아어와 헝가리어의 동사 활용 형태로 명백하게 표시되었다. 따라서 뒤의 두 언어에서 정보의 손실은 전혀 없다.

먹휘니·베이츠(1978)의 연구에서 음높이 악센트(*pitch accent*)는 어

---

11) 우리말에서도 동일하다. 가령, "영수가 시내에 나갔다. 순이를 보았다"에서와 같이 두 번째 문장의 주어는 비어 있다. 생성문법에서는 이런 주어를 흔히 공범주(*empty category*) 대명사라고 부른다. 여기에는 다시 큰 공범주 대명사 PRO와 작은 공범주 대명사 pro가 있다. 영어에서는 앞의 것이 쓰이고, 이탈리아어나 우리말에서는 뒤의 것이 쓰인다. 영어에서 비록 소리형식을 갖춘 대명사를 쓰더라도, 거기에 결코 악센트가 얹히지 않는다. 원문에서 '주어를 삭제하였다'고 표현하였지만, 생성문법에서는 공범주 대명사 e(또는 더 구체적으로 pro)로 표시해 놓고, '삭제'와는 다르게 취급한다.

12) 영어에서도 앞의 각주에서 말한 공범주 대명사 e(더 구체적으로 PRO)가 나타난다. 이를 삭제라고 말하지는 않는다. 가령 'He promised 〔e to leave〕'(그가 〔e 떠나겠다고〕 약속했다)에서 내포문에 공범주 대명사 e가 들어 있다. 아마 '거의'라는 울타리 표현(*hedge*)은 이런 내포문의 경우를 예외로 인정하기 때문인 듯하다.

떠한가? 제 4장 5절에서 논의된 누트붐·터큰(Nooteboom and Terken 1982)과 페크먼(Pechmann 1984)에서와 같이, 새롭게 도입된 요소들에 음높이 악센트가 주어졌다. 그러나 언어들 사이에 실질적 차이점이 있었다. 새롭거나 대조적인 개체를 도입하기 위하여 영어를 말하는 피험자들은 이탈리아어 화자들이 한 것보다 훨씬 더 강한 운율적 강세를 이용하였다. 그리고 이탈리아어 화자들은 헝가리어 화자들보다 더 강세를 더해 놓았다. 헝가리어 화자들은 새로운 지시대상의 도입을 위하여 거의 어떤 음높이 악센트도 이용하지 않았다. 뒤의 두 언어에서는 새로운 요소의 도입을 표시해 주기 위하여 어순을 쓸 가능성이 더 많음을 시사하는 듯하다. 실제로, 영어에서보다 헝가리어와 이탈리아어에서는 '새로운' 구성성분에 대하여 문장 앞으로 내세우기가 훨씬 더 많았다. 이는 그 담화모형에서 새로운 것에 대한 표시가 반드시 운율적 수단에 의해서 표현되어야 하는 것은 아니라는 생각을 뒷받침해 준다. 서로 다른 언어에서는 이런 자질을 표시해 주기 위하여 서로 다른 문법 부호화를 제공해 줄 수 있는 것이다.

2) 결속된 통사

화자는 또한 자신의 낱말 배열과 통사(≒ 문장)에서 결속을 실행한다. 제 4장 2항 5절에서 그 증거의 일부가 개관되었다. 특히 쉔카인(Schenkein 1980)에 의한 관찰 작업과, 르펠트·켈터(Levelt and Kelter 1982)에 의한 실험연구가 그러하다. 뒤의 연구에서는 '(At) what time do you close?'(몇 시에/언제 가게문을 닫습니까?)와 같은 질문에, 화자가 전치사 'at'의 사용/비-사용에 합치된 응답 형태로 대답하는 경향이 있음을 보여 주었다. 이런 반복 효과는 아마 그 대답의 내용에 기인하는 것은 아닐 것이다.

통사 형식의 지속적 유지에 대한 강력한 실험적 증거가 복(Bock

1986b)에 의해 모아졌다. 우리는 그녀의 실험 방법을 '점화-재인 절차'(*priming-recognition procedure*)로 부를 것이다. 그것은 또한 다른 목적들을 위해서도 유익하게 이용되었다. 이에 대해서는 다음 하위 절에서 다룰 것이다. 실험 조작은 점화의 한 가지이지만, 피험자에게 그것이 재인 검사라고 믿도록 꾸며졌다. 복(1986b)에서는 통사적 점화가 포함되었다. 일련의 그림들이 화자에게 묘사되었지만, 그 실험 주체에 의해서 언어로 말해지고, 그 피험자에 의해서 반복된 한 가지 (점화) 문장이 각 그림에 선행되었다. 그렇다면, 질문은 그 점화 문장의 통사가 그 그림을 묘사하는 통사(≒ 문장)에 영향을 끼칠 것인지 여부였다. 그 실험의 위장 방식은 먼저 피험자에게 그림들과 입말 문장들로 이뤄진 '학습거리 목록'을 내어 주는 것으로 이뤄졌다. 오직 이 다음에 실험 목록이 제시되었다. 피험자에게는 이것이 재인 과제라고 믿도록 꾸며졌다. 그 지시사항은 각 문장이나 그림에 대하여 그 항목이 학습거리 목록에 나타나 있었는지 여부에 따라 '예' 또는 '아니오'를 말하는 것이었다. 그러나 그 대답을 말해 주기 전에, 피험자는 그 문장을 반복하든지 그 그림을 묘사해야만 했다.

복(1986b)에서 이용된 점화 문장들은 앞에서 봤던 〈표 7-1〉의 유형 1 및 유형 2와 같은 종류의 것이었다. 즉, 그 문장들은 능동태 또는 수동태였고, 전치사 목적어 또는 이중대격 문장이었다. 그림들의 사례가 〈그림 7-2〉에 주어져 있다.

이 그림들은 유형 1의 능동태/수동태 구문으로 된 묘사를 이끌어 내거나

Lightning is striking <u>the church</u>.
(벼락이 <u>그 성당을</u> 내리치고 있습니다)
<u>The church</u> is being struck by lightning.
(<u>그 성당이</u> 벼락을 맞고 있습니다)

〈그림 7-2〉 장면묘사를 유도하기 위한 그림(Bock 1986b)

아니면, 다음처럼 유형 2의 전치사 목적어/이중 대격 구문으로 된 묘사를 이끌어 내었다.

The man is reading a story to the boy.
(그 사람이 그 소년에게 이야기를 읽어 주고 있습니다)
The man is reading the boy a story.
(그 사람이 그 소년을 이야기를 읽어 주고 있습니다)

복(1986b)에서의 결과는 명백하였다. 그림 묘사가 통사적으로 그 점화 문장들과 합치되는 경향이 있었다. 점화가 수동태였다면, 묘사도 수동태로 되는 경향이 있었다. 점화가 이중 대격 문장이었다면, 그림 묘사도 이중 대격으로 되는 경향이 있었다.

그런 통사적 연결이 어떻게 일어나는 것일까? 제 7장 1절에서의 캠픈 · 흔캠프(Kempen-Hoenkamp 1987) 흐름도 이론에서는 이런 결과를 예측할 만한 것이 아무것도 없었다. 그 이론상으로 보면, 통사적 변동이 오직 어순을 달리함으로써만 귀결되어 나올 수 있었으며, 거기에서 메시지 단편들이 이용 가능해진다. 그러나 복의 실험에서는 그것이 논제가 아니었다. 르펠트 · 켈터(1982)의 실험에 들어 있듯이, 문법 부호화에 있는 변동들은 메시지 수준의 수단 이외의 다른 것에 의해서 유도될 수 있음이 밝혀졌다. 복(1986b)의 실험에서는, 아마 이것이 어휘적 점화에 대한 (유일한) 결과는 아니었을 것이다. 예를 들면, 그 점화가 완전한 수동태 문장인 경우에, 그 묘사가

the church was struck.
(그 성당이 〔 〕 맞았습니다)

와 같이 절단된 문장으로 될 수 있었다. by(에 의해서)란 낱말이 반복되지 않았지만, 수동태 문장은 반복되어 있다.

캠픈 · 혼캠프(1987) 흐름도에 가까이 머무는 한 가지 해석은, 통사전담요소들(특히 문장 · 동사구 · 명사구 · 형용사구 · 전치사구 형성절차)이 특정한 통사 형식의 문장을 듣고 반복함으로써, 치우치게 산출될 수 있다는 것이다. 그것들은 문법상의 부호화 운용이 메시지 수준의 요인들을 제압하는 방식으로 치우치게 산출될 수 있는 것이다.

5. 문법 부호화에서 되짚어보기

우리는 개념상의 접속 가능성이 문법 부호화에 대해서 효과를 지녔음을 살펴보았다. 일찍 이용 가능하거나 그렇지 않다면 특별히 현저한 메시지 개체는, 일반적으로 비교적 우세한 문법 기능을 요구하여 얻어 내는 데에 성공할 것이다. 이런 발견내용에 대하여 가장 그럴 듯한 설명은, 상응하는 레마가 이른 단계에서 인출된다는 것이다. 만일 그것이 명사이거나 대명사이라면, 그 레마에 의해서 요구된 명사구 형성

절차는 어떤 선호 순서에 따라 그 산출물을 전달해 준다. 기본값 요구는 가장 위계가 높은 문장의 주어이다. 만일 그 홈이 이미 점유되어 있다면, 문장의 직접목적어가 다음 선호 사항이 되며, 차츰 아래 있는 문법 위계로 내려간다. 이런 방식으로 개념상의 활성화 순서는 문법 부호화의 순서에 영향을 줄 수 있다. 수(단수/복수)와 성(남성/여성/중성) 등에 대한 그 특수 구별자질 매개인자들은 이용 가능해지자마자 적합한 낱말형태가 인출될 수 있다. 부분적으로 이는 배당된 문법 기능에도 의존한다. 따라서 우리는 두 층위에서 분트의 원리가 작동함을 본다. 메시지 계획으로부터 문법 부호화까지, 그리고 문법 부호화로부터 음운 부호화까지이다.

현재 제 7장 5절에서는 어떤 반대 효과가 있는지 여부를 논의한다. ① 레마에 대한 접속 가능성이 개념상의 순서 지우기 결정에 영향을 주거나, ② 낱말형태의 접속 가능성이 문법 부호화의 순서에 영향을 미치는 것과 같이, 그 체계에서 되짚어보기에 대한 증거가 있을까? 제 2장에서 제안된 연구 전략은, 우리의 출발 가정으로 '되짚어보기가 없음'을 선택하였음을 상기해야 한다. '정보 캡슐로 만들기'(*informational encapsulation*)에 대한 가정은 처리기가 오직 그것의 고유한 특징적 종류의 입력물에 대해서만 민감해질 것이며, 다른 구성부문들로부터 나온 되짚어보기에는 민감하지 않을 것이라는 점이었다. 이런 경우에, 개념상의 결정은 문법 부호화의 결과들에 대해 무관해져야 하며, 문법 부호화는 음운 부호화 층위에서 일어나는 바에 대해서 무감각해져야 한다. 그러나 이는 경험적 논제이다. 이제 뒷받침되는 증거와 모순되는 증거들의 일부를 개관해 나가기로 한다.

첫 번째 논제는, 개념상의 순서 결정이 더 낮은 층위의 문법형식 주조 과정들에 의해 영향을 입을 수 있는지 여부이다. 이 물음은 르펠트·마아쓴(Levelt and Maassen 1981)에 의해 검사되었다. 특히 여기서는 접속문 구성에서 어휘 항목들에 대한 상대적인 접속 가능성이 언

〈그림 7-3〉 두 가지 대상의 사건 서술을 유도하는 자극
(Levelt and Maassen 1981)

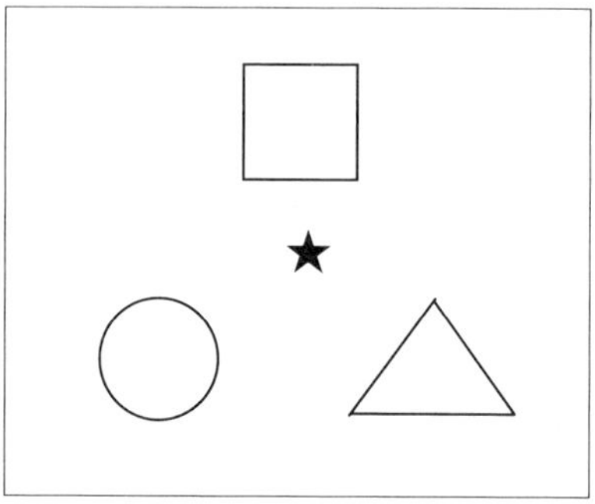

급 순서에 영향을 미쳤는지 여부를 검사하였다. 출발 가정은 언급 순서가 개념상의 메시지 층위 결정결과라는 점이었다. 이들 실험에서는 피험자들에게 세 가지 기하학 형상(≒도형)과 하나의 고정점을 담고 있는 그림들이 제시되었다. 〈그림 7-3〉에 한 가지 예가 있다.

그 그림의 제시와 함께 즉시 세 가지 형태 중 두 개(가령 원과 사각형)가 위쪽으로든 또는 아래쪽으로든 움직였다. 피험자의 과제는 가능한 대로 빨리 무엇이 일어났는지를 말해 주는 것이었다. 움직임의 방향에 따라서, 전형적인 응답은 다음과 같다.

The circle and the square went up.
(그 원과 그 사각형이 위로 올라갔습니다: 명사구 접속)

또는

The circle went up and the square went down.
(그 원이 위로 올라갔고, 그 사각형이 아래로 내려갔습니다: 문장 접속)

'명사구 접속'으로 이름 붙여진 앞의 문장 유형은, 오직 두 개의 형태가 동일한 방향으로 움직인 경우(모두 위로 또는 모두 아래로)에 주어

졌다. '문장 접속'으로 이름 붙여진 뒤의 문장 유형은 언제나 움직임 방향들이 서로 다른 경우에 이용되었다. 때때로 피험자들은 그 움직임들이 동일한 방향으로 된 경우에도 다음처럼 문장 접속을 이용하였다.

The circle went up and the square went up.
(그 원이 위로 올라갔고, 그 사각형이 위로 올라갔습니다)

그러나 이것은 빈도가 낮았으며, 분명히 덜 합치되었다. 왜냐하면 문장 접속은 두 움직임의 '공동 운명'에 대하여 합당한 표현이 아니기 때문이다(추가 실험에서는, 그 문장 형태들이 피험자들의 편의에 맡겨지는 것이 아니라 오히려 미리 규범화되었음).

기하학 형상(≒도형)들이 신중히 선택되었다. 그것들의 절반은 이름 부르기가 쉽고, 나머지 절반은 이름 부르기가 어려웠다. 이런 차이는 잘됐든 못됐든 인식 가능성이나 탐색 가능성보다, 오히려 어휘 접속 가능성에 기인하도록 만들어 놓은 것이어야 했다. 그 기하학 형상들은 피험자들이 간단히 개별 형태별로 이름을 불러야 했고, 이름 부르기 대기시간이 측정된 예비 실험들로부터 선택되었다. 그 형상들은 실제로 이름 부르기 대기시간에서 뚜렷이 차이가 났다. 더욱이, 탐색 가능성 대기시간들도 모든 형상들에 대해서 측정되었다. 마침내 탐색 가능성에서 차이가 나지 않는, 일련의 이름 부르기 쉬운 형상들과 이름 부르기 어려운 형상들이 선택되었다. 예를 들면, 원은 평균 691ms의 이름 부르기 대기시간이 걸리며, 이름 부르기 쉬운 형상이다. 그렇지만 사각형에 대한 이름 부르기 대기시간은 상대적으로 길었으며, 평균 772ms였다. 따라서 사각형은 이름 부르기 어려운 형상들 묶음 속에 들어 있었다. 그 실험들에서는 이름 부르기 쉬운 형상과 이름 부르기 어려운 형상들을 각각 세 개씩 포함하였다. 이름 부르기 대기시간에서 그것들 사이의 평균 차이는 83ms였다.

어휘 접속(*lexical access*) 가능성이 어순에 영향을 미쳤을까? 예를 들면, 그 움직임 사건에 원과 사각형이 포함되어 있었을 때, 그 피험자들이 'The circle and the square went up'(그 원과 그 사각형이 위로 올라갔습니다)이라고 말하였는가(단, 여기서는 쉽게 접속될 수 있는 낱말 '원'이 문장 시작 위치에 있음)?, 그렇지 않으면 'The square and the circle went up'(그 사각형과 그 원이 위로 올라갔습니다)라고 말하였는가(단, 여기서는 접속이 더 어려운 낱말이 문장 시작 위치에 나옴)? 그 과제가 주어지면, "쉬움→어려움" 순서는 아주 상호 협력적이었음에 주목하기 바란다. 그 피험자들에게 될 수 있는 대로 신속히 그들의 묘사 내용을 제시해 주도록 요구하였다. 쉬운 낱말을 먼저 발화함으로써, 그 화자의 묘사 속도가 향상될 것 같다.

그러나 실제로 아무런 일도 일어나지 않았다. 그 묘사 내용들 중 52.5%에서 쉬운 낱말이 문장 시작 위치에 나왔다. 이는 무작위 확률과 유의미하게 차이가 나는 것이 아니다(미리 규범화된 통사 응답 얼개를 지닌 추가 실험에서는, 쉬운 낱말이 문장 시작 위치에 나오는 비율이 50.5%였음). 발견내용은 어려운 낱말이 문장 시작 위치에 놓인 경우에 그 문장을 시작하는 대기시간이 쉬운 낱말이 문장 시작 위치에 나온 경우보다 믿을 만하게 더 길어졌다는 점이다(40ms만큼 길어졌고, 추가 실험에서는 51ms만큼 길어졌음). 달리 말하여, 어려운 이름은 또한 문장 맥락에서도 접속하기가 더 어려웠다. 따라서 화자들은 자신의 발화를 계획하더라도 응답 속도에서 이런 뚜렷한 차이를 극복할 수 없었다.

이런 결과는 '정보 캡슐로 만들기'(*informational encapsulation*)라는 개념을 뒷받침해 준다. 개념 체계는 어휘 항목들의 접속 가능성에 대하여 무관하다. 개념상 순서 매기기 결정은 그런 요인들에 의해서 뒤바뀌지 않을 것이다. 그렇지만 곧 우리가 살펴보게 되듯이 그 상황은 약간 더 복잡할 수 있다.

음운 부호화의 층위로부터 문법 부호화의 층위 쪽으로 되짚어보기가 존재할 것인가? 여기서 세 가지 실험 결과가 보고되어야 한다. 첫 번째 발견결과는 또한 르펠트・마아쓴(Levelt and Maassen 1981)의 실험으로부터 가져온 것이다. 이는 통사 얼개의 선택과 관련되어 있다. 접속 구성으로 된 또는 '공동 운명'을 지닌 움직임들이(두 형상이 모두 함께 위로 올라가거나 아니면 둘 모두 아래로 내려감) 바람직하게 명사구 접속에 의해서 표현되었음을 상기하기 바란다. 가령 다음과 같다.

Triangle and square went up.
(삼각형과 사각형이 위로 올라갔습니다)

그렇지만 그런 사건들이 다음처럼 문장 접속에 의해서 묘사된 경우도 있었다.

Triangle went up and square went up.
(삼각형이 위로 올라갔고, 사각형이 위로 올라갔습니다)

이는 특히 두 형상이 이름 부르기가 어려웠던 경우에 발생하였다. 왜 이런 일이 일어났을까? 르펠트・마아쓴(1981)에서는 두 가지 어려운 낱말형태를 긴밀히 연속적으로 인출해야 하는 경우에, 두 번째 낱말형태가 필요하면 화자가 그것을 발화하기 위하여 제시간에 맞춰 그 낱말형태를 찾아내는 데에 실패할 수 있다고 짐작하였다. 화자는 'triangle …'(삼각형이 …)이라고 말하면서 시작할 수 있지만, 그러고 나서 square(사각형)에 대한 음성계획을 제시간에 맞춰 생각해 내지 못하고 실패하였다. 그렇다면, 고쳐 말할 필요가 있었기 때문에, 그 화자로 하여금 명사구 접속 구성을 포기하고 다른 경로의 문법 부호화를 택하도록 '강요'되었으며, 우선 이미 인출된 동사 형태(즉 went up 올라갔다)가 발화될 수 있었던 것이다. 달리 말하면, 그 화자는 그 사건의 문법 부호화를 고쳐 놓았다. 이는 명백히 되짚어보기 설명인 것이다. 이 설명은 독립적인 증거에 의해서 뒷받침되어야 한다. 그런 증거가 실제로 존재한다. 문법 얼개에 대하여 '쉴 새 없이' 고치기에서는 별도로 가외 시간이 들어가야 한다. 그러므로 이들 발화의 지속시간이 측정되었다. 그리고 실제로 이들 결정적 발화는, 그 통제된(= 비교 기준이 되는) 발화들보다 더 긴 시간에 걸쳐 지속되었다(85㎳나 더 지속됨). 다른 말로 표현하여, 음운 부호화에 있는 문젯거리가 문법 부호화에 도로 영향을 미칠 가능성이 있는 것이다.

이 논제는 복(Bock 1986a; 1986b)에 의해서 두 가지 실험으로 추가 검사가 이뤄졌다. 첫 번째 연구로서 복(1986a)에서는 앞에서 본 〈그림 7-2-a〉와 같은 그림들을 놓고서 '점화-재인' 기법을 이용하였다. 그렇지만 이번에는 점화가 입말 문장이 아니라, 입말 낱말이었다. 이 낱말은 의미 점화이거나, 소리 점화이었다. 〈그림 7-2-a〉의 경우, 의미 점화는 worship(예배)이 될 수 있었다. 그것은 church(성당)에 대해 긴밀한 연상 낱말이다. 복은 그 점화가 church(성당)를 우세한 문법 역할인 주어로 실현해 주는 그림 서술을 유도할 것으로 짐작하였다. 즉, 다음과 같은 수동태 문장이었다.

The church is being struck by lightning.
(그 성당이 벼락을 맞고 있습니다)

거꾸로 그 점화가 thunder(천둥)인 경우에는, 긴밀한 연상 낱말 lightning(벼락)이 능동태 문장에서 다음과 같이 주어 위치로 실현될 수 있을 것이다.

The lightning is striking the church.
(벼락이 그 성당을 내리치고 있습니다)

그런 발견은 그 자체로 아주 흥미롭다. 왜냐하면 연상 낱말을 제시하는 일이, 그 지시대상에 대한 개념상의 접속 가능성에 그리 영향을 미칠 것 같지 않기 때문이다. 오히려 그것은 상응하는 레마의 활성화에 직접 영향을 줄 듯하다. 그러나 앞 단락에 있는 분석이 올바르다면, 그 결과들은 동일해져야 한다. 더 활발히 활성화된 레마는, 상응하는 개념의 현저성을 통해서든지, 아니면 활성화된 또 다른 레마와의 연상을 통해서든지, 결국 더 우세한 문법 기능으로 귀결되는 경향이 있을 것이다.

소리 점화는 그 목표 낱말처럼 소리가 나도록 했다. 예를 들면, church〔춰취〕(성당)에 대하여 search〔써취〕(찾다)이거나, lightning〔라잍닝〕(벼락)에 대하여 frightening〔후롸잍닝〕(공포)이다. 그리고 이들 종류의 점화는 현 논제를 위한 결정적 검사를 형성한다. 소리 점화가 문법 부호화에 영향을 미친다면, 그것은 음운 부호화 층위로부터 문법 부호화 층위에로 진행하는 되짚어보기에 대한 강력한 증거가 된다. 예를 들면, 만일 소리 점화 search〔써취〕가 특정한 문법 기능에 이르게 될 church〔춰취〕를 이끌어냈다면, 이는 오직 그 소리 형태 church〔춰취〕에 의해서만 매개되었을 수 있다.

복은 의미 점화가 실제 문법 부호화에도 영향을 미쳤음을 찾아내었다. 점화된 요소는 주어 위치에 이르게 되는 경향이 있었다. 그렇지만 소리 점화의 영향은 전혀 없었다. 달리 말하여, 음운 부호화로부터 거꾸로 문법 부호화에까지 진행되는 되짚어보기에 대한 증거는 전혀 발견되지 않았다.

그러나 복(1987b)은 이런 논제에 대한 두 번째 연구에 바쳐졌다. 그녀는 동일한 '점화-재인' 기법을 이전의 조사에서처럼 적용하였지만, 그 실험은 세 가지 측면에서 차이가 났다. 첫째, 〈그림 7-2-a〉에 제시된 것들과 같은 장면 이외에도, 추가적으로 복은 다음의 〈그림 7-4〉에 있는 것과 같은 그림을 제시해 주었다. 그것들은 다음처럼 접속

〈그림 7-4〉 접속구문 서술을 유도하기 위한 그림 유형(Bock 1987b)

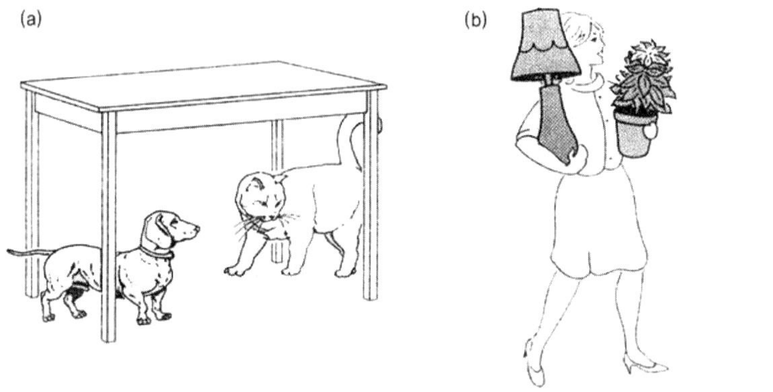

(a) 목표 낱말: dog(개), cat(고양이)
점화 낱말: dot (점), cap(모자)

(b) 목표 낱말: lamp(전등), plant(식물)
점화 낱말: lamb(양), plan(계획)

문으로 된 서술을 만들어 내기 위해 마련되었다. 이는 르펠트·마아쓴(1981)이 연구한 동일 종류의 서술이다.

> The woman is carrying <u>a lamp and a plant</u>.
> (그 부인이 <u>전등과 식물</u>을 운반하고 있습니다)
> <u>The dog and the cat</u> are under the table.
> (<u>그 개와 그 고양이가</u> 그 탁자 아래 있습니다)

둘째, 소리 점화는 아주 강력한 종류의 것이었다. 모든 경우에서 그 점화 낱말의 시작 부분이 목표 낱말과 동일하였다(일반적으로 음소 부합이 가능한 대로 긴밀히 만들어졌음). 목표 낱말과 점화 낱말의 사례가 〈그림 7-4〉에 주어져 있다. 셋째, 오직 소리 점화만이 이용되었다. 의미 점화는 전혀 없었다.

이번에 복은 실제로 유의미한 소리 점화 효과를 얻어내었다. 더욱이 그 효과는 억제 효과의 하나였다. 점화된 목표 낱말은 그 문장에서 점화되지 않은 목표 낱말보다 더 뒤에 나타나는 경향이 있었다. 예를 들면, 그 점화 낱말 cap〔캡〕(모자) 뒤에 〈그림 7-4-a〉가 제시된 경우에, 피험자들은 그것을 다음처럼 서술해 주는 경향이 있었다.

The dog and the cat are under the table.
(그 개와 그 고양이가 그 탁자 아래 있습니다)

점화된 cat(고양이)은 두 번째 위치에 있다. 그 효과는 〈그림 7-2-a〉와 같은 그림들에 대해서 가장 강력하였다. 이들 사례 가운데 56.1%에서, 점화된 낱말이 두 번째 위치에(즉 주어 위치가 아님) 나타난 문장을 구성하였다. 가장 미약한 효과는 〈그림 7-4-a〉와 〈그림 7-4-b〉에서와 같이 접속 구문 사례들에 대한 것이었다. 이들 사례 가운데 52.9%에서 점화된 목표 낱말이 두 번째 위치에 나타났다. 그러나 이것이 여전히 무작위 확률 50%의 결과와는 유의미하게 차이가 있었다.

복은 또한 두 가지 통제 실험을 실시하였다. 첫 번째 실험에서는 피험자들이 그 장면을 서술하도록 요구받지 않았으나, 그 가장 우세한 대상을 두 가지 언급하도록 요구받았다. 피험자들의 언급 순서에 대한 결과는, 문장으로 된 서술에서 얻어졌던 대로 동일한 종류와 범위의 점화 효과를 보여 주었다. 두 번째 통제 실험에서는 이전의 모든 실험에서처럼 피험자들이 그 점화 낱말을 크게 소리 내어 반복해야 하는 것은 아니었다. 대신에 그들에게 그것을 스스로 조용히 웅얼거리거나, 아니면 그것을 듣도록 요구하였다. 두 집단에 대하여 그 결과는 본질적으로 주된 실험에서와 같이 동일한 내용이었다.

이들 뛰어난 실험으로부터, 우리는 무엇을 결론지을 수 있을 것인가? 첫 번째 결론은 〈그림 7-4-a〉에 있는 것과 같은 장면에 관련된 결과에 관심을 둔다. 이들은 가장 강력한 양의 억제 점화를 보여 주었다. 후속 설명이 다음처럼 제안될 수 있다. 소리 점화는 명백히 목표 낱말형태의 활성화를 억제한다. 차례로 이는 그 목표 레마의 활성화를 억제한다. 이는 문법 부호화 동안 그 레마가 우세한 통사 기능(즉 주어 기능임)을 요구하여 얻어낼 기회를 줄여 놓는다. 달리 말하여, 음운 부호화 층위로부터 문법 부호화 층위 쪽으로 되짚어보기가 존재하는 것이다.

약간 다른 설명은, 르펠트·마아쓴(1981)에서 추측된 되짚어보기 노선으로 이런 결과를 가져올 수도 있다. 즉, 문법 부호화가 애초에 음운 층위에서 잠재적인 문젯거리에 대한 고려 없이 진행되었다. 그러나 첫 번째 목표 낱말이 막 음운상으로 부호화가 되자마자, 그 낱말의 음운 형태가 점화로 말미암아 억제된 상태에 있게 된다면 '고쳐 말할 필요'가 있는 상황이 될 것이다. 이런 '문젯거리 신호'(*trouble signal*)는 도로 문법 부호화 층위 쪽으로 물려 들어가며, 그 통사 얼개가 고쳐진다. 그러한 고쳐 놓기는 르펠트·마아쓴(1981)의 발견내용에서 별도로 가외 시간이 들어갔다. 복도 비슷한 효과를 찾아내었다. 발화에서 더듬거림(*dysfluencies*)들이 있었고, 이것들은 주로 그 문장에서 일찍 목표 낱말 주위에서 일어났다. 만일 그것이 조금이라도 발생한다면, 정확히 통사 고쳐 놓기가 일어나야 하는 순간이 된다. 이런 설명에서는 낱말형태의 억제가 상응하는 레마의 억제 쪽으로 이끄는 것이 아니라, 통사 고쳐 놓기 쪽으로 이끌어 간다.

접속 구문에 대한 결과, 즉 〈그림 7-4〉에 있는 장면의 서술에 대한 결과가 이론적으로 함의하는 것은 무엇일까? 이것들을 이전의 것과 동일한 방식으로 설명하는 것은 분명 바람직하다. 그러나 위에 있는 첫 번째 종류의 설명은 적용될 수 없다. 실제로 만일 하나의 레마가 음운 층위로부터 나온 되짚어보기에 의해서 억제된다면, 두 개의 레마가 모두 동일한 문법 역할로 귀결되는 상황에서는 이것이 효과를 지니지 않을 것이다. 그리고 그것이 구 접속에서의 경우이다. 우리는 더 이상 억제되지 않은 레마가 더 빨리 더 우세한 문법 기능을 요구하여 얻게 될 것이라고 말할 수는 없다. 이들 장면에 대해서 유일한 논제는, 동일한 문법 기능으로 접속하는 순서이다. 그것은 두 번째 설명을 우리들에게 남겨 놓는다. '고쳐 말할 필요'가 있는 사례에서 통사 고쳐 놓기이다.

비록 고쳐 놓기 설명이, 되짚어보기에 대한 복의 연구는 물론, 르펠트 · 마아쓴의 발견결과에 있는 두 종류의 결과를 모두 포괄하면서, 더 경제적인 것이다. 그렇지만 한 가지 문젯거리가 남는다. 르펠트 · 마아쓴(1981)은 접속 구문에서 순서 짓기를 놓고서 어휘 이용 가능성에 대한 효과를 찾아내지 못하였다. 그러나 복(1987b)은 찾아냈다. 그 차이는 실제적이라기보다 더 표면적이다. 르펠트 · 마아쓴(1981)은 52.5%의 무의미한 순서 짓기 효과를 찾아내었다. 복(1987b)은 52.9%의 유의미한 효과를 얻어내었다. 이들 두 비율의 차이(0.4%)는 무시할 수 있는 것이다. 더 처리되어야 할 것으로 남아 있는 것은 르펠트 · 마아쓴(1981)의 검사에 대한 해석이다. 르펠트 · 마아쓴은 순서 짓기 결정이 개념상의 결정이라는 가정으로부터 시작하였다. 그 가정은 낱말 찾기 문젯거리가 그 결정에 대하여 고쳐 놓기로 이끌어져서는 안 된다는 점임을 상기하기 바란다. 돌이켜 본다면, 르펠트 · 마아쓴의 실험은 그 가정을 검사하지 못하였던 듯하다. 실제로 검사한 것은 음운상의 접속 가능성이 통사 입력 운용에 영향을 미칠 수 있었는지 여부였다. 그렇다면 고쳐 놓은 이러한 문법 부호화 운용들이 개념상의 입력물을 기각해 버렸을 것이며, 그것으로 하여금 고쳐지게 만들지는 못하였을 듯하다. 더욱이 이런 해석은 앞의 제 7장 3절에 주어진 복의 통사상으로 치우친 실험들에 대한 설명과 완전히 일치한다.

요약하면, 이 절에서 논의된 발견내용들은 음운 부호화 층위로부터 문법 부호화 층위까지 일어날 되짚어보기의 가능성을 보여 주었다. 이런 되짚어보기는 다음과 같이 진행될 것 같다. 낱말형태들에 대한 접속 층위에 있는 문젯거리가, 통사 얼개 고쳐 놓기를 유발할 수 있다.

다음 더 높은 층위의 발화 계획에서 즉석 되짚어보기를 뒷받침하는 발견내용은 존재하지 않는다. 현재의 증거는 메시지 마련이 문법 부호화 및 음운 부호화의 층위들에서 전개되는 사태와 완전히 무관하게 진행됨을 시사한다.

6. 요약

문법 부호화는 입력물로서 어떤 메시지를 취하여 산출물로서 표면구조를 전달한다. 이런 과정은 고도로 자동적이며 무-의지적인 것 같다. 모든 메시지에 대하여 화자가 어떤 의사소통 목적을 도달하는 데에 다양한 문법상의 대안 형태들 중에서 어느 것이 가장 효과적일 것인지 살펴보는 일은 아닐 것이다.

이 장의 첫 번째 절에서는 그렇게 자동적인 부호화에 대한 가능한 얼개를 간략히 서술하였다. 곧, 캠픈 · 흔캠프(Kempen and Hoenkamp 1987)의 '점증적 산출 문법'이다. 그 흐름도는 화자에 대한 모형으로서 여러 가지 매력적인 특징을 지닌다. 그것은 어휘상으로 도출되며, 화자에게 이용 가능하도록 만드는 메시지 단편들을 어떤 것이든 취하면서 왼쪽으로부터 오른쪽으로 '점증적으로' 산출된다. 그것은 주요 구성성분들을 병렬적으로 산출한다. 우리가 살펴보았듯이 이는 발화 유창성이 설명되어야 하는 경우에 필요조건이 된다. 그것은 흥미롭고 자명하지 않은 다양성에 대하여 언어상으로 적형식을 갖춘 구조를 산출해 준다. 무엇보다도 그 모형은 어떤 존재 증명이다. 곧, 중요한 측면에서 실제 화자처럼 행동하는, 무-의지적 문법 부호화 흐름도 구성에 대한 실현 가능성을 보여 주는 것이다.

처리 체계에 대한 얼개는 이따금 그것이 잘못되거나 실패하는 방식들 때문에 투명해진다. 여러 가지 유형의 발화 실수들을 캠픈 · 흔캠프

(1987)의 기본틀에 있는 접점들과 관련지으려는 노력이 이뤄졌다. 낱말들의 차례 뒤바꾸기와 구들의 차례 뒤바꾸기는, 절차를 밟고 있는 산출물의 전달 과정이나 도착지에서의 오류들에 말미암을 수 있다. 그 흐름도는 또한 활용요소들과 억양을 그대로 눌러 앉히기를 예측할 수 있었다. 이들 예측은 오류 자료들로부터 나온 다양하지만 고무적인 범위의 증거와 부합하였다.

이동 요소의 도착지 실수와는 별도로, 우리는 순서 짓기에 대한 실수들을 구별하였다. 분명 이들은 그 흐름도에서 범주형성 절차들에 의해서 가능하지만 부적합한 순서 짓기 얼개의 선택에 말미암는 것이다. 그런 실수가 실제로 일어날 수 있지만, 분명히 대량으로 일어나는 것은 아니다. 오히려 자리바꿈이 더 빈번하다. 대부분의 경우는 낱말이나 더 작은 분절음이 약간 잘못 놓인 것들이다. 개뤗(Garrett 1982)과 함께, 우리는 이것들을 처리 층위의 다음 층위에서 일어나는 실패로 귀속시켰다. 거기에서 음운 형식이 입력되는 것이다.

그러고 나서 이 장에서 문법 부호화에서의 다양한 실험연구 영역들을 살펴보았다. 첫째, 포드·홈즈(Ford and Holmes 1978) 등의 연구가 언급되었다. 이들 연구에서는 기본절로부터 기본절로 진행하는 부호화 운율의 존재를 시사하였다. 즉, 통사적 표면 구성성분들보다는 오히려 메시지에 있는 주요한 의미 결합체를 뒤따르는 것이다. 둘째, 주제적이며 쉽게(*highly*, 고도로) 접속 가능한 개체들에 대한 부호화가 논의되었다. 주제어 정보는 보통 그 문장에서 일찍 그리고 바람직하게 문법상의 주어로 부호화됨을 살펴보았다. 또한 그 메시지의 의미역 구조에 있는 다양한 논항들이 어떻게 문법상의 기능들과 어순 위치를 놓고서 배분될 것인지도 살펴보았다. 만일 다양한 논항과 수식어들의 상대적 중요성이 문법 기능의 배당과 구성성분 위치에 반영되어 있다면, 문법 부호화는 '합치'된 것으로 언급되었다. 어떤 체계적인 합치 기제가 존재하며, 흥미를 끄는 정도로 그것이 보편적임을 보여 준 여러 가지 연구들이 개관되었다. 셋째, 확정적 속성·대명사로 되는 성격·강세 주기(강세 벗기기)의 산출에 대한 언급도 이뤄졌다. 이것들이 현행 발화의 해석을 더 앞서서 말해진 것이나 또는 이제 곧 말해질 것에다 연결해 주는 대용적 문법 기제이다. 이것들이 담화의 결속에 기여한다. 두루 여러 언어들에 걸친 증거에서는, 화자가 지시내용의 결속을 수립하기 위하여 이용하는 문법 기제들에서 유사점과 차이점을 둘 모두 보여 주었다. 게다가, 발화가 그 담화에 있는 이전 발화의 통사적 특징을 반복한다는 의미에서의 통사적 결속도 있었다. 실험상으로 유발될 수 있는 이런 현상은, 메시지 수준의 입력물과는 독립적으로, 문법 부호화 절차들이 치우칠(*biased*) 수 있음을 보여준다.

마지막으로, 되짚어보기의 논제가 다뤄졌다. 문법 부호화가 메시지 구성에 영향을 줄 수 있을까? 또한 음운 부호화 문법 부호화에 영향을 끼칠 수 있을까? 결론들은 아주 간단하였다. 첫 번째 종류의 되짚어보기에 대한 실험적 증거는 존재하지 않았다. 우리는 메시지 구성이 문법 부호화의 층위로부터 나온 즉각적 되짚어보기가 없이 진행된다는 '단원체 가정'을 유지할 수 있었다. 그렇지만 음운 부호화로부터 문법 부호화 쪽으로 되짚어보기의 가능성에 대한 분명한 증거가 있다. 이런 되짚어보기에 대한 최소한의 해석은, 다음 음운 부호화 층위에서 문젯거리가 생겨날 때, 그것이 통사 얼개를 고쳐 놓는 일로 이뤄진다는 것이다.

여기서는 제 1절에서 원저자와 번역대상 과제를 소개하고, 제 2절에서 책의 내용을 간략히 소개 겸 해제를 하며, 제 3절에서 각 장의 요약을 하고, 제 4절에서 옮긴이의 생각을 몇 가지만 덧붙이기로 한다.

I

이 책의 저자 르펠트(Willem J. M. Levelt, 1938~)는[1] 네덜란드 사람으로, 언어산출 분야의 연구에서 탁월한 학자이다. 1980년 막스 플랭크 언어심리학 연구소(Max Planck Institut for Psycholinguistics) 창설 이래, 25년간 소장직에 있으면서 여러 가지 중요한 연구들을 주도했다. 2006년 퇴임한 뒤 같은 연구소의 명예소장으로 있다.

저자의 주요 경력은 다음과 같다. 네덜란드 라이든대학교(Leiden University)에서 심리학을 전공하고, 1965년 "두 눈의 경합"(*On binocular rivalry*)으로 박사학위를 받은 뒤, 박사 후 연구생으로 미국의 유수

1) 더 자세한 내용은 저자의 웹페이지를 참고하기 바란다(http://www.mpi.nl/Members/PimLevelt). 옮긴이와 전자 서신을 주고받을 때에는 'Pim Levelt'라고 불렀는데, 아마 Willem의 화란어 애칭인 듯하다.

연구소에서 연구하였다. 1966년에 하버드대학교 '인지연구센터'에서 밀러(George Miller)와 브루너(Jerome Bruner)의 지도를 받고, 1967년에 미국 일리노이대학교 '비교언어심리학 센터'에서 오스굿(Charles Osgood)의 지도를 받았다.

1967년부터 1970년까지 네덜란드 그로우닝언(Groningen) 대학 심리학과 부교수와 정교수를 역임하고, 1971년에 네덜란드 네이메이건(Nijmegen) 대학 심리학과 정교수로 자리를 옮겼다. 1976년과 1979년 사이에 막스 플랭크협회 언어심리학 연구모임(Project Group for Psycholinguistics of the Max Planck Society)을 이끌었고, 1980년에 막스 플랭크 언어심리학연구소(Max Planck Institute for Psycholinguistics)를[2] 창설하여 소장직에 취임하였다. 또한 같은 해부터 막스 플랭크협회 언어심리학 분과 의장직을 맡아왔다. 2000년부터 2005년까지 네덜란드 왕립 예술 및 과학 학술원 의장(President of the Royal Netherlands Academy of Arts and Sciences)을 지냈다.

저자는 올해까지 11권의 전문서를 출간하고 230편이 넘는 논문들을 발표하였다. 그의 누리집에서[3] 130편 이상의 논문을 'pdf' 파일로 내려받을 수 있다. 언어심리학에 관련된 일부 주요 책자는 다음과 같다. Levelt(1974) 《언어학과 언어심리학에서 형식 문법 *Formal grammars in linguistics and psycholinguistics*》(The Hague: Mouton) 총 2권;

2) '막스 플랭크 과학진흥 협회'(Max-Planck-Gesellschaft)는 독일을 중심으로 하여 여러 곳에 흩어져 있는, 78개 연구소들이 네트워크를 이룬 협회다(http://www.mpg.de). 이 협회의 산하 연구소들은 '막스 플랭크 연구소'라는 명칭을 쓴다. '막스 플랭크 언어심리학 연구소'의 웹페이지는 다음과 같다. http://www.mpi.nl

3) http://www.mpi.nl/Members/PimLevelt/Publications

Levelt and Flores d' Arcais 편(1978) 《언어 지각의 연구 *Studies in the perception of language*》(New York: Wiley); Levelt, Mills, & Karmiloff-Smith(1981) 《유럽과학재단 국가들에서 어린이 언어 연구 *Child language research in ESF Countries*》(Strasbough: European Science Foundation); Levelt 편(1993) 《발화산출에서 어휘접속 *Lexical access in speech production*》(Cambridge: Blackwell).

1989년 MIT 출판부에서 나온 이 책 《말하기: 그 의도에서 조음까지 *Speaking: From Intention to Articulation*》는 언어산출 분야에서 처음 시도된 종합 연구서이다. 분량 또한 500쪽이 넘는다. 이 책이 출간되자마자 언어산출과 관련된 여러 분야로부터 많은 서평들이 나왔다. 현재 언어산출과 관련하여 가장 중요한 문헌의 하나로 간주되고 있다. 르펠트의 모형을 검토하는 후속연구들도 계속 출간되고 있는데, 특히 Härtl and Tappe 편(2003) 《개념과 문법 사이의 매개 *Mediating Between Concepts and Grammar*》(Berlin: Mouton de Gruyter)와 Pechman and Habel 편(2004) 《언어산출에 대한 학제연구 *Multidisciplinary Approaches to Language Production*》(Berlin: Mouton de Gruyter)가 주목된다.

II

언어는 인간을 우주 속에서 가장 독보적인 존재로 만들어 주는 가장 독특한 특성 중 하나이다. 언어는 인류진화의 역사 속에서 현생인류인 크로마뇽인에 의해 중기 구석기시대에서부터 발현된 것으로 추정된다. 어떤 독특한 언어기관이 생겨나고, 복합적인 여러 인지기관들의 긴밀한 뒷받침을 받아 '언어사용'이 이뤄지는 것이다. 이처럼 중요한 언어의 연구는, 문명의 시작과 더불어 언어에 대한 자각들이 부분적으로 있었으나, 19세기에 들어와서야 본격적으로 시작된다. 언어를 산출하고 이해하는 심리과정에 대한 연구는, 언어학에서 혁명으로 불리는 시기인 1950년대 이후 현재의 모습을 갖추게 된다.[4] 언어와 관련된 분야는 현대에 들어서야 시작된 매우 젊은 학문이다. 그렇지만 현대 기술문명의 도움을 받아 어느 분야 못지않게 심층적인 연구가 이뤄지고 있다.

언어를 다룰 때에는 반드시 포괄적으로 우리 인간의 정신이나 인지를 다루는 방식이 전제된다. 가장 중요한 시작점은 튜링(Turing, 1912~1954)의 보편지능에 대한 논의이다.[5] 그는 임의의 개체가 적어도

4) 우리말로 읽을 수 있는 압권은 이정모 · 이재호 편(1998) 《인지 심리학의 제문제 II》(학지사)와 조명한 외 11인(2003) 《언어 심리학》(학지사)이다. 특히 앞 책의 제1부에서 언어심리학의 연구사에 대하여, 그리고 뒤 책의 제13장에서 진화론 관점에 대하여 큰 지도를 그릴 수 있다. 최근 언어 진화와 관련된 논쟁이 있었다. Hauser, Chomsky, and Fitch 2002 "언어 능력: 그것이 무엇이며, 누가 지녔고 어떻게 진화하였을까? The Faculty of Language: What Is It, Who Has It, and How did It Evolve?", *Science*(298호)에서는 '협의의 언어 능력'(FLN)을 반복 함수(*recursion*, 회귀 함수)로 보고, 이것만이 유일하게 인간 특유의 속성이며, 생물학적 기반으로 갖고 있다고 하였다. 여타 능력인 '광의의 언어 능력'(FLB)은 다른 생물과 인간이 공유하고 있는 능력이라고 주장하였다. 이런 주장에 맞서 Jackendoff and Pinker 2005 "언어 능력의 본질과 언어 진화에 대한 함의 The Nature of the Language Faculty and its Implications for Evolution of Language", *Cognition*(97권 2호)에서는 인간 특유의 속성을 '협의의 언어 능력'에만 국한시킬 수 없음을 논박하고 있으며, 반복 함수로 설명할 수 없는 언어 현상들을 거론한다.

5) Turing(1950) "계산기계와 지능 Computing Machinery and Intelligence" 《정신 *Mind*》(제 56-239호). 옮긴이의 누리집에 우리말 번역을 올려두었다

10^9이라는 뇌세포 임계량을 넘어서야 '입출력 · 저장 · 중앙연산' 처리장치를 갖추게 되고, 비로소 지능이 발현된다고 보았다. 임의의 정신 또는 인지가 거대한 '입출력' 연산과정으로 모의될 수 있음이 밝혀지자, 인간정신을 다루는 가정들이 제안되기 시작하였다. 먼저 인간의 정신 또는 인지의 작동단위가 명제인지(Fodor 1975 《사고의 언어 *The Language of Thought*》 Harvard Univ. Press), 명제와 심상인지(Kintsch 1974 《기억에서의 의미표상 *The Representation of Meaning in Memory*》 Lawrence Erlbaum), 명제와 심상과 또 다른 상위처리 단위인지(Johnson-Laird 1983 《정신 모형 *Mental Models*》 Harvard Univ. Press)에 대하여 여러 가정이 제시되었다. 또한 이런 단위들이 엄격히 독자적인 여러 단원체로 이뤄져 연산되는지(Fodor 1983 《정신의 단원체 속성 *The Modularity of Mind*》 MIT Press), 또는 동시에 여러 부서들이 연결되어 처리되는지(Rumelhart, McLlelland and the PDP Research Group 1986 《병렬분산처리 *Parallel Distributed Processing*》 MIT Press, 2 volume set), 아니면 두 방식이 서로 혼합되거나 통합되어 있는지(Marcus 2001 《대수적 정신모형 *The Algebraic Mind*》 MIT Press)에 대해서도 논의되었다.

언어심리학 연구가 깊이 있게 진척되지 않았던 시기에는 언어산출과 이해의 과정이 비슷하거나 동일할 것으로 짐작되었다. 막연히 언어산출의 과정을 거꾸로 진행시키면 언어이해의 과정이 되며, 언어이해의 과정을 거꾸로 진행시키면 언어산출 과정이 되는 것으로 보았다. 그렇지만 두 과정이 기본적으로 단원체 가정을 따라 진행된다는 점만

(http://nongae.gsnu.ac.kr/~jhongkim).

제외하고서는, 서로 다른 경로를 따라 일어남을 알게 되었다.

산출은 '의사소통 의도'를 지니고서 복합개념들이나 어떤 메시지를 마련하는 일이 첫 단계가 된다. 이 메시지가 언어형식을 갖추기 위해서는 반드시 머릿속 어휘부에 있는 '레마'(*lemma*, 통사 · 의미 정보값)를 매개로 하여 낱말과 통사를 인출하고, 관련된 곡용과 활용어미들을 붙여 넣어서 '표면구조'를 산출한다. 이 표면구조는 음성으로 실현되기 위해 형태-음운 및 음성부서로 들어가며, 여기서 음절과 운율과 억양 등이 모두 갖춰지게 된다. 이는 내적 발화형태가 되며, 필요에 따라 화자에 의해서 스스로 점검될 수 있다. 이것이 조음기관을 거쳐 실제 발음되어 나오는데, 이런 외현발화도 맨 먼저 화자 자신에 의해 점검이 이뤄진다. 여기서 이들 단원체를 이어주는 중추적 매개체는 메시지와 언어형식을 연결시켜 주는 머릿속 어휘부의 '레마'이다. 이들 과정을 뒷받침해 주기 위해 필요한 작업기억은 다만 통사와 음운 처리과정에 관련된 '임시저장고'들이다. 이는 일종의 단기기억으로서 배들리(Baddeley 1986 《작업기억 *Working Memory*》 Clarendon)의 작업기억 모형이 더 수정되거나 확장될 필요가 없다.

그렇지만 특히 글말을 중심으로 밝혀진 언어이해의 과정은, 킨취의 '구성-통합'(CI) 모형에 따르면,[6] 크게 덩잇글의 표면구조로부터 시작하여 미시명제와 거시명제를 만들어 내면서 텍스트 기반을 형성한다. 텍스트 기반을 장기기억 속에 보관하기 위하여 상황모형을 만들어 내는 과정이 이어진다. 이런 단계들을 매개해 주는 중추요소는 이해주체

6) 킨취(1998) 《이해: 인지 패러다임 *Comprehension: A Paradigm for Cognition*》(Cambridge University Press). 옮긴이 누리집에 전체 번역을 올려놓았다(http://nongae.gsnu.ac.kr/~jhongkim).

의 배경지식 속에 들어 있는 '거시명제' 후보들이다. 이런 측면에서 이해는 구성보다 통합과정에 더 무게가 실려 있다(짐작의 정교화 과정으로 말할 수 있음). 이 과정을 유기적으로 진행시키기 위해서는 반드시 장기기억의 일부를 빌려 작업기억으로 이용해야 한다. 이를 '장기 작업기억'(LTWM)이라고 부르며, 배들리의 작업기억 모형과는 관련되지 않는다. 이해의 과정의 마지막 단계는 심상으로 된 상황모형이다. 그렇지만 상황모형이 산출의 첫 단계인 복합개념들이나 메시지 형성단계와 동일하지도 않고 관련도 없다. 결국 언어산출과 언어이해의 과정은 비록 일부 겹치는 영역(어휘부와 명제형성 등)이 있겠지만, 서로 고유한 경로로 이뤄지는 것으로 보는 것이 온당하다.

언어산출에 대한 '강한' 단원체 이론은 우리가 경험하는 언어산출 내용을 왜곡해 버린다. 언어산출에서는 한 부서에서 정보처리가 완전히 다 끝난 다음에, 다른 부서로 정보를 전달하는 것이 아니다. 산출단위들은 자립할 수 있는 제일 작은 도막들로 계속 이어진다. 이를 '점증적 산출과정'(또는 분트Wundt의 원리)이라고 부른다. 이 도막들에 대한 점검과정을 통하여, 수시로 산출결과가 다시 수정될 수 있다고 본다. 이런 가정을 통하여 언어산출 과정은, 융통성을 많이 확보하게 된다. 이는 아래와 같은 그림으로 제시될 수 있다(Levelt 1999:87).
이 그림은 이 책에서 제시된 〈그림 1-1〉을 약간 수정한 것이다. 이전의 그림은 세 가지 부서가 일직선으로 이어져 있었다.

'개념 형성기 → 언어형식 주조기 → 조음기관'

그러나 여기서는 두 개의 부서만을 상정해 놓았다. 곧, '수사학적-의미론적-통사론적 체계' → '음운-음성 체계'로 더 단순화되었다. 이렇게 단순화된 모형은 언어기호가 '내용'과 '형식'으로 이뤄져 있다는 직

언어산출 체계의 청사진 (Levelt 1999)

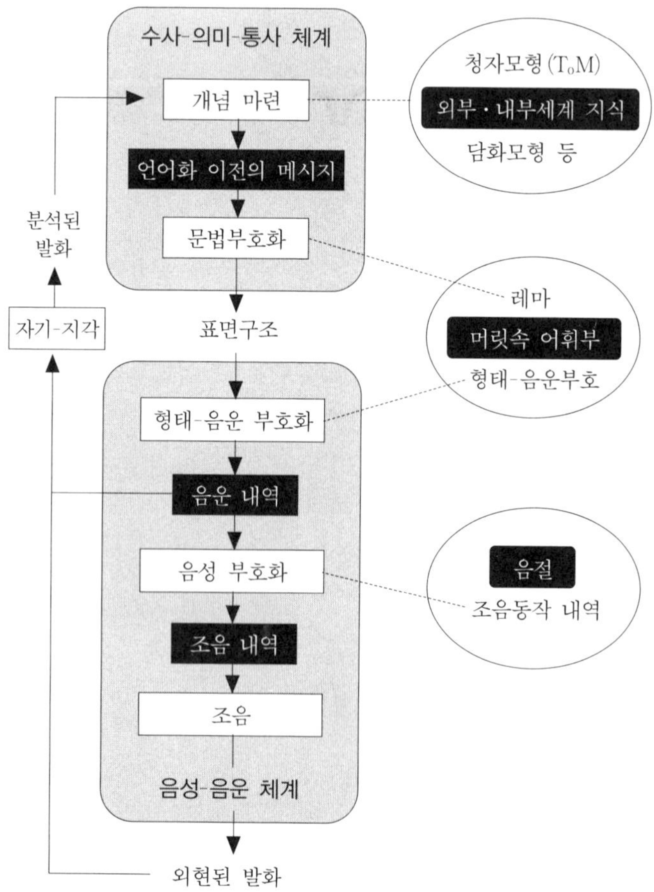

관에도 잘 부합된다. 이런 단계들의 설정은 발화에서 찾아지는 오류 또는 말실수들에 대한 자료를 통하여 심리학적 실재임을 논증된다.

위 그림의 맨 처음 나온 단원체는 '개념 마련' 부서이다. 의사소통을 하기 위하여 화자는 지금까지의 직접·간접 경험을 받아들여 장기기억에 배경지식으로 저장해 둔 세계지식을 활용한다. 의사소통은 반드시 상대방이 전제되므로, 의사소통을 하기 위해서는 청자에 대한 모형을 수립해야 한다.7) 담화모형 등이 포괄적으로 이런 내용을 가리킬 수 있다. 의사소통이 모두 언어표현으로만 이뤄지는 것이 아니지만, 전형적으로 언어표현으로 될 수 있다는 점에서, 언어화 이전의 메시지들을 명제의 표상으로 나타낼 수 있다. 명제는 프레게(Frege, 1848~1925)의 양화표현을 갖는 술어논리에 따라 '논항-함수'의 구조로 표상되며, 논항마다 관련된 의미역할이 배당된다. 이런 언어화 이전의 메시지는 언어로 표현되기 위하여, 먼저 서술관점이 정해지고 서법이 정해져야 하며, 여기에 따라 머릿속 어휘부에 있는 '레마'를 인출해야 한다. 이는 대체로 점증적으로 처리되며, '왼쪽으로부터 오른쪽으로' 진행되어 나간다. 이 처리절차가 끝나면 '표면구조'가 생성되어 나온다. 여기까지가 '수사학적-의미론적-통사론적 체계'의 임무이다.

하나의 '레마'는 선택되는 즉시 그 형태부호가 활성화된다. 따라서 화자는 그 항목의 형태와 음운구성에 접속하게 된다. 이는 음운낱말을 수립하는 기본재료가 된다. 특히 통사적 맥락에서 한 낱말의 음절들을 산출하는 데 이용되는 것이다. 이런 점을 반영해 주기 위하여 앞의 그림에서 '레마'는 두 가닥의 점선이 그려져 있다. 위쪽 점선은 문법 부

7) 그림에서 'ToM'은 Premack and Woodruff(1978)의 용어인 '정신의 이론'(*Theory of Mind*)을 가리킨다.

호화에 관여하며, 낱말들을 모아 문장으로 만들어 준다. 아래쪽 점선은 낱말의 형태와 음운구성을 만들어 주는 정보를 제공해 주는 것이다. 음운 부호화에서는 그 발화의 '음운내역'이 점증적으로 세워져 나간다. 음절화된 낱말과 구 및 억양유형이 만들어지는 것이다.

음운내역에 있는 음절들은 각각 조음동작을 촉발시켜야 한다. 음성 부호화는 발화의 '조음내역'에 대한 점증적 산출과정이다. 이 단계는 이어서 바로 조음실행 단계로 들어간다. 이는 후두와 후두 상위기관 등에 의해서 외현된 말소리를 산출해 내는 것이다. 이것이 음운-음성 체계에서 일어나는 일들이다.

그런데 우리는 말을 할 때에 우리 자신의 외현발화는 물론, 내적 발화도 점검을 하게 된다. 앞의 표에서는 맨 왼쪽에 스스로 지각하는 부서가 나와 있다. 음운-음성 체계의 산출물인 외현발화를 점검할 수도 있고, 그 속에 들어 있는 '음운내역'(이를 '내적 발화'로 부름)을 스스로 점검할 수도 있는 것이다. 이런 점검과 분석의 결과, 만일 말실수나 오류가 있을 경우에 고치기가 일어난다. 고친 다음에는 다시 그림의 화살표가 보여주듯이 첫 부서로 재입력되는 것이다.

Ⅲ

이 책은 모두 12개 장으로 구성되어 있다.[8] 제 1장과 제 2장은 개관에 해당된다. 제 1장에서는 산출 모형에 대한 기본얼개를 제시하고,

8) 이 책의 중요성을 반영해 주듯이, 이 책에 대한 서평이 여러 사람에 의해 이뤄졌다. 맨 뒤에 있는 참고문헌에 일부 서평의 출처를 밝혀놓았다. 그 내용들을 일일이 거론할 수 없지만, 그 중에서도 Merrill F. Garrett(1990)의 서평이 가장 자세하고 또한 가장 중요하며 권위가 있음을 밝혀둔다.

자동적 처리과정과 화자 점검 처리과정이 구분되었다. 대체로 문법 부호화 · 형태-음운 부호화 · 조음의 과정은 반사작용과 같이 신속히 일어나며, 우리가 주의를 기울이거나 의식할 수 없다. 그렇지만 메시지를 마련하는 단계와 '내적 발화'로 불리는 음성계획에는 화자가 주의를 기울일 수 있고, 잘못이 있을 경우에 곧 고쳐질 수 있다.

제 2장에서는 말하기의 전형적인 모습인 대화를 소개하고 있다. 화자와 청자는 그라이스(Grice)의 네 가지 대화규범에 따라 서로 긴밀히 협동하게 된다. 화자는 자신의 의도를 청자가 알아차릴 수 있도록 배려해 주며, 청자 또한 거기에 맞춰 특정한 반응을 보여 주게 된다. 이들 언어 표현 행위들은 주장이나 명령이나 언약이나 감정표출 또는 선언 등의 범주로 나눌 수 있다. "기차가 오고 있다"는 표현은 그 표현이 쓰이는 상황에 따라 서로 다른 속뜻이 담긴다. 그 표현이 경고일 수도 있고, 정보를 알려주는 것일 수도 있으며, 진위에 대한 명제일 수도 있다.

제 3장에서부터는 화자가 언어로 표현되기 이전의 복합개념들로부터 시작하여, 언어 표현을 만들어 내고, 목소리로 소리를 내며, 그 산출물을 스스로 점검하는 과정을 다룬다. 제 3장과 제 4장에서는 개념 형성기를 다룬다. 제 5장에서부터 제 10장까지는 머릿속 어휘부와 언어 형식 주조기를 다룬다. 제 11장에서는 조음기관을, 마지막 제 12장에서는 스스로 점검하고 스스로 고쳐나가는 일을 다룬다.

제 3장에서는 언어로 되기 이전의 메시지를 다룬다. 언어화 이전의 메시지는 명제 표상으로부터만 이뤄지는 것이 아니라, 또한 공간적 형태나 근육 감각적 형태나 다른 형태를 띨 수도 있다. 그렇지만 발화 산출체계가 작동할 수 있기 위해서는 이들이 명제 형태로 바뀌어야 한

다. 인지 개념은 한 무리의 개체들 사이에서 동시에 여러 관계를 담을 수 있다. 즉, 동일한 사건이 능통태의 문장으로 될 수도 있고, 또한 수동태의 문장으로도 될 수 있는 것이다. 개념 형성기는 어떤 개념에 대한 명제 표상을 메시지로 바꿔 준다. 이는 세상에 있는 사건들에 대하여 서술하는 것으로서, 명제 구조를 갖고 있고, 논항-함수 구조로 표현되며, 의미 구조를 지니는 것이다.

제 4장에서는 메시지 생성에 대한 거시적 설계와 미시적 설계를 다룬다. 이들은 담화 상황이나 맥락에 따라 그 진행 방식은 민감하게 달라진다. 이런 상황 또는 맥락이 화자의 '담화모형'이라고 불린다. 거시적 설계는 무엇을 어떤 순서로 말할지 결정하는 일이다. 즉, 의사소통 의도를 구현해 줄 일련의 목표 및 하위 목표들을 선택하고 정교히 가다듬는 일로 이뤄진다. 여기서는 '담화 초점'이 중요한 개념이 된다. 담화의 초점은 점진적으로 바뀌어 나간다. 화자는 의사소통 의도를 구현해 주기 위하여 무엇이 말해져야 하는지를 점검해야 한다. 뿐만 아니라 대화 상대방이 자신의 말을 이해하고 잘 따라올 것인지도 점검해야 한다. 미시적 설계는 청자로 하여금 화자의 의도를 제대로 인식하게 해 줄 언어 표현 정보들을 구체화해 주는 일이다. 가령 지시대상을 선택하고, 관련된 담화모형 속에서 그 대상을 서술하며, 그 표현의 서술관점을 선택하고, 그 표현이 수식어를 갖는지를 결정하며, 그 표현의 서법들도 정해주는 것이다(Levelt 1999:93).

제 5장에서 제 7장까지는 언어형식 주조기의 첫 부분인 문법 부호화 과정을 다룬다. 이는 언어화 이전의 메시지로부터 나온 표면구조를 만들어 내는 과정이다. 이는 어휘에 의해서 주도된다. 또한 오른쪽에서부터 왼쪽으로 점증적으로 산출되며, 주요 문장 구성성분들을 나란히

생성해 준다. 이 때 영어처럼 '형상성'을 갖고 있는 언어들은 어순이 고려되며, 한국어처럼 형상성을 갖고 있지 않은 것으로 언급되는[9] 언어들은 문법기능을 나타내는 표지들을 붙여 넣게 된다. 앞장에서 논의된 초점 표지는 그대로 '레마' 층위까지 스며들어 내려간다.

제 6장에서는 머릿속 어휘부에 있는 어휘 항목의 구조를 다루고 있다. 각 어휘는 의미 · 통사 · 형태 · 음운 속성들을 갖고 있다. 의미와 통사 속성은 문법 부호화 장치에 의해서 이용되고, 형태와 음운 속성은 음운 부호화 장치에 의해서 이용된다. 부호화될 개념과 의미상 부합되는 경우에는 하나의 낱말이 선택된다. 가령 '주다'라는 낱말이 선택될 경우, 그 일부 속성을 살펴보기로 한다. 다음에 그 일부 속성을 표시해 놓았다(원문 191쪽).

---

9) 생성문법에서 형상성(*configuration*)은 어순이 고정되어 있는지 여부를 다루는 개념이다. 우리말에서는 어순이 자유롭다는 피상적인 관찰만으로 형상성이 없는 것으로 치부된 적이 있다. 그렇지만 다음 예에서 보듯이 어순이 바뀌면 뜻이 달라져 버리는 경우가 있다.

(ㄱ) 철수가 장난감을 고물로 만들었다.

(ㄴ) 철수가 고물로 장난감을 만들었다.

이 두 예문은 형태가 동일하고, 오직 어순만이 다르다. 그렇지만 이들이 결코 같은 의미를 지니는 것은 아니다. (ㄱ)은 파괴적인 해석을 지니지만, (ㄴ)은 생산적인 해석을 지닌다. 이 점은 감안한다면, 초기 표상에서는 우리말에서도 형상성이 주어진다고 가정해야만 옳다. 즉, 담화나 화용 조건에 따라서, 일부 낱말들이 자유롭게 이동이 일어난다고 설명해야 하는 것이다.

주다 개념 명세내역: 야기하다(X, (가다소유물 (Y, (부터-까지 (X, Z)))))
개념 논항: (X, Y, Z)
통사 범주: 동사
문법 기능: (주어, 직접목적어, 간접목적어)....... 이하 생략

여기서는 '주다'의 통사 범주가 동사이며, 개념 논항 'X, Y, Z'를 갖고 있고, 이들이 각각 주어와 직접목적어와 간접목적어로 실현됨을 표시해 주고 있다. 이 동사의 개념은, 어떤 대상물 Y가 소유주 X로부터 수혜주 Z까지 가는 것인데, 그 사건을 소유주 X가 일으키고 있음을 나타낸다. 그렇지만 저자의 각주(번역에서는 제6장 각주 8번임)에 적어 놓았듯이, "The bright lights gave Santa's arrival a colorful appearance"(여러 가지 밝은 빛들이 산타클로스의 도착을 다채로운 출현이 되도록 해 주었다)는 표현은 위에서 요구된 논항 유형을 갖고 있지 않다. 주는 대상도 없고, 받는 대상도 없는 것이다. 이런 사실은 하나의 어휘가 맥락과 무관하게 고정적인 값을 갖는다고 강하게 가정할 수 없게 한다. 하나의 어휘는 맥락에 따라 비유적으로 확장될 수 있도록 만들어 놓을 필요가 있다. 이는 한 어휘를 규정하는 속성들이 그 자체로 자족적일 수 없음을 의미한다. 또한 이 책에서 예시한 어휘 표상이 다만 시범을 보이기 위한 방편이라는 한계도 보여 주는 것이다.

제7장에서는 표면구조의 생성과 관련하여, 문법 부호화 단위, 주제와 핵심 항목들의 부호화, 통사 결속 등이 다뤄진다. 제8장에서부터 제10장까지는 문법 부호화 장치에 의해서 산출된 표면구조로부터 연속 발화를 구성하는 음성계획으로 넘어간다. 이는 발화의 내적 형식으로 모든 낱소리들이 조음기관으로 들어가기 위해 마련되는 부서이다.

이곳에서는 자연스런 말실수나 유도된 발화 오류들을 관찰하고 분석하면서, 여기서 제시된 부서들의 심리학적 실재성을 확인해 준다.

제11장에서는 낱소리를 산출해 주는 조음의 실제 작동과정들을 다룬다. 여기서는 조음 운동을 제어하는 대립 이론들을 소개하고(배치 프로그램 이론, 덩어리-용수철 이론, 변별자질 표적 이론, 발성 기제의 내적 모형에 근거한 제어 이론, 협력작동 구조 이론 등) 거기에 따른 많은 실험 증거들도 요약하여 제시해 준다. 그렇지만 여전히 저자는 아직도 확실치 않은 부분들이 많이 있음을 인정하고, 추가적인 후속 연구가 필요하다고 지적한다.

제12장에서는 스스로 고치는 일을 지배하는 언어학적 제약들을 논의하고, 점검에 대한 편집-수정기 이론과 연결주의 이론을 소개한다. 그런 수정은 반드시 청자에게 화자가 고치고 있음을 인식시켜 주어야 한다. 이를 표시해 주기 위하여 화자는 청자에게 알려질 수 있는 신호들을 이용해야 한다. 이런 신호들은 보편적이거나 또는 문화적으로 결정된다. 화자가 자신의 발화에서 어떤 표현을 고쳤을 때에, 청자는 잘못된 기존 표현을 새롭게 고쳐진 표현으로 대체하여 일관된 해석을 지속해야 한다. 이런 해석을 보장해 주기 위한 규칙은 언어학적인 형식으로 되어 있는 것이 아니다. 보다 광범위한 인지 전략이 동원되는 것이다.

Ⅳ

이 책은 현재 단원체 가정을 받아들인 연산주의 관점에서 말하기 과정이 어떻게 이뤄지는지를 명시적으로 종합화해 놓은 첫 업적으로서 가치가 대단히 크다. 언어산출 관련 부서들 중에는 우리가 주의를 기울여 접속할 수 있는 것도 있고, 그렇지 않고 무의식적이며 자동적인 것도 있다. 그런데 이들의 실재를 입증하기 위하여 이용된 논거들은 실험 자료로부터 얻어진 것들이 많다. 이는 자연스런 대화 맥락에서 우리가 어떻게 말하는지를 연구하기가 사실상 어렵기 때문이다. 실험 조건은 언제나 쉽게 중립성임이 보장되는 것이 아니며, 피험자들의 수행에 영향을 주는 여러 가지 변인들이 복잡하게 작용할 것이다. 이런 점들이 물리학과 같은 엄격한 과학과 심리학을 구별해 놓는다. 이 책을 전개해 나가면서 저자가 몇몇 군데에서 아직 우리가 언어산출의 실상을 정확히 알 수 없다고 언급한 대목도 이런 한계를 그대로 보여 준다. 기존의 방식으로는 더 나은 논의가 어려울 것이다. 앞으로 뇌의 작용에 대한 연구가 발전해 나감에 따라, 미진한 부분들이 더 보충되고 확정되기를 기대할 수밖에 없다.

저자는 적격한 모든 대화에 대한 '완벽한' 집합을 상징적 표상을 다루는 '규칙 체계'들이 그려낼 수 없음을 인정한다.[10] 이는 언어사용의 밑바닥에 늘 자유의지(*free will*)가 깔려 있기 때문이다. 강한 의미의 자유의지는 언제나 규칙을 벗어난다. 마치 강한 의미의 '창조성'을 형식적으로 규정할 수 없는 것과 동일한 이치이다. 그러나 약한 의미의

10) 특히 원문 39쪽을 보기 바람(No finite set of rules can ever delineate the full set of well-formed conversations).

자유의지는 분명히 어떤 경향이나 성향을 지닌다. 우리는 이 부분을 조건화하거나 규칙으로 다뤄 나갈 수 있는 것이다. 자유의지는 결코 필연적이며 기계적인 인과율에 의해 지배되는 것이 아니다. 만일 규칙 체계를 기술하고, 그 체계대로만 움직였다면, 분명 그것은 인간이 아니라 로봇이나 꼭두각시에 지나지 않았을 것이다. 자연계의 인과율이 적용되지 않는다면, 인간의 행위를 다룰 방법은 없는 것일까? 인간의 누적된 행위 성향들이 어떤 조건이나 제약으로 기술될 수 있고, 그 조건이나 제약을 만족시킬 경우에[11] 어떤 결과가 뒤따르는 것이다. 이런 점은 의사소통에만 국한되는 것이 아니라, 불가피한 인간사의 본질 문제인 것이다.

옮긴이의 생각에, 언어산출과 관련하여 심도 있게 다뤄져야 할 사항을 세 가지만 마지막으로 지적해 두기로 한다. 첫째, 언어산출 과정은 태어나면서 미리 고정된 부서도 있을 것이고, 우리가 경험을 더 확대시켜 나감에 따라 줄기차게 변동하면서 커져 가는 부서도 있을 것이다. 이 책에서 개관된 언어산출의 흐름도는 다소 정적인 느낌을 준다. 매우 변동이 심한 부서는, 아마 스스로 자각할 수 있는 언어화 이전의 개념 형성기 부분이 그러할 것이다. 스스로 반성해 보면, 언어로 표현하기 이전에 생각을 구성해 내는 일이 더 품이 들고 어려운 것임을 알 수 있다. 이런 직관을 받아들이면, 언어산출을 다루는 일은, 우리 생각을 붙들어 내고 졸가리 잡는 일이 보다 더 중요한 몫을 차지할 수도 있다. 이런 점이 숙고될 필요가 있다.[12]

---

11) 킨취(Kintsch 1998: xiv, 2~5)에서 명시적으로 이해라는 인간의 인지과정을 '제약 만족 과정'(*constraint satisfaction process*)으로 간주한다.

12) 언어산출의 중요한 핵심 요소인 '의사소통 의도'를 다루려는 노력은, 초기에

둘째, 우리가 일상생활에서 쓰는 언어 표현은, 단순하고 직설적인 것만이 아니다. 간접적이며 변죽만 울리는 표현도 쉽게 관찰되고 또한 자주 쓰인다. 그렇다면, 의사소통 의도와 언어 표현이 늘 '1 : 1 대응' 관계에 놓이는 단순한 내용보다는, 몇 겹으로 둘러싸여 다소 불투명한 관계들도 언어산출에서 다뤄져야 할 것이다. 이런 측면은, 말해진 것과 말해지지 않은 부분이 공존한다는 점에서, 비유적 표현(제 2의 의미)의 산출과도 공유된 영역이 있을 듯하다. 왜 우리는 어떤 경우에 축자적인 표현을 쓰지만, 다른 경우에는 비축자적인 표현을 쓰려는 것일까? 언어산출의 연구가 심화되면 이런 현상도 심도 있게 다룰 수 있어야 한다.

셋째, 언어를 이해하는 경우에 상정된 '장기 작업기억'(*Long Term Working Memory*)에서와 같이, 언어산출과 관련하여서도 작업 기억의 역할이 분명 있을 것이다. 그 작업 기억은 무의식적으로 작동하는 임시저장고(*buffer*)만이 아니라, 우리가 계속 스스로를 반성하고 상대방의 반응을 고려하면서 말할 내용을 변경시켜 갈 수 있는 부서가 되어야 할 듯하다. 그렇지만 아직 언어산출 과정과 관련하여서 능동적인 작업기억이 본격적으로 다뤄지지 않은 듯하다.[13] 더욱이 이런 부서의

Grice(1971) "Intention and Uncertainty," *Proceedings of the British Academy* vol. #57, Grice(1986) "Actions and Events," *Pacific Philosophical Quarterly* vol. #67, Davidson(1980) *Essays on Actions and Events*(Clarendon) 등을 위시하여, 본격적인 논의들이 Cohen, Morgan, and Pollack(1990) eds., *Intentions in Communication*(MIT Press), Audi(1993) *Action, Intention, and Reason*(Cornell Univ. Press), Bratman(1999) *Faces of Intention*(Cambridge University Press), Mall, Moses, and Baldwin(2001) eds., *Intentions and Intentionality*(MIT Press) 등으로 출간되어 있다.

13) 언어산출과 관련하여 일부 작업 기억 내용을 다룬 Gathercole and Baddeley

존재는 앞에서 지적해 둔 '의사소통 의도'를 마련해 놓는 일뿐만 아니라, 자신의 발화 내용에 대한 점검 과정과도 통합적으로 작동할 개연성이 있다.

▪ 참고문헌

De Bot, K. (1992), "A Bilingual Production Model: Levelt's 'Speaking' Model Adapted", in *Applied Linguistics* 13(1), pp. 1~24.

Garrett, M. F. (1990), "Review of Speaking: From Intention to Articulation by Willem J. M. Levelt, Cambridge, MA: MIT Press 1989", in *Language and Speech* 33, pp. 273~291.

Levelt, W. J. M. (1992), "Fairness in Reviewing: A Reply to O'Connell", in *Journal of Psycholinguistic Research* 21(4), pp. 401~403.

Levelt, W. J. M. (1999a), "Producing Spoken Language: A Blueprint of the Speaker", in Brown and Hagoort eds. *Neurocognition of Language*, Oxford University Press, pp. 83~122.

Levelt, W. J. M. (1999b), "Models of Word Production", in *Trends in Cognitive Sciences* (Elsevier) 3(6), pp. 223~232.

O'Connell, D. C. (1992), "Book Review: Some Intentions Regarding Speaking", in *Journal of Psycholinguistic Research* 21(1), pp. 59~65.

Taylor, M. M. and I. Taylor (1990), "Review of 'Speaking: From Intention to Articulation'", in *Computational Linguistics* 6(1), pp. 52~56.

(1993:99) *Working Memory and Language* (Psychology Press)에서도 "작업 기억과 언어산출 사이의 관련성에 대하여 직접적인 증거는 상대적으로 거의 없다"(there is relatively little direct evidence concerning the relationship between working memory and language production)고 하였다.

Abbs, J. H., & Cole, K. J. (1982). Considerations of bulbar and suprabulbar afferent influences upon speech motor coordination and programming. In S. Grillner, B. Lindblom, J. Lubker, & A. Person (Eds.), *Speech motor control*. Oxford: Pergamon Press.
Abercrombie, D. (1967). *Elements of general phonetics*. Edinburgh University Press.
Anderson, J. R. (1976). *Language, memory, and thought*. Hillsdale, NJ: Lawrence Erlbaum.
Anderson, J. R. (1983). *The architecture of cognition*. Cambridge, MA: Harvard University Press.
Appelt, E. A. (1985). *Planning English sentences*. Cambridge University Press.
Arbib, M. A. (1981). Perceptual structures and distributed motor control. In V. Brooks (Ed.), *Handbook of physiology. The nervous system: Vol. 2. Motor control*. Bethesda, MD: American Physiological Society.
Atkinson, J. M., & Drew, P. (1979). *Order in court*. London: MacMillan.
Austin, J. L.(1962). *How to do things with words*. Oxford: Clarendon Press.
Baars, B. J., Motley, M. T., & Mackay, D. (1975). Output editing for lexical status from artificially elicited slips of the tongue. *Journal of Verbal Learning and Verbal Behavior*, 14, 382～391.
Baddeley, A. (1986). *Working memory*. Oxford: Clarendon Press.
Barth, E. M., & Wiche, R. T. P. (1986), *Problems, functions and semantic roles*. Berlin: De Gruyter.
Barwise, J., & Perry. J. (1983). *Situations and attitudes*. Cambridge, MA: MIT Press.
Bates, E., & Devescovi, A. (forthcoming). Competition and sentence production. In B. MacWhinney & E. R. Bates (Eds.), *Cross-linguistic studies of sentence processing*. Cambridge University Press.
Bates, E., & MacWhinney, B. (1982). Functionalist approaches to grammar. In E. Wanner & L. Gleitman (Eds.), *Language acquisition: The State of the art*. Cambridge University Press.
Bates, E., & MacWhinney, B. (1987). Competition, variation, and language learning. In B. MacWhinney (Ed.), *Mechanisms of language acquisition*. Hillsdale, NJ: Lawrence Erlbaum.
Bates, E., Masling, M., & Kintsch, W. (1978). Recognition memory for aspects of dialogue. *Journal of Experimental Psychology: Human*

Learning and Memory, 4, 187～197.

Bauer, L. (1983). *English word-formation*. Cambridge University Press.

Beattie, G. (1978), Floor apportionment and gaze in conversational dyads. *British Journal of Social and Clinical Psychology, 17*, 7～16.

Beattie, G. (1980). Encoding units in spontaneous speech: Some implications for the dynamics of conversation. In H. W. Dechert & M. Raupach (Eds.), *Temporal variables in speech*. The Hague: Mouton.

Beattie, G. (1983). *Talk: An analysis of speech and non-verbal behavior in conversation*. Milton Keyes: Open University Press.

Beattie, G. (1984). "Are there cognitive rhythms in speech?"—A reply to Power, 1983. *Language and Speech, 27*, 193～195.

Beattie, G., & Butterworth, B. (1979). Contextual probability and word frequency as determinants of pauses in spontaneous speech. *Language and Speech, 22*, 201～211.

Beaugrande, R. de (1980). *Text, discourse, and processes*. Norwood, NJ: Ablex.

Bell-Berti, F., & Harris, K. (1979). Anticipatory coarticulation: Some implications from a study of lip rounding. *Journal of the Acoustical Society of America, 65*, 1268～1270.

Berg, T. (1987). The case against accommodation: Evidence from German speech error data. *Journal of Memory and Language, 26*, 277～299.

Bierwisch, M. (1965). Regeln für die intonation deutscher Sätze. In M. Bierwisch (Ed.), *Studia Grammatica VII. Untersuchungen über Akzent und Intonation im Deutschen*. Berlin: Akademie-Verlag.

Bierwisch, M. (1982). Linguistics and language error. In A. Cutler (Ed.), *Slips of the tongue and language production*. Berlin: Mouton.

Bierwisch, M. (1986). On the nature of semantic form in natural language. In F. Klix & H. Hagendorf (Eds.), *Human memory and cognitive capabilities: Mechanisms and performances*. Amsterdam: North-Holland.

Bock, J. K. (1977). The effect of pragmatic presupposition on syntactic structure in question answering. *Journal of Verbal Learning and Verbal Behavior, 16*, 723～734.

Bock, J. K. (1982). Towards a cognitive psychology of syntax: Information processing contributions to sentence formulation. *Psychological Review, 89*, 1～47.

Bock, J. K. (1986a). Meaning, sound, and syntax: Lexical priming in sentence production. *Journal of Experimental Psychology: Learning, Memory, and Cognition, 12*, 575～586.

Bock, J. K. (1986b). Syntactic persistence in language production. *Cognitive Psychology, 18*, 355～387.

Bock, J. K. (1987a). Coordinating words and syntax in speech plans. In A.

Ellis (Ed.), *Progress in the psychology of language* (Vol. 3). London: Lawrence Erlbaum.

Bock, J. K. (1987b). An effect of the accessibility of word forms on sentence structures. *Journal of memory and Language, 26*(2), 119～137.

Bock, J. K., & Irwin, D. E. (1980). Syntactic effects of information availability in sentence production. *Journal of Verbal Learning and Verbal Behavior, 19*, 467～484.

Bock, J. K., & Warren, R. K. (1985). Conceptual accessibility and syntactic structure in sentence formulation. *Cognition, 21*, 47～67.

Boehme, K. (1983). *Children's understanding of German possessive pronouns*. Unpublished doctoral dissertation, Nijmegen University.

Bolinger, D. (Ed.), (1972). *Intonation: Selected readings*. London: Penguin.

Bolinger, D. (1983). Where does intonation belong? *Journal of Semantics, 2*, 101～120.

Bolinger, D. (1986). *Intonation and its parts*. London: Edward Arnold.

Bond, Z. S., & Small, L. H. (1984). Detecting and correcting mispronounciations: A note on methodology. *Journal of Phonetics, 12*, 279～283.

Boomer, D. S. (1965). Hesitation and grammatical encoding. *Language and Speech, 8*, 148～158.

Boomer, D. S., & Laver, J. D. M. (1968). Slips of the tongue. *Journal of Disorders of Communication, 3*, 2～12. (Reprinted in Fromkin, V. A. (Ed.), (1973), *Speech errors as linguistic evidence*. The Hague: Mouton.)

Brazil, D., Coulthard, M., & Johns, C., (1980). *Discourse intonation and language teaching*. Burnt Mill, Harlow: Longman.

Bransford, J. D., & Johnson, M. K. (1973). Considerations of some problems of comprehension. In W. G. Chase (Ed.), *Visual information processing*. New York: Academic Press.

Bresnan, J. (1978). A realistic transformational grammar. In M. Halle, J. Bresnan & G. A. Miller (Eds.), *Linguistic theory and psychological reality*. Cambridge, MA: MIT Press.

Bresnan, J. (Ed.), (1982). *The mental representation of grammatical relations*. Cambridge, MA: MIT Press.

Broadbent, D. E. (1975). The magic number seven after fifteen years. In A. Kennedy & A. Wilkes (Eds.), *Studies in long term memory*. London: John Wiley.

Brodda, B. (1979). *Något om de Svenska ordens fonotax och morfotax*. (Paper No.38). University of Stockholm, Institute of Linguistics.

Browman, C. P. (1978). Tip of the tongue and slip of the ear. Implications for language processing. *UCLA Working Papers in Phonetics, 42*, 1～149.

Browman, C. P., & Goldstein, L. M. (1986). Towards an articulatory phonology. *Phonology Yearbook, 3*, 219～252.

Brown, G., Currie, K. L., & Kenworthy, J. (1980). *Questions of intonation*. London: Croom Helm.

Brown, G., & Yule, G.(1983). *Discourse analysis*. Cambridge University Press.

Brown, P., & Dell, G. S. (1987). Adapting production to comprehension: The explicit mention of instruments. *Cognitive Psychology, 19*, 44 1～472.

Brown, R. (1973). Schizophrenia, language and reality. *American Psychologist, 28*, 395～403.

Brown, R., & McNeill, D. (1966). The "tip of the tongue" phenomenon. *Journal of Verbal Learning and Verbal Behavior, 5*, 325～337.

Bruner, J. S. (1983). *Child's talk: Learning to use language*. New York: Norton.

Bühler, K. (1934). *Sprachtheorie*. Stuttgart: Fisher.

Bürkle, B., Nirmaier, H., & Herrmann, Th. (1986). *Von dir aus …Zur hörer-bezogenen lokalen Referenz*. (Bericht 10). Mannheim: University of Mannheim, Forschergruppe Sprechen und Sprachverstehen im Sozialen Kontext.

Butterworth, B. (1972). *Semantic analyses of the phasing of fluency in spontaneous speech*. Unpublished doctoral dissertation, University of London.

Butterworth, B. (1975). Hesitation and semantic planning in speech. *Journal of Psycholinguistic Research, 4*, 75～87.

Butterworth, B. (1980a). Some constraints on models of language production. In B. Butterworth (Ed.), *Language production: Vol. I. Speech and talk*. London: Academic Press.

Butterworth, B. (1980b). Evidence from pauses in speech. In B. Butterworth (Ed.), *Language production: Vol. I. Speech and talk*. London: Academic Press.

Butterworth, B. (Ed.), (1980c). *Language production: Vol. I. Speech and talk*. London: Academic Press.

Butterworth, B. (1982). Speech errors: Old data in search of new theories. In A. Cutler (Ed.), *Slips of the tongue and language production*. Berlin: Mouton.

Butterworth, B. (1983a). Lexical representation. In B. Butterworth (Ed.), *Language production: Vol. W. Development, writing and other language processes*. London: Academic Press.

Butterworth, B. (1983b). *Language production: Vol. 2. Development, writing and other language processes*. London: Academic Press.

Butterworth, B. (forthcoming). Lexical access in speech production. In W. Marslen-Wilson (Ed.), *Lexical representation and process*. Cambridge,

MA: MIT Press.
Calvert, D. R. (1980). *Descriptive phonetics*. New York: Decker.
Carr, T. H. (1979). Consciousness in models of human information processing: Primary memory, executive control, and input regulation. In G. Underwood & R. Stevens (Eds.), *Aspects of consciousness: Vol. I. Psychological issues. London*: Academic Press.
Carroll, J. M. (1958). Process and content in psycholinguistics. In R. Patton (Ed.), *Current trends in the description and analysis of behavior*. University of Pittsburgh Press.
Carroll, J. M. (1983a). Nameheads. *Cognitive Science, 7*, 121~153.
Carroll, J. M. (1983b). Toward a functional theory of names and naming. *Linguistics, 21*, 341~371.
Chafe, W. L. (1970). *Meaning and the structure of language*. University of Chicago Press.
Chafe, W. L. (1976). Giveness, contrastiveness, definiteness, subjects, topics, and point of view. In C. N. Li(Ed.), *Subject and topic*. New York: Academic Press.
Chafe, W. L. (1977). The recall and verbalization of past experience. In R. W. Cole (Ed.), *Current issues in linguistic theory*. Bloomington: Indiana University Press.
Chafe, W. L. (1979). The flow of thought and the flow of language. In T. Givon (Ed.), *Syntax and semantics: 12. Discourse and syntax*. New York: Academic Press.
Chafe, W. L. (1980). The deployment of consciousness in the production of a narrative. In W. L. Chafe (Ed.), *The pear stories. Cognitive, cultural, and linguistic aspects of narrative production.* Norwood, NJ: Ablex.
Chomsky, N., & Halle, M. (1968). *The sound pattern of English*. New York: Harper and Row.
Clark, E. V. (1970). How young children describe events in time. In G.B. Flores d'Arcais & W. J. M. Levelt (Eds.), *Advances in psycholinguistics*. Amsterdam: North-Holland.
Clark, E. V. (1974). Normal states and evaluative viewpoints. *Language, 50*, 316~332.
Clark, E. V. (1977). From gesture to word: On the natural history of deixis in language acquisition. In J. S. Bruner & A. Garton (Eds.), *Human growth and development*. Oxford: Wolfson College.
Clark, E. V. (1987). The principle of contrast: A constraint on language acquisition. In B. MacWhinney (Ed.), *Mechanisms of language acquisition*. Hillsdale, NJ: Lawrence Erlbaum.
Clark, E. V. (1988). On the logic of contrast. *Journal of Child Language, 15*, 317~335.
Clark, E. V., & Clark, H. H. (1979). When nouns surface as verbs. *Language,*

55, 767～811.
Clark, H. H. (1970). Word associations and linguistic theory. In J. Lyons (Ed.), *New horizons in linguistics*. Baltimore: Penguin.
Clark, H. H. (1973). Space, time, semantics, and the child. In T. E. Moore (Ed.), *Cognitive development and the acquisition of language*. New York: Academic Press.
Clark, H. H. (1979). Responding to indirect speech acts. *Cognitive Psychology, 4,* 430～477.
Clark, H. H. (1985). Language use and language users. In G. Lindsey & E. Aronson (Eds.), *The handbook of social psychology*. New York: Harper and Row.
Clark, H. H. (1987). Four dimensions of language use. In M. Bertuccelli-Papi & J. Verschueren (Eds.), *The pragmatic perspective*. Amsterdam: John Benjamins.
Clark, H. H., & Clark, E. (1977). *Psychology and language. An introduction to psycholinguistics*. New York: Harcourt Brace.
Clark, H. H., & Gerrig, R. J. (1984). On the pretense theory of irony. *Journal of Experimental Psychology: General, 113*, 121～126.
Clark, H. H., & Haviland, S. E. (1977). Comprehension and the given-new contract. In R. O. Freedle (Ed.), *Discourse production and comprehension*. New York: Academic Press.
Clark, H. H., Schreuder, R., & Buttrick, S. (1983). Common ground and the understanding of demonstratives. *Journal of Verbal Learning and Verbal Behavior, 22*, 245～258.
Clark, H. H., & Schunk, D.H. (1980). Polite responses to polite requests. *Cognition, 8*, 111～143.
Clark, H. H., & Wilkes-Gibbs, D. L. (1986). Referring as a collaborative process. *Cognition, 22*, 1～39.
Clements, G. N. (1985). The geometry of phonological features. *Phonology Yearbook, 2*, 25～252.
Clements, G. N., & Keyser, S. J. (1983). *CV Phonology. A generative theory of the syllable*. Cambridge, MA: MIT Press.
Cohen, A. (1965). Versprekingen als verklappears bij het proces van spreken enverstaan. *Forum der Letteren, 6*, 175～186.
Cohen, A. (1968). Errors of speech and their implication for understanding the strategy of the language users. *Zeitschrift für Phonetik, 21*, 17 7～181.
Cohen, A., Collier, R., & Hart, J. 't (1982). Declination: Construct of intrinsic feature of speech pitch? *Phonetica, 39*, 254～273.
Cohen, A., & Hart, J. 't (1965). Perceptual analysis of intonation patterns. *Proceedings of the Vth ICA, A16*, Liege, Belgium.
Collier, R., & Gelfer, C. E. (1983). Physiological explanations of F0 Declination. In M. P. R. Van den Broecke & A. Cohen (Eds.),

Proceedings of the Tenth International Congress of Phonetic Sciences. Dordrecht: Foris.

Cooper, W. E. (1976). *Syntactic control of timing in speech production*. Unpublished doctoral dissertation, Massachusetts Institute of Technology.

Cooper, W. E., & Danly M. (1981). Segmental and temporal aspects of utterancefinal lengthening. *Phonetica, 38*, 106～115.

Cooper, W. E., & Eady, S. J. (1986). Metrical phonology in speech production. *Journal of Memory and Language, 25*, 369～384.

Cooper, W. E., & Paccia-Cooper, J. M., (1980). *Syntax and speech*. Cambridge, MA: Harvard University Press.

Cooper, W. E., & Ross, J. R. (1975). World order. In R. E. Grossmann, L. J. San, & T. J. Vance (Eds.), *Papers from the parasession on functionalism*. Chicago Linguistic Society.

Cooper, W. E., & Sorensen, J. M. (1981). *Fundamental frequency in sentence production*. New York: Springer.

Cooper, W. E., Tye-Murray, N., & Nelson, L. J. (1987). Detection of missing words in spoken text. *Journal of Psycholinguistic Research, 16*, 233～240.

Crompton, A. (1982). Syllables and segments in speech production. In A. Cutler (Ed.), *Slips of the tongue and language production*. Berlin: Mouton.

Cruse, D. A. (1986). *Lexical semantics*. Cambridge University Press.

Cruttenden, A. (1986). *Intonation*. Cambridge University Press.

Cutler, A. (1980a). Errors of stress and intonation. In V. A. Fromkin (Ed.), *Errors in linguistic performance*. New York: Academic Press.

Cutler, A. (1980b). Syllable omission errors and isochrony. In H. W. Dechert & M. Raupach (Eds.), *Temporal variables in speech. Studies in honour of Frieda Goldman-Eisler*. The Hague: Mouton.

Cutler, A. (Ed.), (1982a). *Slips of the tongue and language production*. Berlin: Mouton.

Cutler, A. (1982b). *Speech errors: A classified bibliography*. Bloomington: Indiana Linguistics Club.

Cutler, A. (1983a). Lexical complexity and sentence processing. In G. B. Flores d'Arcais & R. J. Jarvella (Eds.), *The process of language understanding*. Chichester: John Wiley.

Cutler, A. (1983b). Speakers' conceptions of the function of prosody. In A. Cutler & D. R. Ladd (Eds.), *Prosody: Models and measurements*. Heidelberg: Springer.

Cutler, A. (1987). Speaking for listening. In A. Allport, D. G. MacKay, W. Prinz, & E. Scheerer (Eds.), *Language perception and production: Relationships between listening, speaking, reading and writing*. London: Academic Press.

Cutler, A., & Clifton, C., Jr. (1984). The use of prosodic information in word recognition. In H. Bouma & D. G. Bouwhuis (Eds.), *Attention and performance: X. Control of language processes*. Hillsdale, NJ: Lawrence Erlbaum.

Cutler, A., & Isard, S. (1980). The production of prosody. In B. Butterworth (Ed.), *Language Production: Vol. I. Speech and talk*. London: Academic Press.

Cutler, A., & Ladd, D. R. (Eds.). (1983). *Prosody: Models and measurements*. Heidelberg: Springer.

Cutler, A., & Pearon, M. (1986). On the analysis of prosodic turn-taking cues. In C. Johns-Lewis (Ed.), *Intonation in discourse*. London: Croom Helm.

Daniloff, R. G., & Hammarberg, R. E. (1973). On defining coarticulation. *Journal of Phonetics, I*, 239～248.

Danks, J. H. (1977). Producing ideas and sentences. In S. Rosenberg (Ed.), *Sentence production: Developments in research and theory*. New York: John Wiley.

Dauer, R. M. (1983). Stress-timing and syllable-timing reanalyzed. *Journal of Phonetics, 11*, 51～62.

Davidson-Nielson, N. (1975). A phonological analysis of English *sp, st, sk*, with special reference to speech error evidence. *Journal of the IPA, 5*, 3～25.

Deese, J. (1980). Pauses, prosody, and the demands of production in language. in H. W. Dechert & M. Raupach (Eds.), *Temporal variables in speech. Studies in honour of Frieda Goldman-Eisler*. The Hague: Mouton.

Deese, J. (1984). *Thought into speech: The psychology of a language.* Englewood Cliffs, NJ: Prentice-Hall.

Dell, G. S. (1980). *Phonological and lexical encoding in speech production: An analysis of naturally occurring and experimentally elicited speech errors*. Unpublished doctoral dissertation, University of Toronto.

Dell, G. S. (1984). Representation of serial order in speech: Evidence from the repeated phoneme effect in speech errors. *Journal of Experimental Psychology: Learning, Memory, and Cognition, 10*, 222～233.

Dell, G. S. (1985). Positive feedback in hierarchical connectionist models: Applications to language production. *Cognitive Science, 9*, 3～23.

Dell, G. S. (1986). A spreading activation theory of retrieval in sentence production. *Psychological Review, 93*, 283～321.

Dell, G. S. (1988). The retrieval of phonological forms in production: Tests of predictions from a connectionist model. *Journal of Memory and Language, 27*, 124～142.

Dell, G. S., & Reich, P. A. (1977). A model of slips of the tongue. *The Third LACUS Forum, 3*, 448～455.

Dell, G. S., & Reich, P. A. (1980). Toward a unified theory of slips of the tongue. In V. A. Fromkin (Ed.), *Errors in linguistic performance: Slips of the tongue, ear, pen, and hand*. New York: Academic Press.

Dell, G. S., & Reich, P. A. (1981). Stages in sentence production: An analysis of speech error data. *Journal of Verbal Learning and Verbal Behavior, 20*, 611～629.

Denes, P. B., & Pinson, E. N. (1963). *The speech chain*. Baltimore: Bell Telephone Laboratories.

De Pijper, J. R. (1983). *Modeling British English intonation: An analysis by resynthesis of British English intonation*. Dordrecht: Foris.

De Rooy, J. J. (1979). *Speech punctuation. An acoustic and perceptual study of some aspects of speech prosody in Dutch*. Unpublished doctoral dissertation, Utrecht University.

De Smedt, K., & Kempen, G. (1987). Incremental sentence production, self-correction, and coordination. In G. Kempen (Ed.), *Natural language generation: Recent advances in artificial intelligence, psychology and linguistics*. Dordrecht: Kluwer.

Deutsch, W. (1976). *Sprachliche Redundanz und Objektidentifikation*. Unpublished doctoral dissertation, University of Marburg.

Deutsch, W., & Jarvella, R. J. (1983). Asymmetrien zwischen Sprachproduktion und Sprachverstehen. In C. F. Graumann & T. Hermann (Eds.), *Karl Bühlers Axiomatik*, Frankfurt: Klostermann.

Deutsch, W., & Pechmann, T. (1978). Ihr, dir, or mir? On the acquisition of pronouns in German children. *Cognition, 6*, 155～168.

Deutsch, W., & Pechmann, T. (1982). Social interaction and the development of definite descriptions. *Cognition, 11*, 159～184.

Diehl, R. L. (1986). Coproduction and direct perception of phonetic segments: A critique. *Journal of Phonetics, 14*, 61～66.

Dik, S. C. (1978). *Functional grammar*. Amsterdam: North-Holland.

Dik, S. C. (1987). Linguistically motivated knowledge representation. In M. Nagao (Ed.), *Language and artificial intelligence*. Amsterdam: Elsevier Science Press.

Dixon, R. M. W. (1972). *The Dyirbal language of North Queensland*. Cambridge University Press.

Dogil, G. (1984). Grammatical prerequisites to the analysis of speech style: fast/casual speech. In D. Gibbon & H. Richter (Eds.), *Intonation, accent and rhythm*. Berlin: De Gruyter.

Doherty, M. (1987). *Epistemic meaning*. Heidelberg: Springer.

Donders, F. C. (1868). Die Schnelligkeit psychischer Prozesse. *Archiv Anatomie und Physiologie*, 657～681.

Dubois, J. W. (1974). Syntax in mid-sentence. *Berkeley Studies in Syntax and Semantics* (Vol. I: III.1～III.25). Berkeley: University of California, Institute of Human Learning and Department of Linguistics.

Duncan, S., & Fiske, D. W. (1977). *Face-to-face interaction: Research, methods and theory*. Hillsdale, NJ: Lawrence Erlbaum.

Easton, T A. (1972). On the normal uses of reflexes. *American Scientist, 60*, 591～599.

Ehrich, V. (1982). The structure of living space descriptions. In R. J. Jarvella & W. Klein (Eds.), *Speech, place and action. Studies in deixis and related topics*. Chichester: John Wiley.

Ehrich, V. (1985). Zur Linguistik und Psycholinguistick der sekundren Raumdeixis. In H. Schweizer (Ed.), *Sprache und Raum*. Stuttgart: Metzlersche Ver lagsbuchhandlung.

Ehrich, V. (1987). The generation of tense. In G. Kempen (Ed.), *Natural language generation*. Dordrecht: Martinus Nijhoff.

Ehrich, V., & Koster, C. (1983). Discourse organization and sentence form: The structure of room descriptions in Dutch. *Discourse Processes, 6*, 169～195.

Eibl-Eibesfeldt, I. (1974). Similarities and differences between cultures in expressive movements. In S. Weitz (Ed.), *Non-verbal communication*. Oxford University Press.

Eibl-Eibesfeldt, I. (1984). *Die Biologie des menschlichen Verhaltens: Grundriss der Humanethologie: Val. 1*. Munich: Piper.

Eriksen, C. W., Pollock, M. D. & Montague, W. E. (1970). Implicit speech: Mechanisms in perceptual encoding? *Journal of Experimental Psychology, 84*, 502～507.

Fauconnier, G. (1985). *Mental Spaces: Aspects of meaning construction in natural language*. Cambridge, MA: MIT Press.

Fay, D. (1980a). Performing transformation. In R. Cole (Ed.), *Perception and production of fluent speech*. Hillsdale, NJ: Lawrence Erlbaum.

Fay D. (1980b). Transformational errors. In V. A. Fromkin (Ed.), *Errors in linguistic performance: Slips of the tongue, ear, pen, and hand*. New York: Academic Press.

Fay, D. (1982). Substitutions and splices: a study of sentence blends. In A. Cutler (Ed.), *Slips of the tongue and language production*. Amsterdam: de Gruyter.

Fay, D., & Cutler, A. (1977). Malapropisms and the structure of the mental lexicon. *Linguistic Inquiry, 8*, 505～520.

Feigenbaum, E. (1963). The simulation of verbal learning behavior. In E. Feigenbaum & J. Feldman (Eds.), *Computers and thought*. New York: McGraw-Hill.

Fel'dman, A. G. (1966a). Functional tuning of the nervous system with control of movement or maintenance of a steady posture. II.

Controllable parameters of the muscles. *Biophysics, 11,* 565~578.
Fel'dman, A. G. (1966b). Functional tuning of the nervious system with control of movement or maintenance of a steady posture. III. Mechanicographic analysis of the execution by man of the simplest motor tasks. *Biophysics, 11,* 766~775.
Fillmore, C. J. (1968). The case for case. In E. Bach & R. T. Harms (Eds.), *Universals of linguistic theory.* New York: Holt, Rinehart and Winston.
Fillmore, C. J. (1973). May we come in? *Semiotica, 9,* 98~115.
Fillmore, C. J. (1977). The case for case reopened. In P. Cole & J. M. Sadock (Eds.), *Syntax and semantics: Vol. 8. Grammatical relations.* New York: Academic Press.
Fillmore, C. (1982). Towards a descriptive framework for spatial deixis. In R. J. Jarvella & W. Klein (Eds.), *Speech, place, and action: Studies in deixis and related topics.* Chichester: John Wiley.
Flores d'Arcais, G. B. (1975). Some perceptual determinants of sentence construction. In G. B. Flores d'Arcais (Ed.), Studies in perception. Milan: Martello.
Flores d'Arcais, G. B. (1987a). Automatic processes in language comprehension. In G. Denes, C. Semenza, P. Bisiacchi, & E. Andreewsky (Eds.), *Perspectives in Cognitive Neuropsychology.* Hillsdale, NJ: Lawrence Erlbaum.
Flores d'Arcais, G. B. (1987b). Perceptual factors and word order in event descriptions. In G. Kempen (Ed.), *Natural language generation: New results in artificial intelligence, psychology and linguistics.* Dordrecht: Martinus Nijhoff.
Flores d'Arcais, G. B., & Schreuder, R. (1987). Semantic activation during object naming. *Psychological Research, 49,* 153~159.
Fodor, J. A. (1975). *The language of thought.* Hassocks: Harvester Press.
Fodor, J. A. (1983). *The modularity of mind.* Cambridge, MA: MIT Press.
Fodor, J. A. (1985). Précis of the modularity of mind. *The Brain and Behavioral Sciences, 8,* 1~42.
Fodor, J. A. (1987). Modules, frames, fridgeons, sleeping dogs, and the music of the spheres. In J. L. Garfield (Ed.), *Modularity in knowledge representation and natural-language understanding.* Cambridge, MA: MIT Press.
Fodor, J. A., Bever, T. G., & Garrett, M. F. (1974). *The psychology of language: An introduction to psycholinguistics and generative grammer.* New York: McGraw-Hill.
Fodor, J. A., Garrett, M. F., Walker, E. C. T., & Parkes, C. H. (1980). Against definitions. *Cognition, 8,* 263~367.
Folkins, J. W., & Abbs, J. H. (1975). Lip and motor control during speech: Responses to resistive loading of the jaw. *Journal of Speech and*

Hearing Research, 18, 207~220.

Ford, M. (1982). Sentence planning units: Implications for the speaker's representation of meaningful relations underlying sentences. In J. Bresnan (Ed.), *The mental representation of grammatical relations.* Cambridge, MA: MIT Press.

Ford, M., & Holmes, V. M. (1978). Planning units in sentence production. *Cognition, 6,* 35~53.

Foss, D. J., & Hakes, D. T. (1978). *Psycholinguistics. An introduction to the psychology of language.* Englewood Cliffs, NJ: Prentice-Hall.

Fowler, C. A. (1980). Coarticulation and theories of extrinsic timing. *Journal of Phonetics, 8,* 113~133.

Fowler, C. A. (1983). Realism and unrealism: a reply. *Journal of Phonetics, 11,* 303~322.

Fowler, C. A. (1986a). An event approach to the study of speech perception from a direct-realist perspective. *Journal of Phonetics, 14,* 3~28.

Fowler, C. A. (1986b). Reply to commentators. *Journal of Phonetics 14,* 149~170.

Fowler, C. A., & Housum, J. (1987). Talkers' signalling of "new" and "old" words in speech and listeners' perception and use of the distinction. *Journal of Memory and Language, 26,* 489~504.

Fowler, C. A., Rubin, P., Remez, R. E., & Turvey, M. T. (1980). Implications for speech production of a general theory of action. In B. Butterworth (Ed.), *Language production: Vol. 1. Speech and talk.* London: Academic Press.

Fowler, C. A., & Turvey, M. T. (1980). Immediate compensation in bite-block speech. *Phonetica, 73,* 306~326.

Francik, E. P., & Clark, H. H. (1985). How to make requests that overcome obstacles to compliance. *Journal of Memory and Language, 24,* 560~568.

Franck, D. (1980). Seven sins of pragmatics: Theses about speech act theory, conversational analysis, linguistics and rhetorics. In A. Foolen, J. Hardeveld, & D. Springorum (Eds.), *Conversatieanalyse.* Nijmegen: Xeno.

Freud, S. (1904). *Zur Psychopathologie des Alltagslebens. Über Vergessen, Versprechen, Vergreifen, Aberglaube and Irrtum.* Frankfurt am Main: Fischer, 1954. (An English translation of Chapter V: Slips of the tongue, appeared in V. A. Fromkin (Ed.). (1973). *Speech errors as linguistic evidence.* The Hague: Mouton).

Friederici, A., & Levelt, W. J. M. (1986). Cognitive processes of spatial coordinate assignment. *Naturwissenschaften, 73,* 455~458.

Frijda, N. (1972). Simulation of human long-term memory. *Psychological Bulletin, 77,* 1~31.

Fromkin, V. A. (1971). The non-anomalous nature of anomalous utterances.

Language, 47, 27～52. (Reprinted in: V. A. Fromkin (Ed.). (1973). *Speech errors as linguistic evidence.* The Hague: Mouton).

Fromkin, V. A. (Ed.). (1973). *Speech errors as linguistic evidence.* The Hague: Mouton.

Fromkin, V. A. (Ed.). (1980). *Errors in linguistic performance. Slips of the tongue, ear, pen, and hand.* New York: Academic Press.

Fry, D. (1969). The linguistic evidence of speech errors. *BRNO Studies of English, 8,* 69～74.

Fujimura, O. (1981). Temporal organization of articulatory movements as a multi-dimensional phrasal structure. *Phonetica, 38,* 66～83.

Fujimura, O., & Lovins, J. B. (1978). Syllables as concatenative phonetic units. In A. Bell & J. B. Hooper (Eds.), *Syllables and segments.* Amsterdam: North-Holland.

Fujisaki, H. (1983). Dynamic characteristics of voice fundamental frequency in speech and singing. In P. F. MacNeilage (Ed.), *The production of speech.* New York: Springer.

Gallistel, C. R. (1980). *The organization of action: A new synthesis.* Hillsdale, NJ: Lawrence Erlbaum.

Gardiner, J. M., Craik, F. I., & Bleasdale, F. A. (1973). Retrieval difficulty and subsequent recall. *Memory and Cognition, 1,* 213～216.

Gårding, E. (1983). A generative model of intonation. In A. Cutler & D. R. Ladd (Eds.), *Prosody: Models and measurements.* Heidelberg: Springer.

Garfield, J. L. (Ed.). (1987). *Modularity in knowledge representation and natural-language understanding.* Cambridge, MA: MIT Press.

Garnham, A., Shillcock, R. S., Brown, G. D. A., Mill, A. I. D., & Cutler, A. (1982). Slips of the tongue in the London-Lund corpus of spontaneous conversations. In A. Cutler (Ed.), *Slips of the tongue and language production.* Berlin: Mouton.

Garnsey, S. M., & Dell, G. S. (1984). Some neurolinguistic implications of pre-articulatory editing in production. *Brain and Language, 23, 6 4～73.*

Garrett, M. F. (1975). The analysis of sentence production. In G. Bower (Ed.), *Psychology of learning and motivation: Vol. 9.* New York: Academic Press.

Garrett, M. F. (1976). Syntactic processes in sentence production. In R. J. Wales & E. Walker (Eds.), *New approaches to language mechanisms.* Amsterdam: North-Holland.

Garrett, M. F. (1980a). Levels of processing in sentence production. In B. Butterworth (Ed.), *Language production: Vol. 1. Speech and Talk.* London: Academic Press.

Garrett, M. (1980b). The limits of accommodation: Arguments for independent processing levels in sentence production. In V. A. Fromkin (Ed.),

Errors in linguistic performance: Slips of the tongue, ear, pen, and hand. New York: Academic Press.

Garrett, M. F. (1982). Production of speech: Observations from normal and pathological language use. In A. W. Ellis (Ed.), *Normality and pathology in cognitive functions.* London: Academic Press.

Garrod, S., & Anderson, A. (1987). Saying what you mean in dialogue: A study in conceptual and semantic coordination. *Cognition, 27,* 18 1～218.

Garrod, S., & Sanford, A. (1983). Topic dependent effects in language processing. In G. B. Flores d'Arcais & R. J. Jarvella (Eds.), *The process of language understanding.* Chichester: John Wiley.

Gay, T. (1981). Mechanisms in the control of speech rate. *Phonetica, 38,* 148～158.

Gay, T., & Turvey, M. T. (1979). Effects of efferent and afferent interference on speech production: Implications for a generative theory of speech-motor control. *9th International Congress of Phonetic Sciences.* Copenhagen: Institute of Phonetics.

Gazdar, G. (1979). *Pragmatics: Implicature, presupposition, and logical form.* New York: Academic Press.

Gazdar, G., Klein, E., Pullum, G., & Sag, I. (1985). *Generalized phrase structure grammar.* Oxford: Blackwell.

Gee, J. P., & Grosjean, F. (1983). Performance structures: A psycholinguistic and linguistic appraisal. *Cognitive Psychology, 15,* 411～458.

Glaser, W. R., & Düngelhoff, F. J. (1984). The time course of picture-word interference. *Journal of Experimental Psychology: Human Perception and Performance, 10,* 640～654.

Goffman, E. (1981). *Forms of talk.* Oxford: Blackwell.

Goguen, J. A., & Linde, C. (1983). *Linguistic methodology for the analysis of aviation accidents.* (NASA Contractor Report 3741).

Goldman, N. (1975). Conceptual generation. In R. Schank (Ed.), *Conceptual in formation processing.* Amsterdam: North-Holland.

Goldman-Eisler, F. (1958). Speech production and the predictability of words in context. *Quarterly Journal of Experimental Psychology, 10,* 96～106.

Goldman-Eisler, F. (1967). Sequential temporal patterns and cognitive processes in speech. *Language and Speech, 10,* 122～132.

Goldman-Eisler, F. (1968). *Psycholinguistics: Experiments in spontaneous speech.* New York: Academic Press.

Good, D. A., & Butterworth, B. (1980). Hesitancy as a conversational resource: Some methodological implications. In H.W. Dechert & M. Raupach (Eds.), *Temporal variables in speech.* The Hague: Mouton.

Goodglass, H., Theurkauf, J. C., & Wingfield, A. (1984). Naming latencies as evidence for two modes of lexical retrieval. *Applied Psycholinguistics, 5,* 135～146.

Goodwin, C. (1981). *Conversational organization: Interaction between speakers and hearers.* New York: Academic Press.

Gordon, H., & Meyer, D. E. (1987). Hierarchical representation of spoken syllable order. In A. Allport, D. G. MacKay, W. Prinz, & E. Scheerer (Eds.), *Language perception: Relations between listening, speaking, reading and writing.* London: Academic Press.

Grice, H. P. (1957). Meaning. *Philosophical Review, 66,* 377～388.

Grice, H. P. (1968). Utterer's meaning, sentence meaning and word meaning. *Foundations of Language, Vol.* 4, 225～242.

Grice, H. P. (1975). Logic and conversation. In P. Cole & J. L. Morgan (Eds.), *Syntax and semantics: 3. Speech acts.* New York: Academic Press.

Grice, H. P. (1978). Some further notes on logic and conversation. In P. Cole (Ed.), *Syntax and Semantics: Vol. 9. Pragmatics.* New York: Academic Press.

Grimes, J. E. (1975). *The thread of discourse.* The Hague: Mouton.

Grosjean, F. (1983) How long is a sentence? Prediction and prosody in the online processing of language. *Linguistics, 21,* 501～529.

Grosjean, F., Grosjean, L., & Lane, H. (1979). The patterns of silence: Performance structures in sentence production. *Cognitive Psychology, 11,* 58～81.

Grosz, B. J. (1981). Focussing and description in natural language dialogues. In A. K. Joshi, B. L. Webber, & I. A. Sag (Eds.), *Elements of discourse understanding.* Cambridge University Press.

Grosz, B. J., Joshi, A., & Weinstein, S. (1983). Providing a unified account of definite noun phrases in discourse. *Proceedings of the 21st Annual Meeting of the Association for Computational Linguistics.* Association for Computational Linguistics.

Grosz, B. J., & Sidner, C. L. (1985). Discourse structure and the proper treatment of interruptions. *Proceedings of the International Joint Conference on Artificial Intelligence.* Los Altos, CA: Morgan Kaufman.

Gruber, J. S. (1965). *Studies in lexical relations.* Bloomington: Indiana Linguistics Club.

Gumperz, J. J., & Hymes, D. (Eds.). (1972). *Directions in sociolinguistics.* New York: Holt, Rinehart and Winston.

Gussenhoven, C. (1984). *On the grammar and semantics of sentence accents.* Dordrecht: Foris.

Hale, K. (1981). *On the position of Warlpiri in a typology of the base.* Bloomington: Indiana Linguistics Club.

Halle, M., & Mohanan, K. P. (1985). Segmental phonology of modern

English. *Linguistic Inquiry, 16,* 57～116.

Halle, M., & Stevens, K. N. (1964). Speech recognition: A model and a program for research. In J. A. Fodor & J. J. Katz (Eds.), *The structure of language: Readings in the philosophy of language.* Englewood Cliffs, NJ: Prentice-Hall.

Halliday, M. A. K. (1967a). Notes on transitivity and theme in English: II. *Journal of Linguistics, 3,* 199～244.

Halliday, M. A. K. (1967b). *Intonation and grammar in British English.* The Hague: Mouton.

Halliday, M. A. K. (1970). *A course in spoken English: Intonation.* Oxford University Press.

Halliday, M. A. K., & Hassan, R. (1976). *Cohesion in English.* London: Longman.

Hammarberg, R. (1976). The metaphysics of coarticulation. *Journal of Phonetics,* 4, 353～363.

Hammarberg, R. (1982). On redefining coarticulation. *Journal of Phonetics, 10,* 123～137.

Hankamer, J. (forthcoming). Morphological parsing and the lexicon. In W. D. Marslen-Wilson (Ed.), *Lexical representation and process.* Cambridge, MA: MIT Press.

Harley, T. A. (1984). A critique of top-down independent levels of speech production: Evidence from non-plan-internal speech errors. *Cognitive Science, 8,* 191～219.

Hart, J. 't, & Collier, R. (1975). Integrating different levels of intonation analysis. *Journal of Phonetics, 3,* 235～255.

Hawkins, J. (1983). *Word order universals.* New York: Academic Press.

Hawkins, J. (1984). Modifier head or function-argument relations in phrase structure? *Lingua, 63,* 107～138.

Hawkins, P. R. (1971). The syntactic location of hesitation pauses. *Language and Speech, 14,* 277～288.

Hayes, B. (1986). Inalterability in CV Phonology. *Language, 62,* 321～351.

Heeschen, C., Ryalls, J., & Hagoort, P. (forthcoming). Psychological stress in Broca's versus Wernicke's aphasia. *Journal of Clinical Linguistics and Phonetics.*

Henderson, A., Goldman-Eisler, F., & Skarbek, A. (1966). Sequential temporal patterns in spontaneous speech. *Language and Speech, 9,* 207～216.

Herrmann, T. (1983). *Speech and situation: A psychological conception of situated speaking.* Heidelberg: Springer.

Herrmann, T., Bürkle, B., & Nirmaier, H. (1987). *Zur hörerbezogenen Raumreferenz: Hörecrposition and Lokalisationsaufwand.* (Bericht 12). University of Mannheim, Forschergruppe Sprechen und

Sprachverstehen im sozialen Kontext.
Herrmann, T., & W. Deutsch (1976). *Psychologie der Objektbenennung.* Bern: Huber.
Hill, C. (1982). Up/down, front/back, left/right: A contrastive study of Hausa and English. In J. Weissenborn & W. Klein (Eds.), *Here and there: Cross-linguistic studies on deixis and demonstratum.* Amsterdam: John Benjamns.
Hockett, C. F. (1967). Where the tongue slips there slip I. *To honor Roman Jakobson: Vol. 2.* The Hague: Mouton.
Hoenkamp, E. (1983). *Een computermodel van de spreker: Psychologische en linguistische aspecten.* Unpublished doctoral dissertation, Nijmegen University.
Holmes, V. M. (1984). Sentence planning in a story continuation task. *Language and Speech, 27*(2), 115～134.
Holmes, V. M. (forthcoming). Hesitations and sentence planning. *Language and Cognitive Processes.*
Hopper, P. I. (1979). Aspect and foregrounding in discourse. In T. Givon (Ed.), *Syntax and Semantics: Vol. 12. Discourse and syntax.* New York: Academic Press.
Hotopf, W. H. N. (1980). Semantic similarity as a factor in whole-word slips of the tongue. In V. A. Fromkin (Ed.), *Errors in linguistic performance: Slips of the tongue, ear, pen, and hand.* New York: Academic Press.
Humphreys, G. W., Riddoch, M. J., & Quinlan, P. T. (1988). Cascade processes in picture identification. *Cognitive Neuropsychology, 5,* 67～104.
Huttenlocher, J., & Kubicek, L. F. (1983). The source of relatedness effects on naming latency. *Journal of Experimental Psychology: Learning, Memory and Cognition, 9,* 486～496.
Isaacs, E. A. & Clark, H. H. (1987). References in conversation between experts and novices. *Journal of Experimental Psychology: General, 116,* 26～37.
Jackendoff, R. (1972). *Semantic interpretation in generative grammar.* Cambridge, Mass: MIT Press.
Jackendoff, R. (1977). $\bar{X}$ *Syntax: A study of phrase structure.* Cambridge, MA: MIT Press.
Jackendoff, R. (1983). *Semantics and cognition.* Cambridge, MA: MIT Press.
Jackendoff, R. (1987a). On Beyond Zebra: The relation of linguistic and visual information. *Cognition, 26,* 89～114.
Jackendoff, R. (1987b). *Consciousness and the computational mind.* Cambridge, MA: MIT Press.
Jaffe, J., Breskin, S., & Gerstman, L. J. (1972). Random generation of

apparent speech rhythms. *Language and Speech, 15,* 68~71.
James, D. (1972). Some aspects of the syntax and semantics of interjections. *Papers from the Eighth Regional Meeting.* Chicago Linguistic Society.
James, D. (1973). Another look at, say, some grammatical constraints on, ok, interjections and hesitations. *Papers from the Ninth Regional Meeting.* Chicago Linguistic Society.
James, W. (1892). *Textbook of psychology.* London: Macmillan.
James, W. (1893). *The principles of psychology: Vol. 1.* New York: Holt.
Jarvella, R. J, & Herman, S. J. (1972). Clause structure of sentences and speech processing. *Perception and Psychophysics, 11,* 381~384.
Jarvella, R. J., & Klein, W. (Eds.). (1982). *Speech, place and action. Studies in deixis and related topics.* Chichester: John Wiley,
Jassem, W., Hill, D. R., & Witten, I. H. (1984). Isochrony in English speech: Its statistical validity and linguistic relevance. In D. Gibbon & H. Richter (Eds.), *Intonation, Accent, and Rhythm.* Berlin: De Gruyter.
Jefferson, G. (1978). Sequential aspects of story-telling in conversation. In J. Schenkein (Ed.), *Studies in the organization of conversational interaction.* New York: Academic Press.
Jefferson, G. (1985). An exercise in the transcription and analysis of laughter. In T. A. van Dijk (Ed.), *Handbook of discourse analysis: Vol. 3.* London: Academic Press.
Johnson-Laird, P. N. (1983). *Mental models.* Cambridge University Press.
Johnson-Laird, P. N., & Garnham, A. (1980). Descriptions and discourse models. *Linguistics and Philosophy, 3.* 371~393.
Jones, H. G. V., & Langford, S. (1987). Phonological blocking in the tip of the tongue state. *Cognition, 26,* 115~122.
Jorgensen, J., Miller, G. A., & Sperber, D. (1984). Test of the mention theory of irony. *Journal of Experimental Psychology: General, 113,* 112~120.
Kaisse, E. M. (1985). *Connected speech: The interaction of syntax and phonology.* New York: Academic Press.
Kamp, H. (1984). A theory of truth and semantic representation. In J. Groenendijk, Th. Jansen, & M. Stokhof (Eds.), *Truth, interpretation and information.* Dordrecht: Foris.
Kao, H. S. R., Galen, G. P. van, & Hoosain, R. (Eds.). (1986). *Graphonomics: Contemporary research in handwriting.* Amsterdam: North-Holland.
Keele, S. W. (1981). Behavioral analysis of movement. In V. Brooks (Ed.), *Handbook of physiology. The nervous system: Vol. 2. Motor control.* Bethesda, MD: American Physiological Society.
Keenan, E. L. (1976). Toward a universal definition of "subject". In C. N. Li (Ed.), *Subject and topic.* New York: Academic Press.

Keenan, J., MacWhinney, B., & Mayhew, D. (1977). Pragmatics in memory: A study of natural conversation. *Journal of Verbal Learning and Verbal Behavior, 16*, 549～560.

Kelly, M. H., & Bock, J. K. (1988). Stress in time. *Journal of Experimental Psychology: Human Perception and Performance, 14,* 389～403.

Kelso, J. A. S., Holt, K. G., Kugler, P. N., & Turvey, M. T. (1980). On the concept of corrdinative structures as dissipative structures: II. Empirical lines of convergence. In G. E. Stelmach & J. Requin (Eds.), *Tutorials in motor behavior.* Amsterdam: North-Holland.

Kelso, J. A. S, Saltzman, E. L., & Tuller, B. (1986). The dynamical perspective on speech production data and theory. *Journal of Phonetics, 14,* 29～59.

Kelso, J. A. S., Tuller, B., & Harris, K. S. (1983). A "dynamic pattern" perspective on the control and coordination of movement. In P. F. MacNeilage (Ed.), *The production of speech.* New York: Springer.

Kelso, J. A. S., Tuller, B., & Harris, K. S. (1986). A theoretical note on speech timing. In J. S. Perkell & D. Klatt (Eds.), *Invariance and variability in speech processes.* Hillsdale, NJ: Lawrence Erlbaum.

Kelso, J. A. S., Tuller, B., Vatikiotis, E., & Fowler, C. A. (1984). Functionally specific articulatory cooperation following jaw perturbations during speech: Evidence for coordinative structures. *Journal of Experimental Psychology: Human Perception and Performance, 10,* 812～832.

Kempen, G. (1987). A framework for incremental syntactic tree formation. *Proceedings of the Tenth International Joint Conference on Artificial Intelligence.* Los Altos, CA: Morgan Kaufmann.

Kempen, G. (1988). Language generation systems. In I. Batori, W. Lenders, & W. Putschke (Eds.), *Computational linguistics: An international handbook on computer oriented language research and applications.* Berlin: de Gruyter.

Kempen, G., & Hoenkamp, E. (1982). Incremental sentence generation: Implications for the structure of a syntactic processor. In J. Horecky (Ed.), *Proceedings of the Ninth International Conference on Computational Linguistics.* Amsterdam: North-Holland.

Kempen, G., & Hoenkamp, E. (1987). An incremental procedural grammar for sentence formulation. *Cognitive Science, 11,* 201～258.

Kempen, G., & Huijbers, P. (1983). The lexicalization process in sentence production and naming: Indirect election of words. *Cognition, 14,* 185～209.

Kenstowicz, M., & Kisseberth, C. (1979). *Generative phonology.* New York: Academic Press.

Kent, R. D. (1986). Is a paradigm change needed? *Journal of Phonetics, 14,* 111～115.

Kintsch, W. (1974). *The representation of meaning in memory.* Hillsdale, NJ: Lawrence Erlbaum.

Kintsch, W., & Bates, E. (1977). Recognition memory for statements from a classroom lecture. *Journal of Experimental Psychology: Human Learning and Memory, 3,* 150～168.

Kiparsky, P. (1982). From cyclic phonology to lexical phonology. In H. van der Hulst (Ed.), *The structure of phonological representations: Part I.* Dordrecht: Foris.

Klapp, S. T. (1974). Syllable-dependent pronounciation latencies in number naming, a replication. *Journal of Experimental Psychology, 102,* 1138～1140.

Klapp, S. T., Anderson, W. G., & Berrian, R. W. (1973). Implicit speech in reading, reconsidered. *Journal of Experimental Psychology, 100,* 368～374.

Klapp, S. T., & Erwin, C. I. (1976). Relation between programming time and duration of the response being programmed. *Journal of Experimental Psychology: Human Perception and Performance, 2,* 591～598.

Klapp, S. T., & Wyatt, E. P. (1976). Motor programming within sequences of responses. *Journal of Motor Behavior, 8,* 19～26.

Klatt, H. (1975). Vowel lengthening is syntactically determined in a connected discourse. *Journal of Phonetics, 3,* 129～140.

Klein, W. (1978). Wo ist hier: Präliminarien zu einer Untersuchung der lokalen Deixis. *Linguistische Berichte, 58,* 18～40.

Klein, W. (1979). Wegauskünfte. *Zeitschrift für Literaturwissenschaft and Linguistik, 9,* 9～57.

Klein, W. (1982). Local deixis in route directions. In R. Jarvella & W. Klein (Eds.), *Speech, place, and action: Studies in deixis and related topics.* Chichester: John Wiley.

Klein, W. (1984). Bühler's Ellipse. In C. F. Grauman & Th. Herrmann (Eds.), *Karl Bühlers Axiomatik.* Fünfzig Jahre Axiomatik der Sprachwissenschaften. Frankfurt: Klosterman.

Klein, W., & Stutterheim, C. von (1987). Quaestio and referentielle Bewegung in Erzählungen. *Linguistische Berichte, 109,* 163～183.

Kloker, D. (1975). Vowel and sonorant lengthening as cues to phonological phrase boundaries. *Journal of the Acoustical Society of America, 57* (Suppl. 1), 33～34.

Kohler, K. J. (1986). Invariance and variability in speech timing: From utterance to segment in German. In J. S. Perkell & D. Klatt (Eds.), *Invariance and variability in speech processes.* Hillsdale, NJ: Lawrence Erlbaum.

Kohn, S. E., Wingfield, A., Menn, L., Goodglass, H., Berko Gleason, J., & Hyde, M. (1987). Lexical retrieval: The tip of the tongue phenomenon. *Applied Psycholinguistics, 8,* 245～266.

Koriat, A., & Lieblich, I. (1974). What does a person in a "TOT" state know that a person in a "don't know" state doesn't know. *Memory and Cognition, 2,* 647～655.

Koriat, A., & Lieblich, I. (1977). A study of memory pointers. *Acta Psychologica, 41,* 151～164.

Kosslyn, S. M. (1980). *Image and mind,* Cambridge, MA: Harvard University Press.

Kowal, S., Bassett, M. R., & O'Connell, D. C. (1985). The spontaneity of media interviews. *Journal of Psycholinguistic Research, 14,* 1～18.

Kozhevnikov, V. A., & Chistovich, L. A. (1965). *Speech: Articulation and Perception.* Clearinghouse for Federal Scientific and Technical Information. Joint Publications Research Service. Washington, DC: U.S. Department of Commerce.

Krauss, R. M., & Weinheimer, S. (1964). Changes in reference phrases as a function of frequency of usage in social interaction: A preliminary study. *Psychonomic Science, 1,* 113～114.

Kroch, A., & Hindle, D. (1982). On the linguistic character of non-standard input. *Proceedings of the 20th Annual Meeting of the Association for Computational Linguistics.* Association for Computational Linguistics.

Kucera, H., & Francis, W. N. (1967). *Computational analysis of present-day American English.* Providence: Brown University Press.

LaBerge, D., & Samuels, S. J. (1974). Toward a theory of automatic information processing in reading. *Cognitive Psychology, 6,* 293～323.

Labov, W. (1972). *Language in the inner city.* Philadelphia: University of Pennsylvania Press.

Labov, W., & Fanshel, D. (1977). *Therapeutic discourse,* New York: Academic Press.

Lackner, J. R., & Tuller, B. H. (1979). Role of efference monitoring in the detection of self-produced speech errors. In W. E. Cooper & E. C. T. Walker (Eds.), *Sentence processing: Psycholinguistic studies presented to Merrill Garrett.* Hills-dale, NJ: Lawrence Erlbaum.

Ladd, D. R. (1980). *The structure of intonational meaning.* Bloomington: Indiana University Press.

Ladd, D. R. (1984). Declination: A review and some hypotheses. *Phonology Yearbook, 1,* 53～74.

Ladd, D. R. (1986). Intonational phrasing: The case for recursive prosodic structure. *Phonology Yearbook, 3,* 311～340.

Ladd, D. R., Scherer, K., & Silverman, K. (1986). An integrated approach to studying intonation and attitude. in C. Johns-Lewis (Ed.), *Intonation in discourse.* London: Croom Helm.

Lakoff, R. (1970). Tense and its relations to participants. *Language, 46,* 838～849.

Laver, J. D. M. (1973). The detection and correction of slips of the tongue. In V. A. Fromkin (Ed.), *Speech errors as linguistic evidence.* The Hague: Mouton.

Laver, J. D. M. (1980). Monitoring systems in the neurolinguistic control of speech production. In V. A. Fromkin (Ed.), *Errors in linguistic performance: Slips of the tongue, ear, pen, and hand.* New York: Academic Press.

Lee, B. S. (1950). Effects of delayed speech feedback. *Journal of the Acoustical Society of America, 22,* 824～826.

Lehiste, I. (1970). *Suprasegmentals.* Cambridge, MA: MIT Press.

Lehiste, I. (1975). The phonetic structure of paragraphs. In A. Cohen & S. G. Nooteboom (Eds.), *Structure and process in speech perception.* Heidelberg: Springer.

Lehiste, I. (1977). Isochrony reconsidered. *Journal of Phonetics, 5,* 253～263.

Lenneberg, E. H. (1967). *Biological foundations of language.* New York: John Wiley.

Levelt, W. J. M. (1974). *Formal grammars in linguistics and psycholinguistics.* (3 Vols.). The Hague: Mouton.

Levelt, W. J. M. (1978). A survey of studies in sentence perception: 197 0～1976. In W. J. M. Levelt & G. B. Flores d'Arcais (Eds.), *Studies in the perception of language.* Chichester: John Wiley.

Levelt, W. J. M. (1981). The speaker's linearization problem. *Philosophical Transactions Royal Society London B295,* 305～315.

Levelt, W. J. M. (1982a). Linearization in describing spatial networks. In S. Peters & E. Saarinen (Eds.), *Processes, beliefs, and questions.* Dordrecht: Reidel.

Levelt, W. J. M. (1982b). Cognitive styles in the use of spatial direction terms. In R. J. Jarvella & W. Klein (Eds.), *Speech, place, and action: Studies in deixis and related topics.* Chichester: John Wiley.

Levelt, W. J. M. (1983). Monitoring and self-repair in speech. *Cognition, 14,* 41～104.

Levelt, W. J. M. (1984a). Some perceptual limitations on talking about space. In A. van Doorn, W. van de Grind, & J. Koenderink (Eds.), *Limits of perception: Essays in honour of Maarten A. Bouman.* Utrecht: VNU Science Press.

Levelt, W. J. M. (1984b). Spontaneous self-repairs in speech: Processes and representations. In M. P. R. van den Broecke & A. Cohen (Eds.), *Proceedings of the Tenth International Congress of Phonetic Sciences.* Dordrecht: Foris.

Levelt, W. J. M., & Cutler, A. (1983). Prosodic marking in speech repair. *Journal of Semantics, 2,* 205～217.

Levelt, W. J. M., & Kelter, S. (1982). Surface form and memory in question answering. *Cognitive Psychology, 14,* 78～106.

Levelt, W. J. M., & Kempen, G. (1975). Semantic and syntactic aspects of remembering sentences: A review of some recent continental research. In A. Kennedy & A. Wilkes (Eds.), *Studies in long-term memory.* London: John Wiley.

Levels, W. J. M., & Maassen, B. (1981). Lexical search and order of mention in sentence production. In W. Klein & W. J. M. Levelt (Eds.), *Crossing the boundaries in linguistics. Studies presented to Manfred Bierwisch.* Dordrecht: Reidel.

Levelt, W. J. M., Richardson, G., & La Hey, W. (1985). Pointing and voicing in deictic expressions. *Journal of Memory and Language, 24,* 133～164.

Levelt, W. J. M., Schreuder, R., & Hoenkamp, E. (1978). Structure and use of verbs of motion. In R. N. Campbell & P. T. Smith (Eds.), *Recent advances in the psychology of language.* New York: Plenum Press.

Levelt, W. J. M., & Schriefers, H. (1987). Stages of lexical access. In G. Kempen (Ed.), *Natural language generation. New results in artificial intelligence, psychology and linguistics.* Dordrecht: Martinus Nijhoff.

Levelt, W. J. M., Zwanenburg, W., & Ouweneel, G. R. E. (1970). Ambiguous surface structure and phonetic form in French. *Foundations of Language, 6,* 260～273.

Levinson, S. C. (1983). *Pragmatics.* Cambridge University Press.

Levitt, A. G., & Healy, A. F. (1985). The roles of phoneme frequency, similarity, and availability in the experimental elicitation of speech errors. *Journal of Memory and Language, 24,* 717～733.

Lewis, D. K. (1969). *Convention: A philosophical study.* Cambridge, MA: Harvard University Press.

Liberman, A. M., Cooper, F. S., Shankweiler, D. S., & Studdert-Kennedy, M. (1967). Perception of the speech code. *Psychological Review, 74,* 431～461.

Liberman, M., & Pierrchumbert, J. (1984). Intonational invariance under changes in pitch range and length. In M. Aronoff & R. T. Oehrle (Eds.), *Language and sound structure: Studies in phonology presented to Morris Halle by his teacher and students.* Cambridge, MA: MIT Press.

Lieberman, P., Katz W., & Jongman, A (1985). Measures of intonation of read and spontaneous speech in American English. *Journal of the Acoustic Society of America, 77,* 649～657.

Lindblom, B. (1963). *On vowel reduction.* (Speech Transmission Laboratory Report 29). Stockholm: Royal Institute of Technology.
Lindblom, B. (1968). *Temporal organization of syllable production.* (Quarterly Progress and Status Report 2～3). Stockholm: Royal Institute of Technology.
Lindblom, B. (1983). Economy of speech gestures. In P. F. MacNeilage (Ed.), *The production of speech.* New York: Springer.
Lindblom, B., Lubker, J., & Gay, T. (1979). Formant frequencies of some fixed-mandible vowels and a model of speech motor programming by predictive simulation. *Journal of Phonetics, 7,* 147～161.
Lindblom B., & MacNeilage, P. (1986). Action theory: Problems and alternative approaches. *Journal of Phonetics, 14,* 117～132.
Linde, C., & Goguen, J. (1978). The structure of planning discourse. *Journal of Social and Biological Structures, 1,* 219～251.
Linde, C., & Labov, W. (1975). Spatial networks as a site for the study of language and thought. *Language, 51,* 924～939.
Lindsley, J. R. (1975). Producing simple utterances: How far do we plan? *Cognitive Psychology, 7,* 1～19.
Lindsley, J. R. (1976). Producing simple utterances: Details of the planning process. *Journal of Psycholinguistic Research, 5,* 331～351.
Linell, P. (1979). *Psychological reality in phonology.* Cambridge University Press.
Longuet-Higgins, H. C. (1987). *Mental Processes.* Cambridge, MA: MIT Press.
Lounsbury, F. G. (1954). Transitional probability, linguistic structure, and systems of habit-family hierarchies. In C. E. Osgood & T. Sebeok (Eds.), *Psycholinguistics. A survey of theory and research problems.* Bloomington: Indiana University Press.
Lyons, J. (1977). *Semantics* (2 Vols.). Cambridge University Press.
Lyons, J. (1981). *Language, meaning and context.* Bungay: Fontana Press.
MacKay, D. (1970). Spoonerisms: The structure of errors in the serial order of speech. *Neuropsychologia, 8,* 323～350 (Reprinted in V. A. Fromkin (Ed.). (1973). *Speech errors as linguistic evidence.* The Hague: Mouton.)
MacKay, D. (1972). The structure of words and syllables: Evidence from errors in speech. *Cognitive Psychology, 3,* 210～227.
MacKay, D. (1982). The problem of flexibility, fluency, and speed-accuracy trade-off in skilled behavior. *Psychological Review, 89,* 483～506.
MacKay, D. (1987). *The organization of perception and action: A theory for language and other cognitive skills.* New York: Springer.
Maclay, H., & Osgood, C. E. (1959). Hesitation phenomena in spontaneous English speech. *Word, 15,* 19～44.
MacNeilage, P. F. Motor control and serial ordering of speech.

Psychological Review, 1970, *77,* 182～196.
MacNeilage, P. F. (1980). Emerging concepts in speech control. In G. S. Stelmach & J. Requin (Eds.), *Tutorials in motor behavior.* Amsterdam: North-Holland.
MacNeilage, P., & Ladefoged, P. (1976). The production of speech and language. In: E. C. Carterette & M. P. Friedman (Eds.), *Handbook of perception: Vol. 7.* New York: Academic Press.
MacWhinney, B. (1977). Starting points. *Language, 53,* 152～168.
MacWhinney, B., & Bates, E. (1978). Sentential devices for conveying givenness and newness: A cross-cultural developmental study. *Journal of Verbal Learning and Verbal Behavior, 17,* 539～558.
MacWhinney, B., Bates, E., & Kiegl, R. (1984). The impact of cue validity on sentence interpretation in English, German, and Italian. *Journal of Verbal Learning and Verbal Behavior, 23,* 127～150.
Makkai, A. (1972). *Idiom structure in English.* The Hague: Mouton.
Malinowski, B. (1920). Classificatory particles in the language of Kiriwina. *Bulletin of the School of Oriental Studies, 1,* 33～78. (London Institution).
Mangold, R. (1986). *Sensorische Faktoren beim Verstehen überspezifizierter Objektbennennungen.* Frankfurt: Peter Lang.
Marshall, J. C. (1984). Multiple perspectives on modularity. *Cognition, 17,* 209～242.
Marslen-Wilson, W., & Komisarjevsky Tyler, L. (1980). The temporal structure of spoken language understanding. *Cognition, 8,* 1～71.
Marslen-Wilson, W., Levy, E., & Komisarjevsky Tyler, L. (1982). Producing interpretable discourse: The establishment and maintenance of reference. In R. J. Jarvella & W. Klein (Eds.), *Speech, place, and action: Studies in deixis and related topics.* Chichester: John Wiley.
Marslen-Wilson, W., & Tyler, L. (1981). Central processes is speech understanding. *Philosophical Transactions of the Royal Society London, B259,* 317～332.
Martin, J. G., & Strange, W. (1968). The perception of hesitation in spontaneous speech. *Perception and Psychophysics, 3,* 427～432.
McNeill, D. (1979). *The conceptual basis of language.* Hillsdale, NJ: Lawrence Erlbaum.
McNeill, D. (1987). *Psycholinguistics: A new approach.* Cambridge, MA: Harper and Row.
Meringer, R. (1908). *Aus dem Leben der Sprache.* Berlin: Behr.
Meringer, R., & Mayer, K. (1895). *Versprechen and Verlesen.* Stuttgart: Goschensche Verlag. (Re-issued, with introductory essay by A. Cutler and D. A. Fay (1978). Amsterdam: John Benjamins.)
Meyer, A. (1988). *Phonological encoding in language production: A priming study.* Unpublished doctoral dissertation, Nijmegen Uni-

versity.
Meyer, D. E., & Gordon, P. C. (1985). Speech production: Motor programming of phonetic features. *Journal of Memory and Language, 24,* 3~26.
Miller, G. A. (1956). The magical number seven, plus or minus two: Some limits on our capacity for processing information. *Psychological Review, 63,* 81~97.
Miller, G. A. (1969). A psychological method to investigate verbal concepts. *Journal of Mathematical Psychology, 6,* 169~191.
Miller, G. A. (1978). Semantic relations among words. In M. Halle, J. Bresnan, & G. A. Miller (Eds.), *Linguistic theory and psychological reality.* Cambridge, MA: MIT Press.
Miller, G. A. (1982). Some problems in the theory of demonstrative reference. In R. J. Jarvella & W. Klein (Eds.), *Speech, place, and action: Studies in deixis and related topics.* Chichester: John Wiley.
Miller, G. A., & Johnson-Laird, P. N. (1976). *Language and perception.* Cambridge, MA: Harvard University Press.
Mittelstaedt, H. (1983). A new solution to the problem of subjective vertical. *Naturwissenschaften, 70,* 272~281.
Mohanan, K. P. (1982). Grammatical relations and clause structure in Malayalam. In J. Bresnan (Ed.), *The mental representation of grammatical relations.* Cambridge, MA: MIT Press.
Moll, K. L., & Daniloff, R. G. (1971). Investigation of the timing of velar movements during speech. *Journal of the Acoustical Society of America, 750,* 678~684.
Montague, R. (1974). *Formal philosophy: Selected papers.* New Haven: Yale University Press.
Morton, J. (1969). The interaction of information in word recognition. *Psychological Review, 76,* 165~178.
Morton, J. (1979). Word recognition. In J. Morton & J. Marshall (Eds.), Ps*ycholinguistics: Series 2. Structures and processes.* London: Elek.
Motley, M. T. (1980). Verification of "Freudian slips" and semantic prearticulatory editing via laboratory-induced spoonerisms. In V. A. Fromkin (Ed.), *Errors in linguistic performance: Slips of the tongue, ear, pen, and hand.* New York: Academic Press.
Motley, M. T., Baars, B. J., & Camden, C. T. (1981). Syntactic criteria in prearticulatory editing: Evidence from laboratory-induced slips of the tongue. *Journal of Psycholinguistic Research, 10,* 503~522.
Motley, M. T., Camden, C. T., & Baars, B. J. (1982). Covert formulation and editing of anomalies in speech production: Evidence from experimentally elicited slips of the tongue. *Journal of Verbal Learning and Verbal Behavior, 21,* 578~594.

Munro, A. (1977). *Speech act understanding.* Unpublished doctoral dissertation. University of California, San Diego.

Nakatani, L. H., O'Connor, J. D., & Aston, C.H. (1981). Prosodic aspects of American English speech rhythm. *Phonetica, 38,* 84～106.

Neilson, M. D., & Neilson, P. D. (1987). Speech motor control and stuttering: A computational model of adaptive sensory-motor processing. *Speech Communication, 6,* 325～333.

Nespor, M., & Vogel, I. (1986). *Prosodic phonology.* Dordrecht: Foris.

Newell, A., & Simon, H. A. (1972). *Human problem solving.* Englewood Cliffs, NJ: Prentice-Hall.

Nolan, F. J. (1982). The role of action theory in the description of speech production. *Linguistics,* 20, 287～308.

Noordman, L. G. M. (1979). *Inferring from language.* Heidelberg: Springer.

Noordman-Vonk. W. (1979). *Retrieval from semantic memory.* Heidelberg: Springer.

Nooteboom, S. (1967). Some regularities in phonemic speech errors. *Annual Progress Report. Institute for Perception Research IPO, 2,* 65～70.

Nooteboom, S. (1972). *Production and perception of vowel duration.* Unpublished doctoral dissertation, Utrecht University.

Nooteboom, S. (1973). The tongue slips into patterns. In V. Fromkin (Ed.), *Speech errors as linguistic evidence.* The Hague: Mouton.

Nooteboom, S. (1980). Speaking and unspeaking: detection and correction of phonological and lexical errors in spontaneous speech. In V. A. Fromkin (Ed.). *Errors in linguistic performance.* New York: Academic Press.

Nooteboom, S., & Terken, J. M. B. (1982). What makes speakers omit pitch accents? An experiment. *Phonetica, 39,* 317～336.

Norman, D. A., & Rumelhart, D. E. (1975). *Explorations in cognition.* San Francisco: Freeman.

Nunberg, G. (1979). The non-uniqueness of semantic solutions: Polysemy. *Linguistics and Philosophy, 3,* 143～184.

Ochs-Keenan, E. (1976). The universality of conversational implicature. *Language in Society, 5,* 67～80.

O'Connell, D., & Kowal, S. (1983). Pausology. In W. A. Sedelow & S. Y. Sedelow (Eds.), *Computers in Language Research: Part I. Formalization in literary and discourse analysis.* Berlin: Mouton.

O'Connor, J. D., & Arnold, G. F. (1973). *Intonation of colloquial English.* (2nd ed.). London: Longman.

Ohala, J. J. (1978). Production of tone. In V. Fromkin (Ed.), *Tone: A linguistic survey.* New York: Academic Press.

Öhman, S. E. G. (1966). Coarticulation in VCV utterances: Spectrographic measurements. *Journal of the Acoustical Society of America,* 39,

151～168.
Ojemann, G. A. (1982). Interrelationships in the localization of language, memory, and motor mechanisms in human cortex and thalamus. In R. A. Thompson & J. R. Green (Eds.), *New perspectives in cerebral localization.* New York: Raven Press.
Oldfield, R. C. (1963). Individual vocabulary and semantic currency: A preliminary study. *British Journal of Social and Clinical Psychology, 2,* 122～130.
Oldfield, R. C., & Wingfield, A. (1965). Response latencies in naming objects. *Quarterly Journal of Experimental Psychology, 17, 273*～281.
Oiler, D. K., & MacNeilage, P. F. (1983). Development of speech production. In P. F. MacNeilage (Ed.), *The production of speech.* New York: Springer.
Olson, D. R. (1970). Language and thought: Aspects of a cognitive theory of semantics. *Psychological Review, 77,* 257～273.
Osgood, C. E. (1971). Where do sentences come from? In D. Steinberg & L. Jakobovits (Eds.), *Semantics: An interdisciplinary reader in philosophy, linguistics and psychology.* Cambridge University Press.
Osgood, C. E. (1980). *Lectures on language performance.* New York: Springer.
Osgood, C. E., & Bock, J. K. (1977). Salience and sentencing: Some production principles. In S. Rosenberg (Ed.), *Sentence production: Developments in research and theory.* Hillsdale, NJ: Lawrence Erlbaum.
Paivio, A., Yuille, J. C., & Madigan, S. (1968). Concreteness, imagery, and meaningfulness values for 925 nouns. *Journal of Experimental Psychology, 76,* (1, Pt. 2).
Palermo, D. S., & Jenkins, J. J. (1964). *Word association norms.* Minneapolis: University of Minnesota Press.
Parker, F., & Walsh, T. (1985). Mentalism vs physicalism: A comment on Hammarberg and Fowler. *Journal of Phonetics, 13,* 147～153.
Partee, B., & Rooth, M. (1983). Generalized conjunction and type ambiguity. In R. Bäuerle, C. Schwarze, & A. von Stechow (Eds.), *Meaning, use and interpretation of language.* Berlin: De Gruyter.
Pechmann, T. (1984). *Überspezifizierung and Betonung in referentieller Kommunikation.* Unpublished doctoral dissertation, Mannheim University.
Perdue, C. (Ed.). (1984). *Second language acquisition by adult immigrants: A field manual.* Rowley, MA: Newbury House.
Perfetti, C. A., & Goldman, S. R. (1975). Discourse functions of thematization and topicalization. *Journal of Psycholinguistic Research, 4,* 257～271.

Perkell, J. S. (1969). *Physiology of speech production: Results and implications of a quantitative cineradiographic study.* Cambridge, MA: MIT Press.

Perkell, J. S. (1980). Phonetic features and the physiology of speech production. In B. Butterworth (Ed.), *Language Production: Vol. I. Speech and talk.* London: Academic Press.

Petrie, H. (1988). *Semantic and syntactic processes in speech production.* Unpublished doctoral dissertation, University of London.

Pierrehumbert, J. (1981). Synthesizing intonation. *Journal of the Acoustical Society of America, 70,* 985～995.

Pike, K. (1945). *The intonation of American English.* Ann Arbor: University of Michigan Press.

Pinker, S. (1985). *Language learnability and language development.* Cambridge, MA: Harvard University Press.

Posner, M. I., & Snyder, C. R. R. (1975). Attention and cognitive control. In R. Solso (Ed.), *Information processing and cognition: The Loyola symposium.* Hillsdale, NJ: Lawrence Erlbaum.

Power, M. J. (1983). Are there cognitive rhythms in speech? *Language and Speech, 26,* 253～261.

Power, M. J. (1984). Are there cognitive rhythms in speech?—A reply to Beattie (1984). *Language and Speech, 27,* 197～201.

Premack, D. (1976). *Intelligence in ape and man.* Hillsdale, NJ: Lawrence Erlbaum.

Prentice, J. L. (1966). Response strength of single words as an influence in sentence behavior. *Journal of Verbal Learning and Verbal Behavior, 5,* 429～433.

Prentice, J. L. (1967). Effects of cuing actor vs. cuing object on word order in sentence production. *Psychonomic Science, 8,* 163～164.

Priller, J., & Mittenecker, E. (1988). Experimente zum Unterschied von "Wort auf der Zunge" and "Gefühl des Wissens". *Zeitschrift für experimentelle and angewandte Psychologie, 35,* 129～146.

Prince, A. (1983). Relating to the grid. *Linguistic Inquiry, 14,* 19～100.

Prince, E. (1981). Toward a taxonomy of given-new information. In P. Cole (Ed.), *Radical pragmatics.* New York: Academic Press.

Pullum, G. K., & Zwicky, A. M. (1988). The syntax-phonology interface. In F. J. Newmeyer (Ed.), *Linguistics: The Cambridge Survey.* Cambridge University Press.

Pylyshyn, Z. W. (1984). *Computation and cognition: Toward a foundation for cognitive science.* Cambridge, MA: MIT Press.

Reason, J., & Lucas, D. (1984). Using cognitive diaries to investigate naturally occurring memory blocks. In J. E. Harris & P. E. Morris (Eds.), *Everyday memory, actions and absent-mindedness.* London: Academic Press.

Recanati, F. (1986). On defining communicative intentions. *Mind and Language, 1*, 213～242.

Redeker, G. (1986). *Language use in informal narratives: Effects of social distance and listener involvement.* Unpublished doctoral dissertation, University of California, Berkeley.

Reichenbach, H. (1947). *Elements of symbolic logic.* New York: Free Press.

Reinhart, T. (1982). Pragmatics and linguistics: An analysis of sentence topics. *Philosophica, 27,* 53～94.

Reinhart, T. (1984). Principles of Gestalt perception in the temporal organization of narrative texts. *Linguistics, 22,* 779～809.

Rochester, S. R., & Gill, J. (1973). Production of complex sentences in monologues and dialogues. *Journal of Verbal Learning and Verbal Behavior, 12,* 203～210.

Rochester, S., & Martin, J. R. (1979). *Crazy talk. A study of the discourse of schizophrenic speakers.* New York: Plenum Press.

Rosch, E. (1975). Cognitive reference points. *Cognitive Psychology, 7,* 53 2～547.

Rosch, E., Mervis, C. B., Gray, W., Johnson, D., & Boyes-Braem, P. (1976). Basic objects in natural categories. *Cognitive Psychology, 8,* 382～439.

Ross, J. R. (1970). On declarative sentences. In R. A. Jacobs & P. S. Rosenbaum (Eds.), *Readings in transformational grammar.* Waltham, MA: Ginn.

Roudet, L. (1910). *Eléments de phonétique générale.* Paris: Librairie Universitaire H. Welter.

Rubin, D. C. (1975). Within word structure in the tip-of-the-tongue phenomenon. *Journal of Verbal Learning and Verbal Behavior, 14,* 392～397.

Rumelhart, D. E., McClelland, J. L., & the PDP Research Group. (1986). *Parallel distributed processing.* (2 Vols.). Cambridge, MA: MIT Press.

Ryave, A. L. (1978). On the achievement of a series of stories. In J. Schenkein (Ed.), *Studies in the organization of conversational interaction.* New York: Academic Press.

Sacks, H. (1978). Some technical considerations of a dirty joke. In J. Schenkein (Ed.), *Studies in the organization of conversational interaction.* New York: Academic Press.

Sacks, H., Schegloff, E. A., & Jefferson, G. (1974). A simplest systematics for the organization of turn-taking in conversation. *Language, 50,* 696～735.

Sadock, J., & Zwicky, A. (1985). Speech act distinctions in syntax. In T. Shopen (Ed.), *Language typology and syntactic description: Vol. 1. Clause structure.* Cambridge University Press.

Saltzman, E., & Kelso, J. A. S. (1987). Skilled actions: A task-dynamic approach. *Psychological Review, 94,* 84～106.

Sanford, A. (1985). *Cognition and cognitive psychology.* London: Weidenfeld and Nicholson. (Also: Hillsdale, NJ: Lawrence Erlbaum).

Sanford, A. and Garrod, S. (1981) *Understanding written language: Explorations of comprehension beyond the sentence.* Chichester: John Wiley.

Schaffer, D. (1983). The role of intonation as a cue to turn taking in conversation. *Journal of Phonetics, 11,* 243～259.

Schank, R. C. (1972). Conceptual dependency: A theory of natural language understanding. *Cognitive Psychology, 3(4),* 552～631.

Schank, R. C. (1975). *Conceptual information processing.* Amsterdam: North-Holland.

Schegloff, E. A. (1972). Sequencing in conversational openings. In J. J. Gumperz & D. H. Hymes (Eds.), *Directions in psycholinguistics.* New York: Holt, Rinehart and Winston.

Schegloff, E. A. (1979). The relevance of repair to syntax-for-conversation. In T. Givón (Ed.), *Syntax and semantics.* (Vol. 12). New York: Academic Press.

Schegloff, E. A. (1987). Between macro and micro: Contexts and other connections. In J. Alexander, B. Giesen, R. Munch, & N. Smelser (Eds.), *The micro-macro link.* Berkeley: University of California Press.

Schegloff, E. A., Jefferson, G., & Sacks, H. (1977). The preference for self-correction in the organization of repair in conversation. *Language, 2,* 361～382.

Schegloff, E. A., & Sacks, H. (1973). Opening up closings. *Semiotica, 7,* 289～327.

Schenkein, J. (1980). A taxonomy for repeating action sequences in natural conversation. In B. Butterworth (Ed.), *Language production: Vol. I. Speech and talk.* London: Academic Press.

Scherer, K. (1986). Vocal affect expression: A review and a model for future research. *Psychological Bulletin, 99,* 143～165.

Schiffrin, D. (1985). Everyday argument: The organization of diversity in talk. In T. A. van Dijk (Ed.), *Handbook of discourse analysis.* (Vol. 3). London: Academic Press.

Schlesinger, I. M. (1977). *Production and comprehension of utterances.* Hillsdale, NJ: Lawrence Erlbaum.

Schmerling, S. (1976). *Aspects of English sentence stress.* Austin: University of Texas Press.

Schneider, W., & Shiffrin, R. M. (1977). Controlled and automatic human information processing: I. Detection, search and attention. *Psychological Review,* 84, 1～66.

Schouten, M. E. H., & Pols, L. C. W. (1979). Vowel segments in consonantal contexts: A spectral study of coarticulation. *Journal of Phonetics, 7,* (Part I) 1 ~ 23, (Part II) 205 ~ 224.

Schreuder, R. (1978). *Studies in psycholexicology: With special reference to verbs of motion.* Unpublished doctoral dissertation, Nijmegen University.

Schriefers, H. (1985). *On semantic markedness in language production and verification.* Unpublished doctoral dissertation, Nijmegen University.

Scollon, R., & Scollon, S. B. K. (1981). *Narrative, literacy and face in interethnic communication.* Norwood, NJ: Ablex.

Scott, D. (1982). Duration as a cue to the perception of a phrase boundary. *Journal of the Acoustic Society of America, 71,* 996 ~ 1007.

Searle, J. R. (1979). *Expression and meaning: Studies in the theory of speech acts.* Cambridge University Press.

Selkirk, E. (1972). *The phrase phonology of English and French.* Unpublished doctoral dissertation, Massachusetts Institute of Technology.

Selkirk, E. (1982). *The syntax of words* (Linguistic Inquiry Monograph 7). Cambridge, MA: MIT Press.

Selkirk, E. (1984a). *Phonology and syntax: The relation between sound and structure.* Cambridge, MA: MIT Press.

Selkirk, E. (1984b). On the major class features and syllable theory. In M. Aronoff & R. T. Oehrle (Eds.), *Language and sound structure: Studies in phonology presented to Morris Halle by his teacher and students.* Cambridge, MA: MIT Press.

Senft, G. (1985). Klassifikationspartikel im Kilivila—Glossen zu ihrer morphologischen Rolle, ihrem Inventar and ihrer Funktion in Satz and Diskurs. *Linguistische Berichte, 99,* 373 ~ 393.

Seuren, P. A. M. (1978). Grammar as an underground process. In A. Sinclair, R. J. Jarvella, & W. J. M. Levelt (Eds.), *The child's conception of language.* Heidelberg: Springer.

Seuren, P. A. M. (1985). *Discourse semantics.* Oxford: Blackwell.

Seuren, P. A. M. (1988). Presupposition. In A. von Stechow & D. Wunderlich (Eds.), *Handuch der Semantik/Handbook of semantics.* Frankfurt: Athenäum.

Seymour, P. H. K. (1979). *Human visual cognition.* New York: St. Martin's Press.

Shattuck-Hufnagel, S. (1979). Speech errors as evidence for a serial order mechanism in sentence production. In W. E. Cooper & E. C. T. Walker (Eds.), *Sentence processing: Psycholinguistic studies presented to Merrill Garrett.* Hillsdale, NJ: Lawrence Erlbaum.

Shattuck-Hufnagel, S. (1982). Three kinds of speech error evidence for the role of grammatical elements in processing. In L. K. Obler & L. Menn (Eds.), *Exceptional language and linguistics.* New York: Academic Press.

Shattuck-Hufnagel, S. (1983). Sublexical units and suprasegmental structure in speech production planning. In P. F. MacNeilage (Ed.), *The production of speech.* New York: Springer.

Shattuck-Hufnagel, S. (1985). Context similarity constraints on segmental speech errors: An experimental investigation of the role of word position and lexical stress. In J. Lauter (Ed.), *On the planning and production of speech in normal and hearing-impaired individuals: A seminar in honour of S. Richard Silverman* (ASHA Reports, 15).

Shattuck-Hufnagel, S. (1986). The representation of phonological information during speech production planning: Evidence from vowel errors in spontaneous speech. *Phonology Yearbook, 3,* 117~149.

Shattuck-Hufnagel, S. (1987). The role of word onset consonants in speech production planning: New evidence from speech error patterns. In E. Keller & M. Gopnik (Eds.), *Sensory processes in language.* Hillsdale, NJ: Lawrence Erlbaum.

Shattuck-Hufnagel, S., & Klatt, D. (1979). The limited use of distinctive features and markedness in speech production: Evidence from speech error data. *Journal of Verbal Learning and Verbal Behavior, 18,* 41~55.

Shepard, R. N., & Metzler, J. (1971). Mental rotation of three-dimensional objects. *Science, 171,* 701~703.

Shepard, R. N., & Hurwitz, S. (1984). Upward direction, mental rotation, and discrimination of left and right turns in maps. *Cognition, 18,* 161~193.

Siegel, D. (1974). *Topics in English morphology.* New York: Garland.

Siegel, G. M., & Pick, H. L. (1976). Auditory feedback in the regulation of voice. *Journal of the Acoustical Society of America, 56,* 1618~1624.

Slobin, D. (1982). Universal and particular in the acquisition of language. In E. Wanner & L. R. Gleitman (Eds.), *Language acquisition: The state of the art.* Cambridge University Press.

Smith, E., & Medin, D. L. (1981). *Categories and concepts.* Cambridge, MA: Harvard University Press.

Sonnenschein, S (1982). The effects of redundant communications on listeners: When more is less. *Child Development, 53*, 717~729.

Sonnenschein, S. (1984). The effect of redundant communication on listeners: Why different types may have different effects. *Journal of Psycholinguistic Research, 13*, 147~166.

Sorokin, V. N. Gay, T., & Ewan, W. G. (1980). Some biomechanical

correlates of jaw movement. *Journal of the Acoustical Society of America, 68*(S1), S32(A).
Sowa, J. F. (1984). *Conceptual structures.* Reading, MA: Addison-Wesley.
Sperber, D., & Wilson, D. (1986). *Relevance: Communication and cognition.* Oxford: Blackwell.
Sridhar, S. N. (1988). *Cognition and sentence production: A cross linguistic study.* New York: Springer.
Steedman, M. J. (1982). Reference to past time. In R. J. Jarvella & W. Klein (Eds.), *Speech, place and action: Studies in deixis and related topics.* Chichester: John Wiley.
Steedman, M. J., & Johnson-Laird, P. N. (1980). The production of sentences, utterances and speech acts: Have computers anything to say? In B. Butterworth (Ed.), *Language production: Vol. 1. Speech and talk.* London: Academic Press.
Stemberger, J. P. (1982). The nature of segments in the lexicon: Evidence from speech errors. *Lingua,* 56, 43～65.
Stemberger, J. P. (1983a). *Speech errors and theoretical phonology: A review.* Bloomington: Indiana Linguistics Club.
Stemberger, J. P. (1983b). The nature of /r/ and /l/ in English: Evidence from speech errors. *Journal of Phonetics, 11,* 139～147.
Stemberger, J. P. (1984). *Lexical bias in errors in language production: Interactive components, editors, and perceptual biases.* Unpublished manuscript, Carnegie-Mellon University, Pittsburgh.
Stemberger, J. P. (1985a). An interactive activation model of language production. In A. W. Ellis (Ed.), *Progress in the psychology of language: Vol. 1.* Hillsdale, NJ: Lawrence Erlbaum.
Stemberger, J. P. (1985b). *The lexicon in a model of language production.* New York: Garland Publishing.
Stemberger, J. P., & MacWhinney, B. (1986). Form-oriented inflectional errors in language processing. *Cognitive Psychology, 18,* 329～354.
Stemberger, J. P., & Treiman, R. (1986). The internal structure of word-initial consonant clusters. *Journal of Memory and Language, 25,* 163～180.
Sternberg, S., Monsell, S., Knoll, R. L., & Wright, C. E. (1978). The latency and duration of rapid movement sequences: Comparisons of speech and typewriting. In G. E. Stelmach (Ed.), *Information processing in motor control and learning.* New York: Academic Press.
Sternberg, S., Wright, C. E., Knoll, R. L., & Monsell, S. (1980). Motor programs in rapid speech: Additional evidence. In R. A. Cole (Ed.), *Perception and production of fluent speech.* Hillsdale, NJ: Lawrence Erlbaum.

Stevens, K. N. (1983). Design features of speech sound systems. In P. F. MacNeilage (Ed.), *The production of speech.* New York: Springer.

Stevens, K., & Perkell, J. S. (1977). Speech physiology and phonetic features. In M. Sawashima & F. S. Cooper (Eds.), *Dynamic aspects of speech production.* University of Tokyo Press.

Svartvik, J., & Quirk, R. (Eds.). (1980). *A corpus of English conversation.* Lund: CWK Gleerup.

Tannenbaum, P. H., Williams, F., & Hillier, C. S. (1965). Word predictability in the environments of hesitations. *Journal of Verbal Learning and Verbal Behavior, 4*, 134～140.

Tannenbaum, P. H., & Williams, F. (1968). Generation of active and passive sentences as a function of subject and object focus. *Journal of Verbal Learning and Verbal Behavior, 7,* 246～250.

Tanz, C. (1980). *Studies in the acquisition of deictic terms.* Cambridge University Press.

Taylor, I. (1969). Content and structure in sentence production. *Journal of Verbal Learning and Verbal Behavior, 8,* 170～175.

Tent, J., & Clark, J. E. (1980). An experimental investigation into the perception of slips of the tongue. *Journal of Phonetics, 8,* 317～325.

Terken, J. M. B. (1984). The distribution of pitch accents in instructions as a function of discourse structure. *Language and Speech, 27,* 269～289.

Thomassen, A. J. W. M., & Teulings, H. L. (1985). Time, size and shape in handwriting: Exploring spatio-temporal relationships at different levels. In J. A. Michon & J. Jackson (Eds.), *Time, mind and behavior.* Heidelberg: Springer.

Thorson, N. (1983). Two issues in the prosody of standard Danish. In A. Cutler & R. D. Ladd (Eds.), *Prosody: Models and measurements.* Heidelberg: Springer.

Treiman, R. (1983). The structure of spoken syllables: Evidence from novel word games. *Cognition, 15,* 49～74.

Treiman, R. (1984). On the status of final consonant clusters in English syllables. *Journal of Verbal Learning and Verbal Behavior, 23,* 343～356.

Turner, E., & Rommetveit, R. (1968). Focus of attention in recall of active and passive sentences. *Journal of Verbal Learning and Verbal Behavior, 7,* 543～548.

Turvey, M. T. (1977). Preliminaries to a theory of action with reference to vision. In R. Shaw & J. Brandsford (Eds.), *Perceiving, acting, and knowing: Toward an ecological psychology.* Hillsdale, NJ: Lawrence Erlbaum.

Tyler, L., & Wessels, J. (1983). Quantifying contextual contributions to word-recognition processes. *Perception and Psychophysics, 34,* 409～420.

Umeda, N. (1975). Vowel duration in American English. *Journal of the Acoustical Society of America, 58,* 434～445.

Vaissière, J. (1983). Language-independent prosodic features. In A. Cutler & D. R. Ladd (Eds.), *Prosody: Models and measurements.* Heidelberg: Springer.

Valian, V. V. (1971). *Talking, listening and linguistic structure.* Unpublished doctoral dissertation, Northeastern University, Boston.

Van Bezooijen, R. (1984). *Characteristics and recognizability of vocal expression of emotion.* Dordrecht: Foris.

Van den Broecke, M. P. R., & Goldstein, L. (1980). Consonant features in speech errors. In V. A. Fromkin (Ed.), *Errors in linguistic performance: Slips of the tongue, ear, pen, and hand.* New York: Academic Press.

Van der Sandt, R. A. (1982). *Kontekst en presuppositie.* Nijmegen Institute of Semantics.

Van Dijk, T. A. (1985). *Handbook of discourse analysis.* (4 Vols.). London: Academic Press.

Van Galen, G. P., & Teulings, H. L. (1983). The independent monitoring of form and scale factors in handwriting. *Acta Psychologica, 54,* 9～22.

Van Wijk, C. (1987). The PSY behind PHI: A psycholinguistic model for performance structures. *Journal of Psycholinguistic Research, 16,* 185～199.

Van Wijk, C., & Kempen, G. (1987). A dual system for producing self-repairs in spontaneous speech: Evidence from experimentally elicited corrections. *Cognitive Psychology, 19,* 403～440.

Vorberg, D. (1985). Unerwartete Folgen von zufälliger Variabilität: Wettlauf-Mudelle für den Stroop-Versuch. *Zeitschrift für experimentelle and angewandte Psychologie, 32,* 494～521.

Wales, R., & Toner, H. (1980). Intonation and ambiguity. In W. Cooper & E. Walker (Eds.), *Sentence processing: Psycholinguistic studies presented to Merrill Garrett.* Hillsdale, NJ: Lawrence Erlbaum.

Walton, D. N. (1982). *Topical relevance in argumentation.* Amsterdam: John Benjamins.

Webber, B. L. (1981). Discourse model synthesis: Preliminaries to reference. In A. K. Joshi, B. L. Webber, & I. A. Sag (Eds.), *Elements of discourse understanding.* Cambridge University Press.

Webelhuth, G. (1985). German is configurational. *The Linguistic Review, 4,* 203～246.

Weissenborn, J., & Klein, W. (Eds.). (1982). *Here and there: Cross-linguistic studies on deixis and demonstration.* Amsterdam: John Benjamins.

Wells, G., MacLure, M., & Montgomery, M. (1981). Some strategies for sustaining conversation. In P. Werth (Ed.), *Conversation and discourse: Structure and interpretation.* London: Croom Helm.

Wells, R. (1951). Predicting slips of the tongue. *The Yale Scientific Magazine, 26,* 9 ~ 30. (Also in V. A. Fromkin (Ed.), (1973). *Speech errors as linguistic evidence.* The Hague: Mouton.)

Whorf, B. L. (1956). *Language, thought, and reality.* Cambridge, MA: MIT Press.

Wickelgren, W. A. (1969). Context-sensitive coding, associative memory, and serial order in (speech) behavior. *Psychological Review, 76,* 1 ~ 15.

Wickelgren, W. A. (1976). Phonetic code and serial order. In E. C. Carterette & M. P. Friedman (Eds.), *Handbook of Perception: Vol. 7.* New York: Academic Press.

Willems, N. (1983). *English intonation from a Dutch point of view: An experimental investigation of English intonation produced by Dutch native speakers.* Dordrecht: Foris.

Williams, E. (1983). Semantic and syntactic categories. *Linguistics and Philosophy, 6,* 423 ~ 446.

Wilshire, C. (1985). Speech error distributions in two kinds of tongue twisters. Unpublished bachelor thesis, Monash University, Clayton, Victoria.

Wilson, D., & Sperber, D. (1981). On Grice's theory of conversation. In P. Werth (Ed.), *Conversation and discourse: Structure and interpretation.* London: Croom Helm.

Wilson, D., & Sperber, D. (1988). Mood and the analysis of non-declarative sentences. In J. Dancy, J. Moravsik, & C. Taylor (Eds.), *Human agency: Language, duty and value.* Stanford University Press.

Wingfield, A. (1968). Effects of frequency on identification and naming of objects. *American Journal of Psychology, 81,* 226 ~ 234.

Winterhoff-Spurk, P., Herrmann, T., & Weindrich, D. (1986). Requesting rewards: A study of distributive justice. *Journal of Language and Social Psychology, 5,* 13 ~ 31.

Wunderlich, D. (1976). Towards an integrated theory of grammatical and pragmatical meaning. In A. Kasher (Ed.), *Language in focus: Foundations, methods and systems. Essays in memory of Yehoshua Bar-Hillel.* Dordrecht: Reidel.

Wunderlich, D. (1979). *Foundations of linguistics.* Cambridge University Press.

Wunderlich, D. (1981). Linguistic strategies. In F. Coulmas (Ed.), *A Festschrift for native speaker.* The Hague: Mouton.

Wunderlich, D., & Reinelt, R. (1982). How to get there from here. In R. Jarvella & W. Klein (Eds.), *Speech, place, and action: Studies in deixis and related topics.* Chichester: John Wiley.

Wundt, W. (1896). *Grundriss der Psychologie.* Leipzig: Kröner.

Wundt, W. (1900). *Die Sprache* (2 Vols.). Leipzig: Kröner.

Yarmey, A. D. (1973). I recognize your face but I can't remember your name: Further evidence on the tip-of-the-tongue phenomenon. *Memory and Cognition, 1*, 287~290.

Yngve, V. H. (1970). On getting a word in edgewise. In M. A. Campbell (Ed.), *Papers from the Sixth Regional Meeting, Chicago Linguistic Society.* University of Chicago Press.

Zubin, D. A., & Choi, S. (1984). Orientation and gestalt: Conceptual organizing principles in the lexicalization of space. In D. Testen, V. Mishra & J. Drogo (Eds.), *Papers from the Parasession on Lexical Semantics.* Chicago Linguistic Society.

Zwanenburg, W., Ouweneel, G. R. E., & Levelt, W. J. M. (1977). La frontière du mot en Francais. *Studies in Language, 1,* 209~221.

Zwicky, A. M. (1972). On casual speech. In P. M. Peranteau, J. N. Levi, & G. C. Phares (Eds.), *Papers from the Eighth Regional Meeting of the Chicago Linguistic Society,* 607~615.

Zwicky, A. M., & Pullum, G. K. (1983). Cliticization versus inflection: English n't. *Language, 59,* 502~513

국제 음성표기 기호

기호	영어 낱말 예	기호	영어 낱말 예
a	stop, cop	n	nose, annoy
ɑ	balm, rather	ŋ	wing, sink
æ	fat, placid	ou	go, soul
ʌ	but, flood	ɔ	walk, law
aɪ	eye, kite	ɒ	want, astronaut
au	owl, how	ɔɪ	boil, voice
b	boss, hobo	p	pie, nap
ʧ	cembalo, pitch	r	rim, parrot
d	do, had	s	simon, boss
ʤ	wedge, rage	ʃ	ship, facial
eɪ	bait, day	t	town, walked
ə	among, readily	θ	thin, myth
ɛ	weather, any	ð	then, weather
f	felt, left	u	roof, flew
g	go, leg	U	look, full
h	hat, how	ɜr	bird, worst
ħ	Ohio, ahead	v	voice, give
i	evil, bee	w	why, quail
ɪ	if, remit	x	(Spanish) proteger
j	yet, canyon		(Dutch) kachel
k	case, back	z	zeal, haze
l	lip, bill	ʒ	leasure, garage
m	man, him		

찾아보기

(용 어)

ㄱ

ㄴ

ㄹ

ㅁ

ㅅ

ㅇ

ㅊ

ㅋ~ㅌ

영문

찾아보기

(인 명)

ㄱ～ㄴ

ㄷ～ㄹ

ㅁ

ㅇ ~ ㅈ

ㅊ～ㅋ

ㅌ

ㅍ

ㅎ

빌름 르펠트(Willem J. M. Levelt)

지은이 르펠트는 네덜란드 언어심리학자이며, 2000년~2005년 네덜란드 왕립 예술 및 과학 학술원 의장을 지냈다. 1965년 네덜란드 라이든(Liden) 대학교에서 심리학으로 박사학위를 받은 뒤, 미국 하버드 대학과 일리노이 대학에서 연구하였다. 1967년 네덜란드 그로우닝언(Gronigen) 대학교를 거쳐, 1971년 이후 네이메이건(Nijmegen) 대학교에서 가르쳤고, 1980년 막스 플랑크 언어심리학 연구소를 창설하여 2006년 퇴임 때까지 소장으로 재직하였다. 11권의 전문서적과 230편이 넘는 논문이 있다(http://www.mpi.nl/Members/PimLevelt).

김지홍

옮긴이 김지홍은 제주대학교 국어교육과를 졸업한 뒤, 精文硏(현재 한국학 중앙연구원) 한국학 대학원(문학석사)과 서강대 대학원(문학박사)에서 공부하였고, 1988년 이래 경상대학교 사범대학 국어교육과 교수로 있다. 한문 번역서로《유희 언문지》,《옛 제주인의 표해록》과《제주 삼읍 교학 사료집》이 있으며, 옥스퍼드 대학 출판부에서 나온 옥스퍼드 언어교육 지침서 12권 중《듣기, 말하기, 읽기, 쓰기, 어휘, 문법, 담화, 평가》8권을 범문사에서 번역 출간하였다(http://nongae.gsnu.ac.kr/~jhongkim).